Winckelmann

Winckelmann.
Moderne Antike

Herausgegeben von

Elisabeth Décultot, Martin Dönike, Wolfgang Holler,
Claudia Keller, Thorsten Valk und Bettina Werche

WIR DANKEN FÜR DIE UNTERSTÜTZUNG UNSERER AUSSTELLUNG DURCH LEIHGABEN

Schweizerisches Nationalmuseum,
Sammlungszentrum Affoltern am Albis
Maya Jucker, Dr. Andreas Spillmann

Lindenau-Museum Altenburg
Sabine Hofmann, Dr. Roland Krischke,
Susanne Reim, Johannes Schäfer

Akademie der Künste, Berlin
Catherine Amé, Werner Heegewaldt,
Anna Schultz

Archiv Robert Lebeck, Berlin
Cordula Lebeck

Bundesamt für zentrale Dienste und
offene Vermögensfragen, Berlin
Heidrun Kemnitz, Florian Scheurle

Deutsches Historisches Museum, Berlin
Dr. Marc Fehlmann, Karen Klein,
Ulrike Kretzschmar

Freie Universität Berlin
Fachbereich Geschichts- und
Kulturwissenschaften, Bibliotheksbereich
Kunst- und Geschichtswissenschaften
Hubert Graml, Julia Hussels, Dr. Ulrike Tarnow

Friederike van Lawick und Hans Müller, Berlin

Schwules Museum*, Berlin
Dr. Birgit Bosold, Dr. Wolfgang Cortjaens,
Andreas Sternweiler

Staatsbibliothek zu Berlin / Stiftung
Preußischer Kulturbesitz, Berlin
Andreas Lotz, Prof. Dr. Eef Overgaauw,
Annette Wehmeyer

Stiftung Stadtmuseum Berlin
Paul Spies, Andreas Teltow

Wolfgang Theis, Berlin

Anhaltische Landesbücherei Dessau,
Dessau-Roßlau
Martine Kreißler, Dr. habil. Adrian Christian
La Salvia

Kulturstiftung DessauWörlitz, Dessau-Roßlau
Dr. Ingo Pfeifer, Dr. Wolfgang Savelsberg,
Dr. Thomas Weiß

Hochschule für Bildende Künste Dresden
Matthias Flügge, Dr. Simone Fugger von
dem Rech, Barbara Lenk

Staatliche Kunstsammlungen Dresden
Skulpturensammlung, Hans Effenberger,
Dr. Kordelia Knoll, Dr. Stephan Koja,
Astrid Nielsen
Kupferstich-Kabinett, Katrin Bäsig,
Dr. Stephanie Buck, Andreas Pischel,
Olaf Simon

Technische Universität Dresden
Institut für Geschichte der Medizin
Prof. Dr. Caris-Petra Heidel, Carola Richter

Stiftung Museum Kunstpalast, Düsseldorf
Inge Maruyama, Beat Wismer

Stiftung Schloss Friedenstein Gotha
Prof. Dr. Martin Eberle

Georg-August-Universität Göttingen
Archäologisches Institut, Dr. Daniel Graepler
Institut für Ethnologie und Ethnologische
Sammlung, Dr. Michael Kraus
Niedersächsische Staats- und
Universitätsbibliothek, Dr. Wolfram
Horstmann, Karsten Otte

Martin-Luther-Universität Halle-Wittenberg
Archäologisches Museum, Prof. Dr. Stefan
Lehmann, Henryk Löhr
Universitäts-und Landesbibliothek Sachsen-
Anhalt, Anke Berghaus-Sprengel, Dr. Marita
von Cieminski

Stiftung Kunstmuseum Moritzburg,
Halle (Saale)
Thomas Bauer-Friedrich, Cornelia Wieg

Niedersächsisches Institut für
Sportgeschichte e.V., Hannover
Prof. Dr. Dr. Bernd Wedemeyer-Kolwe

Staatliche Kunsthalle Karlsruhe
Dr. Holger Jacob-Friesen,
Prof. Dr. Pia Müller-Tamm

Museumslandschaft Hessen Kassel
Prof. Dr. Bernd Küster,
Prof. Dr. Rüdiger Splitter

Deutsches Tanzarchiv Köln /
SK Stiftung Kultur
Prof. Dr. Frank-Manuel Peter, Thomas Thorausch

Maison des Lumières Denis Diderot,
Langres
Olivier Caumont, Arnaud Vaillant

Museum der bildenden Künste Leipzig
Dr. Frédéric Bußmann, Claudia Klugmann,
Dr. Jan Nicolaisen, Dr. Hans-Werner Schmidt

Universität Leipzig
Institut für Klassische Archäologie,
Antikenmuseum
Prof. Dr. Hans-Ulrich Cain,
Dr. Hans-Peter Müller

Studio Marc Quinn, London
Juanita Boxill

Fondazione Prada, Mailand
Francesca Cattoi, Miuccia Prada, Astrid Welter

Bayerische Staatsbibliothek, München
Angelika Betz, Dr. Klaus Ceynowa, Dr. Claudia
Fabian, Dr. Cornelia Jahn, Hanne Schweiger

Ludwig-Maximilians-Universität München
Museum für Abgüsse Klassischer Bildwerke
Dr. Ingeborg Kader, Prof. Dr. Stefan Ritter,
Dr. Andrea Schmölder-Veit

Staatliche Antikensammlungen und
Glyptothek, München
Dr. Astrid Fendt, Dr. Florian Knauß

Staatliche Graphische Sammlung München
Dr. Michael Hering, Jeanette Parisi,
Dr. Andreas Strobl

Zentralinstitut für Kunstgeschichte, München
Dr. Rüdiger Hoyer

Museumsverein Naumburg,
Stadtmuseum Hohe Lilie
Dr. Siegfried Wagner

Isadora Duncan Archive, New York
Catherine Gallant

The Metropolitan Museum of Art, New York
Dr. Thomas P. Campbell, Dr. Keith
Christiansen, Hope Cullinan

Otto-König-von-Griechenland-Museum, Ottobrunn
Prof. Dr. Jan Murken

Bibliothèque Nationale de France, Paris
Laurence Engel, Isabelle le Masne de Chermont

Studio Bettina Rheims, Paris
Gwénaelle Petit-Pierre

Winckelmann-Gesellschaft e. V. mit Winckelmann-Museum, Stendal
Dr. Stephanie-Gerrit Bruer, Prof. Dr. Max Kunze

Württembergische Landesbibliothek Stuttgart, Stefan George Archiv
Dr. Maik Bozza, Dr. Hannsjörg Kowark

Biblioteca Civica Attilio Hortis, Archivio Diplomatico, Triest
Dr. Gabriella Norio

Musée de l'Histoire de France, Château de Versailles, Etablissement Public du château, du musée et du domaine national des Versailles
Frédéric Lacaille, Catherine Pégard, Béatrix Saule

Stadtmuseum Weimar
Marina Reichardt, Dr. Alf Rößner

Von der Heydt-Museum, Wuppertal
Dr. Gerhard Finckh, Brigitte Müller

Eidgenössische Technische Hochschule Zürich
Institut für Geschichte und Theorie der Architektur, gta Archiv
Bruno Maurer, Filine Wagner

Kunsthaus Zürich
Dr. Christoph Becker, Dr. Philippe Büttner, Karin Marti, Bernhard von Waldkirch

Weitere Leihgeber, die namentlich nicht genannt werden möchten

WIR DANKEN DARÜBER HINAUS FOLGENDEN PERSONEN FÜR INHALTLICHEN AUSTAUSCH UND VIELFÄLTIGE WEITERE UNTERSTÜTZUNG

Rea Alexandratos, London
Aleksandra Ambrozy, Halle (Saale)
Prof. Dr. Lorenz E. Baumer, Genf
Dr. Markus Bertsch, Hamburg
Prof. Dr. Jan Blanc, Genf
Michael Braun-Huster, Elpershofen
Nancy Burson, New York
Prof. Dr. Gabriele Brandstetter, Berlin
Christina Brinkmann, Halle (Saale)
Prof. Dr. Vinzenz Brinkmann, Frankfurt am Main
Dr. Stefanie Dathe, Ulm
Dr. Ludger Derenthal, Berlin
Maddalena Disch, Turin
Prof. Dr. Sybille Ebert-Schifferer, Rom
Prof. Dr. Stefano Ferrari, Rovereto
Prof. Dr. Maria Carolina Foi, Triest
Elke Gatz-Hengst, Weimar
William Gelius, Kopenhagen
Dr. Flaminia Gennari Santori, Rom
Christine Germain-Donnat, Sèvres
Prof. Dr. Angelika Geyer, Jena
Dr. Thomas Gilbhard, Hamburg
Bruno Girveau, Lille
Dr. Dennis Graen, Jena
Dr. Sergio Guarino, Rom
Anja Hell, Meißen
Dr. Christian Helmreich, Halle (Saale)
Stine Høholt, Ishøj
Dr. Frank Dirk Hoppe, Potsdam
Jens Horn, Lauchhammer
Martina Judt, Wien
Prof. Dr. Hans-Markus von Kaenel, Frankfurt am Main
Maren Kirchhoff, Köln
Dr. Jana Kittelmann, Halle (Saale)
Dr. Christian Klemm, Zürich
Dr. Felix Krämer, Frankfurt am Main
Prof. Dr. Christiane Lange, Stuttgart
Lene Roed Olesen, Ishøj
Prof. Dr. Bernhard Maaz, München
David Maneke, Halle (Saale)
Prof. Dr. Alexander Markschies, Aachen

Dr. Norbert Michels, Dessau-Roßlau
Stig Miss, Kopenhagen
Prof. Dr. Arnold Nesselrath, Rom
Antonio Paolucci, Rom
Rita Paris, Rom
Hella Pohl, Salzburg
Julia Radtke, Dresden
Yvonne Reinhardt, Halle (Saale)
Stella Reinhold-Rudas, Wien
Sabine Rewald, New York
Prof. Dr. Sandro Rogari, Florenz
Dorthe Juul Rugaard, Ishøj
Romane Sarfati, Sèvres
Prof. Dr. Andreas Scholl, Berlin
Bernd Schreiber, München
Steffi Schulze, Berlin
Prof. Dr. Hein Th. Schulze-Altcappenberg, Berlin
Prof. Dr. Salvatore Settis, Pisa
Gisela Staupe, Dresden
Dr. Mischa Steidl, Dessau-Roßlau
Dr. Ernst-Christian Steinecke, Castegnato
Günther Störzinger, Meißen
Dr. Andreas Stolzenburg, Hamburg
Dr. Peter Thurmann, Kiel
Dr. Eduardo Maurizio Turci, Savignano sul Rubicone
Dr. Roberto Valducci, Savignano sul Rubicone
Sewastia Vassiliadu, Berlin
Christine Vogl, Osnabrück
Prof. Dr. Christoph Wagner, Regensburg
Prof. Dr. Lorenz Winkler-Horaček, Berlin
Dr. Peter Wolff, Greifswald
Daniel Zamani, Frankfurt am Main
Lino Zanesco, Possagno

INHALT

Vorwort 8

Zeittafel 10

Elisabeth Décultot,
Martin Dönike und Claudia Keller
Einleitung 13

ESSAYS

Ernst Osterkamp
Johann Joachim Winckelmann:
Der Europäer 23

Elisabeth Décultot und Daniel Fulda
Historisierung mit Widersprüchen.
Zu Winckelmanns *Geschichte der
Kunst des Alterthums* 41

Charlotte Kurbjuhn
Winckelmann exzerpiert um sein
Leben, singt lutherische Lieder
und wird glücklicher als der
Großmogul. Sprach- und
Stilideale im Werdegang eines
»klassischen« Autors 53

Helmut Pfotenhauer
Ausdruck. Farbe. Kontur.
Winckelmanns Ästhetik und
die Moderne 67

Johannes Rößler
Das intellektuelle Treibgut des
Klassizismus. Winckelmanns Erbe
von Franz Xaver Messerschmidt
bis zur Klassischen Moderne 83

Bernhard Maaz
Ein Jahrhundert Wirkung:
Winckelmann und
die Skulptur 97

Eric Michaud
Was die moderne Anthropologie
und Ethnologie von Winckelmann lernten. Eine kritische
Sichtung 115

Suzanne Marchand
Winckelmann und der Kunstmarkt.
Einblicke in eine wechselseitige
Beziehung 129

KATALOG

WINCKELMANN UND
SEIN JAHRHUNDERT 143

Zugänge zur Antike:
Lesen, sehen, fühlen 146

Das Werk des Historikers:
Die *Geschichte der Kunst
des Alterthums* 170

Bausteine eines
Mythos 188

WINCKELMANN UND
DIE MODERNE 217

Kunst:
Farbe, Ausdruck, Linie 220

Schönheit der
»Unbezeichnung« 254

Anthropologie: Der Mensch
zwischen Kunst und Natur 260

Was ist schön? 292

Politik:
Kunst, Macht, Gesellschaft 296

Epilog 332

ANHANG

Objekte außerhalb
des Katalogs 338

Bibliografie 343

Autorinnen und Autoren 368

Abbildungsverzeichnis 369

Register 371

Impressum 375

VORWORT

Begründer der Archäologie, Wegbereiter der modernen Kunstgeschichte, Vordenker des deutschen Klassizismus, Virtuose der Kunstbeschreibung – Johann Joachim Winckelmann hat die europäische Kulturgeschichte auf geradezu einzigartige Weise geprägt. Anlässlich seines 300. Geburtstages zeigen die Klassik Stiftung Weimar und das Germanistische Institut der Martin-Luther-Universität Halle-Wittenberg eine Ausstellung unter dem Titel *Winckelmann. Moderne Antike*. Mehr als 200 Exponate aus deutschen und ausländischen Sammlungen vergegenwärtigen das epochale Werk des Gelehrten und seine bis in die Gegenwart anhaltende Wirkung.

Dass die Klassik Stiftung und das Germanistische Institut der Martin-Luther-Universität gemeinsam eine Winckelmann-Ausstellung realisieren, hat gute Gründe, schließlich verbinden sich mit Halle an der Saale und Weimar zwei für die Biografie und das Nachleben des Gelehrten wichtige Stationen: In Halle, wo mit Alexander Gottlieb Baumgarten der Begründer der philosophischen Ästhetik lehrte, begann Winckelmann 1738 sein Studium. Nachweislich hat er in Halle die Büchersammlungen der Universität benutzt und wohl auch erste Einblicke in die antike Münzkunde gewinnen können. Rund drei Jahrzehnte nach seinem Tod wurde Winckelmann dann in Weimar im Rahmen eines breit angelegten editorischen und ikonografischen Programms zum Klassiker stilisiert, so etwa in der von Goethe 1805 veröffentlichten Schrift *Winkelmann und sein Jahrhundert*, in der ab 1808 erscheinenden elfbändigen Edition seiner Werke durch Carl Ludwig Fernow und Johann Heinrich Meyer, aber auch in Form eines bereits 1805 für Weimar angekauften Porträts, das der Maler Anton von Maron schuf.

Weimar hat zwar um 1800 einen entscheidenden Beitrag zur Kanonisierung Winckelmanns geleistet, doch gab es auch andere Zentren der intensiven Auseinandersetzung mit seinem folgenreichen Œuvre. Vor diesem Hintergrund perspektiviert die Ausstellung in besonderer Weise die internationale Wirkung Winckelmanns und die transdisziplinäre Ausstrahlung seiner Schriften, die über die Grenzen der Kunstgeschichte und Archäologie hinaus auch grundlegende Fragen der Anthropologie und Ethnologie sowie des gesellschaftlich-politischen Diskurses nachfolgender Epochen anregten: Waren die im antiken Griechenland lebenden Menschen tatsächlich so »schön« wie jene Statuen, die man als Abbilder von Göttern und Helden ansah? Wird unser heutiges Verständnis von Schönheit noch durch dieselben Eigenschaften bedingt? Und inwiefern verändern sich Schönheitsvorstellungen je nach Zeit oder Kulturraum? Indem die Ausstellung das außergewöhnliche Anregungspotenzial von Winckelmanns Fragestellungen bis in die Kunstproduktion der Gegenwart hinein verfolgt, zeigt sie, wie »antik« die Moderne in vielerlei Hinsicht ist und wie »modern« im Gegenzug auch die Antike immer wieder werden kann.

Dass Winckelmann anlässlich seines 300. Geburtstages in Weimar mit einer umfassenden Ausstellung gewürdigt wird, ist nur durch das erfolgreiche Zusammenwirken vieler Institutionen und Personen möglich geworden. Unser erster Dank gilt den öffentlichen und privaten

Leihgebern, ohne deren Vertrauen unser Vorhaben nicht hätte realisiert werden können. Für großzügige finanzielle Unterstützung danken wir der Alexander von Humboldt-Stiftung, der Kulturstiftung der Länder sowie der Ernst von Siemens Kunststiftung – alle drei Institutionen haben mit ihren Zuwendungen die Möglichkeit geschaffen, eine vielstimmige und dank internationaler Leihgaben außergewöhnliche Ausstellung zu konzipieren. Die Weimarer Schau vereint – um nur ein Beispiel zu nennen – zum ersten Mal die drei kanonischen Winckelmann-Porträts von Anton Raphael Mengs (The Metropolitan Museum of Art, New York), Angelika Kauffmann (Kunsthaus Zürich) und Anton von Maron (Klassik Stiftung Weimar).

Besonders danken möchten wir dem bereits im Jahr 2015 ins Leben gerufenen Fachbeirat sowie dem interdisziplinär besetzten Arbeitskreis, der an der multiperspektivischen Erarbeitung des Ausstellungskonzepts von Beginn an großen Anteil hatte: In mehreren Kolloquien wurden sowohl Winckelmanns Bedeutung für die Kulturgeschichte des 18. Jahrhunderts als auch das Nachleben des Gelehrten in den archäologiegeschichtlichen, kunsthistorischen und bildkünstlerischen Debatten bis zur Gegenwart intensiv reflektiert. Ein herzlicher Dank gilt weiterhin den Autorinnen und Autoren unseres Ausstellungskataloges sowie den Projektverantwortlichen des Hirmer Verlags, die dafür Sorge trugen, dass der Katalog auch unter bibliophilen Gesichtspunkten seinem Gegenstand gerecht wird. Die Ausstellungsgestaltung lag in den Händen des Berliner Büros chezweitz, dessen Mitarbeiterinnen und Mitarbeiter mit großem Gespür für die außergewöhnlichen Herausforderungen des Ausstellungsthemas sinnlich ansprechende und die Blicke der Besucher immer wieder aufs Neue fesselnde Präsentationsformen entwickelten. Auch ihnen sind wir zu großem Dank verpflichtet.

Last but not least möchten wir den zahlreichen Kolleginnen und Kollegen der Klassik Stiftung Weimar sowie der Martin-Luther-Universität Halle-Wittenberg danken, die mit großem Engagement das Ausstellungsvorhaben in seinen verschiedenen Entwicklungsphasen vorangetrieben haben. Nur durch das Zusammenspiel vieler kreativer Köpfe und zupackender Hände konnte es gelingen, die überragende Bedeutung Winckelmanns für die europäische Kulturgeschichte wieder sichtbar werden zu lassen und damit für die Debatten unserer eigenen Gegenwart zurückzugewinnen.

Elisabeth Décultot	Wolfgang Holler	Thorsten Valk
Martin-Luther-Universität Halle-Wittenberg	Klassik Stiftung Weimar	Klassik Stiftung Weimar
Alexander von Humboldt-Professur	Generaldirektion Museen	Referat Forschung und Bildung

ZEITTAFEL

1717–1735
STENDAL/ALTMARK
Am 9. Dezember als Sohn eines Schusters geboren, Besuch der Elementar- und Lateinschule

1735–1737
BERLIN UND SALZWEDEL/ALTMARK
Schüler am Cöllnischen Gymnasium in Berlin und später an der Lateinschule in Salzwedel

1738–1740
HALLE (SAALE)
Theologiestudium an der Universität

1740/41
OSTERBURG/ALTMARK
Hauslehrer bei der Familie von Grolmann

1741/42
JENA
Medizinstudium an der Universität

1742/43
HADMERSLEBEN (BEI MAGDEBURG)
Hauslehrer bei der Familie des Oberamtmanns Lamprecht

1743–1748
SEEHAUSEN/ALTMARK
Konrektor der Lateinschule

1748–1754
NÖTHNITZ (BEI DRESDEN)
Bibliothekar des Reichsgrafen Heinrich von Bünau, Mitwirkung an dessen *Kayser- und Reichs-Historie* und am Katalog seiner Bibliothek; Konversion zum Katholizismus

1754/55
DRESDEN
Aufenthalt in der Residenzstadt; regelmäßiger Besuch der Bibliothek und der Königlichen Galerie; Unterkunft bei Adam Friedrich Oeser; Veröffentlichung der *Gedancken über die Nachahmung der Griechischen Wercke in der Mahlerey und Bildhauer-Kunst* (1755)

1755–1768
ROM

Bekanntschaft mit Anton Raphael Mengs; Verbindung mit den Kardinälen Alberico Archinto, Domenico Silvio Passionei und Alessandro Albani; verschiedene Anstellungen: ab 1759 Bibliothekar des Kardinals Albani, ab 1763 Oberaufseher sämtlicher Altertümer im Kirchenstaat und *Scriptor linguæ teutonicæ* an der Bibliotheca Vaticana; Cicerone auswärtiger Besucher; Veröffentlichung der *Geschichte der Kunst des Alterthums* (1764; 2. erw. Aufl. 1776), des *Versuchs einer Allegorie, besonders für die Kunst* (1766) und der *Monumenti antichi inediti* (1767)

1758/59
FLORENZ

Arbeit am Katalog der Gemmensammlung des Barons Philipp von Stosch; Veröffentlichung der *Description des pierres gravées du feu baron de Stosch* (1760)

1758, 1762, 1764, 1767
GOLF VON NEAPEL

Vier Reisen, u. a. nach Portici/Herculaneum, Pompeji und Paestum; Veröffentlichung von Berichten über die dortigen Ausgrabungen

10. APRIL 1768

Beginn einer Reise nach Deutschland über Bologna, Verona und Augsburg bis nach Regensburg; Abbruch der Reise und Entscheidung, über Wien und Triest nach Rom zurückzukehren

8. JUNI 1768
TRIEST

Ermordung durch Francesco Arcangeli; Beisetzung am 10. Juni ebenda; Hinrichtung von Arcangeli am 20. Juli

late. Ideo qui tunc Architecti fuerunt, ædificiis publicis designaverunt earum imagines onere ferendo collocatas, ut etiam posteris nota poenæ peccati Caryatium memoriæ traderetur.

Perrault. J'ai interpreté Mutulos par le mot de Mutules & non de Modillons qui est Italien & qui signifie la même chose; quoy qu'on les distingue & que les Mutules soient pour l'Ordre Dorique seulement, de même que les Triglyphes, & que les Modillons soient un mot mis en usage par les modernes pour les Mutules des autres ordres. Les Mutules marquées AA & les Modillons marqués HH dans la figure pour l'ordre Corinthien sont en général des pieces saillantes qui soûtiennent la Corniche & que l'on dit représenter le bout des Chevrons coupés & mutilés.

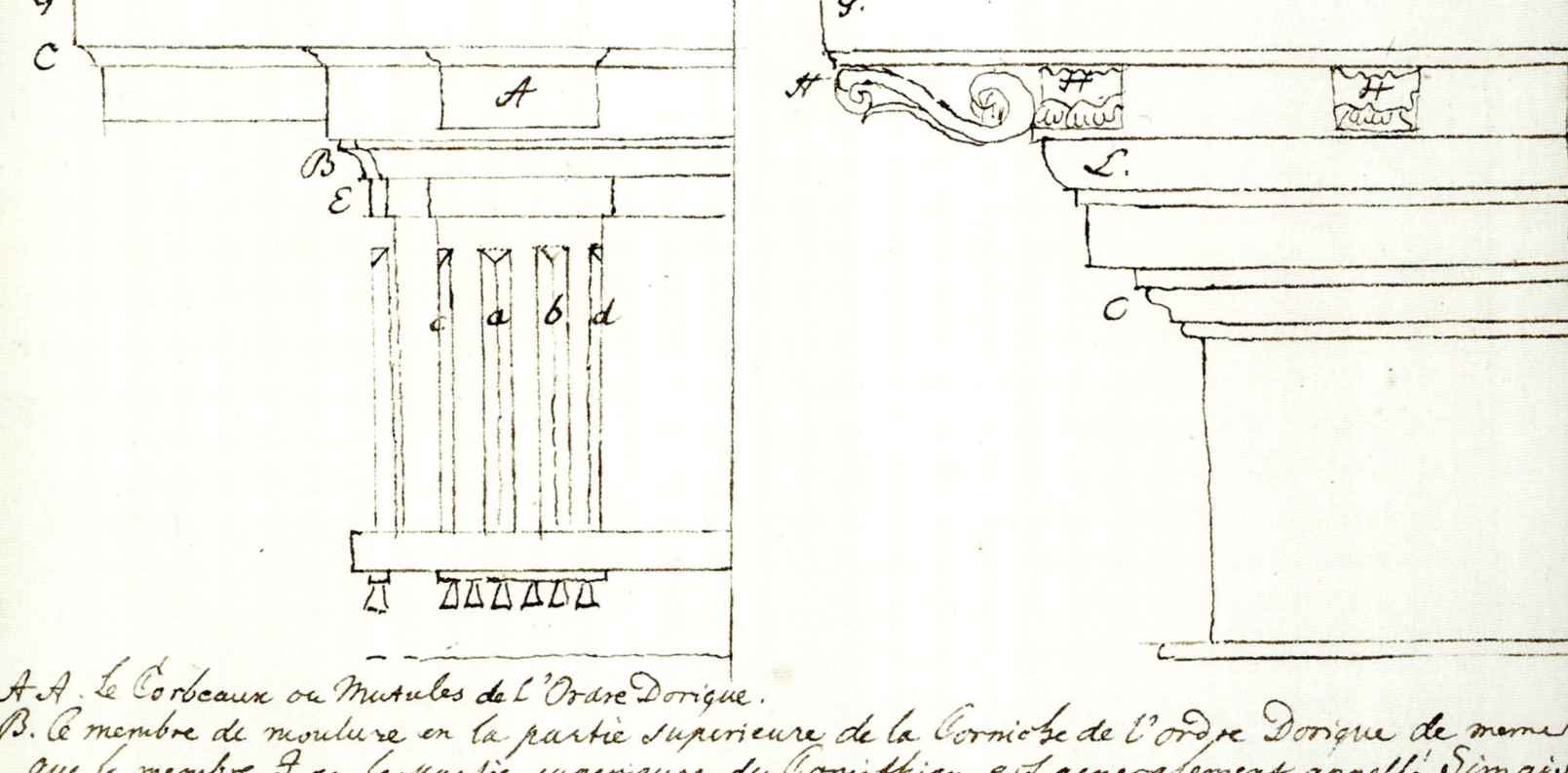

AA. Le Corbeaux ou Mutules de l'Ordre Dorique.
B. Ce membre de moulure en la partie superieure de la Corniche de l'ordre Dorique de même que le membre J, en la partie superieure du Corinthien, est generalement appellé Simaise & Sima par Vitruve. Il est particulierement appellé Cavet par les Ouvriers & Cymaise Dorique par Vitruve.
C. Ce membre tout seul est appellé Talon étant joint avec le filet D. il est appellé Cymaise & Cymation par Vitruve.
DD. Filet, Orlet ou Petit quarré, appellé Supercilium par Vitruve.
E. Plattebande en general, elle est en cet endroit dans la Frise dorique appellé par Vitruve le Chapiteau du Triglyphe.
G. Mouchette ou Larmier, appellé quelquefois Corona par Vitruve, quoy que plus souvent Corona signifie toute la Corniche, qui pour une plus grande destinction est nommé Coronix.
HH. Les Modillons de l'Ordre Corinthien qui ont été inventés depuis Vitruve à l'imitation de l'Ordre Dorique.

EINLEITUNG

Elisabeth Décultot, Martin Dönike und Claudia Keller

I.

Bereits zu Lebzeiten, spätestens jedoch seit seiner Ermordung im Jahr 1768 ist Johann Joachim Winckelmann (1717–1768) eine herausragende Stellung in der europäischen Ideen- und Kulturgeschichte zugewiesen worden (Abb. 1). Fragt man, was diesen Rang rechtfertigt, so kann man drei verschiedene Antworten hören: Winckelmann sei 1. der Begründer der modernen Kunstgeschichte und Archäologie, 2. ein Denker, der die klassizistische Ästhetik ganz entscheidend geprägt habe, und 3. einer der einflussreichsten deutschsprachigen Autoren des 18. Jahrhunderts. Diese dreifache Eigenschaft als Vater der Kunstgeschichte und Archäologie, als Heros der griechischen Schönheit und als Virtuose der deutschen Sprache macht aus ihm eine der ersten Klassikerfiguren der deutschen Literatur- und Kulturgeschichte. Zwar fehlten auch die kritischen Stimmen nicht. Bereits im 18. Jahrhundert haben prominente Leser wie Johann Gottfried Herder (1744–1803) bemerkt, wie ungeschichtlich die *Geschichte der Kunst des Alterthums* (1764) in ihrer Mischung aus normativem Ansatz und historischem Anspruch angelegt sei.[1] Doch selbst unter den Tadlern bestritt keiner seine grundlegende Bedeutung: Diesem »enthousiaste charmant« (Denis Diderot) hätte etwa Gotthold Ephraim Lessing »mit Vergnügen ein Paar Jahre« von seinem »Leben geschenkt«.[2]

Winckelmann war sicherlich nicht der alleinige »Begründer« der modernen Archäologie und Kunstgeschichtsschreibung und auch nicht der Initiator des Klassizismus. Er war einer unter vielen, Teil einer internationalen Bewegung, die zur Etablierung kunstwissenschaftlicher Disziplinen beitrug und eine erneute Rückbesinnung auf die Antike favorisierte. Gleichzeitig ist seine Bedeutung noch grundsätzlicher zu veranschlagen: Er hat nicht nur eine Kunstgeschichte geschrieben, sondern es überhaupt erst möglich gemacht, »Geschichte«, so wie wir sie heute verstehen, im Medium der Kunst zu denken: als eine Erzählung, die aus der narrativen Kombination von Einzelereignissen Sinn generiert. Er hat, damit einhergehend, die antiken Artefakte auf ihre Form, ihren »Stil« hin betrachtet und damit das moderne Verständnis dessen, was »Kunst« ist, ermöglicht. »Winckelmann ist«, wie Georg Friedrich Wilhelm Hegel (1770–1831) es formulierte, »als einer der Menschen anzusehen, welche im Felde der Kunst für den Geist ein neues Organ und ganz neue Betrachtungsweisen zu erschliessen wussten«.[3] Er verknüpfte mit der antiken Kunst zwar auch antiquarische Spezialfragen, vor allem aber sah er in ihr die Verbindung von Freiheit und Schönheit realisiert – und damit eine Kunstblüte, die wieder zu erreichen das Ziel sein sollte. Für Winckelmann, den Historiker, war die Antike damit immer auch Sache der Gegenwart.

Die Wirkmächtigkeit seines Antikebildes macht deshalb nicht an den Fächergrenzen Halt und bleibt nicht auf das 18. und frühe 19. Jahrhundert beschränkt, weil an ihr fortan die Grundfragen der Historiografie und der Ästhetik verhandelt werden konnten. Selbst die mit der Zeit immer

Abb. 1: Bartolomeo Follin (1730–nach 1808) nach Giovanni Battista Casanova (1730–1795), Johann Joachim Winckelmann, 1766, Radierung, 164 × 104 mm, Klassik Stiftung Weimar, Museen, Inv. Gr-2013/3755 (Kat. 201)

deutlicher werdende Kritik an Winckelmanns Antikenideal sollte diesem aufs engste verbunden bleiben: So konstatierte Friedrich Nietzsche (1844–1900) Ende der 1880er-Jahre, dass die »Griechen« Winckelmanns und Goethes, so wie die »Orientalen« Victor Hugos, die »Edda-Personnagen« Richard Wagners oder die von Walter Scott imaginierten »Engländer des dreizehnten Jahrhunderts«, zwar »über alle Maaßen historisch falsch, *aber* – modern, wahr« seien.[4]

II.

Auch wenn die Kanonisierung Winckelmanns schon im letzten Drittel des 18. Jahrhunderts einsetzte, war sie – wie bei vielen anderen Klassikern – ganz besonders ein Phänomen des 19. Jahrhunderts und wurde in dieser Periode mit einer ausgeprägt nationalen Dimension versehen. Winckelmann als nationaler Klassiker, der den Deutschen die Antike erläutert: So hat ihn 1874 etwa Theobald von Oer (1807–1885) inmitten eines fiktiven Gelehrtenkreises dargestellt, der sich in der Nöthnitzer Bibliothek des Grafen Heinrich von Bünau (1697–1762) versammelt hat – darunter neben dem Altertumsforscher Christian Gottlob Heyne und dem Schriftsteller Gottlieb Wilhelm Rabener auch Gotthold Ephraim Lessing, den Winckelmann tatsächlich nie getroffen hat (Abb. 2).[5] Als einer der prominen-

Abb. 2: Theobald von Oer (1807–1885), Winckelmann im Kreis der Gelehrten der Nöthnitzer Bibliothek, 1874, Öl auf Leinwand, 105 × 140 cm, Sächsische Landesbibliothek – Staats- und Universitätsbibliothek Dresden, Inv. 130, 17

ten Vertreter der Disziplin Kunstgeschichte verfasste Carl Justi (1832–1912) in den Jahren 1866 bis 1872 eine monumentale Winckelmann-Biografie, die in ihrer nationalen Färbung einen geradezu paradigmatischen Charakter besaß: Die von Winckelmann »begründete Überlieferung historischer Untersuchung alter Kunstwerke ist bis auf die neuere Zeit auf deutsche Wissenschaft beschränkt geblieben«, behauptet Justi am Ende seiner Darstellung der *Geschichte der Kunst des Alterthums*. »Italien, das allein mitzählt, kennt nur antiquarische Deutungskunst. Alles andere sind nur matte Reflexe deutscher Arbeiten.«[6] Justis Biografie kann als Höhepunkt einer Entwicklung angesehen werden, die 1805 mit der von Goethe herausgegebenen Programmschrift *Winkelmann und sein Jahrhundert* ihren Ausgang genommen hatte und durch die Weimarer Edition von *Winckelmann's Werken* in den Jahren 1808 bis 1825 weitergetragen wurde.[7] Das spätere, langlebige Phantasma einer spezifisch deutsch-griechischen Wahlverwandtschaft hat auch hier seine Ursprünge.[8]

Dass Winckelmann als »Klassiker« der deutschen Sprache, Kunstgeschichte und Archäologie und als Wegbereiter der Weimarer Klassik gelesen wurde, ist unbestreitbar. Mit der Ausstellung *Winckelmann. Moderne Antike* sollen demgegenüber andere, nicht weniger bedeutsame Aspekte seines Werkes und seiner Wirkung hervorgehoben werden – Aspekte, die aufgrund der einseitigen Lektüre als deutscher Klassiker lange Zeit verdeckt oder gar ignoriert wurden. Dazu gehört zunächst einmal die internationale Orientierung und Ausstrahlung seines Œuvres. Nach langen Jahren in der mitteldeutschen Provinz und einer kurzen Zeit in der sächsischen Residenzstadt Dresden kam der aus Stendal gebürtige Schustersohn mit 38 Jahren nach Rom, wo er von weltgewandten Prälaten unterstützt wurde, als gefragter Romführer in regelmäßigem Kontakt mit Adligen aus ganz Europa stand und parallel ein breit angelegtes Netz von Korrespondenten in Italien, Frankreich, England und weiteren Ländern aufbaute. Dieses europäische Netzwerk, von dessen Dimension sein Briefwechsel ein beeindruckendes Abbild gibt, hat zur internationalen Rezeption seines Werkes in besonderem Maße beigetragen. Winckelmann ist einer der prominentesten und vielleicht auch einer der ersten deutschsprachigen Schriftsteller der Moderne überhaupt, die noch zu ihren Lebzeiten in ganz Europa mit großer Aufmerksamkeit gelesen und rezipiert wurden. Dies betrifft nicht allein die beiden fremdsprachigen Werke, die er direkt auf Französisch und auf Italienisch veröffentlicht hat,[9] sondern auch und vor allem seine zentralen deutschsprachigen Schriften.

Mit Winckelmann verlässt die deutsche Literatur ihre angestammte Heimat und wird zum Exportprodukt. Die *Gedancken über die Nachahmung der Griechischen Wercke in der Mahlerey und Bildhauer-Kunst*, die 1755 in Dresden in einer Auflage von nur etwa fünfzig Exemplaren gedruckt wurden, werden innerhalb kürzester Zeit ins Französische übersetzt.[10] Gleiches gilt für die 1764 auf Deutsch veröffentlichte und 1776 nach dem Tod des Autors neu aufgelegte *Geschichte der Kunst des Alterthums*, die bis zum Ende des 18. Jahrhunderts dreifach ins Französische und zweifach ins Italienische übersetzt wurde.[11] Diese Übersetzungen hatten eine nicht zu überschätzende Wirkung. Bis ins 19. Jahrhundert hinein wurde Winckelmann zumeist nicht auf Deutsch, sondern auf Französisch oder Italienisch gelesen – und dies sogar in Deutschland selbst. Der Herausgeber der schon erwähnten Weimarer Edition, Carl Ludwig Fernow (1763–1808), bemerkte 1808, dass Winckelmanns *Geschichte der Kunst* ein »sonderbares« Beispiel dafür liefere, »daß ein klassisches Werk der deutschen Literatur in Deutschland selbst lieber in der Uebersetzung als im Original studirt, und von den Alterthumsforschern in ihren Schriften angeführt wurde«.[12] Die hier festgestellte chronologische Priorität der internationalen Anerkennung gilt übrigens nicht nur für das Werk Winckelmanns, sondern auch für die auf ihn bezogene Memorialkultur: Noch vor dem Standbild in seiner Heimatstadt Stendal (Abb. 3) wurde in Triest, wo er 1768 ermordet worden war, ab 1822 ein von Domenico Rossetti angeregtes und unter der Aufsicht Antonio Canovas von Antonio Bosa ausgeführtes Grabdenkmal errichtet (Abb. 4; vgl. Kat. 174).

Die Verfasser der vorliegenden Einleitung und Kuratoren der Winckelmann-Ausstellung sehen es als eine große Chance, diese Ausstellung in Weimar organisieren zu können, wo vor etwa zwei Jahrhunderten die Kanonisierung Winckelmanns als deutscher Klassiker einsetzte. An diesem zentralen Ort der Klassik möchten sie eine neue Schicht der Winckelmann-Deutung hinzufügen, die – weit über das erste Weimarer Moment hinaus – die europäische, übernationale Dimension seines Wirkens in den Mittelpunkt stellt. Der erste Teil von Ausstellung und Katalog widmet sich unter dem Titel »Winckelmann und sein Jahrhundert« der vielschichtigen Genese von Winckelmanns Werk im Kontext seiner Zeit. Unter dem Titel »Winckelmann und die Moderne« wird im zweiten Teil vor Augen geführt, wie die von Winckelmann aufgeworfenen Fragen in den 250 Jahren seit seinem Tod produktiv weitergewirkt haben. Es wäre vermessen zu behaupten, dass sich das gesamte Spektrum moderner Antikenrezeption auf den deutschen Gelehrten zurückführen ließe: Winckelmanns Griechenideal stellt nur eine Facette im gesamteuropäischen Verhältnis zur Antike dar und war zudem spätestens ab Mitte des 19. Jahrhunderts ästhetisch überholt. Gleichzeitig gibt es ästhetische und gesellschaftliche Phänomene, die – obwohl auf

Abb. 3: E. Wagner nach einer Fotografie von August Deuth, Das Stendaler Winckelmann-Denkmal von Ludwig Wichmann (1788–1859), 1860, Stahlstich, 247 × 163 mm, Klassik Stiftung Weimar, Museen, Inv. ID 352282

den ersten Blick denkbar weit von Winckelmanns Lehren entfernt – doch Folgen von Entwicklungen sind, die ursprünglich von ihm angestoßen oder problematisiert wurden. Die Ausstellung beleuchtet jene künstlerischen, wissenschaftlichen und gesellschaftspolitischen Debatten, die im 19. und 20. Jahrhundert in teils affirmativer, teils kritischer Absicht auf Winckelmanns Ideen Bezug genommen haben, und rekonstruiert dabei ein Kaleidoskop ganz unterschiedlicher Winckelmann-Lektüren. Auch wenn sein Werk in geschichtswissenschaftlicher Hinsicht ihre Relevanz bald eingebüßt hatte, so dienten das von Winckelmann emphatisch entworfene Griechenbild, seine Person und sein außergewöhnlicher Lebensweg vielfach als Hintergrund für ästhetische, anthropologische und politische Auseinandersetzungen im Kontext der sich ausdifferenzierenden Moderne. Nicht zuletzt hat dabei auch seine im privaten Briefwechsel immer wieder von ihm selbst thematisierte Homosexualität Anschlusspunkte für historische wie auch aktualisierende Bezugnahmen geboten.[13]

III.

Winckelmanns Ausstrahlung und Wirkung überschreitet nicht nur die Grenzen des deutschsprachigen Raumes, sondern auch die Grenzen der Disziplinen, wie sie das 19. Jahrhundert mit Entschlossenheit gezogen hatte. Es ist deshalb ein zweites wesentliches Anliegen der Ausstellung, diese Vielseitigkeit sowohl in epistemologischer als auch in ästhetischer und künstlerischer Hinsicht zu zeigen.

Woraus besteht die Identität des griechischen Volkes? Welche Bedingungen erlaubten den künstlerischen Aufstieg dieser Nation unter den anderen antiken Völkern? Weisen die modernen Griechen dieselben Eigenschaften auf wie ihre antiken Vorfahren? Und wie kann in einer Moderne, in der Natur und Ideal nicht mehr in eins fallen, wieder eine Kunstblüte erreicht werden? Mit all diesen Fragen setzte sich Winckelmann von seiner Erstlingsschrift, den *Gedancken über die Nachahmung*, bis zu seinem großen Geschichtswerk, der *Geschichte der Kunst des Alterthums*, intensiv auseinander. Egon Friedell (1878–1938) hat in seiner *Kulturgeschichte der Neuzeit* (1925–1931) diese Schriften neben denjenigen Voltaires als »die ersten Versuche« bezeichnet, »nicht bloß über Kulturgeschichte zu philosophieren, sondern sie auch wirklich zu schreiben«.[14] Dass Winckelmanns Analyse der antiken Kunst eine Untersuchung der antiken Völker voraussetzt, hat einen doppelten Grund: Um das Werden der bildhauerischen Hervorbringungen des griechischen Volkes zu beschreiben, greift er einerseits auf Erklärungsmodelle zurück, die rein künstlerische Faktoren in Betracht ziehen, wie etwa die Gesetze der Stilabfolge und der Schönheitsbildung; andererseits fasst er die Kunst aber auch als das Ergebnis von Umständen auf, die außerhalb des eigentlichen Kunstbereiches stehen, wie etwa die politischen, ethnologischen, kulturellen und biologischen Charakteristika der Griechen. Wenn sein Werk eine so vielfältige Wirkung entfaltet hat, dann auch deshalb, weil es wie kein anderes eine solche Reihe von grundlegenden Fragen zur Geschichte des Menschen und seiner Artefakte überhaupt aufzuwerfen vermochte – Fragen, mit denen sich neben der Kunstgeschichte und der Archäologie *stricto sensu* auch die Anthropologie, die Ethnologie, die Naturgeschichte, die Geschichtswissenschaft und der politische Diskurs auseinandersetzen mussten. In der Kunstgeschichte und Archäologie wird Winckelmann gern als Neubegründer, wenn nicht gar als Begründer des Faches schlechthin dargestellt. In Hinsicht auf den beträchtlichen Einfluss, den sein Werk auf die nachfolgenden Kunsthistoriker und Archäologen ausübte, mag diese Sichtweise ihre Richtigkeit haben. Sie weist jedoch den Nachteil auf, die wirkliche Ausdehnung und tatsächliche epistemologische Vielseitigkeit seiner Schriften wie auch das transdisziplinäre Potenzial ihrer Fragestellungen zu verdecken. Ausstellung und Katalog wollen deshalb die vielfältigen Bereiche vor Augen führen, mit denen das Kunstdenken Winckelmanns verflochten ist und auf die es gewirkt hat.

IV.

Die Wirkung von Winckelmanns Werk geht schließlich nicht nur über nationale und disziplinäre Grenzen, sondern auch über das hinaus, was gemeinhin mit dem Schlagwort der »klassischen Lehre« verbunden wird. Im Zuge der Rezeption seiner Schriften avancierte Winckelmann zum Heros einer Ästhetik, die harmonische Proportionen, Mäßigung des Ausdrucks und Ruhe zum Inbegriff des Schönen erklärte – lauter Eigenschaften, die Winckelmann selbst allein den griechischen Künstlern der Zeit von Praxiteles, Lysipp und Apelles zugewiesen hatte. Dabei – so eine These, die sich bereits im ausgehenden 18. Jahrhundert abzeichnete – markiert er mit seinem in den *Gedancken über die Nachahmung* formulierten Gebot der Nachahmung der »griechischen« Kunstwerke eine deutliche Verschiebung bzw. eine Zäsur in der Geschichte der Antikerezeption. Während sich die italienische Renaissance und der französische *classicisme* seit dem Ende des

Abb. 4: Antonio Bernatti (1792–1873) nach Vincenzo Sgualdi und Antonio Lazzari (1798–1834), Das von Antonio Bosa (1780–1845) entworfene Denkmal für Johann Joachim Winckelmann in Triest, nach 1827, Radierung, 510 × 366 mm, Klassik Stiftung Weimar, Museen, Inv. ID 26373 (Kat. 174)

17. Jahrhunderts vorwiegend am Modell des »römischen« Altertums orientiert hätten, sei mit Winckelmann die griechische Antike in den Mittelpunkt gerückt, die der deutschen Klassik wesensverwandt sei. Dieser Interpretation zufolge, die etwa Walther Rehm in seinem Werk *Griechenland und Goethezeit* (1936) anbietet,[15] hat Winckelmann die theoretische Grundlage zur Konstruktion einer »deutschen Klassik« geliefert, die sich von den anderen europäischen Klassizismen deutlich unterscheidet. Hält man dieser Deutungstradition eine genaue Lektüre seiner Schriften entgegen, so kommen viele Ansätze zum Vorschein, die sich nicht unbedingt, nicht einfach oder

nicht nur mit den Maximen der deutschen Klassik verbinden lassen. Zwar hat der Autor der *Geschichte der Kunst* die Idealschönheit in der Tat als eine stille, unbewegte oder »gleichgültige« beschrieben, das heißt als eine über alles Charakteristische und Individuelle erhabene Qualität, der jeder allzu ausgeprägte »Ausdruck« zuwider sei.[16] Zugleich hat er aber auch darauf hingewiesen, dass das Kunstschöne letztendlich Ausdruck und Bewegung erfordere: »Da aber [...] die Leidenschaften die Winde sind, die in dem Meere des Lebens unser Schiff treiben, mit welchen der Dichter segelt, und der Künstler sich erhebt, so kann die reine Schönheit allein nicht der einzige Vorwurf unserer Betrachtung seyn, sondern wir müssen dieselbe auch in den Stand der Handlung und Leidenschaft setzen, welches wir in der Kunst in dem Worte Ausdruck begreifen.«[17]

So sind Handlung, Charakter, Leidenschaft dem Winckelmann'schen Begriff des Kunstschönen nicht fremd, sondern im Grunde genommen unerlässliche Bestandteile desselben, worauf nicht zuletzt die Beschreibung der »Muskel« und der »Fleischigkeit« des *Torso vom Belvedere* hinweist.[18] Gleiches gilt etwa für die Frage der Farbigkeit von Skulptur und Architektur oder des sich zur autonomen Linie emanzipierenden Kontur – alles Themen, die in der Ästhetik des 19. und 20. Jahrhunderts zunehmend Bedeutung erlangen. Vor diesem Hintergrund ist es ein wichtiges Anliegen der Ausstellung, die grundlegende Anschlussfähigkeit von Winckelmanns ästhetischen Ansätzen und ihre Produktivität für die Moderne zu zeigen: Anders als es eine lange Deutungstradition behauptet hat, besteht seine Originalität nicht in der Formulierung eines straffen Katalogs schlüssiger klassizistischer Lehrmeinungen, sondern in der faszinierenden Kombination oft widersprüchlicher Thesen und Denkansätze, die vielfältige Deutungen möglich gemacht haben und noch immer ermöglichen.

V.

Wie kein anderer vor ihm hat sich Winckelmann mit der für die Neuzeit grundlegenden und seit der *Querelle des Anciens et des Modernes* mit zunehmender Intensität diskutierten Frage des Verhältnisses von Moderne und Antike auseinandergesetzt. Kann sich die Moderne überhaupt einen Zugang zur antiken Kunst verschaffen? Wenn ja, wie? Durch die künstlerische Nachahmung antiker Vorbilder, ungeachtet der zeitlichen Entfernung, die das nachgeahmte Vorbild von dem modernen Künstler trennt? Oder über die historische Arbeit des Geschichtsschreibers, der anhand gelehrter Untersuchungen die antike Kunstwelt zu rekonstruieren sucht?

Beide Wege sind sowohl in ihren gedanklichen Voraussetzungen als auch in ihren Zielsetzungen sehr unterschiedlich: Der eine – ahistorische – geht von einem *normativen* Verständnis der Antike aus und zielt hauptsächlich auf die *künstlerische Produktion* von modernen Kunstwerken, die sich an antiken orientieren; der andere – historische – fasst die antiken Meisterstücke als Produkte eines singulären politischen, gesellschaftlichen und kulturellen Prozesses auf, der sich aufgrund seiner mehrfachen *geschichtlichen* Bedingtheit in der Moderne unmöglich wiederholen lässt und nur über die *wissenschaftliche* Erkenntnis der Geschichtsschreibung verstanden werden kann. Innerhalb seines Gesamtwerkes hat Winckelmann bald für den einen, bald für den anderen Weg optiert. Hauptziel der *Gedancken über die Nachahmung* war es, die Modernen zur Nachahmung der Griechen anzuhalten. Mit der *Geschichte der Kunst des Alterthums* schlug er dagegen eher den Weg der Historisierung ein, was ihn dazu führte, sich vom Traum einer Wiedergeburt der Antike in die Moderne zu entfernen. Die *Geschichte der Kunst* schließt mit dem Bild einer Geliebten, die vom Ufer aus das Schiff ihres »abfahrenden Liebhaber[s], ohne Hofnung ihn wieder zu sehen, mit bethränten Augen verfolget«. Zwar hätten die Modernen, »wie die Geliebte, gleichsam nur einen Schattenriß von dem Vorwurfe [ihrer] Wünsche übrig; aber desto größere Sehnsucht nach dem Verlohrnen erwecket derselbe, und [sie] betrachten die Copien der Urbilder mit größerer Aufmerksamkeit, als wie [sie] in dem völligen Besitze von diesen nicht würden gethan haben«.[19] Ist die antike Kunst für die Moderne also unwiederbringlich verloren? Kann sie heute nur über den Weg der historischen Rekonstruktion eingeholt werden? Oder ist sie womöglich über »Copien« immer noch aktualisierbar? Winckelmann war sich bewusst, dass es den Modernen mit Blick auf die Antike nur gehen kann »wie Leuten, die Gespenster kennen wollen, und zu sehen glauben, wo nichts ist«.[20] Gleichwohl hat er daran festgehalten: »Man stelle sich allezeit vor, viel zu finden, damit man viel suche, um etwas zu erblicken.«[21]

Zwischen einer normativen und einer historisierenden Betrachtung der antiken Kunst blieb Winckelmann sein Leben lang hin und her gerissen. Es ist dies eine grundlegende und geradezu programmatische Ambivalenz, die der Untertitel der Ausstellung hervorheben will. Heute ist der Name Winckelmanns weitgehend vergessen; als ästhetischer, anthropologischer, historischer oder politischer Maßstab eignet er sich nicht mehr.[22] Indem die Ausstellung jedoch die Vielseitigkeit des Winckelmann'schen Œuvres aufzeigt und die Debatten um eine entschwundene, aber doch immer wieder heraufbeschworene Antike rekonstruiert, stellt sie auch die damit verbundenen Fragen neu, sei es nach den Zusammenhängen von Ästhetik und Politik oder nach dem Verhältnis von Vergangenheit und Gegenwart. Mit Francesco Vezzolis *Self-Portrait as Apollo del Belvedere's Lover* von 2011 (Kat. 47), das programmatisch am Anfang der Ausstellung steht, zeigt sie, dass sich dem vermeintlich Überholten immer wieder überraschende Seiten abgewinnen lassen – wenn man ihm Avancen macht und etwas mit ihm anzufangen weiß.

ANMERKUNGEN

1 Herder, *Kritische Wälder. Erstes Wäldchen*, in: Herder 1985–2000, Bd. 2, hier S. 66; vgl. Hatfield 1943 und Seeba 1982.
2 Diderot 1984, S. 278. Gotthold Ephraim Lessing an Friedrich Nicolai, 5. Juli 1768, in: Lessing 1989–2003, Bd. 11/1, S. 527.
3 Georg Friedrich Wilhelm Hegel, *Vorlesungen über die Ästhetik I*, in: Hegel 1969–1971, Bd. 13, S. 92.
4 Friedrich Nietzsche, *Nachgelassene Fragmente. Herbst 1885 bis Anfang Januar 1889, 2. Teil: November 1887 bis Anfang Januar 1889*, in: Nietzsche 1988, Bd. 13, S. 140.
5 Vgl. Schmälzle 2017.
6 Justi 1898, Bd. 3, S. 220.
7 Vgl. Goethe 1805 sowie die von Carl Ludwig Fernow initiierte, von Johann Heinrich Meyer und Johannes Schulze vollendete Ausgabe *Winckelmann's Werke* (*WA*). 1824/25 wurde diese Ausgabe um drei Bände mit Briefen ergänzt, die Friedrich Christoph Förster herausgegeben hat; vgl. Kat. 157.
8 Vgl. Landfester 1996.
9 Vgl. *Description des pierres gravées du feu baron de Stosch* von 1760 (*Description*) sowie *Monumenti antichi inediti* von 1767 (*MI*).
10 Vgl. Kat. 26, 27
11 Vgl. Kat. 29–33
12 Carl Ludwig Fernow, *Vorrede*, in: *WA*, Bd. 1, S. 3.
13 Vgl. Derks 1990; Detering 1994; Potts 1994; Käfer 1996; Wangenheim 2005.
14 Friedell 2012, S. 34.
15 Vgl. Rehm 1968, bes. S. 40f. Zum häufigen Auftauchen dieser Ansicht in neueren Arbeiten vgl. z. B. Fuhrmann 1979 und Uhlig 1988, S. 7–19.
16 *GK1*, S. 167f.
17 Ebd., S. 151.
18 Ebd., S. 370.
19 Ebd., S. 430.
20 Ebd.
21 Ebd., S. 431.
22 Vgl. Schloemann 2010, S. 536f.

JOHANN JOACHIM WINCKELMANN: DER EUROPÄER

Ernst Osterkamp

WINCKELMANNS VATERLÄNDER

Johann Joachim Winckelmann hat die Frage nach seinem Vaterland mit hoher Flexibilität zu beantworten gewusst. Natürlich war er ein Deutscher, und er hat dies auch gegenüber seinen deutschen Briefpartnern immer wieder zum Ausdruck gebracht: »Denn vielleicht gehet ein Jahrhundert vorbey, ehe es einem Deutschen gelinget, mir auf dem Wege, welchen ich ergriffen, nachzugehen, und welcher das Herz auf dem Flecke hat, wo es mir sitzet.«[1] (*Br. 3*, S. 48) So schrieb er am 16. Juli 1764 an einen deutschen Freund und brachte damit zum Ausdruck, dass er sich nach einem fast neunjährigen Aufenthalt in Rom noch immer als Deutscher empfand – als einen sehr besonderen Deutschen freilich. Er hat aber nur äußerst selten Deutschland sein Vaterland genannt (so etwa im Mai 1764 gegenüber dem dänischen Bildhauer Johannes Wiedewelt; *Br. 3*, S. 41); wenn er, der das Kurfürstentum Bayern auf seiner Reise nach Rom nur im Fluge passiert hatte, am 28. November 1756 in einem an Johann Daniel Herz gerichteten Dankesbrief für seine Aufnahme in die Kaiserlich Francischen Akademie der freien Künste in Augsburg gleichwohl des Öfteren von »unser[em] lieben« oder »unserem wehrten Vaterlande« spricht, dann entbehrt dies im zeremoniösen Kontext des Schreibens jeder persönlichen Komponente. Ein solches Bekenntnis Winckelmanns wäre angesichts der politischen Zerrissenheit des Heiligen Römischen Reiches Deutscher Nation, die durch die gemeinsame Sprache und Kultur nicht ausgeglichen werden konnte, auch wenig sinnvoll gewesen; insofern ist Deutschland, pointiert gesagt, zum Vaterland Winckelmanns auch erst mit der von Ludwig I. verfügten Aufnahme seiner Büste in die Walhalla, den Ruhmestempel der Deutschen, geworden (vgl. S. 101, Abb. 3), also mit seiner nach den Befreiungskriegen erfolgten Aufwertung zu einem die kulturelle Einheit Deutschlands repräsentierenden Kulturheros.

Bis zu seiner Abreise nach Rom im Herbst 1755 gab es für den 1717 in Stendal in der Altmark geborenen Winckelmann nur ein Vaterland: das Königreich Preußen. In ihm war er aufgewachsen und zur Schule gegangen (Abb. 1), hier war er zunächst als Hauslehrer tätig gewesen, in Preußen hatte er von 1742 bis 1748 die von ihm später immer wieder als Martyrium charakterisierte Zeit als Konrektor an der Lateinschule in Seehausen verbracht. Es waren harte und unfrohe Zeiten, die Winckelmann in seinen ersten drei Lebensjahrzehnten in Preußen erlebte, und doch hat er auch nach seinem Dienstantritt als Bibliothekar des Reichsgrafen Heinrich von Bünau (1697–1762) in Nöthnitz bei Dresden nicht gezögert, von Preußen als seinem Vaterland zu sprechen: »*sola virtute armatus* gieng ich zuversichtlich aus meinem Vaterlande« (*Br. 1*, S. 119), schrieb er am 6. Januar 1753 in einem Brief an seinen Freund Hieronymus Dietrich Berendis (1719–1782) über seinen mehr als vier Jahre zurückliegenden Umzug vom preußischen Seehausen ins sächsische Nöthnitz. Es ist ihm in den in Nöthnitz und Dresden verbrachten Jahren, 1748 bis 1755, trotz der deutlichen Verbesserung seiner Lebensbedingungen niemals eingefallen, das Kurfürstentum Sachsen als sein Vaterland zu bezeichnen.

Eine Pluralisierung seiner Vaterländer setzte für Winckelmann erst mit seiner Übersiedlung nach Rom im Herbst 1755 ein und dabei spielte außer karrierestrategischen Überlegungen die weltpolitische Lage eine entscheidende Rolle. Der Ausbruch des Siebenjährigen Krieges im August 1756, in den außer Preußen, Sachsen und Österreich auch die europäischen Großmächte England, Frankreich und Russland einbezogen waren, musste Winckelmanns Verhältnis zu seinem Vaterland Preußen auf fundamentale Weise verändern. Fortan nannte er Sachsen sein Vaterland, denn dort war er seiner preußischen Schulmeistermisere entronnen, in Sachsen war die Grundlage für eine (freilich noch völlig unsichere) Gelehrtenlaufbahn gelegt worden, hier war mit großem Erfolg seine dem sächsischen Kurfürsten und polnischen König gewidmete Erstlingsschrift erschienen und der sächsische Hof finanzierte zudem mit einem Stipendium (dessen Fortzahlung mit dem preußischen Einmarsch in Sachsen ungewiss geworden war) seinen Italienaufenthalt. So tauschte er denn sein bisheriges Vaterland Preußen nach Kriegsausbruch sofort durch das neue Vaterland Sachsen aus. Vaterlandsliebe im patriotisch-sentimentalen Sinne des 19. Jahrhunderts war nicht Winckelmanns größte Stärke; affektive Bindung oder politische Loyalität haben ihn bei der Entscheidung der Frage, welches Land denn sein Vaterland sei, nur am Rande beschäftigt.

Über seine Vaterlandsbindung hat Winckelmann vielmehr nach Maßgabe seiner beruflichen Pläne und seiner wissenschaftlichen wie persönlichen Entfaltungsmöglichkeiten entschieden, und was dieses anbetraf, so musste er, als ihn in Rom die Nachricht vom Ausbruch des Krieges erreichte, erst einmal erschrocken feststellen, dass ihm Friedrich II., der König seines bisherigen Vaterlandes, einen markanten Strich durch die Rechnung gemacht hatte: »mais les tristes situations de la Saxe ont derangées tous mes desseins.« (*Br. 1*, S. 245) So lautet, in einem Brief vom 25. September 1756 an seinen ehemaligen Nöthnitzer Bibliothekskollegen Johann Michael Francke (1717–1775), seine erste Reaktion auf die Nachricht von der Eroberung Sachsens durch Preußen. Bei dieser Gefährdung seiner beruflichen Pläne durch die politische Großwetterlage musste er, der Preuße, zu retten suchen, was zu retten war, und das konnte nur durch ein beherztes Bekenntnis zu seinem neuen Vaterland Sachsen geschehen, denn nur mit einer solchen Loyalitätsbekundung ließ sich die Fortzahlung seines Stipendiums sichern. Daher schrieb er noch am selben Tag wie an Francke auch an Giovanni Lodovico Bianconi (1717–1781), den Leibarzt des sächsischen Kurprinzen Friedrich Christian und wichtigen Förderer Winckelmanns am sächsischen Hof, einen langen Brief, der von einem flammenden Bekenntnis zu seinem neuen Vaterland eröffnet wurde: »Mais Monsieur! Les calamités dont notre pauvre patrie est effligée / : je dis Notre Patrie; car la Saxe l'est devenuë à moi par tant de bienfaits, par des amis et par un Prince qui merite le titre des Delices du genre humain« (*Br. 1*, S. 246). Der strategische Sinn dieses Bekenntnisses dürfte dem aus Bologna stammenden Bianconi, der erst 1749 nach Dresden gekommen und für den deshalb Sachsen genauso viel oder wenig sein Vaterland war wie für Winckelmann, klar vor Augen gestanden haben; Winckelmann erhielt auch in den kommenden Jahren trotz der politischen und ökonomischen Bedrängnis Sachsens seine Pension, sodass er weiterhin Sachsen sein Vaterland nennen konnte. Dabei war ihm immer klar, dass seine sächsischen Briefpartner in ihm nach wie vor den Preußen sehen konnten; deshalb unterschied er in seinen nach Sachsen gerichteten Briefen fortan sein wirkliches von seinem wahren Vaterland: »Die großen Drangsale, mit welchen unser und mein wahres Vaterland heimgesucht wird, verursachen mir vielen Kummer« (*Br. 1*, S. 263), schrieb er im Januar 1757 an seinen ehemaligen Dienstherrn Bünau (vgl. *Br. 1*, S. 265 und 274). Im Februar 1758 verstieg er sich gegenüber Berendis sogar zu der pathetischen Aussage: »mein Vaterland / : das ist Sachsen, ich erkenne kein anders und es ist kein Tropfen Preußisches Blut mehr in mir« (*Br. 1*, S. 331). Man muss freilich sehen, dass sich solche emphatischen Bekenntnisse Winckelmanns zu seinem neuen Vaterland nur in Briefen an seine sächsischen Brief-

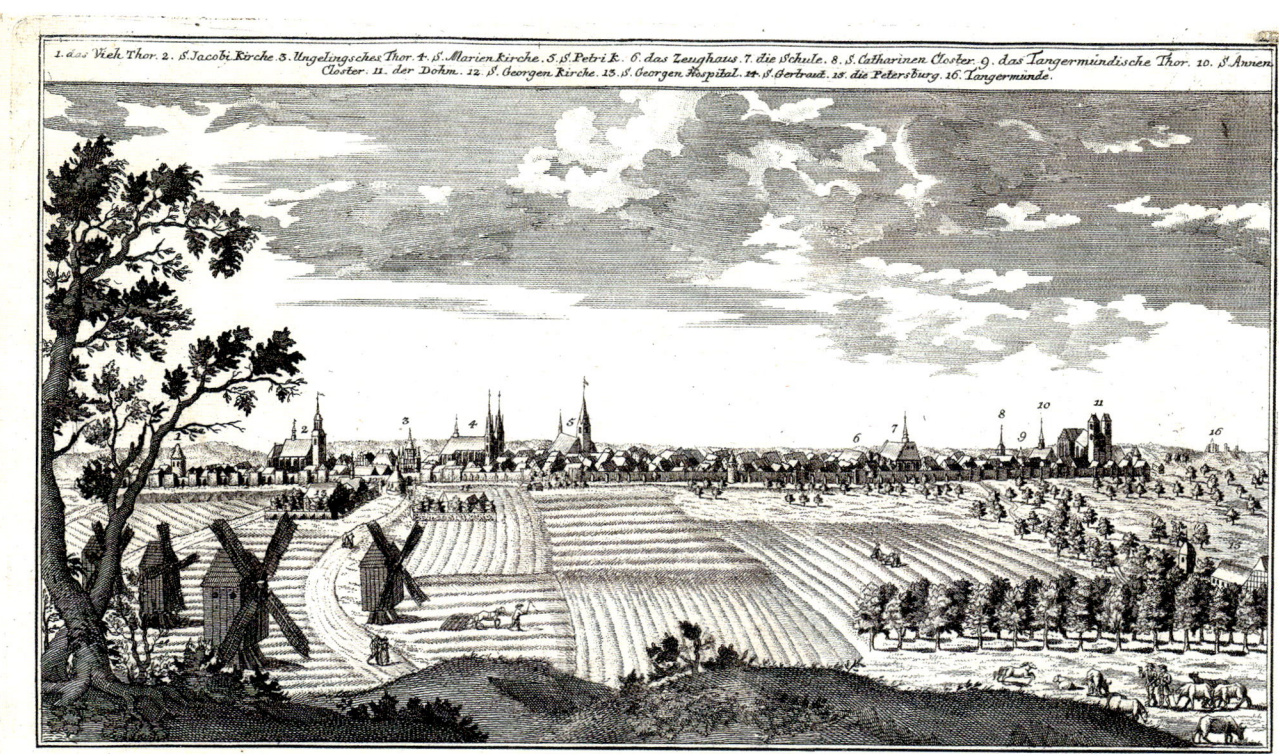

Abb. 1: Johann David Schleuen d. Ä. (1711–1774), Prospect der königlich-preußischen Stadt Stendal, 1773, Radierung, 241 × 341 mm, Winckelmann-Museum, Stendal, Inv. WM-VI-b-c-121

partner finden; wenn er an Preußen oder Parteigänger Preußens schrieb, erinnerte er sich nach wie vor seines ursprünglichen Vaterlandes. So beklagte er am 25. August 1759 in einem Brief an Heinrich Wilhelm von Muzell-Stosch (1723–1782), in dessen Auftrag er am Gemmenkatalog der Sammlung Stosch arbeitete, die katastrophale Niederlage des Preußenkönigs – den zu schmähen er sonst nicht müde wurde – in der Schlacht von Kunersdorf: »Ich nehme mehr Antheil an dem Unglück unsers Vaterlandes als Sie vielleicht glauben werden, und einen großen Mann ja den größten Mann unglücklich zu sehen, muß der mehresten Menschen Mitleiden erwecken, geschweige denn derer die ihm als deßen gebohrne Unterthanen gleichsam eigen sind.« (*Br. 2*, S. 24) Wenn er sich gegenüber Franzosen, als den aktuellen Kriegsgegnern Friedrichs II., zu Preußen als seinem Vaterland bekannte, dann freilich unter den erforderlichen politischen Distanzierungen. So schrieb er im September 1760 an den französischen Altertumsforscher Jean-Jacques Barthélemy (1716–1795): »car ce païs despotique et de l'esclavage est ma Patrie.« (*Br. 2*, S. 99)

Solche politischen Urteile änderten wiederum nichts daran, dass Winckelmann Preußen immer dann, wenn ihn von dort attraktive Stellenangebote erreichten, als sein Vaterland anzuerkennen bereit war. Als ihn im Februar 1763 über seine Schweizer Freunde der Vorschlag Johann Georg Sulzers (1720–1779) erreichte, eine Professur an der Berliner Akademie zu übernehmen, schrieb er, dass er zwar »meinem Vaterlande nützlich zu seyn« wünsche, dass ihn insgesamt aber »kein starker Magnet nach Deutschland« ziehe (*Br. 2*, S. 297). Damals hatten sich seine Vaterlandsimaginationen schon in eine andere Richtung entwickelt: in gleicher Weise fort von Preußen und von Sachsen. Den Schweizer Freunden schrieb er am 20. Februar 1763, es steige ihm bei Sulzers Vorschlag »allezeit ein kleiner Widerwillen wider mein Vaterland« auf: »Der vornemste Grund, glaube ich, ist die Liebe zur Freyheit«, die ihn unter anderen Umständen zum Tyrannenmörder hätte machen können (*Br. 2*, S. 295). Damit sprach er unmittelbar das politische Selbstverständnis seiner Freunde an, denn die Schweiz war für Winckelmann wie für viele aufgeklärte Intellektuelle seiner Zeit das Land der Freiheit, und so hat er denn in seinen späteren Jahren auch verschiedentlich mit dem Gedanken gespielt, seinen Lebensabend dort zu verbringen. Die Vervielfältigung der Winckelmann'schen Vaterländer schritt also voran. Deutlicher noch wird dies an einer anderen Stelle desselben Briefes, wo er sich ebenfalls auf Sulzers Vorschlag bezieht und dabei in gleiche Distanz zu Preußen wie zu Sachsen tritt: »Mein Haß ist nur persönlich und wider den König, und dieses aus Menschlichkeit, und aus Liebe zu Sachsen. Ich bin den Sachsen und dem Hofe eben so wenig als den Preußen verbunden« (*Br. 2*, S. 291). Diese Unabhängigkeitserklärung von seinen beiden bisherigen Vaterländern gibt ihm dann die Freiheit, sich zwei neue zu imaginieren: »In Rom bin ich voritzo gut aber nicht auf meine alten Tage.« (*Br. 2*, S. 292) Die Distanzierung von Preußen wie von Sachsen konnte ihm also deshalb gelingen, weil er Rom mittlerweile als sein drittes Vaterland empfand; über das für sein Alter in Aussicht genommene vierte Vaterland nachzudenken, überließ er so lapidar wie gezielt seinen Schweizer Förderern und Freunden.

Ab Beginn der 1760er-Jahre finden sich in Winckelmanns Briefen Hinweise darauf, dass er Rom zu seinem neuen Vaterland zu machen und nicht mehr nach Deutschland zurückzukehren erwog. Bei diesen Überlegungen spielte der fortdauernde Krieg in Deutschland ebenso eine Rolle wie Winckelmanns insgesamt zufriedenstellende berufliche Situation als Bibliothekar des Kardinals Alessandro Albani (1692–1779). So forderte er im April 1761 am Ende eines langen Schreibens Wilhelm Muzell-Stosch auf, »in das glückliche Italien« zurückzukehren: »alsdenn wünsche ich, daß wir beyde in unserem Vaterlande, Sie in dem gemeinschaftlichen, Ich in demjenigen, welches es mir durch Wohlthaten geworden ist, den Sitz unserer Ruhe, frölich, geliebt und geachtet, finden mögen« (*Br. 2*, S. 139). Was hier noch ein vom Winckelmann'schen Freundschaftspathos getragenes Gedankenspiel war, wurde ein Jahr später, in einem Brief vom 3. März 1762 an Volkmann, lapidar als Tatbestand konstatiert: »Rom ist mir das Vaterland geworden.« (*Br. 1*, S. 212)

Dabei hatten zu diesem Zeitpunkt noch nicht einmal die beiden Ereignisse stattgefunden, die wie nichts anderes dazu beigetragen haben, dass Rom tatsächlich auf Dauer Winckelmanns »Vaterland« wurde und blieb: im April 1763 die Ernennung zum *Prefetto dell' Antichità di Roma* und im Dezember 1763 der plötzliche Tod des sächsischen Kurprinzen Friedrich Christian, dem die *Geschichte der Kunst des Alterthums* gewidmet war. Das eine, die endgültige berufliche Sicherstellung und Aufwertung Winckelmanns durch ein angesehenes Amt, führte sofort dazu, dass er sein »Gezelt« für immer »in diesem Lande der Menschenliebe« aufzuschlagen (*Br. 2*, S. 305) und »meine Tage in dem Lande der Menschlichkeit« zu »endigen« beschloss (*Br. 2*, S. 306). Das andere, das dramatische Ende des augusteischen Zeitalters in Sachsen mit dem Tod König Augusts III. am 5. Oktober, des Grafen Brühl am 28. Oktober und des seinem Vater als Kurfürst folgenden Friedrich Christian am 17. Dezember 1763, nahm Winckelmann jede Hoffnung, in seinem zweiten Vaterland noch eine attraktive berufliche Zukunft vor sich zu haben – zumal seine im Sinne der Karrieresteuerung sorgfältig geplante Widmungspolitik katastrophal gescheitert war: Kurfürst Friedrich Christian hatte die ihm gewidmete *Geschichte der Kunst des Alterthums* nicht einmal mehr zu Gesicht bekommen und sich deshalb auch nicht für die Widmung mit einer fürstlichen Gabe revanchieren können. Enttäuscht schrieb Winckelmann im Januar 1764 an seinen Freund Johann Hermann Riedesel (1740–1785): »Meine Geschichte der Kunst ist vor Weyhnachten ans Licht getreten, dem seel. Churfürsten zugeschrieben, welcher sie nicht gesehen hat. Ich verliere also, was ich zu hoffen hatte, und begebe mich zugleich aller Hoffnung auf Sachsen.« (*Br. 3*, S. 7) Schon drei Tage später schrieb er ernüchtert an Volkmann:

»nach dem Verlust des anbetenswürdigen Prinzen, der zum Heil seines Volks von Gott erkohren war, ist fast alle Neigung für das Land [...] verschwunden« (*Br. 3*, S. 19). Und im März 1764 zog er ebenso kühl in einem Brief an Stosch die politische Konsequenz, dass der Dresdner Hof »nicht das mindeste Recht an mir habe und keine Verbindlichkeit statt finde« (*Br. 3*, S. 26). Damit wurde Sachsen als Vaterland verabschiedet und Rom als Winckelmanns drittes Vaterland fest etabliert. So ganz fest freilich dann doch nicht. Winckelmann musste immer damit rechnen, dass sich nach dem Tod seines sehr viel älteren Dienstherrn und Förderers, des Kardinals Albani, seine komfortable Situation in Rom sehr rasch wieder würde ändern können, und auf diesen Fall suchte er sich vorzubereiten, indem er nach einem vierten Vaterland Ausschau hielt. Seine Wahl fiel, wie schon angedeutet, auf die Schweiz, wo er neben anderen in Johann Caspar Füssli, Salomon Gessner und Leonhard Usteri potente Bewunderer und Förderer gefunden hatte. So begleitete er denn in einem Brief vom 23. Juni 1764 Hans Heinrich Füssli (1745–1832) im Geiste auf dessen Rückweg »zum geliebten Vaterlande« (*Br. 3*, S. 45) und verkündete im nächsten Brief (*Br. 3*, S. 47), dass er seine im Falle des Kurprinzen elend gescheiterte Widmungspolitik nun mit Füssli fortsetzen werde: Ihm werde er – was er dann auch tat – die noch im selben Jahr erscheinenden *Nachrichten von den neuesten Herculanischen Entdeckungen* widmen. Dass ihn dabei die Vorstellung leitete, Füsslis »geliebtes Vaterland« dereinst zu dem eigenen machen zu können, hat er zwar gegenüber dem Widmungsempfänger nicht direkt aussprechen müssen, aber das war auch wohl nicht nötig; einen Monat später teilte er Muzell-Stosch jedenfalls offen seine Überlegung mit, »bey erfolgten Absterben des Cardinals, alles in Rom aufzugeben, einige Reisen zu machen, und alsdenn vielleicht in Zürich mein Leben zu beschließen« (*Br. 3*, S. 53). Auch Rom, dem Land der Menschlichkeit, hat also Winckelmann, der offenbar mit dauerhaft gesicherten Lebensverhältnissen für sich selbst nicht rechnete, nur den Status eines vorläufigen Vaterlandes zumessen mögen.

Wie der Blick auf seine Vaterländer zeigt, hat Winckelmann jeweils dasjenige Land als sein Vaterland akzeptiert, das ihm die besten beruflichen Konditionen und die größten persönlichen wie wissenschaftlichen Entfaltungsräume bot. Engere persönliche Bindungen an Preußen, das Land seiner Herkunft und des schulischen Galeerendiensts, hat er nicht besessen, Sachsen blieb für ihn ein berufliches Transit-Vaterland und in Rom, dem emphatisch beschworenen Land der Menschenliebe, hat er ebenfalls nur ein Vaterland auf Zeit gesehen, wie die bis an sein gewaltsames Ende fortdauernde Bereitschaft, auf attraktive berufliche Angebote aus anderen Ländern einzugehen, und die Erwägung, sich im Alter in der Schweiz zur Ruhe zu setzen, zu erkennen geben. Winckelmann hatte viele Vaterländer. Ein Vaterland hatte er nicht.

DER ABENTEURER

Einen »homo vagus inconstans« hatte der Rektor Friedrich Bake seinen Schüler am Köllnischen Gymnasium genannt (*Br. 3*, S. 524), und Winckelmanns Jugendfreund Gottlob Burchard Genzmer, der dieses Urteil im Sommer 1768 in zwei Briefen kolportierte, versah es zusätzlich mit der Anmerkung: »Das ist er in seinem ganzen Leben geblieben; [...] kurz ein rechter Wuschekopf« (*Br. 4*, S. 308). Das Unstete und Getriebene in Winckelmanns Wesen ist also seinen Freunden keineswegs verborgen geblieben und er selbst hat sich ihnen gegenüber auch zu diesem Wesenszug bekannt. Er hat aber seiner Risikobereitschaft und inneren Unrast eine strategische Notwendigkeit im Hinblick auf die Erfüllung seiner wissenschaftlichen Pläne zugesprochen, die weit über die Charakteristik eines »Wuschekopfs« hinausführt. Als er in der Krisensituation des Winters 1752/53 Berendis, seinen bewährtesten Freund, von seinen Plänen unterrichtete, den Bibliotheksdienst bei Bünau niederzulegen, zum Katholizismus überzutreten und sich so den Weg nach Rom und zu einer wissenschaftlichen Karriere zu bahnen, muss dieser ihm mangelnde seelische Stabilität und eine Neigung zu beruflicher Sprunghaftigkeit vorgeworfen haben. Winckelmann gestand in seiner Antwort diesen Charakterzug auch bereitwillig ein: »Ich gebe mich gerne einer Liebe zur Veränderung schuld, die Du mir nur gar zu oft in allen Deinen Briefen vorwirfst.« Dann aber wendete er diesen Vorwurf ins Positive und erklärte seine seelisch-sittliche Versatilität zur notwendigen Charaktereigenschaft eines Mannes, der fest dazu entschlossen war, sich trotz der Ungunst der sozialen Voraussetzungen und gegen alle äußeren Widerstände den Lebenstraum einer wissenschaftlichen Laufbahn zu erfüllen. Noch einmal erinnerte er in diesem großen Bekenntnisbrief Berendis daran, wie er in seinem bisherigen Leben »durch Mangel und Armuth durch Mühe und Noth« sich den Weg zur Wissenschaft zu bahnen versucht hatte: »Die Liebe zu Wissenschafften ist es, und die allein, welche mich bewegen können, dem mir gethanen Anschlag, Gehör zu geben. Es ist mein Unglück, daß ich nicht an einem großen Ort gebohren bin, wo ich Erziehung und Gelegenheit haben können, meiner Neigung zu folgen, und mich zu formiren.« Dann zog er, der nun 35-Jährige, den illusionslosen Schluss aus der Ergebnislosigkeit seiner bisherigen Mühen, dass nur die Bereitschaft, die Brücken hinter sich abzubrechen und alles auf eine Karte zu setzen, ihm zum Erfolg werde verhelfen können: »Man muß die gemeine Bahn verlaßen, sich zu erheben. Die Weisen des Alterthums durchzogen unzählige Länder, Wissenschafften zu suchen.« (*Br. 1*, S. 119)

Man muss die gesicherten Wege verlassen, um zum ganz großen Erfolg zu kommen: Das ist von jeher die Maxime der Abenteurer, und tatsächlich sind Johann Joachim Winckelmann Züge von Abenteurertum nicht fremd. Das Risikobewusstsein, mit dem er nach dem Tod des Vaters (1750) ab 1751 die Verhandlungen über den Glaubenswechsel mit dem Nuntius Alberico Archinto (1698–1758) in Dresden führte, die Bereitschaft, seine sichere Position als Bibliothekar beim Reichsgrafen Bünau um einer völlig ungewissen Zukunft willen aufzugeben, die Fähigkeit, als Schustersohn die Nähe der Großen zu suchen und sich auf dem ihm zunächst vollkommen unvertrauten Gelände des Dresdner Hofes Freunde und Förderer zu sichern, die Instinktsicherheit, am richtigen Ort zur richtigen Zeit eine kleine Schrift mit dem richtigen Thema dem absolut richtigen Mann, nämlich dem sächsischen Kurfürsten und polnischen König August III., zu widmen, der Mut, mit dem er ohne jeden konkreten Werkplan die Reise nach Rom antrat, das Pathos der Freiheit, das er dort entwickelte und triumphierend gegen seine deutschen Freunde zur Geltung brachte, die Mühelosigkeit, mit der er diese Freiheit, wenn es die Verhältnisse erzwangen, durch den Eintritt in wechselnde Dienstverhältnisse aufzugeben bereit war, die Virtuosität schließlich, mit der er seine Loyalität in Rom zwischen verfeindeten Kardinälen aufzuteilen verstand – all dies deutet auf einen Mann, der die Fähigkeit zur Risikokalkulation mit der Bereitschaft zum Abenteuer verband. Der Satz, mit dem Winckelmann den Entschluss zur Konversion bekanntgab, ist der Lieblingssatz aller Hasardeure: »Alea jacta est«; drei Mal fällt er in den Briefen an Berendis, beim ersten Mal eingeleitet mit dem Pathos desjenigen, der weiß, was es heißt, einen Rubikon zu überschreiten: »was Du auch schreiben magst, es ist zu spät« (*Br. 1*, S. 126), beim letzten Mal mit einem Ausrufezeichen versehen, denn da war der Übertritt tatsächlich erfolgt (*Br. 1*, S. 145; vgl. auch *Br. 1*, S. 130). Welchen Mut ihm sein Abenteurertum abverlangte, zeigen die brieflichen Hinweise auf die psychosomatischen Belastungen (etwa die immer wieder beklagten nächtlichen Schweißausbrüche), mit denen es erkauft war.

Das Jahrhundert Winckelmanns war das Jahrhundert der Abenteurer. Deren Biotop waren die absolutistischen Höfe Europas, als deren prächtigster zu dieser Zeit derjenige des augusteischen Dresden galt. Die an den Höfen konzentrierte Macht und der dort aufgehäufte Reichtum boten die

Möglichkeit zu den steilsten Karrieren, wie die an den Höfen waltende Willkür auch die interessantesten Abstürze produzierte. Das Jahrhundert der Aufklärung hat die Entfaltung des Sozialtypus des Abenteurers durch eine Vielzahl von Faktoren begünstigt: durch die Religionskritik und die mit ihr verbundene Aufweichung der moralischen Normen, durch eine Dynamisierung der sozialen Mobilität, welche sozialen Virtuosen und brillanten Intelligenzen die etablierten sozialen Schranken überwindende Karrieren ermöglichte, durch Vernunftidolatrie und Vorurteilskritik, durch eine rasante Ausweitung des naturwissenschaftlichen Wissens und die Entgrenzung der bekannten Welt durch Entdeckungsreisen, die wiederum die in Europa etablierten sozialen und moralischen Standards in Frage stellten. Hinzu kamen die Konkurrenz zwischen den Höfen und die ständig steigenden Ansprüche an die Repräsentationskultur, die mit einem Wettstreit um die größten Begabungen in Kunst und Wissenschaft einhergingen. All dies schaffte ideale Bedingungen für die Entfaltung des Abenteurers als Sozialtypus, für den es keine staatlichen Grenzen und keine politischen Loyalitäten gab. Dessen Lebensraum war nicht sein Vaterland, sondern ganz Europa. Was er brauchte, um sich an den Höfen Europas entfalten zu können, waren soziale Virtuosität, ein vorzügliches Französisch und gesuchte Spezialkenntnisse. Sollte der Zugang zu den Höfen durch fehlende Adelstitel erschwert gewesen sein, so ließ sich dies Problem durch deren Erfindung rasch beheben. So nobilitierte sich Giacomo Casanova (1725–1798) leichten Herzens selbst zum Chevalier de Seingalt und wann, wo und wie Pierre-François Hugues (1719–1805), der als Baron d'Hancarville in der Kunst- und Kulturgeschichte des 18. Jahrhunderts in den unterschiedlichsten Sphären zu irrlichternder Berühmtheit aufstieg, seinen Titel erworben hat, wird sich wohl nie mehr klären lassen.

Johann Joachim Winckelmann war kein Abenteurer vom Schlage Casanovas und des Baron d'Hancarville, aber er hat sie beide gut gekannt und bei aller Skepsis auch geschätzt, und gegen den Reiz der Pseudo-Nobilitierung war auch er nicht gefeit. Natürlich hat er sich keinen Adelstitel erschwindelt, aber bei den akademischen Ehrungen, mit denen er sich und seine Bücher gerne schmückte, hat er den Zufall so weit wie möglich ausgeschlossen und seine Aufnahme in gelehrte Akademien gezielt betrieben, um dann seinen Freunden zu verkünden, sie sei auf Initiative der aufnehmenden Akademien erfolgt. So schrieb er im Oktober 1760 an Wilhelm Muzell-Stosch nach London, nachdem er ihm seine Aufnahme in die Akademien von Cortona und San Luca in Rom mitgeteilt hatte: »es würde mir lieb seyn wenn die Academie der Alterthümer in London ein gleiches thäte: Sie könnten dazu beytragen.« (*Br. 2*, S. 103) Also wurde Winckelmann durch dessen Einsatz ein halbes Jahr später zum Mitglied der Londoner *Society of Antiquaries* ernannt; doch als er dies war, wünschte er sich sofort ein soziales Upgrade, nämlich die Aufnahme in die *Royal Society of London*, und wieder spornte er Muzell-Stosch dazu an, dafür das Seine zu tun: »Ich habe mir nicht einfallen laßen an die andere und höhere Gesellschaft, bey welcher Sie mich in Vorschlag gebracht haben, zu dencken, aber ich wünschte auch diesen Vorzug.« (*Br. 2*, S. 132) Aber die noble *Royal Society* wählte Winckelmann dann doch nicht zu ihrem Mitglied, was ihn freilich nicht daran hinderte, in seinem berühmten Brief an Friedrich Wilhelm Marpurg (1718–1795) vom 8. Dezember 1762, in dem er stolz »das Leben und die Wunder Johann Winckelmanns« ausbreitete (*Br. 2*, S. 276), damit zu renommieren, dass er in England »neulich auch zum Mitgliede der Königlichen Gesellschafft der Wissenschafften« ernannt worden sei (*Br. 2*, S. 275). Man darf sich über den Zorn Winckelmanns nicht wundern, als er erfuhr, dass der Brief an Marpurg in einer Zeitschrift erschienen war.

Natürlich kommen diese akademischen Selbstnobilitierungen nicht annähernd an das Hochstaplertum Casanovas und d'Hancarvilles heran, aber sie verweisen doch wie vieles andere im Leben dieses »rechten Wuschekopfs« – von der Vielzahl der geplanten Reisen nach Sizilien,

Griechenland und Kleinasien über die gezielten Regelverstöße bei der wissenschaftlichen Auswertung und Publikation der Funde in Herculaneum bis zu dem leichtfertigen Spiel mit dem Tod in Triest – auf den Hang Winckelmanns zum Abenteuer und seine Neigung, sein Leben im Zeichen kalkulierbarer Risiken zu leben. Seine Fähigkeit, die Vaterländer im weiten Feld der europäischen Möglichkeiten nach äußeren Notwendigkeiten zu wechseln, gehört ebenso dazu wie die Weltläufigkeit, mit der er sich an den intransparentesten und kompliziertesten Höfen Europas, dem des Papstes und dem des Königs beider Sizilien in Neapel, die nötige materielle Unterstützung und Förderung seiner wissenschaftlichen Pläne zu sichern wusste. Auch hat er die Nähe der Abenteurer und großen Reisenden seiner Zeit gesucht; Mitglieder der altertumssüchtigen britischen *Society of Dilettanti* gehörten ebenso zu seinem römischen Bekanntenkreis wie der junge Freiherr Riedesel, der für ihn Sizilien und Griechenland bereiste. Wenn sich die Gelegenheit zu besonders attraktiven Reisen bot, konnte er auch den in ihm schlummernden Desperado hervorkehren; als sich die Möglichkeit abzeichnete, mit Lady Orford, der Gemahlin Robert Walpoles, nach Griechenland zu reisen, schrieb er enthusiasmiert an Muzell-Stosch: »Nichts in der Welt habe ich so sehnlich als dieses gewünscht: ich ließe mir gerne einen Finger abhauen, ja die Klöße wegschneiden, um in solcher Gelegenheit diese Länder zu sehen.« (*Br. 2*, S. 69)

Wer so wie Winckelmann die Nähe des Abenteuers suchte, konnte freilich auch leicht zum Opfer von Abenteurern werden. Die Mühelosigkeit, mit der es seinem Freund Anton Raphael Mengs (1728–1779) und dessen Mitarbeiter Giovanni Casanova (dem jüngeren Bruder Giacomos) gelang, Winckelmann von ihnen für den internationalen Kunstmarkt produzierte Fälschungen als antike Originalgemälde unterzuschieben, die er als solche überdies in der *Geschichte der Kunst des Alterthums* publizierte, erklärt sich auch aus der Kultur des Abenteuers, in der die Akteure sich bewegten. Im Übrigen legte Winckelmann Wert darauf, den in Deutschland gebliebenen Freunden den abenteuerlichen Charakter seines Lebens zu vermitteln; für seinen ehemaligen Bibliothekskollegen Francke entwarf er schon 1758 ein buntes Panorama seiner italienischen Existenz zwischen Florenz und Neapel, um mit dem das Urteil des damals längst verstorbenen Rektors Bake bestätigenden Satz zu schließen: »Aus diesem wilden unstätigen Leben können Sie schließen, daß ich meine Freyheit erhalten habe.« (*Br. 1*, S. 422) Er hatte in Dresden den Mut des Abenteurers aufgebracht, um der Liebe zur Wissenschaft willen das Schicksal herauszufordern, und so konnte er denn, Cicero zitierend, mit dem Stolz des Abenteurers 1759 auch dorthin melden, dass er in Rom das Schicksal besiegt habe: »Superavi Te fortuna« (*Br. 2*, S. 8). Dass er mit diesem Mut ein Leben als Wissenschaftler zu führen bereit war, war die eine Bedingung seines Erfolgs; die andere bestand darin, dass dieser Abenteurer und Konvertit sein Leben in Rom einer rigorosen protestantischen Arbeitsethik unterwarf.

AUF DEM WEG NACH EUROPA

Als Winckelmann aus der brandenburgisch-preußischen Provinz nach Dresden kam, kam er nach Europa. Denn das Dresden, das er ab 1748 von Nöthnitz aus besuchte und in das er 1754 für ein Jahr umzog, war eine internationale Stadt. Dies brachte bereits die politische Situation der sächsisch-polnischen Union seit der Krönung des sächsischen Kurfürsten Friedrich August I. zum polnischen König August II. im Jahr 1697 und die Krönung seines Sohnes Friedrich August II. zum König August III. im Jahr 1734 mit sich. Diplomaten und Künstler aus allen Ländern Europas bestimmten das gesellschaftliche Erscheinungsbild der sächsischen Residenz. Die sächsischen Kurfürsten waren die Parvenus unter den europäischen Königshäusern und entsprechend groß

Abb. 2: Bernardo Bellotto (1722–1780), Dresden vom rechten Elbufer oberhalb der Augustusbrücke, 1747, Öl auf Leinwand, 132 × 236 cm, Staatliche Kunstsammlungen Dresden, Gemäldegalerie Alte Meister, Gal.-Nr. 602

war das Repräsentationsbedürfnis am sächsischen Hof. Die forcierten Baumaßnahmen, die ständige Erweiterung der Kunstsammlungen, die höfische Bildproduktion, der sprunghaft gestiegene Bedarf an Luxusgütern und Kunsthandwerk, der Opern- und Theaterbetrieb brachten aus ganz Europa zahlreiche Künstler und Handwerker nach Dresden und schufen so das soziale Milieu, das Winckelmann sich in eine internationale Kultur einzugewöhnen erlaubte. So wichtig auch die deutschen und französischen Künstler am Hof waren, so deutlich dominierte unter beiden Königen doch die italienische Kolonie, der herausragende Meister wie der als Canaletto bekannte Maler Bernardo Bellotto (1722–1780; Abb. 2) und der Bühnenbildner und Architekt Giuseppe Galli Bibiena (1696–1757) angehörten. Unter August dem Starken bildete sich in Dresden ein europäisch gemischter Stil in den Künsten aus, woraus sich ein klassizistisches Rokoko entfaltete, wie es im Panorama der Stadt besonders eindrucksvoll die 1738 von dem Römer Gaetano Chiaveri (1689–1770) begonnene Hofkirche repräsentierte. Zu den bildenden Künstlern kamen die Stars des internationalen Opernbetriebs wie der Komponist und Kapellmeister Johann Adolf Hasse (1699–1783), den August der Starke 1730 aus Italien nach Dresden geholt hatte, und seine Gattin, die europaweit berühmte Sopranistin Faustina Bordoni (1697–1781), die sich auch Händels besonderer Wertschätzung erfreute. Überdies gab es in Dresden seit 1737 die beliebte italienische Komödie. Zum Ensemble der *Comici italiani* gehörte noch während Winckelmanns Dresdner Aufenthalt als unverwüstliche jugendliche Liebhaberin Zanetta Farussi (1708–1776), die Mutter Giacomo Casanovas; nach Dresden war sie 1737 in Begleitung ihrer Kinder Maria Maddalena, die sie zur Tänzerin ausbilden ließ, und Giovanni gekommen, den sie immerhin bei Louis de Silvestre, dem berühmten Dresdner Hofmaler, in die Lehre zu geben vermochte. Winckelmann lernte Giovanni Casanova später in Rom im Atelier von Anton Raphael Mengs kennen; er war als Zeichner Winckelmanns wichtigster Mitarbeiter an seinem letzten großen Werk, den *Monumenti antichi inediti*, und wurde, nachdem er sich mit ihm gründlich überworfen hatte, Professor an der Dresdner Akademie.

Winckelmann hat seine von Nöthnitz aus unternommenen Besuche in der Stadt und sein Dresdner Jahr nach dem Austritt aus den Diensten des Reichsgrafen von Bünau nicht nur dazu genutzt, in einen intensiven Austausch mit Künstlern und Kunstkennern wie Adam Friedrich Oeser, Christian Ludwig von Hagedorn oder Philipp Daniel Lippert zu treten, Verbindungen zum Hof zu suchen und mit seinen geringen Möglichkeiten auszubauen, sondern er hat sich in der internationalen Kulturatmosphäre Dresdens und der Internationalität der Dresdner Gesellschaft auch kulturell und sozial in seine mit hohem Ehrgeiz geplante europäische Karriere eingeübt. Dabei half ihm die Tatsache, dass für die Vertreter der Professionen, mit denen er in Dresden in besonders regen Austausch trat, die nationalen Grenzen ohnehin von eher geringer Bedeutung waren: Diplomaten wie Archinto, Kleriker wie Pater Leo Rauch (1696–1775), der ihm das Stipendium für Rom verschaffte, die Maler, Stecher und Bildhauer, für die es nicht ungewöhnlich war, den Ort ihres Wirkens nach der Auftragslage zu wechseln, und schließlich die Wissenschaftler und Gelehrten, die sich in humanistischer Tradition einer die Nationen überspannenden »Republick der Gelehrten« (*Br. 1*, S. 205) zugehörig fühlten. Sie alle dachten in internationalen Perspektiven und waren es gewohnt, in anderen Ländern als dem Land zu leben, in das sie der Zufall ihrer Geburt verschlagen hatte.

In Dresden lernte Winckelmann sehr rasch, dass es im spätabsolutistischen Europa für einen spätberufenen Außenseiter wie ihn nicht genügen konnte, über gesuchte Spezialkenntnisse (in seinem Fall auf dem Gebiet der griechischen Literatur) zu verfügen, wenn er noch eine wissenschaftliche Karriere machen wollte; er musste überdies, um Förderung von hoher Stelle zu erlangen, über ein vorzügliches Sprachvermögen insbesondere im Französischen und Italienischen und über höfisch geschliffene Umgangsformen sowie eine kulturelle Kompetenz verfügen, die auf einer sicheren Vertrautheit mit allen am Hof wichtigen Künsten beruhte. Nichts davon brachte er aus Stendal oder Seehausen mit, und so nutzte er das Dresdner Intermezzo, um gezielt die Sozialkompetenzen zu erwerben, die ihm den Zugang zu hochgestellten Förderern ermöglichen konnten. Zu Anfang dominierten noch das Staunen und das Befremden des Provinzlers über den höfischen Prunk, mit dem er einerseits renommierte: »*Enfin* wer Dreßden nicht siehet hat nichts schönes gesehen«, und den er andererseits mit preußischem Sparsamkeitsbedürfnis verwarf: »Allein es wäre beßer für Sachsen wenn die Residenz nicht so *brillirte*.« (*Br. 1*, S. 91) So heißt es noch 1749 in einem Brief. Aber solche kritischen Töne verloren sich sehr rasch aus Winckelmanns Dresdner Briefen; lustvoll übte er sich in die zentralen Medien der höfischen Kultur ein, wo immer sie ihm zugänglich waren: Musik in der Hofkirche (»Es sind mehr *Castraten* hier als in Berlin«; *Br. 1*, S. 91), dann die Oper (»soll an Pracht ihres gleichen nicht haben«; *Br. 1*, S. 97), schließlich die »Italienischen Comedien, die bey aller Pracht so absurde sind, daß ich mich wundern muß, wie der Geschmack so verderbt ist« (*Br. 1*, S. 97). Er unterrichtete sich über die höfischen Feste und beobachtete mit besonderer Aufmerksamkeit die viele Besucher aus europäischen Ländern anziehenden Festivitäten zur Karnevalszeit: »Weil in Wien wegen der Trauer alle *Carnevals* Lustbarkeit *cassiret*, so ist in Dreßden eine unglaubliche Menge fremder Herrschaften, Bischöffe und Prälaten diesen Winter gewesen.« (*Br. 1*, S. 101) So saugte er die europäische Hofkultur in sich auf, wo immer er Zugang zu ihr zu erlangen vermochte, und transformierte sich in dieser für ihn neuen Welt aus dem märkischen Schulmeister, der er gewesen war, zu einem weltläufig-kultivierten Gelehrten, dafür gerüstet, mit italienischen Kardinälen, englischen Lords und französischen Literaten auf der Bühne Roms zu konversieren. Es war die Internationalität Dresdens, die ihn für den Schritt nach Rom vorbereitete.

Winckelmann hat freilich schon bald in Dresden gespürt, was ihn bei aller Bereitschaft zum Glücksrittertum daran hätte hindern können, den Weg auf eine internationale Bühne zu finden: seine geringe aktive Kompetenz in den modernen Fremdsprachen, insbesondere im Italienischen und Französischen. Im März 1752 schrieb er an einen Freund: »Wer hier in Dresden gedenket an sein Glück zu arbeiten muß wo nicht Italien, doch wenigstens Frankreich gesehen haben: *präsupponirt*, daß er plaudern kann und ein *air* hat. Das andere hilft nichts.« (*Br. 1*, S. 109f.) »Das andere« war die Gelehrsamkeit; wichtiger als sie waren ein sicheres gesellschaftliches Auftreten (»ein *air*«) und eine Weltläufigkeit, die sich in der Kunst der französisch oder italienisch geführten Konversation zu bewähren hatte – diese Kunst aber beherrschte Winckelmann keineswegs. In dem großen Bekenntnisbrief an Berendis vom 6. Januar 1753 gestand er bekümmert ein, wie sehr er sich dieses zentralen Karrierehindernisses bewusst war: Es fehle ihm an »der Fertigkeit, mich in ein paar fremden Sprachen gut auszudrücken. Kann es aber ohne Umgang mit Menschen und außer der *grand monde* erhalten werden?« (*Br. 1*, S. 119) Das Problem seiner geringen aktiven Kompetenz im Französischen und vor allem im Italienischen wurde zum Dauerthema seiner Dresdner Briefe; sie drohte ihm den Zugang zur »grand monde« zu versperren. Als die Konversion erfolgt war, wurde ihm plötzlich bewusst, auf welches Vabanquespiel er sich unter diesen Voraussetzungen eingelassen hatte: »Mein Brodt kann ich […] auf keine anständige Art verdienen, da ich keine eintzige fremde Sprache reden kann.« (*Br. 1*, S. 144) So heißt es am 12. Juli 1754 in bedrückter Stimmung in einem Brief an Berendis, in dem er auch deshalb unglücklich auf seine Gespräche mit dem Nuntius Archinto zurückblickte, weil er sich fragen musste, wie er mit seinem uneleganten Französisch in einem Gespräch mit dem Kurprinzen, auf dessen Unterstützung er in besonderem Maße hoffte, würde bestehen können: »Alle diese Besuche habe ich mit dem jämmerlichsten Frantzösisch von der Welt gemacht, wie Du gedencken kannst.« (*Br. 1*, S. 145) Und deshalb blieb nur der feste Entschluss: »so werde ich suchen in beyden Sprachen, der Frantz. und Welschen fertiger zu werden« (*Br. 1*, S. 146). Wie gewaltig das Sprachproblem auf Winckelmann lastete, lässt sich auch daran ermessen, dass er es selbst gegenüber seinem Dienstherrn Bünau ansprach: Auch wenn er sich dazu entschlösse, junge Standesherrn zu unterrichten, könne dies doch »ohne mehrere Fertigkeit in den zwey gangbaren fremden Sprachen nicht füglich geschehen« (*Br. 1*, S. 149). Sein Weg nach Italien führte also nicht allein über die Konversion, sondern zugleich auch über die praktische Aneignung von Fremdsprachen. Nicht zuletzt deshalb zog er von Nöthnitz nach Dresden.

Schon der Nuntius Archinto hatte ihm geraten, seine auf geringer Übung in der französischen und italienischen Konversation beruhende Befangenheit dadurch zu überwinden, dass er sich in »eine angenehme Gesellschaft« (*Br. 1*, S. 145) begebe, und so nahm er denn in Dresden auch gleich die Einladung des Hofrats Bianconi an, die Abende bei diesem »in einer der artigsten Gesellschafften in Dreßden« zu verbringen (*Br. 1*, S. 158) – nicht freilich ohne darüber zu klagen, dass sich bisher »keine Gelegenheit gefunden, so wie ich wünsche, mir eine Fertigkeit, auch in der Frantz. Sprache zu verschaffen« (*Br. 1*, S. 159). Der Vorteil der abendlichen Gesellschaften bei Bianconi bestand für ihn darin, dass dort »alle Fremde *introduciret*« wurden (*Br. 1*, S. 161), Winckelmann also erstmals in eine internationale Gesellschaft gelangte, in der er sich in französischer und italienischer Konversation zu üben vermochte; er hat deshalb, obwohl ihn Bianconi für seine eigenen wissenschaftlichen Pläne einzuspannen versuchte, den Kontakt zu ihm auch nie aufgegeben und aus Italien mit ihm in italienischer Sprache eine intensive wissenschaftliche Korrespondenz geführt. Mithin hat Winckelmann sehr rasch die Möglichkeiten zu nutzen verstanden, die ihm die

Internationalität Dresdens bei der Verbesserung seiner aktiven Fremdsprachenkompetenz bot. Die angenehmste dürfte darin bestanden haben, abends in die italienische Gemeinde einzutauchen, indem er in einem »Italiener-Gewölbe« (*Br. 1*, S. 159) Wein trank und Gesellschaft suchte; wenn er abends ausgehe, so meldete er Berendis am 29. Dezember 1754, dann »zu dem Italiener *Sala*, wo ich etwa [!] eine halbe Kanne rothen Wein trincke« (*Br. 1*, S. 163; ähnlich auch im März 1755, *Br. 1*, S. 168). Der deutsche Weg nach Europa führte also schon in der Mitte des 18. Jahrhunderts über »den Italiener«.

DER EUROPÄER

Die Internationalität Dresdens trug entscheidend dazu bei, dass Winckelmann mit dem Erscheinen seiner Erstlingsschrift *Gedancken über die Nachahmung der Griechischen Werke in der Mahlerey und Bildhauer-Kunst* (1755 in fünfzig Exemplaren, 1756 in zweiter vermehrter Auflage) sofort in ganz Europa Aufmerksamkeit auf sich zog. Kaum war der exklusive Erstdruck erschienen, konnte er am 4. Juni 1755, damals noch überrascht vom eigenen Erfolg, seinem Freund Berendis schreiben, alle Kenner seien sich einig darin, »daß ich die Bahn gebrochen zum guten Geschmack« – dies nicht allein in Dresden und in Deutschland, sondern in ganz Europa: »Frantzösisch übersetzt wird es im *Journal étranger* und in den Schriften der *Academie de Peinture* in *Coppenhagen* erscheinen. Die General Löwendahlen und *Bianconi* selbst [doch dieser nach einer frantz. Uebersetzung] haben sich erbothen, eine Ital. Uebersetzung zu machen.« (*Br. 1*, S. 176) Zwar kamen die italienische und die Kopenhagener Ausgabe der *Gedancken* nicht zustande, dafür aber erschienen 1755/56 gleich zwei französische Übersetzungen, die eine von Johann Georg Sulzer in der *Nouvelle Bibliothèque Germanique*, die andere, wie von Winckelmann angekündigt, im *Journal étranger*; eine dritte französische Übersetzung erschien ein Jahrzehnt später in der *Gazette littéraire de l'Europe*, und im selben Jahr, 1765, kam auch eine englische Übersetzung heraus.

Winckelmanns Schrift war damit in der führenden europäischen Wissenschaftssprache für die Gelehrten, die Künstler und Kenner Europas zugänglich, und was dies für den weiteren Weg des bis dahin völlig Unbekannten bedeutete, hat ihr Autor sofort erkannt. Während seine deutschen Freunde und Bewunderer mit Staunen seine steile römische Karriere verfolgten und daran arbeiteten, ihn zu einem deutschen Mythos werden zu lassen, hatte Winckelmann selbst seit der europaweiten Resonanz seiner Erstlingsschrift bei allem, was er tat und schrieb, immer seine europäischen Wirkungen vor Augen. Es war ihm bewusst, dass jede seiner Schriften Teil eines internationalen Diskurses über die Kunst der Antike und über den künstlerischen Geschmack war, und deshalb hatte er bei all seinen Schriften, insbesondere den Hauptwerken *Description des pierres gravées du feu baron de Stosch* (1760), *Geschichte der Kunst des Alterthums* (1764), von der er und sein Verleger Walther eine französische Übersetzung planten, und *Monumenti antichi inediti spiegati ed illustrati* (1767), weniger seine deutsche Leserschaft als die europäische Resonanz im Blick.

Aus diesem Grund war es ihm, bei aller Rücksicht auf seine sächsischen Förderer und aller Bereitschaft zur Anpassung an die römischen Gegebenheiten, auch außerordentlich wichtig, vom Beginn seines römischen Aufenthalts an in ein europäisches Netzwerk von Künstlern, Kennern und Gelehrten einbezogen zu werden, das ihm in ganz Europa Aufmerksamkeit sicherte. Dabei war es ein außerordentlicher Glücksfall, dass ihm ein Empfehlungsschreiben des Dresdner Malers Christian Wilhelm Dietrich die Freundschaft des in Rom tätigen sächsischen Hofmalers Anton Raphael Mengs eintrug. Dies ermöglichte ihm nicht nur die rasche Integration in die römischen Künstlerkreise: »Ich speise mit lauter deutschen und französischen Künstlern« (*Br. 1*, S. 190), schrieb er schon am 7. Dezember 1755 aus Rom; Mengs' internationaler Kundenkreis konnte sich für Winckelmann auch als nützlich erweisen, wenn es darum ging, Verbindungen zu den Höfen, Standesherren und Gelehrten Europas herzustellen: »Man sagt, Herr Mengs werde Befehl vom Hofe zu Dresden erhalten, nach Neapel zu gehen, um die Königliche Familie zu schildern; wenn dieses geschiehet, so werde ich mit ihm gehen.« (*Br. 1*, S. 203) Aber Dietrich hatte nicht nur seine Beziehungen zu Mengs spielen lassen, sondern auch zu Johann Georg Wille (1715–1808), dem berühmten Hofkupferstecher des Königs von Frankreich, und ihm ein Exemplar von Winckelmanns *Gedancken über die Nachahmung* geschickt. So konnte Winckelmann schon am 27. Januar 1756 von Rom aus brieflich die Verbindung zu Wille in Paris suchen und ihm für seine Unterstützung bei der Verbreitung seiner Schrift in einer »allgemeinen Sprache«, also auf Französisch, danken (*Br. 1*, S. 199). Schritt für Schritt wurde zunächst von Dresden und dann von Rom aus ein europäisches Netzwerk gespannt, das mit jedem Karriereschritt Winckelmanns dichter geknüpft werden konnte.

Wie in Dresden, so suchte Winckelmann auch in Rom Anschluss an eine internationale Gemeinschaft: an Künstler, Diplomaten, Kleriker und Gelehrte, wobei er die Kardinäle, an die er empfohlen worden war, wie Domenico Passionei (1682–1761) und später Albani, nicht zuletzt als Repräsentanten einer internationalen Gelehrtenkultur in humanistischer Tradition auffasste: »Se. Eminenz begegneten mir auch als einem Fremden, d. i. mit der Höflichkeit eines Gelehrten gegen den andern.« (*Br. 1*, S. 202) So schilderte er seine erste Begegnung mit Kardinal Passionei im Januar 1756 und zitierte mit besonderer Genugtuung dessen Satz, »daß aus der Republik der Gelehrten alle Complimente sollten verbannet seyn« (*Br. 1*, S. 205). Winckelmann bewegte sich in Rom zunächst in einer europäischen Gesellschaft, in der die Künstler dominierten; auch an seiner Wohnung »*alla Trinità de'Monti*« hob er die Internationalität des umgebenden Fremdenviertels hervor: »Auf diesem Berge und unter demselben auf dem Platz von Spanien wohnen die mehresten Fremde. Viele Engländer verzehren ihr Geld hier« (*Br. 1*, S. 225). Dass der auf seine persönliche Freiheit bedachte Winckelmann zu Beginn des Jahres 1757 dann doch in die Dienste Kardinal Archintos trat, bildete eine pragmatische Folge des Kriegsausbruchs in Deutschland. Bei aller sich hieraus ergebenden Erweiterung seines Bekanntenkreises unter den römischen Antiquaren hat Winckelmann jedoch niemals die Konsequenz gezogen, den Adressatenkreis seiner Publikationen primär in Italien zu suchen; dazu war sein Urteil über die italienischen Altertumskenner in Rom, Neapel, Florenz – mit wenigen Ausnahmen – zu negativ.

So nahm er im September 1758 bereitwillig das Angebot Wilhelm Muzell-Stoschs an, in Florenz einen Katalog der Gemmensammlung des 1757 verstorbenen Barons Stosch in französischer Sprache zu schreiben; er wusste, dass es nach dem Aufsehen, das seine Erstlingsschrift hervorgerufen hatte, eines französisch geschriebenen großen Werkes bedurfte, um seinen Ruf in der Gelehrtenwelt Europas zu festigen. Die Arbeit an diesem über 600 Seiten umfassenden Werk war äußerst mühsam, aber Winckelmann hat sie, wie er im Mai 1760 nach dem Erscheinen des Bandes an Muzell-Stosch schrieb, in dem sicheren Bewusstsein auf sich genommen, seine Karriere damit entscheidend voranbringen zu können: »Sie haben mit für meinen Ruhm gearbeitet, und ich wäre zufrieden gewesen, daß ich ohne meine Kosten in Italien eine Arbeit von mir an das Licht geben können. Ich hoffe daß dieselbe anderswo so wie in Rom Beyfall finden möge.« (*Br. 2*, S. 88) »[S]o wie in Rom«: Das meinte bei Kardinal Albani, dem für Winckelmanns römische Laufbahn entscheidenden Mann, dem der Band gewidmet und dessen Bibliothekar Winckelmann seit Juni 1759 war. »Anderswo«: Das zielte auf die europäische Resonanz, die Winckelmann vor allem im Blick hatte. Dass seine auf europaweiten »Ruhm« ausgerichtete Strategie aufging, zeigt die nach dem Erscheinen erfolgte Aufnahme in die Akademien in London und Cortona, die institutionell dieses »Anderswo« repräsentierten. Die langgehegte Hoffnung, nun auch in die renommierte *Académie des inscriptions et belles lettres* in Paris aufgenommen zu werden, erfüllte sich allerdings nicht.

Dass Winckelmann seine kleinen Schriften, vor allem aber sein Hauptwerk, die Ende 1763 erschienene *Geschichte der Kunst des Alterthums*, nach wie vor auf Deutsch publizierte, scheint auf den ersten Blick quer zu stehen zu seiner auf europäische Wirkung ausgerichteten Publikationsstrategie. Aber die Pläne und Vorarbeiten zu seiner Kunstgeschichte gingen bis in den Spätsommer 1756 zurück, und in seinen römischen Anfangsjahren hätte Winckelmann dieses Werk weder auf Französisch noch auf Italienisch schreiben können; noch im Februar 1758 schrieb er an Berendis, er spreche zwar Italienisch, aber »mein vieles Studiren und der wenige Umgang hat mich sehr zurück gehalten. Diese Sprache ist schwerer als man sichs aus Büchern einbildet.« (*Br. 1*, S. 332) Bei der Niederschrift der *Geschichte der Kunst des Alterthums* hatte er aber immer auch an eine französische Übersetzung gedacht, die dem Werk seine internationale Wirkung sichern sollte; deshalb traf es ihn wie ein Schock, als 1766 in Amsterdam eine nichtautorisierte und fehlerhafte Übersetzung erschien, die den Markt für eine autorisierte Übertragung gründlich verdarb (und die ihn auch deshalb ärgern musste, weil auf dem Titelblatt wahrheitswidrig zu lesen war, er sei »Membre de la Société Royale des Antiquités de Londres«). Wie sehr sich Winckelmann im Übrigen um die europaweite Resonanz seines Hauptwerks bemühte, zeigt exemplarisch die schon über ein Jahr vor dem Erscheinen des Buches gegenüber seinem Verleger Walther abgegebene Versicherung: »Ich werde suchen, die Geschichte zu Petersburg und in dortigen Gegenden bekannt zu machen, um die Absetzung derselben zu erleichtern.« (*Br. 2*, S. 262)

Mit seinem letzten großen Werk schließlich, den *Monumenti antichi inediti*, erfüllte Winckelmann zwar endlich den langgehegten Wunsch seines Förderers Albani, er möge seine Werke auf Italienisch schreiben, was sich im Falle dieses Buches schon deshalb anbot, weil es vor allem bisher unveröffentlichte antike Kunstwerke aus der Villa Albani publizierte (Abb. 3); auf der anderen Seite zielte das von ihm im Selbstverlag herausgebrachte und mit seinen 208 Abbildungen in der Herstellung sehr teure Werk aber primär auf reiche ausländische Käufer, die sich auf ihrer *Grand Tour* in Rom aufhielten und es sich leisten konnten, den zweibändigen Folianten für ihre Bibliotheken anzukaufen und in ihre Heimatländer zu verschiffen. Als Autor – auch als Briefautor – war Winckelmann also weder Deutscher noch Italiener, er war ein Europäer, der seine Werke in Deutsch, Französisch und Italienisch herausbrachte und nie aus den Augen verlor, dass deren Themen – die Kunst der Antike und ihre Wirkung in der aktuellen Kunst – für eine gebildete Leserschaft in ganz Europa weit über den engeren Gelehrtenkreis hinaus von Bedeutung waren. Italien lieferte ihm den Fundus seines wissenschaftlichen Materials, Rom gewährte ihm Arbeitsbedingungen, die er besser nirgendwo sonst hätte finden können, seine Leser aber suchte er in England und Frankreich, in Deutschland und Dänemark, in Italien und Russland: in Europa.

Deshalb unterrichten seine Briefe aus Italien nicht nur über seine vielfältigen Verbindungen zu Gelehrten und Künstlern aus anderen europäischen Ländern, sondern vor allem auch über die zahlreichen Begegnungen in Rom, Florenz und Neapel mit Reisenden verschiedener Nationen; in ihnen dokumentiert sich ein europäisches Netzwerk aus altertumsbegeisterten Künstlern, Kennern und Gelehrten. Zwar klagte Winckelmann besonders nach seiner Ernennung zum *Prefetto dell'Antichità di Roma* immer wieder über den Zeitverlust und die Mühen, die es ihn kostete, desinteressierte oder spleenige Lords durch Rom zu führen, aber er hat sich dieser Begegnungen doch auch immer wieder gerühmt und die Nähe hoher Standesherren durchaus gesucht. Insbesondere die reichen, kulturell interessierten und reisewütigen Engländer zogen seine Aufmerksamkeit auf sich. Schon 1761 schrieb er: »Itzo, da ich in der großen Welt bin, und in große Gesellschaften gehe, fliehe ich die

Abb. 3: Jakob Philipp Hackert (1737–1807), Blick auf die Villa Albani bei Rom, 1779, Öl auf Leinwand, 65,5 × 89 cm, Anhaltische Gemäldegalerie Dessau, Kunstmuseum für Alte Malerei und Graphik, Dessau-Roßlau, Inv. 294

Fremden, so viel ich kann, als Störer meiner Ruhe und Räuber meiner Zeit.« (*Br. 2*, S. 130) Allzu genau darf man dies aber nicht nehmen, wie das Postskriptum zeigt: »Ich nehme einige wenige Engländer aus.« (*Br. 2*, S. 131) Immer wieder animierten ihn englische Rombesucher, sie auf ihren Reisen nach Griechenland, Ägypten oder Kleinasien zu begleiten. 1762 beeindruckten ihn besonders der junge Robert Adam (1728–1792), der gerade die Ruinen des Diokletianspalastes von Spalatro in Dalmatien aufgenommen hatte, und Edward Wortley Montagu (1713–1776), exzentrischer Sohn exzentrischer Eltern und Mitglied der *Society of Dilettanti*, der sich zu einer Reise nach Ägypten und Arabien aufmachte. »Glauben Sie mir«, schrieb Winckelmann daraufhin bewundernd nach Deutschland, »dieses ist die einzige Nation, welche weise ist. Was für arme, elende Ritter sind insgemein unsere Deutsche Reisende dagegen! Ich hatte in Neapel eine große Versuchung, mit dem Englischen Gesandten, Lord Granville, nach Constantinopel zu gehen.« (*Br. 2*, S. 243) Wie neugierig und offen er gerade auf kulturelle Anregungen aus England reagierte, erwies sich auf besonders amüsante Weise zu der Zeit, als er in Florenz am Gemmenkatalog arbeitete und dabei in Berührung mit der dortigen englischen Kolonie kam. Damals gab ihm Sir Horace Mann, der britische Gesandte in Florenz und wichtigster Briefpartner von Horace Walpole, dessen *Catalogue of the Royal and Noble Authors of England* (1758) zur Lektüre; Winckelmann dürfte damit der erste und auf lange Zeit auch einzige deutsche Leser dieses ebenso kuriosen wie witzigen Werkes gewesen sein. Aber nicht genug damit: Hingerissen teilte er Hagedorn und Francke mit, dass er ein englisches Buch gelesen habe, »welches alle Zucht niederwirft« (*Br. 1*, S. 439), ja das »allerunzüchtigste Buch, was die Welt gesehen hat« (*Br. 1*, S. 443): *Memoirs of a Woman of Pleasure* (1749). Es fällt schwer, ein Buch zu finden, über das sich Winckelmann jemals derart euphorisch geäußert hätte wie über dieses: »in einem erhabenen unendlich schönen Stil geschrieben« (*Br. 1*, S. 439), mehr noch: »es ist von einem Meister in der Kunst, von einem Kopf von zärtlicher Empfindung und von hohen Ideen, ja, in einem erhabnen Pindarischen Stil geschrieben« (*Br. 1*, S. 444). Hierbei handelt es sich um John Clelands (1709–1789) Freudenmädchen-Klassiker *Fanny Hill*. Der Stendaler Schustersohn war in der aufgeklärt-libertinen Kultur Europas angekommen.

Johann Joachim Winckelmann, der schon deshalb vielen Vaterländern angehörte, weil für ihn die Freiheit das höchste Gut war, wird in seiner Bedeutung nur unzureichend erfasst, wenn er primär in die Geschichte der deutschen Italiensehnsucht gestellt wird. Auch Italien bestand im 18. Jahrhundert aus vielen Vaterländern, und Winckelmann hat sie alle kritisch beurteilt, nicht zuletzt auch den Kirchenstaat. Am 26. Februar 1768 schrieb er an Muzell-Stosch: »La machina, Amico, va in rovina; io parlo di quella de' Preti; in cinquanta anni non vi sarà forse ne Papa ne prete. […] e Roma diventerà un deserto.« (*Br. 3*, S. 372) Auch diese Untergangsprophetie auf den Kirchenstaat macht plausibel, weshalb ihm in seinen späteren Jahren die Schweiz als denkbare Alternative zu Rom erschien. Winckelmann gehörte ganz der europäischen Gelehrtenkultur des 18. Jahrhunderts an: Er korrespondierte mit Altertumskennern in allen wichtigen Nationen Europas, er schrieb für ein internationales Publikum von antikebegeisterten Lesern, unterhielt Freundschaften zwischen Spanien und dem Baltikum, zwischen Kopenhagen und Neapel, konversierte in den Salons von Rom, Neapel und Florenz mit Reisenden, Gelehrten, Künstlern, Diplomaten aus allen Ländern, interessierte sich für spanische Megalithgräber nicht anders als für das englische Stonehenge (*Br. 2*, S. 197) und für die künstlerischen Entwicklungen in Frankreich ebenso wie für diejenigen in England. Er fühlte sich der europäischen Republik der Gelehrten zugehörig; die emotionale Bindung an seine wechselnden Vaterländer blieb deshalb moderat. Respektvoll erschüttert empfing die gesamte europäische Gelehrtenrepublik die Nachricht von seiner Ermordung in Triest.

»MAN STELLE SICH ALLEZEIT VOR, VIEL ZU FINDEN, DAMIT MAN VIEL SUCHE, UM ETWAS ZU ERBLICKEN.«

(J. J. WINCKELMANN, GESCHICHTE DER KUNST DES ALTERTHUMS, 1764)

HISTORISIERUNG MIT WIDERSPRÜCHEN

ZU WINCKELMANNS *GESCHICHTE DER KUNST DES ALTERTHUMS*

Elisabeth Décultot und Daniel Fulda

DER »BEGRÜNDER DER KUNSTGESCHICHTE«

»Vor allem aber muß Winckelmann als derjenige genannt und gepriesen werden, welcher zuerst die Geschichte der Kunst und eben dadurch auch die Wissenschaft des Alterthums ganz neu begründet hat.«[1] Schon früh hat man dem Autor der *Geschichte der Kunst des Alterthums* den Ruhmeskranz des einschneidenden Innovators gewunden, der eine zukunftsträchtige Fundierungsleistung erbracht hat. Bei Friedrich Schlegel (1772–1829) trug zu diesem Urteil zweifellos die mit Winckelmann geteilte Gräkomanie bei. Aber auch nüchternere Historiker wie Franz Xaver von Wegele (1823–1897) urteilten so: Winckelmann, der »Begründer der Kunstgeschichte«.[2]

Begründer der *Kunst*geschichte – das liest sich, so sehr es als Anerkennung gemeint ist, zunächst wie eine Einschränkung, weil es um *weniger* als die Geschichte im Allgemeinen, nämlich bloß um einen Teilbereich zu gehen scheint. Bei näherer Betrachtung ist jedoch das Gegenteil der Fall: Die Geschichte der Kunst zu schreiben ist das anspruchsvollere Unternehmen, denn bei ihr fällt es weit weniger leicht als bei der Geschichte der Reiche und ihrer Herrscher oder der Geschichte der Religionen und ihrer Stifter, überhaupt nur anzugeben, was sie zu behandeln hat. Kunstwerke und ihre Produzenten, die Künstler? Das wäre nicht derselbe Gegenstand wie die Kunst. »Die Kunst« ist etwas Allgemeineres, Abstrakteres und weit schwerer zu Greifendes als konkrete Personen und benennbare Kunstwerke. Zur Kunst gehören Techniken der Materialbehandlung, aber auch ästhetische Voraussetzungen – Winckelmann meinte sogar, die Kunst verfüge über ein Wesen, ein immanentes Lebensgesetz, das es zu entdecken gelte. Indem er als erster »einen abstrakten Gegenstand zum Objekt der Geschichte machte«,[3] führte er die Geschichtsschreibung auf ein höheres Niveau und erbrachte in der Tat eine »revolutionäre Leistung«.[4]

Und zwar für die Auffassung und das Schreiben von Geschichte insgesamt, denn Geschichte ist auch in anderen Bereichen als der Kunst mehr als nur konkrete Akteure, bestimmte Länder oder einzelne Institutionen. Sie umfasst alles, was mit diesen Entitäten im Lauf der Zeit geschieht und was sie bewirken. Das aber sind so unendlich viele einzelne Begebenheiten, dass sich die Geschichte größerer Einheiten oder gar der ganzen Welt nur mit Hilfe von Abstraktionen fassen lässt. Gilt dies schon für Ereigniskomplexe, die sich bloß über einige Jahre erstrecken, wie etwa die Französische Revolution, dann mehr noch für längerfristige Prozesse wie die Industrialisierung und erst recht für Prozessbegriffe wie Modernisierung, bei denen man endlos streiten kann, was darunter zu verstehen ist. Uns sind solche Abstraktionen längst geläufig geworden; die Geschichtsschreibung zu Winckelmanns Zeit kannte sie noch nicht. Die Geschichte der antiken Kunst zu schreiben war ein richtungsweisender Schritt auf dem Weg vom partikularen Konkreten zum allgemeinen Abstrakten, das kennzeichnend wurde für die moderne Historiografie.

Gleich in der Vorrede bekundet Winckelmann seine Absicht, mit seinem Werk etwas wahrhaft Neuartiges schaffen zu wollen: »Die Geschichte der Kunst des Alterthums, welche ich zu schreiben unternommen habe, ist keine bloße Erzählung der Zeitfolge und der Veränderungen in derselben, sondern ich nehme das Wort Geschichte in der weiteren Bedeutung, welche dasselbe in der Griechischen Sprache hat, und meine Absicht ist, einen Versuch eines Lehrgebäudes zu liefern.«[5] Mit den Veränderungen in der Zeitfolge hatte Winckelmann die traditionelle Historiografie im Auge, die chronologisch auflistete, welche Schlachten geschlagen, Bündnisse geschlossen oder Gesetze erlassen wurden – ein Modell, das er von seiner Arbeit an der *Teutschen Kayser- und Reichs-Historie* des Grafen Heinrich von Bünau (1697–1762) her gut kannte.[6] Eine solche Form der Historiografie zeige, so Winckelmanns implizite Kritik, keine Entwicklungen auf und bleibe stattdessen im massenhaft Einzelnen stecken. Dasselbe Manko haftet seiner Ansicht nach der zu seiner Zeit üblichen Art und Weise an, über die Kunst zu schreiben: als eine Geschichte der Künstler nämlich, wie sie Vasaris *Vite* von 1550 beispielgebend verkörpern.

Winckelmann verlangt von der Geschichtsschreibung, dass sie über die Eigenart ihres Gegenstandes aufklärt, in diesem Fall über das »Wesen der Kunst«. Mit dem »Versuch eines Lehrgebäudes«, den er sich zur Aufgabe macht, ist die Erklärung gemeint, was die Kunst (und zwar nicht nur des Altertums) eigentlich sei. Zur Begründung dieses neuartigen Anspruchs verweist er auf die »weitere Bedeutung«, die »das Wort *Geschichte*« (= *historia*) im Griechischen habe. Ein schlagkräftiges Argument hat er damit allerdings nicht an der Hand, wurde die Historie bei den Griechen doch eher abgegrenzt vom systematischen Wissen, eben weil sie nur ein Wissen von Einzelheiten biete (so in einer berühmten Passage im 9. Kapitel von Aristoteles' *Poetik*: »Daher ist Dichtung etwas Philosophischeres und Ernsthafteres als Geschichtsschreibung; denn die Dichtung teilt mehr das Allgemeine, die Geschichtsschreibung hingegen das Besondere mit«[7]). Winckelmanns *Geschichte der Kunst des Alterthums* zog das Interesse der europäischen Gelehrten nicht deshalb auf sich, weil sie mit einer plausiblen Forderung startete, sondern weil sie der Geschichtsschreibung zumutete, sich auch und vor allem an das Gegenteil des Gewohnten zu wagen.

Wie eine Geschichte der Begebenheiten (also des Veränderlichen) zugleich über das Wesen (das Unveränderliche) eines Gegenstandes aufklären kann, steckt im nächsten Absatz, der aus nur einem Satz besteht: »Die Geschichte der Kunst soll den Ursprung, das Wachsthum, die Veränderung und den Fall derselben, nebst dem verschiedenen Stile der Völker, Zeiten und Künstler, lehren, und dieses aus den übrig gebliebenen Werken des Alterthums, so viel möglich ist, beweisen.«[8] Die zu beschreibenden Veränderungen der Kunst stellt sich Winckelmann nicht als etwas Zufälliges und Beliebiges vor, sondern als einen organischen Lebenszyklus. Veränderungen, die sich als eine solche Entwicklung begreifen lassen, seien nichts dem »Wesen« der Kunst Äußerliches, sondern formen es und werden ihrerseits durch jenes Wesen bedingt. Das Wesen der Kunst, dem er nachspüren möchte, konstituiert sich in und aus der Geschichte. Umgekehrt wird der geschichtliche Wandel selbst wesentlich. Geschichte und »Wesen« sind nicht mehr strikte Oppositionsbegriffe, sondern durchdringen sich gegenseitig.

ZWISCHEN HISTORISIERUNG UND ÜBERZEITLICHKEIT

»Historisierung« bedeutet, die Geschichte als Prozess zu begreifen, der substanzielle Veränderung mit sich bringt, sodass jedes Sein aus seinem Gewordensein, jedes Wesen aus seiner Geschichte zu verstehen ist. Diese Durchdringung verläuft allerdings kaum je konfliktfrei: Konsequente Historisierung sieht alles und jedes einem Wandel unterworfen, der keine Identitäten kennt, die in einem unveränderlichen Außerhalb der Geschichte verankert wären, etwa in den platonischen Ideen, einem ewigen Gott oder einer immer gleichen Natur des Menschen.[9] In einem vollständig historisierten Weltbild gäbe es nichts, was nicht geschichtlich bedingt wäre, nichts, dem überzeitliche Gültigkeit zukäme. Das ist bei Winckelmann offensichtlich nicht der Fall, denn er betrachtet die griechische Kunst des Perikleischen Zeitalters als singulären Höhepunkt von andauernder Vorbildlichkeit (vgl. Kat. 107). Obgleich hervorgebracht durch eine bestimmte geschichtliche Entwicklung und bedingt durch besondere gesellschaftliche Umstände – die Freiheit der Athenischen Demokratie – wird der Kunst dieser Epoche eine transhistorische Geltung zugesprochen.

Schon früh wurden Leser wie Herder auf den geschichtskonzeptionellen Widerspruch zwischen »historische[r] Metaphysik des Schönen« und »eigentliche[r] Geschichte« aufmerksam.[10] Dieser Widerspruch erklärt auch, warum Winckelmann in der Regel nicht uneingeschränkt zu den großen Autoren der neuzeitlichen Historisierung gerechnet wird. Friedrich Meinecke (1862–1954) urteilte entsprechend über ihn: »[E]r stand in einem Widerspruch zu den Tendenzen des werdenden Historismus, die eben inmitten der Goethezeit nun auch sich entfalten sollten«.[11] Angemessener dürfte es sein, Winckelmann nun gerade wegen seines zentralen Interesses am »Wesen der Kunst« als genuinen Historisierer zu begreifen. Zum einen, weil sein Versuch, die Geschichte eines transhistorischen Gegenstandes zu schreiben, der allererst abstrahierend gewonnen werden muss, über die Mikroperspektive auf fast unendlich viele Einzeldaten, wie es die bisherige Geschichtsschreibung vormachte, hinausführte und es ermöglichte, Geschichte als etwas zu begreifen, das sich über den »Geschäften« der Menschen abspielt, wie es dann im 19. Jahrhundert Johann Gustav Droysen (1808–1884) formulieren sollte.[12] Zum anderen, weil zur Historisierung immer auch das gehört, was nicht historisiert werden soll oder (noch) nicht historisiert werden kann. Historisierung bindet die Phänomene, die als Gewordene zu begreifen sind, nicht nur an die jeweiligen Zeitumstände zurück, sondern kann sie auch in zeitübergreifende Prozesse einschreiben. Sie kann sie als fortwirkende Tradition, als Konsequenz natürlicher Bedingungen oder einer transzendenten Ordnung, als Marksteine der Durchsetzung der Vernunft bzw. eines göttlichen Schöpfungswillens interpretieren, kurzum: Sie kann Vor-, Über- und Transhistorisches im Historisierten ausmachen.

Der Versuch, eine Kunstgeschichte der Antike zugleich als Lehrbuch überzeitlich gültiger Gesetze der Kunst anzulegen, und die postulierte Vorbildlichkeit einer bestimmten Phase der griechischen Kunstgeschichte lassen sich in Winckelmanns Historisierungsprogramm als »Widerparte« charakterisieren: ersterer als einen methodischen, letztere als einen normativen Widerpart. Widerpart zu sein bedeutet primär ein antagonistisch-widerständiges Verhältnis, es kann sich aber auch um eine Kooperation zwischen Partnern handeln. Weitere Bedeutungsvarianten sind das logische Gegenteil oder ein funktionaler Gegenpol, ein Widerlager.[13] Im Gegen- und Miteinander von Geschichte als Wandel und als Lehrgebäude, das Winckelmanns *Geschichte der Kunst des Alterthums* prägt, kommt all dies so wirkmächtig zum Tragen wie in nur wenigen anderen Meilensteinen der Historiografiegeschichte. Dass Winckelmann sich der Bipolarität seines Programms durchaus bewusst war, geht aus der Vorrede hervor. Seine Präsentation der zweiteiligen Struktur seiner *Geschichte der Kunst* – »Lehrgebäude« im ersten, »Geschichte« im zweiten Teil – schließt er mit der entscheidenden Bemerkung: »Das Wesen der Kunst aber ist in diesem sowohl, als in jenem Theile, der vornehmste Entzweck«.[14]

In seinem Historisierungsprogramm bricht er nicht nur mit den gewohnten Vorstellungen von Kunst und Geschichtsschreibung, sondern auch mit eigenen früheren Ansätzen. In seiner Erstlingsschrift, den *Gedancken über die Nachahmung der Griechischen Wercke in der Mahlerey und Bildhauer-Kunst* von 1755, hatte er das Verhältnis zur Antike noch unter dem Aspekt der Nachahmung begriffen – ein Verhältnis, das seit der Renaissance und der *Querelle des Anciens et des Modernes* üblicherweise anhand des Vergleichs mit der Moderne erfasst worden war. Bei näherer Betrachtung war allerdings schon jene erste Formulierung des Nachahmungsgebots nicht frei von Schwierigkeiten: »Der einzige Weg für uns, groß, ja, wenn es möglich ist, unnachahmlich zu werden, ist die Nachahmung der Alten«.[15] Wie aber kann man durch Nachahmung unnachahmlich werden? Lässt sich ein als vollkommen gesetztes Original wirklich übertreffen? Und dies obendrein durch treue Nachahmung eben dieses Originals? Dem in den *Gedancken über die Nachahmung* verkündeten Nachahmungsprinzip haftet von vornherein eine Brüchigkeit an, die die grundlegende Infragestellung dieses Prinzips in den späteren Schriften vorwegnimmt. In der wenige Jahre später veröffentlichten *Erinnerung über die Betrachtung der Werke der Kunst* (1759) weist Winckelmann explizit auf die möglichen Schwierigkeiten des Nachahmungsgebots hin. Dort versucht er einen positiven Begriff von Nach*ahmung* vom negativen Begriff der Nach*machung* abzugrenzen. Nach*machung* sei bloße Epigonalität, während Nach*ahmung* Kreativität erfordere.[16]

Mit der *Geschichte der Kunst des Alterthums* lässt er diese etwas unentschiedene Feindifferenzierung zur Rettung des Nachahmungsbegriffs hinter sich. Der Verdacht, der sich bisher gegen den Begriff der Nach*machung* richtete, trifft nun auch den Begriff der Nach*ahmung*. In Winckelmanns Periodisierung der griechischen Kunst gehört die Nachahmung eindeutig zur letzten, das heißt römischen Periode der Kunst: der Epoche ihres Niedergangs. Als Vertreter dieser letzten Verfallsepoche werden die römischen Künstler genannt, die sich der Nachahmung der Etrusker und später der Griechen hemmungslos hingegeben hätten und deshalb als bloße »ecclectici« abgetan werden.[17] Die *Geschichte der Kunst des Alterthums* schließt mit dem malerisch anmutenden Bild einer Geliebten, die vom Ufer aus das Schiff ihres »abfahrenden Liebhaber[s], ohne Hofnung ihn wieder zu sehen, mit bethränten Augen verfolget«.[18] Die Erläuterung, die Winckelmann nachschickt, lässt nur wenig Zweifel darüber aufkommen, wie gering er die Chancen eines Wiederauflebens der griechischen Schönheit in der modernen Kunst schätzt: »Wir haben, wie die Geliebte, gleichsam nur einen Schattenriß von dem Vorwurfe unserer Wünsche übrig; aber desto größere Sehnsucht nach dem Verlohrnen erwecket derselbe, und wir betrachten die Copien der Urbilder mit größerer Aufmerksamkeit, als wie wir in dem völligen Besitze von diesen nicht würden gethan haben. Es geht uns hier vielmals, wie Leuten, die Gespenster kennen wollen, und zu sehen glauben, wo nichts ist: der Name des Alterthums ist zum Vorurtheil geworden.«[19] Damit löst der historisierende Ansatz der *Geschichte der Kunst des Alterthums* ein Nachahmungsgebot auf, zu dessen Verbreitung Winckelmann selbst mit seiner ersten Publikation einen entscheidenden Beitrag geliefert hatte.

STIL ALS GESCHICHTSFAKTOR: WINCKELMANNS HISTORISIERENDES NARRATIV

Wie löst Winckelmann sein spezifisches Historisierungsprogramm konkret ein? Welche Gestalt nimmt ein so konzipiertes Buch an? Die *Geschichte der Kunst des Alterthums* offenbart in ihrem Grundriss zwei gleichzeitig waltende Konstruktionsprinzipien, aus deren Zusammenspiel Anord-

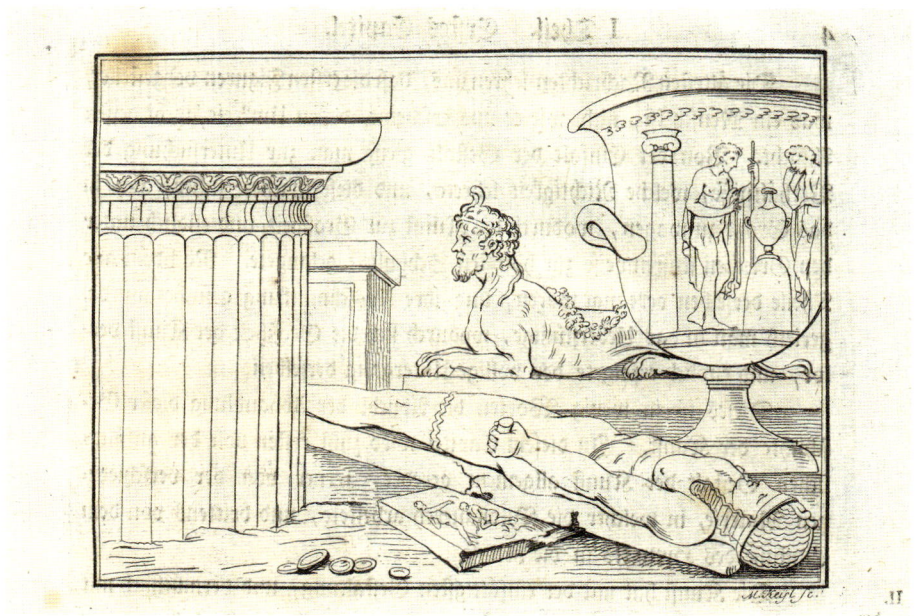

nung und Dynamik der Schrift unmittelbar hervorgehen: ein ethnografisches, das in der historischen Sukzession der antiken Völker gründet, und ein formales, das sich an der zeitlichen Abfolge einander ablösender Stile orientiert. Als erstes und oberstes Ordnungsprinzip gilt dabei das ethnografische. Nach einer Übersicht über die Geschichte der Kunst bei den Ägyptern, den Phöniziern und den Persern (Kap. 2) folgen im ersten Teil die Etrusker und ihre benachbarten Völker (Kap. 3), dann die Griechen (Kap. 4) und schließlich die Römer (Kap. 5). Demgegenüber wird im zweiten Teil der Fokus ausschließlich und detailliert auf das antike Griechenland gerichtet. Allgemein aber gilt: Jede dieser nach Völkern gegliederten Einzelbetrachtungen ist intern noch einmal nach aufeinanderfolgenden Stilphasen (»älterer«, »großer«, »schöner« etc. Stil) organisiert, deren Anzahl und Qualität von dem jeweils dargestellten Volk abhängen.

Diese Doppelstruktur, die sich auch in der Komposition der Titelvignette zum ersten Teil widerspiegelt (Abb. 1), folgt einer sorgsam durchdachten Logik. Die Kunst ist für Winckelmann zum einen eminenter Ausdruck der Identität eines Volkes, also das Produkt einer spezifischen Gemengelage politischer, sozialer, kultureller, klimatischer und anatomischer Faktoren, die – obwohl den Kunstwerken *strictu sensu* äußerlich – einen direkten Einfluss auf dieselben ausüben. Zum anderen bleibt die Kunst in jedem Volk ihrem eigenen Entwicklungsgesetz unterworfen, das sie durch verschiedene Stadien – »Stile« genannt – führt.

Winckelmann war keineswegs der erste, der den Stilbegriff aus der Dicht- und Redekunst auf die visuellen Künste übertrug. Den Weg dahin hatte unter anderen Vasari mit seiner Unterscheidung dreier großer Stilepochen bereitet, die er mit den Anfängen der Renaissance beginnen ließ.[20] Zum eigentlichen Motor der Handlung innerhalb des geschichtlichen Narrativs wird der Stil aber erst bei Winckelmann, und hierin liegt auch das vielleicht Auffälligste und Bemerkenswerteste an seinem geschichtlichen Panorama. Trotz der zum Teil erheblichen politischen, klimatischen, kulturellen und ethnischen Unterschiede zwischen den antiken Völkern machen demnach *alle* – die Ägypter, die Perser, die Etrusker, ganz zu schweigen von den Griechen – eine stilistische *Entwicklung* durch. Je

Abb. 1: Johann Joachim Winckelmann, Geschichte der Kunst des Alterthums, Dresden 1764, S. 3, Vignette am Anfang des ersten Kapitels des ersten Teils: Auswahl der »ältesten Stücke der Bildhauerey und Baukunst«, Stecher: Michael Keyl (1722–1798), Klassik Stiftung Weimar, HAAB, Sign. N 14-399

S. XLIXf.: »Das Kupfer [...] ist kein altes Denkmal, sondern ein Entwurf von verschiedenen derselben zusammen gesetzet [...]. Das Stück Säule ist von dem einen Tempel zu Pesto genommen [...]. Diese Tempel sind [...] allem Ansehen nach älter, als alles, was in Griechenland selbst von Gebäuden übrig ist. [...]. Die liegende Staue ist von dem ältesten Aegyptischen Stile und der bärtige Männliche Sphinx ist von einem erhabenen Werke von gebrannter Erde, im Pallaste Farnese, genommen [...]. Das Gefäß ist von den sogenannten Hertrurischen [...]«

Abb. 2: Johann Joachim Winckelmann, Geschichte der Kunst des Alterthums, Dresden 1764, S. IX, Vignette am Anfang der Vorrede (Nr. 4): Das »Kitharödenrelief« (Apollon, Artemis, Leto vor Tempel) aus der Villa Albani, Zeichner und Stecher: Nicolaus Mosmann (1727–1787), Klassik Stiftung Weimar, HAAB, Sign. N 14-399

S. 239: »Es scheinet also, daß dieses Werk eine Arbeit sey, in welcher ein Griechischer Meister, nicht aus der ältern Zeit, den Stil derselben nachahmen wollen.«

nach Volk kann allerdings die Stilabfolge sehr unterschiedlich ausfallen. So erkennt Winckelmann in der griechischen Kunst vier Stilphasen: erstens den »älteren« Stil der Anfänge mit seinen imposanten, aber groben Linien; zweitens den »großen« oder »hohen« Stil, der in den Skulpturen des Phidias kulminiere; drittens den »schönen« Stil, anmutig und gefällig, der von Praxiteles bis zu Lysipp und Apelles reiche und mit einer politischen, in der Perikleischen Demokratie wurzelnden Blütezeit zusammenfalle; viertens schließlich, beginnend mit dem Tod Alexanders, den »Stil der Nachahmer« und den damit einhergehenden Niedergang der Kunst, dessen Tiefpunkt im Römischen Reich erreicht sei (Abb. 2).[21] Die etruskische Kunst zähle drei Phasen: ausgehend von den »einfältige[n] Gestaltungen ihrer ersten Zeiten« hin zum »Flor ihrer Kunst« und schließlich der »Nachahmung Griechischer Werke«.[22] Zuvor hätten die Ägypter nur zwei eigene Stile durchlaufen: den »älteren« und den »folgenden« oder »späteren« Stil. Während die erste ägyptische Stilepoche durch steife Linien und schiefe Proportionen gekennzeichnet sei, hebe sich die zweite durch etwas geschicktere Züge in der Darstellung bestimmter Körperteile, etwa der Hände, ab – ein Fortschritt, den Winckelmann auf Kontakte zu persischen und vor allem zu griechischen Künstlern zurückführt.[23]

Der Kategorie Stil kommt somit in der *Geschichte der Kunst des Alterthums* eine zweifache Funktion zu. Taxonomisch ermöglicht sie zunächst die Klassifizierung künstlerischer Erzeugnisse in einem breit angelegten historischen Rahmen. Durch die mannigfachen Veränderungen, die der Stil im Lauf der Zeit erfährt, kommt ihm aber eine dynamisierende Funktion im geschichtlichen Narrativ zu. Der Stil wird zur treibenden Kraft der historischen Handlung.

VOM STIL IN DER KUNST ZUM STIL IN DER VÖLKERGESCHICHTE

Entscheidend dabei ist, dass der so aufgefasste Stil nicht nur (kunst-)historische Zeiträume taxonomisch erfasst, sondern auch Völker klassifiziert und hinsichtlich ihrer historischen »Schönheit« einstuft.[24] Zu jedem Volk gehört nicht nur eine Abfolge verschiedener Stile im Verlauf seiner geschichtlichen Kunstentwicklung; indem es diese aufeinanderfolgenden Stilperioden durchläuft, erhält es selbst Merkmale eines mehr oder weniger vollkommenen »Geschichtsstils« oder »Entwicklungsstils«. In der *Geschichte der Kunst* gibt es antike Völker, deren Geschichtsverlauf nur eine begrenzte Anzahl von einander übergangslos ablösenden Stilphasen aufweist. Völkern, die auf eine vergleichsweise monotone und zugleich sprunghafte Verlaufscharakteristik ihrer Stilgeschichte zurückschauen, so zum Beispiel den Ägyptern, bleibt nicht nur der Gipfel künstlerischer Perfektion, sondern auch die Anerkennung einer »schönen« Geschichte verwehrt.[25]

In diesem Schema, das zugleich eine zivilisatorische Rangordnung darstellt, sind die Griechen hinsichtlich ihrer Stilgeschichte bzw. ihres »Geschichtsstils« gegenüber den Ägyptern am genau entgegengesetzten Ende der Skala angesiedelt. Von allen antiken Völkern weisen sie bei Winckelmann nicht nur die meisten Stilperioden auf, auch verlaufe im antiken Griechenland die Ablösung der Phasen so harmonisch wie nirgendwo sonst. Mit Nachdruck verweist der Autor auf den Umstand, dass die griechische Kunst ihre Entwicklungsstadien »stuffenweise« durchlaufen habe, ganz so, wie auch ein lebender Organismus die Phasen des Lebens zwischen Kindheit und Alter durchläuft.[26] Von allen antiken Zivilisationen können die Griechen die elaborierteste, da feinstufigste Stilabfolge vorweisen. Die Vielfalt ihrer künstlerischen Hervorbringungen durch die Zeit, ausdifferenziert und doch wie von einem geheimen Band zusammengehalten, liefert überdies genau jene Materie, die es für eine »schöne« Geschichte braucht – eine Geschichte, und hierin bleibt Winckelmann ganz einem neoplatonischen Schönheitsverständnis verhaftet, die durch Einheit in der Mannigfaltigkeit gekennzeichnet ist.[27]

Greifbar wird hier zugleich die Funktion, die Winckelmann der Geschichtsschreibung zuweist. Aufgabe des Geschichtsschreibers ist es, die unterschiedliche graduelle Progression der Völker und ihrer Stilphasen mit Hilfe der formalen Parameter seiner historischen Erzählung freizulegen oder, besser gesagt, überhaupt erst herzustellen. Der erzählerische, poetische Einsatz im Akt der Geschichtsschreibung erfüllt in diesem Zusammenhang eine elementare Historisierungsfunktion: Durch ihn, das heißt durch die Erzählweise, soll sich dem Leser nichts weniger als der Gang der Geschichte erschließen.

EINE EUROPAWEITE, DISZIPLINÜBERGREIFENDE RESONANZ

Gleich nach ihrer Publikation wurde die *Geschichte der Kunst des Alterthums* mit großem Interesse aufgenommen, wie die zahlreichen Rezensionen, Kommentare und Erwähnungen jeglicher Art ab 1764 beweisen.[28] Der Widerhall blieb nicht auf Deutschland beschränkt, sondern erstreckte sich auch auf die europäischen Nachbarländer, insbesondere auf Frankreich und Italien. Zwischen 1766 und 1794 erschienen nicht weniger als drei französische Übersetzungen der *Geschichte*, die einen entscheidenden Beitrag zu ihrer europäischen Verbreitung lieferten und oft für weitere

Übersetzungen in Europa benutzt wurden.[29] Noch vor 1790 wurden zwei italienische Übersetzungen, je eine von Carlo Amoretti (1741–1816) und Carlo Fea (1753–1836), vorgelegt (Kat. 32).[30] In der ersten Hälfte des 19. Jahrhunderts kommen Übersetzungen ins Polnische (1815) und Englische (1850) hinzu. 1890 erscheint die *Geschichte der Kunst* annähernd vollständig in russischer Sprache.[31]

Als Hauptursache für die breite Rezeption der *Geschichte der Kunst* im Frankreich des ausgehenden 18. Jahrhunderts wird für gewöhnlich deren politische Dimension genannt. Ab 1789 berufen sich in der Tat zahlreiche Akteure der französischen Kunstpolitik auf Winckelmann, um die Verbundenheit, ja die Wesensverwandtschaft von Kunst und politischer Freiheit aufzuzeigen und damit die Vorteile des neuen Regimes für die künstlerische Produktion darzulegen (Kat. 108). Grundlage für diese politische Lektüre ist eine berühmte Passage im Kapitel »Von der Kunst unter den Griechen« der *Geschichte der Kunst*: »In Absicht der Verfassung und Regierung von Griechenland ist die Freyheit die vornehmste Ursache des Vorzugs der Kunst.«[32]

Allerdings verdankt sich die allererste Übersetzung der *Geschichte der Kunst* ins Französische einem Naturhistoriker, der in diesem Werk etwas ganz anderes suchte als eine kunstpolitische These.[33] Anreger und Herausgeber dieser ersten Übersetzung, die schon 1766 erschien, war Jean-Baptiste-René Robinet de Chateaugiron (1735–1820), dem in der Wissenschaftsgeschichte eine wichtige Rolle als einem der ersten Vorboten transformationistischer Theorien in der Naturgeschichte zugeschrieben wird.[34] 1768, zwei Jahre nach der Winckelmann-Übersetzung, publizierte er eine naturphilosophische Untersuchung, die *Vue philosophique de la gradation naturelle des formes de l'être, ou les essais de la nature qui apprend à faire l'homme*, in der er die Ansicht vertrat, dass alle Wesen graduell abgestufte Variationen eines einzigen Entwurfs oder »Prototyps« seien (Kat. 17).[35] Das ureigene Ziel der Natur bestehe darin, diesen »Prototyp« durch zahllose Metamorphosen seiner höchsten Realisierung zuzuführen: der menschlichen Gestalt (Abb. 3). Nun sind Robinets Betrachtungen über die verschiedenen Transformationen der Kette der Wesen von expliziten Bezügen auf die *Geschichte der Kunst des Alterthums* geprägt. Ausgangspunkt seiner Ausführungen ist die prinzipielle Analogie der Kunst mit der Natur. Da die Kunst Nachahmung der Natur sei, so sei es umgekehrt möglich, von der Kunst auf die Natur zu schließen – und dies ganz besonders in historiografischer Hinsicht. »Die Kunst, die die Natur nachäfft, wird uns zu verstehen helfen, wie die einfachsten und gröbsten Formen durch Vervollkommnung die komplexesten und elegantesten Formen erzeugen können.«[36] Dafür biete Winckelmanns Geschichtspanorama der griechischen Kunst seit den groben Formen der ersten Zeiten bis hin zur unübertroffenen Vollkommenheit des 5. und 4. Jahrhunderts v. Chr. ein Modell an, das sich mit großem Gewinn auf die Natur anwenden lasse. Unter ausdrücklichem Hinweis auf die *Histoire de l'Art chez les Anciens, par Mr. J. Winckelmann*[37] stellt Robinet fest: »Dieser langsame und graduelle Lauf der Kunst ist ein unvollkommenes Abbild desjenigen der Natur. Der Weg vom Marmorbrocken, der dem Erdschoß gewaltsam entrissen wird, bis zur schönsten Statue ist viel kürzer als der Weg von der Gestaltung des ersten Prototyps bis zum Menschen. Diese ist jedoch sein erster Entwurf. / Die Natur begann in jedem Atom jenes Meisterwerk der Mechanik vorzubereiten, das erst nach einer unendlichen Anzahl an Kombinationen zu seiner Vollkommenheit gebracht werden konnte.«[38]

Auf der Grundlage von Winckelmanns Stilgeschichte der Kunst entwirft Robinet somit eine Stilgeschichte der Natur. Bereits kurz nach ihrem Erscheinen verwarf jedoch Winckelmann die erste französische Übersetzung seiner *Geschichte der Kunst*, die Robinet angeregt und herausgegeben hatte, ohne sich zuvor mit ihm abgesprochen zu haben.[39] Mit dieser Ablehnung versperrte er sich den Zugang zu einem interessanten Strang seiner eigenen Rezeption: Er, der Buffons *Histoire naturelle* (1749ff.) mit großem Eifer gelesen und exzerpiert hatte,[40] Robinets Hauptwerk

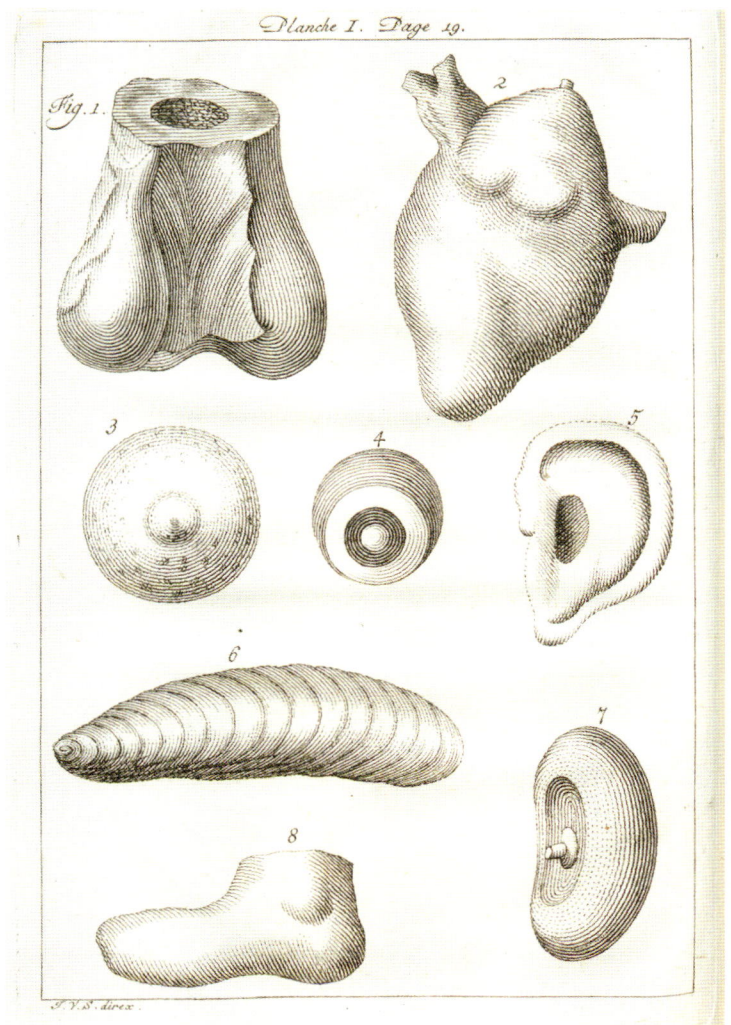

Abb. 3: Jean-Baptiste-René Robinet de Chateaugiron (1735–1820), Vue philosophique de la gradation naturelle des formes de l'être, ou Les essais de la nature qui apprend à faire l'homme, Amsterdam 1768, S. 19, Taf. I: in der Natur gefundene Formationen, die menschlichen Körperteilen ähnlich sind (Herz, Ohr, Fuß usw.), Niedersächsische Staats- und Universitätsbibliothek Göttingen, Sign. 8 PHIL III, 808:5 (Kat. 17)

De la nature aber nur vom Hörensagen als »berüchtig[tes]« Buch kannte,⁴¹ wurde wahrscheinlich nie gewahr, dass weit über die Grenzen der Kunstgeschichte hinaus sein eigenes Geschichtswerk einer neuen historiografischen Gattung als produktives Vorbild diente, die die Entwicklung der Natur in ihren Mittelpunkt stellte.

Wie bereits angedeutet, fanden sich unter den zahlreichen Lesern der *Geschichte der Kunst des Alterthums* durchaus auch kritische Stimmen. Winckelmann wurde schon im ausgehenden 18. Jahrhundert *zugleich* kanonisiert und als überholt kritisiert. Vorbehalte wurden zunächst gegen die mangelnde wissenschaftliche Stringenz der *Geschichte der Kunst* geäußert. Ein frühes Beispiel einer solchen kritischen Stimme liefert der Comte de Caylus, dessen *Recueil d'antiquités* zwischen 1752 und 1767 erschien.⁴² Winckelmanns historiografisches Narrativ, das ein vollständiges, lückenloses Tableau der antiken Kunstgeschichte konstruiere, kollidiere, so der französische Antiquar, mit der unaufhebbaren Unvollständigkeit des Wissens über die Antike. Winckelmann verlasse vorschnell den Bereich der Empirie, um allgemeine Thesen zur Entwicklung der Kunst aufzustellen.⁴³ Schon an den strukturellen Unterschieden zwischen den Hauptwerken beider Autoren – auf der einen Seite eine vollständige »Geschichte« der antiken Kunst, auf der anderen die unsystematische, kumulative Form der »Sammlung« (»recueil«) – lässt sich eine epistemologische Divergenz erkennen, die von epochaler Bedeutung für die damals einsetzende Loslösung der Kunstgeschichte von der antiquarischen Wissenschaft ist.

Eine der umstrittensten Thesen Winckelmanns war seine Interpretation der Ursprünge griechischer Kunst und Kultur. Die Griechen sah er mit einer Eigenschaft ausgestattet, die nicht zuletzt auch ihren Ausnahmestatus auf dem Gebiet der Kunst erklären sollte, und zwar mit ihrer Autarkie: »Bey den Griechen hat die Kunst, ob gleich viel später, als in den Morgenländern, mit einer Einfalt ihren Anfang genommen, daß sie, aus dem was sie selbst berichten, von keinem andern Volke den ersten Saamen zu ihrer Kunst geholet, sondern die ersten Erfinder scheinen können.«[44] Eine solche Interpretation der Entstehung griechischer Kunst war in der damaligen Geschichtsschreibung keineswegs Konsens – und selbst in Winckelmanns Schriften war sie neu. In den *Gedancken über die Nachahmung* hatte er ebenfalls die herausragende Stellung des griechischen Bodens als Wiege der Kunst hervorgehoben, allerdings noch die Ansicht vertreten, dass »[a]lle Erfindungen fremder Völcker« zwar »*nur* als der erste Saame nach Griechenland« gekommen seien, die griechische Kultur jedoch befruchtet hätten.[45] Die *Geschichte der Kunst* ist in diesem Punkt radikaler: Ihr zufolge hätten die Griechen ihre Kunst *nur* aus sich selbst hervorgebracht – ein Umstand, der sie allen anderen Völkern überlegen mache. Ihr Vorrang habe indes in dem Moment Einbußen erlitten, als sie sich mit anderen Kulturen zu mischen begannen; das habe den Niedergang ihrer Kunst eingeläutet. Mit anderen Worten: Kulturelle Vermischung ist nach Winckelmanns Lesart der Kunstgeschichte ein Faktor von Dekadenz.

Caylus bezog eine ganz andere Position: Die antiken Völker hätten ihre Kreativität nicht ausschließlich aus sich selbst bezogen, sondern erst aus ihrer wechselseitigen Durchdringung.[46] Zwar treffen sich beide Autoren in ihrer Bewunderung für die Griechen, aber aus der Sicht des Franzosen verdanken diese ihre Überlegenheit in der Kunst eben nicht nur eigenen Anstrengungen, sondern auch und vor allem der Mitwirkung der Ägypter, die den Grundstein für die griechische Kunst überhaupt erst gelegt hätten. Nur »die Liebe zum Ruhm« (»l'amour de la gloire«) habe die Griechen dazu verleitet, dieses Fremdverdienst zu vergessen.[47] Anders also als es das Griechenbild Winckelmanns nahelegt, waren die Griechen bei Caylus für lange Zeit nur talentierte Nachahmer – ein Wesenszug übrigens, der allen antiken Völkern gemein sei: Ägypter, Griechen, Etrusker oder Phönizier seien ursprünglich durch ein kontinuierliches Geben und Nehmen eng miteinander verbunden.

Die Kluft zwischen Winckelmanns ethnografischem, die Autarkie der Griechen voraussetzendem Modell und jenem des französischen Antiquars, das den Austausch und die gegenseitige Beeinflussung betont, blieb auch den zeitgenössischen Lesern nicht verborgen – allen voran Herder: »[D]as Andenken an einen *fremden* Anfang, an die ersten von andern entlehnten Begriffe« sei den Griechen schier unerträglich, notierte er bereits 1767 in einem Kommentar zur *Geschichte der Kunst des Alterthums*.[48] Winckelmann habe in seiner historischen Darstellung der griechischen Kunst den Fehler begangen, moniert Herder, den Standpunkt der Griechen einfach zu übernehmen, ja sich von ihrer »Originalsucht« geradewegs anstecken zu lassen.[49] In diesem Punkt tritt er entschieden für Caylus ein, dessen Verdienst es sei, eben jener »Originalsucht« widerstanden zu haben.

Die von Caylus und Herder früh geäußerten Einwände waren unter den Gelehrten bald vielerorts zu hören. In Deutschland wurde die *Geschichte der Kunst des Alterthums* zwar regelmäßig als Gründungsdokument der Kunstgeschichte und Archäologie angeführt, jedoch selten ohne den obligaten Hinweis auf ihre – so die weit verbreitete Wahrnehmung – unhistorische Dimension.[50] Das Werk gebe von der antiken Kunst mehr ein ideales als ein wirklich historisches Bild, tadelt Christian Gottlob Heyne (1729–1812) in der Kasseler *Lobschrift auf Winckelmann* von 1778.[51] Winckelmann habe zwar Sinn für das System, aber ihm fehle, setzt Friedrich August Wolf (1759–1824) im Jahr 1805 nach, »jenes gemeinere Talent« zum »Blick auf die Geschichte«, jene »seltene Mischung von Geistes-Kälte und kleinlicher, unruhiger Sorge um hundert an sich geringfügige Dinge«.[52] In Nietzsches Augen schließlich waren Winckelmanns Griechen »über alle Maaßen historisch falsch«, dafür aber höchst »modern, wahr«.[53]

Ist die Geschichte der beste Weg, sich der antiken Kunst anzunähern? Und wenn ja: Kann die antike Kunst dann noch als übergeschichtlich vorbildlich gelten? Und wie soll das Narrativ aussehen, das zwischen geschichtlicher Herleitung und normativer Geltung vermittelt? Welchen Anspruch auf historische Wahrheit darf eine solche Historiografie erheben? Ist ihr Wahrheitsgehalt vornehmlich am historischen Gegenstand oder an den Interessen der Gegenwart zu bemessen? Auf diese Fragen lieferte Winckelmanns *Geschichte der Kunst des Alterthums* vielfältige, zum Teil widersprüchliche Antworten, die sowohl die Möglichkeiten als auch die Schwierigkeiten historisierender Ansätze ans Licht brachten. Gerade dieser Facettenreichtum ist es, der die Wirkung erklärt, die dieses Werk – weit über die Grenzen der Kunstgeschichtsschreibung hinaus – auf zahlreiche weitere Wissensbereiche ausgeübt hat.

ANMERKUNGEN

1 Schlegel, Über das Studium der griechischen Poesie [1795/96], in: Schlegel 1958ff., Bd. 1, S. 217–367, hier S. 364f. (Anm.).
2 Wegele 1885, S. 682.
3 Fueter 1911, S. 390.
4 Seeba 1986, S. 299.
5 *GK1*, S. IX.
6 Bünau 1728–1743; Décultot 2016a; Seeba 1986.
7 Aristot. poet. 1451b 3.
8 *GK1*, S. X.
9 Vgl. Fulda 2016, S. 17–35.
10 Herder, *Erstes kritisches Wäldchen* [1769], in: Herder 1985–2000, Bd. 2, S. 63–245, hier S. 66; Décultot 2013c.
11 Meinecke 1959, S. 301.
12 Droysen 1977, S. 69f., 342.
13 *Grimm'sches Wörterbuch* 1854–1961, Bd. 29, Sp. 1135f.
14 *GK1*, S. X.
15 *Gedancken1*, *KS*, S. 29.
16 *Betrachtung*, ebd., S. 151.
17 *GK1*, S. 235.
18 Ebd., S. 430.
19 Ebd.
20 Müller 1998, S. 670f.
21 *GK1*, S. 213–248.
22 Ebd., S. 105.
23 Ebd., S. 38, 52f.
24 Décultot 2016b.
25 Ebd., S. 68.
26 Ebd., S. 4, 221.
27 Ebd., S. 149f.
28 Hatfield 1943; Uhlig 1988.
29 Winckelmann 1766; Winckelmann 1781; Winckelmann 1793/94–1802/03; Décultot 2000, S. 285–292; Décultot 2004a, S. 166–170; Hartog 1995; Haskell 1991; Wille 1999, S. 54–56; Ferrari 2011, S. 15–54; Baumgartner 2004; Stoll 1960, S. 88–96.
30 Winckelmann 1779; Winckelmann 1783/84; Ferrari 2002.
31 Potocki 1815; Winckelmann 1850; Winckelmann 1890.
32 *GK1*, S. 130; Pommier 2003, S. 199–244; Baeumer 1986; Pommier 1989; Pommier 1991, S. 324–334; Décultot 2013a.
33 Winckelmann 1766.
34 Roger 1971, S. 642–646; Lovejoy 1993, S. 334–337.
35 Robinet 1768.
36 Ebd., S. 15, Übersetzung von Elisabeth Décultot. Im Original heißt es: »L'Art, le singe de la nature, nous aidera à concevoir comment les formes les plus simples & les plus grossières peuvent, en se perfectionnant, amener les formes les plus composées & les plus élégantes«. Zu Robinet vgl. auch Franke 2006, S. 150.
37 Robinet 1768, S. 13.
38 Ebd., S. 15, Übersetzung von Elisabeth Décultot. Im Original heißt es: »Cette marche lente & graduée de l'Art est une image imparfaite de celle de la Nature. Il y a bien moins loin de ce bloc de marbre arraché violemment du sein de la terre, à la plus belle statue, qu'il n'y a de la première réalisation du prototype à l'homme. Elle en est pourtant la première ébauche. / La nature commença à préparer, dans le moindre atôme, ce chef d'œuvre de méchanique qui ne devoit être porté à sa perfection qu'après un nombre infini de combinaisons.«
39 Winckelmann an Goessel, 23. Juli 1766, *Br. 3*, S. 190.
40 Décultot 2011.
41 Winckelmann an Goessel, 23. Juli 1766, *Br. 3*, S. 190; Robinet 1761.
42 Caylus 1752–1767; Rocheblave 1889; Rees 2006.
43 Caylus 1877, Bd. 1, S. 410, 415; Décultot 2004b; Grell 1995, Bd. 1, S. 135f., 180–182; Pomian 2000, S. 30f.
44 *GK1*, S. 5.
45 *Gedancken1*, *KS*, S. 29 (Hervorhebung d. Verf.).
46 Décultot 2000, S. 168–173; Décultot 2004a, S. 103–105.
47 Caylus 1752–1767, Bd. 1, S. 117f.
48 Herder, *Älteres kritisches Wäldchen* [1768/69], in: Herder 1985–2000, Bd. 2, S. 11–62, hier S. 31.
49 Ebd., S. 40.
50 Seeba 1982; Seeba 1986.
51 Schulz 1963, S. 24f.; Heyne 1778/79, Bd. 1, S. 165f.
52 Friedrich August Wolf, *Skizzen zu einer Schilderung Winckelmanns III*, in: Goethe 1985–1998, Bd. 6,2, S. 389–400, hier S. 397.
53 Friedrich Nietzsche, *Nachgelassene Fragmente*, Herbst 1885 bis Anfang Januar 1889, 2. Teil: November 1887 bis Anfang Januar 1889, in: Nietzsche 1988, Bd. 13, S. 140.

WINCKELMANN EXZERPIERT UM SEIN LEBEN, SINGT LUTHERISCHE LIEDER UND WIRD GLÜCKLICHER ALS DER GROSSMOGUL

SPRACH- UND STILIDEALE IM WERDEGANG EINES »KLASSISCHEN« AUTORS

Charlotte Kurbjuhn

»Meine Absicht ist allezeit gewesen und ist es noch, ein Werck zu liefern, dergleichen in Deutscher Sprache in was vor Art es sey, noch niemahls ans Licht getreten, um den Ausländern zu zeigen, was man vermögend ist zu thun«.[1] Winckelmann, der dies im Mai 1758 hochgemut verkündete, muss drei Jahre später aus Rom bekennen: »Ich habe keine Deutschen Schriften zu lesen, gut zu reden, habe ich eben so wenig Gelegenheit, und man wird mich mit meinem Plunder unter die Sprachverderber setzen. Der Herr, dem ich diene [Kardinal Albani, Ch. K.], ist sehr empfindlich, daß ich fortfahre, in meiner Muttersprache zu schreiben. *Dum vivis Romae etc.* sagt er, und er hat nicht sehr unrecht. Ich habe versprochen, mit der Geschichte der Kunst aufzuhören«, soll heißen: in deutscher Sprache zu publizieren.[2]

Winckelmanns Befürchtungen waren unbegründet. Zehn Jahre nach seinem Tod hielt Johann Gottfried Herder (1744–1803) in seinem *Denkmahl Johann Winckelmanns* fest: »Die Schreibart seiner Schriften wird bleiben, solange die Deutsche Sprache dauert«.[3] Bereits 1765, ein Jahr nach Erscheinen seiner *Geschichte der Kunst des Alterthums*, hatte ihn der Göttinger Altertumswissenschaftler Christian Gottlob Heyne (1729–1812) als »klassischen« Schriftsteller bezeichnet, dessen Sprache also nach dem Vorbild der lateinischen Schulautoren als mustergültig anzusehen war.[4] Die Wertung sollte sich als richtig erweisen – Winckelmann wird noch heute das Verdienst zugerechnet, »die deutsche gelehrte Prosa zu europäischem Rang erhoben« zu haben.[5]

Seine Wirkung beschränkte sich indes keineswegs auf die Sprache der Gelehrsamkeit oder der nach ihm allererst florierenden Kunstliteratur. Es war vielmehr die deutsche Literatursprache, deren Wortschatz und Satzmelodien von Winckelmanns »körnigten« Pointierungen und dem verhalten wogenden Sprachfluss seiner Sätze geprägt wurden. Bevor Winckelmanns emphatische Sprachaufschwünge, sein Beitrag zur entstehenden deutschsprachigen Kunstterminologie und seine literarischen Stilideale – prägnante Kürze und suggestiv rhythmisierte Satzgefüge – dargestellt werden, ist kurz ihr Entstehungskontext nachzuvollziehen, der durchaus nicht notwendig erkennen lässt, dass sich hier ein kunstliterarischer Autor von Weltrang heranbildete. Denn am Beginn von Winckelmanns wissenschaftlichen Studien steht eine zunächst wenig spektakulär erscheinende, altbewährte humanistische Kulturtechnik und Wissenspraxis: das Exzerpieren von Texten anderer Autoren.

EXZERPTE: VON DER SEHNSUCHT NACH STIL

In einem Brief an Wilhelm Muzell-Stosch (1723–1782) definiert Winckelmann sein Verständnis guter Textproduktion: »Es ist eine schwere Sache zu schreiben und Graf *Roscomon* sagt[:] ›*Of all things in which Mankind most excell, | Nature's chief Master-piece is writing well.*‹ [...] Was ich weiß ist dieses, daß ich gelernet habe zu schreiben, weil ich alle Critiken angehöret und mehr als einmal meine Sachen von neuen umgearbeitet, wie ich thue und thun werde mit meiner Historie der Kunst«.[6] Hierin drückt sich nicht nur ein Winckelmann'sches Bekenntnis zur Verbesserungsästhetik aus; signifikant ist der Passus vor allem deshalb, weil er ein Grundprinzip seines Denkens und Schreibens abbildet: Um seine Auffassung von guter Schreibart zu definieren, zitiert er einen anderen – und zwar einen englischen Schriftsteller.

Bereits in Seehausen und Nöthnitz hatte Winckelmann begonnen, sich mit europäischer Literatur bekannt zu machen.[7] Obwohl in der Bibliothek Heinrich von Bünaus (1697–1762) kein Mangel an deutschsprachiger Literatur bestand, fertigte Winckelmann daraus keine Exzerpte an. Stattdessen widmete er sich ausgiebig französischen, italienischen und englischen Autoren des 16. bis 18. Jahrhunderts.[8] Immens sind die Exzerpte, die er aus Werken moderner Schriftsteller ebenso wie von antiken Autoren (Abb. 1) anlegte; hinzu kamen extensive Wortlisten, Register und Indices.[9] Zwar steht er damit in bewährter humanistischer Tradition, und auch die Euphorie des lexikografischen Zeitalters schwingt mit in dem Eifer, mit dem er einmal dem Seehausener Bibliothekar entgegengeht, um sogleich den Band mit dem Buchstaben »C« von Zedlers *Universal-Lexicon* zu verschlingen.[10] Das *Dictionnaire historique et critique* von Pierre Bayle in der annotierten deutschen Ausgabe von Gottsched machte sich Winckelmann in einer einmaligen Konzentrationsleistung zu eigen: Das erste Exzerptkonvolut mit 1400 handschriftlichen Seiten reduziert er auf zwei gut vierzigseitige Konvolute (Kat. 143, 144).[11] Doch ging es ihm um mehr als bloße Wissensarchivierung. Als hätte er eines »antidote«[12] gegen die trockene Rhetorik der Gelehrsamkeit bedurft, versammelte er in seinen Exzerpten poetische Wendungen, Gleichnisse, aphoristische Pointierungen und »charakteristische Aussprüche, Kritiken, Grundsätze über Stil«,[13] vor allem zum Ideal der Kürze.[14] Eine solche Notiz Winckelmanns ist interessant mit Blick auf die mitunter langen Wanderungen, die Exzerpte durch die Notizhefte der Geistesgeschichte antreten: »Es ist schwer kurz zu schreiben [...]. Aber unsere Zeit erfordert die Kürze sonderlich wegen der Menge der Schriften. Derjenige der an jemand schrieb; ich hatte nicht Zeit diesen Brief kürzer zu machen, erkante was die kurze Schreibart erfodert.«[15] Das bei Blaise Pascal (1623–1663) gefundene Bonmot lässt Winckelmann in ferne Wahlverwandtschaft zu einem anderen Meister der prägnanten Formulierung treten, der ein Jahrhundert später genau diese Stelle in fragmentarischen Notizen festhält: Friedrich Nietzsche (1844–1900) zitiert unter dem Stichwort »*Kurzschreiben*. Es ist schwer kurz zu schreiben, sagt Winckelmann« wörtlich die obigen Sätze.[16]

Neben dem ästhetischen war es auch ein sozialer Distinktionswunsch, der Winckelmanns Lektüre lenkte. Bei den modernen englischen und französischen Schriftstellern suchte er die ersehnte »Urbanität und Präzision«, die Ausdrucksweise »der Gesellschaft, des Gentleman« zu entlehnen, um in der Muttersprache ein eigenes Idiom zu finden.[17] Bei der Suche nach der eigenen intellektuellen Identität als Autor jenseits eines pedantischen Antiquars und Kompilators bediente sich Winckelmann paradoxerweise gerade der bevorzugten Methode des letzteren[18] – mit größtmöglichem Erfolg. Als Protokolle und zugleich Medium der Entwicklung seines Denkens im Spiegel seiner Sprach- und Stilstudien dokumentieren seine Exzerpte aus modernen Autoren in einzigartiger Weise den Transfer zwischen den früheren europäischen Klassizismen und dem durch seine eigene Ästhetik geformten deutschen Klassizismus.[19]

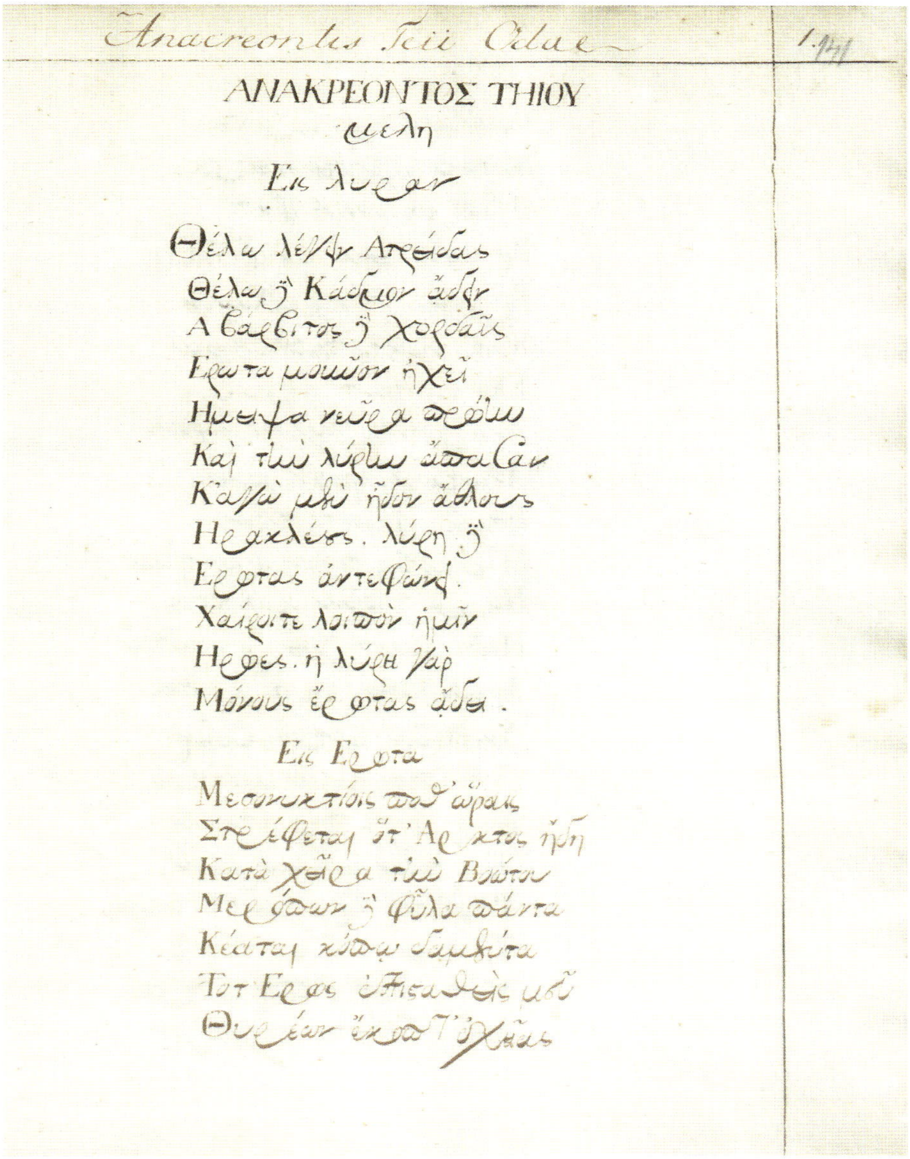

Zitate antiker Autoren hingegen besitzen für Winckelmann andere Funktion; sie können im rechten Moment zu »Kristallisationskernen für den Ausdruck seines Gefühls« werden.[20] Gerade dort, wo es gilt, das Empfinden mit aller Sprach- und Bildgewalt auszudrücken, verwendet er antike Sprachelemente, zum Beispiel homerische Gleichnisse, und verwandelt sich die Zitate in eigener schöpferischer »Nachahmung« an. Besonders aufschlussreich ist eine Notiz in den Pariser Exzerpten mit der Überschrift »Von der Nachahmung des Alterthums«. Sie gilt einer Stelle in Franciscus Junius' Schrift *De pictura veterum* (1637), die den antiken Traktat *Über das Erhabene* zitiert, und zwar zur »Nachahmung großer Vorbilder als [...] Weg zur Erhabenheit«. Pseudo-Longin vergleicht dort die

Abb. 1: Johann Joachim Winckelmann, Nachgelassene Exzerpte griechischer Autoren, hier: »An die Leier« und »An Amor« aus den Gedichten des Anakreon aus Teos unter dem Titel »Anacreontis Teii Odae«, Staats- und Universitätsbibliothek Hamburg, Sign. Cod. hist. art.: 1: 2 (4°), vol. 1, fol. 141r°

inspirierende Bedeutung dieser Vorbilder mit der Begeisterung, die Apollon in der delphischen Pythia hervorrufe, wenn sie in Orakeln die Gottessprüche verkündet: »So strömen vom Genius der Alten wie aus heiligem Quell geheimnisvolle Einflüsse in die Seele ihrer Bewunderer«.[21] Der Vergleich mag für Winckelmann, der nach Worten zur erhabenen Beschreibung der Statue des delphischen Gottes suchte, gewissen Reiz besessen haben. Seine Beschreibung des *Apoll vom Belvedere* in der *Geschichte der Kunst* zumindest legt dies nahe: »Ich vergesse alles andere über dem Anblicke dieses Wunderwerks der Kunst, und ich nehme selbst einen erhabenen Stand an, um mit Würdigkeit anzuschauen. Mit Verehrung scheint sich meine Brust zu erweitern und zu erheben, wie diejenigen, die ich wie vom Geiste der Weißagung aufgeschwellet sehe, und ich fühle mich weggerückt nach Delos und in die Lycischen Hayne, Orte, welche Apollo mit seiner Gegenwart beehrete«.[22]

Für diejenigen, die sich nicht in Rom vor den Originalen entrücken lassen konnten, gab es immerhin Winckelmanns Beschreibungen. Dass deren Stilistika den Idealen der Winckelmann'schen Statuenästhetik gemäß waren, pointiert Herder, ein wenig raunend: »Winkelmanns Styl ist wie ein Kunstwerk der Alten. Gebildet in allen Theilen, tritt jeder Gedanke hervor, und stehet da, edel, einfältig, erhaben, vollendet: er *ist*. Geworden sey er, wo oder wie er wolle, mit Mühe oder von selbst, in einem Griechen, oder in Winkelmann; genug, daß er durch diesen auf einmal, wie eine Minerva aus Jupiters Haupt dastehet und ist. Wie also an dem Ufer eines Gedankenmeeres, wo auf der Höhe desselben der Blick sich in den Wolken verliert: so stehe ich an seinen Schriften und überschaue.«[23]

WOLLUST UND STILLE

Wie das Herder-Zitat illustriert, haben einige prägnante Formulierungen Winckelmanns immensen Wiedererkennungswert; zahlreiche Ausdrücke in den *Gedancken über die Nachahmung der Griechischen Wercke in der Mahlerey und Bildhauer-Kunst* (1755) oder den Statuenbeschreibungen, die als Kristallisationspunkte seiner Ästhetik gelten können, wirkten (und wirken) in der deutschen Literatursprache in jener Bedeutung und mit jener »Atmosphäre« nach,[24] die Winckelmann ihnen verliehen hat. In besonderem Maße gilt dies für alle Variationen seines berühmtesten Begriffsduos – »edle Einfalt« und »stille Größe« stehen im deutschen Sprachbereich wohl auch heute noch und oft selbst bei Lesern, die nicht wissen, woher die Worte stammen, als Formel für »das« Klassische, als Signum »der« Klassizität, verbunden mit einem wenn auch diffusen Bild antiker Statuen in marmorner Weiße.

Die prägnante Formel begegnet erstmals in Winckelmanns Erstlingsschrift, den *Gedancken über die Nachahmung*, wo man liest: »Das allgemeine vorzügliche Kennzeichen der Griechischen Meisterstücke ist [...] eine edle Einfalt und eine stille Grösse, so wohl in der Stellung als im Ausdruck.«[25] Die These, die zuerst mit Bezug auf den *Laokoon* formuliert wird, überträgt Winckelmann kurz darauf auch auf die antike Literatur und weitet sie auf die Neuzeit aus: »Die edle Einfalt und stille Grösse der Griechischen Statuen ist zugleich das wahre Kennzeichen der Griechischen Schriften aus den besten Zeiten [...], und diese Eigenschaften sind es, welche die vorzügliche Grösse eines Raphaels machen, zu welcher er durch die Nachahmung der Alten gelanget ist.«[26] Die von Winckelmann behauptete stilistische Parallele zwischen antiker Plastik und Literatur kündigt zugleich sein eigenes kunstliterarisches Ideal an.

Weit davon entfernt, nur den stilhistorischen Gegenbegriff zu dem drastischen, überdynamisierten »Bewegungsprinzip der Barockkunst«[27] darzustellen, das Winckelmann vor allem an Gian Lorenzo Berninis (1598–1680) Skulpturen vehement verurteilte, gewann die »Stille« durch ihre zentrale Position in Winckelmanns Ästhetik einen »eigentümlichen, empfindsamen und zugleich sakral-feierlichen Gefühlswert«,[28] der sich aus der religiösen Sphäre herschreibt und Winckelmanns Studienzeit in Halle, der Hochburg des Pietismus, in Erinnerung ruft. Der Pietismus stellte die persönliche Gotteserfahrung des Gläubigen in den Mittelpunkt – eine Erfahrung, die der »Stille« konstitutiv bedurfte, um dem Menschen die Begegnung mit seinem Gott zu ermöglichen und ihn darin der göttlichen »Stille« erst teilhaftig werden zu lassen.[29] In Winckelmanns ästhetischem Vokabular finden sich neben der »Stille« aber auch zahlreiche emphatischere Worte – *Empfindung, Reiz, Entzückung, Wollust, Süßigkeit* –, die teils der religiösen und vor allem mystischen, teils der erotischen Sphäre entstammen.[30]

Die erhabenen Sprachaufschwünge, mit denen Winckelmann dem Leser die plastischen Göttergestalten der antiken Welt vor Augen stellt – und zwar als Idee, nicht als sprachliches Abbild einer Statue – und die eigene Entrückung imaginiert, stehen in diesem historischen Kontext. Sie zeugen von einer Ästhetisierung der »Empfindung«, die gänzlich der christlichen Sphäre entrückt ist, zugleich aber in ihrer Intensität, ihren Denkbewegungen und ihrem Vokabular ihre sakrale Signatur bewahrt, ja ihren Reiz wesentlich daraus bezieht. Als er den *Apoll vom Belvedere* (Abb. 2; Kat. 13) betrachtet, da hebt ihn, so notiert Winckelmann, »eine seelige Entzückung«, und leicht wie »unsterbliche Seelen« sucht er sich »bis zum Thron der höchsten Schönheit zu schwingen«.[31] Zum Anblick des *Torso*, bei dem er gleichfalls eine Entrückung, nun aber in mythische Gefilde, imaginiert, heißt es ungleich deutlicher: »Ich wurde entzücket, da ich diesen Körper von hinten ansahe«.[32] Man kann in Winckelmanns Begeisterung durch und für die Schönheit des *Apoll* eine »platonisch-plotinisch« akzentuierte Auffassung von der äußersten Schönheit als »Wesen und Emanation Gottes«[33] erkennen und seine »Kunstbegeisterung als Kunstfrömmigkeit«[34] verstehen, aber man kann auch ohne Begriffe von Frömmigkeit und Andacht auskommen und umgekehrt die Emanzipation der »Empfindung« für sich gelten lassen, um die für Winckelmann spezifische ästhetische Erkenntnisweise ebenso zu fassen wie die Wirkungsabsichten seiner Schriften.[35]

Wie für seine Zeitgenossen gab es gleichwohl auch für Winckelmann ein primäres Sprachreservoir, wenn es galt, mit höchster Erhabenheit und Feierlichkeit Dinge jenseits des alltäglichen Sprachgebrauchs zu sagen: die Sprache von Luthers Bibelübersetzung[36] und insbesondere die Sprachgewalt seiner Lieddichtungen. Eine großartige Schilderung aus Winckelmanns römischen Jahren setzt die affektive Macht genau dieser Prägung ins Bild. Winckelmann, der in Dresden zum katholischen Glauben konvertiert war, um nach Rom gelangen zu können, beschreibt im September 1766, wie er seinen Tag im Palast des Kardinals Alessandro Albani (1692–1779) beginne. Er gönne sich »des Morgends« stets »eine halbe Stunde«, in der er nicht arbeite, sondern nur seinem »Glücke nachdenke«, »bey diesen Betrachtungen singe ich Lieder aus dem Lutherischen Gesangbuche, wie mir dieselben einfallen und bin in diesen Augenblicken vergnügter als der große Mogul«.[37]

KUNSTTERMINOLOGIE

Für die Theorie der bildenden Künste prägte Winckelmann zahlreiche Begriffe, die heute zu ihrem Standardvokabular gehören: Worte wie *Stil, Kontur, Grazie* und *Ideal* bzw. *idealisch*[38] erhielten ihre Bedeutung, indem Winckelmann sie teils aus den bis ins 18. Jahrhundert maßgeblichen Sprachen der europäischen Kunsttheorie, also insbesondere aus dem Italienischen und dem Französischen, ins Deutsche übertrug, aber auch, indem er einen bis zur Mitte des 17. Jahrhunderts nur in Rhetorik und Poetik gebräuchlichen Begriff wie »Stil« der eigenen Ästhetik nicht nur assimilierte, sondern zum Inbegriff der durch ihn erst begründeten wissenschaftlichen Methode der stilhistorischen Kunstbetrachtung machte.[39] War bis dahin die »individuelle[ ] künstlerische[ ] Gestaltung« mit dem

Abb. 2: Johann Heinrich Meyer (1760–1832), Physiognomische Studien zum *Apoll vom Belvedere*, o. J., lavierte Federzeichnung, 259 × 185 mm, Klassik Stiftung Weimar, Museen, Inv. Gr-2005/513

italienischen Ausdruck *maniera* bezeichnet worden und hatte sich der Begriff »Stil« nicht recht durchzusetzen vermocht,[40] so ist es Winckelmann, der ihn bereits in den *Gedancken* verwendet und für die deutsche Sprache letztlich etabliert.[41] Dem Rubrikenschema des französischen Klassizismus entlehnte er für seine *Beschreibung der vorzüglichsten Gemälde der Dresdner Gallerie* und noch für die *Gedancken* Termini wie *Contour*, *Drapperie*, *Composition*, *Ordonnance*, *Clair-obscur* und *Colorit*. Seit dem 17. Jahrhundert hatten die Kategorien Erfindung, Komposition, Zeichnung, Farbgebung, Helldunkel, Faltenwurf und Ausdruck die Leitlinie bei der Bewertung von Kunstwerken vorgegeben und waren beispielsweise in der berüchtigten *Balance des Peintres* von Roger de Piles (*Cours de pein-*

ture par principes, 1708) Punkt für Punkt abgearbeitet worden, indem Maler nach ihrer vermeintlichen Vollkommenheit in jeder einzelnen Kategorie bewertet wurden. Außer dem Farbenthusiasten Roger de Piles vertrat die überwiegende Mehrzahl der zeitgenössischen Kunsttheoretiker die Ansicht, die Zeichnung, der *dessin*,[42] stelle die wichtigste Komponente des Kunstwerks dar, weil in den Umrissen – den *contours*, die Winckelmann zum Kernbegriff seiner Ästhetik verwandeln wird – die erste bildliche Konkretisierung der künstlerischen Erfindung (*inventio*), der Übergang vom Geistigen in die Materie, stattfinde. Um französische Termini für das Deutsche zu entlehnen, fügt Winckelmann mitunter Erläuterungen hinzu oder gibt zusätzlich möglichst bedeutungsähnliche deutsche Worte an (beispielsweise zu *Drapperie*).[43] Allerdings verfährt er dabei programmatisch selektiv, indem er Termini, die Charakteristika des verpönten Barock bezeichnen, bewusst nicht überträgt[44] – was nicht Teil der kommenden Kunst sein soll, dafür braucht es auch keinen Ausdruck im imaginären Lexikon der gerade entstehenden deutschen Kunstliteratur zu geben.

Um einen Eindruck zu gewinnen, wie in dem vor Winckelmann bedeutendsten Beitrag zur deutschsprachigen Kunstliteratur mit dem Mangel an eigenen Termini umgegangen wurde, sei kurz ein Passus aus Joachim von Sandrarts *Teutscher Academie* (1675) zitiert. Sandrart bezieht sich hier auf den auch für Winckelmanns Ästhetik zentralen Begriff des *disegno*, der aus der italienischen Kunsttheorie der Spätrenaissance stammt und vor allem durch Giorgio Vasari konzeptuell aufgewertet worden war. Über die rein handwerkliche Grundbedeutung (»Zeichnung«) hinaus stand *disegno* seit dem 16. Jahrhundert für die Manifestation der künstlerischen Idee, die auf Urteilsvermögen (bei Vasari »giudizo universale«), Studium, technischer Fähigkeit und geistigem Schöpfungsakt beruht. Sandrart standen im 17. Jahrhundert keine auch nur entfernt angemessenen deutschen Worte zur Verfügung, um dies in all seiner Komplexität wiederzugeben, und so liest man neben dem Marginaltitel »Die Vernunft / ist der Zeichnung Ursprung / und nicht der ungefähre Zufall«: »Die Zeichnung / gleichwie sie […] ihren Ursprung aus der Vernunft hat / so erfordert solche ein sonderbares Urtheil / als die *universal*-Form / *Idea* oder *Modell* aller Dinge / so die Natur jemals gebohren. Dann diese machet in dem menschlichen Leib / in den Thieren und Pflanzen / folgbar auch in der Gebäu= Bildhauer= und Mahler-Arbeit / die *proportion* und Gleichheit zwischen dem ganzen völligen *Corpo* und seinen Theilen / […] erkennen. Und aus dieser Erkäntnis entspringet eine gewiße *imagination*, Einbildung / Meinung und Urtheil / welches ihm der Künstler in seinem Verstand vor-formet / und nachmals mit Kreide / Rötel oder Kohlen / durch die Hand / zu Papier bringet.«[45]

In dem Passus »aus dieser Erkäntnis entspringet eine gewiße *imagination*, Einbildung / Meinung und Urtheil / welches ihm der Künstler in seinem Verstand vor-formet / und nachmals […] zu Papier bringet« erkennt man eine wenn auch umständliche Definition dessen, was Winckelmann unter dem prägnanten Terminus »Contour« fassen wird. An diesem Begriff, der vielleicht mehr noch als das ungleich populärere Duo »edle Einfalt, stille Größe« als Konzentrat seiner Ästhetik gelten kann, lässt sich in besonderem Maße Winckelmanns begriffliche Konzentration verdeutlichen.[46]

Weit über die geläufige Bedeutung in der französischen Kunstliteratur hinaus, der es zumeist um die anatomische Korrektheit oder die Eleganz der *contours* ging, wird für Winckelmann der »Contour« zu jenem künstlerischen Gestaltungselement, das die Synthesis von schönster Natur und schönem Ideal leistet[47] und in dem der geistig-konzeptuelle Gehalt des Kunstwerks geborgen ist: »Der edelste Contour vereiniget oder umschreibet alle Theile der schönsten Natur und der Idealischen Schönheiten in den Figuren der Griechen; oder er ist vielmehr der höchste Begrif in beyden.«[48] Der »Contour« stellt somit den Inbegriff der griechischen Kunst dar. In seiner größten Verfeinerung präsentiert der plastische Kontur für Winckelmann das geistige Formprinzip so rein, dass es ihm scheint, als habe in der Statue des *Apoll vom Belvedere* »nur allein der Geist

[...] gewirkt«: »Die Statue des Apollo ist das höchste Ideal der Kunst unter allen Werken des Alterthums, welche der Zerstörung derselben entgangen sind. Der Künstler derselben hat dieses Werk gänzlich auf das Ideal gebauet, und er hat nur eben so viel von der Materie dazu genommen, als nöthig war, seine Absicht auszuführen und sichtbar zu machen. [...] Keine Adern noch Sehnen erhitzen und regen diesen Körper, sondern ein Himmlischer Geist, der sich wie ein sanfter Strohm ergossen, hat gleichsam die ganze Umschreibung dieser Figur erfüllet.«[49]

Am prägnantesten kommt die ästhetische Funktion des Kontur, hier auch »Umriss« genannt, jedoch in den *Torso*-Beschreibungen (Abb. 3; vgl. Kat. 12) zum Ausdruck: »Ich sehe in den mächtigen Umrissen dieses Leibes die unüberwundene Kraft des Besiegers der gewaltigen Riesen, die sich wider die Götter empöreten, und in den phlegräischen Feldern von ihm erleget wurden: und zu gleicher Zeit stellen mir die sanften Züge dieser Umrisse, die das Gebäude des Leibes leicht und gelenksam machen, die geschwinden Wendungen desselben in dem Kampfe mit dem Achelous vor, der mit allen vielförmigen Verwandlungen seinen Händen nicht entgehen konnte. In jedem Theile dieses Körpers offenbaret sich, wie in einem Gemählde, der ganze Held in einer besondern That, und man siehet [...] den Gebrauch, zu welcher That ein jedes Theil gedienet hat.«[50] Wie schönste Natur und ihre Steigerung durch das Ideal, aber auch wie die heroischen und göttlichen Wesenheiten des Herkules überlagern sich in diesen Umrissen die Linie der »mächtigen« Formen und jene der »sanften« Gestaltung. Signifikant ist, wie die »sanften« wellenförmigen Umrisse, an denen Winckelmann die »immerwährende Ausfließung einer Form in die andere, und die schwebenden Züge« bewundert,[51] nun zum allegorischen Zeichen für den Kampf mit dem Flussgott Acheloos werden. Ihre Windungen bedeuten für Winckelmann die »geschwinden Wendungen« des Helden und zugleich die »vielförmigen Verwandlungen« seines Gegners. Die Umrisse des *Torso* werden zu lesbaren Allegorien der mythischen Taten des Herkules.

Bei der Beschreibung der Muskelpartien auf der linken Seite des *Torso* widmet sich Winckelmann eingehender dem Wechselspiel der Bewegungen in den Umrissen und kommt zu einem Vergleich mit »Meereswellen«: »So wie in einer anhebenden Bewegung des Meers die zuvor stille Fläche in einer lieblichen Unruhe mit spielenden Wellen anwächst, wo eine von der andern verschlungen, und aus derselben wiederum hervorgewälzet wird: eben so sanft aufgeschwellet und schwebend gezogen, fließet hier ein Muskel in die andere, und eine dritte, die sich zwischen ihnen erhebet, und ihre Bewegung zu verstärken scheinet, verlieret sich in jene, und unser Blick wird gleichsam mit verschlungen.«[52] Es handelt sich um Winckelmanns favorisierten Bildbereich, dem zugleich der spezifische Duktus seines fließend fortlaufenden Prosarhythmus in idealer Weise entspricht. Die durch Wellenmetaphorik und Sprachmelodie vergegenwärtigten Konturen erscheinen niemals fixiert; der Blick des Betrachters scheint verschlungen zu werden im Hin- und Herwogen, im einander Umspielen der Satzglieder.

KUNSTLITERARISCHER STIL ZWISCHEN HYMNUS UND APHORISMUS?

Es sind insbesondere drei Gestaltungsprinzipien, die Winckelmanns Schreiben kennzeichnen: Kürze, ein sehr charakteristischer rhythmisch wogender Sprachfluss und die virtuose Anverwandlung fremdsprachiger (antiker wie moderner) Zitate in ein ganz eigenes Winckelmann'sches Idiom. Alle drei Prinzipien stehen in Analogie zu seiner Statuenästhetik. Dabei ist generell zu unterscheiden zwischen der Sprache des Archäologen, die seine Beschreibungen »nach der Kunst« mit dem Bemühen um eine Erfassung ihrer historischen stilistisch-technischen Besonderheiten kennzeichnet,

Abb. 3: Torso vom Belvedere, 1. Jh. v. Chr., Marmor, H. 157 cm, Musei Vaticani, Rom, Inv. 1192 (Kat. 12)

und der Sprache des Ästhetikers in den Aufschwüngen, die Winckelmann bei der Beschreibung »nach dem Ideal« nimmt.[53] In letzteren zielt seine Ekphrasis nicht auf mimetische Nachahmung der betrachteten Statuen, sondern auf deren geistigen Gehalt, ihr Ethos und zugleich ihre idealische Schönheit jenseits des rationalsprachlich diskursiv Vermittelbaren. Blickt man jedoch in Winckelmanns Entwurf zur Beschreibung des *Apoll vom Belvedere* im Florentiner Manuskript, verwundert die rhetorische Frage Hans Zellers nicht: »Kann ein solch pedantisches Geklapper vom Dichter des Apollo-Hymnus stammen?«[54] Auf Winckelmanns »Apollo-Hymnus« wird gleich noch zurückzukommen sein; zunächst soll ein kurzer Blick auf das vermeintliche Geklapper zeigen, dass hier ein gänzlich anderer Sprechakt vorliegt, der nicht auf »Empfindung des Schönen« abzielt, sondern 1756 erstmals eben jene stilgeschichtliche Kunstbetrachtung antiker Werke vorführt, die grundlegend für die durch Winckelmann begründete Archäologie werden sollte.⁵⁵ Winckelmann wendet sich der Gestaltung der »Haar-Locken« des Gottes zu und notiert: »Diese Art die Haare zu arbeiten ist von dem [...] Gebrauch der besten Zeiten der Griechen. Denn in den ältesten waren s[ie] [...] sehr kleinlich steif und gleichsam machten sie ihre Haare, als wären sie naß auf Art der Egypter und Hetrurier. [...] In Phidias und Alex[anders] Zeiten aber ist dieser Gebrauch der Weichigkeit geübt worden. Unter der Römischen Kayser Zeiten ist diese Art wieder verlaßen worden. Von Nero bis Traj[ans] Zeiten ist man gleichfals wieder ein wenig in den aller ersten Gusto gefallen, da die Kunst aber noch niedriger kommen, so sind die Künstler in solchen geringen Sachen fleißiger und in den größeren nachläßiger worden. Darum haben wir von Marc Aurelio bis Septim Severo und Caracalla die fleißigsten Haare.«⁵⁶

Große Poesie ist das nicht – soll es aber auch nicht sein. Das Florentiner Manuskript zeigt jedoch anschaulich, dass Winckelmanns vorbereitende Notizen zur Apollo-Beschreibung zur Hälfte »Dichterstellen« aus den Apollo-Hymnen von Homer und dem hellenistischen Dichter Kallimachos enthalten.⁵⁷ Die Kompilation hatte ästhetisch programmatische Funktion, denn die Anverwandlung der antiken Verse war eigene Nachahmung der Antike im besten Sinne. Winckelmann verfuhr hier nicht anders als die antiken Künstler, indem er sein Wortmaterial, »Bilder und Wendungen« zur Beschreibung der »Idee« der antiken Statuen ebenfalls antiken Dichtungen entnahm.⁵⁸ Vor diesem Hintergrund überrascht es nicht, dass er am 20. März 1756 Oeser ankündigte, die Beschreibung des *Apoll* werde ihm »fast die Mühe machen, die ein Helden-Gedicht erfordert«.⁵⁹ Dabei galt Winckelmanns oberste stilistische Maxime durchaus nicht etwa der sprichwörtlich »epischen Länge«, sondern der absoluten Präzision und Kürze des einen treffenden Ausdrucks, und gerade diese Kürze und das »Körnigte« seiner Schreibart wurden bereits unmittelbar nach dem Erscheinen der *Gedancken* zu seinem Signum.

KURZ UND KÖRNIGT

In der Würdigung seiner Erstlingsschrift in Christian Felix Weißes *Bibliothek der schönen Wissenschaften* war 1757 zu lesen,⁶⁰ die »Schreibart« sei »lebhaft und angenehm, und von eben dem edlen Geschmack als seine Beurtheilungen über die Werke der schönen Künste; wir wissen keine deutsche Schrift, die in dieser Schreibart abgefaßt wäre [...]. Der Ausdruck ist nachdrucksvoll und körnigt; man wird niemals ein Wort finden, welches unnöthig wäre«. Zwar tadelt der Rezensent die »allzugroße[ ] Kürze«, die den Text mitunter »dunkel« werden lasse. Doch »die größten Schönheiten« des Textes entwickelten sich beim Lesen »immer mehr, und wie die stille Größe« in der *Sixtinischen Madonna*.⁶¹ Bereits diese frühe Rezension stellte also eine Analogie zwischen dem Stil des Verfassers und den von Winckelmann selbst an Kunstwerken der Antike oder an Raffaels *Sixtinischer Madonna* (Kat. 10) beobachteten stilistischen Eigenschaften her. In der *Erinnerung über die Betrachtung der Werke der Kunst* parallelisiert Winckelmann die plastische Ausarbeitung von Skulpturen mit literarischen Qualitäten: »Die Hand des Meisters« zeige »sich, so wie in der Schreibart an der Deutlichkeit und kräftigen Fassung der Gedanken, also in der Ausarbeitung des Künstlers an der Freyheit und Sicherheit der Hand.«⁶² Äußerungen wie Christian Gottlob Heynes Bewunderung »[e]ine[r] so männliche[n] und körnigte[n] Schreibart in unserer Muttersprache«⁶³ bestätigten Winckelmann, dass er sein stilistisches Ideal konsequent verwirklicht hatte. Als er beginnt, die *Geschichte der Kunst* zu schreiben, lautet seine »vornemste Regel [...], nichts mit 2 Worten zu sagen, was mit einem geschehen kann«,⁶⁴ er schließt jedoch die Stellen, »wo es auf eigenes Denken ankommt«, und die »Beschreibungen im höheren Stil« von dieser Maxime aus: Hier wolle er sich »auslaßen«.⁶⁵

Apropos »sich auslassen«: Winckelmann war ein begnadeter Polemiker, dessen Attacken sich bevorzugt gegen andere »Scribenten« richteten. Als er tief verstimmt über die vielen Druckfehler in seinem Katalog der Stosch'schen Gemmensammlung (Kat. 6) war und bereits kampfeslustig Kritiken antizipierte, wünschte er sich, seinen Ärger »in Lateinischer Sprache« äußern zu können, »wo man den Antichambre-Stil nicht nöthig hat, sondern man nennet die Sache mit ihren Namen«.[66] Winckelmanns Polemik erweist sich so als Medium bürgerlicher Emanzipation und Charakteristikum aufgeklärter »Aufrichtigkeitssemantik«[67]. Nicht zufällig setzt er die antike *brevitas* der französisch geprägten höfischen Welt entgegen.

Neben dem galanten lehnte Winckelmann auch den pedantisch gelehrten Stil ab – mit Konjunktionen und Partikeln durch und durch verklausulierte Satzgefüge prägten zu seiner Zeit sowohl noch die »Kanzleisprache« als auch oftmals den »Folgerungsstil der Aufklärung«.[68] In einem Brief an Muzell-Stosch schreibt er sich in Rage über das »erbärmlich Zeug« eines Verfassers, dessen Schrift er zum Druck durchgesehen hatte; er tadelt den »importante[n] Ton« und den »Umschweif, mit welchen er die Trödeleyen auskramet«. Sollte man sein Werk einst mit dem des genannten Gelehrten vergleichen, werde dessen »Ende [...] wie wenn die Affen den Hinteren zeigen, lächerlich seyn«.[69] Trotzig fügt er hinzu: »Ich will schreiben wie ein Mann, und nicht wie ein Schul-Bube. Jener ist besorgt daß der Leser den Zusammenhang und die Folgen der Sachen nicht finde, und deswegen kommt er so oft mit seinem geliebten Demnach etc. Wo der Zusammenhang in der Sache ist, finde wer da kann denselben. Es muß aber derselbe nebst der Ordnung vorhanden seyn.«[70] Der letzte Nachsatz ist wichtig, denn er unterstreicht, dass Winckelmann seine Schriften selbstverständlich logisch strukturierte, aber alle Mühe darauf verwendete, das gedankliche Gerüst nicht hervortreten zu lassen. Gegen die Ästhetik des pedantischen Schulaufsatzes setzte er die suggestive Kraft seiner ununterbrochen fließend aufeinanderfolgenden Satzglieder, wie sie die *Torso*-Beschreibung prägen.

SPRACHFLUSS ODER WINCKELMANNS KAMPF GEGEN DAS KOMMA

Zu den Eindrücken, denen sich kaum ein Leser von Winckelmanns Statuenbeschreibungen entziehen kann, gehört der wogende, an- und abschwellende Rhythmus seiner Sätze. Deren Folge mit ihren oftmals nachgeschobenen und so den Fluss der Beschreibung nicht unterbrechenden, nur fortsetzenden Satzteilen wird zum stilistischen Bedeutungsträger. Wesentlichen Anteil an dieser Gestaltung hat seine »kommasparende Schreibweise«,[71] die ähnlich einer Partitur den Rhythmus zur korrekten Lektüre dieser Prosa vorgibt. Winckelmann legte entsprechend allerhöchsten Wert auf die genaue Beachtung seiner Interpunktion. Bei der Durchsicht der Druckbögen zum Gemmenkatalog klagt er über die Eingriffe des Setzers oder Korrektors: »Es fehlen keine *Commata*, aber es sind deren zu viel und sie zerreißen den Satz. Die Vielheit der *Commatum* war vor 200 Jahren«. Seinen fließenden, rhythmisch-schwebenden Prosastil sieht er ausdrücklich als modern an und möchte in dieser Hinsicht keinesfalls Zugeständnisse machen: »Ich habe von neuen die *Commata* mit so bestialisch dicken Strichen ausgethan daß wenn sie stehen bleiben, es ein Eselsmäßiger Eigensinn scheinet.«[72]

Wenngleich nicht arm an Kommata, illustriert Winckelmanns Definition der »höchste[n] Schönheit« ansonsten zugleich sein sprachliches Ideal: »Dieser Begriff der Schönheit ist wie ein aus der Materie durchs Feuer gezogener Geist [...]. Die Formen eines solchen Bildes sind einfach und ununterbrochen, und in dieser Einheit mannigfaltig, und dadurch sind sie harmonisch; eben so wie ein süßer und angenehmer Ton durch Körper hervorgebracht wird, deren Theile gleichförmig sind.«⁷³ Diese Sätze, die plastische Schönheit nicht zufällig mit Klanglichem parallelisieren, zeigen die für Winckelmanns Stil charakteristische Zweigliedrigkeit der Gedanken (»einfach und ununterbrochen«), an die sich immer weitere Glieder »ununterbrochen« anlagern (»mannigfaltig« – »harmonisch« – »süß und angenehm« – »gleichförmig«).⁷⁴

Tatsächlich fordert der suggestive Duktus der Statuenbeschreibungen die laute Lektüre, wie sie im 18. Jahrhundert durchaus noch üblich war und auch von Winckelmann praktiziert wurde: Adam Friedrich Oeser (1717–1799) berichtet, Winckelmann sei spätestens um fünf Uhr früh aufgestanden und habe aus griechischen Schriftstellern »laut zwei bis drei Stunden beim Auf- und Abgehen« gelesen.⁷⁵ Dass dem jungen Winckelmann die – wenn auch nur geistige – Deklamation griechischer Verse auch als Mittel gegen die Verzweiflung gedient hatte, belegt ein Brief an Hans Heinrich Füssli aus dem Jahr 1764, in dem er berichtet, wie er als »Schulmeister« in Seehausen »Kinder mit grindigten Köpfen das Abc lesen« ließ und dabei »Gleichniße aus dem Homerus betete«.⁷⁶ Überhaupt: Gleichnisse erscheinen in Winckelmanns Schriften immer wieder an besonders prägnanten Stellen. Mitunter fügt er sie am Beginn oder Ende von Kapiteln oder Werken ein wie literarische Kopf- oder Schlussvignetten,⁷⁷ beispielsweise am Ende der *Geschichte der Kunst*.⁷⁸ Hier zeigt sich noch einmal seine stilistische Brillanz: »Ich bin in der Geschichte der Kunst schon über ihre Gränzen gegangen, und ohngeachtet mir bey Betrachtung des Untergangs derselben fast zu Muthe gewesen ist, wie demjenigen, der in Beschreibung der Geschichte seines Vaterlandes die Zerstörung desselben, die er selbst erlebet hat, berühren müßte, so konnte ich mich dennoch nicht enthalten, dem Schicksale der Werke der Kunst, so weit mein Auge gieng, nachzusehen. So wie eine Liebste an dem Ufer des Meeres ihren abfahrenden Liebhaber, ohne Hofnung ihn wieder zu sehen, mit bethränten Augen verfolget, und selbst in dem entfernten Segel das Bild des Geliebten zu sehen glaubt. Wir haben, wie die Geliebte, gleichsam nur einen Schattenriß von dem Vorwurfe unserer Wünsche übrig; aber desto größere Sehnsucht nach dem Verlohrnen erwecket derselbe, und wir betrachten die Copien der Urbilder mit größerer Aufmerksamkeit, als wie wir in dem völligen Besitze von diesen nicht würden gethan haben.«⁷⁹

ANMERKUNGEN

1 Winckelmann an Berendis, [15.] Mai 1758, *Br. 1*, S. 368.
2 Winckelmann an Weisse, Rom, April 1761, *Br. 2*, S. 147.
3 Herder, *Denkmahl Johann Winckelmanns* [1777], in: Herder 1985–2000, S. 630–673, hier S. 630.
4 Heyne 1765, S. 341: »in classicis numerari«; vgl. Zeller 1955, S. 193f.
5 Ebd., S. 194. Vgl. zu Winckelmanns Sprache generell auch Koch 1957.
6 Winckelmann an Muzell-Stosch, 2. [Februar] 1760, *Br. 2*, S. 76.
7 Décultot 2000, S. 67.
8 Ebd., S. 67f.
9 Ebd., S. 65.
10 So berichtet er im Brief an Papier [Entwurf], Sommer 1744, *Br. 1*, S. 58; vgl. Décultot 2000, S. 64. Mit linguistischem Interesse widmete er sich auch etymologischen Studien; vgl. ebd., S. 69.
11 Ebd., S. 64.
12 Ebd., S. 67.
13 Waetzold 1921, S. 174.
14 Décultot 2000, S. 71.
15 *Gedanken über die Kunst, KS*, S. 147; vgl. den Kommentar ebd., S. 411. Das Zitat stammt aus Pascals 16. *Lettre à un provincial*, 4. Dezember 1656.
16 Nietzsche, *Aus dem Herbst und Winter* [1872], in: Nietzsche 1988, Bd. 7, S. 311.
17 Waetzold 1921, S. 174; Zeller 1955, S. 203. Vgl. Justi 1898, Bd. 1, S. 272–277, und Décultot 2000, S. 69, zu Winckelmanns Interesse an sozialen Codes in seinen französischsprachigen Exzerpten.
18 Décultot 2000, S. 72f.
19 Ebd., S. 302.
20 Zeller 1955, S. 211.
21 Der Hinweis bei Zeller 1955, S. 212. Das Pariser Exzerpt: *Nachlass Paris*, All. 69, 72r. Pseudo-Longin: *Peri Hypsous* 13, 2; Übersetzung von Otto Schönberger nach: Longinus 1988, S. 41.
22 *GK1*, S. 393.
23 Herder, *Erstes kritisches Wäldchen* [1769], in: Herder 1985–2000, Bd. 2, S. 63–245, hier S. 67.
24 Zeller 1955, S. 195.
25 *Gedancken1, SN 9,1*, S. 66.
26 Ebd., S. 67. Raffaels erst seit kurzem in Dresden befindliche *Sixtinische Madonna* wird mit dem Ausruf: »Wie groß und edel ist ihr gantzer Contour!« (ebd., S. 68) bedacht, um den Erfolg gelungener Nachahmung der Antike effektvoll in Szene zu setzen.
27 Rehm 1951, S. 110.
28 Ebd., S. 108.
29 Ebd.
30 Vgl. Zeller 1955, S. 225f. So liest man beispielsweise über *Apoll*: »Ein ewiger Frühling, wie in dem glücklichen Elysien, bekleidet die reizende Männlichkeit vollkommener Jahre mit gefälliger Jugend, und spielet mit sanften Zärtlichkeiten auf dem stolzen Gebäude seiner Glieder.« (*GK1*, S. 392)
31 *Apollo, SN 4,5*, S. 7, dazu der Kommentar auf S. 384. Zu den Beschreibungen des *Apoll* vgl. auch *Florentiner Winckelmann-Manuskript*, S. 221f.; Osterkamp 1998; Reschke 2009.
32 *Torso, SN 4,5*, S. 31.
33 Rehm 1951, S. 109.
34 Ebd., S. 109f.
35 Zu Winckelmann im Kontext bzw. im Gegensatz zur entstehenden Ästhetik vgl. Lattanzi 2015, S. 103–134.
36 Zeller 1955, S. 176.
37 Winckelmann an Usteri, Rom, 27. September 1766, *Br. 3*, S. 210, vgl. Zeller 1955, S. 204.
38 Zeller 1955, S. 195.
39 Franciscus Junius hatte 1637 in seiner *Schrift De pictura veterum* (*Von der Mahlerey der Alten*; deutsch erst 1770) eben diesen Transfer angewendet: Konsequent und insbesondere dort, wo es um die künstlerische Erfindung, die *inventio*, ging, hatte er Stellen aus antiken Texten zur Rhetorik und Poetik auf die bildende Kunst übertragen. Winckelmann hat Junius, wie seine Pariser Exzerpthefte belegen, gründlich ausgewertet; vgl. Kurbjuhn 2014, S. 89–91.
40 Zeller 1955, S. 52f. »Manier« findet sich allerdings auch noch in Winckelmanns *Gedancken über die Nachahmung* (*Gedancken1, SN 9,1*, S. 63, 66, 73 u. ö.); ebenso verwendete er zunächst die Begriffe »Geschmack« oder »gusto« zur Kennzeichnung historischer Stilepochen (ebd.).
41 Zeller 1955, S. 52.
42 Vgl. die Lemmata bei Knabe 1972.
43 Décultot 2000, S. 296; vgl. *Gedancken1, SN 9,1*, S. 65: »Unter dem Wort Drapperie begreift man alles, was die Kunst von Bekleidung des Nackenden der Figuren und von gebrochenen Gewändern lehret.«
44 Décultot 2000, S. 296.
45 Sandrart 1675, Bd. 1, S. 60.
46 Vgl. Kurbjuhn 2014, S. 195–251.
47 Vgl. Kreuzer 1959, S. 42.
48 *Gedancken1, SN 9,1*, S. 63.
49 *GK1*, S. 392.
50 *Torso, SN 4,5*, S. 30.
51 Ebd., S. 34.
52 Ebd., S. 31. Stafford 1980, S. 65–78, hat auf den zeitgenössischen »taste for strange, invisible fluids« (S. 74) in Theorien des späten 18. Jahrhunderts hingewiesen. Auch in diesem Kontext ist Winckelmanns Faszination für Wellenmetaphorik zu sehen.
53 *Torso, SN 4,5*, S. 30.
54 Zeller 1955, S. 20. Vgl. ebd., 20f., zu Einwänden gegen Justis Ansicht, der Anteil von Mengs an diesen Notizen sei groß und reiche bis zum Diktat.
55 Pfotenhauer 1995, S. 327f.
56 *Apollo, SN 4,5*, S. 3.
57 *Florentiner Winckelmann-Manuskript*, S. 47–53; Zeller 1955, S. 23, und der Komm. *SN 4,5*, S. 381.
58 Vgl. zur Zitatensammlung im *Florentiner Winckelmann-Manuskript* und in *Nachlass Paris*, All. 67 und 69, Zeller 1955, S. 210f.; Zitate ebd.
59 Winckelmann an Oeser, 20. März 1756, *Br. 1*, S. 214; vgl. Zeller 1955, S. 28.
60 Nicolai 1757, S. 346f.
61 Ebd., S. 347; vgl. Zeller 1955, S. 185f.
62 *Betrachtung, KS*, S. 155.
63 Heyne 1763, S. 159, zum Sendschreiben; zit. nach Zeller 1955, S. 185.
64 An Genzmer, 20. November 1757, *Br. 1*, S. 314.
65 Ebd.
66 An Muzell-Stosch, 26. Juli 1760, *Br. 2*, S. 94; vgl. Osterkamp 2010, S. 76.
67 Osterkamp 2010, S. 73.
68 Zeller 1955, S. 182f.
69 An Muzell-Stosch, 2. [Februar] 1760, *Br. 2*, S. 76f.; vgl. Disselkamp 1993, S. 125.
70 Ebd., S. 78.
71 Zeller 1955, S. 155.
72 An Stosch, 22. Dezember 1759, *Br. 2*, S. 64; vgl. Zeller 1955, S. 156.
73 *GK1*, S. 150.
74 Zeller 1955, S. 165.
75 Ebd., S. 162.
76 An Füssli, 22. September 1764, *Br. 3*, S. 55; vgl. Zeller 1955, S. 158.
77 Vgl. Zeller 1955, S. 157.
78 Vgl. Oesterle 1999, S. 29; Kurbjuhn 2014, S. 248f.
79 *GK1*, S. 430.

AUSDRUCK. FARBE. KONTUR

WINCKELMANNS ÄSTHETIK UND DIE MODERNE

Helmut Pfotenhauer

Wenn es um Johann Joachim Winckelmanns »Ästhetik«, das heißt um seine Kunstanschauung und deren Wirkungen in den nachfolgenden Generationen geht, so ist mit vielen Vorurteilen zu kämpfen: Winckelmann wurde in der Rezeption immer wieder auf wenige Stichworte und auf mit diesen Stichworten verbundene normative Dogmen reduziert. Er steht gemeinhin für eine Ästhetik der Beruhigung, der Farblosigkeit und der scharfen Linie des Kontur. Diese einseitige Ansicht hängt auch damit zusammen, dass vor allem seine Erstlingsschrift, die *Gedancken über die Nachahmung der Griechischen Werke in der Mahlerey und Bildhauer-Kunst*, in ihrer Hinwendung zur griechischen Antike eine so unerhörte Neuigkeit war, dass sie sein Bild nachhaltig prägte. Dabei birgt, wie zu sehen sein wird, bereits diese kleine Schrift durchaus ambivalente Positionen zu den drei Hauptbereichen der Ästhetik. Und dieses Bild differenziert sich weiter, wenn auch der spätere Winckelmann, der ja erst in Italien genaue Kenntnis von den Antiken erlangte, in den Blick genommen wird. Insbesondere seine *Geschichte der Kunst des Alterthums* bietet vielfältige Anknüpfungspunkte für Fragen der Expressivität, der Polychromie und der Abstraktion – Ansätze, die im folgenden Jahrhundert aufgegriffen wurden und bis in die Moderne des 20. Jahrhunderts nachgewirkt haben. Die Ästhetik Winckelmanns erweist sich somit als Streitfeld von Oppositionen, das beide Optionen – den vermeintlichen Klassizismus wie den Antiklassizismus – enthält. Es ist ein Klassizismus, der die Widersprüche immer schon in sich selbst trägt.

AUSDRUCK
Der erhabene Ausdruck im Frühwerk

An zentraler Stelle von Winckelmanns Dresdner Frühschrift, den *Gedancken über die Nachahmung*, der Stelle, die vor allen anderen bald berühmt werden sollte, steht der Begriff des »Ausdrucks« obenan: »Das allgemeine vorzügliche Kennzeichen der Griechischen Meisterstücke ist endlich eine edle Einfalt, und eine stille Grösse, so wohl in der Stellung als im Ausdruck.«[1] Exemplifiziert wird dies bekanntlich an der *Laokoon*-Gruppe: Sie ist dargestellt »bey dem heftigsten Leiden«. Aber der Schmerz, der sich »in dem Gesicht des Laocoons« abzeichne und »in allen Muskeln und Sehnen des Cörpers«, so dass man ihn »an dem schmerzlich eingezogenen Unter-Leibe« als Betrachter »beynahe selbst zu empfinden glaubet«, dieser Schmerz äußere »sich dennoch mit keiner Wuth in dem Gesichte und in der gantzen Stellung«. Dies zeige den Ausdruck einer »grossen Seele«,[2] der weit über die Bildung der schönen Natur hinausgehe. »Die Weisheit reichte der Kunst die Hand, und bließ den Figuren derselben mehr als gemeine Seelen ein.« »Erhaben« nennt Winckelmann in traditioneller Begrifflichkeit diese Erhebung über die vorfindliche Natur. Durch sie konstituiert sich Schönheit als eine höhere, geistige Natur. Bereits vorher führt er dies als ein Grundgesetz griechischer und damit vorbildlicher, nachahmenswerter Kunst aus; sie stehe im Zeichen eben jener Schönheit. Es gebe eine Schönheit als sinnliche, die aus der schönen Natur genommen werde, dazu trete aber unabdingbar eine »Idealische Schönheit«, die ihr die erhabenen Züge verleihe:[3] »Nach solchen über die gewöhnliche Form der Materie erhabenen Begriffen bildeten die Griechen Götter und Menschen.«[4]

Idealische Schönheit als oberstes Gesetz vorbildlicher Kunst verlangt also »edle Einfalt« und »stille Grösse« – auch dies Begriffe mit einer langen Tradition[5] – in der Darstellung und im Ausdruck. Der Fehler des übertriebenen, exzessiven Ausdrucks, »den die alten Künstler Parenthyrsis nannten«[6] – Winckelmann bezieht sich auf die Schrift über das Erhabene des Pseudo-Longin –, müsse vermieden werden.[7] Affektdämpfung, auch und gerade im äußersten Leid, sei das Gebot. Deshalb brüllt Laokoon nicht in seinem Schmerz, sondern scheint in der Darstellung seiner Schöpfer, ganz den Gesetzen der Kunst entsprechend, nur »ein ängstliches und beklemmtes Seufzen«[8] von sich zu geben. Damit etabliert Winckelmann eine klassizistische, an den Vorbildern antiker Klassik orientierte Kunstauffassung, die sich gegen die von ihm als übertrieben und schwülstig angesehene Ausdruckskunst des Barock wendet. Dabei denkt er etwa an die Bildhauerei Gian Lorenzo Berninis (1598–1680) oder die Malerei Charles Le Bruns (1619–1690).[9] Die klassizistische Wendung, die Winckelmann im Konzept des Ausdrucks konzentriert, macht diesen Begriff in der Kunstdebatte erstmals prominent.[10]

Mit diesem Modell der Stille, in der allein sich Größe erweist, scheint Winckelmann einem leidenschaftslosen Klassizismus, einem Kult der zum Überirdischen erstarrenden Idealschönheit das Wort zu reden und diesen zum Dogma zu machen. Klassizismus also als rückwärtsgewandter, wirklichkeitsferner Bildungskanon? Bei genauerem Hinsehen ergibt sich ein anderer Befund. Winckelmann erläutert den Passus über die edle Einfalt, die stille Größe und den angemessenen Ausdruck, der diese zeigt, mit einem Vergleich, der hintersinniger und vielschichtiger nicht sein könnte: »So wie die Tiefe des Meers allezeit ruhig bleibt, die Oberfläche mag noch so wüten, eben so zeigt der Ausdruck in den Figuren der Griechen bey allen Leidenschaften eine grosse und gesetzte Seele.«[11] In der Ruhe der Meerestiefe ist das Wüten der Oberfläche gebändigt, aber das Gebändigte ist darin immer auch gegenwärtig. Es steckt etwas Leidvolles, Schmerzhaftes in der Souveränität des Schönen, die jene Beherrschung als einen gewaltsamen und mühsamen Akt erscheinen lässt, der auch misslingen könnte. Es ist kein Zufall und keine Ungeschicklichkeit, dass Winckelmann ausgerechnet die Darstellung eines grausamen Todeskampfes zum Paradigma gelingender Kunst erwählt. Das Schöne, so heißt es zwischen den Zeilen, sei Kampf, sei äußerste Anstrengung; es könnte auch fehlgehen, der erhabene Ausdruck könnte auch umschlagen in sein Gegenteil. Winckelmanns Ästhetik ist keine der geglätteten Oberfläche, sondern eine der Spannungen und Widersprüche.

Auf die Hintergründigkeit eines scheinbar beruhigten Klassizismus weist auch die Gestaltung des Titelblatts der Erstlingsschrift hin: 1755 gab Winckelmann bei seinem Dresdner Zeichenlehrer Adam Friedrich Oeser (1717–1799) eine Titelvignette für seine *Gedancken* in Auftrag, die den griechischen Maler Timanthes bei der Darstellung der Opferung Iphigenies zeigt (Kat. 25).[12] Der Künstler zeichnet gerade am Umriss des Tuches, mit dem Agamemnon den Schmerz über den bevorstehenden Tod seiner Tochter verhüllt. Er muss sie den Göttern überlassen, um günstige Winde für seine Flotte zu erwirken. Seit Cicero[13] ist dies ein Topos der Kunsttheorie: Der Schmerz des Vaters sei so stark, dass er in der Malerei nicht direkt, sondern nur indirekt, im Modus der verhüllenden Andeutung, gezeigt werde könne. Kunst in ihrer höchsten Form meidet also den Ausdruck extremer Leidenschaft. Dass es sich um ebensolche Kunst handelt, zeigen die Requisiten der Vignette: Schriftrollen liegen umher, die auf Dramen der griechischen Tragiker Sophokles,

Aischylos und Euripides verweisen.[14] Links im Bildvordergrund ist der *Torso vom Belvedere* zu erkennen, jene andere Ikone klassischer griechischer Plastik. Timanthes gestaltet demnach auf demselben, also auf allerhöchstem Niveau. Und gerade dort, so wollen Winckelmann und Oeser bedeuten, geht es um das Äußerste, den nur mühsam und mit höchster Kunstanstrengung zu bändigenden Schmerz. Das ist alles andere als spannungsloser Schönheitskult.

Dieses Spiel der Uneindeutigkeiten treibt Winckelmann in seiner Publikationspraxis auf die Spitze, insofern er seinen *Gedancken* ein *Sendschreiben über die Gedanken von der Nachahmung der griechischen Werke in der Malerey und Bildhauerkunst* beifügt.[15] Darin bringt ein Anonymus, der in Wahrheit der Autor selbst ist, Einwände gegen die Ausgangsschrift vor. Bezeichnend ist, dass hier der für sein ästhetisches Konzept so wichtige Begriff des Ausdrucks marginal bleibt; bezeichnend auch, dass er hier in einem Zusammenhang verwendet wird, der für Winckelmann eigentlich das Kunstferne schlechthin bedeutet: »die bloße Nachahmung der Natur mit Hindansetzung des Antiquen«.[16] Naturalismus ohne den Ausdruck idealer Natur, die sich in der Beherrschung der Affekte über das bloß Sinnliche erhebt, ist für ihn keine Kunst des wahren Ausdrucks. Gerade sie aber wird vom Opponenten, also von Winckelmann selbst, als Beispiel für »Ausdruck und Wahrheit« ins Feld geführt. Er inszeniert den Selbstwiderspruch. Sein ästhetisches Denken ist schon in den *Gedancken* und so auch später bei aller Entschiedenheit in den Grundbegriffen immer auch auf die Erprobung des noch nicht Gedachten – und sei es das Gegenteil – angelegt. Das macht sein Werk offen, revisionsfähig, in Einzelheiten erneuerbar. Spätere Generationen können da ansetzen und in dieser Gemengelage neue Akzente setzen. Sie sind in diesem Diskussionsfeld, das Winckelmann hier, in seiner Erstlingsschrift, absteckt, nicht durch dogmatische Vorgaben gebunden und entmutigt, sondern eher eigentlich zum Streit aufgefordert.

Revisionen in Spätwerk und Kritik

Bislang ging man davon aus, dass Winckelmann in Dresden nur Kupferstichvorlagen für den *Laokoon* gesehen hatte – wie die Joachim von Sandrarts in der *Teutschen Academie der Edlen Bau- Bild- und Mahlerey-Künste*.[17] Die neuste Forschung hat jedoch ergeben, dass er sehr wohl Kenntnis der ganzen Gruppe hatte, in Form eines Gipsabgusses oder einer verkleinerten Bronze, wie sie seit 1714 in Dresden vorhanden ist (Abb. 1).[18] In der Frühzeit konzentriert sich Winckelmann dennoch auf den Priester und Vater, auf dessen Gesichtsausdruck, das Seufzen, den geöffneten Mund. Auch wenn er vom Schmerz spricht, insofern er sich »in allen Muskeln und Sehnen des Cörpers entdecket«, oder vom »schmerzlich eingezogenen Unter-Leib«,[19] so ist damit der Priester gemeint.

In Rom, von 1756 an, entstanden neue Ansätze zur *Laokoon*-Beschreibung, die nunmehr auf einer eingehenden Autopsie der ganzen Gruppe beruhen. Die erste ist im sogenannten Florentiner Manuskript erhalten.[20] Sie besteht ebenfalls darauf, dass die Alten »die Expression auf zartere und weniger schreckliche Art als wir zu zeigen« vermögen.[21] Auch hier steht die Betrachtung des Vaters im Mittelpunkt: Die Nüstern gäben eine »herrliche Expression der Angst«;[22] der Mund sei eher halb für ein ängstliches Klagen geöffnet als weit aufgerissen zum starken Schreien.[23] Und doch wird hier »Virgil« nicht, wie noch in den *Gedancken*, gänzlich als kunstfern verworfen, weil er von einem »schrecklichen Geschrey« ausgeht. Die Kunsterfahrung scheint Winckelmann zurückhaltender werden zu lassen, was endgültige Urteile angeht, die den ästhetisch höchsten Ausdruck betreffen. Die Söhne des Vaters seien zwar nicht so treffend gestaltet, aber der ältere von beiden doch im Ausdruck der Klage sehr schön. In der Fassung der *Geschichte der Kunst des Alterthums* von 1764[24] heißt es dann in Bezug auf die Kinder, dass ihre Pein so groß sei, dass sie »um

Hülfe *schreyen*« (Hervorhebung H. P.). Verhaltene Modifikationen in der Fassung des Ausdrucks deuten sich an und ein größeres Maß an Pathos und Expression wird in Rechnung gestellt. Zusammenfassend schreibt Winckelmann: »Die Natur, welche der Künstler nicht verschönern konnte, hat er ausgewickelter, angestrengter und mächtiger zu zeigen gesuchet: da, wohin der größte Schmerz geleget ist, zeiget sich auch die größte Schönheit.« Schönheit ist hier nur noch in der äußersten Anstrengung, im Zustand des Prekären möglich. Sie ist, so scheint es, nicht mehr die natürliche Mutter jeglichen Ausdrucks.

Dem entsprechen grundsätzliche Erwägungen in der *Geschichte der Kunst des Alterthums*, die sich im vierten Kapitel des ersten Teils finden. Dieses handelt bekanntlich von der »Kunst unter den Griechen«.[25] Dort heißt es programmatisch: »Da aber in der menschlichen Natur zwischen dem Schmerze und dem Vergnügen [...] kein mittlerer Stand ist, und die Leidenschaften die Winde sind, die in dem Meere des Lebens unser Schiff treiben [...] so kann die reine Schönheit nicht der einzige Vorwurf unserer Betrachtung seyn, sondern wir müssen dieselbe auch in den Stand der Handlung und Leidenschaft setzen, welches wir in der Kunst in dem Worte Ausdruck begreifen.«[26] Der Maßstab reiner Schönheit wird also dem Wesentlichen der Kunst nicht gerecht; es gibt auch eine Art der von leidenschaftlichem Ausdruck affizierten Schönheit. Die Meeresmetapher wird dementsprechend modifiziert: Es geht nicht mehr so sehr um die Stille der Tiefe als um die bewegte Oberfläche. Winckelmann selbst hat sein Bild auf den Kopf gestellt. Noch deutlicher wird dies in seiner *Beschreibung des Torso im Belvedere zu Rom*, in der er formuliert: »So wie in einer anhebenden Bewegung des Meers die zuvor stille Fläche in einer lieblichen Unruhe mit spielenden Wellen anwächset, wo eine von der andern verschlungen, und aus derselben wiederum hervorgewälzet wird: eben so sanft aufgeschwellet und schwebend gezogen, fließet hier eine Muskel in die andre, und eine dritte, die sich zwischen ihnen erhebet, und ihre Bewegung zu verstärken scheinet, verlieret sich in jene, und unser Blick wird gleichsam mit verschlungen.«[27]

Der *Laokoon* bleibt auch im Spätwerk ein zentraler Referenzpunkt für Winckelmanns Ästhetik, doch wie immens sich das Spektrum seiner Kunsterfahrung erweitert hat, wird an der Akzentsetzung deutlich:[28] Von diesem großen Mann, der »mit der Noth ringet«, heißt es nun, dass er den »Ausbruch der Empfindung einhalten und unterdrücken will«. Er will es, aber kann er es auch? Diese Nuance in der Formulierung lässt aufhorchen. Winckelmann nennt des Weiteren eine Darstellung der Töchter der Niobe, auf welche die tödlichen Pfeile der Diana gerichtet sind. Der Künstler habe die »unbeschreibliche Angst [...] mit übertäubter und erstarreter Empfindung vorgestellet«. Der rasende Ajax und die Kinder der Medea vervollständigen die Reihe der hochpathetischen, ausdrucksstarken Kunstwerke. Besonders in der zweiten Auflage der *Geschichte der Kunst* von 1776 wird das Erscheinen des »starken Ausdrucks« dann noch mehr historisch ausdifferenziert. Im dritten Kapitel des ersten Teils »Von dem Wachsthume und dem Falle der griechischen Kunst« wird er dem älteren Stil zugeordnet: »Wir können überhaupt die Kennzeichen und Eigenschaften dieses ältern Stils«, heißt es dort, »also begreifen: die Zeichnung war nachdrücklich, aber hart; mächtig, aber ohne Gratie und der starke Ausdruck verminderte die Schönheit.« Da aber in dieser Zeit die Kunst nur den Göttern und Heroen gewidmet gewesen sei, »so wird die Härte selbst zur Größe der Bilder mitgewirket haben«.[29] Ein Werturteil, eine Abwertung, scheint damit nicht verbunden.

Mit der Spannung zwischen idealer Schönheit und der im *Sendschreiben* angeführten Wahrheit des Ausdrucks ist das Feld der widerstreitenden Reaktionen auf Winckelmann abgesteckt. Während sich viele Künstler emphatisch auf sein vermeintliches Paradigma der Ruhe beziehen, wurde zugleich auch Skepsis geäußert. Seine Selbstrevisionen und ambivalenten Positionen wurden dabei oft übergangen. Bereits die früh anhebende Kritik an Winckelmann setzt sich

Abb. 1: Verkleinerte Kopie der Laokoon-Gruppe mit freien Ergänzungen, 1. Hälfte d. 17. Jh., Bronze, H. 70,5 cm, Staatliche Kunstsammlungen Dresden, Skulpturensammlung, Inv. H4 155 / 043

mit seinem Verständnis von Ausdruck auseinander. Da ist zum einen Wilhelm Heinse (1746–1803), der nachmalige Verfasser des *Ardinghello*-Romans, der schon in seiner Düsseldorfer Zeit, vor Antritt seiner italienischen Reise 1780, in sein Notizheft schreibt: »*Ausdruck* bezieht sich hauptsächlich auf Mienen und Gebehrden des Gesichts. / *Handlung* auf Bewegung der Glieder und des ganzen Körpers. / Im weitläufigen Verstand begreift jener diese in sich.«[30] Um dann mit direktem Bezug auf die *Laokoon*-Stelle in Winckelmanns *Gedancken* fortzufahren: Der Ausdruck verändere die Formen, und je größer diese Veränderungen seien, desto »fürtreflicher« sei das für die Schönheit. Stille sei nicht der beste Zustand in einer Figur. »Und das sind Grillen, daß die Stille der

Abb. 2: Edvard Munch (1863–1944), Der Schrei, 1893, Tempera und Fettstift auf Pappe, 91 × 73,5 cm, Nationalgalerie Oslo, Inv. NG.M.00939

Schönheit wie dem Meere der eigentlichste Zustand ist, u daß die schönsten Menschen von stillem gesitteten Wesen zu seyn pflegen.« Und weiter: »Das Meer im Sturm ist schöner als in der Stille«. Winckelmanns Bild wird umgedreht: Nicht die Tiefe des Meeres sei als Ausdruck stiller Größe schön, sondern die Bewegtheit der Oberfläche. Ein quasi-expressionistischer Sensualismus erhebt seine Stimme gegen das klassizistische Mäßigungsgebot. Gekämpft wird aber auf dem von Winckelmann vorgegebenen argumentativen und metaphorischen Terrain. Die Extreme von Position und Opposition werden im frühen Klassizismus selbst ausgemessen. Klassizismus wird dehnungs- und wandlungsfähig modelliert.

Da ist zum anderen Aloys Hirt (1759–1837), ab 1785 als archäologischer Cicerone in Rom ein Nachfolger Winckelmanns und nachmaliger Professor an der Berliner Universität. 1797 tritt er mit einem Essay über *Laokoon* in Schillers *Horen* hervor.[31] Hatte Heinse noch an der Kategorie des

Schönen als Maßstab der Kunst festgehalten und sie gegenüber Winckelmann neu, nämlich expressiv-pathetisch gefasst, so ersetzt Hirt nun diesen Maßstab durch den des Charakteristischen: Die Alten hätten ohne Rücksicht auf Schönheit »jede Art von Ausdruk und Bewegung ohne Milderung« zugelassen, ja favorisiert.[32] Das Charakteristische ist das Kunstvolle, das nicht dem Prinzip der Mäßigung, der Affektdämpfung, der Stille und Ruhe, sondern allein dem der Wahrheit unterstellt ist.[33] Hirt kann dafür als Archäologe zahlreiche Beispiele anführen, die dann um die Jahrhundertwende im Weimarer Kreis um Goethe, Schiller und Heinrich Meyer für lebhafte Diskussionen sorgen werden.

Hirt fragt sich: »Was will der Künstler, daß er eine solche Szene in Marmor hauet? Je wahrer die Nachahmung, desto schauervoller wird der Eindruck seyn; und ohne Wahrheit, was ist das Werk des Künstlers?«[34] Mit dem Verweis auf die »Wahrheit« greift er genau das Argument auf, das Winckelmann als Autor des *Sendschreibens* ins Feld geführt hatte. Er stellt zudem die Fragen, die schon bei Winckelmann virulent sind, aber unausgesprochen bleiben: Warum wählt die Kunst gerade in einem solchen erlesenen Beispiel den äußersten Schmerz als Gegenstand der Darstellung, warum soll darin der höchste Ausdruck gestaltet werden? Auch Hirts argumentativer Weg über Winckelmann hinaus hat also seinen Ausgangspunkt in einem Impuls, der schon bei diesem selbst angelegt ist.

Winckelmann hatte das Schreien Laokoons in ein Seufzen umgedeutet. Hirt, vom Sublimierungsgebot befreit, kann dem entgegenhalten: »Wie aber – wenn der Ausdruck Laokoon's weder ein Seufzen, noch Schreien wäre? Wenn der Künstler dabei weder Reflexion auf die stille Größe, noch auf die – den Ausdruck mildernde – Schönheit genommen, sondern viel mehr den Moment des höchsten Grades von Ausdruk zu seiner Wahl gemacht hätte?«[35] Mit dieser Injektion von Verismus eröffnet er der klassizistischen Ausdruckstheorie immense Möglichkeiten ästhetischer Wahrnehmung und Gestaltung. Sie reicht von Antonio Canova, der sowohl die Seite des beruhigten Ausdrucks als auch des expressiven Pathos zu bedienen weiß, bis hin zu Edvard Munchs *Der Schrei* (Abb. 2). Munch hat das in verschiedenen Versionen ausgeführte Gemälde in – zum Teil über Arthur Schopenhauer vermittelter – Auseinandersetzung mit Lessings *Laokoon*-Schrift (1766) geschaffen, der selbst auf Winckelmann reagierte. Mit seinem *Schrei* wendet sich Munch gegen das Postulat, wonach der Mund menschlicher Figuren auch bei größtem Leid geschlossen dargestellt werden müsse. Indem er demonstrativ einen weit geöffneten Mund zeigt, kann sein auch bildkompositorisch höchst expressiver Schrei als ein spätes bildkünstlerisches Argument gegen Lessing und Winckelmann verstanden werden, mit dem die noch durch das ganze 19. Jahrhundert wirksame Ästhetik des Klassizismus verabschiedet wird.

FARBE

Eine vergleichbare Gemengelage von ambivalenten Positionen und Revisionen im Spätwerk kann auf dem Feld der Bedeutung von Farbe in der Kunst festgestellt werden. In der ersten Auflage der *Geschichte der Kunst des Alterthums* von 1764 findet sich ein vielzitierter Satz: »Da nun die weiße Farbe diejenige ist, welche die mehresten Lichtstrahlen zurückschicket, folglich sich empfindlicher macht, so wird auch ein Körper desto schöner seyn, desto weißer er ist.«[36] Winckelmann spricht hier von Körpern, nicht von Statuen;[37] außerdem schickt er voraus: »Die Farbe trägt zur Schönheit bey, aber sie ist nicht die Schönheit selbst, sondern sie erhebt dieselbe überhaupt und ihre Formen.« Dennoch wurde dieser Satz als Beleg dafür gesehen, dass Winckelmann einem seit der Zeit Michelangelos und bis hin zu Canova gültigen Dogma von der Farblosigkeit,[38] der Marmorweiße antiker Plastik angehangen habe.

Absenz der Farbe im Frühwerk

In den *Gedancken*, abgefasst bevor Winckelmann antike Kunstwerke uneingeschränkt selbst sehen und erforschen konnte, spielt die Farbe noch eine untergeordnete Rolle, hatte er doch noch keinerlei Anschauungsmaterial für antike Farbigkeit. Originale antike Malereien waren nur in geringem Maße bekannt und die Polychromie der Plastik kannte man höchstens aus der Literatur. Winckelmann äußert sich verhalten und vorsichtig dazu. Er weiß aus der Kunstliteratur von Vasari und Alberti bis Mengs,[39] dass das Kolorit in der Kunst, auch in der Malerei, der Idee, der Zeichnung, der Linie, dem Kontur, der die Bedeutung des dargestellten Gegenstandes erfasse, als bloß illustrativ versinnlichend an Wichtigkeit nachgeordnet sei. Er kennt aber auch die Gegenstimmen seit dem 17. Jahrhundert, Roger de Piles' (1635–1709) insbesondere,[40] die die Farbe in der Malerei, hauptsächlich im Hinblick auf Rubens, aufwerten. Winckelmann orientiert sich in dieser frühen Dresdner Zeit vor allem an Kunst*literatur*; seine Kunst*erfahrungen* in Bezug auf Gemälde sind beschränkt:[41] Raffaels *Sixtinische Madonna* (Kat. 10) und Lairesses *Stratonike* (Kat. 11) stehen im Mittelpunkt, aber nicht im Hinblick auf ihre Farbgebung, sondern im Hinblick auf Gehalt und Narration.

Winckelmann räumt in den *Gedancken* ein, dass man in den überlieferten Schriften der griechischen Malerei zwar Geschick in Zeichnung und Ausdruck zugestehe,[42] ihr aber »Perspectiv, Composition und Colorit« abspreche. Ohne sie noch selbst gesehen zu haben, berichtet er von den Mitteilungen über die herculanischen Entdeckungen und die dortigen Wandmalereien.[43] Sie gäben nur einen schlechten Begriff davon, was die Alten in der Malerei zu leisten imstande gewesen seien. Auch waren da wohl eher mittelmäßige Meister am Werk. Man müsse aber zugeben, dass in der Perspektive, in der »Composition und Ordonnance« die Vorteile bei den Neueren lägen. Und: »In der Colorit scheinen die Nachrichten in den Schriften der Alten und die Ueberbleibsel der alten Mahlerey auch zum Vortheil der neueren Künstler zu entscheiden.«[44] Winckelmann scheint das im Hinblick auf sein Gebot der Nachahmung der Antike nicht zu beunruhigen, da ja die ästhetische Relevanz dieses Aspekts deutlich nachgeordnet ist. Auch bleibt festzuhalten, dass hier ausschließlich von der Malerei, nicht aber von einer etwaigen Farbigkeit der Plastik die Rede ist. Das wird sich ändern.

Im *Sendschreiben*, dem anonymen Selbstwiderspruch, sind die Akzente anders verteilt. Hier geht es weder um die Farbe der antiken Skulptur noch die der antiken Malerei, wohl aber um die der neueren Malerei. Und diese wird nun gefeiert, wie man es Winckelmann eigentlich nicht zutrauen würde – probeweise, denn gleich in der nachfolgenden *Erläuterung der Gedanken*, die das *Sendschreiben* ihrerseits widerlegt, wird die Bedeutung des Kolorits wieder relativiert und als bloß nachgeordnete mechanische Kunstübung eingestuft. Hier aber, im *Sendschreiben* selbst, ist gar von der »Zauberey der Farben« die Rede: »Ist nicht die Zauberey der Farben etwas so wesentliches, daß kein Gemälde ohne dieselbe allgemein gefällt, und daß durch dieselbe viel Fehler theils übergangen, theils gar nicht angemerket werden?«[45] Auch hier also ist es Winckelmann selbst, der ein breites Feld widersprüchlicher Optionen eröffnet, wenn auch nur tentativ, eher spielerisch. Auch das wird sich ändern.

Neue Erkenntnisse im Spätwerk und Kritik

Von Farbe in der antiken Malerei und Skulptur hat Winckelmann in der vorrömischen Zeit kaum einen Begriff und überhaupt keine Anschauung. In den *Gedancken* heißt es in Bezug auf »die Colorit« lediglich, dass die Nachrichten in den Schriften der Alten für die Vorzüge der Neueren sprächen.[46] An den jüngst entdeckten Malereien in Herculaneum interessieren ihn nur Ausdruck und Zeichnung, und auch diese scheinen ihm von minderer Qualität. Das ändert sich nach 1756 grundlegend. Herculaneum und Pompeji waren von Rom aus nicht weit. Dort wurde seit 1738 bzw. 1748 gegraben und die wichtigsten Funde waren ab 1740 in dem eigens dafür eingerichteten Museum von Portici zu sehen. Winckelmann besuchte die Grabungs- und Fundstätten erstmals 1762. Sein *Sendschreiben von den Herculanischen Entdeckungen* legt davon Zeugnis ab. Er schwärmt darin nun geradezu von den Figuren der Tänzerinnen und Centauren, die flüchtig wie ein Gedanke seien, aber schön, wie von der Hand der Grazien ausgeführt.[47] Zwei Jahre später spricht er in den *Nachrichten von den neuesten Herculanischen Entdeckungen* auch von der besonders anziehenden frischen Farbe.[48] Winckelmann ist also, ungeachtet irgendwelcher Kunstdoktrin – und sei es der eigenen –, offen für neue ästhetische Reize aufgrund von Autopsie.

Nun kommt hinzu, dass er inzwischen aus Platons *Politeia* weiß,[49] dass bei den Griechen auch Statuen – nicht nur Wandmalereien – farbig waren.[50] Die Autorität Platons zählt. Aber vor allem zählt die Begegnung mit einem 1760 in Pompeji ausgegrabenen Kunstwerk, einer polychromen *Artemis*-Statue (Kat. 57).[51] In der ersten Auflage der *Geschichte der Kunst* ist von einer »Diana« die Rede, die man 1760 »im Herculano« gefunden und deren Kleider ausgemalt seien.[52] In der zweiten Auflage schreibt Winckelmann schließlich darüber unter dem Stichwort »Von bemalten Statuen« ausführlicher.[53] Er habe diese »Diana« im herculanischen Museum gesehen. Nicht allein der Saum des Rockes, sondern auch die anderen Stücke seien bemalt. Er fügt hier noch an, dass er sich nicht sicher sei, ob diese Statue dem »hetrurischen«, also etruskischen Stil zuzurechnen sei, dass die Platon-Stelle aber dafür spreche, dass die Statuenbemalung auch bei den Griechen gebräuchlich gewesen sei. Also nicht einmal die Einweisung in eine vorklassische Epoche entschärft das Polychromie-Argument mehr. Erst in Notizen Winckelmanns zur Neuausgabe der *Geschichte der Kunst*, die in dieser aber dann keine Berücksichtigung fanden und erst jüngst veröffentlicht wurden,[54] wird das Werk dann schließlich definitiv nicht mehr der etruskischen, sondern der archaischen Zeit der *griechischen* Kunst selbst zugeordnet.[55]

Winckelmann ist also in seiner späteren, römischen Zeit durchaus aufgeschlossen gegenüber den neueren Erkenntnissen zur Farbigkeit antiker Kunst. Ganz anders seine Nachlassverwalter in Weimar, die Herausgeber der ersten Gesamtausgabe seiner Werke. Johann Heinrich Meyer (1760–1832) und Johannes Schulze (1786–1869), Vertreter der sogenannten »Weimarischen Kunstfreunde«, versuchten, seine Kunstgeschichte in diesem Punkt, die *Artemis* betreffend, zu revidieren oder zumindest zu relativieren: Sei sie farbig, so sei sie doch ein Zeichen uralter, roher Anfänge der Kunst.[56] Die Monochromie-Dogmatiker sitzen also – unter anderem – in Weimar. Winckelmann ist vor ihnen über sie hinaus.

Es gibt jedoch auch Kritiker der vermeintlichen Vernachlässigung der Farbe durch Winckelmann: Wieder ist es Wilhelm Heinse, der ihm in der Folgegeneration am Markantesten widerspricht. Schon in seinen Briefen *Ueber einige Gemählde der Düsseldorfer Gallerie*, 1776/77 in Wielands *Teutschem Merkur* erschienen,[57] setzt er gänzlich andere Akzente, als Winckelmann es in seinen frühen Schriften tut – ohne sich dabei aber nun direkt auf ihn zu beziehen. Zwar kämen auch in der Malerei – gemeint ist auch hier die der Neueren – Idee und Zeichnung zuoberst,[58] aber dann komme es vor allem auf das Kolorit an; es sei »Puls und Lebenswärme« der Kunst. Jenes erst mache diese sinnlich, lebendig. »Die Malerei ist, obenhin betrachtet, Darstellung der Dinge mit Farben«, so Heinse gesetzgeberisch. »Die Farben sind dem Maler folglich das, was die Worte dem Dichter, und die Töne dem Virtuosen sind: also Stoff, die Bedeutung, das Wesen«. Und: »Das Kapitel von der Farbgebung ist unendlich und unerschöpflich«.[59] Ist Heinse damit Antiklassizist – im Gegensatz zu Winckelmann? Wie dieser ist er zunächst noch dem klassizistischen Rubrikenschema verhaftet, das eine Hierarchie der künstlerischen Mittel dekretiert: Idee, Zeichnung, Kontur, dann erst Farbe. Und wie Winckelmann kehrt er sich tentativ davon ab; entschiedener zwar, auf eine Provokation des klassizistischen Geschmacks durch das Sinnlich-Erotische abzielend, aber nicht prinzipiell anders. Man wird den Klassizismus seit Winckelmann als das Experimentierfeld der ästhetischen Optionen sehen müssen.

Für das 19. Jahrhundert war das Thema Farbe und Antike insbesondere relevant auf den Gebieten der Plastik und Architektur. Winckelmanns anhand der *Artemis*-Statue konstatierter Befund einer polychromen Plastik ist einer der Initialimpulse für eine anhaltende archäologische und künstlerische Diskussion. Ausgrabungen wie auch Philologie dieser Zeit haben zahlreiche Belege für eine farbige Antike ans Tageslicht gebracht. Bereits der bekannteste Polychromie-Forscher zu Beginn des 19. Jahrhunderts, Quatremère de Quincy, beruft sich in seinem Hauptwerk *Le Jupiter Olympien* von 1814 ausdrücklich auf Winckelmann (Kat. 179) und benutzt die Materialien aus dessen Kunstgeschichte.[60] Gottfried Semper und viele andere sollten es ihm gleichtun. Winckelmann hatte den Anschluss an die neuere Forschung und Ästhetik griechischer Kunst gefunden.

KONTUR

Die von Zeichnerhand nachgezogene Linie des Umrisses eines Gesichtes, einer Figur, gehört zu den Gründungsmythen der Kunst. Plinius d. Ä. berichtet, dass der Schatten des scheidenden Geliebten von der Liebenden in Linien nachgezogen und so der Erinnerung aufbewahrt worden sei.[61] Das sei das erste Werk der bildenden Kunst gewesen. Die Geschichte wird bis hin zu Vasaris *Vite* immer aufs Neue erzählt.[62] Winckelmann greift das der Sache nach auf: Der Umriss, seine Zeichnung, stehe am Anfang der bildenden Kunst. Er sei die erste und vornehmste Sichtbarmachung des Geistigen der Kunst, der Idee. Winckelmann spricht dabei von *dem* Kontur; er verwendet das Wort stets in seiner maskulinen Form.

Der »meisterhafte Contour« im Frühwerk

In den *Gedancken* schreibt Winckelmann in Bezug auf Raffael, dessen Dresdner *Sixtinische Madonna* er wie gesagt vor Augen hat, dass dieser dem »wahren Geschmack des Alterthums« verpflichtet sei und gerade deshalb als der herausragende Künstler zu gelten habe.[63] Wenn er der gemeinen Natur erlegen wäre und nicht dem Vorbild der Alten nachgeeifert hätte, dann würde er »vielleicht mehr Mannigfaltigkeit, grössere Gewänder, mehr Colorit, mehr Licht und Schatten seinen Gemählden gegeben haben; aber seine Figuren würden dennoch allezeit weniger schätzbar durch dieses, als durch den edlen Contour, und durch die erhabene Seele, die er aus den Griechen hatte bilden lernen, gewesen seyn.« Und: »Könte auch die Nachahmung der Natur dem Künstler alles geben, so würde gewiß die Richtigkeit im Contour durch sie nicht zu erhalten seyn: diese muß von den Griechen allein erlernet werden. / Der edelste Contour vereiniget oder umschreibet alle Theile der schönsten Natur und der Idealischen Schönheit in den Figuren der Griechen«.[64] Der Kontur ist also jenes Sichtbarwerden eines Idealschönen in der Kunst, die Versinnlichung eines Übersinnlichen, zeitlich ferngerückt in die Vorbilder der Antike und der Renaissance. Vollzogen wird er durch die Linie, die Zeichnung, »welche das Völlige [das Vollkommene, H. P.] der Natur von dem Ueberflüßigen derselben scheidet«.[65] Kontur bezeichnet die Erhebung über die gemeine Natur im Akt künstlerischen Schaffens,[66] er macht das Erhabene des Ausdrucks anschaulich und trennt die künstlerische Erscheinung vom bloß Sinnlichen wie der Farbe oder auch dem Helldunkel. Der Kontur steht also systematisch zwischen Ausdruck und Gehalt. Auch diese Denkfigur hat Winckelmann seiner Titelvignette durch Oeser einschreiben lassen: Der Maler Timanthes zeichnet am Kontur des das Leid des Agamemnon verhüllenden Tuches mit einem Zeichenstift.

Abb. 3: Raymond Leplat (1664–1742), Recueil des marbres antiques qui se trouvent dans la galerie du roy de Pologne à Dresden, Dresden 1733, Taf. 35: sog. Agrippina, Klassik Stiftung Weimar, HAAB, Sign. Th P 0 : 5

Winckelmann führt das in den *Gedancken* anhand der ihm in Dresden zur Anschauung kommenden Antiken aus: Gemeint sind Gewandstatuen, eine »im hohen Stil gearbeitete Agrippina« – es handelt sich um eine sitzende Muse, eine Replik nach einem hellenistischen Original (Abb. 3);[67] ferner »drey Vestalen«, Marmorrepliken der römischen Kaiserzeit nach griechischen Originalen aus dem 4. Jahrhundert v. Chr. (Kat. 8).[68] In ihnen zeige sich die »grosse Manier in ihren Gewändern«: »Auch in den Gewändern der Griechischen Figuren herrscht der meisterhafte Contour, als die Haupt-Absicht des Künstlers, der auch durch den Marmor hindurch den schönen Bau seines Cörpers wie durch ein Coisches Kleid zeiget.«[69] Der Faltenwurf des Gewandes, der das Idealschöne des Körpers durchscheinen lässt, ist daher eine direkte Ableitung aus der Kategorie des Konturs und deshalb ästhetisch ebenfalls von oberstem Rang. Die Gewandversessenheit des Klassizismus hat hier einen ihrer Ursprünge.

Auch zu diesen Ausführungen über den Kontur finden sich – Winckelmann wäre nicht Winckelmann – (selbst-)kritische Bemerkungen.[70] Winckelmann, so der fiktive Opponent des *Send-*

Abb. 4: Die Meidias-Hydria aus William Hamiltons erster Vasensammlung, 420/400 v. Chr., attisch-rotfigurige Keramik, H. 52,1 cm, British Museum, London, Inv. E 224

schreibens, behaupte in den *Gedancken* »mit dem Tone eines Gesetzgebers« (gemeint ist wohl: anmaßend, überheblich), dass die Richtigkeit des Konturs allein von den Griechen erlernt werden müsse. Aber erscheine nicht heute bei antiken Skulpturen die Haut einfach nur über die Knochen gespannt, ohne die Wahrheit des Umrisses der Körperteile zu treffen, ohne Knorpel, Tiefen und Höhungen? Und sei nicht selbst Parrhasius, jener legendäre, nur literarisch bezeugte griechische Künstler, oft ins Magere verfallen, da er »Schwulst« vermeiden wollte?[71] Überdies ja seien die Alten uneins gewesen: Zeuxis habe laut literarischer Überlieferung seinen Kontur im Gegensatz zu Parrhasius üppig und fleischig gehalten, fast wie bei den Modernen Rubens. Und so fort. Die Vorbildlichkeit des Konturs der Alten wird also in mehrfacher Hinsicht relativiert: Er ist nicht vollkommen und er ist nicht einheitlich. Der klassizistische Gesetzgeber möge weniger streng auftreten und der Revisionen gewärtig sein, die die Vielfalt der Empirie in der Kunstgeschichte aufzwinge.

Anders als in den beiden Bereichen Ausdruck und Farbe gibt es dazu im späteren Werk Winckelmanns keine wesentlichen Revisionen. Der Kontur ist und bleibt ein Hauptaugenmerk seiner Ästhetik. Freilich ist er um eine ständige Präzisierung des Begriffs bemüht: Im vierten Kapitel des ersten Teils seiner *Geschichte der Kunst*, jenem von der »Kunst unter den Griechen«, versucht Winckelmann, den idealen Kontur geometrisch zu bestimmen. Er sei die Einheit in der Mannigfaltigkeit von Krümmungen, die nicht, wie der Kreis, *einen* Mittelpunkt haben, sondern deren mehrere, wie die Ellipse. In den Umrissen, die sich bei der schönen (männlichen) Jugend zeigen, komme das für den Künstler zur Anschauung: »In der schönen Jugend fanden die Künstler die Ursache der Schönheit in der Einheit, in der Mannigfaltigkeit, und in der Übereinstimmung. Denn die Formen eines schönen Körpers sind durch Linien bestimmt, welche beständig ihren Mittelpunct verändern, und fortgeführt niemals einen Cirkel beschreiben, folglich einfacher, aber auch mannigfaltiger, als ein Cirkel, welcher, so groß und so klein derselbe immer ist, eben den Mittelpunct hat, und andere in sich schließet, oder eingeschlossen wird.«[72] Und Winckelmann konkretisiert dies wie folgt: »Diese Mannigfaltigkeit wurde von den Griechen in Werken von aller Art gesuchet, und dieses Systema ihrer Einsicht zeiget sich auch in der Form ihrer Gefäße und Vasen, deren svelter [schlanker, H. P.] und zierlicher Contur nach eben der Regel, das ist, durch eine Linie gezogen ist, die durch mehr Cirkel muß gefunden werden.«[73] Wieder, wie so oft bei Winckelmann, rundet die Meeresmetaphorik diese ästhetischen Grundsatzausführungen ab: »Ein schönes jugendliches Gewächs aus solchen Formen gebildet ist, wie die Einheit der Fläche des Meers, welche in einiger Weite eben und stille, wie ein Spiegel, erscheinet, ob es gleich allezeit in Bewegung ist, und Wogen wälzet.«[74]

Abstraktion der Linie im Spätwerk und
die autonome Linie der Moderne

Vasen sind für Winckelmann, was den Kontur, die Zeichnung in der Malerei anbelangt, ein wichtiges Anschauungsmaterial, denn sie haben sich zahlreich und am besten erhalten. In der zweiten Auflage seiner *Geschichte der Kunst* von 1776 geht er darauf ausführlich ein. An den besten Vasen sei zu erkennen, dass »jede Linie des Umrisses einer Figur unabgesetzt«, also in einem Zuge, ohne Änderung, ohne Verbesserung gezeichnet sei. »Diese Gefäße sind, wie die kleinsten geringsten Insekten die Wunder in der Natur, das Wunderbare in der Kunst und Art der Alten«.[75] Wie später Raffael in seinen ersten Entwürfen den Umriss eines Kopfes, ja einer ganzen Figur »mit einem einzigen unabgesetzten Federstriche gezogen« habe, so zeige sich schon bei diesen frühen Gefäßen solche Meisterschaft.

Die wichtigste Quelle für seine Anschauung antiker Vasenkunst ist die berühmte Sammlung des Lord Hamilton,[76] des englischen Gesandten in Neapel, die Winckelmann 1767 kennenlernte. »So viel ich auch irgend von der Zeichnung vieler Gefäße sagen möchte, würde ich glauben, nichts gethan zu haben, ohne ein Stück des schönsten Gefäßes der hamiltonschen Sammlung hier [...] dem Leser in der Beschreibung vorzulegen.« Und dann nennt Winckelmann das Prunkstück, das er meint: Es ist das Bild »oben auf der Krümmung des Bauchs« des Gefäßes, »unter der Mündung«. Er bezeichnet seinen Gegenstand als die Abbildung des Wettkampfs der Freier um die Töchter des Danaos. Heute deutet man diese Darstellung als eine des Raubs der Leukippiden.[77] Die Vase ist in der Hamilton'schen Sammlung, wie sie heute im British Museum in London aufbewahrt wird, erhalten (Abb. 4; vgl. Kat. 63).[78] Winckelmann ergänzt: »Ich halte mich besonders bey dieser Malerey auf, weil dieselbe das allerhöchste der Zeichnung kann gennenet werden von dem, was uns immer in den Werken der Alten übrig geblieben ist.«[79]

Es geht ihm also nicht um die Form der Gefäße selbst, »sondern die Gemälde nebst der Zeichnung, die auf denselben ausgeführt sind«.[80] Und Winckelmann erläutert an der wichtigsten ästhetischen Eigenart dieser Abbildungen, warum er hier, obwohl es sich um Malerei handelt, von Zeichnungen spricht: »Denn die Figuren sind hier bloß conturnirt, das ist, wie Zeichnungen seyn müssen; nämlich es sind nicht allein die äußeren Umrisse der Figuren, sondern auch alle Theile derselben, nebst dem Schlage und den Falten der Gewänder nicht weniger als deren Zierrathen angegeben, aber durch Linien und Züge, ohne Licht und Schatten. Wir nennen also dieselben Gemälde, nicht im eigentlichen Verstande, sondern weil es Zeichnungen sind, die mit Farben aufgetragen worden.«[81] Er begeistert sich also für das Zeichnerische in der Malerei, die Abstraktion vom räumlich-körperlich Modellierten, die reine Lineatur.

Die Komplexität von Winckelmanns Argumentation hat Karl Philipp Moritz (1756–1793), einer der prominentesten Winckelmann-Kritiker der Folgegeneration, verkannt. Moritz bemängelt in seinen *Reisen eines Deutschen in Italien* von 1793 dessen mittlerweile berühmte Statuenbe-

Abb. 5: Asmus Jakob Carstens (1754–1798), Die Parzen, an den Grenzen der Schöpfung sitzend und das Schicksal der Sterblichen singend, um 1792/94, schwarze Kreide und Grafit, weiß gehöht, 350 × 480 mm, Klassik Stiftung Weimar, Museen, Inv. KK 565

schreibungen, insbesondere die des *Apoll vom Belvedere* (Kat. 13), da sie die Einheit und Eigengesetzlichkeit, die Autonomie des Kunstwerks, an externe, angeblich höhere geistige Gehalte verrate. Diese würden aus den homerischen Mythen ohne Rücksicht auf den inneren Zusammenhang des ästhetischen Gebildes selbst herbeigeholt und enumerativ aneinandergereiht.[82] Zugleich aber ist der diesem Urteil zugrundeliegenden Autonomietheorie des Kunstwerks der Begriff des Isolierens ganz wesentlich. Das Werk konstituiere sich allererst durch die Abgrenzung von jenem Externen, Nicht-Ästhetischen. Und diese Abgrenzung werde bewerkstelligt durch die Linie, die Umrisszeichnung, den Kontur.[83] »Je mehr etwas sich selbst isoliert,« schreibt Moritz 1789 in der *Monats-Schrift der Akademie der Künste und der mechanischen Wissenschaften zu Berlin*, »seinen eigenen Umriss um sich her zieht und seinen Schwerpunkt in sich selber hat, desto weniger ist es zufällig, desto weniger fällt es zu etwas anderem und vermischt sich damit.«[84] Der Rahmen um das Gemälde mache das Bild erst zu einem solchen für sich seienden Gebilde. Selbst die Vase in ihrer einfachen Form fasse etwas in sich und sei deshalb, wiewohl nur Gebrauchsgegenstand und nicht bedeutend, ebenfalls ein autonomes Kunstwerk. Man sieht: Der Winckelmann-Kritiker gebrauchet eine Zentralkategorie Winckelmanns, die des Konturs, indem er sie radikalisiert, von allen mythologischen Bedeutungsgehalten reinigt, sie auf das rein Formale reduziert: Moderne Autonomie-Ästhetik als Winckelmann-Kritik mit Winckelmanns genuinen Mitteln. Hier ist, wenn auch noch *ex negativo*, bereits angelegt, dass Winckelmann mit seiner Konturversessenheit und der Betonung der Linie in ihrer Schönheit eine Tendenz zur linearen Abstraktion in der bildenden Kunst adelt, die sich besonders ab der zweiten Hälfte des 18. Jahrhunderts durchsetzt und bis ins 19. und 20. Jahrhundert reicht. Ausgehend von Hamiltons Vasensammlung und dem daraus hervorgehenden Kupferstichwerk der *Collection of Engravings from Ancient Vases*[85] mit Darstellungen von Johann Heinrich Wilhelm Tischbein (1751–1829) verbreitete sich, dies hat etwa Werner Busch gezeigt,[86] der Umrissstil im Kunstschaffen um 1800. Man denke an Asmus Jakob Carstens (1754–1798; Abb. 5, vgl. Kat. 69), an John Flaxman (1755–1826; Kat. 66) und andere. Unter dem Begriff »Linear Abstraction« lässt sich, wie Robert Rosenblum es getan hat,[87] eine Linie bis zu Ingres und Goya, ja bis zur kubistischen Malerei im frühen 20. Jahrhundert ziehen.[88]

ANMERKUNGEN

1 Pfotenhauer/Bernauer/Miller 1995, S. 30.
2 Ebd., S. 31.
3 Ebd., S. 21.
4 Ebd., S. 20.
5 Vgl. den Kommentar zu den *Gedancken*, ebd., S. 369f., 373, 444.
6 Eigentlich *Parenthyrsos*; vgl. ebd. S. 31.
7 Ebd., S. 446.
8 Ebd., S. 31.
9 Siehe grundlegend dazu Dönike 2005a, S. 4.
10 Siehe Gumbrecht 2000, S. 426ff.; vgl. auch *Grimmsches* Wörterbuch, Bd. 1, Sp. 846–848. Zum »Ausdruck« vor Winckelmann in der Kunsttheorie der italienischen Renaissance vgl. Barasch 1967, S. 33ff.
11 Pfotenhauer/Bernauer/Miller 1995, S. 30.
12 Vgl. auch den Kommentar zu »Frühklassizismus«, ebd., S. 372f.
13 Orator 74.
14 Genannt sind die *Iphigenie in Aulis* des Euripides, das gleichnamige verschollene Drama von Sophokles und die ebenfalls verschollene *Iphigenie* des Aischylos.
15 Pfotenhauer/Bernauer/Miller 1995, S. 51ff.
16 Ebd., S. 71.
17 Nürnberg und Frankfurt 1675, Bd. 1/1, Taf. C.
18 Vgl. den Kommentar in *SN 9,1*, S. XXIf.
19 Pfotenhauer/Bernauer/Miller 1995, S. 50.
20 Ebd., S. 187ff.; vgl. den Kommentar in der kritischen Edition *SN 4,5*, S. 17ff.
21 Ebd., S. 187.
22 Ebd., S. 188.
23 Ebd., S. 189.
24 Ebd., S. 190f.
25 *GK1*, S. 127ff.
26 Ebd., S. 152.
27 *Torso, KS*, S. 171.
28 *GK1*, S. 170.
29 *GK2*, S, 462. Schon in der ersten Auflage von 1764 ist aber bereits von der »Weisheit der alten Künstler im Ausdrucke« die Rede (*GK1*, S. 171).
30 Heinse 2003–2005a, Bd. 1, S. 227.
31 Hirt 1797, S. 1ff.; vgl. Dönike 2005a, S. 8, 29ff.
32 Vgl. Hirt 1797, S. 16, 23f.
33 Vgl. Dönike 2005a, S. 30ff.
34 Hirt 1797, S. 2.
35 Ebd., S. 7.
36 *GK1*, S. 148.
37 Vgl. Primavesi 2011, S. 20f.
38 Vgl. Brinkmann 2010, S. 17.
39 Vgl. Pfotenhauer/Bernauer/Miller 1995, S. 354ff.
40 Ebd., S. 360ff.
41 Ebd., S. 354ff.
42 Ebd., S. 43.
43 Ebd., S. 44.
44 Ebd., S. 45.
45 Ebd., S. 74.
46 Ebd., S. 45.
47 *Sendschreiben*, S. 30.
48 *Nachrichten*, S. 24f.
49 Platon, Politeia, IV, 420 c–d.
50 Ausführlich Primavesi 2011, S. 17f.; vgl. Primavesi 2010, S. 29ff.
51 Zu den Umständen der Ausgrabung siehe Primavesi 2011, S. 25f.
52 *GK1*, S. 16.
53 *GK2*, S. 587ff.
54 Primavesi 2011, S. 20.
55 Vgl. ebd.
56 Nach ebd., S. 18.
57 Pfotenhauer/Bernauer/Miller 1995, S. 253ff.
58 Ebd., S. 260.
59 Ebd., S. 261.
60 Ebd.
61 Vgl. grundlegend zum Begriff des Konturs und seiner Geschichte von der Antike bis zur Moderne: Kurbjuhn 2014, hier S. 55ff.
62 Pfotenhauer/Bernauer/Miller 1995, S. 71.
63 Ebd., S. 25.
64 Ebd., S. 25f.
65 Ebd., S. 26.
66 Vgl. Kurbjuhn 2014, S. 195ff.
67 Pfotenhauer/Bernauer/Miller 1995, Abb. 5, nach Leplat 1733, Taf. 35.
68 Ebd., Abb. 6.
69 Ebd., S. 27.
70 Ebd., S. 72f.
71 Ebd., S. 73.
72 *GK1*, S. 152.
73 Ebd., S. 151.
74 Ebd., S. 152f.
75 *GK2*, S. 212.
76 Vgl. das von Hamilton herausgegebene Sammelwerk *Collection of Etruscan, Greek and Roman Antiquities from the Cabinet of the Honorable William Hamilton*, 4 Bde., Neapel 1767–1776.
77 Vgl. den Kommentar in *SN*, 4,3, S. 175.
78 Vgl. Smith 2011, S. 1ff.
79 *GK2*, S. 213.
80 Ebd., S. 208.
81 Ebd., S. 209.
82 Moritz 1997, Bd. 2, S. 753f.
83 Vgl. Kurbjuhn 2014, S. 427ff.
84 Vom Isolieren, in Rücksicht auf die schönen Künste überhaupt, in: Moritz 1997, Bd. 2, S. 1012ff.
85 4 Bde., 1791–1795 (deutsche Ausgabe: Böttiger, Griechische Vasengemälde, 2 Lieferungen, 1797–1800). Vgl. Kat. 65
86 Busch 1988, S. 144ff.
87 Rosenblum 1967.
88 Vgl. auch Ausst.-Kat. Hamburg 1979, bes. S. 24ff.

DAS INTELLEKTUELLE TREIBGUT DES KLASSIZISMUS

WINCKELMANNS ERBE VON FRANZ XAVER MESSERSCHMIDT BIS ZUR KLASSISCHEN MODERNE

Johannes Rößler

Als Teil einer europäischen, transnationalen Bewegung hat Winckelmann die ästhetischen Koordinaten der Kunst entschieden verschoben. Seine ab 1755 erschienenen Schriften setzten ein konsequent an der Antike orientiertes Ideal von Ausgleich, Simplizität und Klarheit in Beziehung zu einem utopisch anmutenden freiheitlichen Gesellschaftsentwurf, der in dezidiertem Gegensatz zur spätbarocken Kunst und zum aufgeklärten Absolutismus stand. Von Anfang an war Winckelmann mit seinen Positionen nicht der Einzige, doch die konsequente Umsetzung und Weiterentwicklung in Rom machte daraus ein Alleinstellungsmerkmal, das die Antikenrezeption und die Nachahmungslehren für immer mit seinem Namen verband. Wie Goethe 1805 anmerkte, kulminierte in Winckelmann nicht allein ein neues Kunstideal und die Wissenschaftsauffassung eines ganzen Säkulums, sondern auch ein genuin antikisch-naiver Charakter, der in seinem gesamten Lebensentwurf die Versöhnung mit der äußeren Lebenswelt verinnerlicht hatte.[1] Wohl nie zuvor und nie wieder danach ist ein ästhetisches Programm derart eng mit der charakterlichen Disposition seines Urhebers in Verbindung gebracht worden wie im Fall Winckelmanns.

Im Folgenden ist die Wirkungsgeschichte der Winckelmann'schen Kunstauffassung nicht als konstant und linear verlaufende *longue durée* zu lesen, sondern als Geschichte von Konjunkturen und unterschiedlich vorgehenden Reaktivierungen des Antiken im Modernen.[2] Einer expliziten Berufung auf den Begründer der klassischen Archäologie bedarf es hierbei nicht immer, ebenso wenig in den Fällen signifikanter Gegenpositionierung, die gleich am Anfang der Ausführungen stehen sollen. Winckelmann definierte das Möglichkeitsspektrum der ästhetischen Auffassungen und ihrer künstlerischen Realisierungen neu; über viele Jahrzehnte war es daher kaum zu vermeiden, direkt oder indirekt auf diesen diskursiven Rahmen Bezug zu nehmen.

MESSERSCHMIDTS WAHNSINN, FÜSSLIS WILDHEIT: RINGEN UM AUSDRUCK

In dem berühmt gewordenen Passus über die antike Statuengruppe des *Laokoon* explizierte Winckelmann 1755 sein Ideal einer von übertriebenen Affekten und extremen Verzerrungen gereinigten Körperdarstellung in den Bildkünsten: Während man Laokoons Todeskampf an dem »schmerzlich eingezogenen Unter-Leib beynahe selbst zu empfinden glaubet«, ist der Schmerz weder im Gesicht noch in der übrigen »gantzen Stellung« erkennbar: »Er erhebet kein schreckliches Geschrey, wie Virgil von seinem Laocoon singet: Die Oeffnung des Mundes gestattet es nicht; es ist vielmehr ein ängstliches und beklemmtes Seufzen«.[3] Die Schönheit der antiken Skulptur verstand Winckelmann als Ausgleich zwischen Ruhe und Bewegung, aufgrund dessen sich die »edle Seele« in sanften und

fließenden Übergängen offenbarte, oder, wie er einige Jahre später in einem zu Lebzeiten unpubli-
zierten Manuskript formulierte, im »Mittel von 2 extremis«: »Um das Mittel zu treffen muß man die
beiden extrema kennen.«[4] Mit der Forderung nach der Mitte zwischen den Extremen – zwischen
affektiver Übertreibung und statisch unbewegter Ruhe – definierte Winckelmann den Wirkungs-
rahmen der neuzeitlichen Bildkünste neu: Nicht das am klassischen Historienbild orientierte akademische Konzept der *expression des passions*, also die modifizierte Angleichung des Ausdrucks an
eine thematische Vorgabe, sondern die an der antiken Skulptur beobachtbare Harmonie in Ausdruck und Bewegung sollte von nun an die weitere ästhetische Debatte beherrschen.

Mit den sogenannten Charakterköpfen des Bildhauers Franz Xaver Messerschmidt (1736–
1783) entwickelte sich in unmittelbarer zeitlicher Folge auf Winckelmann eine, wie es scheint,
fundamentale Gegenpositionierung, die drastischer nicht sein könnte.[5] Messerschmidt war im
Jahr 1765 für mehrere Monate nach Rom gereist, wo er sich konsequent dem Antikenstudium
widmete. Zurück in Wien, reüssierte er mit klassizistischen Porträtbüsten, die deutlich mit der
barocken Darstellungskonvention brachen und ihm den Ruf einbrachten, in Wien die klassizistischen Auffassungen eingeführt zu haben. Im selben Jahr jedoch, in dem ihn sein klassizistischer
Mentor Franz von Scheyb als kommenden deutschen Phidias feierte,[6] begann Messerschmidt
eine Serie von »Charakterköpfen«, die ganz offensichtlich im Gegensatz zu jenem antikischen
Ideal standen (Kat. 51). Büsten mit grimassierenden Gesichtern bildeten von nun an den Haupt-
bestandteil seiner künstlerischen Produktion. Diese radikale Erweiterung des Darstellungsspek-
trums – bei Aufträgen arbeitete Messerschmidt nach wie vor im klassizistischen Geschmack – ist in
der Kunst des 18. Jahrhunderts beispiellos: Ein teilweise weit aufgerissener oder zur Schnabelform
gespitzter Mund, zugekniffene Augen, tief einschneidende, wenn auch realistisch gestaltete Ge-
sichtsfalten führen nicht das Idealschöne vor, sondern ganz im Gegenteil den gesteigerten Ausdruck
physischer und psychischer Extremzustände. Über die Gründe dieses radikalen Wandels, die vom
Einfluss des Mesmerismus über eine Demütigung durch die Wiener Akademie bis hin zu medizinischen Ursachen wie einer Nervenkrankheit führen, lässt sich nur spekulieren.

Die Serie der Charakterköpfe fügt sich dennoch in die Winckelmann'sche Gedankenwelt
ein und scheint ohne sie kaum denkbar. Das betrifft nicht allein die Reduktion auf plastische
Grundformen, die Frontalstellung der Köpfe, die schlichten Sockel und die Vermeidung der barocken Körpersprache, sondern vor allem die Frage nach der Darstellbarkeit von Schmerzempfin-
dungen in der Plastik, die sich als eine Inversion klassizistischer Prinzipien verstehen lässt. Als der
Berliner Aufklärer Friedrich Nicolai (1733–1811) dem Künstler 1781 einen Atelierbesuch abstattete,
notierte er erstaunt dessen Einlassungen über die Genese der Charakterköpfe: »Wenn er in sei-
nem Unterleibe oder an seinem Schenkel Schmerzen empfand [...] so bildete er sich ein, dieß
käme daher, daß er gerade an einem marmornen oder bleyernen Bilde gerade an einer Stelle des
Gesichts arbeitete, welche mit einer gewissen Stelle der untern Theile des Körpers analog wäre.«[7]
Schuld daran sei der »Geist der Proportion«, der sich von dem Ebenmaß in Messerschmidts
Schöpfungen derart provoziert fühle, dass er dem Künstler Schmerzen zufüge. Zur Abwehr dieser
Angriffe sei es nötig, sich selbst in die Rippen zu kneifen, was eine Reaktion im Gesicht hervorrufe,
die er im Spiegel betrachte und sodann in den Büsten umsetze.

Der Bericht über Messerschmidts am eigenen Leib vollzogene Produktionsverfahren liest
sich wie eine Verkehrung von Winckelmanns *Laokoon*-Beschreibung, denn in beiden Fällen wird
versucht, das proportionale Verhältnis zwischen einem lokal bestimmbaren Schmerzzentrum
und dem Gesamtkörper zu klären: Während Winckelmann den Kontrast zwischen physischem
Schmerz und im Gesamtkörper fundierter seelischer Ruhe betont, postuliert Messerschmidt das

Phänomen einer analogen Schmerzreaktion in der grimassierenden Gesichtsbildung. Erkennt Winckelmann die leichte Öffnung des Mundes als Zeichen der beherrschten Schmerzempfindung, öffnet sich der Mund bei dem sogenannten *Gähner* in krasser Verkehrung jenes Prinzips zum Schrei. Auch das von Nicolai berichtete analoge Verhältnis zwischen dem Produzenten und seinem Werk wirkt wie eine Inversion der von Winckelmann freilich nur implizit formulierten Produktionsästhetik: Ist die griechische Plastik Ausdruck einer von Seelenharmonie getragenen Kultur und damit auch des Befindens der tätigen Künstler, scheint sich Messerschmidts persönliches Empfinden in den oft als Selbstporträts gedeuteten Charakterköpfen wiederzufinden.

Ein komplementär zum klassizistischen Diskurs entwickelter Antiklassizismus, der nicht subversiv, sondern inversiv gegenüber der Auffassung Winckelmanns verfährt, findet sich auch bei Johann Heinrich Füssli (1741–1825).[8] Durch die künstlerische Ausbildung bei seinem Vater Johann Caspar Füssli, einem Brieffreund Winckelmanns, war er bereits früh mit der klassizistischen Theoriebildung in Berührung gekommen (Kat. 34). Von 1770 bis 1778 hielt er sich in Italien auf, wo er, wie alle seine künstlerischen Zeitgenossen, intensiv antike Statuen kopierte. Natürlich schätzte Füssli die von Winckelmann beschriebenen kanonischen Werke wie den *Apoll* oder den *Torso* im vatikanischen Belvedere, doch seine besondere Vorliebe galt Monumentalstatuen wie den *Rossebändigern* auf dem Quirinal oder dem *Herkules Farnese*.[9] Diese Faszination für das Überdimensionierte und für Überproportionierung stand in deutlichem Kontrast zu dem gemäßigten Körperideal bei Winckelmann, der bezeichnenderweise erstere in der *Geschichte der Kunst des Alterthums* nur knapp streift[10] und letzteren erst in der überarbeiteten Fassung ausführlicher diskutiert. Aus der dortigen Beschreibung des *Herkules Farnese* spricht die Kritik an der stark betonten Muskulatur, die vielleicht auch aus der Ablehnung des berühmten manieristischen Stichs von Hendrik Goltzius (1558–1616/17) entstanden war: Die »aufgeschwollenen Adern« und »angestrengten Muskeln« des Herkules seien »über die gewöhnlichen Maaße elastisch erhöhet«.[11] Das erkläre sich aber aus dem spezifisch dargestellten Handlungsmoment, da die Statue auf Herkules' Rückkehr aus dem Garten der Hesperiden anspiele: »Mit solcher gründlicher Ueberlegung will dieser Hercules betrachtet werden, damit man nicht den poetischen Geist des Künstlers für Schwulst, und die idealische Stärke für Keckheit nehme.«[12]

Deutlich zeigt sich Winckelmanns Unbehagen an den aufgedunsenen Formen und das Bemühen um eine ästhetische Lizensierung des Übernatürlichen durch den »poetischen Geist«. Füssli nimmt diesen Gedanken auf und macht ihn zu seinem eigenen Prinzip einer poetisierenden Darstellung: Als wollte er in der Übertreibung die von Winckelmann statuierte poetische Transposition bestätigen, übersteigern seine Zeichnungen die Muskulatur des *Herkules Farnese*. Ebenso zeichnet er einen der *Rossebändiger* in starker Untersicht, auch hier die Monumentalisierung besonders betonend (Kat. 49). Füssli, als englischer Übersetzer der *Gedancken über die Nachahmung* bestens mit dem Winckelmann'schen Denken vertraut, fand gerade in den Antiken außerhalb von dessen Kanon sein Konzept der Pathetisierung und Dynamisierung, das er in seinen heroischen Szenen konsequent übersetzte. Seine Begeisterung für das Monumentale, die abstrahierten anatomischen Formen mit dominantem Flächenbezug und der Hang zu pathetischen Handlungen setzten die Grundsätze der klassizistischen Ästhetik außer Kraft.

Füsslis berühmte Zeichnung *Der Künstler verzweifelnd vor der Größe der antiken Trümmer* (1778/80, Kunsthaus Zürich) zeigt das Fuß- und Handfragment des Konstantinskolosses im Hof des Kapitolinischen Museums, davor den niedergeschlagen sitzenden Künstler. Der Bruch zwischen antiker Idealkonzeption und Gegenwart scheint hier unüberwindbar. An die Stelle der »edlen Einfalt« und »stillen Grösse« treten pathetisch aufgeladene, poetisch-imaginäre Bildwelten, die den von Winckelmann zum ästhetischen Empfinden sublimierten Eros zur offenen Sexualisierung steigern. In einer zwischen 1801 und 1805 entstandenen Zeichnung wird die Besichtigung des *Laokoon* durch eine Dame beinahe zur obszönen Szene (Kat. 50): Während der Kopf des *Laokoon*, das Herzstück von Winckelmanns Deutung, nicht ausgeführt ist, wölbt sich die männliche Muskulatur ohne Schmerzverzerrung plastisch hervor und die gespreizten Beine geben den Blick auf das männliche Geschlecht frei. Die Dame ballt die Fäuste und streckt sie gegen die Statue, deren Oberkörper sich wehrhaft aufbäumt. Die Statuenbetrachtung ist zu einem aggressiven Akt im Kampf der Geschlechter geworden, die sich unversöhnlich gegenüberstehen.[13]

Die Beispiele von Messerschmidt und Füssli zeigen, dass Winckelmanns Schönheitsbegriff aus der Mitte zwischen den Extremen zu dezidierten Gegenentwürfen herausforderte, die aber gerade in der Aufnahme jenes polaren Denkens dem Zugzwang der frühklassizistischen Theoriebildung nicht entgehen konnten. In den Jahrzehnten nach Winckelmanns gewaltsamem Tod bildete sich der europäische Klassizismus in zahlreichen Filiationen aus, die der ursprünglichen Programmatik weder im visuellen Erscheinungsbild noch im ideellen Konzept stringent folgen mochten.[14] Zu nennen ist nur Antonio Canovas (1757–1822) höfischer, weicher Klassizismus, der keinesfalls dem Nachahmungsgrundsatz antiker Skulptur treu blieb und die Ebenbürtigkeit mit den Werken des Altertums statuierte. Der strenge Klassizismus von Jacques-Louis David (1748–1825) verband dagegen den Grundsatz einer gereinigten Form in Verbindung mit revolutionärem Freiheitspathos. In Reaktion auf die Französische Revolution mit ihrer Orientierung am altrömischen Republikanismus beförderten Goethe und Johann Heinrich Meyer (1760–1832) die Weimarer Preisaufgaben, die sich an Winckelmanns Forderung nach einer bildlichen Umsetzung der Homerischen Epen anschlossen:[15] Homerisches Griechentum verband sich mit den Grundsätzen einer allgemeinen Humanität, die sich den Erfahrungen mit dem republikanischen Tugendterror entgegenstemmte – bei gleichzeitiger Vernachlässigung des von Winckelmann postulierten Konnexes von politischer Freiheit und künstlerischer Produktivität.[16] Aus der Erbmasse Winckelmanns ließen sich schließlich auch Grundsätze der um 1800 aufkommenden romantischen Bewegung legitimieren: Die Beschreibung der *Sixtinischen Madonna* lieferte den Grundstein für die romantisch-christliche Raffael-Verehrung (Kat. 10).[17] Der bereits in den *Gedancken über die Nachahmung* wirkungsvoll zitierte Brief Raffaels über ideale Bildung der weiblichen Schönheit tauchte in Wilhelm Heinrich Wackenroders *Herzensergießungen eines kunstliebenden Klosterbruders* (1796/97) in Form einer verfremdeten romantischen Produktionstheorie auf.[18]

GESCHICHTLICHKEIT UND POLITISCHES IDEAL

Während die klassizistischen Theoreme zunehmend ein Eigenleben in den ästhetischen Debatten erlangten, blieb bis weit in das 19. Jahrhundert hinein das von Winckelmann etablierte historische Verlaufsmodell von Aufstieg, Blüte und Verfall präsent. Es gehört zu den Paradoxien der Winckelmann'schen Schriften, dass der politische Freiheitsgedanke mit einem restriktiven Kunstbegriff koinzidierte, der sich fast ausschließlich auf die Periode der klassischen griechischen Kunst bezog. Gerade in der Zeit nach den Befreiungskriegen bildete die Vorstellung von einer engen Verflechtung der Kunst mit der gesellschaftlichen Entwicklung einen starken Strang der Winckelmann-Nachfolge aus. Besonders hartnäckig sollte sich die enge Verbindung von künstlerischer »Blüte« und gesellschaftlicher Freiheit erweisen, die Winckelmann am Beispiel der Athener Polis zur Zeit des Phidias explizit hatte (Kat. 107). Karl Friedrich Schinkels (1781–1841) Gemälde *Blick auf die Blüte Griechenlands* (1825) repräsentiert auf prototypische Weise die von Winckelmann entworfene Phantasmago-

Abb. 1: Wilhelm Ahlborn (1796–1857) nach Karl Friedrich Schinkel (1781–1841), Blick in Griechenlands Blüte, 1825, zweite Kopie von 1836, Öl auf Leinwand, 94 × 235 cm, Staatliche Museen zu Berlin, Nationalgalerie, Inv. NG 2/54

rie des von Freiheit, natürlicher Sittlichkeit und kultureller Produktivität durchdrungenen Perikleischen Zeitalters (Abb. 1): In einem Landschaftspanorama bauen die geschmeidig nackten Körper sonnengebräunter Jünglinge an einem Tempel, dessen Reliefs den Darstellungen auf dem Athener Parthenonfries ähneln. Schinkel bricht mit den üblichen Bildmotiven elegischer Tempelruinen, indem er ganz bewusst das Bauwerk nicht im Verfall, sondern im Aufbau zeigt. Nach seiner an Winckelmann und Wilhelm von Humboldt geschulten Überzeugung führten lebendige Bildung und natürliche Sittlichkeit das griechische Volk zur kulturellen Blüte, was wiederum Vorbildcharakter für die eigene Gegenwart hatte.[19] Damit bediente sich Schinkels »gemalte Staatsidee«[20] ganz offen der klassizistischen Freiheitstopoi Winckelmanns, wie sie dieser in Form einer Gebäudemetapher beschrieben hatte: »Damals war ein Grund zur Größe von Griechenland geleget, auf welchem ein dauerhaftes und prächtiges Gebäude konnte aufgeführt werden; die Weisen und Dichter legten die erste Hand an dasselbe, die Künstler endigten es.«[21]

Mit »Spree-Athen« und »Isar-Athen« bewarben sich gleich zwei deutsche Städte um die Nachfolge des antiken Athen. Während der Berliner Klassizismus das von Humboldt formulierte Bildungsideal weiterführte, war mit König Ludwig I. von Bayern (1786–1868) in München ein dezidierter Verehrer Winckelmanns und Goethes am Werk, der sich bei den Antikenerwerbungen für die Glyptothek deutlich an den Schriften seiner Vorbilder orientierte[22] – so in den Ankäufen des *Barberinischen Fauns* oder des Jünglingskopfs aus dem ehemaligen Besitz von Winckelmann (Kat. 1). Nach dem griechischen Freiheitskampf gegen die Osmanen, an dem das philhellenische Europa größten Anteil genommen hatte, kulminierte Ludwigs Griechenlandbegeisterung 1832 in der Besteigung des griechischen Throns durch seinen Sohn Otto von Bayern (1815–1867; Kat. 115).[23] Der Einzug des jungen Königs am 23. Mai 1833 in das gerade erst von den osmanischen Truppen geräumte Athen gestaltete sich nach dem Bericht das klassischen Archäologen und späteren Ausgräbers der Akropolis, Ludwig Roß, als ein großes »Schauspiel«: »ein Volk, ein König, mit Vertrauen sich einander in die Arme werfend, um vereint ein neues Leben zu beginnen, und eine in sich so große Begebenheit noch dadurch gehoben, daß sie auf einem Boden vorgeht, wo an jedem Fußbreit Landes die größten weltgeschichtlichen Erinnerungen haften.«[24]

Abb. 2: Peter von Hess (1792–1871), Der Empfang König Ottos von Griechenland in Athen, 1839, Öl auf Leinwand, 250 × 415 cm, Bayerische Staatsgemäldesammlungen, Neue Pinakothek München, Inv. WAF 353

Der Historienmaler Peter von Hess hat das Ereignis festgehalten (Abb. 2):[25] Das großformatige Bild zeigt Otto und sein Gefolge vor dem als Georgskirche genutzten Athener Theseion, dem am besten erhaltenen Tempel Griechenlands, der hier wie ein Symbol für den am klassischen Ideal orientierten Aufbau Neugriechenlands die Massenszene überragt. Die bald eintretende Enttäuschung etlicher Griechenland-Reisender über die spärliche Vegetation und die wenig an das antike Ideal erinnernde Bevölkerung, aber auch das arrogante Auftreten bayerischer Verwaltungsbeamter sollte sich zur politischen Desillusionierung des Ideals steigern[26] und damit seinen endgültigen Vergangenheitscharakter bestätigen: Nach dreißig Jahren endete die bayerische Sekundogenitur in einem Desaster.

Die revolutionäre Kunstkritik der 1840er-Jahre griff Winckelmanns engen Konnex zwischen Kunst und Gesellschaft auf und deutete die Kunst als Ausdruckstärger des Volkslebens. Auch wenn die Inhalte anders gewichtet waren, so blieb auch hier das Perikleische Zeitalter neben der italienischen Hochrenaissance das zentrale Epochenparadigma, in dem eine vorgeblich demokratische Gesellschaftsordnung und künstlerische Produktion zur untrennbaren Einheit verschmolzen waren. Unter solchen Prämissen musste eine staatlich dirigierte Kunstförderung als restaurativer Akt gesehen werden, der nichts mit dem Freiheitsideal zu tun hatte.[27] Infolgedessen versuchte die Kunstkritik des Vormärz ihre ästhetischen Vorbehalte gegen die zeitgenössische Kunst mit ihrem politischen Urteil zu verbinden: Insbesondere die von Ludwig I. geförderte Münchner Kunst und Architektur, die in ihren Rückgriffen auf vergangene Zeitalter zahlreiche Stilformen zitierte, wurde aufgrund der dirigistischen Einflussnahme von oben als nicht lebensfähig bezeichnet.[28] Ebenso charakterisierte die revolutionäre Kunstkritik die deutschen Archäologen in Rom aufgrund ihrer Förderung durch den preußischen König Friedrich Wilhelm IV. als devote »Winkelmännchen«.[29]

Abb. 3: Adolph Menzel (1815–1905), Aufbewahrungssaal während des Museumsneubaus im Alten Museum, 1848, farbige Kreiden auf hellbraunem Tonpapier, 46,2 × 58,8 cm, Staatliche Museen zu Berlin, Kupferstichkabinett, Inv. SZ Menzel Nr. 1761

Dass die Verbindung von antikem Ideal und politischer Freiheit längst erschüttert war, zeigt in ihrer Vieldeutigkeit eine Kreidezeichnung Adolph (von) Menzels (1815–1905) aus dem Jahr der 1848er Revolution (Abb. 3): Der Realist Menzel, der in jungen Jahren mit der Gipszeichenklasse der Berliner Akademie in Konflikt geraten war, sucht nach dem Scheitern der Märzrevolution resigniert den Aufbewahrungssaal der Gipsabgüsse im Dachboden des Berliner Museums auf. In der Mitte steht ein Abguss der Florentiner *Pasquino*-Gruppe mit Menelaos, der die Leiche des Patroklos vom Schlachtfeld trägt. Der Traum von Freiheit und Demokratie gerinnt zum Bild der Trauer. Die lieblos deponierten Gipse sind nur noch ein matter Abglanz alter Größe und zeugen von der Unerreichbarkeit des mit der Antike verbundenen politischen Ideals.

UTOPIEN DER ENTZEITLICHUNG

Wilhelm von Kaulbachs (1805–1874) Gemälde *Die Bekämpfung des Zopfes durch Künstler und Gelehrte* (um 1851; Abb. 4) bringt paradigmatisch auf den Punkt, welche historische Rolle man Winckelmann zur Mitte des 19. Jahrhunderts zuwies:[30] Von links stürmen unter der Obhut Minervas die Klassizisten Karl Friedrich Schinkel, Asmus Jakob Carstens, Bertel Thorvaldsen und Winckelmann, von rechts in Begleitung eines Pegasus die Nazarener Peter von Cornelius, Friedrich Overbeck und Philipp Veit gegen einen Cerberus an, dessen drei Köpfe pompöse Rokokoperücken tragen. Während die Nazarener den neben einer Gliederpuppe schlafenden Akademiker Gerard de Lairesse überrennen, wirft der gegenüber seinen Mitstreitern ein bis zwei Generationen ältere Winckelmann sein Tintenfass auf das Ungeheuer – in deutlicher Anspielung an die Legende von Luthers Tintenfasswurf gegen den Teufel weist jener Akt Winckelmann als Reformator der deutschen Kunst aus.

Kaulbachs Bild entspricht exakt einer Sichtweise im mittleren 19. Jahrhundert, nach der letztlich von Winckelmann alle relevanten Strömungen der neueren deutschen Kunst – Klassizismus, Nazarenertum, romantischer »Idealismus« und Realismus – ausgegangen waren: »Mit der geläuterten Erkenntniß der Antike, mit der glänzenden wissenschaftlichen Belebung des kritischen Sinnes durch Winckelmann und Lessing wurde der Grundstein zur modernen Kunstanschauung gelegt«, schrieb etwa 1857 der Kunsthistoriker Anton Springer.[31] Winckelmanns Aufruf, die Antike nachzuahmen, um unnachahmlich zu werden, wird so als Beginn eines Läuterungsprozesses verstanden, der zu einem allgemeinen »Idealismus« in der Kunst geführt habe.

Die Deutung Winckelmanns als Reformator der deutschen Kunst führte sowohl die Möglichkeit einer historisierenden Abstandsgewinnung als auch die Möglichkeit einer bewussten Reaktivierung der damit verbundenen Grundansätze mit sich. Den Dreh- und Angelpunkt bildete dabei die in Winckelmanns Schriften zu beobachtende Dualität von normativer Ästhetik und Historie, die auch als konstitutives Merkmal des ästhetischen Historismus angesehen werden muss: Schließlich fußte jede künstlerische Nachahmung eines vergangenen Stils – sei es der Antike, der Gotik oder der Renaissance – auf dem Bewusstsein seiner Geschichtlichkeit. Mit anderen Worten: Winckelmanns Erbe im 19. Jahrhundert bestand in der engen Verbindung von Entwicklungsgedanken und Nachahmungsgrundsatz, einer untrennbaren Beziehung zwischen historisierender Sicht auf die Vergangenheit und ihrer möglichen Aktualisierung in der Gegenwart.

Wenn auch diese enge Verschränkung von Geschichtsbewusstsein und künstlerischer Produktion nie unumstritten war, verlor sie erst nach der deutschen Reichsgründung an Plausibilität. Die im Zuge eines allgemeinen Pessimismus immer mehr rezipierte Philosophie Arthur Schopenhauers (1788–1860) postulierte einen unversöhnlichen Gegensatz zwischen geschichtlichem Entwicklungsdenken und ästhetischer Anschauung. Die von Winckelmann mitbegründete moderne Kunstliteratur wurde aus einer solchen Sicht als intellektualistisches, den wahren Blick auf die Kunst verstellendes Problem wahrgenommen.

Der Kulturphilosoph Karl Hillebrand (1829–1884) publizierte 1874 anonym die *Zwölf Briefe eines ästhetischen Ketzers*, die in Winckelmann den Hauptverursacher einer künstlerischen Misere ausmachen: Unstreitig sei er der Begründer des historischen Entwicklungsdenkens, doch habe seine normative Ästhetik verheerend auf die Kunst bis zur unmittelbaren Gegenwart eingewirkt. Seine Schuld bestand demnach in der von ihm freilich unbeabsichtigten Übertheoretisierung der Kunst und der damit einhergehenden einseitigen Konzentration auf einen abstrakten Idealismus, dem selbst die alternativen Bewegungen wie der Realismus nicht entgehen konnten.

Die Ketzerbriefe gingen aus Gesprächen hervor, die Hillebrand mit dem Maler Hans von Marées (1837–1887) und dem Bildhauer Adolf von Hildebrand (1847–1921) in Florenz geführt hatte.[32] Die Forderung nach Ablegung eines überfrachteten Wissensballasts, nach unverstellter Anschauung der Natur und gleichzeitig innerer Autonomie des künstlerischen Subjekts hatte die bezeichnende Pointe, dass sie nicht nur Winckelmanns Dauerpolemik gegen die »Skribenten« ähnelte, sondern auch in einigen Kernsätzen dessen Kunsttheorie ausdrücklich Recht gab: »Nun betrachte man einmal unsere nackten Statuen. Wo ist da eine Gestalt, die von innen nach außen construirt wäre, wo, um den Winckelmann'schen Lieblingsausdruck zu gebrauchen, das Gewächs sich naturgemäß entfaltet hätte? Man sehe eine griechische Statue: das ruhende Bein offenbart den behenden Läufer, selbst der hängende Arm den kräftigen Ringer.«[33]

Ein ähnlich ambivalentes Verhältnis zu Winckelmann entwickelte auch der Kunstmäzen und -theoretiker Conrad Fiedler (1841–1895), der mit seiner Formtheorie den intellektuellen Mittelpunkt desselben Kreises bildete: Fiedler verwarf in einem ausführlichen Manuskript zu Winckelmann des-

Abb. 4: Wilhelm von Kaulbach (1805–1874), Die Bekämpfung des Zopfes durch Künstler und Gelehrte unter dem Schutz der Minerva, Entwurf für den Fassadenschmuck der 1853 eröffneten Neuen Pinakothek in München, um 1851, Öl auf Leinwand, 81,3 × 179,5 cm, Bayerische Staatsgemäldesammlungen, Neue Pinakothek München, Inv. WAF 409

sen Grundsatz von der Verschönerung der Natur, die dogmatische Orientierung an der Antike und die Fixierung auf die Begriffe »Schönheit« und »Grazie«, doch lobte er die »herrliche Stelle«[34] aus Winckelmanns *Erinnerung über die Betrachtung der Werke der Kunst*: »Der höchste Vorwurf der Kunst für denkende Menschen ist der Mensch, aber nur dessen äußere Fläche, *und diese ist für den Künstler so schwer auszuforschen, wie für den Weisen das Innere desselben*«.[35] Winckelmanns Satz vom Menschen als »höchste[m] Vorwurf der Kunst« entsprach auch den künstlerischen Auffassungen von Hans von Marées und Adolf von Hildebrand.[36] In Rückgriff auf allgemeine mythologische Themen zeigen Marées' Bilder nackte Figuren in Kontrapoststellungen, die sich im Kontur von einem unbestimmten Landschaftsgrund abheben und als gliederndes Element den fast architektonisch wirkenden Bildaufbau übernehmen (Kat. 53). Diese »zeitlos stillen Bilder in geschichtslosem Raum«[37] reduzieren die menschliche Gestalt auf ihren elementaren Gehalt und bezeugen insofern eine Radikalisierung der klassizistischen Theorie, als sie das von Fiedler an Winckelmanns Statuenbeschreibungen kritisierte Moment der Narrativierung unbedingt zu vermeiden suchen: Der Mythos ist damit nicht Movens für die Darstellung einer konkreten Handlung, sondern dient in seiner kontemplativen Umsetzung allein dem utopischen Gegenentwurf zur eigenen Gegenwart. Ähnlich verfährt Adolf von Hildebrand in seinen Bildwerken wie etwa dem *Rastenden Merkur* (Kat. 54). Der 1886 entstandene *Philoktet* (Abb. 5) scheint direkt auf Winckelmanns *Laokoon*-Abschnitt in den *Gedancken über die Nachahmung* zu rekurrieren: »Laocoon leidet, aber er leidet wie des Sophocles Philoctetes: sein Elend gehet uns bis an die Seele; aber wir wünschten, wie dieser grosse Mann, das Elend ertragen zu können.«[38]

AUSBLICK IN DIE KLASSISCHE MODERNE

Parallel zu diesen zwischen Ablehnung und Teilreaktivierung schwankenden Konzepten war die Demontage von Winckelmanns Ideal in vollem Gange: Bereits 1855 hatte Herman Grimm (1828–1901) den »kühlen Zwang« in der Bewunderung für antike Bildwerke bemerkt und konstatiert, es sage »uns eine leise Stimme, es sei für uns kein Herz mehr in dieser Schönheit«.[39] Walter Pater (1839–1894)

Abb. 5: Adolf von Hildebrand (1847–1921), Philoktet, 1886, Gips, H. 146 cm, Bayerische Staatsgemäldesammlungen, Neue Pinakothek München, Inv. B 556

deutete 1867 im *Westminster Review* Winckelmanns Lebensweg zu einem radikal ästhetizistischen Entwurf um, sah aber in dessen Einzelgängertum eher einen Beleg für die moderne Entfremdung von der antiken Naivität.[40] Friedrich Nietzsche (1844–1900) brach 1872 in *Die Geburt der Tragödie aus dem Geiste der Musik* mit der absoluten Vorbildlichkeit der »klassischen« griechischen Skulptur, indem er der »apollinischen« Begrenztheit die »dionysische« Entfesselung entgegensetzte. Das vormals im *Apoll vom Belvedere* gefundene Ideal der maßvollen Begrenzung bildete nur noch den Gegenpol zu einer subjektübergreifenden und enthemmten Welt der Rauscherfahrung, die Nietzsche in den vorklassischen Perioden zu erkennen glaubte und in der er letztendlich in Richard Wagners (1813–1883) gattungssprengendem Gesamtkunstwerk der Oper die moderne Entsprechung fand.

Mit dem populären und durchweg nationalistischen Buch *Rembrandt als Erzieher* (1890) statuierte der vormalige Archäologe August Julius Langbehn (1851–1907) den holländischen Maler als nordisches Gegenideal zur Antike: Wie Phidias für die Griechen, so sei Rembrandt der reinste »Ausdruck des volksthümlichen deutschen Geistes«,[41] womit der Künstler »objektiv genommen […] griechischer als Winckelmann« sei.[42] Langbehns übersteigerter Irrationalismus kopierte

Abb. 6: Arnold Böcklin (1827–1901), Odysseus und Kalypso, 1882, Öl auf Holz, 103,5 × 149,8 cm, Kunstmuseum Basel, Inv. 108

nicht nur Winckelmanns gegen das Rokoko gerichtete Abgrenzungsstrategie, er nahm auch zahlreiche Topoi aus dessen Ästhetik auf: Die Forderungen reichen vom Ausgleich von »Ruhe und Bewegung« über »Einfalt« bis hin zu Körperhygiene als »letzte[m] und wichtigste[m] Faktor der deutschen Bildung«,[43] womit er – wegweisend für die Lebensreformbewegungen – Winckelmanns Konzept von der »edlen Form« des Körpers durch »frühzeitige Leibesübungen«[44] in moderne Vorstellungen transformierte (Kat. 97–100).

Eine weitere Abstandsgewinnung von Winckelmanns Vorstellungswelt vollzog schließlich der Kunsthistoriker Heinrich Wölfflin (1864–1945) mit seinem Konstrukt von der »klassischen Kunst«.[45] Maßgeblich von Adolf von Hildebrand beeinflusst, entkoppelte er das »Klassische« von Winckelmanns Forderung nach Antikennachahmung, indem er dieses weitgehend als überzeitliche und konjunkturbedingte Kategorie ansah. Das »Klassische« bezog sich für Wölfflin mit gleichem Recht auf die Kunst der italienischen Hochrenaissance wie auf Werke wie *Odysseus und Kalypso* (1882) von Arnold Böcklin (1827–1901): Geschlossenheit in der Bildkomposition, eine silhouettenhafte Hervorhebung der Figuren, Farbkontraste von gesättigtem Rot und kaltem Himmelblau (Abb. 6).[46]

So wenig vergleichbar diese Gedankengänge auf den ersten Blick scheinen mögen, so zeigen sie doch, dass die von Winckelmann formulierten Denkmuster als intellektuelles Treibgut die ästhetische Diskussion so lange mitbestimmten, wie der Wirklichkeitsbezug der Kunst in Form

Abb. 7: Giorgio de Chirico (1888–1978), Canto d'amore, 1914, Öl auf Leinwand, 73 × 59,1 cm, The Museum of Modern Art, New York, Inv. 950.1979

des Nachahmungsgedankens oder der Idealisierung gewahrt blieb. Mit dem sich nach 1907 etablierenden Abstraktionsgedanken schien der »Winckelmannische Faden«[47] endgültig abzureißen: »Geistige Raumscheu«[48] stand für nichtmimetische Bildinhalte, die zumindest in der Malerei Kriterien wie Plastizität und Räumlichkeit zugunsten einer radikalen Flächenbindung auslöschten. Und doch nahm Winckelmanns Konturbegriff einen Lieblingsgedanken der Abstraktion vorweg: »Die Linie, die das Schöne beschreibet, ist elliptisch, und in derselben ist das Einfache und eine beständige Veränderung: denn sie kann mit keinem Zirkel beschrieben werden und verändert in allen Puncten ihre Richtung.«[49] Die modernefreundliche Kunstkritik sollte den Gedanken von der elliptischen Linie explizit aufnehmen, etwa wenn Julius Meier-Graefe (1867–1935) El Greco (1541–1614) als Vorläufer der Avantgarde beschreibt[50] oder wenn Theodor Däubler (1876–1934) über die Skulpturen Alexander Archipenkos (1887–1964) urteilt: »Schon Winkelmann beweist, daß die Ellipse die Linie der Schönheit, attischer Vollkommenheit ist. Freilich, wenn wir eben das Wort klar brauchten, so liegt darin Bewußtheit, abstrahierendes Wissen, und wir sind berechtigt, in Archipenkos Kunst eine sich ganz persönlich äußernde Abstraktion festzustellen.«[51]

Antikenverehrung, Ausgleich von Ruhe und Bewegung, Konturbetontheit, Plastizität: Diese von Winckelmann etablierten Kriterien sollten auch die Geschichte der »klassischen« Moderne weiterhin mitbestimmen: Giorgio de Chirico (1888–1978) kombinierte in seinem berühmten Werk *Canto d'amore* (1914) ein Gipsfragment nach dem Kopf des *Apoll vom Belvedere* mit einem Stoffball, einer Eisenbahn und einem (im ausgehenden 19. Jahrhundert erfundenen) Gummihandschuh (Abb. 7). Man hat in diesem Bild ein »Kuckucksei« des Klassizismus[52] gesehen, doch der Künstler schritt den Weg einer klassisch orientierten Malerei konsequent weiter fort, wenn er 1919 formulierte: »*Pictor classicus sum*« und den Anfängern das Nachzeichnen nach Abgüssen antiker Bildwerke empfahl.[53] Mit Beginn der Zwanzigerjahre sollte eine generelle Rückbesinnung auf humanistische Werte und damit klassische Traditionen erfolgen: Picasso, Braque, Matisse, Léger leiteten mit der Rückkehr zu Figuration und Räumlichkeit ihre klassizistischen Phasen ein, die in der typisierenden Menschendarstellung antikisierende Elemente aufnahmen.[54] Der sogenannte Nach-Expressionismus in Deutschland – »Neue Sachlichkeit« und »magischer Realismus« – verfolgte ähnliche Prinzipien: Der Kunstkritiker Franz Roh (1890–1965) beschrieb die Werke der neuen Strömungen in einem tabellarischen Vergleich mit dem Expressionismus als statisch, »eher streng, puristisch«, stilbewusst, »kühl, bis hart«, in der Malweise »glättend vertrieben« und den »Arbeitsprozeß austilgend (reine Objektivation)«.[55] Die negativen Urteile der Kälte, Erstarrung und Glätte, welche Winckelmanns Theorie und die Kunst des europäischen Klassizismus von jeher begleitet hatten, waren plötzlich zu modernen Qualitätsmerkmalen geworden.

ANMERKUNGEN

1 Goethe, *Skizzen zu einer Schilderung Winckelmanns I*, in: Goethe 1985–1998, Bd. 6,2, S. 348–381, hier S. 375f.
2 Die nachfolgenden Ausführungen beschränken sich vorwiegend auf die Kunsttheorie und Kunstgeschichte im deutschen Sprachraum; ausführlich zum Thema siehe Sünderhauf 2004; Prettejohn 2012; Rößler 2017.
3 *Gedancken1*, *KS*, S. 43.
4 *Gedancken über die Kunst*, *KS*, S. 148.
5 Siehe Pfarr 2006.
6 Scheyb 1770, Bd. 2, S. 95.
7 Nicolai 1994, S. 412.
8 Zur Winckelmann-Revision bei Füssli siehe Busch 2005/07.
9 Antal 1973, S. 57.
10 In beiden Fassungen: *GK1*, S. 187; *GK2*, S. 387.
11 *GK2*, S. 745.
12 Ebd.
13 Vgl. Christian Klemm in Ausst.-Kat. Zürich 1986, S. 126.
14 Siehe umfassend in Ausst.-Kat. Frankfurt 2013.
15 Vgl. *Allegorie*, S. 11.
16 Osterkamp 1994.
17 Schlegel 1996, S. 97–109.
18 Vgl. den von Wackenroder verfassten Abschnitt »Raffaels Erscheinung« in Wackenroder/Tieck 1991, S. 10f., sowie die Bezugnahme auf den Brief Raffaels und die Beschreibung der Sixtinischen Madonna in *Gedancken1*, *KS*, S. 34f., 46. Raffaels Brief bezog sich auf sein Fresko *Triumph der Galatea* in der Villa Farnesina, bei Wackenroder wird er auf das Madonnenideal bezogen.
19 Das Bild war ein Hochzeitsgeschenk der Berliner Stadtverwaltung an die preußische Prinzessin Luise und bot damit hinreichend politische Projektionsfläche.
20 Haus 2007, S. 110.
21 *GK1*, S. 328.
22 Putz 2013, S. 41.
23 Grundlegend zum Thema: Ausst.-Kat. München 1999/2000.
24 Roß 1863, S. 227.
25 Zu dem Werk siehe Best.-Kat. München 2003, S. 188–194.
26 Dieser Prozess ist anschaulich beschrieben bei Bechtle 1959.
27 Vgl. Rößler 2009, S. 26–32.
28 Vgl. Springer 1845.
29 Stahr 1846; Hettner 1846.
30 Zu Kaulbachs Freskenzyklus für die Neue Pinakothek in München siehe Büttner 2003.
31 Springer 1856, S. 677.
32 Gaier 2013, S. 173.
33 Hillebrand 1874, S. 42.
34 Fiedler 1991, dort Abschnitt »Winckelmann«, S. 249–258, 253.
35 Ebd. (Hervorhebung von Fiedler); Originalzitat ohne Hervorhebung in *Betrachtung*, *KS*, S. 151.
36 Vgl. hierzu auch Sünderhauf 2004, S. 133.
37 Wesenberg 2008, S. 10. Zum Klassizismus bei Marées siehe auch Blum 2005, S. 192–200.
38 *Gedancken1*, *KS*, S. 43.
39 Grimm 1883, S. 5.
40 Pater 1906.
41 Langbehn 1900, S. 23.
42 Ebd., S. 246.
43 In der Abfolge der Zitate: ebd., S. 249, 278, 331.
44 *Gedancken1*, *KS*, S. 30f.
45 Wölfflin 1899.
46 Wölfflin 1941; vgl. M. L., Arnold Böcklin: *Odysseus und Kalypso*, in: Ausst.-Kat. Basel 1996, S. 97–99.
47 Goethe, *Italienische Reise*, in: Goethe 1985–1998, Bd. 15, S. 358.
48 Worringer 1907, S. 16.
49 *Betrachtung*, *KS*, S. 149–157, hier S. 152.
50 Meier-Graefe 1910, S. 250.
51 Däubler 1988, S. 229.
52 Schmied 1996, S. 116.
53 De Chirico 1973, Zitat S. 56, Empfehlung S. 54.
54 Siehe hierzu: Ausst.-Kat. London 1990; Ausst.-Kat. Basel 1996; Ausst.-Kat. New York/Bilbao 2010/11; Ausst.-Kat. Los Angeles 2011/12.
55 Roh 1925, S. 119.

EIN JAHRHUNDERT WIRKUNG: WINCKELMANN UND DIE SKULPTUR

Bernhard Maaz

WINCKELMANNS NORMATIVE WIRKUNG AUF DIE SKULPTUR IM AUFKLÄRUNGSZEITALTER

»Kunstkenntnis und Künstlergesinnung bedingen sich wechselseitig«,[1] konstatiert Norbert Miller in der Auseinandersetzung mit Goethe und Winckelmann, und er fährt fort: »Erst wo beides – wie im Glücksfall Winckelmann – am günstigen Ort zusammentrifft, kann die Geschichtlichkeit auf die moderne Kunst unmittelbar anregend wirken.«[2] Wenn nachfolgend die Ausstrahlung und Einwirkung Johann Joachim Winckelmanns auf die Skulptur des 19. Jahrhunderts betrachtet wird, so muss das, bezogen auf das unendlich große Themenfeld, thesenhaft kurz geschehen. Denn wie weit müsste man ausholen, um zu untersuchen, welche Antiken welchem Künstler jeweils an Akademien durch Gipsabgüsse oder auf Reisen zugänglich waren und wie sie die moderne Kunst prägten! Wie schwer wäre es, bei den Bildhauern neben der Denkmälerkenntnis auch eine Textkenntnis, das heißt eine Vertrautheit mit den Gedanken Winckelmanns oder auch nur den Besitz seiner Schriften konkret nachzuweisen.

Einige vereinfachte, aber bekannte Fakten seien hier erinnernd vorangestellt, nämlich dass erstens zunächst im 18. Jahrhundert die Kunst der griechischen Klassik und bedingt auch die des Hellenismus – sämtlich vermittelt meist durch römische Kopien und Gipsabgüsse – im Fokus der Wahrnehmung stand, dass dann zweitens nach 1800 mit Bertel Thorvaldsen (1770–1844) und vor allem mit seiner *Spes* (Abb. 1) ein Schritt unternommen wurde, um über Winckelmanns eingeengten Blick und den von ihm etablierten Kanon hinauszugehen und die Archaik aufzuwerten (was aber für die Skulptur eine Episode blieb und nicht dauerhaft wirksam war), und dass drittens schließlich die hellenistische Skulptur eine besonders wichtige Referenz für die neubarocke Generation und also für das letzte Drittel des 19. Jahrhunderts wurde, die darin nicht mehr ein von »edle[r] Einfalt und stille[r] Grösse« geprägtes Menschenbild der Contenance und Selbstbeherrschung suchte,[3] sondern Kraft, Turbulenz, Vitalität und somit all das, was die Belle Époque und das wilhelminische Kaiserreich charakterisierte.

Und natürlich kamen in der Zeit der Aufklärung bzw. des daran anknüpfenden und weiterwirkenden Klassizismus die Impulse für die Skulptur nicht allein von Winckelmanns *Gedancken über die Nachahmung der Griechischen Wercke in der Mahlerey und Bildhauer-Kunst* (1755), von der *Beschreibung des Torso im Belvedere zu Rom* (1759) oder der Beschreibung des *Apoll vom Belvedere*, die in die *Geschichte der Kunst des Alterthums* (1764) einfloss. Auch die Homer-Übersetzung von Johann Heinrich Voß, die Schrift *Plastik. Einige Wahrnehmungen über Form und Gestalt aus Pygmalions bildendem Traume* (1778) von Johann Gottfried Herder und als maßgeblicher Rückblick *Winkelmann und sein Jahrhundert. In Briefen und Aufsätzen* (1805) von Johann Wolfgang von Goethe trugen zur Herausbildung einer kanonischen Antikenkenntnis und eines normativen Klassizismus

Abb. 1: Samuel Amsler (1791–1849) nach Bertel Thorvaldsen (1770–1844), Spes (Hoffnung), 1817, Reproduktion aus dem Umfeld des Sammelwerks »Collezione di alcune statue e di alcuni bassorelievi del signor cavaliere Alberto Thorwaldsen con una breve illustrazione del signor Angelo Carnevalini«, 1826, Kupferstich, 300 × 210 mm, Thorvaldsens Museum, Kopenhagen, Inv. 32a

bei. Allerdings stand Winckelmann im Fokus der ästhetisch-moralischen Auseinandersetzung mit dem Altertum, wie ein Brief des zwanzigjährigen Bildhauers Christian Friedrich Tieck (1776–1851) aus Dresden (Kat. 52) an seinen Dichterbruder Ludwig Tieck in Berlin bezeugt: »Schreibe mir doch mit nächstem Posttage und schikke mir meinen Winkelmann mit.«[4] Offenkundig bat der Künstler um die Sendung einer Lektüre, die er angesichts der in Sachsen versammelten Antiken nutzen wollte, welche Winckelmann in seiner Erstlingsschrift nachdrücklich gelobt hatte. Es war dem jungen Künstler dringlich, denn am Ende der langen Epistel wiederholte er: »... vergiß nicht den Winkelmann!«[5]

Die normative Strahlkraft Winckelmanns war nicht nur, aber vor allem im deutschsprachigen Mitteleuropa enorm. Nur einige Jahre nach seinem Tod wurde 1772 in Wien eine Akademiereform eingeleitet und wenig später definierte der hierfür verantwortliche Fürst Wenzel von Kaunitz-Rietberg: »Nach dem Vorbilde der Antiken machen edle Simplicität, Wahrheit, stille Größe, ungezwungener, aber feiner Ausdruck, leichter Umriss der Figuren und vornehmlich korrekte Zeichnung, den Karakter des wahrhaft Schönen, des Erhabenen in der Kunst aus.«[6] Hier hört man unmittelbar Winckelmanns Postulat von »edle[r] Einfalt« und »stille[r] Grösse« herausklingen. Da der durchaus radikal-aufklärerische Franz Xaver Messerschmidt (1736–1783), dessen »Charakterköpfe« heute allgemein bekannt sind (Kat. 99), nicht auf der Grundlage einer künstlerischen Idealbildung arbeitete, sondern – ganz im Gegenteil – das Abweichende und Groteske darstellte, nicht aber dem Erhabenheitsideal folgte, erhielt er die Wiener Bildhauerprofessur nicht. Sie fiel hingegen an »eine mehr kleinmeisterliche Natur«,[7] Johann Baptist Hagenauer (1732–1810), der sich einer »schulhaften Antikität«[8] befleißigte. Die deutlich zu engherzige Auslegung der Positionen Winckelmanns hatte hier erstmals nicht nur zur Befreiung der Skulptur von den verspielten, überladenen und sinnenfrohen Barock- und Rokokotraditionen geführt, für die der Archäologe ehedem zugunsten von Formdisziplin und Moral angetreten war, sondern zu einer negativen Doktrin, die Invention, Originalität und Freiheit beschnitt.

In diesem Spannungsverhältnis von positiven und limitierenden Wirkungen und Vorgaben blieb die Skulptur des Klassizismus dann auf viele Jahrzehnte. Gleichwohl behauptete sie – nicht zuletzt durch den von Winckelmann angestoßenen Diskurs über diese Gattung – im Paragonestreit lange ihren Vorrang gegenüber der Malerei. Dazu trug auch Gotthold Ephraim Lessing bei, dessen *Laokoon. Oder über die Grenzen der Mahlerey und Poesie* ebenso theoretisierend die Spezifik der Skulptur umkreiste wie Johann Gottfried Herder, der zwischen der Bildnerei, der er Wahrheitsstatus zumaß, und der Malerei, die er dem Traum gleichsetzte, unterschied. Wie weit dies in die Moderne nachwirkte, beweist Hans Sedlmayrs Äußerung aus dem Jahr 1956: »Der Bildhauer allein bewahrt durch das ganze neunzehnte Jahrhundert hindurch etwas von der Würde des Menschlichen, das ihm nie so verlorengehen kann wie den anderen. Seine Gefahr ist es, sich von der Malerei mitreißen zu lassen oder in einem leblosen Klassizismus zu verharren. Im allgemeinen sind die Bildhauer ernster als die Baumeister und Maler, sie haben mehr Wurzel.«[9] Mag man das auch idealistische oder metaphysische Theorie nennen, sie beruht doch noch immer auf den Theoremen der deutschen Klassik.

WINCKELMANNS ABBILD IN DER BILDHAUERKUNST

Friedrich Wilhelm Doell (1750–1816) aus der Nähe von Gotha, der dem römischen Kreis der Aufklärer und Frühklassizisten um Anton Raphael Mengs, Anton Maron und Johann Friedrich Reiffenstein ebenso verbunden war wie den mitteldeutschen Höfen der Aufklärung, schuf 1777/78 das erste imageprägende skulpturale Porträt Winckelmanns, bei dem er sich auf Anraten von Mengs an der römischen Büste des sogenannten *Cicero* (Abb. 2) orientierte und also nicht nur eine Antikennachahmung im Geiste Winckelmanns praktizierte, sondern eine explizite Bezugnahme auf einen legendären Rhetoriker in das neuzeitliche Bildnis einfließen ließ.[10] Damit sollte Winckelmanns prägende Wirksamkeit durch das gesprochene und geschriebene Wort in Parallele zu Ciceros rhetorischer Kraft gebracht werden. Bronzegüsse dieses Porträts gelangten in die Kasseler (Kat. 41) und Göttinger sowie Gipsabgüsse in die Weimarer Bibliothek und in Goethes Besitz: Programmatischer kann die ikonische Kontextualisierung schwerlich sein, denn auch damit wird

Abb. 2: Büste eines Unbekannten, traditionell als Marcus Tullius Cicero (106–43 v. Chr.) identifiziert, 40–30 v. Chr, Marmor, H. 40 cm, Galleria degli Uffizi, Florenz, Inv. 1914.393

der Konnex zwischen der Person, ihrer Wirkung in Wort und Schrift und ihrem Fortbestehen im plastischen Abbild untermauert. Dass darüber hinaus Marmorfassungen nach Gotha (Kat. 42) und nach Rom in die Protomoteca des Kapitolinischen Museums gelangten,[11] dass auf der Grundlage dieses Bildnisses bzw. der Gipsabgüsse, die sich auch bei dem Verleger Friedrich Nicolai in Berlin befanden, spätere Bildnisse von Johann Gottfried Schadow (1764–1850)[12] geplant und von Emil Wolff (1802–1879)[13] realisiert wurden, zeigt die normsetzende Kraft einerseits und die Traditionslinien, die die Bildhauer im Geiste Winckelmanns pflegten, andererseits. Zugleich spiegelt diese Tradition eine andere grundlegende Erkenntnis der Archäologie, nämlich dass die antiken

Abb. 3: Ridolfo Schadow (1786–1822), Johann Joachim Winckelmann, Hermenbüste zur Aufstellung in der von Ludwig I. errichteten Walhalla, 1814, Marmor, H. 67,5 cm, Donaustauf bei Regensburg, Walhalla

Werke ihren Fortbestand der Überlieferung durch Kopien und Repliken verdankten und diese Praxis der Transformation (etwa in Form bildhauerischer Redaktionen) und Repetition (etwa in Gestalt unterschiedlichster Reproduktionen) mithin ein auch für die damalige Gegenwartsskulptur legitimer Grundgedanke sein dürfte.

Ebenfalls eine Winckelmann-Büste geschaffen hat Salvatore de Carlis (1785–nach 1839). Der aus Tirol stammende Künstler ist ein heute fast unbekannter, in grundlegenden Überblickswerken[14] nicht aufgeführter Bildhauer, ja er ist mehr dem Namen nach als durch seine Skulpturen oder gar ein Lebenswerk von einiger Geschlossenheit und Relevanz bekannt. König Maximilian und Kronprinz Ludwig (I.) von Bayern haben ihn allerdings nachdrücklich unterstützt; ersteren hat er auch porträtiert. Eine 1809 entstandene *Venus* gelangte in die Münchner Residenz.[15] Für diese Aufmerksamkeit und Förderung durch die Wittelsbacher war nicht etwa die künstlerische Qualifikation de Carlis' maßgeblich, der unter Antonio Canovas Einfluss stand und somit einen höfischen und zuweilen etwas sentimentalen Klassizismus vertrat, sondern die Tatsache, dass im frühen 19. Jahrhundert eine politische Neuordnung stattgefunden hatte, die Tirol an Bayern fallen ließ und damit veranlasste, dass die bayerische Krone alsbald öffentlich zu bezeugen suchte, sie fördere auch Talente aus diesen neuerdings an sie gekommenen Gebieten. De Carlis war somit zunächst Nutznießer politischer und historischer Entwicklungen, und die rückseitige Inschrift, die seine Herkunft aus Tirol nebst der Entstehung der Winckelmann-Büste in Rom betont, unterstreicht dieses Interesse explizit: »Salvator de Carlis, Bildhauer von Trient aus Tirrol. Gemacht in Rom im Iahr 1808«.

Über das Leben des Bildhauers ist wenig bekannt. Man meinte bislang, er sei nur bis etwa 1809 tätig gewesen, doch ist er bis etwa 1830 nachweisbar[16] – allerdings ohne in den letzten beiden Jahrzehnten irgend nennenswerte Werke geschaffen zu haben. Lange galt die von ihm ausgeführte Büste Winckelmanns als verschollen;[17] jüngst gelangte sie in die Münchner Glyptothek, wo sie das Fortwirken antiker Tradition in klassizistischer Kunst bezeugt und den Dargestellten als Vaterfigur der Archäologie würdigt (Kat. 43). Das Bildnis entstand für den bayerischen Kronprinzen Ludwig (I.), der gegen 1808 die Idee generiert hatte, eine späterhin als »Walhalla« bezeichnete Sammlung von (Marmor-)Bildnissen berühmter Deutscher anzulegen, mit der im patriotischen Sinne die Leistung der deutschen, noch nicht geeinten Nation vergegenwärtigt werden sollte: eine nationale Bildnissammlung, der es an der Nation gebrach. Die erst drei Jahrzehnte später eröffnete Walhalla (Kat. 114) sollte Dutzende Büsten aufnehmen, die einer ästhetischen Normung gerecht werden mussten. Zweifellos leitete den Kronprinzen dabei auch der Gedanke, eine Bildnissammlung zu schaffen, wie man sie aus antiken Textquellen kannte.

In der Walhalla steht allerdings eine Büste Winckelmanns von Ridolfo Schadow (1786–1822), dem in Italien tätigen und jung verstorbenen Berliner Klassizisten (Abb. 3).[18] Das Werk von de Carlis hatte schlussendlich den Ansprüchen des Auftraggebers nicht genügt. Der Kunstagent des bayerischen Kronprinzen Ludwig, der Maler und Galeriedirektor Johann Georg Dillis, berichtete dem Thronfolger regelmäßig von Kunstdingen in Italien und würdigte 1808 die von de Carlis geschaffene Winckelmann-Büste nebst jener Goethes von Christian Friedrich Tieck[19] und derjenigen der Angelika Kauffmann von deren Neffen Johann Peter Kauffmann.[20] Am Anfang der Ausstattungsgeschichte für die Walhalla standen also drei Bildnisse von Deutschrömern, und im Mittelpunkt stand somit nicht – wie allgemein angenommen – die »Nation«, sondern geistesgeschichtlich die »Italianità«, das Exil, die Migration, das Fernweh, die Italien- und die Antikensehnsucht. Dabei war der Gelehrte Winckelmann eine Schlüsselfigur gleich Goethe. Im Verlauf dieses Großauftrags schärften sich die Erwartungen an die Bildhauer und de Carlis bestand mit seinem etwas weichen Klassizismus nicht, da er zu wenig »Größe« verkörpert haben wird.

Es sollen hier nicht sämtliche skulpturalen Bildnisse Winckelmanns erörtert werden, sondern nur einige Beispiele, unter denen allerdings das Denkmal in der Geburtsstadt des Archäologen und die Statue in der Vorhalle des Alten Museums in Berlin wichtig sind, weil sie das sich verändernde Bild des Gelehrten bezeugen. Gleichwohl wirkt die Tradition fort: Goethe, der betagte Weimarer Dichter, war noch 1826 von einem Landgerichtsdirektor aus Stendal aufgesucht worden, weil dieser sich mit ihm über ein Denkmal für Winckelmann beraten wollte. Da der Weimarer Dichter im Nachhinein bedauerte, den Besuch abgewiesen zu haben, sandte er seine Überlegun-

gen kurz darauf schriftlich gen Norden, in denen er bezeichnenderweise die Frage aufwarf, ob das Denkmal in einer Kirche, einer Bibliothek, einem Museum oder aber auf einem städtischen Platz aufgestellt werden solle:[21] So erachtete er es als denkbar, auf die aufklärerische (und eigentlich antike) Tradition zu rekurrieren, der zufolge das Gedenken an Gelehrte in Bibliotheken einen adäquaten Ort finden könne. Doch bis es zwei Jahrzehnte später zu einem Winckelmann-Denkmal in Stendal kam, verging nicht nur Zeit, sondern wandelten sich auch die Ansprüche an die Skulptur, die mehr und mehr, dem historisch-historistischen Denken folgend, in Gestalt von Standbil-

Abb. 4: Ludwig Wilhelm Wichmann (1788–1859), Johann Joachim Winckelmann, Statue für die Vorhalle des Alten Museums in Berlin, 1844/48, Marmor, H. 195 cm, Staatliche Museen zu Berlin, Nationalgalerie, Inv. B II 305

Ein Jahrhundert Wirkung 103

dern – und bevorzugt im Zeitkostüm – in die Stadtbilder einzog. Nachdem 1842 Gustav Blaeser eine Winckelmann-Statuette auf der Berliner Akademieausstellung zeigte[22] und dennoch den Stendaler Auftrag nicht erhielt, und nachdem sich 1844 Theodor Kalide ohne definitive Beauftragung mit dem Sujet befasste,[23] wurden an gleicher Stelle 1846 und 1848 Ludwig Wichmanns (1788–1859) Modelle zu der Winckelmann-Statue präsentiert,[24] wobei man 1848 las: »Ideal-Statue Winkelmann's, über lebensgroß, mit Benutzung der sichersten Bildnisse desselben. Auf Befehl Sr. Majestät des Königs in Marmor auszuführen.«[25] Dabei handelte es sich um das Standbild für die Vorhalle des Alten Museums (Abb. 4), mit dem der Archäologe Teil eines Zyklus preußischer Geistesgrößen wurde und also einem Anspruch unterzogen war, der noch kleiner bemessen war als jener der Walhalla, die immerhin ein nationales, also gesamtstaatliches Anliegen verfolgte.[26]

Das Stendaler Winckelmann-Denkmal von Wichmann wie auch die Berliner Statue vergegenwärtigen den Gelehrten im Zeitkostüm, insofern trifft der Begriff »Ideal-Statue« nur bedingt zu, denn die äußerliche, also kostümgeschichtliche Realität sollte ein höheres Recht als jedes »Ideal« bekommen. Die Generation zuvor hätte dies noch für unzeitgemäß befunden, zumal Winckelmann ja einer der im zeitlosen historischen Raum bewandertsten Menschen seines Jahrhunderts war und ihm also die Darstellung in Gestalt eines Togatus ebenso gemäß gewesen wäre wie die oben angesprochene Analogie zum Cicero-Bildnis.

In den veränderten Darstellungen sowie in den sich verändernden Ideen zu einem Winckelmann-Denkmal spiegelt sich also auch die Wandlung des Denkmalgedankens. Deshalb sei hier noch auf ein Konzept verwiesen, das bereits weitaus früher im Raum stand und durch einen anonymen Bericht im vielgelesenen *Kunst-Blatt* aus dem Jahr 1825 überliefert ist: Schon 1808 hatte Domenico Rossetti (1774–1842) erwogen, mittels einer privaten Initiative in Triest, also am Ort von Winckelmanns Ermordung, dem Gelehrten ein Denkmal zu errichten, doch war der Plan an der Finanzierung gescheitert. Der Gedanke zu jenem Denkmal folgte dem Typus, wie er zu Winckelmanns und Lessings Zeiten beliebt war: Es sollte aus einem Sarkophag mit trauerndem Genius und umgekehrter Fackel bestehen, mit einem Bildnismedaillon und einer ausführlichen Inschrift versehen sein (vgl. oben, S. 19, Abb. 4).[27] Selbstverständlich klingt hier Lessings profunde Schrift *Wie die Alten den Tod gebildet* (1769) nach, einer der prägendsten Texte der Aufklärung mit lang anhaltender praktischer Relevanz für die Skulptur. Wie einfach war diese Lösung, schlicht und klar, voll »edle[r] Einfalt« und »stille[r] Grösse«. Doch wie ganz anders stellte sich die Erwartung in der Mitte des 19. Jahrhunderts dar. Wichmanns Marmorstatue wurde von der Kritik gelobt und getadelt zugleich: »Die Arbeit ist mit aller erforderlichen meisterlichen Praktik durchgeführt, will auf mich aber nicht recht erfreulich wirken. Der Kopf wird ähnlich seyn; es fehlt mir in Stellung und Haltung jedoch der begeisterungsvolle Ernst, den wir bei der Erscheinung des großen Propheten der Schönheit […] nothwendig fordern müssen.«[28] Aus dem Gelehrten war – im Zeitalter des Geniekults und des Historismus nicht überraschend – ein Prophet geworden, dessen missionarisches Anliegen sich wie überhöht vor seine wissenschaftliche Leistung geschoben und den Blick darauf verstellt hatte.

WINCKELMANN UND DIE PROTESTANTISCHE ANTIKENREZEPTION IN DER ZWEITEN HÄLFTE DES 18. JAHRHUNDERTS

Die direkte, jedoch ambivalente Wirkung, die Winckelmanns Idee, Terminologie und Denksystem in Wien frühzeitig hatten, klang oben bereits an: Dort war die Wirkung eher bändigend und konservativ, indem ein innovatives und liberales Genie wie Messerschmidt zugunsten eines berechenbaren und traditionelleren Künstlers bei der Berufung in das Lehramt zurückgesetzt wurde.

Außerhalb solcher beengenden institutionellen Zusammenhänge ließ sich allerdings mit Winckelmanns Theorien liberaler und experimenteller umgehen, und zwar am freiesten dort, wo sich alle Welt im ästhetischen (Fort-)Bildungsinteresse traf, in Rom. Hier, wo Winckelmann schließlich im Umfeld der Antiken (und von Geld und Bibliothek eines Kardinals Albani) lebte, konnte er auch Kontakte pflegen zu den reisenden Gelehrten und den gebildeten Reisenden seiner Zeit, worunter mancher Schweizer zu nennen ist, etwa der Idyllendichter Salomon Gessner und die Familie Füssli. Winckelmann dachte sogar darüber nach, sich späterhin in Zürich, einem Ort der Aufklärung und Liberalität, niederzulassen, um dort sein »Leben zu beschließen«,[29] wie er 1764 an den archäologisch bewanderten Wilhelm von Muzell-Stosch schrieb. Zürich und die pietistischen und protestantischen Lande – oftmals Kernlande der Aufklärung – hatten nicht nur wegen der dortigen Verlage und Bibliotheken einen Reiz, sondern auch oder sogar primär aufgrund der liberalen Grunddisposition. Zürich und die Schweiz im Allgemeinen galten Winckelmann und seinen Zeitgenossen als Land der »Freiheit«. Sie stand ein für die Ablehnung der Absolutheitsansprüche der Institution Kirche sowie für die Befreiung von barock-klerikaler Opulenz.

Alexander Trippel (1744–1793) war nun nicht nur Schweizer, aus Schaffhausen, sondern auch Student der Kopenhagener Akademie gewesen, wo er ab 1763 bei Johannes Wiedewelt lernte, ehe er nach Rom, London und Paris reiste, 1776 in Zürich Gessner und andere traf, um dann wieder gen Italien zu gehen. Hier traf er sie alle, die Maler Hackert, Mengs und Abildgaard, die Bildhauer Cavaceppi und Sergel, Sammler und Kenner wie Reiffenstein und Hamilton, hier studierte er die antike Skulptur nebst Raffael, aber hier scheiterte auch sein Versuch, als freischaffender Bildhauer ein Auskommen zu finden.[30] Trippel lebte letztlich in demselben Konflikt wie Winckelmann, der sich andienen musste, aber von freier (etwa Zürcher) Existenz und vom Schaffen, Leben und Wirken nach den eigenen, das heißt eigentlich den antiken Idealen träumte. Gleich Winckelmann, Karl Philipp Moritz, Asmus Jakob Carstens und Carl Ludwig Fernow starb er in der Blüte seiner Jahre: Die drängende Generation hatte sich an der Flamme der Antikensehnsucht und des Kampfes um »edle Einfalt und stille Größe« verzehrt, und in der Regel kamen sie aus armen, protestantisch geprägten Umständen.

Wieso aber hat eigentlich Goethe, als ihm Friedrich Bury 1793 aus dem Nachlass Trippels etwas zu kaufen anbot,[31] nicht zugegriffen, weder persönlich noch für den Weimarer Hof? Man kann das sicherlich nicht mit der Armut nach dem Schlossbrand von 1774 begründen. Warum endete hier die Antikenbegeisterung in Passivität, warum wurde sie nicht Tat? Immerhin hatte Trippel gewusst, dass »wir das Vollkommene in den Werken der Griechen haben«,[32] an denen man »das Ebenmaß und die schöne Form lerne«.[33] Es ist ein Versäumnis der deutschen Klassiker – wohl allen voran Goethes –, nicht dafür gesorgt zu haben, dass Künstler wie Trippel auch in der Praxis die richtigen, würdigen, adäquaten Aufträge bekamen. Noch ein halbes Jahrhundert später bedauerte Tieck, dass er für den Teesalon im Berliner Schloss in den 1820er-Jahren einen Skulpturenzyklus – die darin verarbeiteten Antikenanleihen erwähnt er ausdrücklich gegenüber Goethe – nur in Gips liefern durfte, weil der Plan zur Ausführung in Marmor fallengelassen wurde (Kat. 52).[34] Es scheint legitim, diese Sparsamkeit der Höfe so kritisch zu bewerten, denn dass Goethe durchaus Kenntnisse über Trippels Werk jenseits der Weimarer Goethe- und Herderbüsten besaß, bewies er in *Winkelmann und sein Jahrhundert*.[35] Unter seinen Werken seien hier neben Antikenkopien auch eine Bacchantin, eine Diana, eine Flora und eine Vestalin genannt. In ihnen zeigte der Bildhauer das Bestreben, den Leitlinien der Winckelmann'schen Antikenrezeption nahezukommen. Und Trippel schuf nicht nur die Statue eines *Apoll*, sondern er zeichnete – und man denke hier an Winckelmanns Hymnus auf den *Apoll vom Belvedere* – diese legendäre Statue auch in einem im

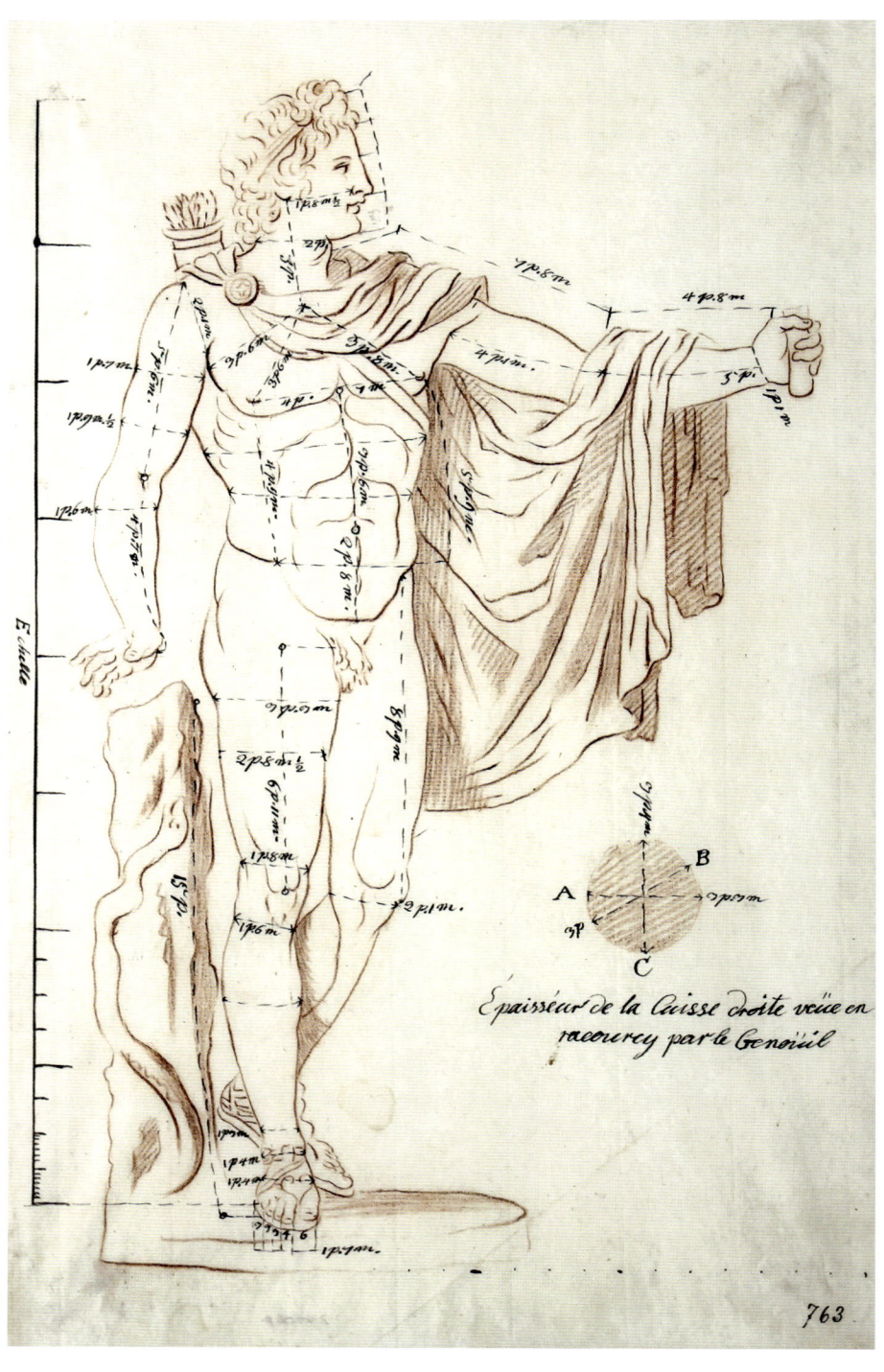

Abb. 5: Alexander Trippel (1744–1793), Der Apoll vom Belvedere als Proportionsfigur, Kopie nach Gérard Audran (1640–1703), Les proportions du corps humain […], Paris 1683 [vgl. Kat. 78], Taf. 18, o. J., Bleistift, Rötel und Tusche auf Papier, 33,1 × 21,3 cm, Museum zu Allerheiligen Schaffhausen, Inv. B4906.11

Schaffhauser Museum zu Allerheiligen befindlichen Blatt (Abb. 5), das die kritisch-analytische Suche nach den Schönheitsgesetzen im Geiste Winckelmanns, eine Vermessung des idealen antiken Menschen anhand dieser hymnisch besungenen Götterstatue bezeugen mag, bei der er eine »fast archäologische Gewissenhaftigkeit« an den Tag legte.[36]

Während sich Trippels Ruhm in Deutschland etablierte, ist der schon erwähnte Johannes Wiedewelt (1731–1802), der ebenfalls zum römischen Kreis der Winckelmann-Kontakte und -Epigonen gehörte, weitgehend vergessen. Er hatte Winckelmann bereits 1756 getroffen, sodass über ihn Trippels erste Begegnung mit dessen Schriften vorausgesetzt werden kann, und er hatte seinerseits dem Gelehrten auch erste Einblicke in die Skulptur und ihre Praxis gewähren können. Inwieweit diese Kontakte ganz konkret in Winckelmanns Schriften wie etwa dem praxisorientierten Kapitel »Von dem mechanischen Teile der griechischen Bildhauerei« in der *Geschichte der Kunst des Alterthums* Niederschlag fanden, kann hier nicht untersucht werden, da es dafür gleichsam einer anderen Blickrichtung bedürfte, nämlich der, die den Einfluss der Zeitgenossen auf diese Schrift untersucht. Doch an jenem Kapitel erkennt man deutlich eine praktische Urteilskraft, die der Gelehrte nicht allein aus Quellenkunde und eigener Beobachtung gewonnen haben mag. Er schreibt dort über zahlreiche technologische Aspekte der Skulptur, über Gesteinsarten und deren Herkunft, namentlich über Marmorarten und deren Kristallstruktur, Körnung, Färbung und Äderung, Verarbeitung und Oberflächenpolitur, über andere Materialien wie Basalt, Porphyr, Elfenbein, Bronze, aber auch über Polychromie, Blatt- und Feuervergoldung, kurz: über all jene Themen, die für die Skulptur des nächsten Jahrhunderts maßgeblich werden sollten.

Wenngleich er unstrittig die antiken Textquellen studierte, ist doch ebenso anzunehmen, dass in Rom tätige Bildhauer ihm vieles konkreter zeigen konnten. Und wenn ein Künstler wie Wiedewelt bald eigene Schriften in den Druck gab, nämlich die *Gedanken über den Geschmack in den Künsten im allgemeinen* (1762) und eine *Sammlung ägyptischer und römischer Altertümer* (1786), so spiegelt sich darin auch der von Künstlern empfundene Ansporn, an jenem Diskurs teilzuhaben, in dem Winckelmann eine zentrale Figur war.

Theorie und Praxis liefen allerdings nicht im Gleichschritt. Die bildhauerischen Schöpfungen Wiedewelts weisen noch einen etwas pathetisch-fülligen Stil auf, der sich – entgegen der nicht zu leugnenden barocken Prägung – um eine Antikengleichheit bemüht, die ihm doch nur relativ steif und schulmäßig gelingt, während die von ihm verwendete Typologie der Grab- und Denksteine ganz dem antiken Formengut entstammt.[37] In den genutzten Typen war er »antiker« als in der bildhauerischen Formensprache. Auch hier kann man die Grenzen von Winckelmanns Lehr- und Gedankensystem erkennen: Er vermochte Grundsätze weiterzugeben, aber in der praktischen Ausübung der Kunst war er ein Nehmender oder vielmehr ein beobachtender Lauscher, der den Tätigen kein Gebender zu werden vermochte, weil alle Theorie am Ende grau ist. Aber da, wo er Ratschläge gab, standen diese in direktem Kontext zu seinen Schriften und bewegten sich auf einer allgemeinen Ebene. 1761 hatte er an Wiedewelt geschrieben: »Suchet die edle Einfalt in den Umrissen und in der Kleidung! [...] Fliehet die gelehrte Andeutung vieler Dinge des Michelangelo, und suchet, wie der Apostel sagt, nicht überweise zu sein! Erzeuget eine griechische Schönheit unter dem Cimbrischen Himmel«.[38]

Gleich dem Zeichner Asmus Jakob Carstens (1754–1798), der zutiefst aus der Gedanken- und Motivwelt von Homer bis Winckelmann schöpfte, war auch der aus Schwerin stammende Bildhauer Johann Jürgen Busch (1758–1820) in Kopenhagen ausgebildet worden. Dort hatte er – wie Trippel – bei Wiedewelt die Grundlagen der Skulptur gelernt, ehe er mit dem Zeichner zusammen 1783 nach Rom ging, wo er blieb (obwohl sein Landesherr ihn zurückrief; man kennt dies auch von Carstens) und Antikenkopien schuf, die statt seiner gen Norden gesandt wurden.[39] Auch er suchte sich neben der künstlerischen Praxis mit antiken Denkmälern zu beschäftigen. So plante er mit dem dann zu früh verstorbenen Carstens eine Publikation mit Abbildungen von Antiken:[40] Ließ die vergleichsweise kleine Anzahl von skulpturalen Aufträgen (zu) große Zeitressourcen übrig? Geschah es aus purer antiquarischer Leidenschaft? Oder beruhte es auf protestantischem Arbeitsethos?

Busch kam, um hier die geistesgeschichtliche Genealogie noch ein wenig fortzuschreiben, später in direkten Kontakt mit Bertel Thorvaldsen und bereiste mit ihm die Umgebung Roms.[41] Erst mit Thorvaldsen sollten sich dann die Erwartungen an die Antikengleichheit der modernen Skulptur in jener Reinheit erfüllen, wie sie jahrzehntelang gehegt worden waren, doch mit ihm löste sich die Gattung auch aus dem theorielastigen Diktat der ersten, von Winckelmann und den Seinen geprägten Generationen.

WINCKELMANNS MANNIGFACH NACH- UND DANN VERKLINGENDES ECHO IN DER SKULPTUR DES 19. JAHRHUNDERTS

Wenngleich das hier gesetzte Thema dem Nachklang Winckelmanns gilt, sei ein Seitenblick auf Gotthold Ephraim Lessing geworfen, der sich ja ebenfalls in die Normendebatte eingebracht hat, was der Bildhauer, Zeichner, Grafiker (und spätere Akademiedirektor) Johann Gottfried Schadow schon früh reflektierte. Als letzterer 1791 in Berlin über aktuelle Bronzegüsse in Europa zu referieren hatte, brachte er Grundsätzliches in Erinnerung und rückte die Lichtgestalt Lessing ganz nach vorn, nicht aber jene Winckelmanns: »Die Bildhauerei hat ihre Grenzen. Falconet kannte sie nicht. Lessing hat sie zuerst und am deutlichsten in seinem Laocoon auseinander gesetzt.«[42] Schadow war umfassend gebildet und interessiert und so kannte er natürlich auch Winckelmanns Wirkung und Relevanz. Als er sich gegen Ende seines Lebens in den Erinnerungen, die 1849 unter dem Titel *Kunst-Werke und Kunst-Ansichten* erschienen, mit der Grabmalplastik des 18. Jahrhunderts befasste und mit den Aufträgen, die unter anderem für den Petersdom ausgeführt wurden, erwähnte er, dass »endlich Winckelmann die heiteren Vorstellungen der sinnreichen Alten selbst der hohen Geistlichkeit der römischen Kirche annehmbar machte und so der größte Tempel der Christenheit durch Canova das Sinnbild des Todes in Marmor erhielt, nämlich den Jüngling mit der Fackel«.[43] Damit rekurrierte er auf die Vorrede zur *Geschichte der Kunst des Alterthums*, auf den *Versuch einer Allegorie* (1766) und auf Lessings bereits erwähnte Schrift *Wie die Alten den Tod gebildet*. Zugleich verwies er auf Antonio Canova, aber nicht auf dessen opulente Papstgrabmale, sondern auf das 1819 vollendete Kenotaph der Stuarts im Petersdom, das die drei Bildnisse als Reliefs oberhalb einer Scheintür zeigt, die von zwei trauernden, auf ihre verlöschenden Fackeln gestützten Genien flankiert wird (Abb. 6).[44] Schadow, durch und durch Realist – in seiner Kunst wie in seinen Ansichten –, hatte begriffen, dass man aus Theorien und Schriften nur das Grundsätzliche wie etwa derartige Richtlinien der Sepulkralikonografie ableiten konnte, aber dass durch alle Gelehrsamkeit dem Bildhauer kein Wissen darüber zuwachsen konnte, wie man Anatomie, Physiognomie, Mimik, Bewegung darstellt und wie man die Betrachter emotional bewegt. Und er wandte diese Ikonografie beispielsweise am Grabmal des Grafen Alexander von der Mark an, dort über Canova hinaus- und auf Lessing unmittelbar eingehend, indem Thanatos und Hypnos, Tod und Schlaf, einander gegenübergesetzt sind.[45]

Die Bildhauer des 19. Jahrhunderts betätigten sich häufig als Antikenrestauratoren und standen dabei ganz in der Tradition eines Cavaceppi[46] und Trippel,[47] aber sie verzichteten auf jene Fälschungspraxis, die man von jenem Italiener berichtete[48] und die ihre natürliche Wurzel in dem willig absorbierenden Antiquitätenmarkt und der uneingestandenen Unerfahrenheit der potenten Käufer hatte. Zu den herausragenden Vertretern dieser späteren, zunehmend wissenschaftlich-archäologisch ausgerichteten und um profunde Restaurierungsethik bemühten Bildhauer-

Abb. 6: Antonio Canova (1757–1822), Kenotaph für die drei letzten Angehörigen der männlichen Linie der Stuarts, Detail, 1817/19, Marmor, H. 520 cm, St. Peter, Vatikan

Restauratoren gehören Christian Friedrich Tieck, dessen Winckelmann-Lektüre bereits eingangs zitiert wurde, sowie Christian Daniel Rauch und Emil Wolff, der dank seines langen Aufenthalts in Rom auch bei Erwerbungen als Agent vermittelte.⁴⁹ Nur von einem einzigen all dieser deutschen Bildhauer des 19. Jahrhunderts kennt man heute das Inventar seiner Grafik- und Bücherbestände, also seiner archäologisch-intellektuellen Vorlagen und Anregungen, nämlich von Rauch. Dieser besaß selbstverständlich Winckelmanns *Geschichte der Kunst des Alterthums*;⁵⁰ er besaß und benutzte allerdings auch Schriften von Aloys Hirt und Anton Raphael Mengs sowie Aubin-Louis Millins grundlegende und anregende, 1836 bereits in zweiter Auflage erschienene *Mythologische Gallerie*.⁵¹ Rauch studierte also auch die jüngere altertumswissenschaftliche und kunsttheoretische Literatur und blieb keineswegs beim »Vater der Archäologie« stehen. Aber nicht nur Berliner Bildhauer griffen auf Winckelmann und die nach ihm entstandene archäologische Literatur zurück. Der in Rom tätige Theodor Wagner (1800–1880), um nur ein prominentes Beispiel zu nennen, schrieb 1825 an den in Stuttgart wirkenden Johann Heinrich Dannecker und ließ sich dabei über die Kolosse vom Monte Cavallo aus und darüber, dass Winckelmann sich in deren Datierung wohl irre, der sie für Werke einer früheren Epoche hielt, während »sie doch mehr aus der Zeit des Verfalls der Kunst herzurühren« scheinen.⁵²

War der bisherige Blick auf die deutschsprachigen Länder sowie auf Rom als Ort der Archäologie und der Kunstpraxis gerichtet, so sollen abschließend noch einige Aspekte anklingen, die das Thema abrunden oder vielleicht auch weiter öffnen. Winckelmann und seine nachfolgenden Mitstreiter wie Lessing wurden in Frankreich wohl weitaus weniger kontinuierlich rezipiert als im deutschsprachigen Raum, was sowohl mit der Dominanz des Französischen im 18. Jahrhundert begründet werden kann als auch mit dem Umstand, dass westlich des Rheins der Gelehrte, Bildhauer (!) und Zeichner Antoine Quatremère de Quincy (1755–1849) eine prägende und vermittelnde Rolle zwischen den Metiers spielte, der auch als Fürsprecher Antonio Canovas auftrat und insofern auch mit der dort schon früher als in Deutschland diskutierten Frage nach der antiken Polychromie beschäftigt war.[53] Gleichwohl hat auch er sich in seinem Werk *Le Jupiter Olympien ou l'art de la sculpture antique* (1814) immer wieder auf die Autorität Winckelmanns berufen. Der französische Kunsthistoriker Maurice Rheims konstatierte 1972, dass vom letzten Viertel des 18. Jahrhunderts bis zur romantischen Zeit ganz unabhängig von den jeweiligen Auffassungen und Spielarten »chacun se réfère à Winckelmann et à ses découvertes archéologiques«,[54] sich also jedermann auf Winckelmanns Forschungsergebnisse bezogen habe, wobei aber die Spezifik der Franzosen jener Zeit – die des Archäologen Anne Claude Philippe Caylus und des Architekten Jacques-Germain Soufflot – gewesen sei, sich stärker auf Plutarch zu berufen. Nicht zu unterschätzen ist dabei der Einfluss des französischen Bildhauers Étienne-Maurice Falconet (1716–1791), der in seinen *Observations sur la statue de Marc-Aurèle* (1771)[55] Winckelmanns Autorität im altertumswissenschaftlichen Bereich aus der Perspektive des praktisch tätigen Künstlers vehement in Frage stellte und damit die Winckelmann-Rezeption in Frankreich beeinträchtigte.[56] So gabelten sich die deutsch- und französischsprachigen Rezeptionswege der Archäologie letztlich bereits zu Winckelmanns Zeit. Das hatte (auch) zur Folge, dass es in Frankreich eine ausgeprägte »romantische« Skulptur gab, für die man in Deutschland aufgrund der nahezu kanonischen Verpflichtung auf die marmorne Antikengleichheit kein Äquivalent findet.

Die bereits bei Winckelmann anklingende Polychromie-Debatte wurde in Deutschland bestenfalls gelehrt geführt. Die Beispiele farbiger Bildwerke sind rar und gehören zumeist deutlich späterer Zeit an; zu denken ist dabei etwa an Artur Volkmann oder Max Klinger (Kat. 59, 117).[57] Sie stehen manchmal mehr in mittelalterlicher als in antiker Tradition oder jedenfalls in einer eher zwitterhaften, wie der Kommentar von Johann Friedrich Weitsch zu dem farbig gefassten Relief *Adam und Eva* von Johann Gottfried Schadow bezeugt: »Wills bemalen lassen u. soll das Gantze antikisch gotisch barbarisch aussehen. Ist jetzt grand mode! Waren die Basreliefs vom peristile des parthenon zu Athen der Kampf der Centauren nicht bemalt? U. aus den Zeiten des Pericles u. wahrscheinlich vom Phidias. Ich sprach einen Franzosen der in Athen war u. sie noch oben an Ort u. Stelle gesehen hatte u. die Farben hin u. wieder noch daran haften sah.«[58] So gab es bei aller Begriffsverwirrung doch sowohl einen internationalen Austausch über archäologische Kenntnisse, die nach Winckelmanns Tod gewonnen worden waren, als auch eine – noch etwas ziel- und regellose – Experimentierfreude. Wie viel konsequenter nimmt sich dagegen John Gibson (1790–1866) mit der *Tinted Venus* (um 1855) aus,[59] die ja auch nicht aus dem luftleeren Raum kam, sondern bei jenen Tönungen anknüpfte, die Antonio Canova seinerzeit vorgenommen hatte.

Meistens zielten die Bildhauer – und hier kann die maßgebliche Berliner Skulptur des Klassizismus mit Exponenten wie Ridolfo Schadow und Emil Wolff als ideales Exemplum gelten – auf idealplastische Skulpturen, die Götter oder Menschen zeigten, Winckelmanns antikisches Leitbild der »edle[n] Einfalt« und »stille[n] Grösse« verkörperten und einen mehr oder minder ausgeprägten Ernst oder allenfalls eine eher lyrische Gestimmtheit vertraten, wie man das etwa von Schadows *Sandalenbinderin* (Abb. 7) der Stiftung Preußische Schlösser und Gärten kennt.[60] Dass dieses Werk mindestens vier Mal in Marmor gemeißelt wurde,[61] ist als Indikator dafür anzusehen,

Abb. 7: Ridolfo Schadow (1786–1822), Die Sandalenbinderin, 1817, Marmor, H. 118,5 cm, Bayerische Staatsgemäldesammlungen, Neue Pinakothek München, Inv. WAF B 24

dass man von der Antike noch etwas anderes gelernt hatte, nämlich wie sehr es als legitim anzusehen sei, wenn gelungene Bildfindungen repetiert wurden: Genau diese Praxis dokumentierten ja die in römischen Marmorversionen überlieferten griechischen Statuen; genau dies sicherte einem gelungenen Sujet die Überlieferung in die Nachwelt.

Verfolgt man Winckelmanns Nachwirken in der zweiten Hälfte des 19. Jahrhunderts, so verliert es sich. Einerseits rekurrierte der Neubarock auf die hellenistische Antike und damit auf die nicht so

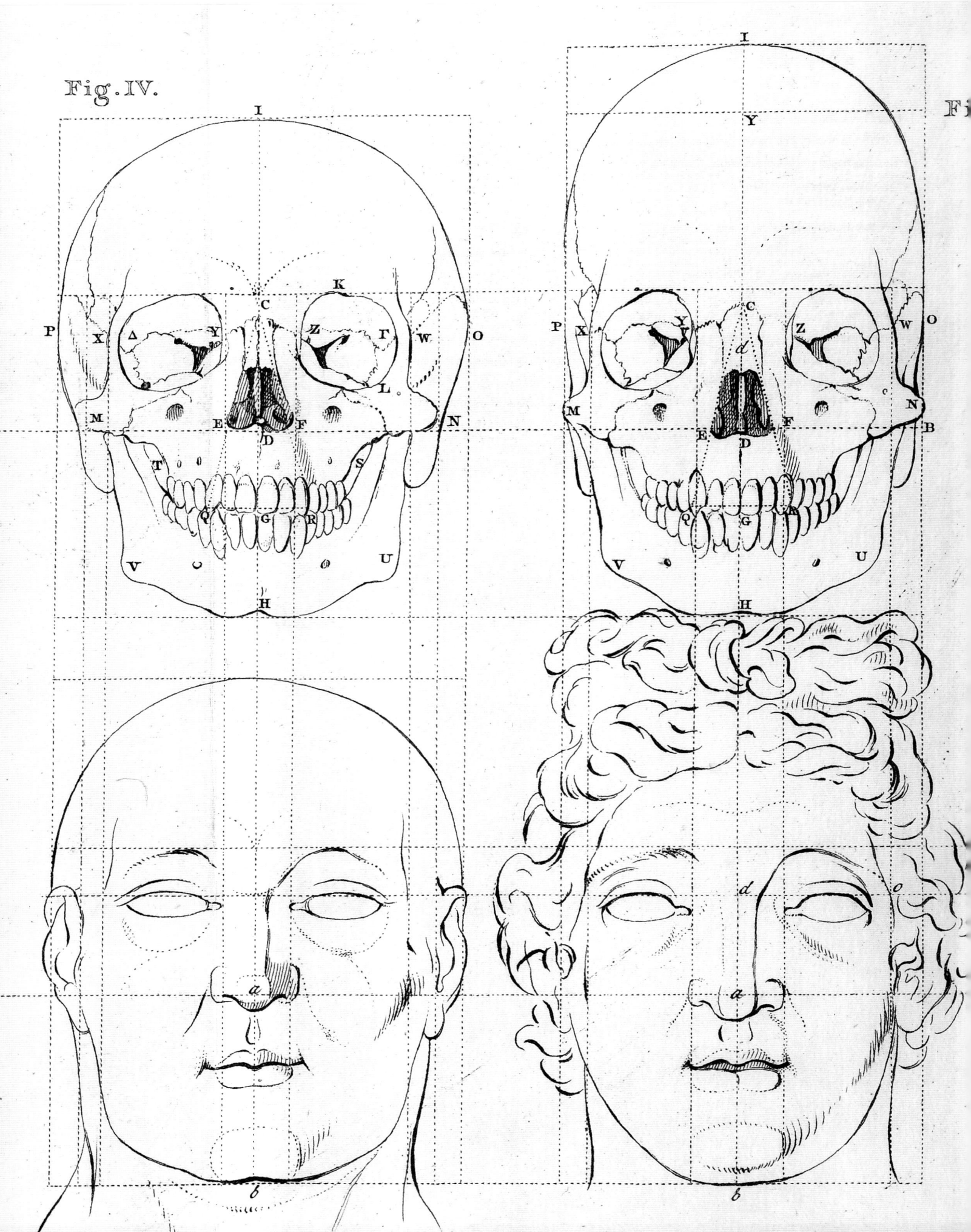

WAS DIE MODERNE ANTHROPOLOGIE UND ETHNOLOGIE VON WINCKELMANN LERNTEN

EINE KRITISCHE SICHTUNG

Eric Michaud

Zu den besonderen Eigenschaften von Winckelmanns *Geschichte der Kunst des Alterthums* gehört insbesondere die neuartige Engführung und Verknüpfung der Kunstgeschichte mit der Geschichte der alten Völker. Um die antiken Kunstwerke zu verstehen, führt Winckelmanns Schrift, die sich auf die Anthropologie seiner Zeit beruft, in der Tat Elemente aus unterschiedlichen und bisher kaum miteinander verbundenen Wissensbereichen zusammen.[1] Es war vor allem diese neue Art der Verknüpfung, die – im Guten wie im Schlechten – die anthropologischen und ethnologischen Diskurse der folgenden zwei Jahrhunderte vorwegnahm. Obgleich die rein archäologische Kritik an dem Werk Winckelmanns schon früh – bereits im 18. Jahrhundert – aufkam, wurde sein Verfahren, die Entwicklung eines Stils mit dem Leben eines Volkes zu verbinden, lange Zeit als vorbildlich angesehen. Mit Winckelmann beginnt »die Geschichte des Stils«,[2] bemerkte Jacob Burckhardt (1818–1897) im Jahr 1845 – tatsächlich war er der Erste, der verschiedene Perioden in der Kunst der Völker der Antike ausmachte. Und weil er diese nationalen Künste in einen Zusammenhang mit der Universalgeschichte zu stellen wusste, machte er die Kunstgeschichte zu einem Zweig der Kulturgeschichte. Die Aussage Burckhardts ist gewiss nicht falsch, nur vielleicht etwas zu radikal formuliert, hatte doch Winckelmann selbst den französischen Antiquar und Gelehrten Comte de Caylus (1692–1765) als seinen Vorläufer angesehen (Kat. 5): »Ihm gebührt zuerst der Ruhm in das Wesentliche des Styls der alten Völker eingedrungen zu seyn.«[3]

Nicht von ungefähr wurde die *Geschichte der Kunst des Alterthums* noch im 20. Jahrhundert als meisterhaftes Beispiel der nationalen Kunsthistoriografie begrüßt. So schrieb der Kunsthistoriker Dagobert Frey 1938: »Zum erstenmal wird von Winckelmann der ›nationale‹ Charakter der Völker als Ursache der Verschiedenheit der Kunst erkannt.«[4] Aber auch hier war ihm Caylus voraus gewesen: »Die Künste tragen den Charakter der Nationen, die sie kultiviert haben, in sich; man unterscheidet ihre Anfänge, ihre Kindheit, ihren Fortschritt und ihren höchsten Entwicklungsstand, zu dem sie bei allen Völkern geführt wurden.«[5] Und da es »verschiedene Formen« gebe, »die Erzeugnisse des Geistes zum Ausdruck zu bringen«, so Caylus an anderer Stelle, ließe sich in ihnen mühelos »der Stil der verschiedenen Nationen« erkennen.[6] »Die Art [der Völker, E. M.] zu denken [...] offenbaret sich in den Werken der Kunst«, schreibt seinerseits Winckelmann.[7]

Inwiefern unterscheidet sich Winckelmann also von seinen Vorgängern? Zu nennen ist vor allem sein Sinn für Systematik, zu dem er sich in der Vorrede seiner *Geschichte der Kunst* bekennt. Hier bekräftigt er auch die Absicht, »einen Versuch eines Lehrgebäudes zu liefern«.[8] Weiterhin ist es vor allem sein Beharren darauf, die Griechen zu den »Erfindern« der Kunst zu machen, was allen schon damaligen Erkenntnissen zuwiderläuft – ein Eigensinn, der Folgen hat, führt er doch dazu, dass Winckelmann seine These von der autochthonen Natur der Künste verteidigt. Der Hauptunterschied ist schließlich, dass er eine Verbindung zwischen der Kunst und dem Wesen der Völker etabliert, wonach die Form der Kunstwerke Ausdruck des Charakters ihrer Schöpfer sei. In seinem »Lehrgebäude« ist es vor allem diese anthropologische Theorie, die die weitreichendsten Konsequenzen haben sollte.

Als Winckelmann im Jahr 1755 in seiner Schrift *Gedancken über die Nachahmung* die Künstler seiner Zeit dazu aufforderte, nicht die Natur oder die »Modernen«, sondern die Alten nachzuahmen, setzte er damit voraus, dass die Kunstpraxis eine vom »Geschmack« bestimmte Aktivität sei, mit anderen Worten eine Tätigkeit, die durch Moden – einer Art sozialer Mimesis oder mimetischer Ansteckung – geregelt sei.[9] In dieser Hinsicht stand er Caylus nah, der bei der Verwendung der Begriffe »Geschmack«, »Stil« und »Manier« diese fast als Synonyme gebrauchte, wenn er ein Kunstwerk beschreibt und dessen Entstehung einem bestimmten Volk zuweist. Caylus definiert die Manier – die er mit dem Stil vergleicht – als »eine Abhängigkeit von der Gewohnheit, die wir angenommen haben«, und folgert, dass es »nicht schwierig sei, den Stil der verschiedenen Nationen zu erkennen«.[10] Er führt letztlich den Geschmack, den Stil oder die Manier immer auf eine Gewohnheit, einen Brauch zurück, auf eine zu einer bestimmten Zeit und an einem bestimmten Ort geteilte Gepflogenheit. Aber Caylus zeigt sich noch stärker fasziniert von den Werken, die »ein Gemisch der Geschmäcker der Nationen« aufwiesen, sei es durch Phänomene der Vermittlung, der Adoption oder der Imitation, die sich zwischen den Völkern abspielen.[11] So bemerkt er ironisch: »Die Ehrbegierde [...] artete unter den Griechen in eine Eitelkeit aus, die zugleich mit einer so großen Undankbarkeit begleitet war, daß sie sich alle Mühe gaben, alles dasjenige zu vergessen, was sie den Ägyptern zu verdanken hatten.«[12]

Zehn Jahre nach seinen *Gedancken über die Nachahmung* entfernte sich Winckelmann in seiner *Geschichte der Kunst* von dem Konzept einer gesellschaftlichen Vermittlung der künstlerischen Formen. Er ging nunmehr davon aus, dass ihre Entwicklung und Entstehung biologisch begründet sei. »Diejenigen aber, welche von dem Ursprunge eines Gebrauchs, oder einer Kunst, und deren Mittheilung von einem Volke auf das andere reden, irren insgemein darinnen.«[13] Stets darum bemüht, sich von Caylus abzugrenzen, wurde er zu einem eifrigen Verfechter der Autochthonie der Künste und der absoluten Vorrangstellung der Griechen in der Erfindung der schönen Künste. Um seine These von der Ausnahmestellung und uneingeschränkten Originalität der griechischen Kunst zu unterstreichen, leugnete er jegliche Anleihen der Griechen bei ihren Nachbarn. Allerdings kannte er die Texte, die das hohe Alter der in Ägypten und Chaldäa geschaffenen Kunstwerke erwähnen. Er erklärte daher, dass die Kunst kein bestimmtes Vaterland habe, »denn den ersten Saamen zum Nothwendigen hat ein jedes Volk bey sich gefunden«. Er räumt zwar ein, dass die Kunst bei den Griechen später entstanden sei als bei anderen Völkern im Orient, meint aber, man solle ihnen glauben, wenn sie versicherten, »von keinem andern Volke den ersten Saamen zu ihrer Kunst geholet« zu haben. Ja mehr noch, sie seien wirklich die »ersten Erfinder« der Kunst, da sie die ersten gewesen seien, die ihren Göttern eine menschliche Form verliehen hätten.[14]

Johann Gottfried Herder (1744–1803; Kat. 18) sollte Winckelmann einige Jahre später diese einseitige Perspektive vorwerfen: Die Ähnlichkeit zwischen dem griechisch-archaischen und dem ägyptischen Stil war für ihn so offensichtlich, dass er »wünschte, daß jemand diese Ausgänge zwischen Kunst und Kunst, Volk und Volk, eigen untersuchte; bis jetzt bin ich auf *Goguets* und *Caylus* Seite«.[15] Um Winckelmanns Argument der autochthonen Natur der griechischen Kunst zu entkräften, hob Herder hervor, dass »die Griechen aus ihrem Boden doch nicht gewachsen« waren und dass Völkerwanderungen einen Ausgangspunkt für Nachahmungen vielmehr als für eigene Erfindungen bildeten. Warum also sollte man »den schweren, ja unmöglichen und unwahrscheinlichen Beweis übernehmen, daß in ihrem Lande alles selbst, auch sogar ohne fremde Saat, entsprossen sei«?[16]

Die Ansätze von Caylus und Winckelmann waren scharf voneinander getrennt und hatten beide ihre je eigenen Folgen. Caylus hob vor allem die Bedeutung des Austauschs und der mimetischen Prozesse im Entstehen eines »nationalen Geschmacks« hervor; diese ließen die einzelnen Formen ineinander übergehen, sodass es nicht nur schwirig sei, die »ethnischen« Grenzen zu erkennen, sondern auch den Moment der Entstehung einer Kunst vom Moment ihres Niedergangs zu unterscheiden. Winckelmann hingegen wollte lediglich den »Ursprung, das Wachstum, die Veränderung und den Fall« eines jeden »nationalen Stils« der antiken Völker beschreiben.[17] Somit sollte die Erzählung von dem, was entsteht, lebt und stirbt, nicht mehr primär von den Künstlern handeln – wie früher etwa in den *Vite* Giorgio Vasaris oder in den Werken Karel van Manders und Roger de Piles' –, sondern von den Völkern und ihrem Stil. Winckelmann ist der erste Autor, der nachdrücklich die Idee vertritt, dass der Werdegang eines Stils und das Leben eines Volkes eng miteinander verbunden sind. Stellt man die Entwicklung eines Stils dar, von seiner Entstehung bis zu seinem Niedergang, so ist dies in seinen Augen, als schreibe man die Biografie eines Volkes, von seinem ersten Auftreten bis zu seinem endgültigen Untergang. Ist dieses enge und organische Band zwischen einem bestimmten Volk und »seiner« Kunst erst einmal geknüpft, so wird diese Kunst im Allgemeinen nicht mehr als gesellschaftliche Tätigkeit betrachtet, wie etwa bei Caylus oder noch in Winckelmanns *Gedancken über die Nachahmung*. Die Kunstproduktion wird wie ein natürlicher (körperlicher) Prozess beschrieben, in dem die Kunst wie eine »Sekretion« des Volkes erscheint: Kunst als Produkt, in dem sich das Wesen der Nation in seiner Gesamtheit niederschlägt. Erst dadurch wird eine Theorie der genetischen Übertragung der Stilformen möglich. Die in der Folgezeit auftretenden Metaphern, die suggerieren, dass die Übernahme von Formen kein gesellschaftlicher, sondern ein genetischer bzw. erblicher Prozess ist, werden von der pflanzlichen und vor allem von der menschlichen Reproduktionsbiologie in die Kunstgeschichte übernommen. Allerdings sollte es dem 19. Jahrhundert vorbehalten bleiben, die Körpersäfte, den Samen und das Blut zu den entscheidenden Vehikeln dieses Vererbungsprozesses zu stilisieren, der es einem Volk (oder einer Rasse) im Medium der Kunst dauerhaft ermöglichte, das, was es schon war, auch weiterhin zu bleiben.

SCHÖNE VÖLKER – UND ANDERE

Was sind die Gründe für die Mannigfaltigkeit der Kunst unter den Völkern? Das ist die Frage, die sich Winckelmann in der Vorrede zur *Geschichte der Kunst des Alterthums* stellt. Seine Antwort ist eindeutig: Die Diversität der Kunst hängt ab von der Vielfalt des äußeren Erscheinungsbildes eines Volkes; weniger also vom »Nationalcharakter«, wie Dagobert Frey in den 1930er-Jahren schreiben sollte, als von der nationalen Physiognomie, die durch diesen Charakter geprägt ist. Dies ist in der Tat die wichtigste Lehre der Anthropologie in der *Geschichte der Kunst*: »Da nun der Mensch allezeit der vornehmste Vorwurf der Kunst und der Künstler gewesen ist, so haben diese in jedem Lande ihren Figuren die Gesichtsbildung ihrer Nation gegeben.«[18] Diese Maxime der Automimesis, die sowohl die Idee von der autochthonen Natur der Künste als auch das Prinzip der »nationalen« oder »ethnischen« Weitergabe der künstlerischen Formen aufgreift, sollte Winckelmanns Lehrgebäude vollenden und die Überlegenheit der Kunst der alten Griechen demonstrieren. Zweifelsohne spielen sowohl das griechische Klima (ein gemäßigtes, weder allzu heiß noch allzu kalt) als auch das politische System (die griechische Freiheit) und die Institutionen hierbei eine Rolle; die Überlegenheit der Griechen beruhe aber vor allem auf dem »schöne[n] Geblüt der

Einwohner der mehresten Griechischen Inseln«[19] und der daraus resultierenden »vollkommenen Form« der nackten Körper, ihrer unübertroffenen Schönheit und Gestaltung. Denn das Schönheitsideal variiere von Volk zu Volk; es hänge, so Winckelmann, von der Physiognomie des Volkes ab. Daraus ergibt sich eine natürliche Hierarchie der Völker und ihrer Kunst – bei den Modernen wie auch bei den Alten: »Folglich sind unsere und der Griechen Begriffe von der Schönheit, welche von der regelmäßigsten Bildung genommen sind, richtiger, als welche sich Völker bilden können, die [...] von dem Ebenbilde ihres Schöpfers halb verstellet sind.«[20] Jedes Volk kann somit seine eigene Vorstellung von Schönheit haben, allerdings hängt dieses Ideal stark von der physischen Schönheit des Volkes ab. Bei den Etruskern wie auch bei anderen Völkern habe sich die Kunst zwangsläufig durch »die Nachahmung der Natur, welche der Vorwurf derselben ist«, geformt.[21] Dass die Kunst der anderen Völker »nicht leicht zu der Höhe steigen konnte, zu welcher sie unter den Griechen gelanget ist«, hängt natürlich mit deren Religion, Gesetzen und Wissenschaft zusammen, vor allem aber auch mit »der Bildung ihrer Körper« und »ihrer Art zu denken«. So war die Natur laut Winckelmann den Ägyptern »weniger günstig« gewesen als den Griechen, »ihre Bildung selbst, hatte nicht diejenige[n] Vorzüge, die den Künstler durch Ideen hoher Schönheit reizen konnten«.[22]

Hartnäckig, wie er bereits jegliche Abhängigkeit der Griechen von den Ägyptern bestritten hatte, hob Winckelmann nun die Unzulänglichkeit der ägyptischen Kunst hervor. Schon in der *Description des pierres gravées du feu baron de Stosch* (1760) bemerkte er: »Die Ägypter konnten schwerlich das Schöne darstellen, da ihr Klima es nicht hervorbrachte.«[23] So konnten »sie keine weitere Idee von der Schönheit [haben], als welche ihnen ihre Nation darbot und über die sie niemals hinausgegangen sind. Die Augen sind gegen die Nase abwärts geneigt, die Wangen aufgetrieben, der Mund ist aufgeworfen und das Kinn kurz.«[24] Noch 1767 fragte er sich: »Aber wie konnte sich auch nur eine Spur von Schönheit der Züge an ihren Figuren [der ägyptischen Künstler, E. M.] zeigen, wenn alle oder fast alle Gegenstände, nach welchen sie gebildet wurden, die Gestaltung der Africaner hatten, das heißt, wie diese, den aufgeschwollenen Mund, das zurücktretende und kleinliche Kinn, das gesenkte und platt gedrückte Profil«?[25] Diese Hierarchie der Schönheit verdeckte natürlich noch eine andere Klassifizierung, wurde doch für jedes Volk »die Art zu denken« von der Schönheit seiner Physiognomie bestimmt – »weil wir insgemein denken wie wir gemacht sind«,[26] so Winckelmann 1763, zwölf Jahre bevor Johann Caspar Lavater (1741–1801) diesen Aspekt in seinen *Physiognomischen Fragmenten* weiter ausführte (Kat. 86).

Die Gegenüberstellung von ägyptischer Hässlichkeit und griechischer Schönheit wurde schon bald zu einem klassischen Topos, der das ganze 19. Jahrhundert über aufgegriffen wurde – eine These Winckelmanns, die weit über seine Zeit hinauswirkte. Allerdings war diese Gegenüberstellung letztlich das Paradigma einer viel grundlegenderen Aufteilung der gesamten Menschheit. Schon bald sollte Christoph Meiners (1747–1810), Philosoph und Naturforscher aus Göttingen, bemerken, dass das »gegenwärtige Menschengeschlecht aus zwey Hauptstämmen bestehe, dem Stamm der hellen und schönen, und dem der dunkelfarbigen und häßlichen Völker«.[27] Hässlichkeit und Schönheit der Körper und Gesichter seien die wichtigsten Kriterien, um Völker und Stämme zu beurteilen, versicherte Meiners. Diese Eigenschaften hingen nicht vom Willen ab, sondern vom Klima. Meiners war der Ansicht, dass die »Schönheit in gewissen Gegenden eine einheimische Blume, und anderswo Häßlichkeit ein unausrottliches Unkraut sey«.[28] Wie schon bei Winckelmann bedeutete eine grundlegende Hierarchie der Ästhetik der Völker, geordnet nach den Kriterien des »Geschmacks«, immer auch eine genauso grundlegende Einordnung der jeweiligen Kultur.[29] In Frankreich griff der Anthropologe Julien-Joseph Virey (1775–1846), der der *Société des observateurs de l'homme* (Gesellschaft der Menschenbeobachter) nahestand und einige der Essays von Meiners ins

Französische übersetzt hatte,³⁰ die Rudimente aus dessen Taxonomie auf. Er wollte »die wesentlichen Merkmale eines jeden Stammes der Menschheit, die sich hauptsächlich in schön und weiß sowie hässlich und braun oder schwarz unterteilen lässt«,³¹ beschreiben. In seinem Werk *Histoire naturelle du genre humain* (Kat. 193) – das ganz dem Ruhm der »prächtigen und ungebeugten Rasse« der weißen Europäer gewidmet ist – überlagern sich das »Körperliche« und das »Geistige«, ganz im Sinne der sich in Europa immer weiter verbreitenden physiognomischen Lehre: »Wenn es stimmt, wie wir mit Winckelmann und Lavater sagen können, dass unsere Art zu denken gewöhnlich der Form unserer Körper entspricht, so sehe ich keinen großen Unterschied zwischen der Intelligenz eines Orang-Utans und der eines Lappen, eines Hottentotten, eines Kretin, eines Papua oder eines Omagua.«³² Zur selben Zeit machte der Anatom Georges Cuvier (1769–1832), der annahm, dass die seelischen und geistigen Fähigkeiten den Proportionen des Schädels entsprechend variierten, folgende bemerkenswerte Aussage: »Die Erfahrung scheint recht im Einklang mit der Theorie zu stehen, was das Verhältnis von Perfektion des Geistes und Schönheit des Gesichtes betrifft.«³³

Solche Aussagen kündigten einen anthropologischen Diskurs an, der die Sklaverei rechtfertigen sollte, obwohl eine neue Ära der Kolonialgeschichte angebrochen war, die von der moralischen Verurteilung des Sklavenhandels geprägt war. In einer 1847 gehaltenen Rede vor der *Société ethnologique de Paris* präsentierte Victor Courtet de l'Isle diese der Rechtfertigung der Sklaverei dienende »wesentliche Wahrheit« wie folgt: »Je schöner der Typus einer Rasse ist, desto fortschrittlicher ist die Zivilisation dieser Rasse; je hässlicher der Typus, desto unvollkommener die Zivilisation«. Es genüge, »das Gesicht Apollons oder das der Minerva mit dem des Wilden« zu vergleichen. Und da die »glanzvollste Zivilisation dem schönsten europäischen Typus vorbehalten sei«, folgerte er, laufe »alles […] darauf hinaus, dass die europäischen Völker die wahren Herrscher der Welt sind«.³⁴

Die Anthropologie und die Ästhetik, die beide zutiefst von den Lehren Winckelmanns geprägt waren, sollten sich von nun an auf lange Sicht verbinden, wie sowohl eine Radierung in dem 1801 herausgegebenen Werk *Histoire naturelle du genre humain* von Virey bezeugt (Abb. 1) als auch eine 53 Jahre später in dem Buch *Types of Mankind* abgedruckte Bildtafel (Abb. 2). Dieses berühmte Werk des amerikanischen Anthropologen Josiah Clark Nott (1804–1873) rechtfertigt die Versklavung der Schwarzen, indem vor allem auf Reproduktionen von Werken der Antike zurückgegriffen wird. Die zwei Abbildungen vergleichen jeweils drei Profile aus zwei völlig heterogenen Kategorien: Dem idealen Apollo sind ein Mensch und ein Affe (bei Virey ein Orang-Utan und bei Nott ein Schimpanse) gegenübergestellt. Virey wie auch Nott ordnen die drei Gesichter vertikal an: Diese stark hierarchisch gegliederte visuelle Rhetorik verleitet dazu, den Menschen und den Affen im unteren Teil der Abbildung sofort miteinander zu assoziieren. Diese zwei »realen« Gesichter werden nicht etwa von dem prachtvollen Gesicht eines anderen Menschen dominiert, sondern von einer antiken Skulptur mit griechischem Profil. Es sei hier erlaubt, *en passant* auf die anthropologische Akribie von Nott hinzuweisen, der dem *Apoll vom Belvedere* immerhin kurzerhand einen Schädel zuzuschreiben suchte.

VOM KUNSTIDEAL ZUM NATURSCHÖNEN

Zwei Thesen Winckelmanns war ein besonderes Schicksal beschieden, und ihre Rezeption verdient eine genauere Betrachtung: einerseits der sogenannte »aufgeworfene Mund« der Affen, andererseits das »griechische Profil«. Beide zählen zum Bereich der physischen Anthropologie, beide sollen die Völker und ihre jeweilige Kultur in eine bestimmte Hierarchie einordnen und beide gehören in den Bereich der Halluzination.

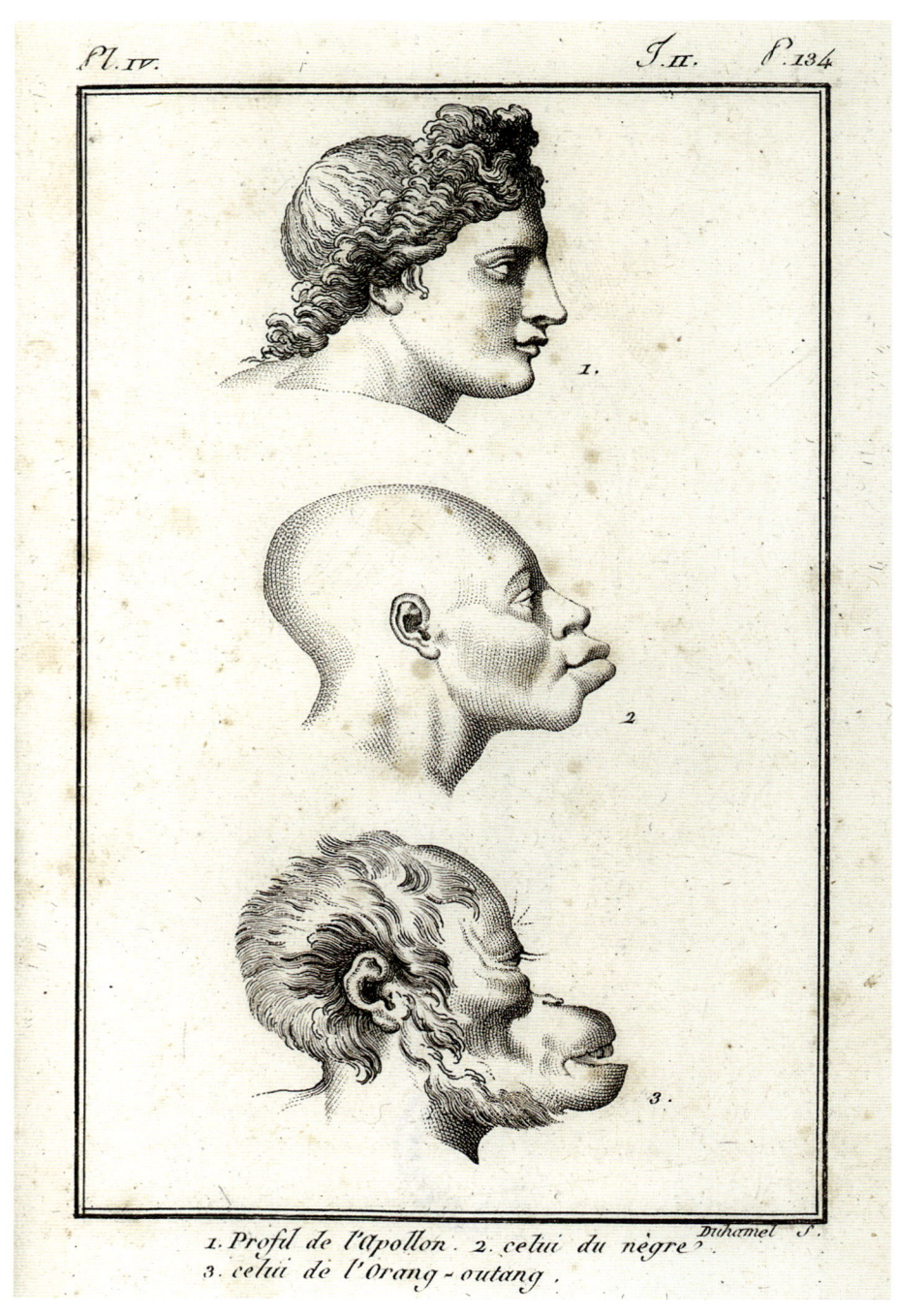

Abb. 1: Julien-Joseph Virey (1775–1846), Histoire naturelle du genre humain, ou recherches sur ses principaux fondemens physiques et moraux […], Bd. 3, Paris An IX [1800/01], S. 134, Taf. II: Profil des Apollo, des »Negers« und des Orang-Utan zum Vergleich der verschiedenen Gesichtswinkel, Martin-Luther-Universität Halle-Wittenberg, Universitäts- und Landesbibliothek Sachsen-Anhalt, Sign. Fb 1242 (2) (Kat. 193)

Es ist hinlänglich bekannt, dass – trotz der Mahnungen des Wissenschaftlers und Anatomen Pieter Camper (1722–1789) – die Schwarzen immer wieder mit den Affen verglichen wurden: Dies ist eines der am weitesten verbreiteten visuellen Pseudoargumente rassistischer Theorien, die auf einem primären Evolutionismus gründen. Auch wenn Winckelmann den Schwarzen eine ihnen eigene Schönheit zugestand (»Ein Mohr könnte schön heißen, wenn seine Gesichtsbildung schön ist«[35]), so betonte er doch immer wieder die Nähe zum Affen: »Der aufgeworfene schwüls-

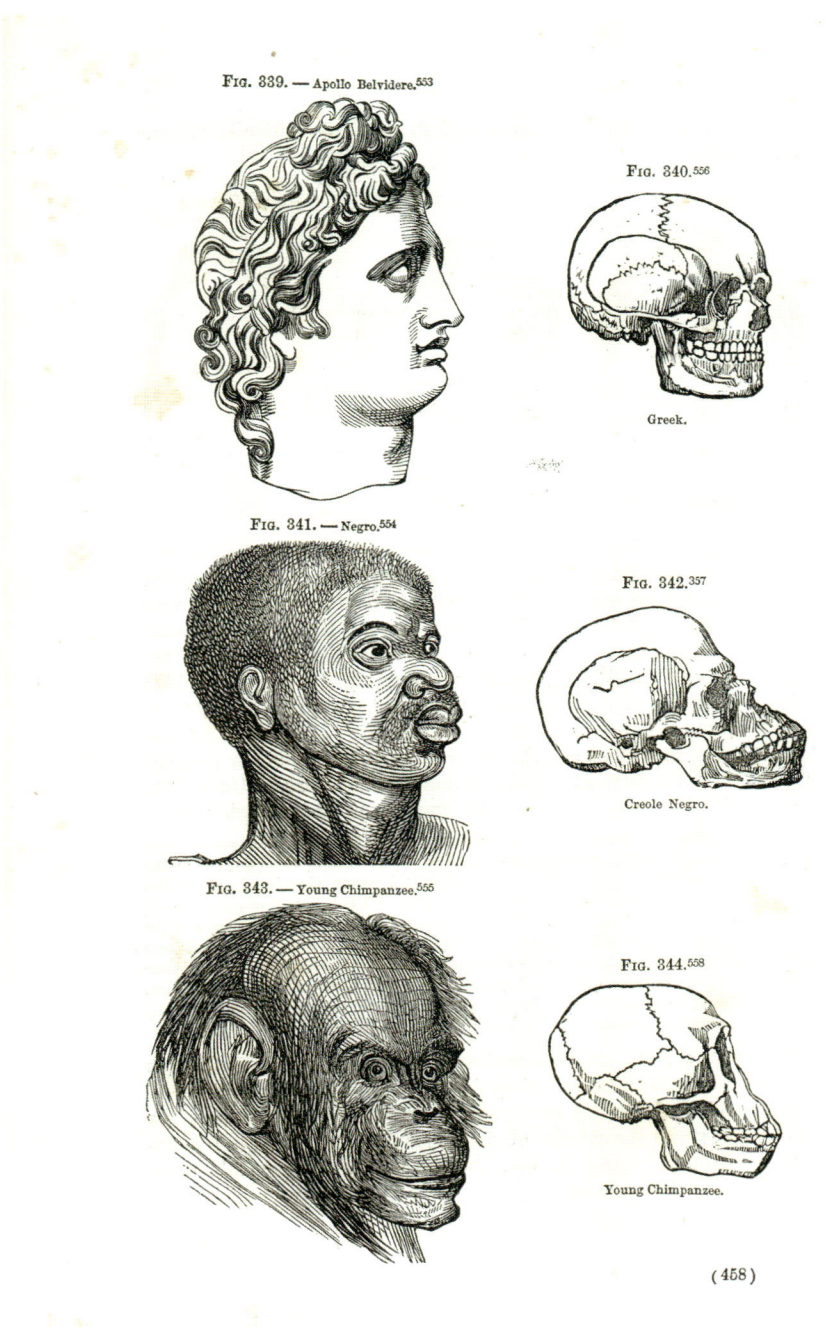

tige Mund, welchen die Mohren mit den Affen in ihrem Lande gemein haben, ist ein überflüßiges Gewächs und ein Schwulst, welchen die Hitze ihres Clima verursachet«.[36] Die Klimathese wurde von den Anthropologen und Naturforschern des 19. Jahrhunderts zunehmend kritisiert – von nun an hieß es lediglich, »der vorstehende Mund und die dicken Lippen« der »Negerrasse [...] nähern sie auffallend den Affen« an,[37] wie der berühmte Anatom Georges Cuvier es ausdrückte. Die Vorurteile waren so stark, dass man zu sehen meinte, was man zu wissen glaubte: In Frankreich be-

Abb. 2: Types of Mankind or Ethnological Researches, based upon ancient monuments, paintings, Sculptures and Crania of Races [...], hg. von Josiah Clark Nott (1804–1873) und George Robbins Gliddon (1809–1857), 2. Aufl., London 1854, S. 458, Profil und Schädel des Apollo, eines »Negers« und eines Schimpansen, Niedersächsische Staats- und Universitätsbibliothek Göttingen, Sign. La 4400

kannte die Anthropologie ausdrücklich erst 1898 im Rahmen der Publikation der Abhandlung *Essai sur les lèvres au point de vue anthropologique*, dass die »Weißen«, deren Lippen schmal sind, »den Affen näher sind als die Neger«.[38] Diese von zahlreichen Anatomen und Anthropologen aufgegriffene Halluzination, die den Affen dicke Lippen zuschrieb, welche sie nie besaßen, und die mehr als ein Jahrhundert lang aktuell war, ging einher mit der Vorstellung der Reisenden im 19. Jahrhundert, die, sobald sie in Griechenland waren, bei jeder Frau das »griechische Profil« der antiken Skulpturen zu erblicken meinten.

Schon in den *Gedancken über die Nachahmung* hatte Winckelmann geschrieben: »Oder man könte muthmassen, daß diese Bildung [des griechischen Profils, E. M.] den alten Griechen eben so eigen gewesen, als es bey den Calmuken die flachen Nasen, bey den Sinesen die kleinen Augen sind.«[39] Die Schönheit der griechischen Gesichter, die er zunächst als ideal bezeichnet hatte, war somit nun naturgegeben. Er war geradezu besessen vom griechischen Profil, das in seinen vergleichenden Studien über die Vorzüge der Völker des Altertums und ihrer Kunst immer wieder auftaucht. Als er im November 1755 in Rom ankommt, sucht er nach einer visuellen Bestätigung der erstmals in Dresden geäußerten Mutmaßungen: An keinem anderen Ort als in Tivoli finde man in Italien »ein so schönes Geblüt, es ist nichts selteneres ein Griechisches Profil zu sehen«.[40] »Die antike Physiognomie der Völker hat sich verloren«, hatte Montesquieu (1689–1755) dreißig Jahre zuvor geschrieben: »Es gibt auf der Welt kein griechisches oder römisches Gesicht mehr. Unsere Vorstellung täuscht uns ungemein.« Weiter fügte er hinzu, dass die Bildhauer »weder eine griechische Statue zum Modell nehmen, noch von den griechischen Statuen auf unsere modernen Gesichter schließen sollten«.[41] Winckelmann dagegen wollte sich in Italien, dem treuen Erben des antiken Griechenland und diesem so nah, davon überzeugen, dass die Natur sich kaum von »der schönsten Form«[42] entferne – dieser Linie, die von der Stirn direkt bis zur Nasenspitze verläuft. Während er in den *Gedancken über die Nachahmung* noch halbwegs eingestand, dass das griechische Profil im Bereich der Idealität zu verorten sei, behauptet er in der *Geschichte der Kunst* dessen Verankerung in der Realität (Abb. 3): »In der Bildung des Gesichts ist das sogenannte Griechische Profil die vornehmste Eigenschaft einer hohen Schönheit. Dieses Profil ist eine fast gerade oder sanft gesenkte Linie, welche die Stirn mit der Nase an jugendlichen, sonderlich Weiblichen Köpfen, beschreibet.«[43] Darüber hinaus betont er: »Von dem sanften Profil an Griechischen Köpfen hatten die Aegypter keine Kenntniß, sondern es ist der Einzug der Nase, wie in der gemeinen Natur«.[44] Wenn dieses Profil also den alten Griechen »eigen« ist, dann wurden sie in ihrer Kunst von der Natur geleitet. Diese Lehre zog man aus der Lektüre Winckelmanns sowohl in Frankreich als auch in Deutschland.

Fünfzehn Jahre später sollte sich Herder dafür entschuldigen, einen Gemeinplatz auszusprechen: »Das *Griechische Profil* ist so berühmt, daß ich mich scheue, davon zu reden.«[45] Er dachte hier wie der von ihm oft streng kritisierte Winckelmann, dass ein solches Profil zunächst einmal naturgegeben und nicht künstlerischer Natur sei: »Nothwendig muß in der *lebenden Natur* eine Ursache der Schönheit liegen oder sie ist auch nicht in der todten«. Wenn Griechenland dieser eine »Himmelsstrich ist, der dies Profil in Menge bildet«, so hänge dies wohl eher mit dem »*Stammcharakter* des Volks« zusammen als mit der »Einwürkung des *Landes* und *Klima*«. Aber weil er versuchte, die Idealität eines solchen Profils mit der Hypothese seiner realen biologischen Vererbung in Einklang zu bringen, blieb er doppeldeutig: »So halte ich doch dafür, daß es bei dem Künstler nicht ohne Veredlung dieses Zuges abging, wieviel Anlage derselbe im Volk um sich her hatte.« Herder, so lässt sich schließen, konnte sich im Grunde genommen keine künstlerische Form vorstellen, die ohne jegliche Verbindung zur Natur wäre.

Abb. 3: Johann Joachim Winckelmann, Geschichte der Kunst des Alterthums, Dresden 1764, S. 141, Vignette am Anfang des »Zweyten Stücks des Vierten Capitels« (Nr. 16): Bacchus und Ariadne als »Muster der Schönheit«, Klassik Stiftung Weimar, HAAB, Sign. Cc 3 : 5

»Worin liegen die Ursachen für die Perfektion der antiken Skulpturen und wie wurde diese erreicht?«[46] Diese sehr Winckelmann'sche Preisfrage stellte das *Institut national de France* im Jahr 1797. Eine der Ursachen, antwortete der Historiker Toussaint-Bernard Émeric-David (1755–1839), sei die berühmte gerade Nase der Minerva oder Venus, und versicherte, dass sie »einem naturgegebenen Prinzip« geschuldet sei, »das von den Griechen geehrt wurde«.[47] Man solle in die Morea (Peloponnes) reisen, empfahl der stark von Winckelmann beeinflusste Maler Antoine-Laurent Castellan (1772–1838), um die schönen Köpfe der Frauen wiederzufinden, an denen man »das reine Profil […] bewundern muß«, »die alten griechischen Formen in ihrer ursprünglichen Schönheit«; man könne »hier lernen, daß das idealische Schöne nirgends anders existirt, als in der Natur, die weit vollkommner ist, als alles, was die Einbildungskraft zu erfinden und hervor zu bringen vermag«.[48] Derselbe vehemente Protest gegen den angeblichen Vorrang des Idealen in der antiken Bildhauerkunst findet sich zur gleichen Zeit in den Äußerungen des Zeichners und Kupferstechers Nicolas Ponce (1746–1831): Die Perfektion der griechischen Statuen resultiere aus der »Nachahmung einer uns überlegenen Menschenrasse« und nicht aus einem »idealen System«.

Anthropologie und Ethnologie

Abb. 4: Johann Caspar Lavater (1741–1801), Essai sur la physiognomonie, destiné à faire connoître l'homme et à le faire aimer, Bd. 2, Paris 1783, S. 339, Taf. LXXVII: Drei griechische Profile nach Alexander Cozens (1717–1786), Klassik Stiftung Weimar, HAAB, Sign. N gr 3843 (b)

Genauso lasse sich auch die Form des griechischen Profils erklären: »Es ist ein gerades Profil, da die Griechen im allgemeinen gerade Nasen haben, wie die Hottentotten gemeinhin aufgeworfene Nasen haben.«[49] Ohne die Hypothese einer natürlichen Hierarchie der Schönheit weiter auszuführen, bekräftigte der bedeutende Archäologe Karl Otfried Müller (1797–1840) noch im Jahr 1830, dass »das Griechische Profil der Götter- und Heroengestalten […] gewissen plastischen Bedürfnissen« entspräche und »sicher der schönen Natur entnommen, und keine willkührliche Erfindung oder Zusammenfügung verschiedener Bestandtheile ist«.[50]

Lavater hingegen, dem solche Schwärmerei fremd war, wetterte in seinem Kommentar dreier Profile nach Zeichnungen von Alexander Cozens (1717–1786; Abb. 4), die er für die französische Ausgabe seiner *Physiognomischen Fragmente* hatte drucken lassen, gegen die »Manie des griechischen Profils«: »Welche Monotonie! Welch langweilige Steifheit! Diese marmornen Gesichter haben absolut nichts Natürliches. Tausende Male wurde es gesagt, tausende Male wiederholt, daß diese Linie das prägende Kennzeichen, der wahre Prüfstein eines schönen Profils ist, vor allem eines Frauenprofils. Zu meiner Scham muss ich sagen, daß allein der Anblick dieser drei so eintönigen Köpfe mich ermüdet und verärgert; daß eine solche Gesellschaft, eine so geartethe Nation, mir unerträglich wären.«[51] Zudem existiere »eine solche Linie nirgendwo in der Natur, in der nichts genau abgemessen wird, nichts zugeschnitten und zurecht geformt wird. [...] Ein gerades Profil, ob es nun griechisch sei oder auch nicht, ist also eine Schimäre, die in der Realität nicht existiert.«[52] In dieser außergewöhnlichen Art und Weise kritisierte Lavater somit das griechische Profil aus demselben Motiv heraus, aus dem Herder es pries: Die Imitation einer Form ohne einen Bezug zur Natur erschien ihm absurd. Der Anatom Pieter Camper wiederum versuchte nachzuweisen, dass das »idealisch Schöne«, das Winckelmann den antiken Skulpturen zuschrieb, eigentlich »seinen Grund in den Regeln der Gesichterkenntnis [der Optik, E. M.]« habe.[53] Indem er die Wölbung der Nase ignorierte und nur die von Kiefer und Stirn beachtete, konstruierte er seine berühmte »Gesichtslinie« – eine »von der Stirn zur Oberlippe gezogene Linie«,[54] die in der physischen Anthropologie des folgenden Jahrhunderts eine so wichtige Rolle spielen sollte (Kat. 88),[55] aber in keinerlei Hinsicht dem Winckelmann so wichtigen »griechischen Profil« entsprach.

Auf den zwölf Seiten, die er in seinen *Vorlesungen über die Ästhetik* dem griechischen Profil widmete, glaubte schließlich Georg Wilhelm Friedrich Hegel (1770–1831) Winckelmanns Überlegungen zu folgen, als er über die »ideale Skulpturgestalt« sprach. Aber schon beim Formulieren der Frage, ob das »sogenannte *griechische Profil* [...] eine bloß nationale und künstlerische Zufälligkeit oder physiologische Notwendigkeit« sei, verwechselt er dieses Profil mit Campers »Schönheitslinie des Gesichts«. Hegel erklärt, dass es gerade die von der Stirn zur Nase verlaufende »Schönheitslinie« sei, die den Menschen vom Tier unterscheide. Dank des »sanften ununterbrochenen Zusammenhang[s] der geistigen Stirn und der Nase« beschränke sich der Geruchssinn nicht mehr auf das bloße Riechen von Nahrung: »Das Riechen wird gleichsam zu einem theoretischen Riechen, zu einer feinen Nase für das Geistige«.[56] Mit Lavater, Hegel und – wenn auch gegen seinen erklärten Willen – Camper wird das griechische Profil Winckelmanns zu einem spezifischen anthropologischen Merkmal. Anstelle der Unterscheidung zwischen Mensch und Tier wird somit schon bald eine Unterscheidung zwischen der wilden Natur und der höchsten Stufe der menschlichen Kultur herbeigeführt: Orang-Utan und Neger auf der einen Seite, auf der anderen die Skulptur des *Apoll* als strahlendes Symbol dieser so weißen Europäer.

Ein Jahrhundert nach dem Erscheinen von Winckelmanns *Geschichte der Kunst* scheint die Identität des Idealen und Realen derart im kulturellen Gedächtnis verankert zu sein, dass auch der große deutsche Historiker und Archäologe Ernst Curtius (1814–1896) in der Kunst der alten Griechen das wahre Abbild ihrer physischen Konstitution zu erblicken meinte: »Apollon und Hermes, Achill und Theseus, wie sie in Stein oder Farbenzeichnung uns vor Augen stehen, sind doch nur *verklärte Griechen* und die edle Harmonie ihrer Glieder, die milden und einfachen Linien des Gesichts, das grosse Auge, die kurze Stirn, *die gerade Nase*, der feine Mund gehörten dem Volke an und waren die natürlichen Kennzeichen desselben.«[57]

Winckelmanns Modell, das jegliche Unterscheidung zwischen den Figuren der Kunst und ihren lebenden Vorbildern aufhob, sollte zu mehr als einem heuristischen Prinzip werden. Es beherrschte schon bald das Denken aller Rassentheoretiker, deren größter Wunsch es war, die schönen Figuren der Kunst der Vergangenheit lebendig werden zu lassen.[58]

Aus dem Französischen von
Katrin Thomaneck

ANMERKUNGEN

1 Siehe Décultot 2009.
2 Artikel »Kunstgeschichte«, in: Allgemeine deutsche Real-Encyklopädie 1824, Bd. 8, S. 435–436; siehe Dilly 1979, S. 86.
3 Hier zit. nach Winckelmann 1777–1780, Bd. 2, S. 71; vgl. die italienische Originalfassung des Briefes in *Br. 1*, S. 394.
4 Frey 1938, S. 3.
5 Caylus 1752–1767, Bd. 2, »Avertissement«, S. I: »Les Arts portent le caractère des Nations qui les ont cultivés; on démêle leurs commencemens, leur enfance, leur progrès & le point de perfection, où ils ont été conduits chez tous les Peuples.« (Falls nicht anders angegeben, stammen die deutschen Übersetzungen der Zitate von Katrin Thomaneck.)
6 Ebd., Bd. 3, 1759, »Préface«, S. XX: »plusieurs façons de s'énoncer dans les productions de l'esprit«, »le style des Nations différentes«.
7 *GK1*, S. 25.
8 *GK1*, S. IX.
9 *Gedancken1*.
10 Caylus 1752–1767, Bd. 3, »Préface«, S. XX: »une dépendance de l'habitude qu'on a contractée«, »pas difficile de reconnaître le style des Nations différentes«.
11 Ebd., S. 23f.: »mélange du goût des nations«.
12 Caylus 1766, S. 119f.
13 *GK1*, S. 5.
14 *GK1*, S. 4–6.
15 Herder, Denkmal Johann Winkelmanns [1778], in: Herder 1985–2000, Bd. 2, S. 630–673, hier S. 664. Antoine-Yves Goguet ist der Autor von *De l'origine des Loix, des Arts et des Sciences et de leurs Progrès chez les Anciens Peuples*, Paris 1758; die drei Bände wurden sehr schnell ins Deutsche (*Untersuchungen von dem Ursprung der Gesetze, Künste und Wissenschaften wie auch ihrem Wachsthum bei den alten Völkern*), aber auch ins Englische, Italienische und Spanische übersetzt.
16 Ebd., S. 660, 662; siehe auch Locher 1996, S. 287.
17 Siehe Décultot 2004b.
18 *GK1*, S. 20.
19 *Gedancken1*, *KS*, S. 32.
20 Ebd., S. 147.
21 *AGK*, S. 23.
22 *GK1*, S. 31f.
23 *Description*, S. X: »Les Egyptiens pouvoient difficilement représenter le Beau, puisque leur Climat ne le produisoit pas.« (deutsche Übersetzung von Elisabeth Décultot).
24 Ebd., S. 10: »ils [les Egyptiens, E. M.] n'avoient d'autre idée de la beauté, que celle que leur fournissoit leur nation, qu'ils n'ont jamais abandonnée. Les yeux sont tirés vers le nez, les joües enflées, la bouche est taillée vers le haut, & le menton court« (deutsche Übersetzung von Elisabeth Décultot).
25 *SN 6,2*, S. 76. Für das Original siehe *MI*, S. XV: »Ma qual' idea di bellezza potea verdersi in viso alle figure, se gli obbietti donde queste si ritraevano, avean tutti o quasi tutti le sembianze medesime degli Affricani, vale a dire, anch' eglino come costoro, la bocca turgida, il mento ritirato e meschino, il profilo inclinato e depresso«.
26 *Abhandlung*, *KS*, S. 215f.
27 Meiners 1785, »Vorrede«, o. S.; siehe Lotter 1987.
28 Meiners 1785, §16, S. 43f.
29 Meiners 1811–1815.
30 Rupp-Eisenreich 2014, S. 70.
31 Virey 1801/02, Bd. 1, S. 145: »les caractères principaux de chaque race humaine, qu'on peut diviser principalement en belles et blanches, en laides ou brunes et noires«.
32 Ebd., S. 428: »S'il est vrai de dire avec Winckelmann et Lavater, que notre façon de penser soit ordinairement analogue à la forme de notre corps, je ne vois pas trop la grande différence de l'intelligence de l'orang-outang d'avec celle du lapon, du hottentot, du crétin, du papou, de l'omagua«. Das ganze Ausmaß der rassistischen Vorurteile der Modernen den Schwarzen gegenüber wird in folgender Aussage Kants deutlich: »Es ist auch, als wenn hierin so Etwas wäre, was vielleicht verdiente, in Überlegung gezogen zu werden, allein kurzum, dieser Kerl war vom Kopf bis aus die Füsse ganz schwarz, ein deutlicher Beweis, daß das, was er sagte, dumm war.« (Kant 1766, S. 106f.)
33 Cuvier 1910, S. 303: »L'expérience semble assez d'accord avec la théorie dans tout ce qui concerne les rapports entre la perfection de l'esprit et la beauté de la figure«.
34 Courtet de l'Isle 1849, S. 2f., 45: »Plus le type d'une race est beau, plus la civilisation de cette race est avancée; plus le type est laid, plus la civilisation est imparfaite«; »la figure d'Apollon ou celle de Minerve (à) celle de la brute«; »la civilisation la plus brillante appartient au plus beau type européen«; »tout concourt à faire des peuples européens les vrais dominateurs du monde«.
35 *GK1*, S. 148.
36 Ebd., S. 146.
37 Cuvier 1831–1843, Bd. 1, S. 53.
38 Bloch 1898, S. 297: »sous ce rapport, plus voisin du singe que le nègre«.
39 *Gedancken1*, *KS*, S. 35.
40 Winckelmann an Heinrich Graf von Bünau, 7. Juli 1756, *Br. 1*, S. 234.
41 Montesquieu, *Pensées* [um 1730], in: Montesquieu 1949–1951, Bd. 1, S. 1349: »Toutes les anciennes physionomies des peuples se sont perdues«; »il n'y a plus dans le monde de visage grec ni romain. Notre imagination nous trompe extraordinairement«; »ni prendre pour modèle une statue grecque, ni juger des statues grecques par nos figures moderne«.
42 *GK1*, S. 21.
43 Ebd., S. 177.
44 Ebd., S. 42.
45 Hier und im Folgenden: Johann Gottfried Herder: *Plastik: Einige Wahrnehmungen über Form und Gestalt aus Pygmalions bildendem Traume* (1778), in: Herder 1985–2000, Bd. 4, S. 289.
46 »Quelles ont été les causes de la perfection de la sculpture antique, et quels seraient les moyens d'y atteindre?« Veröffentlicht wurde diese Preisfrage u. a. in der *Décade philosophique* vom 8. Juli 1797 (20. messidor An V), S. 106. Die von Toussaint-Bernard Émeric-David eingereichte Schrift erhielt im Oktober 1800 den Preis und wurde 1805 publiziert (Émeric-David 1804/05).
47 Ebd., S. 361.
48 Castellan 1809, S. 188–190. Für das Original vgl. Castellan 1808, Bd. 2, S. 112f.
49 Ponce 1805/06, S. 281f.: »l'imitation d'une race d'hommes supérieure à la nôtre«; »un système idéal«; »ils [les nez des bas-reliefs grecs, E. M.] étaient droits, parce que les Grecs avaient presque généralement tous le nez droit, comme les Hottentots ont généralement tous le nez relevé«.
50 Müller 1830, S. 405.
51 Lavater 1781–1803, Bd. 2, S. 338; zit. nach Lebensztejn 1990, S. 242f.
52 Ebd.
53 Camper 1792, S. IX.
54 Ebd., S. XV.
55 Siehe Blanckaert 1987.
56 Hegel 1969–1971, Bd. 14, S. 383, 386. Zu Hegel und dem griechischen Profil siehe auch Decaroli 2006.
57 Curtius 1857–1861, Bd. 1, S. 24 (Hervorhebung E. M.)
58 Einige Aspekte des vorliegenden Beitrags habe ich in meinem Buch *Les invasions barbares. Une généalogie de l'histoire de l'art* (Michaud 2015) weiter ausgeführt.

» DIE LIEBE ZUR KUNST IST VON JUGEND AUF MEINE GRÖSSTE NEIGUNG GEWESEN, UND OHNERACHTET MICH ERZIEHUNG UND UMSTÄNDE IN EIN GANZ ENTFERNTES GLEIS GEFÜHRET HATTEN, SO MELDETE SICH DENNOCH ALLEZEIT MEIN INNERER BERUF. «

(J. J. WINCKELMANN, GESCHICHTE DER KUNST DES ALTERTHUMS, 1764)

WINCKELMANN UND DER KUNSTMARKT

EINBLICKE IN EINE WECHSELSEITIGE BEZIEHUNG

Suzanne Marchand

Es brauchte eine Weile, bis man eingesehen hat, wie sehr Johann Joachim Winckelmann doch auch ein Kind seiner Zeit war. Geprägt haben ihn nicht nur die Orte, an denen er lebte oder die von ihm idealisiert wurden – von Stendal über Rom bis Olympia –, sondern auch jene adligen Gönner und Abnehmer, die sein Wirken überhaupt erst materiell ermöglichten. Über lange Zeit schien sein Image jedoch in zweierlei Hinsicht gekennzeichnet: Winckelmann als Prototyp des »Wissenschaftlers« und vor allem – des »deutschen« Wissenschaftlers.[1] Auch wollte man in ihm eine Art teutonischen Rousseau erblicken, einen einsamen und leidgeprüften Verfechter demokratischer Ideale.[2] Doch wie aktuelle Studien deutlich gemacht haben, war Winckelmann nicht ganz jener Einzelgänger oder volksnahe Demokrat, als der er oft dargestellt wurde. Er verdankte gerade der aristokratisch-antiquarisch-libertinen Kultur der Jahrhundertmitte sehr viel mehr als bisher angenommen, und diese Kultur war zudem durch und durch kosmopolitisch.[3] Ebenso wenig war der Einfluss seines Wirkens ausschließlich in Deutschland zu spüren, auch wenn die Intensität seiner Leidenschaft für die vermeintlich griechische Physiognomie, für das Nackte, Weiße und Männliche, eine ebenso besondere wie verhängnisvolle Rolle in der deutschen Kultur spielen sollte – zumindest bis 1945.

Es ist schon viel zu dieser nationalen Vereinseitigung Winckelmanns gesagt worden. Auch die Ausstellung räumt dieser Fragestellung einen gesonderten Platz ein. Der vorliegende Beitrag will sich auf die international orientierte aristokratisch-antiquarische Kultur von Winckelmann konzentrieren, um sich dann der Frage zuzuwenden, inwieweit seine kunsthistorischen Ansätze einem Kontext entstammen, dessen Bedeutung für seine Entwicklung bislang noch nicht hinreichend herausgestellt worden ist: dem Kunstmarkt des 18. Jahrhunderts. Am Beispiel der Porzellanindustrie lassen sich zudem äußerst aussagekräftige ökonomische Aspekte der höfischen Sammeltätigkeit und des Handels mit Luxusgütern beobachten. Aus den folgenden Erläuterungen soll deutlich werden, dass sich um die Mitte des 18. Jahrhunderts ein radikaler Wandel in Politik, Kunst und Wissenschaft vollzog. Und: Die Schlüsselakteure waren hier keineswegs aufgeklärte Radikale, sondern Fürsten und Adlige sowie deren talentierte Untertanen, die im Auftrag Ersterer handelten. Winckelmanns wissenschaftliches und ästhetisches Gepräge ist ein Produkt eben dieser Zeit – eines Marktgeschehens, das ihn nicht nur prägte, sondern auch als Multiplikator seiner Ideen fungierte.

DER ARISTOKRATISCH-LIBERTINE KUNSTGESCHMACK

Der 1717 geborene Winckelmann verbrachte die ersten 38 Jahre seines Lebens in einem Mitteleuropa, das gerade im Begriff war, die katastrophalen Folgen des Dreißigjährigen Krieges, des kriegerischen Treibens Ludwigs XIV. und des Großen Nordischen Krieges hinter sich zu lassen. Die kleinen und die größeren deutschen Staaten hatten begonnen, Armeen aufzubauen und Verwaltungsappa-

Abb. 1: William Say (1768–1834) nach Sir Joshua Reynolds (1723–1792), Members of the »Society of Dilettanti«, 1812/16, Mezzotinto, 57,9 × 41,6 cm, British Museum, London, Inv. 1830,0612.1

rate zu etablieren. Der Adel fühlte sich zu Recht von der wachsenden Macht des Staates und der Erweiterung fürstlicher Vorrechte bedroht und mobilisierte verschiedene Strategien, um den Verlust an politischen Einflussmöglichkeiten und Privilegien auf anderem Terrain zu kompensieren. Dazu gehörten auch der verstärkte Konsum von Luxusgütern und das gestiegene Interesse für Prachtbauten. So zeichnete sich bereits ab der ersten Hälfte des 18. Jahrhunderts ein regelrechter Boom beim Bau und der Renovierung von Barockanlagen ab. Beispiele hierfür sind die Würzburger Residenz, das Schloss Nymphenburg bei München, das Schloss Belvedere bei Weimar und Schloss Charlottenburg am damaligen Rand von Berlin – ein Bauboom, der sich, aus größerer Perspektive betrachtet, auf das gesamte Europa und die Neue Welt erstreckte.

Winckelmann hatte vermutlich zunächst wenig Berührung mit diesem neuen Wohlstand. Das sollte sich ändern, als er 1748 in die Dienste des Grafen Heinrich von Bünau (1697–1762) trat,

Abb. 2: Richard Payne Knight (1751–1824), An Account of the Remains of the Worship of Priapus, lately existing at Isernia, in the Kingdom of Naples [...], London 1786, S. 3, Taf. 2: Relikte des Priapus-Kults, Klassik Stiftung Weimar, HAAB, Sign. Er 2 : 20

dessen Nöthnitzer Schloss am Stadtrand von Dresden lag, einer der wohlhabendsten und luxuriösesten Residenzstädte jener Zeit. Von diesem Zeitpunkt an sollte höfischer Wohlstand eine entscheidende Rolle für die Karriere Winckelmanns spielen. Er wusste nur zu gut, wie sehr seine Forschungen und Publikationen auch jenen Arbeitsbedingungen und finanziellen Mitteln zu verdanken waren, die ihm deutsche und später auch italienische Aristokraten bereitstellten. Tatsache ist, dass diese zumindest einen gewissen Grad an Respekt für gebildete Nichtadlige besaßen und mit Interesse die Debatten innerhalb der sogenannten »Gelehrtenrepublik« verfolgten. Ohne deren Wohlstand und den liberalen, wenngleich manchmal nur widerwillig gewährten Zugang zu ihren Schätzen wäre Winckelmanns Werk nicht möglich gewesen.

Wohlstand war das eine, auf Winckelmanns Begeisterung für die »heidnischen« Griechen dürfte jedoch insbesondere auch die ausgesprochen säkulare, mitunter hedonistische Kultur und

Lebensart der höfischen Welt zurückgewirkt haben. Tatsächlich zeigten sich im frühen 18. Jahrhundert viele Adlige religiösen Strukturen gegenüber bemerkenswert indifferent – freilich nicht ohne auf den Disziplinierungscharakter von Religion zu setzen, wenn es um ihre Untertanen ging. Sie selbst aber hatten begonnen, einen freizügigen Lebensstil nach dem Vorbild italienischer Adliger und Kirchenfürsten weitgehend offen auszuleben. Zur sittlichen Lockerung trug auch die besonders im 18. Jahrhundert verbreitete Praxis der Bildungsreise bei. Die *Grand Tour* war für viele eine willkommene Gelegenheit, erotische Erfahrungen zu sammeln. All dies trug dazu bei, dass sich der Libertinismus – wenn auch zunächst vor allem innerhalb der britischen Aristokratie – weitgehend etablieren konnte.

Diese libertäre Atmosphäre war für die im Jahr 1734 gegründete englische *Society of Dilettanti* nicht weniger prägend als ihr Interesse für klassische Kunstwerke (Abb. 1).[4] Von England aus verbreitete sich der Libertinismus um 1720 zunächst nach Frankreich und erreichte nach 1740 die deutschen Gebiete. Wie unbeeindruckt sich auch Friedrich der Große (1712–1786) gegenüber den Befindlichkeiten der Kirche gab, zeigt sich etwa an der Vielzahl homosozialer Skulpturen, die er in seinem Schloss in Sanssouci in exponierter Lage gleich vor seiner – wohlgemerkt mit ebenso pietätlosen französischen Büchern gefüllten – Bibliothek aufstellen ließ.[5] Hier und anderswo waren die von nackten Helden und Göttinnen bevölkerten Gärten und Parkanlagen berüchtigte Treffpunkte für Liebende. Andeutungsvoll schreibt der von einer Berlinreise zurückgekehrte Winckelmann 1752 an seinen Freund Hieronymus Dietrich Berendis (1719–1782): »Ich habe Wollüste genoßen, die ich nie wieder genießen werde: ich habe Athen und Sparta in Potsdam gesehen, und bin mit einer anbetungsvollen Verehrung gegen den göttlichen Monarchen erfüllet. Von den erstaunenden Wercken, die ich dort gesehen habe, und von denen Du nichts weißt, will ich mündlich mehr berichten.«[6]

Die Beschäftigung mit solchen Kunstwerken hatte es jedenfalls ermöglicht, dass Männer der Oberschicht relativ unbefangen über Nacktheit sprechen und etwa zur Verwendung von Aktmodellen in Kunstakademien offen Stellung beziehen konnten. Die nunmehr befreite Rede sollte zudem einige bemerkenswerte Formen gelehrter Pornografie hervorbringen, darunter Richard Payne Knights *Worship of Priapus* (1786; Abb. 2) oder d'Hancarvilles *Monuments de la vie privée des douze césars* (1786). Als Mittel, den Blick für anatomische Details zu schulen, hatte Nacktheit für Winckelmann immer auch eine zusätzliche Bedeutung.[7]

Mit seiner ausgeprägten Fokussierung auf den nackten Körper war Winckelmann weit mehr ein Kind seiner Zeit, als es die vielfach vorgebrachte Rede von seiner Einmaligkeit vielleicht zugestehen will. Nur wenn man den zeitgenössischen libertin-aristokratisch-antiquarischen Kontext mitbedenkt, der es nicht zuletzt Winckelmann selbst erlaubte, seine eigene Homosexualität relativ offen auszuleben, lässt sich nachvollziehen, wie er zu einer Zeit, da die meisten Europäer die von ihm bewunderten Darstellungen wohl eher als skandalös empfunden haben dürften, relativ unbehelligt bleiben konnte. Es ist schließlich genau dieses männliche, altertumskundige und elitäre Publikum, das er mit seinen schwärmerischen Beschreibungen nackter Körper anvisierte.

WINCKELMANN UND DIE SCHULE DES MARKTES

Zu den Fragen, die die Winckelmann-Forschung über lange Zeit bewegte, gehört jene nach dem konkreten Ursprung seines kunsthistorisch geschulten Blicks. Tatsache ist, dass er als Antiquar begonnen und seine Liebe zur griechischen Kunst wohl beim Studium gelehrter Bücher und antiker Quellen entdeckt hatte. Erst in Italien aber hat sich sein visuelles Repertoire vor allem im

Zuge der Katalogisierung der Stosch'schen Gemmensammlung, die nicht weniger als 3 444 Originale und 28 000 Nachbildungen (Kat. 149) umfasste, beträchtlich erweitert. In der Sammlung Kardinal Albanis wiederum hatte er Gelegenheit, eine Reihe von Zeichnungen zu studieren, die Cassiano dal Pozzo (1588–1657) im 17. Jahrhundert in der Absicht zusammengestellt hatte, sämtliche visuelle Überreste der Antike in Form eines *Museo Cartaceo* zu dokumentieren. Weitere von Winckelmann aufgesuchte Orte waren Neapel, die Ausgrabungsstätten von Herculaneum und Pompeji, aber auch zahlreiche Adelspaläste, in denen es von antiken Kunstwerken nur so wimmelte. Diese Studien waren nicht nur die Grundlage für seine These von der außergewöhnlichen Schönheit griechischer Kunst, sondern auch für seine Fähigkeit, Zuschreibungen und Identifikationen zu korrigieren, die andere Antiquare vorgeschlagen hatten. Er war jedoch weder der Erste, der sich dieses neue visuelle Universum erschloss, noch der einzige Gelehrte, für den es von zentraler Bedeutung war, die Identifizierung bzw. Zuschreibung eines antiken Kunstwerks über formale Merkmale vorzunehmen.[8] Um die »Vorbildung« von Winckelmanns »kunsthistorischem« Auge vielleicht noch besser zu verstehen, kommt man nicht umhin, den Blick auf den damaligen Kunst- und Antiquitätenmarkt Italiens zu werfen. Denn – ob man will oder nicht – auch der Markt ist eine Schule.

Wie bereits erwähnt, nahm der Adel im Lauf des 18. Jahrhunderts immer eifriger am Kauf und Verkauf von Kunstwerken teil.[9] Gehandelt wurde nicht selten mit jüngst ausgegrabenen Schätzen aus Herculaneum, Pompeji und der Villa Hadriana; viele Altertümer konnten auch insolventen italienischen Fürsten abgekauft werden. Als man beispielsweise 1738 den Palazzo Barberini inventarisierte, wurden 420 Skulpturen ausgegliedert und zum Verkauf freigegeben.[10] Die außergewöhnlichen Sammlungen »heidnischer« Antiquitäten, die Charles Townley (1737–1805) und William Weddell (1736–1792) Anfang der zweiten Hälfte des 18. Jahrhunderts erworben hatten, lassen nur erahnen, mit welcher Quantität und Qualität man es bei diesen auf dem freien Markt erhältlichen Kunstschätzen zu tun hatte.

Um diesen Markt bedienen zu können, gab es Hunderte, wenn nicht Tausende von Kunsthändlern und Künstlern, die sich mit der Restaurierung und dem Kopieren antiker Skulpturen und Gemmen befassten. Der Edelsteingraveur Lorenz Natter (1705–1763), der seit den 1720er-Jahren in seinem Fach tätig war, wie auch der berühmte Bildhauer und Restaurator Bartolomeo Cavaceppi (1716–1799) sind nur zwei unter zahlreichen talentierten Künstler-Handwerkern, die gelernt hatten, den Stil der Antike zu identifizieren und zu imitieren.[11] Cavaceppi war bekanntlich ein guter Freund Winckelmanns, den er oft im Atelier aufsuchte, um seine Sammlung von Zeichnungen nach Skulpturen zu studieren (Abb. 3, 4).[12] Doch nicht nur Winckelmann frequentierte die Werkstatt des Italieners. Viele nordeuropäische Reisende machten auf ihrer *Grand Tour* bei dem Bildhauer halt, um ihn mit der Restaurierung antiker Statuen oder der Anfertigung von Repliken zu beauftragen. Wie viele andere Kunsthändler Roms wusste auch Cavaceppi, dass ein genaues und detailliertes Studium der Kunstwerke nicht nur für die korrekte Identifikation des Dargestellten, sondern auch für deren akkurate – und nicht zuletzt profitable – Ergänzung oder Restaurierung entscheidend war. Selbstverständlich waren alle Beteiligten, Käufer wie Verkäufer, sehr darauf bedacht, Fälschungen zu erkennen, die sich immer dann häufen, wenn der Markt besonders florierte. Der geschulte Blick des Connaisseurs hatte hier also seine ganz handfesten Ursachen. Ein entsprechend großes Interesse hatten Händler und Restauratoren ebenso wie Fälscher an der Korrektheit nicht nur der Ikonografie, sondern auch so unbedeutender Details wie Haaren, Bärten und Fingernägeln. Will man also die Ursprünge von Winckelmanns kunsthistorischer Bildungsfreudigkeit und Expertise verstehen, dann müssen diese immer auch vor der Folie der hier geschilderten Gesellschaft von Männern betrachtet werden, die direkt mit dem Kauf oder Verkauf,

Abb. 3: Bartolomeo Cavaceppi (1716–1799), Theseus und die athenischen Jungfrauen, modern ergänzte antike Fragmente, um 1765, Marmor, H. 54,5 cm, Kulturstiftung DessauWörlitz, Dessau-Roßlau, Antikensammlung, Inv. II-144

der Restaurierung oder Fälschung antiker Kunst beschäftigt waren, konkret den Numismatikern, Epigrafen, Fälschern und Kunsthändlern. Neuere Forschungen zur Geschichte des Handwerks erinnern uns daran, dass Wissenschaft, Handwerk und der Markt in oft ungeahnten Verbindungen zueinander stehen können.

Auch mit Blick auf das bei Winckelmann so zentrale Thema der Nachahmung erscheint es sinnvoll, sein Werk in den Kontext des Merkantilismus und des Handels mit Luxusgütern zu stellen. Die Fürsten des Heiligen Römischen Reiches standen Mitte des 18. Jahrhunderts vor der drängenden Aufgabe, die Wirtschaft anzukurbeln und neue Tätigkeitsfelder für das Volk zu erschließen. Die Porzellanindustrie bietet ein gutes Beispiel für diesen merkantilistischen Kurs: Nachdem 1709 in Sachsen das geheime Rezept für Hartporzellan entdeckt worden war, wetteiferten die Fürsten in Mittel- und Südeuropa darum, wer zuerst eine eigene Porzellanfabrik auf die Beine stellen würde. Daneben gab es aber auch blühende Manufakturen, die Bronzeskulpturen, Silberwaren, Teppiche, Tapeten, Tabakdosen und Textilien sowie Galanteriewaren aller Art herstellten. Durch die Expansion des Handels mit Luxusgütern verbreitete sich zugleich ein breitgefächerter Diskurs zur Frage der Imitation bzw. Nachahmung, und zwar ganz konkret: Sollte ein chinesischer,

Bartolomeo Cavaceppi Romano Scultore e Ristauratore delle Statue antiche

ein sächsischer oder vielleicht doch lieber ein französischer Stil imitiert werden? Was würde – und was *sollte* – der geschmackvolle Konsument kaufen?

Erst vor diesem Hintergrund wird Winckelmanns Aversion gegen allzu süßliche Barockformen und sein Eintreten für die Nachahmung eines edlen und einfachen Stils überhaupt verständlich. Vor allem die in Dresden so zahlreich vertretenen Barock- oder Rokoko-Objekte nährten seinen Widerwillen, den er unverhohlen artikulierte. So beschuldigte er noch 1767 die Meissener Porzellan-Manufaktur, hauptsächlich »Puppen« zu produzieren und einen »kindischen Geschmack«

Abb. 4: Bartolomeo Cavaceppi (1716–1799), Raccolta d'antiche statue, busti, teste cognite ed altre sculture antiche scelte restaurate, Bd. 2, Rom 1769, Frontispiz mit dem Porträt des Künstlers, Georg-August-Universität Göttingen, Niedersächsische Staats- und Universitätsbibliothek, Sign. 2 ARCH III, 695:2 (Kat. 139)

Abb. 5: Manufaktur Josiah Wedgwood (1730–1795), Vase in der Form eines antiken Hochzeitskessels mit allegorischen Darstellungen der Malerei und Musik, 1785/90, Jasperware, H. 35 cm, Klassik Stiftung Weimar, Museen, Inv. A 830

zu verbreiten (Kat. 9).[13] Er starb zu früh, um zu erleben, wie die Keramikindustrie vom Neoklassizismus eingeholt wurde, als Josiah Wedgwood (1730–1795) nur zwei Jahre später Imitationen der etruskischen Vasen William Hamiltons auf den Markt brachte. Ab 1775 eroberte Wedgwoods »Jasperware« Europa im Sturm und zwang alle anderen Manufakturen dazu, sich dem neuen Stil anzupassen (Abb. 5). In Sèvres wurde damit begonnen, Miniaturkopien antiker und moderner Skulpturen aus weißem Biskuitporzellan herzustellen, das parischen Marmor imitieren sollte (Abb. 6).[14] In Deutschland entwickelte die Frankenthaler Manufaktur eine Reihe von 56 Miniaturköpfen nach antiken Modellen, die nicht von ungefähr auch die von Winckelmann gepriesene *Laokoon*-Gruppe, die *Niobe* und den *Sterbenden Gallier* umfasste (vgl. Kat. 37).[15] Kurzum: In den 1780er-Jahren war der Barock *passé* und der Neoklassizismus *en vogue*. Und weil der Wettbewerb die Preise senkte, waren immer mehr Europäer in der Lage, ihre Bibliotheken und Empfangsräume mit Miniaturversionen von Skulpturen zu schmücken, wie es sich früher nur Adlige und Kava-

Abb. 6: Königliche Porzellanmanufaktur Sèvres, Anonymer Modelleur nach Jean-Baptiste Pigalle (1714–1785), Venus und Merkur, Reduktion des Statuenpaars, das 1752 im Park von Sanssouci aufgestellt wurde, um 1770, Biskuitporzellan, H. 23,3 cm, The Walters Art Museum, Inv. VO.30 (48.977, 48.978)

liersreisende leisten konnten. Der Kauf und Verkauf dieser Kunstobjekte setzte auch hier den geschulten Blick aller Beteiligten voraus: Handel und Wissenschaft gingen Hand in Hand, mit der Folge etwa, dass die Kataloge der Porzellanhersteller in auffallender Weise denen der Antiquare ähnelten. Die Vorstellung von einer weißen, edlen und einfachen Antike – so die hier vertretene These – wurde erst auf diesem Umweg zum Gemeingut. Mit seinem Nachahmungsgebot dürfte Winckelmann zwar ursprünglich auf Bildhauer, Maler und Hofdichter abgezielt haben. Es gab jedoch einen ganzen Stand von Handwerkern und Konsumenten, die seine Botschaft ebenfalls vernahmen und auf Arten verbreiteten, mit denen der große Gelehrte niemals gerechnet haben dürfte.

DOCH EIN PIONIER?

Winckelmanns ästhetisches Vermächtnis scheint in einem Punkt ungeteilte Zustimmung herauszufordern: Unbestritten ist sein Beitrag zur Stiftung einer ganzen Tradition, in der die weiße, männliche Skulptur zum Inbegriff des Schönen wird, auch wenn es, wie bereits angedeutet, nicht ausschließlich seine Bücher, sondern unter anderem auch Wedgwoods Steinguterzeugnisse waren, die ab dem späten 18. Jahrhundert das Weiße der griechischen Skulptur zum Idealbild des Schönen machten. Auf die Bedeutung dieser skulpturalen Tradition und der damit verbundenen Idealisierung des Weißen haben unter anderen George L. Mosse, Esther Sophia Sünderhauf und die Verfasserin selbst hingewiesen und dabei den Einfluss derselben auf die deutsche Altertumswissenschaft, aber auch auf so hochproblematische Wissenschaftszweige wie die spätere Rassenkunde herausgestellt (vgl. den Essay von Eric Michaud sowie Kat. 101–103).[16] Es ist offensichtlich, dass diese Tradition, die, wie oben gezeigt, über Abgusssammlungen und Porzellanfiguren Verbreitung fand, ihre Verfechter auch im 20. Jahrhundert in der Bilderwelt Leni Riefenstahls (1902–2003) oder den arisch-neoklassizistischen Skulpturen Arno Brekers (1900–1991) hatte.

Viel umstrittener ist hingegen die Frage nach Winckelmanns wissenschaftlichem Vermächtnis. Die Tatsache, dass seine *Geschichte der Kunst des Alterthums*, wie Katherine Harloe glänzend gezeigt hat, bereits von seinen Zeitgenossen scharf kritisiert wurde,[17] ändert nichts daran, dass ihr Autor mehr als ein Jahrhundert lang als großer Kenner des griechischen Altertums und als unbestrittener Gründungsvater sowohl der modernen Kunstgeschichte als auch der Archäologie gefeiert wurde. Es ist das Verdienst der modernen Wissenschaftsgeschichtsschreibung, gezeigt zu haben, dass Winckelmann nur einer unter vielen war, die in Frankreich, England und vor allem Italien dasselbe Feld bearbeiteten; zugleich hat die Archäologie schon zu seinen Lebzeiten nachweisen können, wie fehlerhaft viele der von ihm vorgenommenen Datierungen und Identifikationen waren. Wie oben ausführlicher dargelegt, kann gar nicht oft genug betont werden, dass Winckelmann von nicht-wissenschaftlichen Ciceroni, Kunsthändlern und Restauratoren weit mehr beeinflusst war als gemeinhin angenommen. Gleichwohl wird man am Ende wohl Harloe Recht geben wollen, die betont, wie sehr doch Winckelmanns leidenschaftliche Stimme und sein peinlich genaues Auge ihn von seinen Zeitgenossen abgehoben und seinen Schriften einen gewissen Ausnahmestatus beschert haben. Er war mit Sicherheit mehr als einfach nur ein weiterer Antiquar und Marktplayer inmitten eines florierenden Gewerbes. Womöglich steht ihm der Titel »Gründer der antiken Kunstgeschichte«, wenn nicht sogar »Gründer der Archäologie« gar doch zu, auch wenn zumindest im Englischen mit Letzterem eine Vorstellung von Feldarbeit verknüpft ist, die Winckelmann nie eingelöst hat. Indem er aber die Kunst in den Mittelpunkt seiner Geschichte stellte und sie gleichzeitig, ganz so wie es sein Zeitgenosse Adam Smith (1723–1790) für die Ökonomie vorgemacht hatte, als einen autonomen Wirkungsbereich begriff, hat Winckelmann tatsächlich etwas Neues geschaffen.

Aus dem Englischen von
Anne Röhrborn

ANMERKUNGEN

1. Siehe Justi 1898.
2. Siehe Pommier 1989, S. 9–20.
3. Siehe v. a. Décultot 2000 sowie Ceserani 2012. Zum antiquarischen Kontext im Allgemeinen vgl. Heringman 2013; Coltman 2006; Kelly 2010; Fumaroli 2014.
4. Zur Kultur der *Académie des Inscriptions* siehe Gossman 1968; zur *Society of Dilettanti* vgl. Kelly 2010.
5. Blanning 2016, S. 189–191.
6. Winckelmann an Berendis, 27. März 1752, *Br. 1*, S. 111.
7. Für den Platoniker Winckelmann war es eine transformative und religiöse Erfahrung, Nacktdarstellungen wie den *Apoll vom Belvedere* zu erleben. Vor dem *Apoll* stehend, schrieb er: »Mit Verehrung scheint sich meine Brust zu erweitern und zu erheben, wie diejenigen, die ich wie vom Geiste der Weissagung aufgeschwellet sehe« (*GK2*, S. 816).
8. In Italien prahlte er dann oft mit seinem immens erweiterten visuellen Repertoire und wertete damit die Erfahrung jener deutschen Besucher ab, die glaubten, man wäre schon ein Experte, wenn man einen Monat bliebe; vgl. etwa *GK1*, S. 287. Zu seiner Arbeit mit Gemmen und Gemmenabdrücken vgl. Hansson 2014.
9. Einen direkten Bericht mit Reprints der Briefe von Thomas Jenkins und Gavin Hamilton (Kunsthändler und Ausgräber in Rom) an Charles Townley und Lord Shelburne (wichtige englische aristokratische Sammler des 18. Jahrhunderts) geben Bignamini/Hornsby 2010; siehe auch Haskell/Penny 2006.
10. Boschung 2002, S. 365.
11. Hansson 2014, S. 20, 22.
12. Vermeulen 2003.
13. *AGK, SN* 4,4, S. 34.
14. Whitehead 2010, S. 61–69.
15. Marshall 2010, S. 163.
16. Marchand 1996; Mosse 1978; Sünderhauf 2004.
17. Harloe 2013.

KATALOG

WINCKELMANN UND SEIN JAHRHUNDERT

Kat. 1
Winckelmann'scher Faun
(Kopf eines jungen Pan)

Frühes 2. Jh. n. Chr., Marmor, H. 24 cm

Staatliche Antikensammlungen und Glyptothek, München, Inv. GL 261

Literatur
Best.-Kat. München 1979; Cavaceppi 1768–1772, Bd. 2; Furtwängler 1900, S. 257–259, Nr. 261; Kunze 1998; Kunze 1999; Lehmann 2008; Lippold 1917; Schorn 1827; Winckelmann 1777–1780, Bd. 2, S. 106f.

»Schöner als jeder Schönheitsgedanke in Marmor ausgedrückt«, schwärmte Johann Joachim Winckelmann in einem Brief vom 30. April 1763 an Lodovico Bianconi über den Kopf eines jungen Pan, den er bei dem Restaurator Bartolomeo Cavaceppi (1716–1799) in der Werkstatt gesehen hatte (*Br. 2*, S. 316). Er erwarb ihn 1765 für seine eigene Antikensammlung: »es ist mein Ganymedes, den ich ohne Aergerniß *nel cospetto di tutti i Santi* küssen kann«, bekannte er am 19. Oktober 1765 an Friedrich Wilhelm von Schlabrendorff (*Br. 3*, S. 128). In seinen *Monumenti antichi inediti* (1767) beschrieb er den Kopf als ungewöhnliche Verkörperung eines jungen Fauns, dessen tierische Natur man nur an den kleinen Hörnchen erahnen könne, nicht jedoch an den vom Haar verdeckten Spitzohren. Er stelle ob seines »dürren und mageren Gesichtes« eine Verkörperung der »leidenschaftlichen Liebe« dar, die »die Munterkeit des Gesichtes verscheucht und die Lebenskraft verzehrt« (*SN 6,1*, S. 247, Nr. 59; vgl. auch *Abhandlung, KS*, S. 225; *AGK*, S. 63).

Der Kopf brachte Winckelmanns bisheriges System der Kunst ins Wanken. Er durchbrach seine Rangfolge der Schönheit der Heroen zu niederen und schließlich hohen Göttern, denn ihm war nicht die »gewisse Unschuld und Einfalt« anderer Faunsköpfe eigen (*GK1*, S. 158). Mit Winckelmann erkannte man in der Folgezeit, dass die tiergestaltigen Züge bei Pan und Satyr seit der Spätklassik zurückgenommen und diese zu unbärtigen, reizvollen Jünglingsgestalten geworden waren.

Der Winckelmann'sche Kopf gehörte ursprünglich zu einer im frühen 2. Jahrhundert n. Chr. entstandenen Statue eines jungen Pan, die sich an den Typus der ruhig stehenden, schlanken Satyrn und Knaben aus dem 4. Jahrhundert v. Chr. anschließen lässt. Die eigenständige Gesichts- und Haarbildung entstammt einer Neuinterpretation des späten Hellenismus. Ein in der rückwärtigen Haaranlage vergleichbarer Knabenkopf befindet sich in der Ny Carlsberg Glyptotek in Kopenhagen (Inv. 595).

Winckelmann hat den Kopf 1763 noch vor seiner Erstrestaurierung durch Cavaceppi gesehen und beschrieb die vorhandenen Beschädigungen an der Nase und dem mittleren Teil der Oberlippe. Diese Partien ergänzte Cavaceppi in Marmor; zudem fügte er eine Brustbüste an. 1769, ein Jahr nach Winckelmanns Tod, publizierte er ihn in seiner *Raccolta d'antiche statue* (Cavaceppi 1768–1772, Bd. 2, Taf. 34). Danach gelangte der Kopf in den Besitz des Kardinals Albani und wurde 1798 nach Paris verschleppt. 1815 erwarb ihn der bayerische Kronprinz Ludwig nach Auflösung des Musée Napoléon. Seit 1830 befindet er sich in der Glyptothek in München. In den 1960er-Jahren entfernte man die Ergänzungen und die Büste. An einem historischen Gipsabguss im Winckelmann-Museum in Stendal sind sie noch vorhanden.

Der jugendliche Kopf hat ein ovales Gesicht mit glatten Wangen, eine leicht gewölbte Stirn, volle kleine Lippen, mandelförmige Augen und scharf akzentuierte Brauenbögen. Nur der untere Teil der Ohren ist sichtbar; ihre Anlage erinnert subtil an gelängte Tierohren. Auch die Kurzhaarfrisur verweist in ihrer unorthodoxen Anlage auf den halbtierischen Charakter des jungen Pan. Der Kopf ist nach rechts gewendet und war geneigt. Aufgrund der Bockshörnchen bezeichnete Winckelmann den Kopf als »Fauno« (*Br. 2*, S. 316).

Seit dem frühen 19. Jahrhundert besteht ein Gelehrtendisput, die Echtheit der Hörnchen betreffend. Ihnen wird nachgesagt, eine in Täuschungsabsicht entstandene Zutat des Restaurators Cavaceppi zu sein (vgl. Lehmann 2008, S. 360–376; Lippold 1917, S. 116f.; Schorn 1827, S. 233f.; Best.-Kat. München 1979, S. 235–240, m. Abb.), sie sind aber durchaus als antik anzusprechen (vgl. Furtwängler 1900; Kunze 1998, S. 123f., Kat. IV.16; Kunze 1999, S. 138–140). Zwar ist die Oberfläche des Gesichts modern leicht überschliffen, allerdings hätte eine Umarbeitung mehr Volumen im Bereich der Stirn und des Haaransatzes vorausgesetzt. Winckelmann machte den Faun dennoch zu einer modernen Antike, sodass er ihn, nachdem Cavaceppi Mund und Nase wieder vollkommen gemacht hatte, »ohne Aergerniß« küssen konnte. AF

ZUGÄNGE ZUR ANTIKE: LESEN, SEHEN, FÜHLEN

Bevor er in Rom die Kunstwerke der Antike mit eigenen Augen sehen konnte, war Winckelmann in Deutschland lange Zeit den traditionellen Weg eines aus einfachen Verhältnissen kommenden »Büchergelehrten« gegangen. Als Student in Halle (1738–1740), als Hauslehrer in verschiedenen preußischen Familien (1740–1743) und als Konrektor der Schule von Seehausen (1743–1748) hatte er hartnäckig versucht, seinen Wissensdurst durch eine enzyklopädische Lesewut zu stillen – eine Leidenschaft, der er nach seiner Berufung auf eine Bibliothekarsstelle bei dem Grafen Heinrich von Bünau in Nöthnitz (1697–1762) erst recht nachkommen konnte. Die bei diesen verschiedenen Etappen erbeuteten Lesefrüchte sammelte er – einer alten gelehrten Tradition gemäß – in zahlreichen Exzerptheften (Kat. 2).

Mit dem regelmäßigen Besuch der Dresdner Kunstsammlungen ab 1754, wo er zum ersten Mal neben modernen Gemälden (Kat. 10, 11) auch antike Kunstwerke (Kat. 8) zu Gesicht bekam, wuchs sein Interesse für die Kunst und seine Sehnsucht nach einer Kenntnis der griechischen Antike, die sich nicht aus Bücherwissen, sondern aus dem direkten, sinnlichen, empirischen Kontakt zu den »originalen« Kunstwerken speisen sollte. Seine in Dresden verfasste Erstlingsschrift, die *Gedancken über die Nachahmung der Griechischen Wercke in der Mahlerey und Bildhauer-Kunst* (1755; Kat. 25), ist sowohl vom visuellen Kontakt mit den Dresdner Kunstwerken als auch von seinen vielseitigen Lektüren geprägt.

Die Übersiedlung nach Rom am Ende des Jahres 1755 ermöglichte es ihm, seinen Wunsch nach empirischer Sinneserfahrung der Kunst zu erfüllen, und brachte dabei einen Wandel, den er gern als grundlegenden hermeneutischen Bruch darstellte. »Ich habe erfahren«, schrieb er schon im Dezember 1755 in Rom, »daß man halbsehend von Alterthümern spricht aus Büchern, ohne selbst gesehen zu haben« (*Br. 1*, S. 191). Gegen das »falsche«, aus bloßer Büchergelehrsamkeit gewonnene Kunstwissen spielte er von nun an die »wahre«, auf autoptischer Betrachtung beruhende Kunstkenntnis aus. Zu den bevorzugten Zielscheiben seiner Kritik am Bücherwissen gehörten *antiquarii* wie Bernard de Montfaucon (1655–1741), dem er vorwarf, seine gewaltige, mit Tausenden von Abbildungen versehene *Antiquité expliquée et représentée en figures* (1719–1724) »entfernet von den Schätzen der alten Kunst zusammengetragen« zu haben (*GK1*, S. XV; Kat. 4).

Nach wiederholtem Besuch des vatikanischen Cortile del Belvedere begann Winckelmann, die dortigen Statuen auf der Grundlage eigener visueller Erfahrung zu beschreiben. Zu den wichtigen, aus direkter Kunsterfahrung entstandenen Erkenntnissen der Jahre 1755 bis 1758 gehört die Feststellung, dass die meisten antiken »Originale« seit ihrer Wiederentdeckung restauriert worden waren (vgl. Kat. 1) bzw. dass viele bisher als »antik«, »griechisch« oder »römisch« bezeichnete Skulpturen genauer oder neu datiert werden mussten. Diese Beobachtungen brachten ihn dazu, einen historischen Blick auf die Entwicklung der Kunst seit der Antike zu werfen, und regten ihn dazu an, Pläne zu einer Geschichte der antiken Kunst (Kat. 28) zu entwickeln.

Neben dem Sehen spielte ab 1756 auch der Tastsinn – dem damaligen Gebrauch nach auch »Fühlen« genannt – in Winckelmanns sinnlicher Erkundung der antiken Kunst eine wichtige Rolle. Ein privilegiertes Terrain für die Ausübung dieses Sinnesorgans waren für ihn die antiken Gemmen, ganz besonders die 3 444 originalen Intaglien und Pasten sowie die 28 000 Abdrücke von geschnittenen Steinen der Sammlung Stosch (Kat. 6). In einer pädagogischen Programmschrift aus dem Jahr 1763, der *Abhandlung von der Fähigkeit der Empfindung des Schönen in der Kunst und dem Unterrichte in derselben*, wird die außergewöhnliche Fähigkeit von Kardinal Alessandro Albani (1692–1779) erwähnt, »bloß durch Tasten und Fühlen vieler Münzen zu sagen, welchen Kaiser dieselben vorstellen« (*Abhandlung*, KS, S. 218). Wegen ihrer geringen Größe boten sowohl die Gemmen als auch die Münzen die Grundlage für eine Art Geschichte der Kunst im Kleinen, die einen gleichsam greifbaren Überblick über die Entwicklung der Formen gewährleisten konnte.

Die von Winckelmann konstruierte Dichotomie von einerseits buchgestützter und andererseits sinnlicher Erkenntnis der Kunst wurde von der Rezeption übernommen; sie entspricht jedoch nur zum Teil seiner eigentlichen Arbeitsmethode. Auch in Rom hat Winckelmann keineswegs mit der gewohnten Praxis des gelehrten Lesens und Exzerpierens gebrochen. Es sind beide Komponenten, Büchergelehrsamkeit und empirisches Kunstwissen, die die Grundlage seiner Werke bilden. ED

Johann Joachim Winckelmann

Kat. 2

Exzerpte aus: Caylus, Recueil d'antiquités égyptiennes, étrusques, grecques et romaines

7 Bde., Paris: Desaint et Saillant, 1752–1767, hier Bd. 1, 1752, Antiquités romaines, Taf. LXXXIV, Manuskript, o. J.

Bibliothèque Nationale de France, Département des manuscrits, Paris, Sign. Allemand, Bd. 67

(in der Ausstellung gezeigt: Bl. 28 r°)

Kat. 3

Collectanea zu meinem Leben

Manuskript, o. J., Rubiconia Accademia dei Filopatridi, Savignano sul Rubicone, Sign. I - I - II - 70

(nicht in der Ausstellung)

Literatur
Décultot 2004a; Décultot 2014; Schadewaldt 1960

Schon in früher Jugend hatte sich Winckelmann angewöhnt, wichtige Passagen aus den von ihm gelesenen Büchern schriftlich festzuhalten. Diese Exzerpte sammelte er zeitlebens in Heften, die schnell zu einer stattlichen handschriftlichen Bibliothek heranwuchsen. Dieses Magazin von niedergeschriebenen Auszügen, das mehrere tausend Blatt umfasst und heute in verschiedenen deutschen, französischen und italienischen Bibliotheken verstreut ist (Kat. 112), erfüllte zwei zentrale Funktionen: Einerseits diente es Winckelmann als Speicher von Lesefrüchten, andererseits bildete es die Keimzelle seiner eigenen Schreibarbeit. Schon die sorgfältige Ausarbeitung dieser Exzerpthefte weist darauf hin, dass er ihnen eine ganz besondere Bedeutung beimaß. Von Nöthnitz aus, wo seine Exzerptsammlung einen kräftigen Zuwachs erfuhr, schickte er mit Stolz einige dieser Hefte an Freunde, die keinen Zugang zu guten Bibliotheken hatten, und wurde äußerst unruhig, wenn die Rücksendung des kostbaren Gutes zu lange ausblieb (Br. 1, S. 142, 160, 164, 166). Als er 1755 nach Rom zog, waren diese Exzerpte seine wichtigste Ausstattung.

Schenkt man seinen Selbstdarstellungen Glauben, blieb die Lese- und Schreibtätigkeit des Exzerpierens vor allem auf die »deutsche« Phase seines Lebens beschränkt. Nun entspricht die von Winckelmann stilisierte Opposition von vorrömischer textbezogener Gelehrsamkeit und römischem sinnlichen Kunsterlebnis, die von Zeitgenossen und späteren Lesern gern wiederaufgenommen wurde, nicht ganz seiner tatsächlichen Kunsterfahrung und Arbeitsmethode. Zwar brachte für ihn die Übersiedlung nach Rom einen tiefgreifenden Wandel in der Kunstwahrnehmung mit sich, doch brach er in Italien keineswegs mit der Praxis des gelehrten Lesens und Exzerpierens. In der Exzerpiermethode zeichnet sich allerdings eine Entwicklung ab. Im Durchschnitt tendieren die Exzerpte der italienischen Periode dazu, kürzer und thematisch fokussierter zu werden. Bereits ab Mitte der 1750er-Jahre, das heißt vor allem ab der Arbeit an den *Gedancken über die Nachahmung*, diente das Arsenal des Gelesenen, das in der ersten deutschen Phase noch vorwiegend auf die Speicherung von fremden Kenntnissen aus den verschiedensten Wissensbereichen (antike und neuere Literatur, Reiseberichte und Lexikonartikel, Medizin und Naturgeschichte usw.) zielte, ganz offensichtlich immer mehr der Produktion eines eigenen Diskurses. Die Exzerptsammlung wurde zur Schreibfabrik.

Bei Winckelmann hat das Exzerpieren sicherlich einen wichtigen Grund in der sozialen Herkunft. In seiner Sammlung von Exzerpten fand der einfache Schustersohn das Surrogat jener prachtvollen Büchersammlungen, die er selbst nie anschaffen konnte. Doch jenseits solcher soziologischen Determinierungen wirkt beim Exzerpieren etwas mit, was mit der innerlichsten Beziehung zum Gelesenen zu tun hat. Davon zeugt eine besondere Sammlung von Exzerpten, die Winckelmann 1767, ein Jahr vor seinem gewaltsamen Tod, verfasst hat und mit dem aufschlussreichen Titel *Collectanea zu meinem Leben* versah (vgl. Br. 4, S. 154–163). Mit Hilfe unkommentierter Exzerpte aus hauptsächlich antiken Autoren, die er seinem immensen Exzerptmagazin entnahm, stellte er eine Liste von sentenzartigen Sätzen zusammen, die allem Anschein nach als Reflex des eigenen Lebenswegs bzw. als Losungen für die zukünftige Existenz fungieren sollten. In dieser Schrift besonderer Art gibt es so gut wie kein Wort von Winckelmann selbst. Seine schweren Jugendjahre beschreibt er mit den Worten Ovids; eine Passage von Sallust dient ihm zur Schilderung seiner zahlreichen Reisen. Aus dem Zusammenflicken »fremder« Zitate ist eine Art Selbstporträt entstanden. An den *Collectanea zu meinem Leben* wird deutlich, dass das Extrahieren von Zitaten aus Werken anderer Autoren eine quasi existenzielle Bedeutung für Winckelmann besaß. Schon das Exzerpieren fremder Texte war ihm ein Schreiben über sich selbst. ED

Kat. 4

Bernard de Montfaucon (1655–1741)
L'Antiquité expliquée et représentée en figures

5 Bde. (in 10 Teilbd.), Paris: Florentin Delaulne et al., 1719

(Supplément au livre L'antiquité expliquée et représentée en figures, Paris: Florentin Delaulne et al., 5 Bde., 1724)

Klassik Stiftung Weimar, Herzogin Anna Amalia Bibliothek, Sign. Th O 1 : 1 (a–o)

(in der Ausstellung gezeigt: Bd. 1, Taf. XLIX)

Literatur
Bickendorf 1998, S. 123–223; Décultot 2010; Gasnault 1997; Hurel/Rogé 1998; Hurley 2000; Vaiani 2001

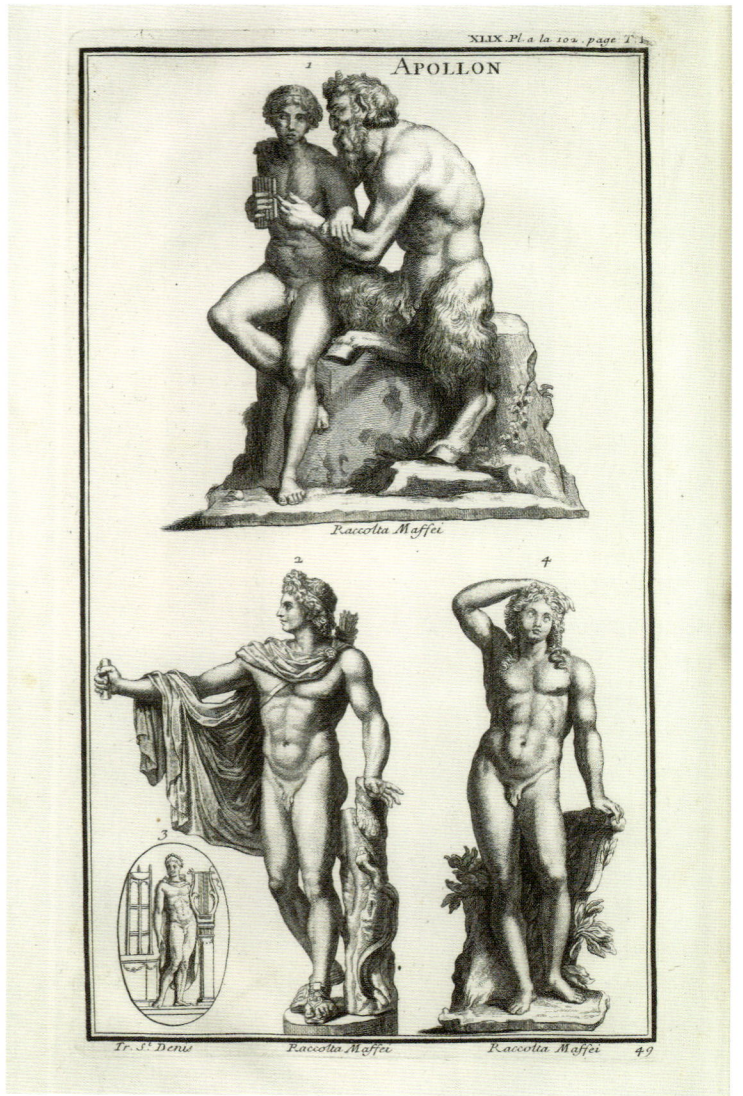

Von seiner Übersiedlung nach Italien an spielte Winckelmann gern das Sehen gegen das Lesen aus – eine Gegenüberstellung, die es ihm erlaubte, sich von der bloß »büchergelehrten« antiquarischen Wissenschaft abzugrenzen. Eine seiner bevorzugten Zielscheiben unter den *antiquarii* war der französische Benediktiner Bernard de Montfaucon, der – so Winckelmann – seine gewaltige *Antiquité expliquée et représentée en figures* hauptsächlich auf der Grundlage von Stichen und Zeichnungen aus zweiter Hand verfasste (*GK1*, S. XV). Dass sich Montfaucon von 1698 bis 1701 in Rom zur Vorbereitung seiner *Antiquité expliquée* aufgehalten hatte, wie er selbst in der Vorrede angab, muss Winckelmann gewusst haben, da er dieses Werk nachweislich exzerpiert und für seine eigenen Schriften ausgewertet hat.

Das zehnbändige, 1719 erschienene und 1724 um weitere fünf Bände ergänzte Werk Montfaucons ist das größte Bilderkompendium zur antiken Welt im 18. Jahrhundert. Mit seinen etwa 1 120 Kupferstichtafeln, auf denen zwischen 30 000 und 40 000 Objekte reproduziert sind, bildete es bis ins 19. Jahrhundert hinein die Hauptquelle zum dreidimensionalen Erbe der Antike. Mit diesem gewaltigen Bildmaterial sollte die antike Welt in ihrer Gesamtheit – Religion, Sitten, Handwerk usw. – rekonstruiert und dargestellt werden. Herausragend ist das Werk auch wegen seines epistemologischen Ansatzes. Montfaucon schreibt den Bildern die zentrale Funktion zu, eine »stumme Geschichte« (»histoire muette«) zu erzählen, die in den antiken Texten nicht zu finden sei (Bd. 1,1, S. X). Seine *Geschichte der Kunst*, die sich an einem stilgeschichtlichen Entwicklungsmodell orientierte, stellte Winckelmann nachdrücklich als kritische Alternative zur antiquarischen Tradition dar. Die mit Montfaucon geteilte Aufmerksamkeit auf die Materialität der Artefakte und die beiden Autoren gemeinsame Auffassung dieser Artefakte als Produkte der Kulturgeschichte fordern allerdings dazu auf, diese Abgrenzung zu hinterfragen und vielmehr die Kontinuität von antiquarischer Wissenschaft, Archäologie und Kunstgeschichte ins Auge zu fassen. ED

Kat. 5

Anne Claude Philippe de Thubières
Comte de Caylus (1692–1765)

**Recueil d'antiquités égyptiennes,
étrusques, grecques et romaines
[ab Bd. 3: et gauloises]**

7 Bde., Paris: Desaint et Saillant et al., 1752–1767

Klassik Stiftung Weimar, Herzogin Anna Amalia
Bibliothek, Sign. 4° XXXIX : [pr] e–l

(in der Ausstellung gezeigt: Bd. 1, Taf. LXXXIV)

Literatur
Décultot 2004b; Gaehtgens 1985; Rees 2006;
Rocheblave 1889

Nach einer kurzen militärischen Laufbahn und einigen Reisen nach Italien, Griechenland und in die Levante begann der Comte de Caylus ab den 1720er-Jahren, eine Antikensammlung aufzubauen. Aus dem Wunsch, die einzelnen Objekte dieser Sammlung genau zu beschreiben und zu untersuchen, ist sein Hauptwerk, der *Recueil d'antiquités*, entstanden, der als Vorläufer und als kritische Alternative zu Winckelmanns *Geschichte der Kunst des Alterthums* betrachtet werden kann. Zur Verbreitung von Winckelmanns Schriften in Frankreich trug Caylus unter anderem als Initiator und Förderer der Übersetzung seines *Sendschreibens von den Herculanischen Entdeckungen* (Winckelmann 1764) bei. Jedoch verhehlte er seine Bedenken gegenüber dessen historiografischem Unternehmen nicht (vgl. oben, S. 49f.). Auch Winckelmann beobachtete die antiquarischen Forschungen seines französischen Zeitgenossen mit gemischten Gefühlen. In seinen Schriften verwies er regelmäßig auf Caylus' *Recueil* (*GK1*, S. 52, 73), den er sorgfältig gelesen hatte. Den hier abgebildeten Kopf einer Kybele-Priesterin hat er in seinen Exzerpten nachgezeichnet (Kat. 2). Allerdings zögerte er auch nicht, dessen Irrtümer hervorzuheben; Caylus habe etwa eine Kopie des Fälschers Giuseppe Guerra für ein antikes Original gehalten (*SN 2,1*, S. 87): »Herr Graf Caylus irret, denn er weiß nicht genug.« (*Br. 2*, S. 182)

Epistemologisch standen sich die beiden Gelehrten aufgrund ihrer gemeinsamen empiristischen Überzeugung nahe, dass das Objekt die erste Quelle des Wissens und die Autopsie die Grundlage jeder Erschließungsarbeit sein sollte. Darüber hinaus verband sie der Ehrgeiz, die beschriebenen Antiken mit Sinn für das Schöne als Werke der »Kunst« zu betrachten. Allerdings unterscheiden sich beide Autoren hermeneutisch stark voneinander: Caylus unterstrich gern den wesenhaft fragmentarischen Charakter der ausgegrabenen Denkmäler der Antike, der wiederum nur in der fragmentarischen, kumulativen Form der Sammlung (»Recueil«) angemessen dargestellt werden könne. Winckelmanns vollständiger Übersicht über die historische Entwicklung der Kunst bei allen Völkern und durch alle Epochen der Antike hindurch begegnete er mit Skepsis. ED

Kat. 6

Johann Joachim Winckelmann
Description des pierres gravées du feu baron de Stosch

Florenz: Bonducci, 1760

Klassik Stiftung Weimar, Herzogin Anna Amalia Bibliothek, Sign. Num 398

Literatur
Agostini 1657–1669; Décultot 2012; Heringa 1976; Mariette 1750; Pomian 2000; Rave 1957; Stosch 1724; Goorle 1601; Zazoff 1983; Zazoff/Zazoff 1983

Die 1760 in Florenz erschienene und auf Französisch verfasste *Description des pierres gravées du feu baron de Stosch* nimmt eine ambivalente, dafür aber wichtige Position in Winckelmanns Gesamtwerk ein. Sowohl von ihrem Gegenstand als auch von ihrer Gestaltung her lässt sich die *Description* einerseits problemlos in die alte antiquarische Tradition der Gemmenkunde einordnen. Andererseits weicht sie in einzelnen Aspekten von dieser Tradition ab, indem sie das Terrain der bloßen Beschreibung einzelner Gemmen immer wieder verlässt, um Ansichten zur Beschaffenheit des Schönen überhaupt, zur Entwicklung der Kunst in der gesamten Antike oder zur stilistischen Klassifizierung der Kunstwerke zu unterbreiten. So zeichnen sich hier erstmals zentrale Denkfiguren ab, die Winckelmann später in der *Geschichte der Kunst des Alterthums* (1764) ausarbeiten wird.

Entstanden ist die *Description* aus dem freundschaftlichen Verhältnis Winckelmanns zu Philipp von Stosch (1691–1757). Berühmt war der in Küstrin gebürtige Baron vor allem als Besitzer einer Sammlung antiker Gemmen, die mit ihren 3 444 Intaglien und Pasten eine der umfangreichsten ihrer Zeit war. Zu diesen originalen oder als original geltenden Gemmen kamen noch 28 000 Abdrücke von geschnittenen Steinen aus zahlreichen europäischen Gemmenkabinetten, die Stosch zum Teil selbst angefertigt hatte (Kat. 149). 1724 publizierte er nach jahrelangen Vorarbeiten auf Latein und Französisch seine *Gemmae antiquae caelatae* (Stosch 1724), die als wichtiger Beitrag zur Gemmenkunde begrüßt wurden. Kurz nach Winckelmanns Ankunft in Rom entwickelte sich ein reger Briefverkehr zwischen den beiden Landsleuten. Allerdings verlief diese briefliche Beziehung von vornherein nicht unkritisch. So kam Winckelmann Anfang 1758 in einem privaten Brief zu dem Schluss, dass Stosch »niemahls das Schöne in der Kunst kennen lernen« konnte, »weil ihn die Seuche der übrigen Antiquitäts-Krämer zu zeitig verdorben« habe (*Br. 1*, S. 330).

Trotz dieser grundlegenden Differenzen nahm Stosch Winckelmann unter seinen Schutz, empfahl ihn bei Kardinal Alessandro Albani, der ihn später als Sekretär in Dienst nahm, und bestimmte ihn vor allem zum Herausgeber des Katalogs seiner Sammlung von geschnittenen Steinen, die er als sein Lebenswerk betrachtete. Kurz nach seinem Tod im November 1757 lud Stoschs Neffe, Heinrich Wilhelm Muzell-Stosch (1723–1782), Winckelmann nach Florenz ein, um diesen Katalog zu erstellen. Deutliche Absicht des jungen Erben war, das Gemmenkabinett zu einem möglichst hohen Preis zu verkaufen. Für die beträchtliche Summe von 30 000 Talern sollte Friedrich der Große 1764 die Sammlung Stosch erwerben, die heute noch einen zentralen Bestandteil des Gemmenbestandes der Antikensammlung Berlin bildet.

Zu den Standardwerken der Gemmenkunde – etwa Abraham Gorlaeus' *Dactyliotheca* (Goorle 1601), Leonardo Agostinis *Gemme antiche* (Agostini 1657–1669) oder Pierre-Jean Mariettes *Traité des pierres gravées* (Mariette 1750) – unterhält Winckelmanns *Description* eine doppeldeutige Beziehung. Ausdrücklicher Hauptzweck seiner Schrift war es zunächst, den Katalog einer reichen privaten Sammlung von geschnittenen Steinen aufzustellen, um deren vornehmlich historischen und damit auch finanziellen Wert zu zeigen. In der Vorrede hebt Winckelmann die Qualität einzelner Steine oder Glaspasten hervor. Allerdings werden solche Prunkstücke von ihm nicht nur als antiquarische Raritäten behandelt, sondern zugleich als aufschlussreiche Dokumente zur Wesensbestimmung der antiken Kunst. Damit übernimmt Winckelmann eine hermeneutische Position, die von der früheren antiquarischen Tradition abweicht. Hauptzweck der *Description* sei nicht die bloße Beschreibung einzelner Steine, sondern auch die »Kenntnis der Kunst« überhaupt (»la Connoissance de l'Art«, S. IX). Allerdings könne nur derjenige dieses Ziel erreichen, der »Sinn für das Schöne« (»le sentiment du beau«) und für die Unterscheidung der »Manieren« (»manières«) einzelner antiker Völker und Epochen besitze (S. IX–XI) – zwei Themen, die die *Geschichte der Kunst* unmittelbar vorwegnehmen. ED

DESCRIPTION
DES PIERRES GRAVÉES
DU FEU
BARON DE STOSCH
DEDIÉE
A SON EMINENCE
MONSEIGNEUR LE CARDINAL
ALÉXANDRE
ALBANI
PAR M. L' ABBÉ WINCKELMANN
BIBLIOTHECAIRE DE SON EMINENCE.

A FLORENCE MDCCLX.
Chez ANDRÉ BONDUCCI.

AVEC APPROBATION DES SUPERIEURS.

Kat. 7

Numophylacium Schulzianum (Münzsammlung Johann Heinrich Schulze)

Martin-Luther-Universität Halle-Wittenberg, Archäologisches Museum

a) Thrakien, Insel Thasos, um 146 v. Chr., Tetradrachmon, Slg. Schulze, Inv. 1479

Vorderseite: Kopf des Dionysos von einem Efeukranz mit Korymben bekränzt und Stirnbinde n. r.

Rückseite: ΗΡΑΚΛΕ ΥΣ – ΣΩΤΗΡ Σ – ΘΑΣΙΩΝ, l. i. Feld Monogramm; Herakles steht frontal, den Kopf nach l. gewendet und stützt die r. Hand auf seine Keule, das Löwenfell trägt er über dem l. Unterarm, im inneren Feld Monogramm: M

Silber, D. 32 mm, 16,39 g; Stempelstellung: 12 Uhr

b) Philipp II., »Barbarische Nachprägung«, 359–336 v. Chr., Tetradrachmon, Slg. Schulze, Inv. 1046

Vorderseite: Kopf des Zeus n. r.

Rückseite: Reiter n. l.

Silber, D. 23 mm, 12,15 g; Stempelstellung: 11 Uhr

c) Philipp II., 359–336 v. Chr., Tetradrachmon, Slg. Schulze, Inv. 1036

Vorderseite: Kopf des Zeus mit Lorbeerkranz n. r.

Rückseite: ΦΙΛΙΠ – [ΠΟΥ]. im Feld unter dem Pferd Monogramm: Λ / T – E. Jüngling mit Palmzweig zu Pferd n. r. reitend; Perlkreisrand

Silber, D. 24 mm, 14,05 g; Stempelstellung: 7 Uhr

d) Lysimachos von Thrakien, 297–281 v. Chr., Tetradrachmon, Slg. Schulze, Inv. 1088

Vorderseite: Kopf des vergöttlichten Alexander d. Gr. mit Diadem und Ammonshorn n. r.

Rückseite: ΒΑΣΙΛΕΩΣ – ΛΥΣΙΜΑ Υ, r. i. Feld Monogramm: Δ /Strich: Athena l. sitzend. Sie stützt sich mit dem l. Arm auf ein Rundschild, an ihrer Schulter lehnt eine Lanze und sie hält in der vorgestreckten r. Hand eine den Namen bekränzende Nike.

Silber, D. 28 mm, 16,92 g; Stempelstellung: 12 Uhr

e) Athena, 479–393 v. Chr., Tetradrachmon, Slg. Schulze, Inv. 3

Vorderseite: Kopf der Athena mit attischem Helm n. r., am Helm drei Lorbeerblätter

Rückseite: ΑΘΕ, Eule stehend n. r., der Kopf frontal; o. l. Olivenzweig, darunter eine Mondsichel, Quadratum incusum

Silber, D. 24 mm, 16,79 g; Stempelstellung: 7 Uhr

f) Syrakus, 485–465 v. Chr., Tetradrachmon, Slg. Schulze, Inv. 944

Vorderseite: Biga n. r. mit Wagenlenker im Schritt n. r.; darüber fliegend Nike n. r., um einen zurückgeworfenen Pferdekopf mit der Siegesbinde zu bekränzen

Rückseite: ΣVRAK – ΣΙ – N, Kopf der Arethusa n. r. mit Perlenkette und Perlband im Haar; darum vier Delphine gleichmäßig im Uhrzeigersinn verteilt

Silber, D. 24 mm, 17,29 g; Stempelstellung: 7 Uhr

Literatur
Agnethler 1750–1752; Justi 1898; Kaiser/Völker 1980; Schulze 1738; Zimmermann 1995; Zimmermann 2007; Zimmermann/Löhr 2013

Im Archäologischen Museum der Martin-Luther-Universität Halle-Wittenberg wird eine Münzsammlung aufbewahrt, die eine immense Bedeutung für die Herausbildung der Numismatik als universitäre Disziplin im Zusammenhang der deutschen Aufklärung hat. Die Vorlesungen über »Die griechischen und römischen Altertümer nach antiken Münzen«, die der Begründer der Altertumsforschung an der Universität Halle, der Philologe und Mediziner Johann Heinrich Schulze (1687–1744), abhielt, stellen deren Geburtsstunde dar.

Gemäß dem Kunsthistoriker und Winckelmann-Biografen Carl Justi (1832–1912) begann Schulze mit dieser Münzsammlung, nachdem ihm ein Student aus Siebenbürgen 1734 ein Tetradrachmon von der thrakischen Insel Thasos zum Geschenk gemacht hatte (Kat. 7a). Die bürgerliche Gelehrtensammlung Schulzes wuchs schnell an. Nach Justi umfasste sie schließlich »zweitausend römische Kaisermünzen und etwa 340 römische Familienmünzen; 140 griechische und einige barbarische Stücke« (Justi 1898, Bd. 1, S. 53), beispielsweise die »barbarische Nachprägung« (so Alexander Conze in seinem handschriftlichen Museumskatalog der Sammlung) einer von Philipp II. emittierten makedonischen Münze aus dem 4. Jahrhundert v. Chr. (Kat. 7b). Nach Schulze präsentierte auch dessen berühmter Nachfolger Friedrich August Wolf (1759–1824), der von 1789 bis 1807 in Halle lehrte, in seinen Vorlesungen zu den Altertumswissenschaften Münzen aus der Sammlung; im Jahr 1803 studierte selbst Goethe die berühmte Schulzische Münzsammlung.

Am 24. April 1738 immatrikulierte sich Winckelmann an der *Alma Mater Halensis* und studierte dort zwischen 1738 und 1740 ohne allzu großes Interesse vier Semester lang evangelische Theologie. An sich hätte ein Studium der Alten Sprachen nahe gelegen, doch gab es das Fach der Klassischen Philologie damals noch an keiner deutschen Universität. Aus dem Kollegienverzeichnis wissen wir, dass Winckelmann etwa Vorlesungen über Ästhetik bei dem berühmten Philosophen Alexander Gottlieb Baumgarten (1714–1762) hörte. Zweifellos war die von solchen Bildungserlebnissen erfüllte Hallenser Zeit intellektuell prägend für den jungen Winckelmann. In der Forschung wird angenommen, dass er in Halle auch Lehrveranstaltungen von Schulze besucht hat, in denen antike Münzen aus dessen Sammlung behandelt wurden. In der Vorlesungsankündigung zum Sommersemester 1738 heißt es dazu: »Privatim aber will er [Schulze, S. L.] nach Anleitung der alten Münzen, die vorgezeigt werden sollen, die Griechischen und Römische Antiquitäten erklären« (Kaiser/Völker 1980, S. 34).

Münzen und Gemmen galt Winckelmanns Forschungsinteresse auch in den späteren römischen Jahren. Sein Wissen etwa zur antiken Porträtkunst resultierte wesentlich aus der Kenntnis antiker Münzen: Darstellungen hellenistischer Herrscher, etwa von makedonischen Königen wie Philipp II. und dessen Sohn Alexander dem Großen oder auch von Lysimachos von Thrakien boten ihm eine Vorstellung darüber, wie namhafte Männer in der griechisch-hellenistischen Kunst dargestellt wurden (Kat. 7c, 7d). Auch Beobachtungen zu früheren griechischen Stilepochen

könnten durchaus durch Münzprägungen angeregt worden sein, die man in Halle studieren konnte. Dafür würde der archaische Kopf der Athena auf der Tetradrachme aus Athen ebenso in Betracht kommen (Kat. 7e) wie der zum »Strengen Stil« gehörende Kopf der Arethusa aus Syrakus (Kat. 7f).

Als Winckelmann bereits im Februar 1740 die Universität Halle wieder verließ, basierten seine Kenntnisse über die antike Kunst also nicht mehr allein auf Stichwerken des 17. und 18. Jahrhunderts. Vielmehr hatte ihm die eingehende Anschauung originaler Werke der *artes minores*, wobei es sich neben originalen Münzen auch um Abgüsse von Gemmen gehandelt haben dürfte, zahlreiche Möglichkeiten geboten, seinen Blick zu schulen. Allem Anschein nach wurde also bereits in Halle der Grund für Winckelmanns methodisch folgenreiche Forderung nach der Autopsie antiker Kunstwerke gelegt. SL

Zugänge zur Antike

Kat. 8

Weibliche Bildnisstatue aus dem Theater von Herculaneum, sog. Große Herkulanerin

Römische Marmorkopie aus der Mitte des 1. Jh. n. Chr. nach einem Vorbild der Zeit um 330–320 v. Chr., Marmor, H. 203 cm

Staatliche Kunstsammlungen Dresden, Skulpturensammlung, Inv. Hm 326

Gipsabguss: Klassik Stiftung Weimar, Museen, Inv. KPl/01072

Abgebildet: Original Dresden

Literatur
Dähner 2008

Still, groß und edel – so steht die *Große Herkulanerin* auch 260 Jahre nach Winckelmanns bedeutungsvoller Betrachtung noch vor uns. Eine elegante Frau – eingehüllt in ein Meer aus Stoff. In großer Manier sind feingefälteter Chiton und üppiger Mantel um den Körper drapiert. Über den leicht geneigten Kopf mit der delikaten Melonenfrisur legt sich der Mantel und rahmt das idealschöne Gesicht. Außer dem anmutigen Antlitz schauen nur die nackten Hände und Füße aus den Stoffmengen hervor. Zwischen weich fallenden und gespannten Partien entsteht ein spannungsreiches Spiel der Gewänder, das den Körper betont und die weibliche Silhouette gekonnt in Szene setzt. Körperhaltung und Gesichtsausdruck lassen die Frau wie in ein Gespräch versunken, beobachtend oder abwartend erscheinen. In dieser Charakterisierung von weiblicher Zurückhaltung, die dennoch Würde und Ansehen zum Ausdruck bringt, liegt der besondere Reiz dieser Bildnisstatue.

Gefunden wurde sie einst mit zwei weiteren Gewandstatuen im Bereich des Theaters der 79 n. Chr. durch den Vesuvausbruch zerstörten Stadt Herculaneum. Ihre Auffindung im Jahr 1710 oder 1711 war der Anlass zu weiteren Grabungen und somit zur Wiederentdeckung der verschütteten Stadt. Schon kurze Zeit später, 1713, gelangten die drei Herkulanerinnen nach Wien, wo sie zunächst das neu errichtete Belvedere des Prinzen Eugen von Savoyen schmückten und schließlich 1736 von dessen Erben an Kurfürst Friedrich August II. (August III. König von Polen) nach Dresden verkauft wurden. Seitdem waren sie an unterschiedlichen Orten innerhalb der Stadt aufgestellt.

Die *Herkulanerinnen* zählen nicht nur wegen ihrer Fundgeschichte zu den berühmtesten antiken Statuen, sondern vor allem aufgrund ihrer rühmenden Hervorhebung durch Winckelmann. In seinen epochemachenden *Gedancken über die Nachahmung der Griechischen Wercke in der Mahlerey und Bildhauer-Kunst* von 1755 preist er die »drey Vestalen« (*Gedancken1, KS*, S. 16) als »grosse Meisterstücke der Griechischen Kunst« (ebd., S. 17), die – ebenso wie die *Laokoon*-Gruppe – eine nahezu sprichwörtlich gewordene »edle Einfalt, und eine stille Grösse, so wohl in der Stellung als im Ausdruck« kennzeichnet (ebd., S. 19). Aber nicht nur der Ausdruck, der »bey allen Leidenschaften eine grosse und gesetzte Seele« zeigt (ebd.), sondern vor allem auch die Kunst der Draperie ruft bei Winckelmann eine beinahe religiöse Verehrung hervor. Er bezeichnet die Fertigkeit, den Körper unter wirkungsvoll angeordneten und virtuos ausgearbeiteten Gewandfalten sichtbar zu machen, als Wissenschaft, die »nach der schönen Natur, und nach dem edlen Contour, der dritte Vorzug der Wercke des Alterthums« ist (ebd., S. 18).

Dass Winckelmann die Dresdner Antiken hoch schätzte, wissen wir aus seiner *Abhandlung von der Fähigkeit der Empfindung des Schönen*, in der er sich zugleich darüber beschwert, dass er »das Vorzüglichste von Schönheit nicht angeben [kann], weil die besten Statuen in einem Schuppen von Brettern, wie die Heringe gepacket, standen, und zu sehen, aber nicht zu betrachten waren« (ebd., S. 20). Obwohl gerade die drei *Herkulanerinnen* bequemer gestellt waren, verfasste er seine Werkbeschreibung nach »sehr fleißigen Abgüssen in Gips« (*Br. 1*, S. 172). Winckelmanns Würdigung der Statuen und seiner weitreichenden Analyse tat dies keinen Abbruch. Im Gegenteil – die ihnen beigemessene Bedeutung innerhalb der *Geschichte der Kunst* spielte eine zentrale Rolle für die Entstehung des europäischen Klassizismus und der Kunstgeschichtsschreibung. Dadurch umgibt die Dresdner Statuen eine Aura der Einzigartigkeit, obgleich der nach ihnen benannte Typus sowohl der *Großen* als auch der *Kleinen Herkulanerin* alles andere als einmalig ist: Über das gesamte Mittelmeergebiet verteilen sich die Fundorte einer großen Anzahl römischer Kopien. Mit ihrer Aufstellung im öffentlichen Raum veranschaulichten die als Porträts verwendeten Ehrenstatuen ein ideales Frauenbild. Eine ähnlich positive Bedeutung wurde vermutlich schon dem griechischen Original beigemessen. Mit dem wohl um 330 bis 320 v. Chr. geschaffenen Vorbild stellte der Künstler Bescheidenheit, Anstand und Würde einer ehrbaren Frau so meisterhaft dar, dass damit ein zeitloser Klassiker entstand, der fast die gesamte Antike hindurch modern blieb, später Winckelmann schwärmen ließ und auch den heutigen Betrachter noch staunen lässt. SW

Kat. 9

Johann Joachim Kaendler (1706–1775)
Tanzende Gärtnerin

Um 1750, Königlich-Sächsische Porzellan-Manufaktur Meissen, Porzellan, H. 19 cm

Klassik Stiftung Weimar, Museen, Inv. A 1078

Literatur
Berling 1900, S. 107, Fig. 156; Völkel 2009, S. 19–28; Walcha 1973, S. 90ff.

Die unmittelbare Natürlichkeit und Heiterkeit, die das tanzende Mädchen in ihrer Bewegung ausstrahlt, trägt die deutliche Handschrift von Johann Joachim Kaendler. Der Modellmeister der figürlichen Meissener Porzellanplastik setzte durch seine naturalistischen Entwürfe europaweit Maßstäbe und modellierte die Tänzerin um 1750 ganz im Stil des französischen Rokoko. Die junge Frau dreht sich um die eigene Achse und schwingt fröhlich ihr linkes Tanzbein. Der rechte Arm ist anmutig erhoben, während der linke Handrücken auf ihrer Hüfte ruht. Der zartrosa Rock und die bunt geblümte Schürze schwingen um ihre Beine, wodurch die lebendige, heitere Bewegungsdynamik der Szene betont wird. Der Ausdruck beschwingter Bewegung und Heiterkeit wird untermalt durch die kecke weiße Feder, die ihr blaues Haarband ziert.

Während die Zeit bis 1750 noch geprägt war durch kräftige, barocke Entwürfe, modellierte Kaendler in der zweiten Hälfte des 18. Jahrhunderts dem Zeitgeschmack entsprechend zierlichere und graziösere Werke im Stil des Rokoko. Damit stand seine Interpretation der Figuren in der Kritik von Winckelmann, der sich zur gleichen Zeit in Dresden aufhielt und von solchen Porzellanfiguren ständig umgeben war. Er tadelte die pathetische Ausdrucksweise des Barock und die verspielte Bewegtheit des Rokoko als künstlerisch minderwertig: »Das mehrste Porcellan ist in lächerlichen Puppen geformt, wodurch der daraus erwachsene kindische Geschmack sich allenthalben ausgebreitet hat«, schreibt Winckelmann im ersten Kapitel seiner *Anmerkungen über die Geschichte der Kunst des Alterthums* (*AGK*, S. 8). Als Verfechter eines neuen, klassisch-antiken Kunstverständnisses verurteilte er die überladenen, farbigen und lebendigen Formen des Barock und Rokoko zu einer Zeit, als diese in höchster Blüte standen, und hielt ihnen die »edle Einfalt« und »stille Grösse« der antiken Meisterwerke entgegen. Klare, strenge, statuarische Entwürfe als Ausdruck einer idealisierenden Naturform stehen dem vielseitig-bewegten Figurenaufbau gegenüber. Unter dem Einfluss des sich verbreitenden Klassizismus löste sich in der Folgezeit auch die Porzellanplastik der Meissener Porzellan-Manufaktur vom stilprägenden Einfluss des Barock und orientierte sich zunehmend am klassizistischen Formenprogramm. CI

» DIE REINSTEN QVELLEN DER KUNST SIND GEÖFFNET: GLÜCKLICH IST, WER SIE FINDET UND SCHMECKET. DIESE QVELLEN SUCHEN, HEISST NACH ATHEN REISEN; UND DRESSDEN WIRD NUNMEHRO ATHEN FÜR KÜNSTLER. «

(J. J. WINCKELMANN, GEDANCKEN ÜBER DIE NACHAHMUNG, 1755)

Kat. 10
Louis Castelli (1805–1849)
Kopie nach Raffaels Sixtinischer Madonna

1847, Öl auf Leinwand, 160 × 118 cm

Lindenau-Museum, Altenburg, Inv. 6045

Literatur
Ausst.-Kat. Dresden 2012; Best.-Kat. Aachen 2008, S. 40–49, 114–116; Best.-Kat. Altenburg 2015, S. 8f., Abb. S. 8; Henning 2012; Osterkamp 2015; Pfotenhauer/Bernauer/Miller 1995, S. 355, 371, 379, 383, Anm. 21, 43

In Winckelmanns Erstlingsschrift, den *Gedancken über die Nachahmung der Griechischen Wercke in der Mahlerey und Bildhauer-Kunst* von 1755 (Kat. 25), erfuhr Raffaels 1753 für die Dresdner Gemäldegalerie angekaufte Altartafel die früheste Würdigung in der deutschen Kunstliteratur: »Mit seiner Beschreibung hatte Winckelmann […] das Werk Raffaels insgesamt und das Dresdner Bild im besonderen zum zentralen Paradigma künstlerischer Geschmacksbildung in Deutschland erhoben.« (Osterkamp 2015, S. 45) Dem damals noch weitgehend unbekannten Gemälde, das in der Wertschätzung des Hofes zu diesem Zeitpunkt noch hinter Correggios *Heiliger Nacht* stand, widmete Winckelmann einen enthusiastisch formulierten Absatz und nahm für sich in Anspruch, dass selbst der sächsische König daraufhin »mit verklärten Augen« es zu sehen angefangen habe (an Nolte, 3. Juni 1755, *Br. 1*, S. 173). Weiterhin rühmte er sich, mit seiner Schrift die Vorzüglichkeit der Antiken und Raffaels allgemein »zuerst ins Licht gesetzt« zu haben (an Berendis, 4. Juni 1755, *Br. 1*, S. 176). Für Winckelmann bedeutete das Gemälde ein mustergültiges Zeugnis dafür, wie neuzeitliche Künstler durch die Nachahmung der Antike selbst unnachahmlich werden könnten. Die in seiner Schrift entwickelten und zum Vorbild erhobenen ästhetischen Kategorien des beherrschten Ausdrucks und des beruhigten Kontors bei den antiken Statuen fand er in Raffaels Gemälde wieder: »Sehet die Madonna mit einem Gesichte voll Unschuld und zugleich einer mehr als weiblichen Grösse, in einer seelig ruhigen Stellung, in derjenigen Stille, welche die Alten in den Bildern ihrer Gottheiten herrschen liessen. Wie groß und edel ist ihr gantzer Contour!« (*Gedancken1*, *KS*, S. 46) Zugleich seien »die edle Einfalt und die stille Grösse der griechischen Statuen« Eigenschaften, »welche die vorzügliche Grösse eines Raphaels machen« (*Gedancken1*, *KS*, S. 45).

Nach Jahrzehnten der weitgehenden Nichtbeachtung erfuhr die Dresdner Madonna ausgehend von der literarischen Wiederentdeckung durch den Kreis der Frühromantiker im Verlauf des 19. Jahrhunderts eine emotionale Auflading. Erst sie brachten die bei Winckelmann eher als Seitenthema anklingende Glorifizierung Raffaels als gottgleichem Künstler prominent zur Entfaltung (vgl. Osterkamp 2015, S. 45). Jenseits der Flut an Reproduktionen und seriellen kunstgewerblichen Artikeln nahmen die Gemäldekopien des zum säkularen Kultbild avancierten Gemäldes jedoch eine besondere Stellung ein, da sie aufwendig herzustellen und begehrte Substitute für die großen königlichen Bildergalerien waren. Da außerdem die Kopiertätigkeit weiterhin einen wichtigen Bestandteil des akademischen Unterrichts bildete, wurde, um die Nachfrage zu regulieren, für die *Sixtinische Madonna* ab 1837 nur noch alle zwei Jahre eine Kopiergenehmigung erteilt (vgl. Best.-Kat. Aachen 2008, S. 116). Der Auftraggeber der hier ausgestellten Kopie, der berühmte Kunstförderer, Astronom und Politiker Bernhard August von Lindenau (1779–1854), verfügte hingegen aufgrund seiner ehemaligen Tätigkeit im sächsischen Staatsdienst über entsprechende Kontakte, um für den in Dresden ansässigen Maler Louis Castelli im Jahr 1847 eine Genehmigung zu erlangen. Die für Lindenau angefertigte *Sixtinische Madonna* reiht sich ein in seine Sammlung von Gemäldekopien, vornehmlich nach italienischen Meistern wie Leonardo, Tizian oder Correggio und weiteren Raffael-Werken. Zusammen mit den anderen Teilen seiner Kunstsammlung – Gipsabgüsse nach Antiken, antike Keramiken und Reproduktionsgrafiken – sollten die Gemäldekopien als beispielhafte Studienobjekte und Vorbilder zu einer im klassizistischen Sinne ästhetischen Erziehung beitragen, um »eine höhere, geläuterte Bildung des Geschmacks zu erhalten« (Best.-Kat. Altenburg 2015, S. 10). Parallel dazu baute Lindenau zur Verbesserung des Kunstverständnisses eine auf kunsthistorischer Literatur basierende Spezialbibliothek auf, in der auch die zweite Auflage von Winckelmanns *Monumenti antichi inediti* (1821) und die von Carl Ludwig Fernow herausgegebene Ausgabe von dessen *Werken* (1808–1825) standen. BW

Kat. 11
Gerard de Lairesse (1641–1711)
Antiochos und Stratonike

1676, Öl auf Leinwand, 88,5 × 103,5 cm, sign.
l. an der Tischplatte: »G. Lairesse inv. f. 1676«

Staatliche Kunsthalle Karlsruhe, Inv. 241

Literatur
Ausst.-Kat. Karlsruhe 2015, Malereikabinett Nr. 120, S. 176f., 350–352; Pfotenhauer 1995; Pfotenhauer/Bernauer/Miller 1995; Valk 2002

Das Gemälde *Antiochos und Stratonike* von Gerard de Lairesse würdigt Winckelmann in seinem 1756 publizierten *Sendschreiben über die Gedanken von der Nachahmung der griechischen Werke in der Malerey und Bildhauerkunst* eingehend durch eine ausführliche Beschreibung. Wie unter anderem bei Plutarch erzählt, ist der Königssohn Antiochos aus unerfüllter Liebe zu seiner Stiefmutter Stratonike ernsthaft erkrankt. Auf Anraten des Arztes und aus väterlicher Sorge verzichtet König Seleukos nicht nur auf seine Gattin, sondern übergibt dem Sohn auch das Königreich.

Lairesse schildert die dramaturgisch komplexe und moralisch heikle Situation, wie Stratonike in Gegenwart ihres Gatten dem Liebhaber zugeführt wird und dieser sich zwischen mattem Bangen und ungläubigem Hoffen halb von seinem Krankenlager aufrichtet. Sie bleibt jedoch statuarisch und ruhig, bildet hell beleuchtet das Zentrum der Komposition. Das Potenzial des Gemäldes liegt für Winckelmann darin, dass sich daran beispielhaft Kernbotschaften seines ästhetischen Ideals beschreiben lassen, wie er sie bereits in der Erstauflage seiner *Gedancken* (1755) formuliert hatte. Orientiert an den Schriftstellern der Antike, favorisiert er Künstler mit einer Seele, »die dencken gelernet« hat (*Gedancken1*, KS, S. 55), und gesteht der Malerei den Vorzug zu, durch »Bilder, die allgemeine Begriffe bedeuten« (ebd., S. 56), eine »Vorstellung unsichtbarer, vergangener und zukünftiger Dinge« vorzuführen (ebd., S. 58). In diesem Sinne hebt er den von Lairesse vorbildlich gewählten besonderen Spannungsmoment hervor, in dem jede der Hauptfiguren zwar mit den widersprüchlichsten Gefühlen behaftet ist, diese aber je nach Charakter mit Weisheit oder »Ehrfurcht in der edelsten Stille« auszugleichen weiß (*Gedanken2*, KS, S. 81). Insbesondere die Darstellung der Hauptperson Stratonike entspricht Winckelmanns Ideal eines edlen Charakters und einer großen Seele: »Sie nahet sich mit langsamen und zweifelhaften Schritten zu dem Bette ihres bestimmten neuen Gemals; aber annoch mit Geberden einer Mutter, oder vielmehr einer heiligen Vestale. In ihrem Gesichte, welches sich in dem schönsten Profil zeigt, lieset man Schaam und zugleich eine gefällige Unterwerfung unter dem Befehl des Königs. Sie hat das sanfte ihres Geschlechts, die Majestät einer Königin, die Ehrfurcht bey einer heiligen Handlung, und alle Weisheit in ihrem Betragen, die in einem so feinen und ausserordentlichen Umstande, wie der gegenwärtige ist, erfordert wurde.« (ebd., S. 80)

Die in diesen Formulierungen vollzogene Einfühlung in die Psychologie der Figuren als Teil einer beschreibenden Nacherzählung war in der bisherigen Kunstliteratur ohne Vorbild (vgl. den Kommentar in Pfotenhauer/Bernauer/Miller 1995, S. 387f.). Winckelmanns emotionale Ausformulierung des im Gemälde lediglich Angedeuteten eröffnete nicht nur neue Zugänge zur Kunst, sie bot auch Anregungspotenzial für literarische Werke wie beispielsweise Goethes Roman *Wilhelm Meisters Lehrjahre*, bei dem sich von einer bildlichen Darstellung dieses Themas ausgehend die Geschichte vom kranken Königssohn leitmotivisch durch die Erzählung zieht. Diese längste seiner Gemäldebeschreibungen integrierte Winckelmann als in sich abgeschlossene »Episode« (ebd., S. 82) innerhalb des *Sendschreibens*, wo sie insofern eine Sonderstellung einnimmt, da sie keine fiktive Erwiderung auf die in der Erstauflage der *Gedancken* (Kat. 25) publizierten Thesen Winckelmanns beinhaltet und auch in der anschließenden *Erläuterung* nicht wieder aufgegriffen wird.

Das Gemälde befand sich während Winckelmanns Dresdner Aufenthalt in der Sammlung de la Boissière, wurde nach Paris zurückgeführt und gelangte 1769 über den Kunstagenten Johann Heinrich Eberts (1726–1793) in den Besitz der Markgräfin Karoline Luise von Baden (1723–1783). Um der Markgräfin das Bild für einen Ankauf zu empfehlen, hatte Eberts sie bereits 1762, also noch zu Lebzeiten Winckelmanns, auf dessen Textpassage hingewiesen, die sie sich später von dem Basler Kupferstecher Christian von Mechel als Abschrift erbat (Ausst.-Kat. Karlsruhe 2015, S. 176). BW

Kat. 12
Torso vom Belvedere

1. Jh. v. Chr., Marmor, H. 157 cm, im Fall der Rekonstruktion ca. 280 cm

Musei Vaticani, Rom, Inv. 1192

Gipsabguss: Georg-August-Universität Göttingen, Archäologisches Institut, Inv. A 457

Literatur
Depinis 2004; Himmelmann 1996a; Himmelmann 1996b, S. 49, m. Anm. 88, Nachtrag S. 72; Klinke 2015; Raeck 1988; Schwinn 1973; Simon 1996, Bd. 2; Ausst.-Kat. München/Rom 1998; Wünsche 1998

Zu den bedeutendsten Kunstwerken der Vatikanischen Museen gehört zweifellos der aus dem 1. Jahrhundert v. Chr. stammende *Torso vom Belvedere*. Dieses Fragment einer männlichen Statue wurde um 1420 entdeckt und gelangte während des Pontifikats von Clemens VII. (1478–1534) in den Vatikan. Nach seinem dortigen Aufstellungsort im Belvedere-Hof hat es seinen Namen erhalten.

Die Marmorstatue zeigt einen auf einem Felsen sitzenden älteren nackten Mann, dessen Körper vor Muskeln strotzt, wobei der Figur aber der Kopf, die Arme und beide Unterschenkel fehlen. Ferner sind Teile der Brust weggebrochen; die Oberfläche ist verwittert oder verrieben. Auf einem der Oberschenkel liegt der Rest eines Pantherfells und am Felssockel steht: ΑΠΟΛΛΩΝΙΟΣ ΝΕΣΤΟΡΟΣ ΑΘΗΝΑΙΟΣ ΕΠΟΙΕΙ (Apollonios, Sohn des Nestor, aus Athen, hat es gemacht; Übersetzung S. L.). Was den Schöpfer, die Entstehungszeit, die Benennung und den künstlerischen Kontext der Statue angeht, gibt es eine reiche Forschungsdiskussion. Zweifellos gehört der monumentale Männertorso zu den wirkungsmächtigsten Skulpturen der Kunstgeschichte und für Künstler, insbesondere seit Michelangelo, wurde er zum Inbegriff antiker Plastik. Gerade wegen seines unvollständigen Zustandes hat das Bruchstück große Berühmtheit erlangt und den Torso als eigenständige künstlerische Form begründet.

In den 1990er-Jahren belebte sich in der Klassischen Archäologie die Diskussion um die Stellung des *Torso vom Belvedere* in der Geschichte der antiken Kunst. Hintergrund war die seit jeher umstrittene Datierung, die zwischen 200 und 50 v. Chr. schwankt, wobei die Frage im Vordergrund stand, ob der signierende Bildhauer ein Originalwerk schuf oder ein älteres Vorbild kopierte. Demgegenüber war die Deutung des Belvedere-*Torso* als Herakles, die auch Winckelmann vertrat (*SN 4,5*, S. 25–38, mit Komm. S. 397–406), jahrhundertelang unstritten, da doch der antike Heros auf einem seiner Attribute, dem Löwenfell, zu sitzen schien. Dem widerspricht allerdings die aus dem Jahr 1887 stammende Erkenntnis des Anatomen Carl Hasse, dass es sich hier nicht um ein Löwen-, sondern um ein Pantherfell handelt, was in keiner Weise zu Herakles passen würde. Der *Torso* wurde zwar auch als verletzter Philoktet gedeutet, überzeugender aber ist die von Raimund Wünsche seit 1993 mit gewichtigen Argumenten vertretene Deutung als sinnender Aias vor dem Selbstmord. Mit der Rekonstruktion des Belvedere-*Torso* als Sitzfigur einer gewaltigen Aias-Gestalt lässt Wünsche eine Skulptur erstehen, deren mächtige Gestalt tordiert ist und deren angespannte Muskulatur auf den inneren Kampf des aufgewühlten Aias verweist, die mit seinem ermatteten Sitzen und Nachsinnen kontrastiert. Das Pantherfell dient hier als heroisierendes Attribut.

Wünsche meint die Skulptur auf ein hochhellenistisches Werk zurückführen zu können, das abgewandelt im 1. Jahrhundert v. Chr. kopiert wurde. Dagegen erkennt Nikolaus Himmelmann in dem *Torso* überzeugend eine eklektische Schöpfung, die sich aus verschiedenen Bildvorlagen speist und im späteren 1. Jahrhundert v. Chr. entstanden ist. Demnach hätten wir darin die Bruchstücke einer Originalskulptur von einem Künstler namens Apollonios aus Athen vor uns. Die monumentale Aias-Figur stünde somit im Kontext späthellenistischer und frühkaiserzeitlicher Statuen und von Gruppen eklektisch-dekorativer Machart, wie sie etwa in der Höhle von Sperlonga aufgestellt waren und die als »Homerische Gruppen« bekannt geworden sind. SL

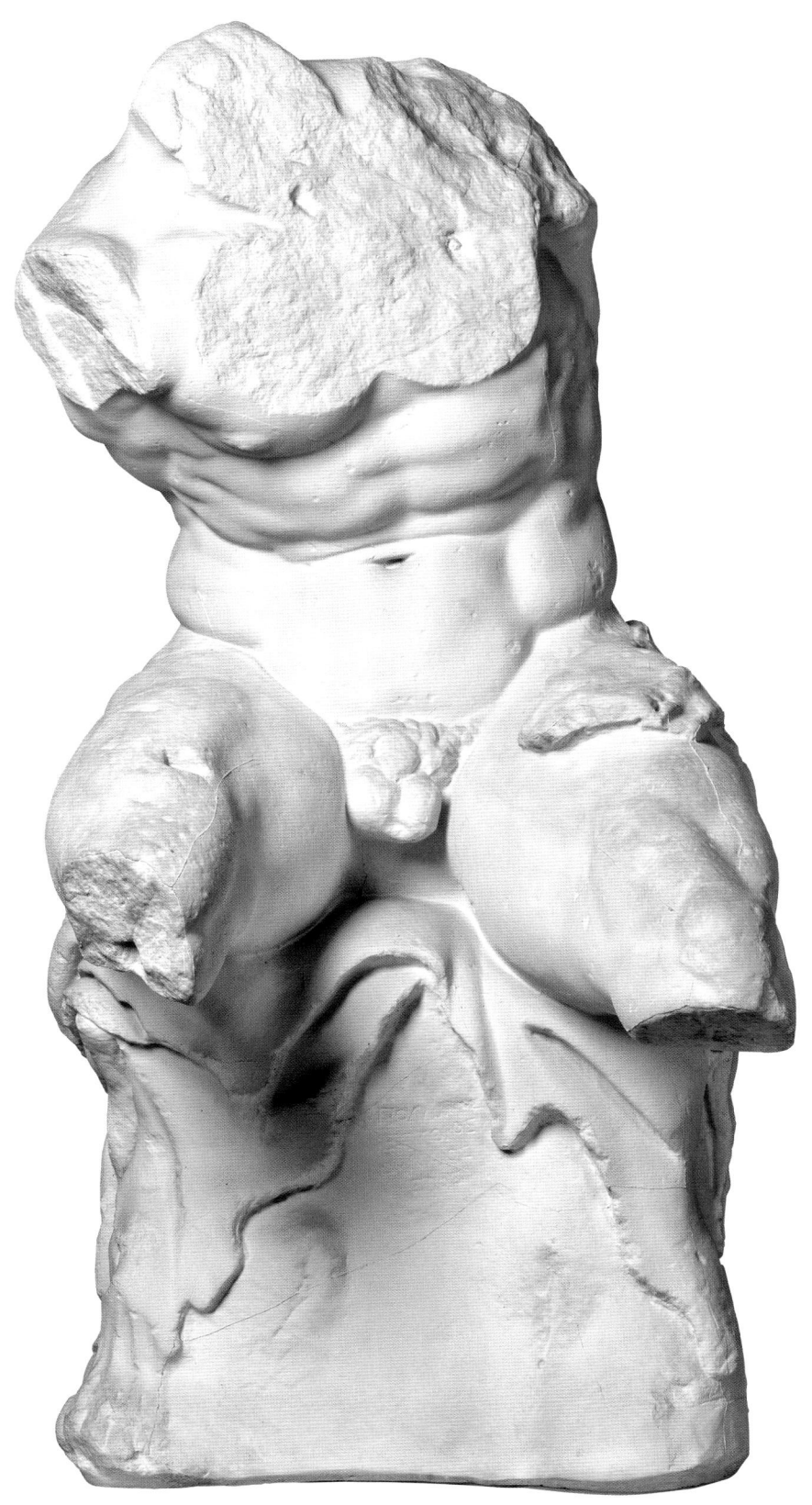

WINCKELMANNS BESCHREIBUNG

Literatur
Lepenies 1986; Osterkamp 1998

Als Winckelmann in Rom eintraf, war der *Torso* im Belvedere-Hof des Vatikan bereits seit zwei Jahrhunderten europaweit im gelehrten Bildgedächtnis präsent. Er konnte somit bei seinen Lesern eine gewisse Kenntnis des Kunstwerks voraussetzen, als er es zu beschreiben unternahm. Schon in seinen frühesten Entwürfen (*SN 4,5*, S. 25–29) geht Winckelmann von der damals geläufigen Identifizierung der »verstümmelte[n] Statue« als einem »sitzenden *Herkules*« aus (ebd., S. 29), wobei er in ihm den bereits vergöttlichten, über seine Taten nachsinnenden Heros zu erkennen meint.

1759 erschien die erste Druckfassung der Beschreibung in der *Bibliothek der schönen Wissenschaften und der freyen Künste*, gefolgt von den Versionen der ersten und zweiten Auflage der *Geschichte der Kunst* (1764 und 1776) sowie im *Versuch einer Allegorie* (1766). Winckelmann unterscheidet zwei Beschreibungsformen: eine »in Absicht des Ideals« und eine »nach der Kunst« (*SN 4,5*, S. 30). Die ersten erhaltenen Entwürfe erweisen sich als »Beschreibungen nach der Kunst«, insofern sie gestalterische Charakteristika der Skulptur hervorheben, sie stilgeschichtlich einordnen und anatomisches Vokabular verwenden (ebd., S. 27f.). Diese auf Autopsie beruhenden Beschreibungen verweisen auf die Methodik der zeitgenössischen Naturwissenschaften (Lepenies 1986, S. 223). In der *Bibliothek der schönen Wissenschaften* hingegen präsentiert Winckelmann eine Beschreibung des *Torso* »nach dem Ideal« (*SN 4,5*, S. 29; vgl. *Florentiner Winckelmann-Manuskript*, S. 229–231). Mit großer sprachlicher Eleganz schildert er in dieser Fassung die Wahrnehmungsprozesse beim Betrachten des *Torso* und deren Wirkungen auf die Einbildungskraft. Denn unter der Betrachtung wandeln sich die plastischen Formen zu mythologischen Zeichen: »Ich sehe in den mächtigen Umrissen dieses Leibes die unüberwundene Kraft des Besiegers der gewaltigen Riesen, die sich wider die Götter empöreten, und in den phlegräischen Feldern von ihm erleget wurden«; »ein jedes Theil« des *Torso* zeige, wozu es »gedienet hat« (ebd., S. 30), und jede Partie der Statue bedeutet eine andere Tat des Herkules/Herakles.

Bereits in Winckelmanns frühen Entwürfen zur Beschreibung des *Torso* heißt es, ein Zeichner, der dessen »immerwährend verändterte[ ] Formen« und ihre »Ausfließung« auf dem Papier fixieren wolle, müsse daran scheitern wie Herkules im Kampf mit dem ständig seine Gestalt wandelnden Flussgott Achelos (*SN 4,5*, S. 26f.). In der ersten Druckfassung wird dieses Unfixierbare gebändigt zu einem harmonischen Ineinanderfließen der Formen als äußerem Abbild der idealischen inneren Seelenruhe des vergöttlichten H elden: »So wie in einer anhebenden Bewegung des Meers die zuvor stille Fläche in einer lieblichen Unruhe mit spielenden Wellen anwächset, wo eine von der andern verschlungen, und aus derselben wiederum hervorgewälzet wird: eben so sanft aufgeschwellet und schwebend gezogen, fließet hier eine Muskel in die andere, und eine dritte, die sich zwischen ihnen erhebet, und ihre Bewegung zu verstärken scheinet, verlieret sich in jene, und unser Blick wird gleichsam mit verschlungen.« (ebd., S. 31) Die poetische Beschreibung steigert sich bis zu einer plötzlichen Entrückung an die mythischen Schauplätze in den »entlegensten Gegenden der Welt, durch welche Herkules gezogen ist«. Besonders überwältigend wirke der »Blick auf seinen Rücken«: »Ich wurde entzücket, da ich diesen Körper von hinten ansahe« (ebd.). Da das ursprüngliche Ideal die gesamte Formgebung durchdrungen hat, ist es Winckelmann möglich, aus dem Fragment die ganze Figur erstehen zu lassen: »Mich deucht, es bilde mir der Rücken [...] ein Haupt, welches mit einer frohen Erinnerung seiner erstaunenden Thaten beschäfftiget ist; und indem sich so ein Haupt voll von Majestät und Weisheit vor meinen Augen erhebet, so fangen sich an in meinen Gedanken die übrigen mangelhaften Glieder zu bilden: es sammlet sich ein Ausfluß aus dem Gegenwärtigen und wirket gleichsam eine plötzliche Ergänzung.« (ebd., S. 31f.)

Die Beschreibung ist rhetorisch nach dem Vorbild eines Epicedium, der barocken Leichenpredigt, gestaltet: Auf das Lob des Dargestellten und die Beschreibung seiner Taten folgt die Klage über seinen Verlust, der hier auch für den Verlust der griechischen Kunst steht (ebd., S. 32). Wie im Epicedium wird abschließend jedoch die Hoffnung auf Wiederauferstehung formuliert, das heißt auf die Wiederbelebung des untergegangenen Ideals durch Künstler, die sich gemäß Winckelmanns ästhetischen Prinzipien an den griechischen Werken orientieren (Osterkamp 1998, S. 448). Im spezifischen Kontext der *Geschichte der Kunst des Alterthums* hat Winckelmann den *Torso* als »eines der letzten vollkommenen Werke« bezeichnet, »welche die Kunst in Griechenland vor dem Verluste der Freyheit hervorgebracht« habe (*SN 4,5*, S. 34). Die fragmentierte griechische Skulptur an ihrem römischen Standort erscheint damit selbst als Allegorie des für Winckelmann zentralen Zusammenhangs von »Kunstblüte und politischer Freiheit« (Osterkamp 1998, S. 456f.; vgl. Sektionstext »Politik«). ChK

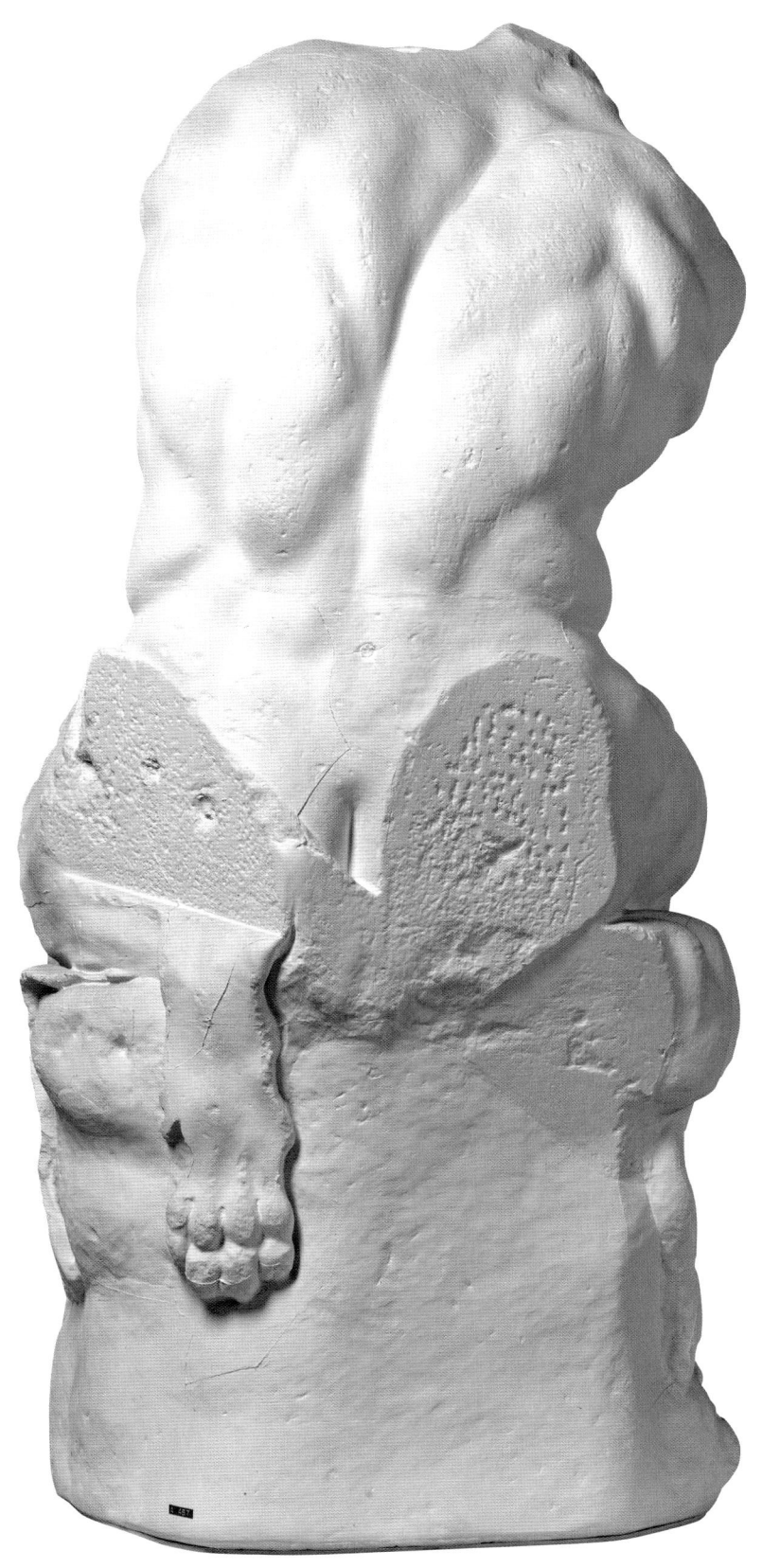

Kat. 13
Apoll vom Belvedere

Römische Marmorkopie des 2. Jh. n. Chr.
nach einem Bronzeoriginal des ausgehenden
4. Jh. v. Chr., Marmor, H. 224 cm

Musei Vaticani, Rom, Inv. 1015

Gipsabguss: Ludwig-Maximilians-Universität
München, Museum für Abgüsse Klassischer
Bildwerke, Inv. 381

Literatur
Fuchs 2004; Himmelmann 1998; Himmelmann 2005; Landwehr 1985, S. 104–111, Taf. 61–64; Roettgen 1998; Winner 1998

Die Statue des Apollon wurde gegen Ende des 15. Jahrhunderts, vielleicht in Porto d'Anzio, gefunden. Kardinal Giuliano della Rovere (1443–1513), der spätere Papst Julius II., stellte sie 1471 zunächst in seinem Palast bei San Pietro in Vincoli auf. Während seines Pontifikats im Jahr 1511 ließ er die Skulptur in den Statuenhof des Belvedere überführen. In einem Stich von Marcantonio Raimondi (um 1530) ist zu erkennen, dass der rechten Hand des *Apoll* die Finger fehlen und seine linke Hand am Unterarm abgebrochen ist. Die Statue wurde von Fra Giovan Angelo Montorsoli (1499–1563) ergänzt; die Folgen sind bis heute Gegenstand wissenschaftlicher Diskussionen.

Die Statue zeigt den jugendlichen Gott fast gänzlich nackt. Er trägt lediglich Sandalen und eine um die Schultern geworfene und am ausgestreckten Arm herabhängende Chlamys. Im leichten Ausfallschritt ist das Gewicht des Körpers nicht völlig auf ein Standbein verlagert, sondern wirkt auf beide Beine verteilt. Eine Baumstütze stabilisiert den Stand. Das Haupthaar ist lang und lockig; über der Stirn ist es zu einer doppelten Schleife gebunden. *Apolls* Blick folgt der Bewegung des weit ausgestreckten Arms, dessen Hand einen Bogen hielt.

Winckelmann war von der Statue grenzenlos begeistert. Für ihn war der *Apoll* das bedeutendste antike Kunstwerk, an Vollkommenheit nicht zu übertreffen und die Verkörperung von Schönheit schlechthin: »Die Statue des Apollo ist das höchste Ideal der Kunst unter allen Werken des Alterthums, welche der Zerstörung derselben entgangen sind« (*GK1*, S. 392; vgl. *SN 4,5*, S. 3–15, m. Komm. S. 375–393), schrieb er 1764 in der *Geschichte der Kunst des Alterthums*. Für die Künstler galt der *Apoll vom Belvedere* freilich schon ab dem 17. Jahrhundert als die schönste erhaltene Jünglingsfigur der Antike. An ihr maßen sich mehrere Künstlergenerationen und überall in den Kunstakademien standen Gipsabgüsse der Statue als Studienobjekte für die Ausbildung. Mit seinem hymnischen Kunsturteil trug Winckelmann allerdings zur Wirkungsgeschichte der Statue in der Moderne maßgeblich bei und prägte durch seine Beschreibung die Ästhetik des Klassizismus mit.

Von Winckelmanns schwärmerischem Urteil ist man heute weit entfernt und in der neueren archäologischen Forschung findet der *Apoll vom Belvedere* kaum Resonanz. Lediglich Nikolaus Himmelmann beschäftigte sich vor einiger Zeit eingehend mit der Figur und erkannte die tiefgreifende moderne Bearbeitung der Oberfläche der Skulptur: »Insgesamt wird man sagen müssen, daß die glatte Eleganz der Statue weitgehend der Überarbeitung verdankt wird und daß sie insofern auch als neuzeitliches Kunstwerk gewürdigt werden muß.« (Himmelmann 1998, S. 225)

Diese Feststellung markiert die Probleme der archäologischen Beurteilung der *Apoll*-Statue, die bereits bei hermeneutischen Fragen der Ergänzungen und ihrer Folgen anfangen. Was für ein Attribut hielt die rechte Hand? Die Anbringung des Köchers auf dem Mantel wirkt unverständlich und der Mantel ist formal widersprüchlich drapiert. Bei der leicht überlebensgroßen Statue handelt es sich fraglos um ein Marmorwerk des 2. Jahrhunderts n. Chr. und Franz Winter führte den Typus 1892 auf Leochares, einen Bildhauer des späteren 4. Jahrhunderts v. Chr. zurück. Auch Himmelmann datiert das zugrundeliegende Bronzeoriginal in das letzte Viertel des 4. Jahrhunderts v. Chr., allerdings ist die Zuweisung an den berühmten Bildhauer hinfällig. Überhaupt scheint die *Apoll*-Figur nicht zu den berühmten klassischen Bildwerken gehört zu haben, lediglich der sogenannte Steinhäuser'sche Kopf im Basler Antikenmuseum wurde bislang als freie Wiederholung angesprochen. Tatsächlich zeigt dieses Kopffragment in der Anlage der Frisur und der Bildung des Kopfes entfernte Übereinstimmungen mit dem *Apoll*, was allerdings kein Replikenverhältnis begründet. Auch die Fragmente antiker Gipsabgüsse von Statuen in Baiae können nicht dem Statuentypus zugeordnet werden (Landwehr 1985).

Somit bleibt der Gegensatz von reicher Rezeptionsforschung und kaum nennenswertem archäologischen Erkenntnisfortschritt zu konstatieren, oder wie Nikolaus Himmelmann 2005 resümierte: »Trotz einer nun schon ein halbes Jahrtausend währenden Berühmtheit ist die *Apoll*-Statue im Hof des vatikanischen Belvedere ein archäologisches Rätsel« (Himmelmann 2005, S. 161). SL

DAS WERK DES HISTORIKERS: DIE »GESCHICHTE DER KUNST DES ALTERTHUMS«

Mit der *Geschichte der Kunst des Alterthums* (1764) führte Winckelmann zwei folgenreiche Neuerungen ein. Zur Betitelung seines Werkes griff er zunächst mit dem Wort »Kunst« auf einen Terminus zurück, der gerade erst dabei war, sich in dieser verallgemeinernden und abstrahierenden Singularform in den europäischen Sprachen zu etablieren. Um die Kunst sollte es also in dieser *Geschichte* gehen, nicht um die »Künste« oder um die »Künstler«, das heißt weder um die Beschreibung von einzelnen Kunstformen in ihrer je spezifischen, technischen Dimension, noch um die Biografie einzelner Maler oder Bildhauer.

Vergeblich würde man allerdings nach einer Definition der Kunst an sich in diesem Geschichtswerk suchen. Diese Abwesenheit hängt gleich mit Winckelmanns zweiter Neuerung zusammen. Erst über die Untersuchung des historischen Werdens des Kollektivsingulars Kunst, also erst über deren Geschichte kann man, so lässt sich aus der Vorrede schließen, einen Einblick in deren Begriffsbestimmung gewinnen. Diese Verschränkung von Historisierung und Wesensbestimmung prägt die *Geschichte der Kunst* durch und durch. »Die Geschichte der Kunst soll«, kündigt Winckelmann gleich zu Beginn an, »den Ursprung, das Wachsthum, die Veränderung und den Fall derselben, nebst dem verschiedenen Stile der Völker, Zeiten und Künstler, lehren« (*GK1*, S. X). Allerdings, so fügt er hinzu, sei mit dem Begriff »Geschichte« keineswegs die »bloße Erzählung der Zeitfolge und der Veränderungen in derselben« gemeint, sondern ein »Lehrgebäude« (ebd., S. IX), ein System also, das den Leser anhand der geschichtlichen Erzählung in die konstanten Grundsätze der Kunst einführen soll (vgl. Essay Décultot/Fulda).

STILSTUFEN DER GRIECHISCHEN KUNST

Zentrales Werkzeug dieser Verschränkung von historischer und ahistorischer Perspektive ist der Stil – eine Kategorie, die erst mit Winckelmann zu einem wesentlichen Träger des kunsthistorischen Narrativs wird. Auf der einen Seite dient ihm der Stil als Mittel zur Historisierung der Kunst, das heißt als eine Form ihrer Verzeitlichung. Bei jeder der untersuchten antiken Zivilisationen wird die Kunstproduktion in verschiedene Zeiten eingeteilt, mit denen jeweils ein eigener Stil verknüpft ist. Nun lässt sich diese historisierende Anwendung des Stilbegriffs nicht streng von einer ahistorischen, normativen trennen. Nicht selten spricht Winckelmann bezeichnenderweise von Stil-»Stuffen« (*GK1*, S. 105,

247), wenn er die verschiedenen Zeiten der Stilentwicklung eines Volkes unterscheidet. Jeder Stilepoche wird ein anderer Grad an Schönheit und damit auch ein unterschiedlicher Rang in der Skala des Kunstschönen zugewiesen.

Deutlich ablesen lässt sich dies an der von Winckelmann rekonstruierten Stilentwicklung der griechischen Kunst: Der erste Schritt in dieser Entwicklung, die Phase des »älteren Stils« (ebd., S. 213–223), ist ihm zufolge durch »mächtige«, aber »harte«, ausdrucksvolle, aber anmutlose Formen gekennzeichnet (ebd., S. 221). In der zweiten Auflage der *Geschichte der Kunst* (1776) wird als Beispiel dafür die sog. *Hestia Giustiniani* angeführt (*GK2*, S. 158; Abb. 1). Diese Statue, bei der es sich nach heutigem archäologischen Kenntnisstand um die römische Kopie einer griechischen Statue der Zeit um 470/460 v. Chr. handelt, hatte Winckelmann in der ersten Auflage seines Werkes (1764) aufgrund ihrer strengen Züge zunächst noch für etruskisch gehalten (*GK1*, S. 93). Auf diese erste Stilstufe folgt bei Winckelmann mit Künstlern wie Phidias, Polyklet, Skopas, Alkamenes und Myron die Periode des »hohen« Stils (ebd., S. 224–227), der zwar noch etwas von der vorigen Steifheit besitzt, sich aber durch eine besondere »Großheit« auszeichnet (ebd., S. 224). Als

Abb. 1: Frau im Peplos, sog. »Hestia Giustiniani«, römische Marmorkopie nach einem griechischen Bronzeoriginal um 470/460 v. Chr., Marmor, H. 193 cm, Museo Torlonia, Rom, Inv. 490; Gipsabguss: Martin-Luther-Universität Halle-Wittenberg, Archäologisches Museum, Inv. A 14 (Kat. 151)

Abb. 2: Niobide Chiaramonti, römische Marmorkopie des 2. Jh. n. Chr. nach einem griechischen Original aus dem 4. Jh. oder 2. Jh. v. Chr., Marmor, H. 176 cm, Musei Vaticani, Museo Gregoriano Profano, Rom, Inv. 1035; Gipsabguss: Georg-August-Universität Göttingen, Archäologisches Institut, Inv. A 292 (Kat. 152)

Abb. 3.: Venus Medici, römische Marmorkopie des 1. Jh. n. Chr. nach einem griechischen Bronzeoriginal des 1. Jh. v. Chr., Marmor, H. 153 cm, Galleria degli Uffizi, Florenz, Inv. 224; Gipsabguss: Georg-August-Universität Göttingen, Archäologisches Institut, Inv. A 468 (Kat. 153)

Beispiel für diese Periode nennt Winckelmann die von ihm dem Bildhauer Skopas zugeschriebene Gruppe der Niobe, deren Gewänder er für ihre »reine Einfalt« lobt (ebd., S. 336; Abb. 2). Erst mit dem »schönen« Stil des Praxiteles, Lysipp und Apelles seien die Griechen bei der eigentlichen »Gratie« angelangt (ebd., S. 227–234), dem höchsten Gipfel der Kunstentwicklung, den Winckelmann etwa im *Antinous vom Belvedere* oder der *Venus Medici* (Abb. 3) verkörpert sieht. In den »wellenförmigen« Figuren dieser Stilstufe ist »alles Eckigte vermieden«, das in den früheren Stilstufen noch erkennbar gewesen sei (ebd., S. 227f.). Nach dieser Blüte konnte die Kunst in Winckel-

Abb. 4: Schlafende Ariadne, sog. Cleopatra, römische Marmorkopie aus der Mitte des 2. Jh. n. Chr. nach einem griechischen Original aus der 1. Hälfte des 2. Jh. v. Chr., Marmor, H. 161 cm, Musei Vaticani, Museo Pio Clementino, Rom, Inv. 548; Gipsabguss: Ludwig-Maximilians-Universität München, Museum für Abgüsse Klassischer Bildwerke, Inv. DL 127 (Kat. 154)

manns Modell nur noch eine lange Periode des Abstiegs erleben (ebd., S. 235–248), die mit dem Auseinanderfallen des Alexanderreiches begann und – nach einigen kurzen Unterbrechungen durch ephemere Kunstblüten, wie etwa unter Hadrian – gemeinsam mit dem Römischen Reich ihr definitives Ende fand. Symptomatisch für diesen Verfall ist nach Winckelmann die Nachahmung griechischer Vorbilder, der sich ganz besonders die Römer verschrieben hätten. Als stilistische Hauptkennzeichen für diese Periode nennt er den Eklektizismus, die Vorliebe für »Zierrathen« und »furchtsame« Linien (ebd., S. 235f.), wie etwa bei der *Schlafenden Ariadne* (ebd., S. 386; Abb. 4).

STILSTUFEN DER VÖLKER

Bemerkenswert an Winckelmanns geschichtlichem Panorama ist, dass allen antiken Völkern – das heißt Ägyptern, Persern, Etruskern, Griechen und so weiter – eine Kunstentwicklung zugestanden wird. Das Konstrukt der Stilabfolge verleiht mithin der Kunst eine autonome, durch innere Gesetzlichkeit bedingte Bewegung, die sie in unmittelbare Nähe zu Lebewesen rücken lässt. Die Kunst jedes einzelnen antiken Volkes wird als ein lebendiger Organismus dargestellt, der so wie alle anderen Lebewesen zwischen Geburt und Tod verschiedene Phasen des Gedeihens und Absterbens erlebt. Nur sind diese verschiedenen Kunstorganismen sehr ungleich in ihrer Entwicklung. Die Ägypter kannten nur zwei, obendrein einander übergangslos ablösende Stilphasen, während die Griechen vier, ineinander bruchlos übergehende Stilstufen zählten, womit sie von allen antiken Zivilisationen die elaborierteste und harmonischste Stilabfolge vorweisen können. Entscheidend ist, dass die so begriffene Kategorie des Stils nicht nur kunsthistorische Zeiträume erfasst, sondern zugleich auch ermöglicht, die einzelnen antiken Völker hinsichtlich ihrer Entwicklungsgeschichte zu klassifizieren und zu hierarchisieren. Winckelmanns historisches Lehrgebäude bietet damit ein Entwicklungs- und Klassifizierungsmodell an, das sich auch auf andere Gebiete als die antike Kunst anwenden lässt (vgl. Sektionstext »Anthropologie«).

IMPULS UND NACHHALL EINES VIELFÄLTIGEN WERKES

Dieser Umstand erklärt, warum die Wirkung von Winckelmanns Hauptwerk weit über die Grenzen der Kunst hinaus zu beobachten ist. Unmittelbar nach ihrer Publikation fand die *Geschichte der Kunst des Alterthums* breiten Widerhall (vgl. Sektionstext »Bausteine eines Mythos«) und übte als Geschichtsmodell einen entscheidenden Einfluss auf unterschiedlichste Wissensgebiete aus. Kunsthistoriker wie Jean-Baptiste-Louis-Georges Séroux d'Agincourt (Kat. 24), Antoine Chrysostome Quatremère de Quincy (Kat. 23), Leopoldo Cicognara (*Storia della scultura dal suo risorgimento in Italia sino al secolo di Napoleone, per servire di continuazione all'opere di Winkelmann e di d'Agincourt,* 1813–1818) oder Johann Heinrich Meyer (Kat. 22) begriffen ihre eigenen historischen Untersuchungen zur Kunst der Antike, des Mittelalters oder der Neuzeit als direkte Fortführungen von Winckelmanns historischem Unternehmen. Für die entstehende Disziplin der Archäologie wurde Winckelmanns Geschichtswerk ebenfalls prägend (Kat. 20). Aber auch auf die Gattung der Literaturgeschichte hatte seine Kunstgeschichte entscheidenden Einfluss. So wollte Friedrich Schlegel mit seiner *Geschichte der griechischen Poesie* zum Winckelmann der antiken Literatur werden (Kat. 19). Unerwarteter – epistemologisch dafür aber umso interessanter – ist die Berufung eines Naturhistorikers wie Robinet de Chateaugiron auf Winckelmanns Geschichtsmodell, um die verschiedenen Entwicklungsstufen der Natur in ein naturhistorisches Raster einzuordnen (Kat. 17).

Diese breit angelegte Wirkung schließt allerdings keinesfalls kritische Äußerungen aus. Wie die Marginalien seines Handexemplars der *Geschichte der Kunst des Alterthums* zeigen, unterzog Gotthold Ephraim Lessing Winckelmanns Hauptwerk einer akribischen Lektüre, die sich direkt auf die Argumentation seiner epochemachenden *Laokoon*-Schrift (1766) auswirkte (Kat. 16). Die *Geschichte der Kunst* wurde zwar regelmäßig als Gründungsdokument für zahlreiche moderne Geschichtsdiskurse angeführt, jedoch selten besonders prominent bei Johann Gottfried Herder (Kat. 18) ohne den Hinweis auf ihre eigentlich unhistorische Dimension. Es sei – so wiederum Christian Gottlob Heyne in seiner ambivalenten *Lobschrift auf Winckelmann* von 1778 – »voller Fehler wider die Zeitrechnung, die Geschichtsfolge und den wahren Verlauf der Geschichte« (Heyne 1963, S. 24f.). Aus dieser vielschichtigen Rezeptionsgeschichte lässt sich der Reichtum eines Werkes ablesen, das man kaum auf eine einheitliche bzw. einseitige klassizistische Lehre reduzieren kann.

ED / MD

Kat. 14

Friedrich Preller (1804–1878)
Bilder zur Odyssee (Preller-Galerie)

1863–1869, Wachsfarben auf Kalkputz,
Neues Museum (ehemals Großherzogliches Museum)

Klassik Stiftung Weimar, Museen

Literatur
Ausst.-Kat. Stendal 1999/2000; Goethe 1985–1998; Köhler 1997; Weinrautner 1997

Zeitlebens verehrte Winckelmann den griechischen Dichter Homer als »höchste[n] Lehrer«, der es verstanden habe, seiner Auffassung von der menschlichen Leidenschaft einen Körper zu geben: So »wäre zu wünschen, daß alle homerische Bilder sinnlich und figürlich zu machen wären« (*Allegorie,* S. 7f.). Es ist kein Zufall, dass die um die Durchsetzung ihrer ambitionierten Kunstpolitik bemühten »Weimarischen Kunstfreunde« eben dieser Anregung folgten. So empfahl Goethe jungen Künstlern die Lektüre Homers, um sich über das »gemeine Wirkliche« der eigenen Zeit zu erheben: »[S]ie bedürfen des Dichters, um sich in die Zeiten der reinen, hochkräftigen Natur hinzuempfinden, sie kehren erst an seiner Hand zu der Einfalt zurück, ohne welche die wahre Kunst nicht bestehen kann« (Goethe 1889–1998, Bd. 6, 2, S. 494). Zu den von Goethe geförderten Künstlern zählte der ab 1814 an der Weimarer Zeichenschule ausgebildete Friedrich Preller. Nach einem Studium an der Kunstakademie in Antwerpen zog er im Herbst 1826 für fünf Jahre nach Italien. 1832 wurde er von dem Verleger Hermann Härtel mit einem Zyklus von sieben Wandgemälden mit Szenen aus Homers *Odyssee* für dessen Wohnhaus in Leipzig beauftragt.

In den folgenden Jahrzehnten wandte sich der für seine Landschaftsbilder geschätzte Maler immer wieder diesem Gegenstand zu. So stellte er 1858 auf der *Ersten allgemeinen historischen Kunstausstellung* in München die Entwürfe für eine neue Folge odysseeischer Landschaften vor. Sie wurden von Großherzog Carl Alexander von Sachsen-Weimar-Eisenach erworben, der Preller mit einem umfangreichen Zyklus von Wandgemälden beauftragte – ein Projekt, für das der Künstler erneut nach Italien reiste. Als Ausstellungsort für diesen als Wachsfarbenmalerei auf Kalkplatten ausgeführten Bildzyklus war zunächst eine als offene Loggia geplante Halle am Park an der Ilm vorgesehen. Im Zuge der gleichzeitig stattfindenden Planungen für einen Museumsneubau zur Aufnahme der großherzoglichen Kunstsammlungen entschied man sich jedoch dafür, die 16 Wandbilder in einer repräsentativen Galerie im nördlichen Obergeschoss unterzubringen. Als Herzstück des 1869 eingeweihten Großherzoglichen Museums fand der um einen Figurenfries erweiterte *Odyssee*-Zyklus Prellers in der zeitgenössischen Kritik große Zustimmung und wurde vielfach reproduziert. Er manifestierte die durch Winckelmann geprägte idealische Homerrezeption. AR

Kat. 15

Johann Joachim Winckelmann

Geschichte der Kunst des Alterthums
[Exemplar aus dem Besitz von Gotthold Ephraim Lessing mit zahlreichen Anmerkungen von seiner Hand]

Dresden: Walther, 1764

Leihgabe aus Privatbesitz

Kat. 16

Gotthold Ephraim Lessing (1729–1781)

Laokoon: oder über die Grenzen der Mahlerey und Poesie

Mit beyläufigen Erläuterungen verschiedener Punkte der alten Kunstgeschichte. Erster Theil, Berlin: Voß, 1766

Klassik Stiftung Weimar, Herzogin Anna Amalia Bibliothek, Sign. 19 A 16270

Literatur

Décultot 2013b; Eschenburg 1788; Fick 2016, bes. S. 232–240; Höhle 1988, S. 7–13, 24; Lessing 1886–1924, Bd. 15, S. 7–24; Lessing 1985–2003, Bd. 5,1, S. 470–489, 879–897; Lessing 2016, Bd. 2, S. 515f.; Raabe/Strutz 2007, S. 9–11, 82f.

15

Zu den frühesten und zugleich prominentesten Rezeptionszeugnissen von Winckelmanns *Geschichte der Kunst des Alterthums* gehört zweifellos Gotthold Ephraim Lessings Handexemplar der Dresdner Erstausgabe, die der gelehrte Dichter und Kritiker mit zahlreichen handschriftlichen Anmerkungen versehen hat. Dieses Exemplar begleitete Lessing von 1764 in Breslau bis zu seinem Tod in Wolfenbüttel. Wie wichtig es ihm war, zeigt bereits der Umstand, dass es zu den wenigen Büchern zählt, die er nicht nur auf keiner der drei großen Auktionen seiner stattlichen Sammlung veräußerte, sondern auch bei sämtlichen Umzügen mit sich führte.

Winckelmanns Kunstgeschichte war für Lessings eigenes literarisches Schaffen in mehrfacher Hinsicht richtungsweisend. Sie weckte in ihm nicht nur ein verstärktes Interesse für Fragen der Altertumskunde, mit denen er sich vor allem in seinen immer wieder auf die *Geschichte der Kunst* Bezug nehmenden antiquarischen Schriften befasste, sondern war darüber hinaus auch der eigentliche Anlass für sein kunsttheoretisches Hauptwerk, dessen erster – und einziger vollendeter – Teil 1766, unter dem Titel *Laokoon: oder über die Grenzen der Mahlerey und Poesie. Mit beyläufigen Erläuterungen verschiedener Punkte der alten Kunstgeschichte* in Berlin erschien.

Ausgehend von Winckelmanns Deutung der antiken *Laokoon*-Gruppe in dessen *Gedanken über die Nachahmung der Griechischen Werke in der Malerey und Bildhauerkunst* (1756) nimmt Lessing im Hauptteil seiner Abhandlung eine zeichen- und medientheoretische Unterscheidung von Dichtung und bildender Kunst vor. Erst in den letzten vier Kapiteln kommt er auf diverse Punkte bzw. »Fehler« in Winckelmanns Kunstgeschichte zu sprechen und inszeniert – wohl aus konzeptionellen Gründen – eine späte Lektüre dieser zentralen Schrift: »Des Herrn Winkelmanns Geschichte der Kunst des Alterthums, ist erschienen. Ich wage keinen Schritt weiter, ohne dieses Werk gelesen zu haben.« (Kat. 16, S. 261).

Dass es sich bei dieser Behauptung jedoch um eine reine Fiktion handelt, beweisen nicht zuletzt die Notizen in seinem Handexemplar. Nach dem Schriftbild der frühesten Einträge zu schließen, die in dichtgedrängten Zeilen die fliegenden Blätter vor und nach den bedruckten Seiten des Buches füllen, hat Lessing Winckelmanns Kunstgeschichte bereits 1764 in Breslau gelesen und dabei unter anderem jene Punkte kritisch kommentiert, die später Eingang in die letzten vier Kapitel seiner *Laokoon*-Abhandlung gefunden haben. Interessanterweise sind es gerade die Detailfragen, die ihn zu produktiver Kritik anregen – so etwa die Deutung des *Borghesischen Fechters*, der er in seiner eigenen Schrift ein ganzes Kapitel widmet, oder die Datierung der *Antigone* des Sophokles, mit der er sich auf den letzten drei Seiten seiner Abhandlung in einer längeren Fußnote befasst (vgl.

Kat. 16, S. 284–288, 296–298). Gerade dieser antiken Tragödie, und nicht etwa der *Laokoon*-Gruppe, gilt bezeichnenderweise auch Lessings erste Anmerkung in seinem Handexemplar.

Die meist knapperen Randnotizen im Innenteil des Buches belegen, dass es nicht bei jener frühen Lektüre geblieben ist. Vielmehr hielt Lessings Interesse an Winckelmanns Opus offenkundig bis in die 1770er-Jahre hinein an, als er sich mit dem Plan trug, eine eigene Ausgabe von dessen Kunstgeschichte mit Anmerkungen und Berichtigungen vorzulegen (vgl. Eschenburg 1788, S. 592).

Seit Johann Joachim Eschenburg (1743–1820) das wertvolle Handexemplar aus Lessings Nachlass im September 1787 in Wolfenbüttel ersteigern konnte, befindet es sich in Privatbesitz (zu den späteren Eigentümern vgl. Lessing 2016, Bd. 2, S. 515f.). Im Rahmen der Winckelmann-Jubiläumsausstellung in Weimar wird es nun zum ersten Mal öffentlich präsentiert. CV

16

Kat. 17

Jean-Baptiste-René Robinet de Chateaugiron (1735–1820)

Vue philosophique de la gradation naturelle des formes de l'être, ou Les essais de la nature qui apprend à faire l'homme

Amsterdam: Harrevelt, 1768

Georg-August-Universität Göttingen, Niedersächsische Staats- und Universitätsbibliothek, Sign. 8 PHIL III, 808:5

Literatur
Franke 2006; Lovejoy 1993; Roger 1971

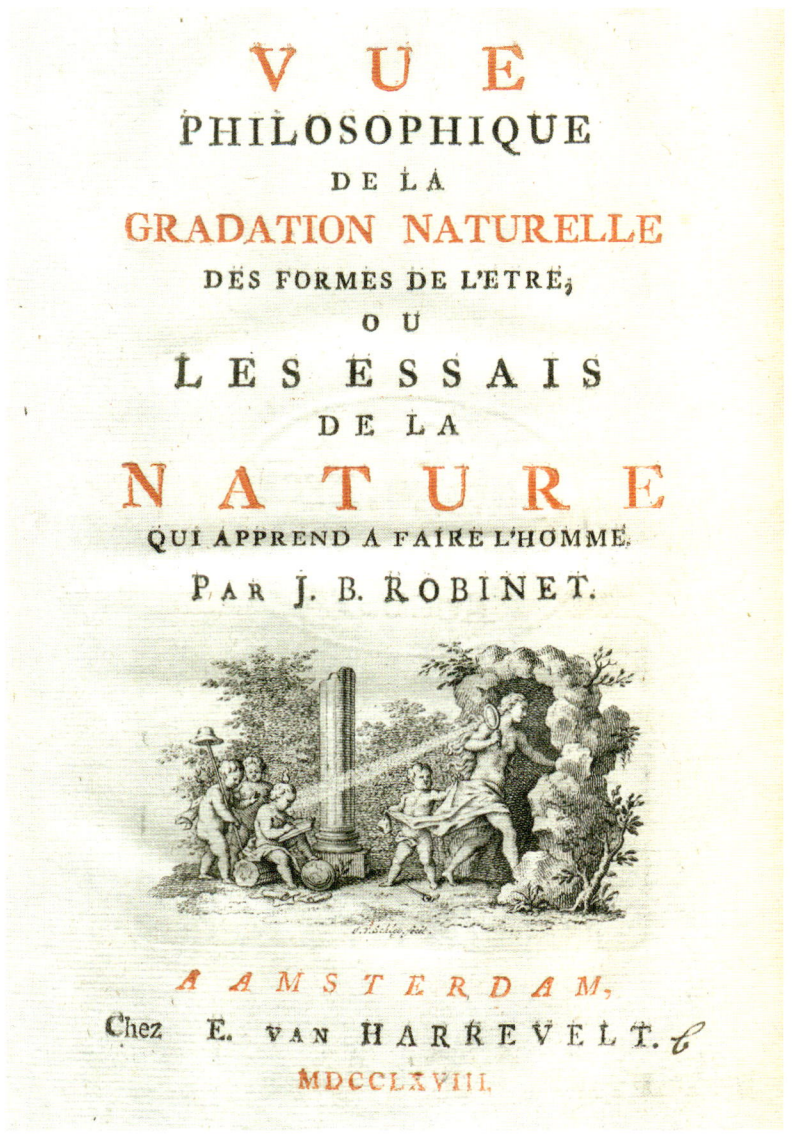

Die allererste Übersetzung der *Geschichte der Kunst des Alterthums* ins Französische stammt aus dem Jahr 1766 (Kat. 29). Anreger und Herausgeber dieser Übersetzung war Jean-Baptiste-René Robinet de Chateaugiron, ein Naturhistoriker, der in der Wissenschaftsgeschichte des 18. Jahrhunderts als Wegbereiter transformationistischer Theorien gilt. Zwei Jahre später veröffentlichte er die *Vue philosophique de la gradation naturelle des formes de l'être*, eine naturphilosophische und -historische Untersuchung, in der er die Ansicht vertritt, dass alle Wesen graduell abgestufte Variationen eines einzigen Entwurfs oder »Prototyps« sind. Das Bestreben der Natur bestehe darin, diesen »Prototyp« durch zahllose Metamorphosen seiner höchsten Realisierung, das heißt der menschlichen Gestalt zuzuführen. Bemerkenswert ist, dass Robinet am Anfang seiner *Vue philosophique* das historiografische Modell aus Winckelmanns *Geschichte der Kunst* als Vorlage für eine Entwicklungsgeschichte der Natur heranzieht (vgl. oben, S. 48–50).

Winckelmanns Urteil über Robinets Übersetzung seines Geschichtswerks fiel scharf aus: »Diese Arbeit [...] ist so elend, daß das Post-Geld übel angewandt ist. [...] Itzo weiß ich daß Chateaugiron der Verfasser eines berüchtig[t]en Buchs *La Nature* ist« (*Br. 3*, S. 190). Grund für seinen Ärger war nicht nur, dass Robinet die Übersetzung seiner *Geschichte der Kunst* ohne Rücksprache mit ihm vorgenommen hatte, sondern auch, dass diese französische Fassung den Weg zur Publikation einer zweiten, verbesserten Auflage seines Geschichtswerks erheblich erschwerte (Kat. 15). Dass seine Kunstgeschichte von dem Herausgeber der Übersetzung als produktives Vorbild für eine Entwicklungsgeschichte der Natur benutzt worden war, erfuhr er nie. Wenn man bedenkt, dass Winckelmann selbst Georges-Louis Leclerc de Buffons *Histoire naturelle* (Paris 1749ff.) vor der Arbeit an der *Geschichte der Kunst* mit großem Eifer gelesen hatte, zeichnen sich enge – und bisher wenig beachtete – Verbindungen zwischen Kunst- und Naturgeschichte im ausgehenden 18. Jahrhundert ab. ED

Kat. 18

Johann Gottfried Herder (1744–1803)

Kritische Wälder. Oder Betrachtungen, die Wissenschaft und Kunst des Schönen betreffend

nach Maasgabe neuerer Schriften,
Riga: Hartknoch, 1769

Klassik Stiftung Weimar, Herzogin Anna Amalia Bibliothek, Sign. Hdr 110 (1/2)

Literatur
Adam 1988; Berger 1903; Décultot 2013c; Décultot 2016b; Hatfield 1943; Herder 1985–2000; Seeba 1982

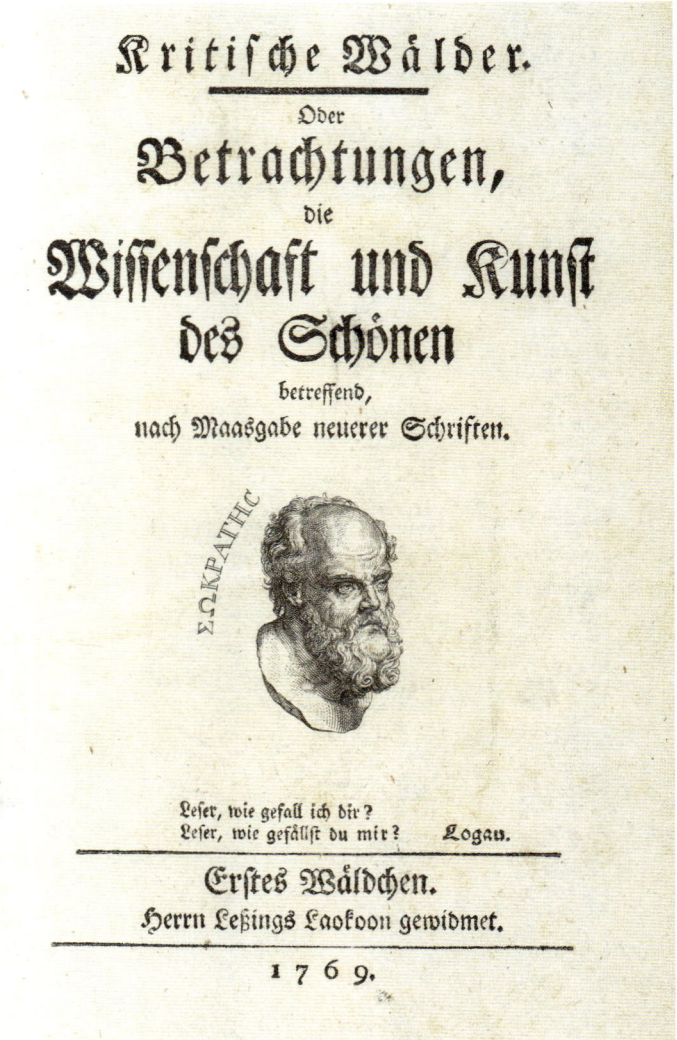

Johann Gottfried Herder hegte große Bewunderung für Winckelmanns *Geschichte der Kunst des Alterthums*, ein »Historisches Lehrgebäude der Kunst, das an Größe der Pallast der Riesen, und an Zierlichkeit ein Werk der Götter verdient genannt zu werden« (Herder 1985–2000, Bd. 2, S. 23). Hinter diesen Lobeshymnen, die er insbesondere zwischen der Publikation des *Älteren kritischen Wäldchens* (1767/68) und derjenigen des *Denkmals Johann Winkelmann* (1778) anstimmte, verbergen sich tiefgehende Divergenzen. Zu Herders grundlegenden Vorbehalten gegenüber Winckelmanns Ansätzen gehört die Frage nach dem Verhältnis von »Lehrgebäude« (*GK1*, S. IX) und Geschichtsschreibung, Systematik und historischer Pragmatik. Zwar tritt er im *Älteren kritischen Wäldchen* entschieden dafür ein, dass jede wahre geschichtliche Darstellung sich keineswegs als bloße »Beschreibung einer Begebenheit« nach dem Modell der Annalen verstehe (Herder 1985–2000, Bd. 2, S. 12). Jedoch wirft er Winckelmann vor, zu sehr als Systematiker vorzugehen, sodass seine Geschichte letztlich »willkürlich und unhistorisch« sei (ebd., S. 25).

Ein zweiter gewichtiger Einwand betrifft Winckelmanns Modell der Völkergeschichte und ganz besonders dessen Darstellung der griechischen Kunst als ein autarkes, ausschließlich aus dem »Saamen« des griechischen Volkes entstandenes Produkt (*GK1*, S. 5). Ein solcher Ansatz weist Herder zufolge den Fehler auf, die grundsätzliche, durch Abstammung, Handel und Nachahmungsgeist bedingte Verkettung der Völker zu ignorieren. Dabei habe sich Winckelmann von den »originalsüchtigen« griechischen Geschichtsschreibern blenden lassen, die »das Andenken an einen *fremden* Anfang« zu verdrängen bemüht waren (Herder 1985–2000, Bd. 2, S. 31).

Während Herder in seinen *Wäldern* noch damit haderte, Winckelmanns »Lehrgebäude« in den Rang eines Geschichtswerks zu erheben, näherte er sich in seinen späteren Schriften – *Auch eine Philosophie der Geschichte zur Bildung der Menschheit* (1774) und *Ideen zur Philosophie der Geschichte der Menschheit* (1784–1791) – diesem Geschichtsmodell immer deutlicher an, indem er es als eine Notwendigkeit ansah, das Verhältnis zwischen Geschichte und Philosophie sowie die aristotelische Trennung von Geschichte und Poesie zu überdenken. ED

Kat. 19

Friedrich Schlegel (1772–1829)
Geschichte der Poesie der Griechen und Römer

1. Bd., 1. Abt., Berlin: Unger, 1798

Klassik Stiftung Weimar, Herzogin Anna Amalia Bibliothek, Sign. 19 A 16032

Literatur
Herder 1985–2000; Matuschek 2003; Schlegel 1958ff.

Friedrich Schlegel war am Ende des 18. Jahrhunderts jener »Winckelmann in Absicht der Dichter« (Herder 1985–2000, Bd. 1, S. 310), den Herder in seinen Fragmenten *Über die neuere deutsche Literatur* (1767) vermisst hatte. Die lange Zeit durch die starre Gegenüberstellung von Klassik/Antike und Romantik/Moderne verdeckte Nähe Schlegels zu Winckelmann resultiert aus dem Geschichtsverständnis beider Autoren. Wenn Winckelmann in seiner *Geschichte der Kunst des Alterthums* unter Geschichte nicht nur eine »Erzählung der Zeitfolge«, sondern ein »Lehrgebäude« verstehen will (*GK1*, S. IX), dann grenzt er sich von Geschichte als bloßer Chronik ab, die die Werke und Autoren bzw. Künstler möglichst vollständig verzeichnet, und zielt stattdessen auf den genetischen Zusammenhang ästhetischer Phänomene.

Schon in seinem literaturgeschichtlich programmatischen Aufsatz *Von den Schulen der griechischen Poesie* (1794) lehnt Schlegel sich an Winckelmanns Verständnis von Geschichte an. Beiden geht es um den großen Entwicklungsbogen des stilgeschichtlichen Aufstiegs und Verfalls der griechischen Kunst und sie betrachten diese Geschichte als systematische Entfaltung der Sache selbst. In Bezug auf seine *Geschichte der Poesie der Griechen und Römer* (1798) wiederum spricht Schlegel nicht nur davon, für die Literatur leisten zu wollen, was Winckelmann für die bildende Kunst getan habe. Er bezieht dessen Vorbildhaftigkeit zudem explizit auf den Anspruch, die »Theorie« der Kunst »durch die Geschichte zu begründen« (*Ankündigung*, in: Schlegel 1958ff., Bd. 3, S. 334).

Auch die geschichtsphilosophischen Implikationen beider Konzepte sind vergleichbar: Schlegel stimmt in *Über die Grenzen des Schönen* mit Winckelmanns *Gedanken über die Nachahmung* darin überein, dass er die Antike der Moderne als den vollkommeneren Zustand entgegensetzt, ohne deshalb eine Rückkehr zu den Alten zu propagieren. Die Orientierung an der antiken Kunst ist lediglich ein Therapeutikum. Winckelmanns Paradox einer Überbietung der Antike durch ihre Nachahmung wird in Schlegels postum veröffentlichtem Aufsatz *Vom Wert des Studiums der Griechen und Römer* allerdings präziser durch die Gegenüberstellung einer zyklischen Antike (»System des Kreislaufes«) mit einer progressiven und entwicklungsoffenen Moderne (»System der unendlichen Fortschreitung«; *Vom Wert des Studiums*, in: Schlegel 1958ff., Bd. 1, S. 631) gefasst.

StM / SP

Kat. 20

Karl August Böttiger (1760–1835)
Andeutungen zu vier und zwanzig Vorträgen über die Archaeologie im Winter 1806

Erste Abtheilung: Algemeine Uebersichten und Geschichte der Plastik bei den Griechen, Dresden: Arnoldische Buch- und Kunsthandlung, 1806

Klassik Stiftung Weimar, Herzogin Anna Amalia Bibliothek, Sign. 19 A 14888

Literatur
Böttger 1837/38, S. XIII–LXVIII; Dönike 2013a; Sternke 2008, S. 156, 235–241

Bereits 1794 hatte der Philologe, zeitweilige Weimarer Gymnasialdirektor und spätere Oberaufseher über die Dresdner Antiken, Karl August Böttiger, Schriften archäologischen Inhalts publiziert. Mit der Vortragsreihe, die er im Winter 1806 in seiner Dresdner Wohnung veranstaltete und noch im selben Jahr unter dem Titel *Andeutungen zu vier und zwanzig Vorträgen über die Archaeologie* veröffentlichte, zielte Böttiger bewusst auf ein breiteres Publikum. Ursprünglich auf mehrere Folgen angelegt, blieb das im Kriegsjahr 1806 unternommene Publikationsvorhaben allerdings bei dem »ersten und einleitenden« Kurs stecken (Sternke 2008, S. XV).

Böttiger, der mit Archäologen wie Aubin-Louis Millin (1759–1818) und Christian Gottlob Heyne (1729–1812) in engem Kontakt stand, hatte an der Bedeutung Winckelmanns für das Fach Archäologie keinen Zweifel. So ist die gesamte dritte Vorlesung allein dem »Leben und Wunder *Ioh. Winckelmanns*« gewidmet (S. 3). Auch folgt er Winckelmann, insofern er »die Geschichte der griechischen Plastik« ausdrücklich zur »Grundveste aller Archaeologie« (S. VI) erklärt und in seiner Darstellung der Kunstgeschichte die Stilepochen seines Vorgängers übernimmt. Dass er sich zugleich aber auch der Grenzen Winckelmanns bewusst war, zeigt sein Hinweis auf die von Heyne in seiner *Lobschrift auf Winkelmann* (Leipzig 1778) durchaus kritisch beantwortete Frage nach den Leistungen und Defiziten des großen Archäologen (S. 3). In diesem Sinne wird Winckelmann in den Vorträgen Böttigers wiederholt zitiert, aber auch korrigiert. Mit Herder und dem britischen Indologen William Jones (1746–1794) betont er zudem, dass die Archäologie eine »treue und behutsame Dienerin der Geschichte der Menschheit« zu sein habe, und wendet sich damit gegen den »enge[n] Begriff, dass die griechische Kunst der Forschung des Archäologen *allein* werth sei« (S. XVIf.). An dessen Stelle rückt bei Böttiger ein religionsgeschichtlich fundierter Ansatz, der die Winckelmann'sche Kunstgeschichte in Richtung einer historischen »Kunstmythologie« erweitert und seine Fortführung in den Arbeiten etwa Georg Friedrich Creuzers (1771–1858) findet. MD

Johann Heinrich Meyer (1760–1832)

Kat. 21
Zeichnung nach der frühklassischen Statue des Omphalos-Apoll im Kapitolinischen Museum

Entstanden zum Jahreswechsel 1795/96, Feder in Grau über Grafit, braun laviert, 343 × 245 mm

Klassik Stiftung Weimar, Museen, Inv. KK 9400/90

Kat. 22
Uebersicht der Geschichte der Kunst bei den Griechen deren bekanntesten Werke und Meister so wie die noch vorhandenen und darauf Bezug habenden Denkmale. Nebst den gleichzeitigen Weltbegebenheiten und den wichtigsten Erscheinungen im Gebiete der Wissenschaften, Literatur und Poesie

Dresden: Walther, 1826, Papier auf Leinen aufgezogen, 188 × 62 cm

Klassik Stiftung Weimar, Museen, Inv. GKg/00941

Literatur
Dönike 2013b; Helbig 1966, Nr. 1385; Meyer 1824–1832; Rößler 2014

21

Johann Heinrich Meyer, langjähriger Freund und Kunstberater Goethes, beschäftigte sich seit seiner Ausbildung zum Zeichner und Maler bei Johann Caspar Füssli in Zürich mit den Schriften Winckelmanns. Die hier gezeigte Zeichnung dokumentiert auf einzigartige Weise seine intensive Auseinandersetzung mit dem von Winckelmann etablierten Historisierungsmodell. Im Profil wiedergegeben ist der Kopf einer lebensgroßen Marmorstatue aus dem Kapitolinischen Museum in Rom, die heute als Replik nach dem verlorenen griechischen Original des sogenannten *Omphalos-Apoll* aus der Zeit um 460 v. Chr. gilt. Mit hoher Präzision deutet Meyer die ergänzte Nase durch eine gestrichelte Linie an und kombiniert die ansonsten durchgezogene graue Federzeichnung mit rotbraun getupften Schattenwerten und zarten Lavierungen. Die Notizen im unteren Blattdrittel vermerken unter anderem, die Statue sei an »wenigen Theilen elegant genug, in anderen weniger, woraus erscheint, daß sie nach der Natur gearbeitet seyn muß«. Mit den Kriterien Natürlichkeit und Eleganz klingen jeweils Merkmale des »älteren« und »hohen« Stils an, mit denen Winckelmann die beiden ersten Entwicklungsstufen der griechischen Kunst in der *Geschichte der Kunst des Alterthums* beschrieben hatte.

Wie ein Brief Meyers an Goethe vom 8. Januar 1796 nahelegt, ist die Zeichnung mit hoher Wahrscheinlichkeit zum Jahreswechsel 1795/96 entstanden. Im Oktober 1795 war Meyer zu einer Italienreise aufgebrochen, deren Ziel es unter anderem war, offene Fragen in Winckelmanns stilistischem Verlaufsmodell zu klären, so etwa die evidente Lücke am Übergang vom »älteren Stil« zum »hohen Stil«. Gerade diese Frage verhandelt Meyers Zeichnung, denn ihr handschriftlicher Kommentar charakterisiert die formale Gestaltung der frühklassischen Statue als »strenge[ ] Manier«. Das Blatt liefert damit ein besonders frühes Indiz für die noch heute in der klassischen Archäologie gängi-

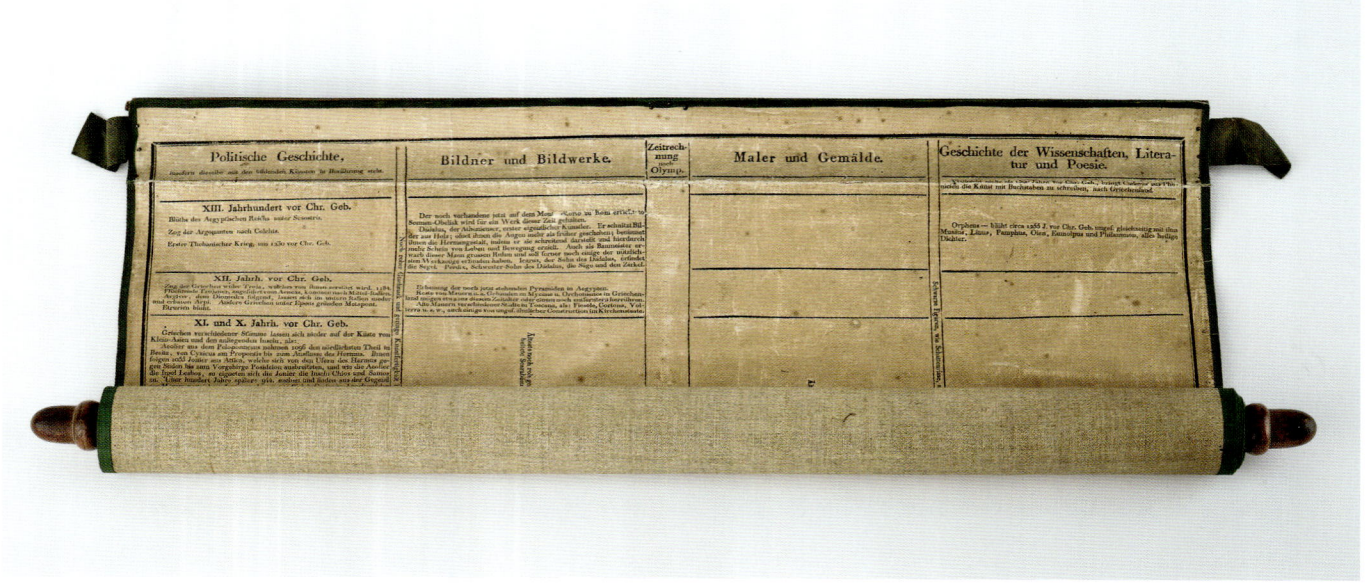

22

ge Bezeichnung des »strengen Styls«, mit der Meyer um 1812 das Periodensystem Winckelmanns ergänzen sollte: Dessen Vorstellung von einem organischen Wachstum der Kunst konsequent weiterdenkend, folgert Meyer im Kommentar der von ihm mitherausgegebenen Winckelmann-Ausgabe, dass »der Uebergang aus dem älteren Style« zum hohen Stil allmählich und nicht »wie durch einen Sprung« geschah (WA, Bd. 5, S. 516f.). Als Beleg für die These von jenem Übergangsstil wurde die Zeichnung im Abbildungsteil der Winckelmann-Ausgabe reproduziert.

Im Jahr 1812 begann Meyer, eine chronologische Übersichtstabelle zur antiken Kunstgeschichte zu erstellen. Diese erschien 1826 als Ergänzung zu seinem Hauptwerk *Geschichte der bildenden Kunst bei den Griechen*. Wie das Exemplar aus Goethes Besitz zeigt, konnten die fünf Foliobögen auf eine Leinwand aufgeklebt und damit als fortlaufende Übersicht aufgehängt werden. In vier Großspalten werden Daten zur Ereignisgeschichte, Plastik, Malerei und Kultur synoptisch gegenübergestellt; in der Mitte findet sich die Zeitleiste. Bemerkenswert sind die mit den Großspalten »Bildner und Bildwerke« sowie »Maler und Gemälde« korrespondierenden schmalen Zwischenspalten in Vertikalschrift, die Meyers Hypothesen zur Stilgeschichte gesondert ausweisen: Auch hier zeichnete er nicht klar voneinander abgegrenzte Stilstufen, sondern die »Allmähliche Erwerbung des gewaltigen Styls« ein, die dann bruchlos in den »Hohe[n] Styl« übergeht. JR

Kat. 23

Antoine Chrysostome Quatremère de Quincy (1755–1849)

De l'architecture égyptienne considérée dans son origine, ses principes et son goût et comparée sous les mêmes rapports à l'architecture grecque

Paris: Barrois l'aîné, An XI [=1802/03]

Martin-Luther-Universität Halle-Wittemberg, Universitäts- und Landesbibliothek Sachsen-Anhalt, Sign. Eb 911, 4°

(in der Ausstellung gezeigt: Pl. 1)

Literatur
Baridon 2006; Schneider 1910a; Schneider 1910b; Salom 2014

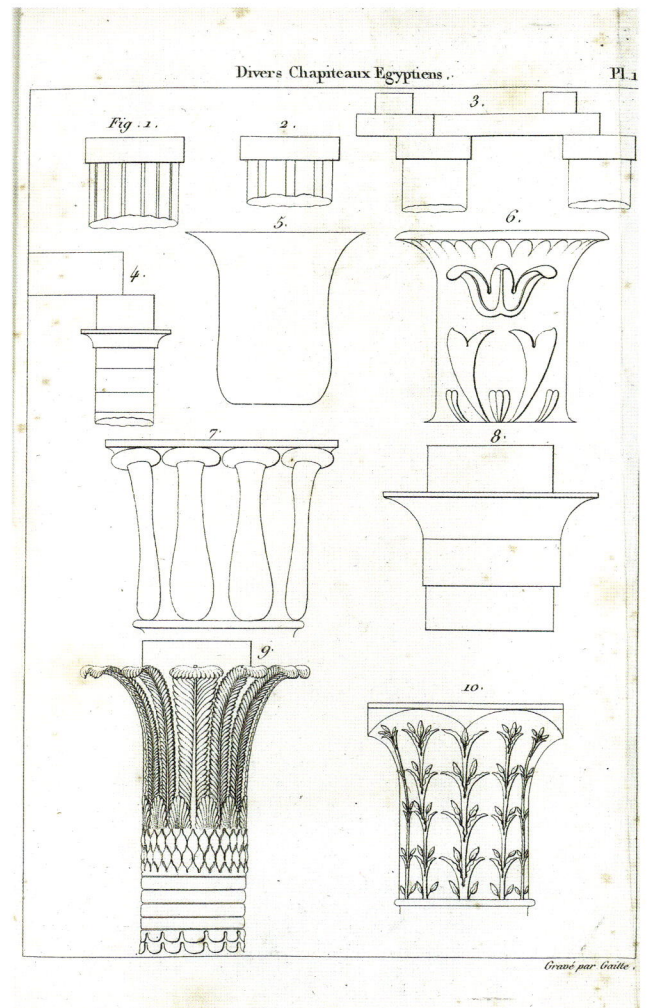

Während die Überlegungen Winckelmanns zur bildenden Kunst gleich nach dem Erscheinen seiner *Gedancken über die Nachahmung* (1755) auch in Frankreich ein sofortiges Echo fanden, gestaltete sich die Aufnahme seiner *Anmerkungen über die Baukunst der Alten* (1762) unter den französischen Architekten und Architekturtheoretikern eher schwierig. Erst am Vorabend der Französischen Revolution wurden seine Theorien intensiver rezipiert. Einer der Hauptakteure dieses neu erwachten Interesses für Winckelmanns Untersuchungen zur Architektur war Antoine Chrysostome Quatremère de Quincy.

In seiner 1785 verfassten Studie zur ägyptischen Baukunst übernimmt Quatremère aus Winckelmanns *Anmerkungen* sowie aus seinen *Monumenti antichi inediti* (beide 1767) all jene Argumente, die es ihm erlauben, die Überlegenheit der griechischen Baukunst aufzuzeigen. Während der Terrorherrschaft 1793/94 verlässt er Frankreich und lässt sich in Deutschland nieder. Hier knüpft er Kontakte zum Kreis um Friedrich Heinrich Jacobi (1743–1819), der ihn mit der Philosophie Kants vertraut macht und ihm die Werke von Lessing, Goethe, Schiller und Wilhelm von Humboldt nahebringt.

Nach seiner Rückkehr nach Paris im Jahr 1800 veröffentlicht Quatremère zahlreiche kunsttheoretische Schriften, in denen der Winckelmann-Bezug offensichtlich ist. Ein besonderes Gewicht erhält dabei die griechische Baukunst, die ihm zufolge gleichzeitig unübertrefflich und »unnachahmlich« sei (*Gedancken1*, *KS*, S. 29). In Anlehnung an das Winckelmann'sche Modell der Geschichte der griechischen Skulptur hebt Quatremère hervor, dass auf die griechische Blütezeit der Baukunst nur Zeiten künstlerischer Dekadenz gefolgt seien. Dieser Gedankengang führt ihn dazu, eine (neu-)platonische Theorie der Architektur und der Kunst im Allgemeinen zu entwickeln; es gelte, einen Typus zu imitieren, der in der griechischen Baukunst schon realisiert worden sei.

Auch wenn sich Quatremère von bestimmten Thesen Winckelmanns distanzierte (vor allem von dessen Klimatheorie) und unter dem Einfluss der deutschen Vertreter der aufkommenden Altertumswissenschaften (Christian Gottlob Heyne, Friedrich August Wolf, Wilhelm von Humboldt) ab 1800 zuweilen dessen vom archäologischen Standpunkt her ungenaue Aussagen kritisierte, trug er in Frankreich ganz wesentlich zur Verbreitung von Winckelmanns Ansichten zur Architektur bei. KS

Kat. 24

Jean-Baptiste-Louis-Georges Séroux d'Agincourt (1730–1814)

Histoire de l'art par les monumens dépuis sa décadence au IVe siècle jusqu'à son renouvellement au XVIe

6 Bde., Paris: Treuttel et Würtz, 1810–1823

Klassik Stiftung Weimar, Herzogin Anna Amalia Bibliothek, Sign. Th M 0 : 1 (a–f)

(in der Ausstellung gezeigt: Bd. 4, Taf. II)

Literatur
Griener 1997; Loyrette 1980; Miarelli Mariani 2005; Mondini 2005

Zu den epochalen Kunstgeschichtswerken, die von Winckelmanns historiografischem Modell angeregt wurden, gehört die *Histoire de l'art par les monumens dépuis sa décadence au IVe siècle jusqu'à son renouvellement au XVIe*, die mit 325 Tafeln illustriert in sechs Bänden in Großfolio zwischen 1810 und 1823 erschien. Ihr Verfasser Jean-Baptiste Séroux d'Agincourt war ein typischer Vertreter einer aufgeklärten und kosmopolitisch vernetzten Aristokratie. Er ließ sich 1779 in Rom nieder, wo er bis zum Lebensende an seiner monumentalen Geschichte des Verfalls der Kunst während der mittelalterlichen Jahrhunderte arbeitete. Die Umwälzungen der Französischen Revolution verzögerten jedoch die Publikation des um 1790 größtenteils fertiggestellten Stichwerks um mehr als zwanzig Jahre. Zu einem Zeitpunkt, als die mittelalterliche Kunst in romantischer Verklärung ästhetisch neu »entdeckt« und national vereinnahmt wurde, stieß dieses noch einer klassizistischen Ästhetik verpflichtete Werk auf wenig Resonanz. Erst in jüngerer Zeit ist der in den 1780er-Jahren in Rom als »Winckelmann dei bassi tempi« (Guglielmo della Valle) gefeierte Autor in den Fokus der Forschung gerückt.

Noch 1810, in der Ausschreibung zur Subskription, trug Séroux' Stichwerk den programmatischen Untertitel *pour servir de suite à l'histoire de l'Art chez les anciens*, womit es explizit als Fortsetzung von Winckelmanns *Geschichte der Kunst des Alterthums* deklariert wurde. Dass 1823, nach dem Tod des Autors, bei der Fertigstellung der Titelblätter dieser Untertitel unterschlagen wurde, weist darauf hin, dass zu diesem Zeitpunkt eine Schirmherrschaft Winckelmanns für eine Publikation zur Kunst des Mittelalters unangebracht erschien. Dennoch ließen sich der Bezug zu Winckelmann und die klassizistischen Grundannahmen nicht mehr nachträglich auslöschen, denn im »Discours préliminaire« von 1810 hatte Séroux ausdrücklich die Absicht verkündet, eine »vollständige Geschichte« der Architektur, Skulptur und Malerei zu schreiben, die die Lücke zwischen der von Caylus und Winckelmann mit einer reichhaltigen Ernte aufgearbeiteten Antike und der noch besser erschlossenen Neuzeit füllen sollte. Mit einer Nicolas Poussin (1594–1665) gewidmeten Büste auf der letzten Tafel verfährt er ähnlich wie Winckelmann, der »seine« Geschichte der »Kunst und der Zeit« und dem zeitgenössischen Maler Anton Raphael Mengs geweiht hatte, mit dem Unterschied aber – und hier wird Séroux' Konservativismus deutlich –, dass mit Poussin ein vor 150 Jahren tätiger Maler als Referenzpunkt installiert wird. Während der »zu glückliche Winckelmann sich den besten Teil ausgesucht habe« (»Trop heureux Winckelmann […] optimam partem elegit«; Bd. 1, S. IV) und den Künstlern nachahmenswerte Beispiele der griechischen und römischen Antike vorlegen konnte, müsse er nun umgekehrt durch Abschreckung die Künstler und Kunstliebhaber vor einem erneuten Verfall der Kunst bewahren.

Der von Winckelmann eingeforderte Wahrheitsanspruch der direkten Anschauung am Objekt sollte jedoch nach Séroux' Credo durch die Denkmäler selbst (»par les monumens«) eingelöst werden, also weniger durch Beschreibung als durch deren Illustration vermittelt werden. Um den progressiven Niedergang und das Wiederaufleben der Kunst augenscheinlich zu machen, schloss Séroux an die französische Tradition opulent illustrierter Antikenpublikationen des 18. Jahrhunderts an: Auf großformatigen synoptischen Tafeln ordnete er eine Auswahl von über 1 400 Denkmälern der Architektur, Skulptur und Malerei in mehr als 3 000 Abbildungen nach chronologischen, geografischen und systematischen Kriterien an. Damit beanspruchte Séroux nicht nur Winckelmann fortzuschreiben, sondern ihn auch durch neuartige Verfahren der Visualisierung und des Vergleichs methodisch zu überbieten. Der Schwerpunkt auf Italien war durchaus konzeptionell, hatte doch diese Kunstnation mit dem Römischen Reich und später mit der Renaissance das Primat Griechenlands geerbt. Dennoch wurden beispielsweise zur Erklärung der Genese des Spitzbogens auch die Kathedrale von Uppsala oder die Alhambra in Granada einbezogen. Daher diente Séroux' Tafelwerk noch weit in das 19. Jahrhundert hinein als Referenz und Bildthesaurus der sich neu etablierenden Disziplin Kunstgeschichte. DM

BAUSTEINE EINES MYTHOS

Nicht nur als Autor, sondern auch als Mittelpunkt eines weit verzweigten Netzes von Korrespondenten, Freunden, Gelehrten, Künstlern und Mäzenen wurde Winckelmann schon zu Lebzeiten bekannt. Es war auch dieses Netzwerk, das dazu beigetragen hat, ihm den Status eines Klassikers zu verleihen. Diese Klassikerwerdung Winckelmanns weist allerdings Merkmale auf, die sie von den etwas später einsetzenden Kanonisierungsprozessen etwa Schillers und Goethes unterscheiden.

Zunächst einmal haftete der Winckelmann-Rezeption von vornherein eine entschieden internationale Dimension an. Winckelmann ist einer der prominentesten und vielleicht auch einer der ersten deutschsprachigen Schriftsteller der Moderne überhaupt, die schon zu Lebzeiten in ganz Europa intensiv gelesen wurden. Die 1755 in Dresden in einer Auflage von nur etwa fünfzig Exemplaren gedruckten *Gedancken über die Nachahmung der Griechischen Wercke* (Kat. 25) wurden schon im ersten Jahr nach der Publikation zweimal ins Französische übersetzt (Kat. 26). Gleiches gilt für die 1764 auf Deutsch veröffentlichte und 1776 nach dem Tod des Autors neu aufgelegte *Geschichte der Kunst des Alterthums*, die bis zum Ende des 18. Jahrhunderts dreimal ins Französische und zweimal ins Italienische übersetzt wurde (Kat. 29–33). Das erste Projekt einer ursprünglich auf acht Bände angelegten Edition der gesammelten Schriften Winckelmanns wurde 1788 in Paris unter dem Titel *Œuvres complettes de Winkelmann* von dem Verleger Henri (Hendrik) Jansen in die Wege geleitet, von den kunstpolitischen Entscheidungsträgern der Französischen Revolution stark gefördert, mit dem dritten Band im Jahr 1803 jedoch abgebrochen. Erst 1808 erschien der erste Band der Weimarer Edition von *Winckelmann's Werken* (11 Bde., 1808–1825) – ein Unternehmen, das, so der Herausgeber Carl Ludwig Fernow, den deutschsprachigen Lesern endlich die Möglichkeit geben sollte, ein »klassisches Werk der deutschen Literatur in Deutschland« in einer kommentierten Ausgabe auf Deutsch zu lesen (*WA*, Bd. 1, S. 3).

Bemerkenswert ist die Rezeptionsgeschichte Winckelmanns für die zweite Hälfte des 18. Jahrhunderts zudem wegen ihrer starken Fokussierung auf die Person des Gelehrten – eine Ausrichtung, die sich in den historischen Biografien und Romanen des 19. und 20. Jahrhunderts (Bölte 1862; Stoll 1968) wiederfindet, welche seinen Lebensweg nachzeichnen. Die Karriere dieses in Stendal aufgewachsenen Schustersohnes, der ab seiner Übersiedlung nach Rom mit der gelehrten Elite Europas korrespondierte und von aristokratischen

Reisenden als Führer durch die Altertümer umworben wurde, liefert in der Tat Stoff genug für spannende historische Rekonstruktionen oder Nachdichtungen. Zu dieser Fokussierung auf seine Person hatte Winckelmann selbst nicht unwesentlich beigetragen, indem er sein umfangreiches Briefnetzwerk nutzte, um Informationen zu verbreiten, die weit über die Grenzen des gelehrten Austauschs hinausgingen und seine private Sphäre (Liebesleben) wie auch seine persönliche Positionierung zu zentralen Fragen der zeitgenössischen Diskussionen (Hof, Freiheit, kulturelle bzw. nationale Identität, ökonomische Verhältnisse) ins Licht rückten. Damit erarbeitete – und steuerte – er ein öffentliches Bild seiner selbst, das sich schnell als wirkungsmächtig erwies. Seine spektakuläre Ermordung im Jahr 1768, die eine Welle des Entsetzens in ganz Europa auslöste, lenkte den Blick umso mehr auf seine Person.

Die im letzten Drittel des 18. Jahrhunderts entstandenen Porträts von Anton von Maron (Kat. 39), Angelika Kauffmann (Kat. 38) und Anton Raphael Mengs (Kat. 40) sowie die Büsten von Friedrich Wilhelm Eugen Doell (Kat. 42) und Salvatore de Carlis (Kat. 43) können als ein Ergebnis dieser Imagekonstruktion betrachtet werden. Hinzufügen ließe sich die in Paris um 1800 entstandene Winckelmann-Büste von Louis-Pierre Deseine (Kat. 108), die den deutschen Archäologen gleichsam zu einem französischen *homme de lettres* machte. Diese Darstellungen gaben Anlass zu vielfältigen Reproduktionen in Form von Gipsabgüssen, Radierungen, Bildrepliken oder -kopien und dienten als Grundlage einer Winckelmann-Ikonografie, die über Bücher, musealisierende oder kanonisierende Einrichtungen wie etwa Akademien, Museen und Universitäten verbreitet wurde. Nahezu jedes deutsche archäologische Institut besaß im 19. Jahrhundert eine Kopie der Winckelmann-Büste von Doell. Diese Verehrung konnte sogar religiöse Züge annehmen, wie das lange Zeit als *Apothéose de Winckelmann* bekannte Gemälde von Jean-Simon Berthélemy zeigt (Kat. 46). ED

Kat. 25

Johann Joachim Winckelmann

Gedancken über die Nachahmung der Griechischen Wercke in der Mahlerey und Bildhauer-Kunst

Friedrichstadt: gedruckt bey Christian Heinrich Hagenmüller, 1755

Staatliche Kunstsammlungen Dresden, Kupferstich-Kabinett, Inv. B 2010-66

Literatur
Brandt 1986; Décultot 2000; Décultot 2002; Dönike 2015; Giuliani 1999; Neymeyr 2008; Pfotenhauer 2006; Schmälzle 2006

Die *Gedancken über die Nachahmung* sind nicht nur ein Gründungsdokument des deutschen (Neo-)Klassizismus, sondern auch ein biografischer Schlüsseltext, dessen Erfolg den Autor vor dem drohenden »Schiffbruch seines [...] Lebens« (Herder) bewahrt hat: 1754 trat Winckelmann zum katholischen Glauben über und verließ Nöthnitz, um am Dresdner Hof sein Glück zu suchen. Die August III. als dem »deutschen Titus« gewidmete Schrift ebnete ihm den Weg nach Rom. Er erhielt ein Zweijahresstipendium und kehrte seiner Heimat Ende 1755 den Rücken.

Das in kleiner Auflage gedruckte Erstlingswerk illustriert im Wesentlichen eine These: Der Weg zur kulturellen Erneuerung führt über die Nachahmung der Alten, insbesondere der Griechen. Aus diesem Grund trägt die Erstausgabe ein Horaz-Motto auf dem Titelblatt: »vos exemplaria Graeca | nocturna versate manu, versate diurna« (»die griechischen Muster | legt nicht aus den Händen bei Nacht und bei Tag«). Der augusteische Klassizismus und die italienische Renaissance sind Vorbild dessen, was Winckelmann für sein eigenes Zeitalter zu erreichen hofft. Der mit Winckelmann befreundete Maler Adam Friedrich Oeser (1717–1799) steuert eine programmatische Radierung bei, die das Ideal der Affektdämpfung mit einer antiken Künstleranekdote veranschaulicht: Statt den äußersten Schmerz zu zeigen, malt Timanthes das Gesicht Agamemnons bei der Opferung von dessen Tochter Iphigenie verhüllt. Analog argumentiert Winckelmann in seiner stoisch grundierten *Laokoon*-Deutung: »Er erhebet kein schreckliches Geschrey, wie Virgil von seinem Laocoon singet.« (*Gedancken*1, *KS*, S. 43) Das Wesen der griechischen Kunst bringt er auf den Begriff der »edle[n] Einfalt« und »stille[n] Grösse« (ebd.).

Der Erfolg der Abhandlung macht 1756 eine zweite, erweiterte Auflage notwendig. Winckelmann ergänzt diese um ein anonymes *Sendschreiben*, eine ironische Replik auf die *Gedancken*, die deren methodisches Fundament zu klären hilft, und eine nachgelagerte *Erläuterung*, die auf das *Sendschreiben* repliziert und in den *Gedancken* vernachlässigte Aspekte nachträgt. Die Arbeit an den zunächst geplanten *Reiferen Gedancken* bricht Winckelmann in Rom ebenso ab wie ein Werk über die Belvedere-Skulpturen. Stattdessen beginnt er das Projekt einer *Geschichte der Kunst des Alterthums* (1764). CS

Kat. 26

[Anonym]

Refléxions sur l'imitation des ouvrages des Grecs, en fait de peinture & de sculpture

In: Journal étranger, Paris, Januar 1756, S. 104–163

Georg-August-Universität Göttingen, Niedersächsische Staats- und Universitätsbibliothek, Sign. 8 EPH LIT 82/13.1756, Jan–Feb

Kat. 27

Reflections on the Painting and Sculpture of the Greeks

With Instructions for the Connoisseur, and an Essay on Grace in Works of Art, Translated from The German Original of the Abbé Winkelmann [...], by Henry Fusseli, London: Millar, 1765, S. 1– 64

Anhaltische Landesbücherei, Dessau-Roßlau, Sign. ALW HB 27976

Literatur
Allentuck 1973; Décultot 2004a; Griener 1998; Ruppert 1942; Winckelmann 1755/56; Winckelmann 1765a; Winckelmann 1765b; Winckelmann 1786; Winckelmann 1830–1834

Zwischen 1755 und 1756 erschien in der Berliner *Nouvelle Bibliothèque Germanique* (Winckelmann 1755/56) eine Zusammenfassung der *Gedancken* (Kat. 25) in zwei Folgen, die Winckelmann Johann Georg Sulzer (1720–1779) zugeschrieben hat. Nachdem er aus Dresden von seinem Freund, dem Maler Wilhelm Ernst Dietrich, eine Kopie der Berliner Zeitschrift erhalten hatte, entschied Johann Georg Wille (1715–1808) im Jahr 1755 vollkommen eigenständig, das Werk des Freundes ins Französische übersetzen zu lassen, um es anschließend in der renommierten Pariser Zeitschrift *Journal étranger* (Kat. 26) zu publizieren. Mit der Arbeit betraut wurde Emanuel Jakob Wächtler unter der unmittelbaren Kontrolle des deutschen Kupferstechers.

Die Ankündigung der Veröffentlichung fand Winckelmanns uneingeschränkte Billigung, da er es begrüßte, seine Schrift »in einer

26

Allgemeinen Sprache bekannt« zu machen (*Br. 1*, S. 199). Dennoch wies diese Übersetzung verschiedene Unregelmäßigkeiten auf. Vor allem wurde derjenige Teil, der von der Bildhauerei Michelangelos handelt, zunächst weggelassen und erst infolge von Protesten des Publikums in der Maiausgabe derselben Zeitschrift veröffentlicht (Mai 1756, S. 176–196). Die Übersetzung der *Gedancken* erfolgte zudem nicht immer wortgetreu; bisweilen ersetzte die Paraphrase die wirkliche und eigentliche Version. Insgesamt weist sie verschiedene sprachliche Vereinfachungen auf und stellt eine Interpretation dar, die sich dem französischen Publikumsgeschmack anpassen sollte.

Zwischen dem 11. Dezember 1764 und dem 19. Februar 1765 erschien in der Zeitung *London Chronicle* eine in sieben Briefe gegliederte englische Übersetzung der *Gedancken*. Fast zeitgleich, zwischen dem 30. Dezember 1764 und dem 31. März 1765, veröffentlichte die von François Arnaud und Jean-Baptiste-Antoine Suard (1732–1817) geleitete *Gazette littéraire de l'Europe* eine französische Version ebendieser sieben Briefe (Winckelmann 1765a). Nur wenig später, zwischen Januar und Juli des Jahres 1765, druckte das *The Scots Magazine* aus Edinburgh die sieben Briefe, die der *London Chronicle* bereits herausgebracht hatte, erneut ab (Winckelmann 1765b). Im selben Jahr erschien in London zudem die wichtigste englische Übersetzung der *Gedancken*. Das Verdienst gebührt dem berühmten Schweizer Künstler und Schriftsteller Johann Heinrich Füssli (1741–1825), der 1764 in England eingetroffen war. Seine Fassung erschien in den *Reflections on the Painting and Sculpture of the Greeks*, einer Miszellanäensammlung, die weitere fünf kurze Traktate von Winckelmann enthielt (Kat. 25). Auch diese Übertragung wies deutlich erkennbare sprachliche Abweichungen auf, um sie dem Geschmack des englischen Publikums anzupassen.

Die frühen englischen wie auch französischen Übersetzungen wurden innerhalb weniger Jahre mehrfach wiederabgedruckt. Das französische Publikum musste jedoch bis 1786 warten, ehe ihm dank der Bemühungen des in Paris angesiedelten Niederländers Hendrik Jansen (1741–1812), eines der größten Popularisierer des Werks Winckelmanns in Frankreich, eine vollständigere Fassung der *Gedancken* zur Verfügung stand. Er veröffentlichte sie in dem Sammelband *Recueil de différentes pièces sur les arts par M. Winckelmann* (Winckelmann 1786). Der Herausgeber erklärt im Vorwort, die im *Journal étranger* bereits erschienene Übersetzung weitgehend erhalten, ihr jedoch »la forme de l'original Allemand« wiedergegeben und die zuvor ausgelassenen Passagen wieder eingefügt zu haben.

In Italien schließlich erschien eine Fassung des ersten berühmten Traktats des deutschen Autors erst im Jahr 1831 im sechsten Band der von den Verlegern Giachetti aus Prato gedruckten *Opere* Winckelmanns (Winckelmann 1830–1834, Bd. 6, S. 305–356; Kat. 159). Diese Ausgabe basier-

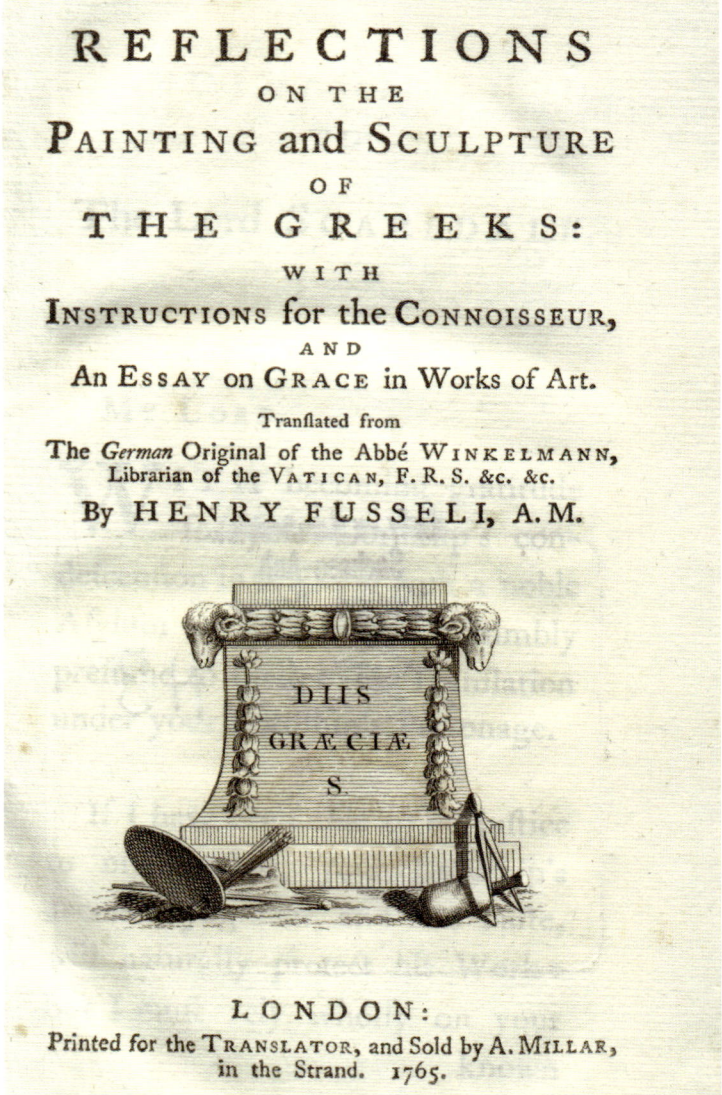

27

te auf dem Text von *Johann Winckelmanns sämtlichen Werken*, die Joseph Eiselein zwischen 1825 und 1829 herausgegeben hatte (Kat. 158). StF

Kat. 28

Johann Joachim Winckelmann
Geschichte der Kunst des Alterthums

Dresden: Waltherische Hof-Buchhandlung, 1764

Klassik Stiftung Weimar, Herzogin Anna Amalia Bibliothek, Sign. N 14-399

Literatur
Baumgartner 2004; Décultot 2004a, S. 166–170; Hartog 1995; Haskell 1991; Hatfield 1943; Stoll 1960, S. 88–96; Uhlig 1988, Wille 1999, S. 54–56

Anders als auf dem Titelblatt angegeben, erschien Winckelmanns Hauptwerk, die *Geschichte der Kunst des Alterthums*, bereits Ende 1763 in Dresden und erregte gleich bei der Publikation großes Aufsehen. Dieser Widerhall blieb nicht auf Deutschland beschränkt, sondern erstreckte sich auch auf die europäischen Nachbarländer, insbesondere auf Frankreich und Italien. Zu den frühen französischen Bewunderern dieses Geschichtswerks gehörten etwa Denis Diderot (1713–1784), Claude-Henri Watelet (1718–1786) und Louis de Jaucourt (1704–1779). Winckelmann selbst war um die Verbreitung seiner Schrift in Frankreich bemüht und konnte dabei auf die Unterstützung von Pariser Freunden wie Johann Georg Wille (1715–1808) zählen (zu den Übersetzungen vgl. Kat. 29–33). Unter den zahlreichen Lesern des Werkes fanden sich durchaus auch kritische Stimmen (vgl. oben, S. 48–51).

Die breite Resonanz der *Geschichte der Kunst* erklärt sich durch eine Vielfalt von Faktoren. Eine prominente Rolle spielten dabei das Neuartige ihres epistemologischen Ansatzes – die Historisierung der antiken Kunst – und ihre politische Dimension, die sich etwa im Kontext der Französischen Revolution für brisante Aktualisierungen eignete (vgl. Sektionstext »Politik«; Kat. 112). Doch auch die Form des Werkes trug nicht unerheblich zu seiner breiten Aufnahme bei. Mit ihrem synthetischen und doch informationsreichen Überblick im handlichen Quartformat eröffnete die *Geschichte der Kunst* dem gebildeten Leser im letzten Drittel des 18. Jahrhunderts einen Bereich, der bis dahin dem engen Kreis gelehrter Antiquare vorbehalten war. Winckelmann konnte auf nicht einmal fünfhundert Seiten liefern, wofür Montfaucon (Kat. 4) fünfzig Jahre zuvor noch zehn Foliobände benötigt hatte. Doch enthielt die Erstauflage einige grobe Fehler, die Winckelmann mit einer zweiten Auflage tilgen wollte. Daher veröffentlichte er 1767 einen separaten, zahlreiche »addenda« enthaltenden Band: die *Anmerkungen über die Geschichte der Kunst*. Erst nach seinem Tod sollte in Wien die zweite, ergänzte Auflage seines Hauptwerkes erscheinen, deren komplexe Editionsgeschichte bis heute nicht vollständig erschlossen ist. ED

Johann Joachim Winckelmann

Kat. 29

Histoire de l'Art chez les Anciens

Übers. von Gottfried Sellius, hg. von J.-B. Robinet de Chateaugiron, 2 Bde., Paris: Saillant/Amsterdam: Van Harrevelt, 1766

Klassik Stiftung Weimar, Herzogin Anna Amalia Bibliothek, Sign. Cc 3 : 5 [h] (1–2)

Kat. 30

Storia delle arti del disegno presso gli antichi

Hg. von Carlo Amoretti und Angelo Fumagalli, 2 Bde., Mailand: Imperial Monistero di S. Ambrogio Maggiore, 1779

Klassik Stiftung Weimar, Herzogin Anna Amalia Bibliothek, Sign. Cc 3 : 5 [b] (5–6)

Kat. 31

Histoire de l'art de l'antiquité

Übers. von Michael Huber, 3 Bde., Leipzig: Breitkopf, 1781

Klassik Stiftung Weimar, Herzogin Anna Amalia Bibliothek, Sign. Cc 3 : 5 [b] (2–4)

Kat. 32

Storia delle arti del disegno presso gli antichi

Hg. von Carlo Fea, 3 Bde., Rom: Pagliarini, 1783/84

Klassik Stiftung Weimar, Herzogin Anna Amalia Bibliothek, Sign. Dd 2 : 542 (a–c)

Kat. 33

Histoire de l'art chez les anciens

Hg. von Hendrik Jansen, 3 Bde., Paris: Jansen, Bossange, Massonet Besson, An II [= 1793/94] – An XI [= 1802/03]

Klassik Stiftung Weimar, Herzogin Anna Amalia Bibliothek, Sign. Cc 3 : 5 [b] [10–11] (1)

Literatur
Espagne 1996; Ferrari 2002; Ferrari 2007; Griener 1995; Griener 1998; Ruppert 1942; Winckelmann 1830–1834; Winckelmann 1849–1873; Winckelmann 2006

Die erste Übersetzung der *Geschichte der Kunst* (Kat. 29) – und zugleich die einzige, die noch zu Lebzeiten des Autors veröffentlicht wurde – war jene, die 1766 auf Französisch erschien, herausgegeben von Gottfried Sellius (1704–1767) und Jean-Baptiste Robinet de Chateaugiron (1735–1820; Kat. 17). Nachdem Winckelmann eine Kopie dieses Werkes erhalten hatte, konnte er seinen Ärger und seinen Verdruss über die schlechte Qualität der Übersetzung kaum zurückhalten. Die Reaktion des deutschen Gelehrten hat dabei nicht nur literarische und sprachliche Gründe, sondern erklärt sich vor allem aus dem dringenden Bedürfnis, den Verkauf seines bevorstehenden Werks, der *Monumenti antichi inediti* (1767), das insbesondere für den französischen und englischen Markt bestimmt war, nicht zu gefährden.

Nach Winckelmanns Tod im Juni 1768 verfolgten die Übersetzungsunternehmen seines berühmtesten Werkes sehr verschiedene Strategien, die eng verknüpft waren mit den spezifischen Übertragungslogiken, die jedes einzelne Land dabei angewendet hat. 1779 erschien in Mailand, herausgegeben von Carlo Amoretti (1741–1816), die erste italienische Version der *Storia delle arti del disegno presso gli antichi* in zwei Bänden (Kat. 30). Sie verdankte ihr Erscheinen einem ordentlichen Ersuchen von Seiten der österreichischen Verwaltung und sollte den Aufsehen erregenden Misserfolg der Wiener Neuauflage der *Geschichte der Kunst* (1776), die unter den deutschsprachigen Lesern viel Kritik auf sich gezogen hatte, vergessen machen.

Mit Michael Huber (1727–1804) übersetzte einer der wichtigsten deutsch-französischen Kulturvermittler des 18. Jahrhunderts Winckelmanns Geschichtswerk, das 1781 unter dem Titel *Histoire de l'art de l'antiquité* in Leipzig erschien (Kat. 31). Die Übersetzung bestand in einem komplett neuen Text, der die deutsche Erstedition mit den *Anmerkungen über die Geschichte der Kunst* (1767) vereinte. Mehr als zwei Jahrhunderte lang blieb diese Übersetzung die Referenzausgabe für die gesamte französischsprachige Welt.

Zwischen 1783 und 1786 erschien in Rom, herausgegeben von Carlo Fea (1753–1836), die zweite italienische Fassung der *Storia delle arti del disegno presso gli antichi* in drei Bänden (Kat. 32). Aufgrund zahlreicher Mängel in der ersten Übersetzung begann Fea mit einer eigenen ausführlichen kritischen Revision des Textes und konnte dabei auf die wertvolle Hilfe von José Nicolás de Azara (1730–1804) und Johann Friedrich Reiffenstein (1719–1793) zurückgreifen. Die Neuausgabe sollte ein Instrument zur Verteidigung jener römischen antiquarischen Tradition werden, zu deren berühmten Repräsentanten Winckelmann und der Herausgeber zählten.

Zwischen 1794 und 1803 veröffentlichte der Niederländer Hendrik Jansen (1741–1812) eine neue französische Übersetzung der *Histoire de l'art chez les anciens* in drei Bänden (Kat. 33). Der Herausgeber nahm dabei Hubers Fassung als Ausgangspunkt und verglich sie minutiös mit der ersten und zweiten Edition der *Geschichte der Kunst*, mit den *Anmerkungen über die Geschichte der Kunst* und schließlich mit den zwei italienischen Übersetzungen von Amoretti und Fea. Von 1830 bis 1832 erschien in den ersten drei Bänden der Gesamtedition von Winckelmanns *Opere* (1830–1834) die dritte, auf der Ausgabe von Joseph Eiselein basierende italienische Fassung seines Geschichtswerks.

1849 erschien schließlich die erste englische Fassung der *History of Ancient Art*, übersetzt von dem amerikanischen Gräzisten Giles H. Lodge (1805–1888), die erst 1873 mit dem vierten Band abgeschlossen wurde (Winckelmann 1849–1873). Bis zum Jahr 2006, als das Getty Research Institute eine neue, von Harry F. Mallgrave übersetzte englische Ausgabe publizierte (Winckelmann 2006), sollte Lodges Übersetzung die Referenzausgabe für den gesamten englischsprachigen Raum bleiben. StF

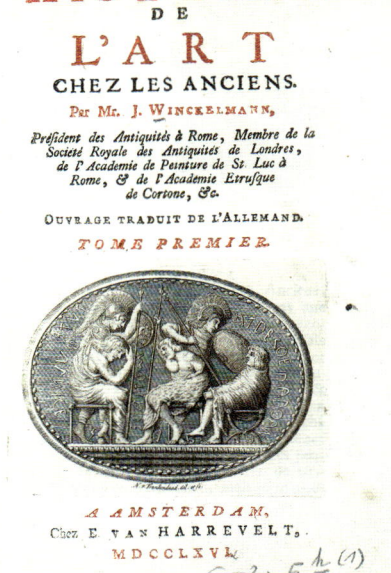

29

30

31

32

33

Kat. 34

Winckelmanns Briefe an seine Freunde in der Schweiz

Hg. von Karl Wilhelm Daßdorf, Zürich: Orell, Gessner, Füssli und Compagnie, 1778, in Interimsbroschur gebundenes, unbeschnittenes und durchschossenes Exemplar mit Anmerkungen von Johann Jakob Horner

Klassik Stiftung Weimar, Goethe- und Schiller-Archiv, Inv. GSA 96/3239

Literatur
Fernow 2013; Goethe 1969

Schon die Programmschrift *Winkelmann und sein Jahrhundert* (Kat. 35) hatte über die Wiedergabe der Briefe an Hieronymus Dietrich Berendis hinaus ein Verzeichnis der bereits gedruckten Briefe Winckelmanns enthalten, das auf Goethes eigene Vorarbeiten zurückging. Von daher war es nur folgerichtig, dass in der Folge Carl Ludwig Fernow in seinem Exposé der Neuausgabe der Winckelmann'schen Schriften anregte, »nach der Aufnahme, die diese Unternehmung beim Publikum fände [...] auch die sämmtlichen bekanten Briefe Winkelmanns in chronologischer Ordnung in einigen Bänden« nachzuliefern: »eine solche Ausgabe derselben würde umso interessanter seyn, als sie den Charakter u. das Leben dieses merkwürdigen Individuums von ihm selbst dargestellt enthalten« (GSA 64/66,2; vgl. Kat. 36). Sie hätte also die Entwicklungs- und Bildungsgeschichte des Heros authentisch dokumentiert und so Fernows Biografie im ersten Band der *Werke* (Kat. 157) abgerundet.

Das ausgestellte durchschossene Handexemplar der von dem Zürcher Pädagogen Leonhard Usteri (1741–1789) besorgten und Graf Carl von Firmian dedizierten Ausgabe steht in diesem Zusammenhang. Aus dem Nachlass von Johann Heinrich Meyer (1760–1832) stammend, der nach Fernows Tod die Verantwortung für die Herausgabe der Winckelmann'schen *Werke* übernommen hatte, dokumentiert es dessen internationales Briefnetzwerk, in dem die Schweiz einen wichtigen Knotenpunkt darstellt. Zugleich belegt es die strengen philologischen Grundsätze, die der geplanten Ausgabe zugrunde liegen sollten.

Durch einen Gewährsmann, den Zürcher Philosophieprofessor und Kunstfreund Johann Jakob Horner (1772–1831), ließ Meyer sich die Texte der originalen Briefe aus den Jahren 1758 bis 1768 besorgen, die noch bei den Adressaten lagen: bei Caspar und Hans Heinrich Füssli, Salomon Gessner, Christian von Mechel sowie Paulus und Leonhard Usteri. Horner hat die Publikation mit den Originalbriefen kollationiert, dabei Korrekturen eingetragen und Auslassungen ergänzt, ja einige Briefe, die in der Publikation gänzlich fehlten, handschriftlich hinzugefügt. BF

Transkription der handschriftlichen Notizen:

Die Originale sind verglichen s. S. 28 und manche Briefe hinzugefügt

Die handschriftlichen Nachträge sind von dem Professor *Jacob Horner*, dem Freunde *Heinrich Meyers*, nach der in Zürich befindlichen Sammlung der *Original*-briefe.

Kat. 35

Winkelmann und sein Jahrhundert

In Briefen und Aufsätzen herausgegeben von Goethe, Tübingen: Cotta, 1805

Klassik Stiftung Weimar, Herzogin Anna Amalia Bibliothek, Sign. V 587

Literatur
Goethe 1887–1919; Grave 2007; Riedel 2006; Rößler 2011

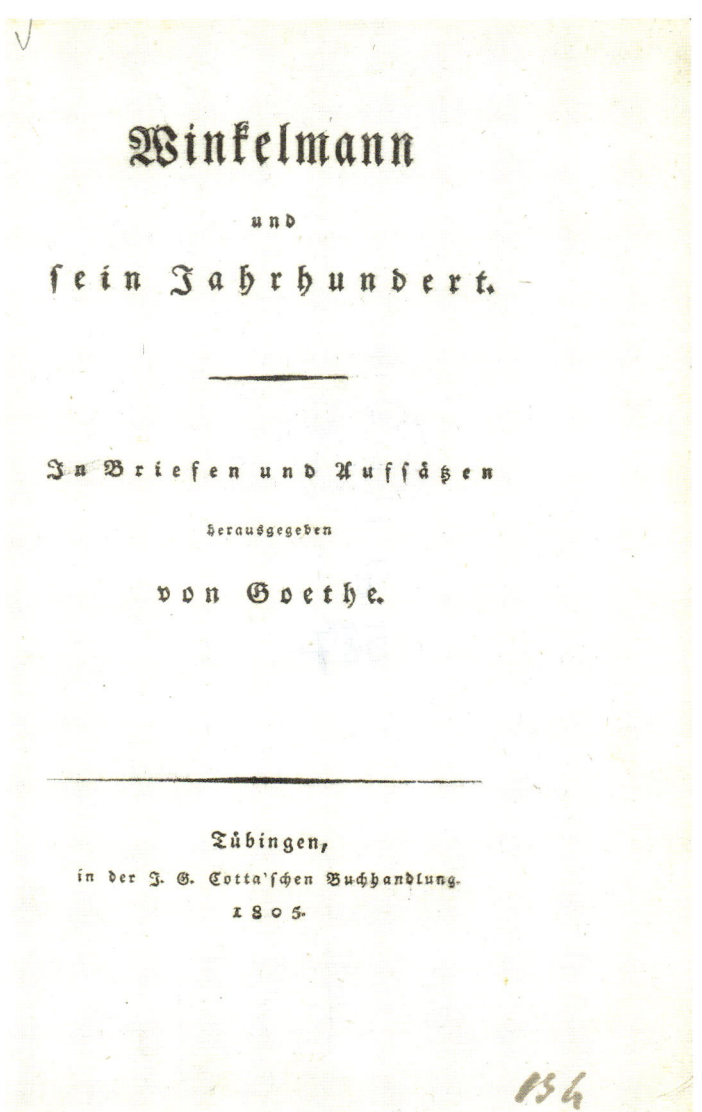

Der 1805 im Verlag der Cotta'schen Buchhandlung veröffentlichte Sammelband manifestiert das nachhaltige Interesse der »Weimarischen Kunstfreunde« am Leben und Werk Winckelmanns. Er zielte auf eine umfassende, von einer klassizistischen Kunstauffassung getragene historische Verortung des Gelehrten und präludierte das Anfang 1806 begonnene Vorhaben einer Gesamtausgabe der Werke Winckelmanns (Kat. 157).

Wohl anlässlich der Herausgabe seiner Kunstzeitschrift *Propyläen* (1798–1800) erhielt Goethe im Sommer 1799 über Herzogin Anna Amalia von Sachsen-Weimar Eisenach 29 bislang unveröffentlichte Briefe Winckelmanns an seinen Jugendfreund Hieronymus Dietrich Berendis (1719–1782), ihren langjährigen früheren Geheimsekretär. Plante Goethe zunächst nur eine kritische Edition dieser Briefe, so schlug er später seinem Kunstberater Johann Heinrich Meyer vor, der Edition dessen umfangreiche Abhandlung *Entwurf einer Kunstgeschichte des achtzehnten Jahrhunderts* beizugeben. Carl Ludwig Fernow steuerte die kurze *Bemerkung eines Freundes* bei. Hinzu kamen drei *Skizzen zu einer Schilderung Winkelmann's*, darunter ein biografischer Abriss aus der Feder Goethes, ein Beitrag von Johann Heinrich Meyer über Winckelmann als Kunsthistoriker sowie ein von dem Hallenser Philologen Friedrich August Wolf erbetener Beitrag zum Bildungsgang des Gelehrten. Abgerundet wurde dieses der Herzogin Anna Amalia gewidmete Gemeinschaftswerk, dessen Beiträge nicht namentlich gekennzeichnet waren, durch ein Verzeichnis sämtlicher gedruckter Briefe Winckelmanns.

Vor allem Meyer betonte die wegweisende kunsthistorische Bedeutung Winckelmanns. So habe er überzeugend gezeigt, dass die bildenden Künste aus »dem allen Menschen inwohnenden Bildungs- und Nachahmungstrieb« (S. 446) entsprungen seien. Wie kein zweiter habe er sich damit um das »Zusammenwirken gelehrter Kenntnisse mit lauterm Kunstsinn« (S. 451) verdient gemacht. An diesem Bild sollten die »Weimarischen Kunstfreunde« festhalten, bekräftigte Goethe noch 1818 gegenüber Sulpiz Boisserée: »Winkelmanns Weg, zum Kunstbegriff zu gelangen, war durchaus der rechte, Meyer hat ihn ohne Wanken streng verfolgt, und ich habe ihn auf meine Weise gern begleitet« (Goethe 1887–1919, Abt. IV, Bd. 29, S. 12). AR

Kat. 36

Carl Ludwig Fernow (1763–1808)
Entwurf zu einer neuen Ausgabe der Winckelmann'schen Schriften

Um 1806, Manuskript

Klassik Stiftung Weimar, Goethe- und Schiller-Archiv, Inv. GSA 64/66,2

Literatur
Fernow 2013

Wie seine Zeitgenossen stand auch Carl Ludwig Fernow im Banne Winckelmanns, mit dem ihn schon die auffallenden biografischen Parallelen verbanden. Wie er – und sein Freund Asmus Jakob Carstens (1754–1798; Kat. 68) – war er in ärmlichen Verhältnissen geboren, wie er litt er an der Misere der zeitgenössischen Kunst und bildete sich autodidaktisch zum Kunsttheoretiker und Kunsthistoriker, wie er suchte und fand er seine Heimat unter den antiken und modernen Kunstschätzen in Rom. Kein Wunder also, dass ihm sein dänischer Landsmann Jens Baggesen (1764–1826) ein Winckelmann'sches Los wünschte; Fernow antwortete darauf am 20. Februar 1795: »Mag denn der Engel des Herrn, der mich seit meiner segenvollen Bekanntschaft mit Reinhold [dem Jenaer Philosophen Karl Leonhard Reinhold, B. F.] beim Schopfe führt, aus mir machen was er will: einen größeren Winckelmann oder einen größern Mengs, wie Sie sagen; nur, um Apolls und aller Musen willen, keinen kleineren!« (Fernow 2013, Bd. 1, S. 108f.) Indes ging er erst einmal seinen eigenen Weg, das Ideal der bildenden Künste auf Kantischen Prinzipien zu gründen und diese Prinzipien mit Beispielen aus der Kunstgeschichte und Carstens' Atelier zu veranschaulichen. Diese Ästhetik lehrte er dann als Theorie und Anleitung für Künstler zur Restitution des »reinen Geschmacks« im Winter 1795/96 in Vorlesungen, überzeugt davon, dass dem »Streben« nach dem »Kunstideal« nur durch die gegenseitige Unterstützung von Theorie und Praxis, »Abstraction und Anschauung« Erfolg beschieden sein könne (ebd., S. 221). Nur das »Genie« eines denkenden, durch Ästhetik aufgeklärten und durch das Studium der Werke geschulten Künstlers könne sich der Misere der modernen Kunst entwinden und das »Ideal« erreichen.

Selbstverständlich studierte Fernow in Rom Winckelmanns Schriften. Doch zur eigentlichen Begegnung mit ihm kam es erst, als er, von Johann Heinrich Meyer (1760–1832) empfohlen, in Jena und Weimar installiert wurde, als theoretischer wie kenntnisreicher Kopf und Wahlverwandter der »Weimarischen Kunstfreunde« im Kampf gegen die um sich greifenden romantischen Kunstverwirrungen.

Als solcher lieferte er seine *Bemerkung eines Freundes* für Goethes Programmschrift *Winkelmann und sein Jahrhundert* (Kat. 35), die sich aus dessen schon 1802 gehegten und mit Cotta verabredeten Plan einer Ausgabe von Meyers *Geschichte der Kunst* wie auch der Winckelmann'schen Briefe an Berendis entwickelt hatte. Fernows Beitrag war kurz, aber fundamental, insofern er den Wesensunterschied des plastischen Paradigmas der antiken Kunst und des durch den christlichen Transzendenzbezug konstitutiven Zeichencharakters der neuen Malerei kulturhistorisch aus den verschiedenen Religionscharakteren entwickelte.

Der Misserfolg seiner Jenaer Vorlesungen, die intensive Beschäftigung mit der italienischen Sprache sowie die Brotarbeit an den Ausgaben italienischer Klassiker und der Monumentalisierung Winckelmanns erledigte dann endgültig das schon seit längerer Zeit stockende Unternehmen der »Ästhetik für Künstler«, die sich immer stärker von Schiller'schen Ideen hatte inspirieren lassen.

Fernow selbst gewann Goethes Unterstützung für die Idee, eine neue Ausgabe der Winckelmann'schen Schriften herauszugeben, für die – so sein Exposé, das im Meyer-Nachlass überliefert ist – »bei dem seit einiger Zeit wieder neu aufgeregten Interesse für Winkelmanns Namen und Verdienst um die Geschmacksbildung unserer Nazion, und bei dem sich immer mehr verbreitenden Studium des klassischen Alterthums und der Kunst, gerade jetzt der günstigste Zeitpunkt zu sein« schien (Kat. 157). Dem kunstpolitischen Impetus entsprachen die Editionsgrundsätze. Die Schriften sollten »wie die Werke eines klassischen Autors behandelt, d. h. der Text würde nach vorhergegangener Durchsicht u Reinigung von Druckfehlern mit der gewissenhaftesten Treue u Genauigkeit, die sich selbst bis auf die Ortografie des Verf. erstrecken müßte, abgedruckt«, mit berichtigenden Noten und Hinweisen auf den aktuellsten Wissensstand versehen und von einer Biografie eingeleitet werden. Fernow erlebte die Vollendung der achtbändigen Ausgabe von *Winckelmann's Werken* nicht. Er realisierte nur die ersten beiden Bände, bevor er, seit seiner Rückkunft nach Deutschland kränkelnd, 1808 starb. BF

Entwurf
zu einer neuen Ausgabe der Winkelmannischen Schriften.

Wenn bei dem seit einiger Zeit wieder neu aufgeregten Interesse für Winkelmanns Namen und Verdienst um die Geschmacksbildung unserer Nazion, und bei dem sich immer mehr verbreitenden Studium des classischen Alterthums und der Kunst, gerade jetzt der günstigste Zeitpunkt zu seyn scheint, wo eine neue Ausgabe der sämtlichen Werke Winkelmanns, die ohnehin meistentheils im Buchhandel längst nicht mehr zu finden sind, sich Bahn lösen möchte, so wäre die Ausführung einer solchen Unternehmung vielleicht am zweckmäßigsten nach folgendem Plane zu bewerkstelligen:

1.) Die Ausgabe würde die sämtlichen Schriften Winkelmanns (vielleicht mit Ausschluß einiger unten anzuzeigender), und zwar in chronologischer Folge, enthalten; nämlich:

   a., Gedanken über die Nachahmung der griechischen Werke in der Malerei u. Bildhauerkunst. Dresden 1756. 4.

   b., Sendschreiben über die Gedanken von der Nachahmung der griechischen Werke. Ebendas.

   c. Anmerkungen über die Baukunst der Alten. Leipzig 1762. 4.

   d. Sendschreiben von den Herkulanischen Entdeckungen. Dresden 1762. 4.

   e. Abhandlung von der Fähigkeit der Empfindung des Schönen. Dresden 1763. 4.

   f. Nachrichten von den neuesten Herkulanischen Entdeckungen. Dresden 1764.

Kat. 37

Johann Christof Rombrich (1731–1794)
nach Friedrich Wilhelm Doell (1750–1816)
Büste
Johann Joachim Winckelmann

1787, Manufaktur Fürstenberg, Porzellan, H. 11,6 cm

Klassik Stiftung Weimar, Museen, Inv. KKg/00337.1

Literatur
Ausst.-Kat. Münster/Braunschweig 1988/89;
Kammel 2013; Lütteken 2003; Lütteken 2013;
MacLeod 2007; Schroeder/Damaschke 1996;
Wolff Metternich 1981; Wolff Metternich/
Meinz 2004, Bd. 1

Eine singuläre Leistung der zum Braunschweiger Hof gehörenden Fürstenberger Manufaktur sind die ab 1771 produzierten kleinformatigen Porträtbüsten in Biskuitporzellan. Gefertigt aus einer damals neu entwickelten, hart gebrannten Masse von marmorhafter Anmutung, umfasst die über mehr als drei Jahrzehnte fortgeführte Serie 135 Motive, von denen viele in mehreren Größen ausgeformt und mit variantenreichen Sockeln versehen wurden. In den ersten Jahren entstanden fast ausschließlich Reduktionen antiker Vorlagen und Porträts von Angehörigen des Herzogshauses. Erst nach 1780 etablierte sich eine zeitgenössische »Gelehrtengalerie« als dritter Zweig der Produktion. Ein Zusammenhang mit Lessing – seit 1770 als Bibliothekar in Wolfenbüttel tätig – ist naheliegend: Die Miniaturantiken wirken wie ein visueller Kommentar zu den Fragen, mit denen er sich in der Folge seines *Laokoon* (1766; Kat. 16) beschäftigte. Der Kanon der Gelehrtenporträts gibt Lessings Interessen und Netzwerke wieder, auch unter Einbeziehung des lokalen Personals.

An der Serie arbeiteten mehrere Modelleure von Rang wie der in Paris ausgebildete Jean Jacques Desoches (tätig 1769–1774) oder der Kaendler-Schüler Johann Christof Rombrich. Die Bildnisse des höfischen Personals wie der Heroen der »res publica litteraria« sind vielfach von erstaunlicher, individueller Qualität. In einzelnen Fällen mag – materialbedingt – der Eindruck klassizistischer Glättung aufkommen. Dominierend ist indes das Interesse am physiognomischen Detail, wie es Lavaters Schriften prägt (Kat. 86), sodass die auf den Gesichtsausdruck reduzierte Wiedergabe berühmter Statuen zu keinerlei Irritationen führt.

Die Rombrich zugeschriebene Winckelmann-Büste, die dem postumem Bildnis von Friedrich Wilhelm Doell (Kat. 41, 42) folgt, befindet sich in bester Gesellschaft: Neben für Winckelmann zentralen Antiken wie *Laokoon*, *Niobe* oder *Apoll* stehen Zeitgenossen, mit denen er in Rom verkehrt hat, etwa der braunschweigische Erbprinz Karl Wilhelm Ferdinand. Das kleine Format und der repräsentative Charakter der Reihe regen dabei zur Bildung sinnfälliger Skulpturenarrangements an.

Paradigmatische Bedeutung erlangte auch die in Fürstenberg produzierte Vase vom Typ G 4, die sogenannte Winckelmann-Vase. Sie trägt ein Porträtmedaillon nach Maron, war allerdings genauso mit anderen Motiven wie Kant oder Mendelssohn zu haben. CS

» WINKELMANNS STYL IST WIE EIN KUNSTWERK DER ALTEN. GEBILDET IN ALLEN THEILEN, TRITT JEDER GEDANKE HERVOR, UND STEHET DA, EDEL, EINFÄLTIG, ERHABEN, VOLLENDET: ER *IST*. «

(JOHANN GOTTFRIED HERDER, KRITISCHE WÄLDER, 1769)

Kat. 38

Angelika Kauffmann (1741–1807)
**Bildnis
Johann Joachim Winckelmann**

1764, Öl auf Leinwand, 97 × 71 cm,
sign.: »Angelica Kauffmann Roma Anº 1764«

Kunsthaus Zürich, Inv. 98

Literatur
Ausst.-Kat. Düsseldorf/München/Chur 1998/99,
S. 128–130, Kat. 21; Kanz 1993, S. 94f.

Mit den Porträts von Giovanni Battista Casanova, Angelika Kauffmann und Anton von Maron (Kat. 39) sind lediglich drei zu Lebzeiten entstandene Bildnisse Winckelmanns erhalten, die über zeichnerische Studien hinausgehen sowie durch Nachstiche eine Vorstellung von seiner Physiognomie und auch ein bestimmtes Bild seiner Persönlichkeit festigten.

Die beiden frühen, im selben Jahr 1764 entstandenen Werke Casanovas (Leipzig, Museum der Bildenden Künste, Inv. J567) und Kauffmanns könnten unterschiedlicher kaum sein. Während der Zeichner Giovanni Battista Casanova (1730–1795) ein strenges Profil wählte und durch die Schattenbildung im Büstenanschnitt sowie in dem umgebenden Oval die Analogie zu einem antiken Gemmenabdruck suchte, gab Angelika Kauffmann die Momentaufnahme eines nachdenklich von seinem Manuskript aufsehenden, geistig inspirierten Winckelmann wieder. Auffällig ist die freie, durch einen Lichtpunkt akzentuierte Stirn, wodurch der Entstehungsort der Gedanken und der schöpferischen Kraft betont wird. Durch die harmonische, warme Farbgebung, die weiche Umrissmodellierung und den durchscheinenden zarten Stoff an Hals und Händen präsentiert Kauffmann den Gelehrten als empfindsamen und feinsinnigen Denker. Dem Schriftstück dient eine Reliefplatte mit der Darstellung der *Drei Grazien* als Unterlage, womit auf seine Abhandlung *Von der Grazie in den Werken der Kunst* (1759) angespielt und das Thema seiner Studien ins Bild gebracht wird. Zur Entstehungszeit des Gemäldes arbeitete Winckelmann an dem *Versuch einer Allegorie* (veröffentlicht 1766), für dessen Frontispiz er sich sein »schönes Portrait von der Mademoiselle Kaufmannin« sehr gut vorstellen konnte (an Peter Dietrich Volkmann, 16. Juli 1764; *Br. 3*, S. 49). Der dafür von Johann Friedrich Reiffenstein (1719–1793) begonnene Stich nach Kauffmanns Werk ist jedoch nicht überliefert; wahrscheinlich wurde er nie realisiert.

Wiederholt wurde im Zusammenhang mit diesem Gemälde die Jugend der erst 22-jährigen, aus Chur stammenden Kauffmann betont; das Winckelmann-Porträt gehört jedoch nicht zu den Arbeiten einer Anfängerin. Bereits als 12-Jährige malte die Tochter eines Künstlers ihr erstes Selbstbildnis und entwickelte sich während ihrer Studienjahre in verschiedenen oberitalienischen Städten ehrgeizig weiter. Bevor sie sich von 1763 bis 1766 in Rom niederließ, war sie bereits zum Ehrenmitglied der Akademien in Bologna und Florenz ernannt worden. Wissbegierig und mit dem Ziel, eine anerkannte und unabhängige Malerin zu werden, verkehrte sie schnell in den wichtigsten künstlerischen Zirkeln der Stadt. Ihr Interesse an antiker Kunst und an kunsttheoretischen Fragen führte sie mit Winckelmann zusammen – ein Kontakt, den sie wahrscheinlich ihrem wichtigsten Bekannten und später auch langjährigen Freund Reiffenstein verdankte. Von ihm radierte sie 1763 ein Porträt, das den Bildausschnitt und den Typus des sinnierenden Gelehrten bereits vorwegnimmt.

Den Auftrag für das Porträt Winckelmanns erteilte Johann Caspar Füssli (1706–1782; vgl. *Br. 3*, S. 197), ein Gönner und Bewunderer Winckelmanns, der ihn zwar nicht persönlich kannte, aber bereits einige Jahre zuvor zusammen mit anderen Schweizer Freunden finanziell unterstützt hatte. Die daraus erwachsende langjährige freundschaftliche Verbindung spiegelt sich in dem bis zu Winckelmanns Tod andauernden Briefwechsel. Über die *Drei Grazien*, die nicht nur als Verkörperungen von Schönheit und Anmut, sondern auch als Sinnbild der Freundschaft galten, wollte Kauffmann womöglich auf das Verhältnis zum Auftraggeber anspielen.

In dem Wissen, dass das von ihr für Füssli geschaffene Porträt in der Schweiz nur ein begrenztes Publikum haben würde, fertigte Kauffmann selbst eine Radierung an, die ihrem Kunstwerk einen größeren Verbreitungsgrad sichern sollte. In Abwandlung des Gemäldes besitzt diese Grafik einen offizielleren und zugleich idealisierenden Charakter. Die hohe Stirn ist nun von mehr Haar bedeckt und mit der Unterschrift »Antiq. Pontif. et Prof. Graec. L. in Biblioth. Vatic.« benennt die Künstlerin Winckelmanns privilegierte Stellung als Aufseher sämtlicher Altertümer in und um Rom im Dienst des Vatikans sowie seine Position als Beauftragter für die griechischen Schriften in der päpstlichen Bibliothek. Wie auch der Stich (Kat. 201, vgl. oben, S. 14, Abb. 1) nach der Casanova-Zeichnung von Bartolomeo Follin (1730– nach 1808) wurde die Radierung jedoch nicht eingesetzt, um einer von Winckelmann selbst besorgten Ausgabe seiner Schriften vorangestellt zu werden. Sie fand vielmehr als rares Einzelblatt erst nach seinem Tod ein Sammlerpublikum. BW

Kat. 39

Anton von Maron (1731–1808)
Bildnis
Johann Joachim Winckelmann

1768, Öl auf Leinwand, 136 × 99 cm, sign.: »Antonius Maron fecit/Roma 1768«

Klassik Stiftung Weimar, Museen, Inv. G 70

Literatur
Kanz 1993, S. 97f.; Schmittmann 2013, S. 33, 236–246, Kat. 62, Taf. 12; Tutsch 1995; Werche 2017

Das kurz vor Winckelmanns Abreise aus Rom entstandene Porträt zeigt den Altertumsforscher und damals bereits berühmten Autor an einem Schreibtisch sitzend auf dem Höhepunkt seiner Karriere. Soeben hatte er ein weiteres Hauptwerk, die *Monumenti antichi inediti* (Rom 1767), abgeschlossen, das auf der Basis intensiver philologischer Studien und der Beschreibung zahlreicher Belegstücke einen neuen hermeneutischen Ansatz zur Deutung antiker Kunstwerke verfolgte. Als wichtige Stütze seiner Argumentation sollten über 200 Illustrationen den Text ergänzen. Während des Entstehungsprozesses des Gemäldes wurde der für dieses Projekt nach einer Zeichnung von Nicolas Mosman (1727–1787) gestochene Kupferstich mit dem Antinous-Relief aus der Sammlung des Kardinals Albani fertiggestellt. Im Bildnis liegt das frisch produzierte Blatt auf dem Manuskript, von dem Winckelmann, noch die Feder haltend, aufblickt. Links hinter ihm erscheint eine Reliefplatte mit der Darstellung des Merkur mit einer weiblichen Figur in der Hand, die Winckelmann als Seele der Proserpina deutet. Das Motiv hatte Winckelmann bereits in seiner Gemmenbeschreibung der Sammlung Stosch behandelt (*Description*, S. 97, Nr. 413); den stark vergrößerten Umrissstich des Karneols bildete er in den *Monumenti antichi inediti* (*MI*, Bd. 1, Abb. 39) ab. Die Büste des Homer rechts im Hintergrund steht nicht nur für eine der wichtigsten Inspirationsquellen Winckelmanns, sie deutet zugleich an, dass der Gelehrte die Beschreibungen in der griechischen und römischen Literatur als Primärquellen für die Identifizierung und Neubenennung antiker Kunstwerke nutzte.

Der Maler des Porträts war über den persönlichen Kontakt sowie über seinen Lehrer und Schwager Anton Raphael Mengs (1728–1779) mit den Ideen Winckelmanns bestens vertraut. Neben den direkten Bezügen zu dessen aktuellen Forschungen gelang ihm ein repräsentatives Bildnis in Anlehnung an die zu dieser Zeit in Rom populären Porträts englischer *Grand-Tour*-Reisender, wie sie vor allem von Pompeo Batoni (1708–1787) gemalt wurden. Auch diese ließen sich häufig im seidenen, pelzbesetzten Hausrock mit einem Buch oder einem antiken Kunstobjekt darstellen, um ihre Sammelinteressen und ihre privilegierte Stellung in finanzieller Unabhängigkeit zur Schau zu stellen. Auf dem Winckelmann-Bildnis von Maron kennzeichnet der Hausmantel somit nicht nur die häusliche Gelehrtentätigkeit. Vielmehr demonstriert das in besonderem Maße voluminöse und auffällig rot changierende, mit einem üppig hervorquellenden Pelz gefütterte Kleidungsstück eine gewisse Gleichrangigkeit der dilettierenden Gentlemen mit dem trotz einer offiziellen Anstellung im Haus des Kardinals Albani auf seiner Unabhängigkeit beharrenden Autor. An eine selbstbewusste Künstlerattitüde, wie sie beispielsweise in Selbstbildnissen von Malern anzutreffen ist, erinnert das in seiner Farbwirkung irritierend disharmonisch zu dem Hausmantel angelegte, betont leger um den Kopf geschlungene Tuch. Die sowohl einladende als auch belehrend zu deutende Geste der linken Hand Winckelmanns kann zusammen mit dem direkt auf den Betrachter gerichteten, freundlichen Blick als eine werbende Offerte seiner in den Schriften formulierten Botschaft verstanden werden. Gleichzeitig verrät der informelle Habitus eine Vertrautheit zwischen Winckelmann und dem Auftraggeber Heinrich Wilhelm Muzell-Stosch (1723–1782), mit dem er viele Jahre in Freundschaft verbunden war und dem er große Unterstützung zu verdanken hatte.

Wie sehr Maron darum bemüht war, bei aller treffenden Ähnlichkeit zugleich auch ein idealisiertes Bild Winckelmanns zu schaffen, zeigt die in dessen Briefen an Heinrich Wilhelm Muzell-Stosch wiederholt angesprochene, insgesamt vierfache Übermalung des Kopfes (*Br. 3*, S. 264, 341). Wesentliche Elemente der Komposition wie der Bildnistyp, Haltung und Kleidung wurden bereits in einem frühen Stadium festgelegt, worüber sich nicht der Maler, sondern Winckelmann mit Muzell-Stosch verständigte (Brief vom 2. April 1767; *Br. 3*, S. 245f.) und auf diese Weise Einfluss auf die Auswahl der zentralen Bildmotive nahm.

Erst 1769, ein Jahr nach Winckelmanns Tod, gelangte das Gemälde an seinen Adressaten in Berlin. In Weimar, wo es seit 1805 in herzoglichem Besitz nachweisbar ist (Werche 2017, S. 171f.), bildete es für die Winckelmann-Rezeption und -Verehrung ein wichtiges und vielfach reproduziertes Referenzstück. Alle Nachstiche geben jedoch nur einen Ausschnitt mit Kopf und Brustansatz wieder. BW

Kat. 40

Anton Raphael Mengs (1728–1779)
Bildnis
Johann Joachim Winckelmann

Um 1777, Öl auf Leinwand, 63,5 × 49,2 cm

Metropolitan Museum New York, Harris Brisbane Dick Fund 1948, Inv. 48.141

Literatur
Ausst.-Kat. Hamburg 1989, Kat. 59, S. 118; Justi 1866–1872; Kanz 1993, S. 95f.; Roettgen 1999–2003, Bd. 1, Kat. 237, S. 306f.; Bd. 2, S. 156–162, 370f.; Schulz 1953, S. 5–8; Stoll 1965

Mengs' Winckelmann-Porträt ist lange Zeit nicht als postumes Bildnis erkannt worden, sondern galt vielmehr als das früheste der drei überlieferten Gemäldeporträts (Kat. 38, 39), das zwischen 1755 und 1761 entstanden sein sollte. Erst Steffi Roettgen hat überzeugend darlegen können, dass das Bild um 1777, das heißt in die Zeit nach seiner Rückkehr aus Spanien zu datieren ist, als Mengs zur Anfertigung der Winckelmann-Büste von Friedrich Wilhelm Doell (Kat. 41, 42) beratend hinzugezogen wurde. Mengs' Empfehlung, den bereits unter dem Beistand des Malers Anton von Maron begonnenen Kopf nach dem Vorbild eines in seinem Besitz befindlichen Abgusses einer heute in Florenz aufbewahrten antiken Cicero-Büste umzuarbeiten (vgl. oben, S. 100, Abb. 2), findet einen Widerhall auch in dem gemalten Bildnis.

Dieser »Idée« folgend (Johann Friedrich Reiffenstein an Johann Heinrich Füssli, 23. Januar 1779; *Br.* 4, S. 334), entlehnte Mengs von der Skulptur nicht nur den knappen Büstenausschnitt und die statuarische Haltung, sondern auch physiognomische Merkmale wie die im Vergleich zu den anderen Porträts von Winckelmann weiter auseinanderstehenden und stärker länglichen, ovalen Augen (Roettgen 1999, S. 307). Er wählte außerdem mit dem über die Schulter geschlagenen Tuch ein zeitloses, an anderen antiken Vorbildern orientiertes Gewand. Weder eine im häuslichen Bereich die Perücke ersetzende Kopfbedeckung noch andere zeittypische Attribute lenken von dem markanten Haupt ab, auf das sich der Maler in Lichtführung und Farbgebung konzentrierte. Trotz des nach vorn gedrehten Kopfes suchen Winckelmanns Augen nicht den Kontakt zu einem Gegenüber, sondern er schaut nachdenklich, ein wenig entrückt wirkend am Betrachter vorbei. Seine in den Vordergrund geschobene linke Schulter schafft einen zusätzlichen dezenten Abstand. Die Bewegung ist verhalten und wie die attributive Ausstattung äußerst reduziert. Mengs gibt ihm lediglich die griechische Ausgabe der *Ilias* Homers in die Hand, die zu Winckelmanns Lieblingslektüren gehörte und die er auch auf seiner Reise nach Deutschland mit sich führte (*Br.* 1, S. 260; Stoll 1965, S. 148). Schließlich verleihen der streng axial ausgerichtete Aufbau und der neutrale Hintergrund dem Bildnis insgesamt einen Eindruck von dauerhafter Gültigkeit.

Mengs malte das Porträt im Andenken an seinen tragisch zu Tode gekommenen Zeitgenossen, mit dem ihn ein wechselhaftes und nicht immer unproblematisches Verhältnis verbunden hatte. Vergleichbare biografische Stationen von Dresden nach Rom führten beide Männer in den frühen römischen Jahren zunächst eng zusammen: Winckelmann profitierte von den praktischen Kenntnissen des Malers, während dieser bereits durch den Titel seiner Schrift *Gedanken über die Schönheit und über den Geschmack in der Malerei* (1762) eine intensive Auseinandersetzung mit Winckelmanns Kunstauffassung bezeugte (vgl. Pfotenhauer/Bernauer/Miller 1995, S. 329). Weder Mengs' Aufenthalt in Madrid noch Winckelmanns mutmaßliche Liebesbeziehung zu dessen Frau Margarita (Justi 1866–1872, Bd. 3, S. 291–297) konnten den freundschaftlich aufrechterhaltenen Briefkontakt stören, bis es 1765 von Winckelmanns Seite aus zu einem Bruch kam, weil er Mengs verdächtigte, ihm das Fresko *Jupiter und Ganymed* (1758/59, Galleria Nazionale d'Arte Antica, Palazzo Barberini, Rom) als antikes Kunstwerk untergeschoben zu haben. Trotz dieser Irritationen leistete Mengs mit dem würdevollen Bildnis seines langjährigen Mitstreiters für die Erneuerung der zeitgenössischen Kunst einen ihr Zerwürfnis überwindenden letzten Freundschaftsdienst (Roettgen 2003, S. 369).

Der Auftraggeber dieses Bildes ist nicht bekannt; ebenfalls konnte bisher nicht geklärt werden, wann das Gemälde in die Sammlung des mit Mengs befreundeten José Nicolás de Azara (1730–1804), des spanischen Gesandten in Rom, gelangte. Der ganzseitige Kupferstich nach diesem Bildnis in der französischen, von Hendrik Jansen publizierten Ausgabe von Winckelmanns *Geschichte der Kunst des Alterthums* (Paris 1794; Kat. 29–33), und der Verkauf des Gemäldes 1807/08 in Paris haben zur Verbreitung des Mengs'schen Porträts vor allem im französischsprachigen Raum beigetragen (Kat. 108). BW

Kat. 41

Anton Raphael Mengs (1728–1779)
Friedrich Wilhelm Doell (1750–1816)
**Büste
Johann Joachim Winckelmann**

1778, Bronzeguss von Luigi Valadier, H. 62 cm (mit Sockel)

Antikensammlung, Museumslandschaft Hessen Kassel, Inv. F 446

Kat. 42

Friedrich Wilhelm Doell (1750–1816)
**Büste
Johann Joachim Winckelmann**

1779, Marmor, H. 61,5 cm (mit Sockel)

Stiftung Schloss Friedenstein Gotha, Inv. P 23

Literatur
Bückling 2013, S. 34/35, Nr. 1; Heraeus 1996, S. 43/44, Nr. 20; Schäfer 1995, S. 159, 196f.; Splitter 2016; Tutsch 2000

41

»Winckelmann's zu Rom im Pantheon als Denkmal aufgestellte Marmor-Büste hat der Hofbildhauer Döll in Gotha während seines Aufenthalts in Italien nach Winckelmann's Tode, unter Mengsen's Anleitung, nach Maron's Gemälde verfertigt.« (*WA*, Bd. 1, S. XLIV) So fasste Carl Ludwig Fernow die Umstände, unter denen Winckelmanns postumes plastisches Porträt dreißig Jahre zuvor entstanden war, im *Kurzen Abriß von Winckelmanns Leben* in seiner Winckelmann-Ausgabe knapp zusammen.

Die vollständige Entstehungsgeschichte ist folgende: Das älteste Werk in der Reihe der Porträts ist die Bronzebüste in Kassel. Johann Friedrich Reiffenstein (1719–1793) hatte sie im Frühling 1778 aus Rom an Friedrich II., Landgraf von Hessen-Kassel, gesandt, auch als Zeichen seiner langen Verbundenheit mit der Kasseler Antikensammlung. Ein plastisches Bildnis Winckelmanns anfertigen zu lassen, hatte Reiffenstein lange am Herzen gelegen. Deshalb gab er im April 1777 dem von Herzog Ernst II. Ludwig von Sachsen-Gotha-Altenburg nach Rom geschickten Bildhauer Friedrich Wilhelm Doell eine Porträtskizze zur Vorlage, die Anton von Maron, Mengs' Schwager und Schöpfer des berühmten Weimarer Winckelmann-Porträts (Kat. 39), besaß. Aber erst ein zweiter Modellierversuch während der folgenden Monate, bei dem nun auch Mengs Hilfestellung gab, glückte so weit, dass Reiffenstein das Ergebnis bei Luigi Valadier in Bronze gießen lassen konnte. Über diese Zusammenhänge berichtet Reiffenstein ausführlich in mehreren Briefen.

Eine Fassung in Marmor – maßgleich mit der Bronze – nahm Doell während des Jahres 1779 »auf eigene Rechnung« (Reiffenstein) und ohne die Unterstützung Mengs' – dieser starb am 29. Juni 1779 – in Angriff. Diese Version gelangte im April 1782 nach Gotha. Zuletzt, in der zweiten Hälfte des Jahres 1781, schuf Doell als dritte Variante eine monumentale Marmorbüste Winckelmanns für das Pantheon in Rom (heute: Protomoteca, Musei Capitolini, Rom).

Die heute verlorene, aus Ton modellierte Vorlage für die Kasseler Büste entstand zwar unter Doells Händen, aber »unter der Direktion« (Reiffenstein) von Mengs. Er hatte Doell zudem den Abguss eines antiken römischen Porträts, des sogenannten *Cicero* der Florentiner Uffizien, als Vorlage zur Verfügung gestellt (vgl. oben, S. 100, Abb. 2). Überdenkt man all diese Umstände und die Tatsache, dass das Porträt von der Forschung zu Doells besten Werken gezählt wird, dann muss die kunsthistorische Bewertung revidiert werden: Der künstlerische Urheber des postumen plastischen Winckelmann-Porträts ist der Maler Anton Raphael Mengs (Kat. 40); Doell war der handwerklich ausführende Bildhauer.

Gipsabgüsse der Kasseler Bronzebüste existieren in einigen deutschen Sammlungen, zwei auch in Weimar: Goethe hatte die seinige 1804 direkt aus Kassel von dem Bildhauer Johann Conrad Wolff bezogen. Ein zweiter Abguss aus dem Großherzoglichen Kunstbesitz ist Martin Gottlieb Klauer zugeschrieben. Auch sie geht aber vermutlich auf die Kasseler Bronze zurück. Es lässt sich zudem nachweisen, dass zwei Gipsabgüsse in Gotha, die in der früheren Forschung eine große Rolle spielten, nach der Kasseler Bronze gefertigt sind. Der bisher einzig sichere Abguss der Gothaer Marmorbüste befindet sich heute im Winckelmann-Museum Stendal.

Bei der Arbeit an der großen Marmorversion für das Pantheon 1781 hatte Doell zwar seine eigene Marmorkopie der Bronze im Atelier, das Maß der für die Ehrenporträts vorgesehenen Nischen machte aber eine Vergrößerung erforderlich. Zudem bekleidete Doell Winckelmann mit einer Toga, deren

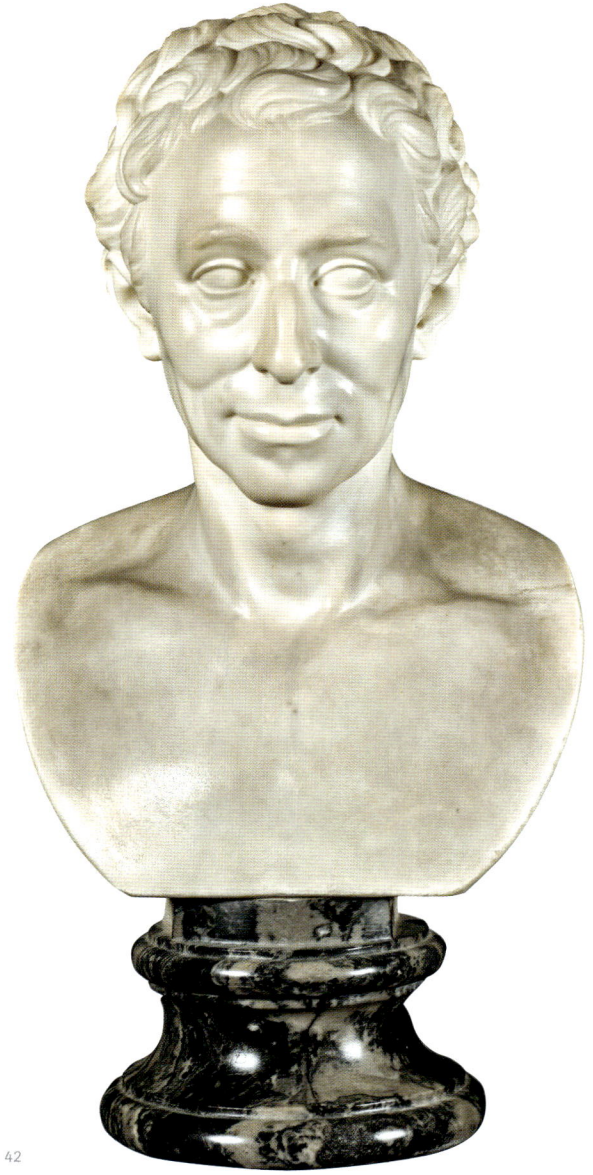

42

Verwendung in der Porträtplastik er bei seinem Lehrer Jean-Antoine Houdon (Kat. 80, 81) kennengelernt hatte. Die bildhauerische Ausführung kann nicht als gelungen angesehen werden, wie etwa an den Proportionen des Gesichts oder der Durcharbeitung der Haare abzulesen ist. Erst kürzlich konnte ein Vorschlag zum genauen Aufstellungsort der Winckelmann-Büste im Pantheon in der zweiten Nische links des Eingangs vorgelegt werden. Mit der Büste ist unbedingt die ursprünglich dort angebrachte Inschrift zu beachten, denn ihre letzte Zeile überliefert eine zeitgenössische Sicht auf die Umstände von Winckelmanns Tod: »er starb in Triest am 8. Juni 1768 in einem Gasthof infolge einen ungeheuerlichen Raubes eines Begleiters, den er für vertrauenswürdig hielt«. RS

Kat. 43

Salvatore de Carlis (1785 – nach 1839)

Büste Johann Joachim Winckelmann

1808, Marmor, H. 68 cm, Inschrift: IOHANN. WINKELMANN, sign.: SALVATOR DE CARLIS. BILDHAUER / VON. TRIENT AVSE TIROL / GEMACHT IN ROM.IM IAHR.J808

Staatliche Antikensammlungen und Glyptothek, München, Inv. DV 112

Literatur
Geyer 2010; Geyer 2017; Messerer 1966, S. 322; Pancheri 2010; Schulz 1953, S. 37f., 64, Abb. 32, 33; Wünsche 1999, S. 210, Kat. 2, m. Abb.

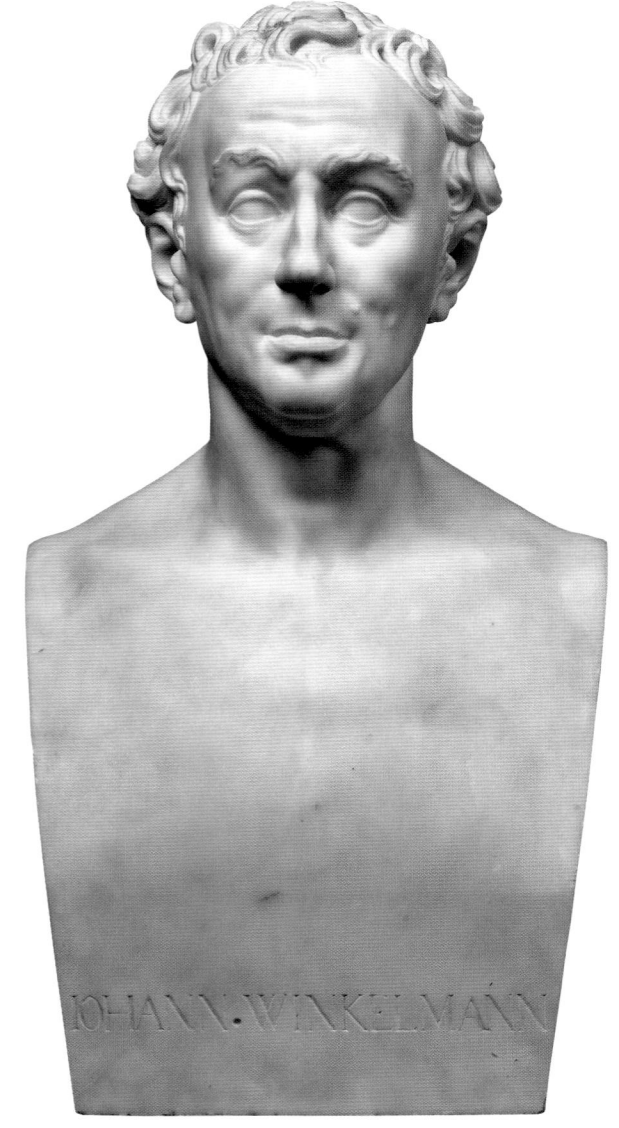

Die Hermenbüste stellt Winckelmann als reifen Mann dar. Sie zeichnet sich durch gelocktes Haupthaar, buschige Augenbrauen, große offene Augen, eine hohe Stirn mit feinen Querfalten sowie Tränensäcke aus. Individuelle Merkmale sind die leicht gebogene Nase und die Warze über dem linken Mundwinkel. Das Porträt ist mit weicher Handschrift modelliert.

Der bayerische Kronprinz Ludwig erteilte Salvatore de Carlis am 9. Dezember 1807 den Auftrag, eine Winckelmann-Büste für die 1842 eröffnete Walhalla zu schaffen (Kat. 114). Empfohlen wurde de Carlis wohl von dessen Kunstberater Kasimir Haeffelin, der bei König Maximilian I. Joseph für die Jahre 1807 bis 1812 auch eine Pension für den Künstler erwirkte. Vorgaben Ludwigs im Vertrag waren: Die Büste solle »in einem edlen einfachen Styl bearbeitet nach der Art der griechischen Büsten« gearbeitet werden. Ihr »Karakter wird durch den bedeutenden Ausdruck einer stillen ruhigen Seelengröße bezeichnet«.

Form und Größe der Walhalla-Büsten änderten sich im Lauf der Zeit. Die Büste von de Carlis passte daher schon formal nicht mehr in die Reihe der späteren Porträts. Hinzu kam die negative Stimmung deutscher Künstler gegenüber de Carlis vor dem Hintergrund der Befreiungskriege (1813–1815), die ebenfalls dazu beigetragen haben dürfte, dass 1813 bei Ridolfo Schadow eine zweite Version in Auftrag gegeben wurde. Auch später irritierte die Büste von de Carlis viele Betrachter, da sie nicht mit dem Idealbild Winckelmanns als einem asketischen Denker übereinstimmte, wie es zum Beispiel die von Doell geschaffenen Büsten vorgaben (Kat. 40, 41). De Carlis kannte diese zwar, als Vorlage diente ihm jedoch die 1763 von Giovanni Battista Casanova erstellte, vielfach reproduzierte Profilzeichnung Winckelmanns.

De Carlis' Winckelmann-Büste wurde 1830 in der Glyptothek in München ausgestellt. 1853 kam sie in die Neue Pinakothek, 1868 in Privatgemächer der Wittelsbacher in München und Schloss Tegernsee. 2008 wurde sie veräußert, konnte aber 2014 von der Glyptothek zurückerworben werden. AF

Kat. 44

Mordakte zu Winckelmanns Tod

1768

Biblioteca Civica Attilio Hortis – Archivio Diplomatico, Triest, Inv. Alfa E 3

(in der Ausstellung gezeigt: Bl. 4)

Kat. 45

Winckelmanniana (Johann Joachim Winckelmann, Christian von Mechel, Paulus Usteri, Johann Friedrich Reiffenstein)

Aus dem Nachlass von Christian von Mechel, 1766–1769

Staatsbibliothek zu Berlin, Preußischer Kulturbesitz, Sign. Ms. germ. qu. 355

(in der Ausstellung gezeigt: Bl. 13v/14r)

Literatur
Goethe 1985–1998; Miehe 1968; Riße/Weiler 2001; Rossetti/Böttiger 1818; Rossetti 1823; Schmoeckel 2005; Stoll 1965

Mordakten gehören eher selten zu den Exponaten von Ausstellungen zu Archäologie und Kunstgeschichte. Der Band aus Triest vereinigt die Prozessakten zum Mord an Winckelmann, der im Sommer 1768 die gelehrten Kreise Europas erschütterte. In Deutschland wartete man damals voller Aufregung darauf, dass der Präfekt der Päpstlichen Altertümer Roms seine Heimat durchreiste. Auch der junge Goethe hoffte in Leipzig auf eine Begegnung im Atelier von Adam Friedrich Oeser (1717–1799): »Oeser war selbst ganz exaltiert, wenn er daran nur dachte, und wie ein Donnerschlag bei klarem Himmel fiel die Nachricht von Winkelmanns Tode zwischen uns nieder. [...] Dieser ungeheure Vorfall tat eine ungeheure Wirkung; es war ein allgemeines Jammern und Wehklagen, und sein frühzeitiger Tod schärfte die Aufmerksamkeit auf den Wert seines Lebens. Ja vielleicht wäre die Wirkung seiner Tätigkeit [...] nicht so groß gewesen, als sie jetzt werden mußte, da er [...] auch noch durch ein seltsames und widerwärtiges Ende vom Schicksal ausgezeichnet worden.« (Goethe 1985–1998, Bd. 16, S. 353f.)

Brutal war Winckelmann am 8. Juni 1808 in seinem Zimmer der Osteria Grande in Triest getötet worden. Nach vorzeitig abgebrochener Reise befand er sich auf dem Rückweg von einer Audienz bei Kaiserin Maria Theresia in Wien. Angesichts seines sonstigen Umgangs verwundert es, warum Winckelmann sich in Triest mehrere Tage von einem ehemaligen Koch und vorbestraften Dieb, Francesco Arcangeli (1737–1768), ebenfalls Gast der Osteria, hatte begleiten lassen. Zeugenaussagen legen nahe, dass er sich als Diener mit guten Manieren und durch seine Kenntnis des Venezianischen nützlich zu machen verstand. Für die immer wieder vorgebrachte These eines homosexuellen Tathintergrunds gibt es keine Belege. Die gerichtliche Untersuchung kam zu dem Schluss, dass Winckelmann Arcangeli vier goldene und silberne Medaillen, Geschenke der Kaiserin, gezeigt hatte. Aus Habsucht habe der Beschuldigte ihn daraufhin getötet: Zunächst versuchte er, ihn mit einem Strick zu erdrosseln; sein Opfer wehrte sich und stürzte, der Mörder stach mit einem Messer mehrmals auf ihn ein. In erbittertem Kampf griff Winckelmann mit beiden Händen in die Klinge – vergebens. Arcangeli floh, ohne etwas aus dem Zimmer zu entwenden; blutüberströmt schleppte sich Winckelmann ins Erdgeschoss. Ärzte konnten nur noch feststellen, dass seine Wunden tödlich waren. Unter Atemnot – laut Sektionsbericht war die Lunge schwer verletzt – machte der Sterbende Angaben zum Mörder und diktierte sein Testament.

Am 10. Juni wurde Winckelmann in einem Gemeinschaftsgrab der Bruderschaft des Heiligen Sakraments auf dem Friedhof von San Giusto beigesetzt. Der flüchtige Arcangeli wurde gefasst und gestand. Das eilig angesetzte Verfahren war nach damaligen Maßstäben akkurat, doch wurden einige Widersprüche und Details nicht weiter verfolgt (Stoll 1965, S. 162f.). Dies gibt bis heute Anlass zu Verschwörungstheorien um die »eigentlichen Auftraggeber« des Mordes. Der inkognito Reisende sei durchaus nicht Opfer eines simplen Raubmordes geworden. Die Spekulationen reichen bis zu der These, Winckelmann sei in geheimer diplomatischer Mission – zum Beispiel wegen der bevorstehenden Auflösung des Jesuitenordens – von der Kaiserin und ihrem Kanzler, dem Fürsten Kaunitz-Rietberg, empfangen worden und habe Nachrichten an Kardinal Albani überbringen sollen. Ansatzpunkt war unter anderem, dass Arcangeli zunächst mehrfach aussagte, Winckelmann habe ihn als Spitzel bezeichnet, woraufhin er ihn im Zorn getötet habe. Erst spät gestand er den geplanten Raub. Da nach damaligem Recht darauf Tod durch Rädern »von unten nach oben« stand, ist verständlich, dass Arcangeli andere Gründe nannte. Zuletzt versuchte er auf mildernde Umstände zu plädieren, indem er behauptete, Winckelmann für »irgendein[en] Juden oder Lutheraner« gehalten zu haben (Stoll 1965, S. 116). Das Urteil (Tod durch Rädern »von oben nach unten«) wurde am 20. Juli 1768 auf dem Platz vor der Locanda Grande vollstreckt.

Der Mord rief überall Anteilnahme und Entsetzen hervor. Als erste berichtete die Basler *Mittwochs-Zeitung* (LII. Stück) vom 29. Juni 1768, »welchergestalten der hier und im Reich sehr bekannte und geschickte Antiquarius, Namens Winkelmann, auf seiner vorgehabten Reise nach Florenz, in Triest, wo er sich einige Tage aufgehalten, das Unglück gehabt, meuchelmörderischer Weise, des Nachts, mit 6. bis 8. Stichen ums Leben gebracht zu werden.« (Kat. 44, Bl. 14r, der Mord geschah tatsächlich am Vormittag; vgl. *Br. 4*, S. 413–415) Die Zeitung ist Teil eines Konvoluts aus dem Nachlass von Winckelmanns Basler

ad indicato opera il di lui Passaporto, quale dal prefato Sig.r Div.te de Kupfersein presa, et aperta, fù in essa veram.te ritrovato un passaporto in stampa, segnato Vienna li 18 Maggio 1768 = in cui si trovò scritto = Joanni Winckelmann Præfecto Antiquitatum Romæ in almam Vrbem redit = E soscritto = Franc: gabr: à Colombach = quale doppo esser stato veduto, fù dal d.o Sig.re de Kupfersein riposto nel modo, che fù ritrovato, nella stessa Valigia.

Et in qual mentre avanzatosi il Pub.co Barigello con un spagho grosso in mano tutto insanguinato, presentandolo à questa Giustizia, disse = che detto spagho, fosse il lacio statogli consegnato d'Andrea Harthuber Serviente all'Ostaria grande, dicendosi esser il lacio dal Malfattore, stato gettato al collo del Giusto = et in fatti = fù osservato un spagho forte di mediocre grossezza, tutto insanguinato, d'ambi l'estremità del quale à asola anodato, per cui si passa oltre il detto spagho, e dà una parte del quale s'operiò passato, formando la figura d'un lacio lungo un palmo, e mezo, e detto spagho esser della lunghezza d'un brazzo, e mezo circa –

In oltre presentò un coltello con manico d'osso, guarnito, e figurato di stagno, con lama contrasegnata V ä", e lordo di sangue, con punta aguza, sembra detto coltello nuovo, ne altrimenti adoprato, qual manico è

45

Freund, dem Kupferstecher und Kunsthändler Christian von Mechel (1737–1817). Es enthält unter anderem Zeitungsberichte über den Mord, eine Abschrift des Testaments, Briefe Winckelmanns und eine Art *Itinerar* von seiner Hand zu den Sehenswürdigkeiten Roms in italienischer Sprache (1766).

Es dauerte vierzig Jahre, bis mit dem Triester Juristen und Historiker Domenico Rossetti (1774–1842) in Italien die Beschäftigung mit den genauen Umständen von Winckelmanns Tod begann. 1808 erbat er Einsicht in die Akten des Mordprozesses; zum fünfzigsten Todesjahr Winckelmanns konnte 1818 in Dresden seine darauf basierende Schrift über *Winckelmanns letzte Lebenswoche* mit einem Vorwort von Karl August Böttiger erscheinen. 1823 publizierte Rossetti mit *Il sepolcro di Winckelmann in Trieste* Beiträge zu dessen Biografie, Bibliografie und Ikonografie. Zugleich warb er damit für seine Initiative, dem »Fürsten des Klassizismus« (Rossetti 1823, S. 13) ein Denkmal zu errichten.

Das marmorne Kenotaph, von Antonio Bosa (1780–1845) unter Aufsicht Antonio Canovas 1822 geschaffen, wurde 1833 in einem Kassettengewölbe auf dem Friedhof von San Giusto eingeweiht (vgl. oben, S. 19, Abb. 4). Im oberen Teil des Monuments lehnt ein trauernder Genius mit gesenkter Fackel und einem Porträtmedaillon Winckelmanns an einem Sarkophag; im Sockelbereich zeigt ein Basrelief den antikisch gewandeten Toten mit griechischen, römischen, etruskischen und ägyptischen Altertümern und mit Allegorien der Künste, der Geschichtsschreibung bzw. der Kunstgeschichte. Die anderthalb Jahrhunderte lang verschollene Mordakte fand 1964 der Triester Jurist Cesare Pagnini (1899–1989) wieder und publizierte sie im selben Jahr. Die Dokumente umfassen unter anderem Gerichtsprotokolle, Briefe, Winckelmanns Testament, den Sektionsbericht, das Urteil und den Bericht über dessen Vollstreckung. ChK

Kat. 46
Jean-Simon Berthélemy (1743–1811)
Apollon und Sarpedon

1781, Öl auf Leinwand, 244 × 195 cm, auf der Rückseite alte Aufschrift: »Vien 1770«

Maison des Lumières Denis Diderot, Langres, Inv. 863.1.1

Literatur
Ausst.-Kat. Köln/Zürich/Lyon 1987/88, S. 194f., Kat. 17 (E. Mai); Ausst.-Kat. Langres 1984, S. 38–41; Ausst.-Kat. Paris 1984/85, S. 134f., Kat. 35 (N. Volle); Brière 1928; Diderot 1995, S. 336, Nr. 153; Herder 1967/68, Roettgen 1998, S. 258f.; Schmoeckel 2005; Volle 1979, S. 85f., Kat. 58

Gegenstand des Gemäldes, mit dem der französische Maler Jean-Simon Berthélemy in die Pariser *Académie Royale de Peinture* aufgenommen wurde, ist eine Szene aus dem 16. Gesang der *Ilias* (Vers 419–683). Homer berichtet hier von der Tötung des Zeus-Sohnes Sarpedon durch den Griechen Patroklos und der von Apollon daraufhin angeordneten Überführung des gereinigten und gesalbten Leichnams in die Heimat. Berthélemy zeigt den in blaue und weiße Tücher gehüllten Leichnam des Helden Sarpedon einer christlichen *Pietà* gleich mit Brustwunde und ausgestrecktem rechten Arm vor dunklem Hintergrund. Gestützt wird sein Leib von den beiden engelsgleichen Gottheiten Hypnos und Thanatos, von denen letzterer in seiner Linken die gesenkte Lebensfackel als Zeichen des Todes hält. Links von der Gruppe weist der nur mit einem roten Umhang, Lorbeerkranz, Pfeil, Köcher und Sandalen bekleidete Apoll der auf einer Wolke schwebenden Gruppe, die dem Vorbild christlicher Himmelfahrten nachempfunden ist, den Weg. Apolls Kopf ist ins Profil gewendet, der Himmel hinter ihm ist aufgeklart. Zu seinen Füßen ruht ein Flussgott, dessen Wasser den Bildraum nach vorn begrenzen.

Obwohl unter anderem von Denis Diderot (1713–1784) im *Salon de 1781* als Werk Berthélemys identifiziert und beschrieben, galt das 1863 als Schenkung in das Museum von Langres gelangte Gemälde aufgrund einer alten Aufschrift auf der Rückseite für längere Zeit als ein Werk des französischen Malers Joseph-Marie Vien (1716–1809), der hier die *Apotheose Winckelmanns* dargestellt habe. Auch wenn der Titel wie auch die Zuschreibung an den Lehrer Jacques-Louis Davids bereits 1928 korrigiert wurden, stellt sich die Frage, wie es zu dieser allegorisierenden Interpretation des Sujets kommen konnte.

Die Deutung des ohne Titel und mit falscher Zuschreibung an Vien überlieferten Gemäldes als Vergöttlichung des getöteten Winckelmann lag einerseits insofern nahe, als beide – Vien und Winckelmann – als Wegbereiter des Neoklassizismus in Europa galten und das Bild sich somit als Hommage an einen geistesverwandten Anhänger des »goût grec« verstehen ließ. Mehr noch zeugt sie aber von dem Bedürfnis, eine metaphysisch sinnstiftende Deutung für den gewaltsamen Tod des deutschen Archäologen zu finden (Kat. 44), der auch und gerade in Frankreich am Ende des 18. Jahrhunderts stark rezipiert worden war (vgl. Sektionstext »Politik«). Anhaltspunkte für eine Identifikation des getöteten Mannes als Winckelmann ließen sich mit etwas gutem Willen im Bild selbst ausmachen: So erscheint die Stichwunde auf der Brust des Sarpedon wie eine Abbreviatur der zahlreichen Messerstiche, denen Winckelmann in Triest erlegen war. Unverkennbar schon für die Zeitgenossen ist die Figur des Gottes zudem nach dem Vorbild des *Apoll vom Belvedere* (Kat. 13) gestaltet, dem Winckelmann eine seiner berühmtesten Beschreibungen gewidmet hatte und dessen Armhaltung wie auch Schrittstellung Berthélemy seitenverkehrt in sein Bild übernommen hat. Aus dem Überwinder des Python wird so der Schutzgott Winckelmanns, der seinen größten Verehrer zum Olymp geleitet. Beides, die Assoziation des *Apoll vom Belvedere* mit dem ermordeten Archäologen wie auch der Gedanke seiner Vergöttlichung, ist keinesfalls weit hergeholt, sondern findet sich bereits in dem 1768 von Johann Gottfried Herder verfassten *Lobgesang auf meinen Landsmann Johann Winckelmann*, in dem es dessen Apotheose im prophetischen Ton vorwegnehmend heißt: »Du / webst schon als Griechengott! In hoher, stiller Ruh / der zweiten Jugend. [...] Nun lebest du / die zweite lange Himmelsjugend.« (Herder 1967/68, Bd. 29, S. 297f., 301f.) MD

WINCKELMANN UND DIE MODERNE

Kat. 47

Francesco Vezzoli (geb. 1971)
Self-Portrait as Apollo del Belvedere's Lover

2011, Marmor, H. 176 cm (mit Sockel)

Collezione Prada, Mailand

Literatur
Birt 1895; Grau 2013; Keller/Wirz 2017

»Zum *Apoll vom Belvedere*? Darf man noch von ihm reden?«, fragt der Altphilologe Theodor Birt 1895 und fügt hinzu: »Diese eine Statue ist eine Culturmacht geworden. Wie ein Pionier des Griechenthums ist er, der Erkorene Winckelmann's, in unzählige gute Stuben unserer kleinen Leute [...] eingedrungen, wo er glatt und niedlich in Thon oder Biskuit auf Schränken und Consolen herumsteht und den Philistern bei Strickstrumpf und Bier verkündet, was ein hellenisches Ideal und was ein griechischer Haarknoten ist.« (Birt 1895, S. 35f.) Winckelmann selbst bezeichnete den von ihm »Erkorene[n]« (Kat. 13) in der *Geschichte der Kunst des Alterthums* (1764) als »das höchste Ideal der Kunst unter allen Werken des Alterthums« (*GK1*, S. 392). Er lobte die »ihn erfüllende Größe«, die »reizende Männlichkeit«, die »mit gefälliger Jugend« gepaart sei, ebenso wie seinen »Himmlische[n] Geist«; auf den Lippen sitze Verachtung, der Unmut blähe sich »in den Nüsten seiner Nase« und trete »bis in die stolze Stirn hinauf«, gleichzeitig bleibe das Auge »voll Süßigkeit, wie unter den Musen, die ihn zu umarmen suchen« (ebd., S. 393).

Winckelmanns homoerotisch-ästhetisch gefärbte Phantasien sind ganz auf diesen *Apoll* gerichtet. Wer ihn hier, 250 Jahre später, zu umarmen, zu küssen versucht, sind aber nicht die Musen oder Winckelmann, sondern der 1971 geborene italienische Künstler Francesco Vezzoli. Dieser fängt etwas mit *Apoll* an: Seine klassizistische, blendend weiße Marmorbüste spiegelt ihn und erzeugt ihn gleichzeitig neu. Sie hat die gleiche Größe, die gleiche gedrehte Kopfhaltung und besteht aus dem gleichen Material. Idealisierend dargestellt, mit stilisierten Haaren und Gesichtszügen, mit weißer glatter Marmorhaut hat sich Vezzoli dem *Apoll* formal angenähert und damit auch dem Ideal der Winckelmann'schen Ästhetik. Und er nimmt den liebenden Platz Winckelmanns ein. Dessen Wunsch, dass der *Apoll* unter seinem Blick »Leben und Bewegung« bekomme »wie des Pygmalions Schönheit« (ebd.), löst sich in Vezzolis Kuss an dem von Winckelmann Auserkorenen ein – jedoch auf andere Weise, als dieser es sich erträumt hatte. Denn die Gleichzeitigkeit von Verachtung, Abstoßung, Unsicherheit und Faszination, die Winckelmann minutiös beschrieben hatte, richtet sich nicht mehr auf den von ihm getöteten Python, sondern auf die Annäherungsversuche seines modernen Liebhabers.

So fängt plötzlich auch die Antike etwas mit der Moderne an: Nach über 300 Jahren klassizistischer Avancen reagiert sie aktiv auf die Phantasien, mit denen man sie immer wieder konfrontiert hat. Sie reagiert mit dem gleichen Widerwillen und der gleichen Faszination, die man auf sie projiziert, wenn man sie als normatives Ideal verherrlicht oder verflucht. Vezzoli baut auf die »Culturmacht« des *Apoll*, die auch heute seine Bekanntheit garantiert, um ihm eine neue Bedeutungsdimension abzugewinnen: Weder der *Apoll* noch er selbst sind hier »glatt und niedlich«; die polierte Oberfläche des Marmors wird von der überzeichneten Geste und den realistischen Zügen in Vezzolis Porträt aufgebrochen. Vezzoli darf wieder vom *Apoll* »reden«, weil er der Floskel, zu der er geworden ist, neues Leben einhaucht. Er nimmt den Klassizismus als Eros des Klassischen ernst, indem er ihn ironisiert; er kehrt seine spielerischen Züge hervor, indem er dessen Ideale ad absurdum führt. Sein »neoclassicismo« (Donatien Grau) ist spielerisch und ernst zugleich.

Eine moderne Büste in antikischer Gestalt wendet sich einer aus dem 20. Jahrhundert stammenden Marmorkopie einer römischen Replik eines spätklassischen Kunstwerks zu, dessen Gestaltung sich formal auf die griechische Klassik bezieht. Einer ins Unendliche reichenden Kette von Klassizismen fügt Vezzoli ein weiteres Glied hinzu. Dabei mischt er die Karten grundlegend neu: Erotisch ist sein Kuss, weil er, wie es Winckelmann in seiner Beschreibung getan hatte, einen Spielraum eröffnet, in dem die Antike neu imaginiert wird – nicht als statisches Phänomen, sondern als etwas, dem man sich immer wieder von Neuem annähern, das man liebend umspielen muss, damit es sich nicht entzieht. Es geht darum, wie sich die Gegenwart im Hinblick auf eine mögliche Zukunft in Beziehung zur Vergangenheit setzt, wie sich der Mensch von heute mit dem Menschen und der Kunst von damals und morgen verbindet. CK

KUNST:
FARBE, AUSDRUCK, LINIE

Seine Untersuchung der antiken Kunst verstand Winckelmann nicht nur als eine rein historische Analyse, sondern auch als kunsttheoretisches und kunstnormatives Programm, das zeitgenössischen Künstlern und Kunstliebhabern eine spezifische Vorstellung von Schönheit als Maßstab zur Verbesserung des zeitgenössischen Geschmacks vermitteln sollte. Zu seinen bevorzugten Zielscheiben gehörte der »Kunstverderber« Gian Lorenzo Bernini (1598–1680), gegen dessen ausschweifende Formen und bewegte Torsionen die *Geschichte der Kunst* ein kräftiges Antidot verabreichen sollte (*Betrachtung*, *KS*, S. 152; *GK1*, S. 144f., 155). In Winckelmanns Nachfolge wurde dieses ästhetische Programm auf eine eng umrissene Anzahl immer wieder zitierter Stichworte eingeengt, zu denen die Idee der »edlen Einfalt« und »stillen Grösse« erhabener, marmorweißer, möglichst ruhiger und ausdrucksloser Körper gehört. Diese vereinseitigenden Maximen wurden seit dem 19. Jahrhundert im Rahmen einer agonalen Ästhetikgeschichte dazu benutzt, die neu geprägten Termini der »Klassik« und des »Klassizismus« begrifflich zu bestimmen. Schon Johann Heinrich Füssli (1741–1825) vermochte in Winckelmanns Ästhetik allerdings nicht mehr zu erkennen als »frigid reveries and Platonic dreams on beauty«, in die dieser sich hineingesteigert habe (Bungarten 2005, Bd. 1, S. 20).

Tatsächlich dürfte es vor allem der kritische Gegenwartsbezug der Schriften Winckelmanns, das heißt die mit Blick auf die Antike geäußerte Kritik an der zeitgenössischen Kunst gewesen sein, der dafür gesorgt hat, dass sein Werk und seine Person weit über das 19. Jahrhundert hinaus eine produktive Wirkung entfalten konnte – und das, obwohl die archäologischen Neufunde in Griechenland den an Winckelmanns Vorstellung des »schönen« Stils orientierten Skulpturenkanon obsolet werden ließen und sein heiteres Antikenbild durch Gelehrte wie Jacob Burckhardt oder Friedrich Nietzsche zunehmend in Frage gestellt wurde. Anhand der Themen Ausdruck, Polychromie und Linie möchte die Sektion vor Augen führen, wie wenig eindeutig Winckelmanns ästhetische Auffassungen tatsächlich waren, und zugleich zeigen, wie und auf welche Weise die folgenden Künstlergenerationen – im Positiven wie auch im Negativen – auf seine Impulse reagiert haben.

Winckelmann hat seine Thesen zur Affekt- und Ausdrucksdämpfung vor allem an der *Laokoon*-Gruppe (Kat. 48) entwickelt, deren hochbewegte Darstellung sich nicht ohne Schwierigkeiten seiner These von der »edlen Einfalt« und »stillen

Grösse« der griechischen Meisterwerke fügt. Die auch von Lessing untersuchte Frage, wie stark sich der individuelle Ausdruck von Gefühlsregungen in der Kunst zeigen dürfe, hat die Künstler von Franz Xaver Messerschmidt über Hans von Marées und Adolf von Hildebrand beschäftigt, bis hin zu Isadora Duncan, die – mit Winckelmann und Nietzsche im Hinterkopf – den modernen Ausdruckstanz begründete.

Vergleichbares gilt für die Polychromie und die sich von der Gegenstandsdarstellung emanzipierende Linie: So wird Winckelmann häufig mit dem Ideal einer weißen Antike in Verbindung gebracht, obwohl ihm selbst deren Farbigkeit durchaus bekannt war (Kat. 57). Umstritten war die Farbe nicht zuletzt auch deshalb, weil sie gegenüber der Form als nicht »wesentlich« für die künstlerische Darstellung verstanden wurde. In den sich durch das gesamte 19. Jahrhundert ziehenden Debatten über die Polychromie von Architektur und Skulptur glaubten paradoxerweise beide Seiten – Verfechter der Farblosigkeit wie Franz Kugler, aber auch Anhänger der Polychromie wie Owen Jones –, sich auf die Autorität Winckelmanns berufen zu können.

Mit der Problematisierung der Farbe einher geht schließlich auch die Linien- und Konturversessenheit der Winckelmann'schen Ästhetik: Zwar ist der Kontur bei Winckelmann zunächst einmal an die Darstellung des schönen Körpers gebunden: »Der edelste Contour vereiniget oder umschreibet alle Theile der schönsten Natur und der Idealischen Schönheiten in den Figuren der Griechen« (*Gedancken1*, *KS*, S. 39). Doch ist im Kontur ein weiterer Aspekt enthalten, der in der Kunst der Moderne produktiv wird. Immer wieder gerät in Winckelmanns Kunstbeschreibungen die Linie als eigenständige Form in den Fokus: Es sind die mäandrierenden Linien auf dem Rücken des *Torso* (Kat. 12) oder die reinen, auf Andeutungen von Licht und Schatten verzichtenden Umrisslinien der Vasenmalerei, die ihn interessieren. Aus einem solchen Blick, der die Linie um ihrer selbst willen schätzt, entsteht bei Johann Heinrich Wilhelm Tischbein (Kat. 65) oder John Flaxman (Kat. 66) ein abstrahierender Umrisslinienstil, der sich im Lauf des 19. Jahrhunderts immer stärker vom Darstellungsgegenstand löst und die freie Linie schließlich autonom werden lässt. MD / CK

Kat. 48
Hagesandros/Polydoros/Athanadoros
Laokoon-Gruppe

Um 30 v. Chr., Marmor, H. 184 cm
(mit gebeugtem Arm)

Musei Vaticani, Rom, Inv. 1059

Gipsabguss: Universität Leipzig, Institut für Klassische Archäologie und Antikenmuseum, Inv. G 603

Literatur
Ausst.-Kat. Rom 2006/07; Andreae 1988; Bejor 2007; Brilliant 2000; Décultot/Le Rider/Queyrel 2003; Gall/Wolkenhauer 2009; Kunze 1996; Preiß 1995; Schmälzle 2006; Schmälzle 2013; Sena Chiesa/Gagetti 2007; Settis 1999

Die antike *Laokoon*-Gruppe wurde am 14. Januar 1506 in Rom gefunden. Sie gehört neben dem *Apoll* und dem *Torso* zum Gründungsbestand der päpstlichen Antikensammlung im Vatikan, wo sie noch heute im Belvedere-Hof zu sehen ist. Ihr Status als paradigmatisches Kunstwerk beruht wesentlich auf dem naheliegenden, wenn auch nicht zwingenden Bezug auf Plinius d. Ä. Dieser erwähnt in seiner *Naturkunde* einen künstlerisch herausragenden *Laokoon* im Palast des Titus. Die dargestellte Handlung entstammt dem trojanischen Sagenkreis. Maßgeblich für die Rezeptionsgeschichte ist die Schilderung bei Vergil: Gottgesandte Schlangen töten Laokoon und seine Söhne am Altar, weil er – zu Recht – vor dem Geschenk der Danaer warnt.

Während der Frühen Neuzeit gilt die *Laokoon*-Gruppe als Muster des Ausdrucks schlechthin. Bewunderung erregt vor allem die anatomisch brillante Darstellung körperlicher Schmerzen. Erst Winckelmanns *Gedancken über die Nachahmung* (1755) und Lessings *Laokoon* (1766) bewirken einen epochalen Umbruch: Laokoons Schreie, die die Betrachter in Übereinstimmung mit der *Aeneis* zu vernehmen glaubten, verstummen. Die Gruppe wird zum Exemplum der Mäßigung und Affektkontrolle.

Die widersprüchlichen Deutungen sind in dem Werk selbst angelegt, das gegenläufige Stiltendenzen zu einer Synthese vereint. Die pathetisch-bewegten Formen weisen zurück auf das »hellenistische Barock«, während das bildhafte, frontalansichtige Arrangement der Szene eher in das ausgehende 1. Jahrhundert v. Chr. passt. Die Datierung der *Laokoon*-Gruppe gehört daher zu den bis in die jüngste Vergangenheit umstrittenen Fragen der Archäologie.

Der pathetisch aufragende Arm des Vaters, aber auch des linken, sterbenden Sohnes geht auf eine Restaurierung des Michelangelo-Schülers Fra Giovan Angelo da Montorsoli (1499–1563) zurück, an deren Grundidee auch spätere Restauratoren festgehalten haben. Die rezeptionsprägende, mutmaßlich aber falsche Ergänzung wurde erst im 20. Jahrhundert abgenommen und durch den gebeugten sogenannten »Pollak'schen« Arm ersetzt.

Für Winckelmann stand die Kanonizität der *Laokoon*-Gruppe außer Frage. Dennoch waren vollständige Abgüsse zu seiner Zeit selten und vorwiegend als kostbare Lehrmittel an den Kunstakademien zu finden. CS

» JEDER HAT NOCH IN DEN ALTEN GEFUNDEN, WAS ER BRAUCHTE, ODER WÜNSCHTE; VORZÜGLICH SICH SELBST. «

(FRIEDRICH SCHLEGEL, FRAGMENTE, 1798)

Johann Heinrich Füssli (1741–1825)

Kat. 49

Studie zu einem der Rossebändiger auf dem Quirinal in Rom

1770–1775, schwarze Kreide, 267 × 189 mm, bez. o. l. von fremder Hand: »Fuseli«

Kunsthaus Zürich, Graphische Sammlung, Römisches Skizzenbuch, Bl. 38 v, Inv. 1940/186

Kat. 50

Dame vor Laokoon II (Version auf Blattrückseite)

Um 1801–1805, Bleistift, Feder, Pinsel und Sepia, 320 × 404 mm

Kunsthaus Zürich, Graphische Sammlung, Inv. 1913/7

Literatur
Antal 1973; Ausst.-Kat. Hamburg 1974/75; Ausst.-Kat. Zürich 1986; Ausst.-Kat. Zürich 2005/06; Busch 2005/07; Schiff 1973

49

Johann Heinrich Füssli kam bereits in seiner Jugend mit klassizistischem Denken in Berührung, da sein Vater, der Zürcher Künstler und Verleger Johann Caspar Füssli (1706–1782), mit Winckelmann korrespondiert hatte und selbst ein Kabinett mit Gipsabgüssen nach Antiken besaß. Nachdem sich Füssli in London niedergelassen hatte, übersetzte er 1765 die *Gedancken über die Nachahmung* ins Englische (Kat. 26, 27) und stand kurz selbst in brieflichem Kontakt mit Winckelmann (vgl. *Br. 3*, S. 547). Während seines Romaufenthalts zwischen 1770 und 1778 zeichnete Füssli nach Antiken, geriet aber schnell unter den Einfluss des dänischen Bildhauers und Zeichners Johan Tobias Sergel (1740–1814) und begeisterte sich für Michelangelo: Die Suche nach Vorbildern abseits des von Winckelmann eng gezogenen Formenkanons signalisiert das Ringen um eine selbständige Ausdruckssprache gegenüber dem sich in Europa schnell ausbreitenden Neoklassizismus. Wie Werner Busch plausibel dargelegt hat, berief sich der römische Kreis um Füssli gerade auf den von Winckelmann verworfenen *parenthyrsos*-Gedanken, einen Begriff aus der klassischen Rhetorik, der die pathetische Übertreibung meint.

Gerade weil sich Füssli in ein kritisches Verhältnis zum Klassizismus setzte, ist seine zeichnerische Beschäftigung mit der Antike besonders facettenreich. Nachhaltige Wirkung übten auf ihn die monumentalen *Rossebändiger* auf dem Quirinal aus, die damals als Werke des Phidias und Praxiteles galten. Die breitbeinige Schrittstellung der beiden Dioskuren musste auf die Zeitgenossen umso dominanter und raumgreifender wirken, als ihre überdimensionierte Anatomie mit aufschwellenden Muskeln Winckelmanns Forderung nach einem auf natürlichen Körperformen aufbauenden Ideal evident widersprach. In den *Rossebändigern* fand Füssli somit eine Antike, die als Gegenprogramm zu dem streng klassizistischen Kunstbegriff einem anderen Formverständnis verpflichtet war. Das Studienblatt zu einer der beiden Statuen muss als »Grundlage für die männliche Anatomie« in Füsslis Schaffen gelten (Schiff 1973, Bd. 1, S. 475). In starker Untersichtigkeit gehalten, abstrahiert er den linken Rossebändiger zu einer fast roboterhaft wirkenden Gestalt. Die Muskulatur ist mittels kraftvoller Linien auf einfache volumenhaltige Formen reduziert. In späteren Arbeiten Füsslis taucht die energische Haltung der *Rossebändiger* immer wieder als Pathosformel auf.

Die Übernahme solcher antiker Pathosformeln ist im Werk von Füssli keine

50

Seltenheit. Eine Entwurfszeichnung zum *Schwur der drei Eidgenossen auf dem Rütli*, den er 1779 bis 1781 als großformatiges Gemälde für den Rat der Stadt Zürich ausführte, gelangte über Johann Caspar Lavater in den Besitz Goethes (Kat. 175). Die Komposition weicht von dem Zürcher Bild entschieden ab; gemäß akademischer Konvention zeichnete Füssli die drei Bundesbrüder erst nackt, um sich des Bildaufbaus bewusster zu werden. Auch hier statuiert die pathosgeladene, vergleichsweise schlichte und körperbetonte Darstellung ein Formverständnis, das auf die Auseinandersetzung mit antiken Werken zurückzuführen ist und in der radikalen kompositorischen Vereinfachung den *Schwur der Horatier* (1784, Musée du Louvre, Paris) von Jacques-Louis David (1748–1825) vorwegnimmt.

Auf einer späteren Zeichnung hat sich Füssli mit der *Laokoon*-Gruppe auseinandergesetzt: Die sicher vor einem Gipsabguss entstandene Zeichnung aus dem Kunsthaus Zürich zeigt die athletische Mittelfigur des trojanischen Priesters und eine modern gekleidete Dame, die offenbar aggressiv ihre Fäuste ballt. Über den Aussagegehalt der Zeichnung ist viel spekuliert worden: Die Deutungen reichen von Schmähungen bestimmter Frauen aus Füsslis Umfeld bis hin zu einer allgemein sexualisierten Form der Kunstbetrachtung (vgl. Essay Rößler). JR

Kat. 51

Franz Xaver Messerschmidt
(1736–1783)

Der Gähner (aus der Serie der sogenannten Charakterköpfe)

Um 1775, Bronze, H. 45 cm (mit Sockel)

Museum Kunstpalast, Düsseldorf, Inv. P 2009-27

Literatur
Ausst.-Kat. Frankfurt 2006/07; Ausst.-Kat. Nizza 1993; Ausst.-Kat. Wien 2002/03; Bückling 1999; Gampp 1998; Oberhaidacher 1984; Pfarr 2006; Pötzl-Malíková 1982; Schmid 2004

Der Bildhauer Franz Xaver Messerschmidt war zunächst kein Außenseiter, sondern reüssierte am Wiener Kaiserhof mit höfischen Porträts und Gelehrtenbildnissen. Eine Professur wurde ihm auf Betreiben des Staatskanzlers Kaunitz-Rietberg verwehrt, der bei seiner Akademiereform dem Leitbild eines strengen Klassizismus folgte. Seine letzten Lebensjahre verbrachte Messerschmidt in Preßburg, wo er ohne Auftrag, keineswegs aber umnachtet oder verarmt, an seinem eigentlichen Hauptwerk arbeitete, einer auf 64 Positionen angelegten Folge expressiver »Köpf-Stückhe«, die seinen Nachruhm begründen sollten. Die Büsten bieten ein Inventar mimischer Extreme, das auf zeitgenössische Diskurse wie den Mesmerismus, vor allem aber auf Physiognomie und Pathognomie verweist. Dabei handelt es sich nicht vorrangig um Naturstudien, sondern um in jeder Hinsicht »phantastische Köpfe«, die einer künstlerischen Eigenlogik folgen.

Von der Nachwelt lange missachtet, erlebten Messerschmidts »Köpf-Stückhe«, die mit Winckelmanns Ideal der »grosse[n] und gesetzte[n] Seele« kaum vereinbar sind (*Gedancken1*, *KS*, S. 43), eine postume Karriere als Jahrmarktsattraktionen, bevor sie in verschiedene Sammlungen zerstreut wurden. Die heute üblichen Benennungen sind nicht authentisch, sondern gehen auf den anonymen Autor eines Verkaufskatalogs von 1793 zurück. Deutlich wird das nicht zuletzt an der Büste des *Gähners*, den man ebenso gut als Schreienden verstehen könnte. Im Mittelpunkt steht der weit aufgerissene Mund, der den Blick auf ansonsten verborgene anatomische Details wie Gaumen und Zungenbändchen freigibt. Auffällig sind zudem die dicken Falten an Hals und Kinn, die hochgezogene Nase und die zusammengekniffenen Augen.

Ein massiverer Einspruch gegen die von Lessing in seinem *Laokoon* (1766) vertretenen Dogmen ist kaum denkbar: Für ihn waren weder ein offener Mund noch Darstellungen vorübergehender Affekte wie Lachen (oder Gähnen) sinnvolle Gegenstände der Kunst, da sie beim Betrachter unmittelbar Ekel erzeugen oder zumindest einen lächerlichen Eindruck machen mussten. Umso bemerkenswerter ist das Urteil des Berliner Aufklärers Friedrich Nicolai (1733–1811), der Messerschmidt 1781 in Preßburg besuchte. Zwar charakterisiert er die Mehrzahl der Köpfe als »konvulsivisch«, doch lobt er den *Gähner* als realistisches Selbstporträt, das für die Kunst neue Möglichkeiten erschließe. CS

Kat. 52

Christian Friedrich Tieck (1776–1851)
Kassandra

1827, Gips, H. 91 cm

Klassik Stiftung Weimar, Museen, Inv. GPl/01153

Literatur
Böttiger/Meyer 1794; Maaz 1995; Maaz 1997

Zwischen 1825 und 1827 schuf der Bildhauer Christian Friedrich Tieck 15 mythologische Gipsstatuen für den Teesalon des preußischen Kronprinzenpaars im Berliner Stadtschloss. Als einer der letzten Teile des Zyklus wurde im Mai 1827 die Statue der trojanischen Seherin Kassandra vollendet, von der Tieck eine Ausführung an Goethe sandte. Die ursprünglich zur Aufstellung an der Wand konzipierte Figur erfüllt mit ihrem schönlinigen Kontur und der kontrastreichen Binnenmodellierung von nacktem Körper und Draperie alle Kriterien klassizistischer Ästhetik. In Goethes Zeitschrift *Ueber Kunst und Alterthum* fand das Werk nicht nur lobende Erwähnung; es wurde auch im Brückenzimmer seines Wohnhauses am Frauenplan aufgestellt.

Mit dem Ankauf einer antiken Vase durch die Herzoginmutter Anna Amalia um 1790, der daran anschließenden Abhandlung von Karl August Böttiger und Johann Heinrich Meyer (1794) sowie Schillers Ballade *Kassandra* (1802) hatte der Stoff in Weimar bereits Interesse geweckt. Aus verschmähter Liebe bestraft Apoll Kassandra mit dem Fluch, dass ihre Weissagungen keinen Glauben finden sollen. Während der Plünderung Trojas sucht die Seherin Schutz im Athena-Tempel, doch Ajax entführt sie auf gewaltsame Weise. Tieck zeigt Kassandra im Moment vor dem Raub mit halb flehender, halb abwehrender Geste, wobei ihre Körperbewegung derjenigen des *Laokoon* ähnelt. Die Unabwendbarkeit des Schicksals ist ihr bewusst, ganz so wie es Winckelmann in den *Monumenti antichi inediti* (1767) am Beispiel eines Reliefs aus eigenem Besitz beschrieben hatte: »sie scheint von der weissagenden Begeisterung des Apollo ergriffen zu sein und zu gleicher Zeit sich zu bemühen, durch ihre bittende Stellung Mitleid zu erregen« (*Eiselein*, Bd. 8, S. 227). Dass auch Wilhelm von Humboldt eine Replik der Statue in seinem Arbeitszimmer in Schloss Tegel aufstellte, zeugt von der Begeisterung für den Stoff, in dem die tragischen Elemente der ungehörten Prophetie und des Wissens um das eigene Schicksal mit dem klassizistischen Schönheitsideal verknüpft werden konnten. JR

Kat. 53

Hans von Marées (1837–1887)
Badende Knaben

Um 1874, Öl auf Leinwand, 80 × 100 cm

Von der Heydt-Museum Wuppertal, Inv. 373

Literatur

Ausst.-Kat. Berlin 2008/09; Ausst.-Kat. Bielefeld/Winterthur 1987/88; Ausst.-Kat. Wuppertal 2008; Curtius 1968; Réau 1909; Ritter Santini/Groeber 2005; Uhde-Bernays 1925; Wasielewski 1908

Die Zeitgenossen waren sich trotz einiger Vorbehalte weitgehend darin einig, dass die Malerei in Deutschland mit Hans von Marées in die Moderne geführt wurde. Dazu gehörte neben formalen Aspekten die Verabschiedung der Antike, die zu einem farblosen, toten Gipsklassizismus verkommen war. Gleichwohl wurde Marées' Werk immer wieder auf die Winckelmann'sche Ästhetik bezogen. Der Archäologe Ludwig Curtius (1874–1954) glaubte in ihm eine »Deszendenz der Winckelmann'schen ›Vision‹« zu erkennen (Curtius 1968, S. 19). Und Hermann Uhde-Bernays (1873–1965) sah in seiner *Einführung in Winckelmanns Briefe* in der Kunst Marées' einen »hellenischen Willen in einer noch stärkeren Gewalt als es Winckelmann […] aufzuwenden möglich gewesen« war (Uhde-Bernays 1925, S. 54). Auf der anderen Seite betrachtete ihn der französische Kunstkritiker Louis Réau (1881–1961), wie die deutschen Idealisten überhaupt, als Opfer eines »Exzesses des Intellektualismus« (»excès d'intellectualisme«): Marées hänge einer gefährlichen Theorie an, die seit Winckelmann den »katastrophalsten Einfluss« (»l'influence la plus désastreuse«) auf die deutsche Kunst gehabt habe (Réau 1909, S. 356). Paradigmatisch hierfür stehe die Tatsache, dass er – dem Primat der Idee mehr als der Ausführung gehorchend – viele seiner Werke nicht vollendet habe. Gleichwohl ist auch Réaus Text voller Topoi, die eng mit Winckelmanns Ästhetik verbunden sind:

So stehe Winckelmann etwa für eine Rehabilitation des nackten Menschen.

Dass Marées »oft beim Baden den schöngebildeten Menschenschlag nackt sich bewegen und betätigen sehen« konnte, hebt 1908 auch der Volkmann-Biograf Waldemar von Wasielewski hervor (Wasielewski 1908, S. 17). Mit dieser Bezugnahme auf ein modernes Arkadien schreibt der Kunstkritiker fort, was Winckelmann in seinen *Gedancken über die Nachahmung* als vorzügliches Kennzeichen der Einheit von Natur und Kunst im antiken Griechenland etabliert hatte: »Das schönste Nackende der Cörper zeigte sich hier in so mannigfaltigen, wahrhaften und edlen Ständen und Stellungen« und diese »schöne Natur« erbot sich »unverhüllet zum grossen Unterricht der Künstler« (*Gedancken1, KS*, S. 33).

Für die Zeitgenossen wurde Marées zu einem Künstler, der die griechisch-antike Einheit von Natur und Kunst auch in der Moderne zu leben vermochte. Dazu gehörte seine Homoerotik ebenso wie der Zirkel, den er zuerst mit Conrad Fiedler und Adolf von Hildebrand (Kat. 54), später mit Artur Volkmann (Kat. 59) auf einem Landgut in Florenz und in Rom bildete. Wie bei keinem anderen Künstlerkreis des 19. Jahrhunderts stand hier der »denkende Mensch« als ruhende Einzelfigur im Zentrum der Kunst.

Die Studie der *Badenden Knaben*, eine der Vorarbeiten auf dem Weg zu seinen *Hesperiden* (1885–1887, Neue Pinakothek München), zeigt exemplarisch die Bedeutung des gemäßigten Ausdrucks und der Ruhe für Marées' Kunst: Tatsächlich sind zwei der Figuren in Bewegung dargestellt und verleihen der Komposition eine gewisse Dynamik. Dominierend sind jedoch die beiden zentralen Jünglinge, die sich in klassisch-griechischem Kontrapost über das Geschehen erheben. Die Badeszene ist nicht von expressiver Freude des Moments, sondern von der in die Zeitlosigkeit transzendierten sinnlichen Präsenz der jugendlichen Körper beherrscht. Untypisch für eine Badeszene, sind die Figuren nicht in eine zusammenhängende Handlung eingebunden, sondern bilden isolierte Einheiten. Gerade hier, wo Marées der Winckelmann'schen Ausdrucksgestaltung am nächsten ist, sieht sein Kritiker Réau die Modernität seiner Kunst aufscheinen: Die Ruhe in der Haltung der Figuren (»aussi simples que possible«) erachtet er als fruchtbar für die zeitgenössische Kunst, entspreche sie doch auf der Ebene der Darstellung einer »klaren« Bildkomposition. Vorbildhaft sei Marées vor allem für seine vereinfachenden Kompositionen (»les grands partis pris simplificateurs de ses compositions«) und die Strenge seiner Konstruktionen (»la rigueur de ses constructions«; Réau 1909, S. 355). Winckelmanns »edle Einfalt« und »stille Grösse« kehrt hier wieder als Formel für die Kunst der Moderne, die das Interesse am narrativ-expressiven Ausdruck verloren hat und damit der Abstraktion in der Kunst des 20. Jahrhunderts vorarbeitete. CK

Kat. 54
Adolf von Hildebrand (1847–1921)
Rastender Merkur

1885/86, Bronze, H. 163 cm

Klassik Stiftung Weimar, Museen, Inv. G 980

Literatur
Esche-Braunfels 1993, S. 74–76; Hildebrand 1962; Sünderhauf 2004, S. 102–114; Ulferts 2010, S. 343–351

Adolf von Hildebrand arbeitete in den 1880er-Jahren an einer Werkgruppe, die konsequent den theoretischen Ansatz in künstlerische Praxis umsetzte, der seiner 1893 publizierten Schrift *Das Problem der Form in der bildenden Kunst* zugrunde lag. Der *Merkur* zeigt in der klaren tektonischen Struktur eines dreifachen Stützmotivs ebenso wie der *Wasserausgießer* (1881–1886) oder der *Stehende Mann* (1884) Modifikationen elementarer menschlicher Haltungen des Sitzens und Stehens in Verbindung mit einfachen Verrichtungen. Hildebrand beschäftigte sich dabei mit den für ihn zentralen Fragen der Erzeugung von »Anschauung« jenseits der naturnachamenden Abbildung der äußeren Wirklichkeit wie auch mit der Ordnung der plastischen Form im »reliefmäßigen Aufbau« des eindeutig und klar in einen gedachten Raumkasten eingestellten Kunstwerks; die reduzierte Form sollte die Allgemeingültigkeit des Ausdrucks unabhängig von Inhalt und individuellen Merkmalen des Naturvorbilds sichtbar machen.

Abseits des aufgeheizten gesellschaftlichen Klimas im gründerzeitlichen Deutschland fand Hildebrand seit seiner ersten Reise nach Italien neuen Zugang zur Kunst der Antike und Frührenaissance. Seine Bekanntschaft mit Hans von Marées (Kat. 53) machte ihm die Sammlungen in Rom und Neapel bekannt und eröffnete seine Beziehung zu Conrad Fiedler. Hildebrand meinte in dessen wahrnehmungstheoretischen Überlegungen eine Qualität von Kunstbetrachtung zu erkennen, welche die auf Winckelmann zurückreichende Tradition der Antikenrezeption erstmals »auf klaren Boden gebracht« habe (Hildebrand 1962, S. 222). Die Griechenlandreise mit Fiedler 1887 festigte seine Auffassung, dass nicht die den zeitgenössischen Neobarock prägende hellenistische Plastik, sondern die Skulpturen des strengen Stils und der Archaik als Vorbild anzusehen seien.

Zeitgenossen sahen im Werk Hildebrands, das einhundert Jahre nach Winckelmanns Schrift mit dem Rückgriff auf antike Typen der Menschendarstellung wieder das griechische Ideal in den Blick nahm, eine neue Klassik. Für Georg Treu, der um 1900 als Archäologe plastische Werke der Gegenwart für die Dresdner Sammlung erwarb, gehörte er zu den Künstlern, die die Antike nicht kopierten, sondern im modernen Sinne neu erschufen. Zugleich kritisierte er bei Hildebrand den kühlen Abstraktionsgrad in der Aneignung antiker Vorbilder, der seine Werke der 1880er-Jahre bestimme. GDU

Kat. 55

Edward Steichen (1879–1973)

Isadora Duncan tanzt in den Ruinen des Parthenon

1920, Fotografie, 35,5 × 27,6 cm

Deutsches Tanzarchiv, Köln, Inv. 44261

Literatur
Brandstetter 1995; Duncan 2013; Nietzsche 1988

1899 kam Isadora Duncan (1877–1927) mit ihrer Familie aus den USA mittellos in London an. Es war Winckelmann, durch den sich ihr – den Memoiren von 1927 zufolge – die antike Kulturgeschichte zuallererst eröffnete. Die ersten Zeilen über ihren Londonaufenthalt nennen ihre damalige Lektüre: »I remember I was reading the English translation of Winckelmann's *Journey to Athens* and, our strange situation quite forgotten, I wept, not for our own misfortunes, but over the tragic death of Winckelmann returning from his ardent voyage of discovery.« (Duncan 2013, S. 39) Freilich war Winckelmann nie nach Griechenland gereist, doch seine Mittellosigkeit und sein Aufbruch in die unbekannte Fremde boten Duncan einiges Identifikationspotenzial für ihre eigene Situation. Im British Museum studierte sie griechische Vasen und die Elgin Marbles, begann deren Posen nachzuahmen und überführte sie in ihr eigenes Tanzrepertoire. Duncans Erzählung von Winckelmann mag unstimmig sein, doch die Inspiration bestätigt, was Nietzsche dessen Griechenbild attestierte: »über alle Maaßen historisch falsch, *aber* – modern, wahr!« (Nietzsche 1988, Bd. 13, S. 140).

Mit Nietzsche trat Duncan für die dionysische Befreiung des expressiven Ausdrucks ein, gerichtet gegen das klassizistische Paradigma der Mäßigung, gegen die Künstlichkeit des Balletts und die bürgerliche Gegenwart. Sie tanzte ohne Korsett, leicht bekleidet, mit nackten Beinen und Füßen: »So here I was, a perfect pagan to all, fighting the Philistines.« (Duncan 2013, S. 136) Der Kampf für die Erneuerung der Gegenwartskultur auf der Basis griechischer Ursprünglichkeit war mit dem Winckelmann-Bild vereinbar, wie es im Umkreis der Lebensreform gepflegt wurde (Kat. 97–100).

1904/05 unternahm Duncan ihre eigene »ardent voyage of discovery«: Im Angesicht des Parthenon sah sie sich auf dem »pinnacle of perfection« (ebd., S. 104) und beschloss, für immer in Athen zu bleiben. Aber erst 16 Jahre später, auf dem Zenit ihrer Karriere, kehrte sie für kurze Zeit dorthin zurück, mit dem Plan, Tausende von Kindern für dionysische Feste auszubilden. Der Fotograf Edward Steichen fotografierte sie tanzend in den Ruinen des Parthenon und schuf Bilder, die, so Duncan, »faintly forshadowed the splendid vision I longed to create in Greece« (ebd., S. 315). In ekstatischer Pose, der Gegenwart entrückt, scheint sie gefunden zu haben, was sie suchte: »the invisible Goddess Athena who still inhabited the ruined Parthenon« (ebd., S. 104). CK

Kat. 56
Oskar Schlemmer (1888–1943)
Konzentrische Jünglingsgruppe

1928, Gouache, Tusche, Bleistift, 575 × 374 mm

Ulmer Museum, Inv. 1968/2516

(nicht in der Ausstellung)

Literatur
Grohmann 1928; Maur 1979, Bd. 2, S. 66, 296; Schlemmer 1929; Sünderhauf 2004

Die Gouache von Oskar Schlemmer, entstanden als Reprise seiner bekannten, 1925 in Öl gemalten *Konzentrischen Gruppe*, zeigt fünf männliche Figuren, die sich schichtweise vor schachbrettartigem Grund in die Tiefe staffeln. Die im Titel angeführte Bezeichnung »konzentrisch« verweist auf diese Schichtung: Sie ist Konzentration, das heißt Verdichtung und Ruhe zugleich. Auffällig ist zudem die Präsentation der »Jünglinge« im Profil, das sich jeweils wie ein Schattenriss vom Helldunkel des Grundes absetzt.

»Ruhe« und »Umriß«: Mit diesen Stichworten sind die Dispositive des Winckelmann'schen Klassizismus genannt, die Will Grohmann, Kunsthistoriker und Doyen der klassisch-modernen Malerei, auch in Schlemmers 1923 geschaffenen Wandmalereien des Weimarer Bauhauses identifizierte, als er 1928 in der Avantgarde-Zeitschrift *Das Neue Frankfurt* von der »Kühnheit der ruhigen, aber energiegeladenen Farbflächen« und der »Selbstzucht der großen kalligraphischen Umrißzeichnungen« sprach (Grohmann 1928, S. 59). Die ruhigen Farbflächen bilden somit die Folie für Schlemmers Figurendarstellungen mit klarem Kontur, die soweit reduziert sind, dass jeder Affekt fehlt. Fast zeitgleich, 1929, äußerte Schlemmer selbst in *Der schöne Mensch*, dass die »höchsten« Gegenstände der Kunst »immer Formungen sein [werden], die im Goethe'schen Sinne ›antikisch‹ sind« (Schlemmer 1929, S. 54). Er rekurriert hier nicht allein auf Goethe, sondern auch auf die »Renaissance der Menschendarstellung« (ebd.), die sich in der Folge der statischen *Hesperiden*-Bilder Hans von Marées' ankündigt (Kat. 53). Wie Marées setzt Schlemmer in seiner Malerei Momente der Abstraktion gegen die Entgrenzung des Menschen in der Moderne. In der *Konzentrischen Jünglingsgruppe* etwa erlangt er mittels Stilllegung der Bewegung eine über das Individuum hinausgehende Typisierung. Damit steht er in einer klassizistischen Tradition, in der Minderung des Ausdrucks und Abstraktion (Kat. 65) konvergieren. Doch sind es nicht allein diese Reduktionsmittel, sondern auch sinnlich wirksame Helldunkel- und Farbkontraste, eben »energiegeladene Farbflächen«, die diesen Bildraum konstituieren. Das im Klassizismus virulente Problem des Ausdrucks hat Schlemmer von den Individuen auf die Darstellungsmittel und damit auf das Bild selbst übertragen. RR

Kat. 57

Artemis von Pompeji

Ende 1. Jh. v. Chr.–Anfang 1. Jh. n. Chr., Marmor, H. 116 cm

Museo Archeologico Nazionale, Neapel, Inv. 6008

Gipsabguss: nicht farbig gefasst, Georg-August-Universität Göttingen, Archäologisches Institut, Inv. A 69

Literatur
Ausst.-Kat. Stendal 2011/12; Primavesi 2012, S. 39–45; Raoul-Rochette 1836, S. 413f., Taf. VII; Ruesch 1908, S. 31f., Nr. 106; Studniczka 1888, S. 277–303

Die *Artemis von Pompeji* diente im 18. Jahrhundert als zentrales Monument für den Nachweis der ursprünglichen Polychromie griechischer Marmorplastik. Die unterlebensgroße Statue stellt die weit ausschreitende antike Jagdgöttin Artemis/Diana im langen Gewand dar. Die Statue wurde 1760 in einem Schrein eines Privathauses in Pompeji (Insula VII, 6) gefunden. Sie ist in der frühen Kaiserzeit entstanden und ahmt in archaisierender Manier Werke aus der späten archaischen Zeit (Ende 6./Anfang 5. Jh. v. Chr.) nach. Winckelmann hat sie 1762 im Museum von Portici hinsichtlich ihrer gut erhaltenen Farbreste untersucht. Aufgrund ihres Lächelns hielt er die Statue anfangs für etruskisch. Erst später erkannte er, dass es sich dabei um ein spezifisches Merkmal der frühen griechischen Kunst handelt, und gestand damit ein, dass sich auch die griechische Kunst der Polychromie bediente (*GK1*, S. 94, 96, 147f.; *GK2*, S. 157f.).

Erstmals farbig abgebildet hat Désiré Raoul-Rochette (1789–1854) die *Artemis* in seinen *Peintures antiques inédites* (1836). Im Unterschied zur heutigen Rekonstruktion waren damals die Gewänder und das Inkarnat weiß und nur kleinere Flächen wie die Borten, Sandalen, der Köchergurt, die Blüten am Diadem und das Haar bunt dargestellt. Aktuelle Untersuchungen zeigen, dass die Statue ehemals vollständig mit verschiedenen Pigmenten bemalt war: Das Inkarnat war mit Kreide und hellbraunem Goethit gefasst, das Haar mit orangegelbem Ocker, die Augen mit Eisenoxidschwarz, rotem Eisenoxid und gebrannter Umbra. Der Mantel und der untere Teil des Chitons waren mit einer Mischung aus Kaolin und Bleiweiß gefasst, der obere Teil mit einer Mischung aus Eisenoxid und Krapprot. Die Säume bestanden aus Krapprosa und Goldocker, das Köcherband und die Sandalenriemen aus rotem Eisenoxid und Zinnober, die Sohlen aus Hämatit und orangegelbem Ocker. Der Fond des Diadems war mit Ägyptisch Blau und Krapprosa, die Blüten mit Bleigelb und rotem Eisenoxid bemalt. Die Stege zwischen den Armen und dem Körper bestanden aus Ägyptisch Blau und sollten »Luft« darstellen. AF

Kat. 58

Ludwig Otto (1850–1920)
Kopf der sog. Großen Herkulanerin

1884, Gipsabguss nach dem Dresdner Original (vgl. Kat. 8), in Wachsmalkreiden bemalt, H. 30,5 cm

Staatliche Kunstsammlungen Dresden, Skulpturensammlung, Inv. Abguss-ZV 555

Literatur
Ausst.-Kat. Dresden 1994/95; Treu 1884; Treu 1910

Die Ausgrabungen in Olympia (Kat. 117, 118), ein alter Traum Winckelmanns, brachten eine Antike zum Vorschein, deren Formen und Farben sein Antikeideal radikal in Frage stellten. Georg Treu, ab 1881 archäologischer Leiter dieser Ausgrabungen und ab 1882 Leiter des Albertinums in Dresden, versuchte Winckelmanns Klassizismus mit den neuen Entdeckungen wie auch mit Tendenzen der zeitgenössischen Kunst in Einklang zu bringen.

Treu setzte Winckelmanns Lehre in seiner 1910 erschienenen Publikation *Hellenische Stimmungen in der Bildhauerei* an den Anfang einer Reihe von Klassizismen, in denen die Antike in jeweils anderer Gestaltung wiederkehrt. Er stellte antike und zeitgenössische Kunstwerke gemeinsam im Albertinum aus und ließ in den 1880er-Jahren als vehementer Verfechter der antiken Polychromie in der Tradition Quatremère de Quincys und Sempers von zeitgenössischen Künstlern Farbrekonstruktionen antiker Bildwerke herstellen. Treu machte auch nicht vor der *Großen Herkulanerin* (Kat. 8) halt. Ohne konkrete Hinweise auf eine mögliche Polychromie dieser Skulptur zu haben, schuf er in Zusammenarbeit mit Ludwig Otto eine Farbfassung sowohl des Kopfes als auch der ganzen Statue, die er prominent im Haupttreppenhaus des Albertinums aufstellte. Die Farbigkeit des erhaltenen Kopfes ist weitaus radikaler als bei Werken zeitgenössischer Künstler wie etwa Artur Volkmann (Kat. 59): Nicht nur Gewand, Haare, Augen und Mund sind getönt, sondern das ganze Gesicht ist in einem fleischfarbenen Ton bemalt. Bei Winckelmann hatte die *Herkulanerin* noch für den »meisterhafte[n] Contur« gestanden, indem ihr Gewand aus weißem Marmor den darunterliegenden idealschönen Körper sichtbar werden ließ (*Gedanken1*, *KS*, S. 40). Gerade sie, die in ihrer Farblosigkeit für Winckelmann die wesenhafte Form verkörperte, wurde in Ottos naturalistischer Bemalung zum Beispiel eines illusionären Scheins von Lebendigkeit, der wegen seiner vermeintlichen Kunstfremdheit das Hauptargument der Polychromiegegner war. Treu hingegen forderte solche (Re-)Konstruktionen gerade »an großen und populären Kunstwerken«, da das »Abenteuer [...] einmal gewagt werden« müsse, »wenn unsere Vorstellungen von antiker Polychromie nicht anschauungsleeres theoretisches Gerede bleiben sollen« (Treu 1884, S. 33f.). CK

» WINCKELMANNS UND GOETHES GRIECHEN ... – IRGEND WANN WIRD MAN DIE GANZE KOMÖDIE ENTDECKEN: ES WAR ALLES ÜBER ALLE MAASSEN HISTORISCH FALSCH, *ABER* – MODERN, WAHR! «

(FRIEDRICH NIETZSCHE, NACHGELASSENE FRAGMENTE, 1887/8)

Kat. 59
Artur Volkmann (1851–1941)
Flora

1910, Marmor, teilweise bemalt, H. 170 cm

Museum der bildenden Künste Leipzig, Inv. P 278

Literatur

Ausst.-Kat. Berlin/Neu-Ulm 2007/08; Beringer 1912; Best.-Kat. Leipzig 1999; Türr 1994; Wasielewski 1908

Georg Treu (Kat. 58) unterstützte auch die Gestaltung farbiger Skulpturen in der Gegenwartskunst: In seiner 1885 organisierten *Ausstellung farbiger und getönter Bildwerke* war Artur Volkmann mit mehreren Werken vertreten; Max Klinger wurde zu einer zentralen Referenzfigur von Treus Schriften. Dabei war die Art und Weise, *wie* die beiden Polychromie in der Plastik einsetzten, grundverschieden.

Wie sehr Volkmann, Schüler von Hans von Marées (Kat. 53), in der klassizistischen Tradition steht, wird an der 1910 entstandenen *Flora* anschaulich: Sie bezeugt eine vertiefte Auseinandersetzung mit der Antike – etwa der *Flora Farnese* (Museo Archeologico Nazionale, Neapel) – und steht, den Werken Adolf von Hildebrands (Kat. 54) vergleichbar, in der Tradition eines beruhigten Ausdrucks. Der Kunsthistoriker Joseph Anton Beringer brachte Volkmanns Kunst auf die Formel, sie leiste eine »Synthese klassisch edler Einfachheit mit moderner Formgebung« (Beringer 1912, S. 315). Maßvoll ist auch die von Volkmann eingesetzte Farbigkeit. Der Blütenkranz, die Haare, die Mund- und Augenpartie sind mit natürlichen Farbtönen gestaltet, die Haut und Kleider lediglich leicht gelblich getönt. Im Gegensatz zu den ungleich bunteren archäologischen Rekonstruktionen unter Treu war das Paradigma der weißen Idealskulptur, wie sie Winckelmanns vorwiegend farbloser Antike entsprach, in der bildenden Kunst weiter wirksam. Wie die Gegner der Polychromie – erinnert sei an Franz Kugler (Kat. 180) – war Volkmann, seiner antinaturalistischen Grundhaltung gemäß, gegen den illusionistischen Einsatz von Farbe. Jenseits von jeglichem Naturalismus steht die Farbe bei ihm dennoch für Natürlichkeit. Waldemar von Wasielewski machte in seiner 1908 erschienenen Volkmann-Biografie den Künstler zu einem »Antiken«, der nicht aus dem Gegensatz zu einer nervösen Moderne heraus arbeite, sondern selbst naive Natur sei. Er verkörpere das »Gefühl des Einsseins mit der Natur selbst« und seine Kunst sei ihm, mit Schiller gesprochen, die »Darstellung unserer verlorenen Kindheit« (Wasielewski 1908, S. 52, 50). Der Mythos einer Einheit von Kunst, Leben und Natur, den nicht zuletzt Winckelmann behauptet hatte, war zugleich auch die Sehnsucht nach kindlicher Ursprünglichkeit. Keine andere Geschichte steht so sehr für diesen Mythos wie jene von Pygmalion, dessen marmorblasse Statue langsam Farbe annimmt und lebendig wird. Die *Flora* erscheint mit ihrer leichten Farbigkeit mitten in diesem Prozess der Verwandlung und verbürgt dabei die Versöhnung von Natur und Ideal.

Demgegenüber geht bei Max Klingers 1895 entstandener *Kassandra* die Farbe eine Allianz mit dem Wahn der trojanischen Seherin ein und wird zum Ausdruck eines psychologischen Dramas (Kat. 177). Auch hier macht sich die klassizistische Tradition des beruhigten Ausdrucks bemerkbar: Die Seherin Kassandra – fähig, die verhängnisvolle Zukunft Trojas vorauszusagen, aber unfähig, sie abzuwenden – ist in sich gekehrt, das Gesicht ausdruckslos. Anders als bei Christian Friedrich Tieck, der sie über den dargestellten Moment der Bedrängnis erhebt (Kat. 52), wird bei Klinger der innere Konflikt sichtbar. Die Farbe erhält symbolischen Gehalt. Während Klinger selbst in seinen Gips- und Marmorvarianten der *Kassandra* besondere Aufmerksamkeit auf die Augen legt, ist in der von der Gießerei Gladenbeck hergestellten Reduktion allein das Gewand farbig gefasst; Haare und Haut schimmern im gelblichen Ton des Alabasters. Die reich bewegten Falten des Gewandes entsprechen der inneren Bewegung der Figur und verwischen den Kontur der klassischen Form ihres idealschönen Körpers. Die Farbigkeit, die stets als Schminke, als das Unwahre galt, verstärkt die Wirkung des Gewandes als Abwendung von der vermeintlich wahrhaftigen Form. Der sich hier andeutende Konflikt zwischen Klassizismus und Antiklassizismus ist der Konflikt der Kassandra selbst: Sie beansprucht, im Namen der Wahrheit vom Wahn zu befreien, ihr selbst wird diese Wahrheit jedoch als Wahn angelastet. Das Wahnhafte erweist sich als das Wahrhaftige und so wird die klassizistische Versessenheit auf den Kontur und die Form durch die Farbigkeit der Skulptur konterkariert. CK

Kat. 60

Gottfried Semper (1803–1879)
Farbige Ansicht der Akropolis

1833, Aquarell, 260 × 402 mm

Eidgenössische Technische Hochschule Zürich, Archiv des Instituts für Geschichte und Theorie der Architektur, Inv. 20-215-2

Kat. 61

Ludwig Lange (1808–1868)
Ideale Rekonstruktion der Akropolis

Um 1835, Bleistift, Aquarell, 240 × 393 mm

Staatliche Graphische Sammlung München, Inv. 35780 Z

Literatur
Ausst.-Kat. München 1999/2000; Hasler 2014; Mallgrave 2001; Semper 1834; Semper 1851

Winckelmann konstatiert in seiner *Geschichte der Kunst des Alterthums*, dass es den Betrachtern der antiken Überreste vielmals so gehe »wie Leuten, die Gespenster [...] zu sehen glauben, wo nichts ist« (*GK1*, S. 430; vgl. Sektionstext »Epilog«). Solchen Vorwürfen sah sich auch der Architekt Gottfried Semper ausgesetzt und so betont er in den *Vier Elementen der Baukunst*, dass die griechische Polychromie »kein Hirngespinnst« sei (Semper 1851, S. 12). Sein Aquarell einer idealen Ansicht der Akropolis, das er 1833 anfertigte – noch bevor ihm die Farbanalyse der Befunde vorlag –, zeigt dies unmissverständlich: Das Gebäudeensemble auf dem Hügel über Athen erscheint in tiefroter Bemalung, die einige Details in Blau und Goldgrün aufweist. Was Semper als »kolorierte Restauration« bezeichnet (Mallgrave 2001, S. 58), enthält die Dimensionen der Rekonstruktion und der Vision zugleich. Ein Jahr später vertrat Semper in seinen *Vorläufigen Bemerkungen über bemalte Architectur und Plastik bei den Alten* auch theoretisch eine ebenso radikale Auffassung der Polychromie: Von den farbigen Tempeln seien nun nur noch »entseelte Knochengebäude« übrig (Semper 1834, S. 11). Als Kardinalfehler des Klassizismus diagnostizierte er, dass diese farblosen »Wachslarven«, wie sie sich dem Auge heute präsentierten, als »etwas Ganzes und Lebendes« angesehen und nachgeahmt wurden (ebd.). Eine durchaus widersprüchliche Rolle kommt Winckelmann als einem der vielen »monochromen Neuerer« zu: Sein »Irrthum«, so Semper, sei »gröber, als der, den die Cinquecentisten begingen, denn Pompeji war erstanden« (ebd., S. 17). Nicht bekannt war Semper offenbar, dass Winckelmann die Polychromie griechischer Skulptur gerade anhand dieser Funde anzuerkennen begonnen hatte (vgl. Kat. 57). Gleichzeitig blieb er für ihn aber »der neue Prophet, der nach vier Jahrhunderten zum erstenmal wieder auf die Antike zurückwies« (ebd.). Diese Geste des Rückgriffs übernahm auch Semper, der seine *Vorläufigen Bemerkungen* nach »Wanderungen auf jenem klassischen Boden [...], welcher zu allen Zeiten den Künstler lockte, weil auf ihm die zarte Pflanze der Kunst einheimisch wächst«, verfasst hatte (ebd., S. 1). In diesen Zeilen hallt die Anfangspassage von Winckelmanns *Gedancken über die Nachahmung* nach, die von der idealen Entwicklung der Kunst in Griechenland erzählt. Mit Semper berief sich der Hauptverfechter einer radikalen Polychromie auf Winckelmann, während sein Hauptkontrahent, Franz Kugler, in seiner Schrift *Ueber die Polychromie der griechischen Architektur und Sculptur und ihre Grenzen* (Kat. 180) ohne einen programmatischen Bezug auf diesen auskommt.

Wie umstritten das Ausmaß der Polychromie der antiken Architektur war, zeigt eine Gegenüberstellung der idealen Ansicht Sempers mit dem Aquarell des Architekten Ludwig Lange, der 1834, ein Jahr nach Semper, mit Carl Rottmann eine Studienreise nach Griechenland unternahm. Beide Blätter zeigen eine fast identische Ansicht der Akropolis mit Parthenon, Propyläen und Erechtheion. Sie laden zum Vergleich ein: Eklatant sind die Unterschiede vor allem in der Farbgebung. Lange ist einer gemäßigten, sozusagen klassizistischen Polychromie verpflichtet, indem er lediglich Teile der Metopen und den Hintergrund des Giebelfrieses rot färbt, weitere Farbakzente aber nur andeutet. Der Kontrast zu Semper könnte entschiedener nicht sein. Beide Darstellungen sind, archäologische Evidenz hin oder her, »Hirngespinste«; sie zeigen eine Vorstellung der Antike im Lebenszusammenhang: Bei Lange ist es der Winckelmann'sche »heitere« Himmel Griechenlands und einige ebenso »heitere« Szenen von Staffagefiguren. Bei Semper sind Himmel und Architekturfarben dunkler; sie entsprechen atmosphärisch dem kultischen Zug im Vordergrund der Darstellung.

Mit der Farbigkeit ist somit immer auch eine Auffassung von Gesellschaft und Leben verbunden. Für Semper gedeiht das »organische Leben Griechischer Kunst« nur »auf dem Boden des Bedürfnisses« und zu diesem »Bedürfnis« gehört für ihn die Polychromie (Semper 1834, S. VIIIf.). In diesem Sinne bereitet er dem dionysischen Antikebild Nietzsches den Weg und stellt, in Auseinandersetzung mit Winckelmann und über diesen hinaus, die Vorherrschaft der apollinischen Heiterkeit in Frage. CK

60

61

Kunst 239

Kat. 62

Joseph Nash (1809–1878)
Louis Haghe (1806–1885)
David Roberts (1796–1864)

Dickinsons' comprehensive pictures of the Great Exhibition of 1851

London: Dickinson Brothers, 1852

Zentralinstitut für Kunstgeschichte, München, Sign. BZI: 2° XF 1251/12

(in der Ausstellung gezeigt: Taf.: The Inauguration)

Literatur
Jones 1853; Jones 1854; Korres 1999; Moser 2012; Nichols 2015; Rehm 2014

Wer 1851 anlässlich der Londoner *Great Exhibition* den von Joseph Paxton aus Glas und Eisen erbauten *Crystal Palace* betrat, muss von dem Effekt überwältigt gewesen sein. Die *Times* schrieb: »On entering the building, for the first time, the eye is completely dazzled by the rich variety of hues which burst upon it on every side.« (zit. nach Moser 2012, S. 51) Besonders hervorgehoben wird die von Owen Jones entworfene farbige Gestaltung des Gebäudes, die auch in der Publikation von Joseph Nash, Louis Haghe und David Roberts nichts von ihrer Wirkung verliert. Die anfängliche Irritation weiche bei Gewöhnung des Auges, so die *Times* weiter, der Wahrnehmung der »real magnificence and the harmonious beauty« dieses Farbkonzepts, die die »grand and simple lines« des Gebäudes betonten (ebd.) – eine Resonanz von Winckelmanns »edle[r] Einfalt« und »stille[r] Grösse«. Diese enthusiastische Reaktion ist charakteristisch für die Diskussionen rund um die polychrome Ausstattung der *Great Exhibition* in London.

Seit seiner Orient- und Griechenlandreise in den 1830er-Jahren hatte sich Jones mit der Verwendung von Farbe in Vergangenheit und Gegenwart auseinandergesetzt. Den krönenden Abschluss fand diese Beschäftigung 1856 in seinem Buch *The Grammar of Ornament*. Im *Crystal Palace* erprobte er erstmals seine Vorstellungen. Bei der Neukonzeption der Ausstellung 1854 in Sydenham wurde die Diskussion um die Polychromie verstärkt historisiert, indem man versuchte, in »Fine Arts Courts« die Entwicklung der Kunstgeschichte räumlich umzusetzen. Winckelmanns Modell einer Stilgeschichte sowie sein Anspruch, die Aufstiegs- und Verfallsgeschichte der Kunst verschiedener Zeiten und Völker zu schreiben, konnte seit 1850 in der ersten Gesamtübersetzung seiner *Geschichte der Kunst des Alterthums* durch Giles Henry Lodge nachgelesen werden und schlug sich auch in der Konzeption der »Fine Arts Courts« nieder. Das Grundanliegen der Ausstellung von 1854, die Jones als Superintendent betreute, bestand nun darin, durch die Kenntnis der Kunst der Vergangenheit die Kunstproduktion in England auf ein höheres Niveau zu heben. Auch war Jones bestrebt zu zeigen, dass seine scheinbar ganz im Zeichen eines Antiklassizismus stehende Farbkonzeption mit den ornamentalen Meisterwerken der Vergangenheit in Einklang stand: Er versuchte, ein System polychromer Ornamentik zu entwickeln, das auf allgemeingültigen Prinzipien beruhte. Zugleich kombinierte er dieses System mit den aktuellen Farbtheorien von George Field (1777–1854) und Michel Eugène Chevreul (1786–1889). Zentral war dabei die Anwendung der Primärfarben, die beim Autor der *Times* für anfängliche Verwirrung gesorgt hatte. Jones' Vorschlag, die Eisenelemente rot, blau und gelb zu bemalen, wurde als zu kontrastreich kritisiert. Erst die Gesamtumsetzung erzeugte den vom Kritiker der *Times* erwähnten Effekt einer »harmonious beauty«. Anerkannt wurde damit, dass – wie Jones in seiner Vorlesung betonte – die Farbgebung stets auf die Fernwirkung im größeren architektonischen Zusammenhang angelegt sei. Wiederum Winckelmanns Vorstellung der Blütezeit folgend, legte er dar, wie jede Nation in ihrer besten Zeit Primärfarben eingesetzt und Mittel gefunden habe, sie harmonisch zu verteilen. Erst in Zeiten des Niedergangs sei man auf Sekundär- und Tertiärfarben ausgewichen. Der Bezug auf die griechische Antike war dabei ein zentrales rhetorisches Manöver, war doch ihre vermeintlich gemäßigte Farbigkeit aus klassizistischer Perspektive mit der Vorstellung von Schönheit überhaupt verbunden. So wird in der Schrift *An Apology for the Colouring the Greek Court in the Crystal Palace* (1854) explizit darauf verwiesen, dass »[e]ven Winckelmann« mit Blick auf die *Artemis* aus Pompeji (Kat. 57) die Farbigkeit der griechischen Antike anerkannt habe (Jones 1854, S. 32; die Passage bei Winckelmann: *GK2*, S. 157f.).

Für Owen Jones hingen Kunst, Kunsthandwerk und Ornamentik von der Architektur ab. Mit dem *Crystal Palace* schickte er sich an, die in der Gegenwart vernachlässigte Rolle des Architekten als »nature head and chief« wieder einzunehmen (Jones 1853, S. 256). Seine kontrastreiche Farbgestaltung, die in der Distanz zur Harmonie verschmilzt, sollte eine Brücke zwischen der Ornamentik der Vergangenheit und ihrer Anwendung in der Gegenwart bilden und damit dem Ziel dienen, neue Perspektiven für das zeitgenössische Design zu eröffnen. CK

Kat. 63

Dolon-Maler

Rotfiguriger lukanischer Glockenkrater

Erstes Viertel des 4. Jh. v. Chr., gebrannter Ton, H. 25,5 cm

Kulturstiftung DessauWörlitz, Dessau-Roßlau, Inv. II-164

Literatur
Ausst.-Kat. Wörlitz/Stendal 2003, S. 29–32; Erdmannsdorff 2001, S. 308–313; Hofter 2000; Winckelmann 1781, Bd. 1, S. 212

Bei dem heute im Wörlitzer Schloss verwahrten antiken Gefäß handelt es sich um einen sogenannten Krater. Er wurde, womöglich auf Vermittlung Winckelmanns selbst, von Fürst Leopold III. Friedrich Franz von Anhalt-Dessau (1740–1817) während dessen Italienreise 1765/66 angekauft, bei welcher der berühmte Archäologe ihm als Cicerone gedient hatte.

Auf der Vorderseite des Gefäßes sind zwei auf einem Mäanderfries stehende Figuren zu erkennen, bei denen es sich um einen geflügelten Eros und möglicherweise Aphrodite handelt; auf der Rückseite dargestellt sind zwei sogenannte Manteljünglinge. Während Eros sein Gegenüber anschaut, blickt die weibliche Figur in einen Handspiegel, in dem zart angedeutet ihr Bild erscheint. Bei Winckelmann wird der Wörlitzer Krater gerade wegen dieses Details sowohl in den *Anmerkungen über die Geschichte der Kunst des Alterthums* (*AGK*, S. 28) als auch in der zweiten Auflage der *Geschichte der Kunst* (*GK2*, S. 201) erwähnt. Obwohl diese Erwähnung im Abschnitt »Von der Kunst der Hetrurier und ihrer Nachbarn« geschieht, hat Winckelmann den Krater doch als ein Produkt nicht etruskischer, sondern griechischer Künstler identifiziert und damit Werken wie der *Hydria* des Meidias-Malers (British Museum, London) an die Seite gestellt, die er in Rücksicht auf »Zeichnung und Schönheit« als das »allervollkommenste« Denkmal griechischer Kunst bezeichnete (*GK2*, S. 200, 212–215; vgl. Essay Pfotenhauer).

Als Darstellungen, die »nicht allein die äußeren Umriße der Figuren, sondern auch alle Theile derselben, nebst dem Schlage und den Falten der Gewänder nicht weniger als deren Zierrathen«, allein durch »Linien und Züge«, das heißt »ohne Licht und Schatten« angeben, sind die »conturnirt[en]« Vasenzeichnungen für Winckelmann herausragende Muster der Kunst (*GK2*, S. 209); an ihnen, so seine Überzeugung, lasse sich die geistige wie auch technische Überlegenheit der griechischen Maler über die Moderne erkennen. Als Beleg für die Schönheit und Vollkommenheit der griechischen Zeichenkunst bildete Winckelmann selbst eine Vase aus der Sammlung Mengs ab (*GK2*, S.187). Für die dem Dessauer Fürsten gewidmete französische Übersetzung der *Geschichte der Kunst des Alterthums*, die 1781 in Leipzig erschien (vgl. Kat. 31), wurde dieser Umrissstich durch eine Abbildung des bis dahin im Text lediglich erwähnten Wörlitzer Kraters ersetzt. MD

» DIESE GEFÄSSE SIND, WIE DIE KLEINESTEN GERINGSTEN INSECTEN DIE WUNDER IN DER NATUR, DAS WUNDERBARE IN DER KUNST DER ALTEN ... «

(J. J. WINCKELMANN, GESCHICHTE DER KUNST DES ALTERTHUMS, 1764)

Kat. 64

Pierre-François Hugues
d'Hancarville (1719–1805)

Antiquités etrusques, grecques et romaines

Tirées du cabinet de M. Hamilton envoyé extraordinaire de S. M. Britannique en cour de Naples 3 Bde., Neapel: Morelli, 1766–1767

Klassik Stiftung Weimar, Herzogin Anna Amalia Bibliothek, Sign. Th R 0 : 22 (a–d)

(in der Ausstellung gezeigt: Bd. 1, Taf. 129)

Kat. 65

Johann Heinrich Wilhelm Tischbein
(1751–1829)

Collection of Engravings from Ancient Vases Mostly of Pure Greek Workmanship

Discoverd on Sepulchres in the Kingdom of the Two Sicilies but Chiefly in the Neighbourhood of Naples During the Course of the Years MDCCLXXXIX. and MDCCLXXXX. Now in the Possession of Sir Wm. Hamilton with Remarks on Each Vase by the Collector, 4 Bde., Neapel: Royal Academy of Painting, 1791–1795 /[1809]

Klassik Stiftung Weimar, Herzogin Anna Amalia Bibliothek, Sign. Th R 0 : 23 (a–d)

(in der Ausstellung gezeigt: Bd. 4, Taf. 59)

Literatur
Böttiger 1801, S. 218–229; Busch 1988, S. 144–164; Constantine 2013; Hancarville 2004, S. 31–87; Mildenberger 1986/87; Mildenberger 1997, S. 295–303

Johann Heinrich Wilhelm Tischbein gewann seine internationale Geltung in besonderem Maße durch die antiquarische Publikation der bedeutenden Sammlung des britischen bevollmächtigten Ministers in Neapel, Sir William Hamilton. Durch die vielfältigen Netzwerke zwischen Süditalien und den britischen Inseln verbreitete sich auch die Kenntnis von Tischbeins Werk rasch, und er wurde zu einem prägenden Vorbild des »outline style« (Kat. 66). Tischbein wählte bei diesem Auftragswerk zur Wiedergabe der Vasensammlung des Diplomaten »reine« Umrisse, die Maßstäbe setzten für den Umrisslinienstil des Klassizismus nach 1790.

Tischbein, ab 1789 Direktor der königlichen Kunstakademie zu Neapel, war nicht der erste von Hamilton ausgewählte Künstler. Seit mehr als dreißig Jahren in Neapel ansässig, hatte dieser bereits 1772 seine erste Sammlung von in Süditalien gefundenen griechischen Vasen an das British Museum in London verkauft und war damit zentraler Auslöser der damals hochmodischen Vasenmanie. Seine frühen Sammlungen wurden von 1766 bis 1776 prachtvoll illustriert von Pierre-François Hugues d'Hancarville in Neapel herausgegeben; die von Hamilton bestrittenen Publikationskosten des Werkes, zu dem Winckelmann einige Texte beisteuern sollte, waren enorm.

1789 – im Jahr von Tischbeins Etablierung in Neapel – begann Hamilton erneut Vasen zu sammeln. Tischbeins Publikationsfolge erschien laut Impressum 1791 bis 1795, doch realiter wohl eher zwischen 1794 und 1803. Beendet wurde die Folge von einem äußerst seltenen, nur in wenigen Exemplaren gedruckten fünften Band. Die Stiche entstanden unter Tischbeins Anleitung; Hamilton schrieb Einführungen zu den ersten beiden Bänden. Erläuterungen zu den Tafeln der ersten drei Bände verfasste der im russischen diplomatischen Dienst in Neapel tätige Andrej Italinsky (1743–1827). Rasch erschienen italienische, französische und deutsche Nach- und Raubdrucke, die gleichfalls der großen Verbreitung des von Tischbein konzipierten Umrissstils dienten.

Es war Hamiltons eigener Wunsch, in Abgrenzung zu der frühen Publikation d'Hancarvilles, einen »einfachen« Umriss zu geben, ohne überflüssige Ornamente oder gar Kolorierung der Blätter. Einer gewissen wissenschaftlichen Systematik dienten Tafeln, die vergleichend unterschiedliche Vasenformen wiedergaben, wie auch Abbildungen der gängigsten Ornamenttypen. Insofern konnte man sich bei den »eigentlichen« Tafeln dann weitgehend auf die Wiedergabe der figürlichen Szenen begrenzen.

Die Umrisse der Figuren und -gruppen wurden wie folgt erzielt: Durch Einölen machte man Papier – häufig Bütten – durchsichtig. Man legte es auf die Vase und pauste die Umrisse der Figuren durch. Diese am rundplastischen Objekt gewonnenen Konturen wurden anschließend nochmals auf Papier durchgepaust und sodann mit Bleistift kopiert. Fand diese Bleistiftkopie die Zustimmung Tischbeins wie auch die der Kenner Hamilton und Italinsky, wurde sie an den Druckgrafiker weitergegeben. Die Übertragung von der Bleistiftkopie auf die Platte fand ebenfalls mit der Originalvase vor Augen statt, um Abweichungen möglichst gering zu halten. Die gestochene Platte musste abschließend nochmals von Tischbein gebilligt werden.

Auch wenn dieser mehrphasige Kopiervorgang natürlich Veränderungen von Details fast zwingend zur Folge hatte, so stimmten doch die Maße von Original und Kopie stupend überein. Ein Teil der Vasensammlung von Sir William, die 1798 auf dem Seeweg von Neapel nach England vor den Scilly-Inseln gesunken war, konnte in den 1970er-Jahren weitgehend geborgen werden. Bei der Restaurierung erwies sich nicht nur die exakte Maßentsprechung 1:1 als gegeben; auch Fragmente konnten mit Hilfe von Tischbeins Drucken wieder zusammengefügt werden.

Neben der wissenschaftlichen Bedeutung der Umrisse war insbesondere deren ästhetische Wirkung enorm. Der melodisch gesetzte Umriss – verdickte Linien deuten Schatten, dünne Linien beleuchtete Partien an – hatte bei aller Abstraktion haptische und sensuelle Qualitäten. Der Vorbildcharakter für Kunst und Gewerbe (Kat. 66) strahlte bis in die Kunst der Romantik aus. HM

64

65

Kunst 245

Kat. 66

Michel Nitot-Dufresne (1759–1828)
nach John Flaxman (1755–1826)
Sujets de l'Odissée d'Homer gravés d'aprés les dessins et compositions de John Flaxman Sculpt.r anglais

Paris: Joseph-Gaspard Gillé, 1803

Klassik Stiftung Weimar, Herzogin Anna Amalia Bibliothek, Sign. Ku 4° III S - 41

(in der Ausstellung gezeigt: Taf. 20)

Kat. 67

Johann Caspar Lavater (1741–1801)
Hundert physiognomische Regeln

Zürich: Orell, Gessner, Füssli und Compagnie, 1802

Klassik Stiftung Weimar, Herzogin Anna Amalia Bibliothek, Sign. Bb 4 : 95 (e)

(in der Ausstellung gezeigt: Taf. 87)

Literatur
Busch 2005/07; Büttner 2004; Goethe 1985–1998; Hildebrand-Schat 2004; Kurbjuhn 2014; Rosenberg 2010; Schlegel 1992; Schmidt 2000, S. 43–48; Symmons 1984; Weissert 1999; Zintzen 1998

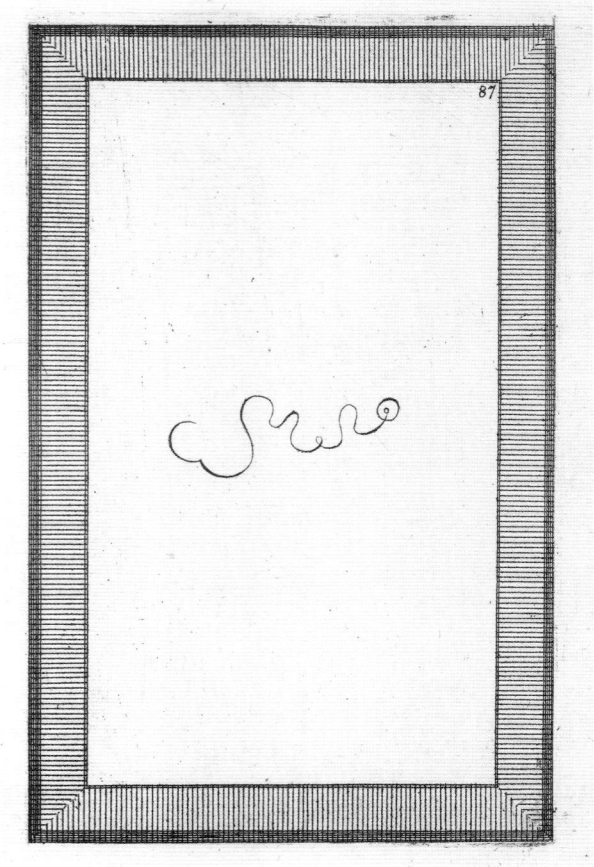

67

Der Bildhauer und Zeichner John Flaxman erzielte mit seinem Umrisslinienstil ab den 1790er-Jahren eine große Breiten- und auch Folgewirkung in Gesamteuropa. Er arbeitete im Sinne Winckelmanns, aber auch der Tendenz seiner Zeit gemäß, wenn er sich bei der Entwicklung von Dekorprototypen bei der »Jasperware« Josiah Wedgwoods (1730–1795) an archäologischen Bildpublikationen orientierte. Um in der Nachahmung antiker Künstler voranzuschreiten, hatte Winckelmann in seinen *Gedancken über die Nachahmung* (1755) Künstlern den Rat erteilt, neben »dem Studio der schönen Natur«, der »Drapperie«, der »edlen Einfalt« und »stillen Grösse« das Augenmerk insbesondere auch auf den »Contour«, das heißt die den Körper umschreibende und vereinigende Linie, zu richten, und ergänzte diesbezüglich: »Könnte auch die Nachahmung der Natur dem Künstler alles geben, so würde gewiß die Richtigkeit im Contour durch sie nicht zu erhalten seyn: diese muss von den Griechen allein erlernet werden.« (*Gedancken1*, KS, S. 39)

Flaxmans Interesse galt neben der Kunst der italienischen Frührenaissance (Büttner 2004) vor allem der antiken Vasenmalerei, wie sie Pierre-François Hugues d'Hancarvilles (1719–1805) und Johann Heinrich Wilhelm Tischbeins (1751–1829) Publikationen der Vasensammlungen William Hamiltons bekannt machten (Kat. 64, 65). Mit diesen Darstellungen, die sich von der Vase als materiellem Träger lösen, gerieten Linearität und Kontur verstärkt in den Fokus der Betrachtung. Flaxman dürfte diese Publikationen während seines Aufenthalts in Italien (1787–1794) kennengelernt haben; möglicherweise hatte Hamilton ihm während ihres ersten Zusammentreffens im Jahr 1791 sogar einige der damals bereits publizierten Umrissstiche Tischbeins vorgelegt (Zintzen 1998, S. 103). Ihr Einfluss auf die mehrfach nachgedruckten Illustrationen Flaxmans zu Homers *Ilias* und *Odyssee* von 1793 ist unübersehbar.

Bei der Verbreitung der Umrisslinienmanier wirkte der Engländer wie ein Katalysator, indem er die fachspezifische archäologische Objekterfassung in das Medium der Textillustration übertrug. Die Tendenz zur Abstraktion, die bereits die Stiche Tischbeins ausmacht, wird bei ihm weiter gesteigert: Bedeutungsträger sind die reliefartigen

66

Figuren, die meist friesartig nebeneinander und vor einem neutralen, in Schichten aufgebauten Hintergrund angeordnet sind. Durch Überlagerungen und mit Hilfe von Schraffuren wird Räumlichkeit nur mehr angedeutet und auf Beiwerk weitgehend verzichtet. In der Nachfolge Flaxmans erfuhr die Verwendung des reduktiven Umrissverfahrens aus ästhetischen und wohl auch ökonomischen Gründen weite Verbreitung und wurde unter anderem von Asmus Jakob Carstens, Bonaventura Genelli, Veit Hanns Schnorr von Carolsfeld, Philipp Otto Runge, den Brüdern Riepenhausen sowie Moritz Retzsch in Anpassung an die eigene Handschrift aufgegriffen (Symmons 1984). Während Goethe Flaxman aufgrund des hohen Grades an Vereinfachung als »Abgott aller Dilettanten« bezeichnete (Goethe 1985–1998, Bd. 6,2, S. 144f.), würdigte August Wilhelm Schlegel (1767–1845) den Charakter jener »Andeutungskunst« als geeignetes Medium der Text- und Literaturillustration und als besondere Herausforderung an die Phantasie (Schlegel 1992, S. 205).

Einen extremen Grad an Abstraktion und Stilisierung hatte die Konturlinie indes schon bei dem Physiognomiker Johann Caspar Lavater (1741–1801; vgl. Kat. 86) erreicht. So zeigt dessen von einem anonymen Stecher nach einem früheren Entwurf angefertigte Darstellung des gekräuselten Haars eines »Wollüstlings« eine völlig autonome Linie und bliebe ohne die beigegebene Erklärung inhaltsleer: »Ein lang hervorstehendes, nadelartiges, oder stark krauses, wildes, rohes, auf einem braunen Flecken gewurzeltes Haar am Kinne oder Halse, spricht sehr entscheidend für großmächtige Voluptuosität, die selten ohne großmächtigen Leichtsinn ist.« (Kat. 67, S. 87) Mit Blick auf Darstellungen wie diese erscheint der von Winckelmann ursprünglich auf die fein ausgearbeiteten Linien geschnittener Steine bezogene Gedanke, die griechischen Künstler hätten den »Contour in allen Figuren wie auf die Spitze eines Haars gesetzt« (*Gedancken1*, *KS*, S. 39), in völlig neuem Licht. MC

Kat. 68

Asmus Jakob Carstens (1754–1798)

Die Parze Atropos

Um 1792/94, postumer Gips nach dem verlorenen Tonmodell, H. 47 cm

Klassik Stiftung Weimar, Museen, Inv. A 2038

Kat. 69

Carl Ludwig Fernow (1763–1808) nach Asmus Jakob Carstens (1754–1798)

Die Parzen, an den Grenzen der Schöpfung sitzend und das Schicksal der Sterblichen singend

Original um 1792/94, Nachzeichnung von 1803, Feder mit schwarzer Tusche über Grafit, 637 × 858 mm

Klassik Stiftung Weimar, Museen, Inv. KK 233

Literatur
Ausst.-Kat. Paris 2001/02; Bloch 1980; Dönike 2005b; Henning 2005; Henning 2006; Knoche/Tausch 2000; Knuth 1995; Maaz 2002; Mongi-Vollmer 2013

68

Auf charakteristische Weise verband Asmus Jakob Carstens den Primat der Antike mit dem Streben nach Autonomie. Für die Kunstgeschichtsschreibung des 19. Jahrhunderts verkörperte er zusammen mit Bertel Thorvaldsen (1770–1844) und Karl Friedrich Schinkel (1781–1841) die von Winckelmann inspirierte »Wiedergeburt« der Kunst. Maßgeblich für seinen Nachruhm war nicht zuletzt der öffentliche Bruch mit der Berliner Akademie: 1796 gab Carstens seine Professur zugunsten einer ungewissen Zukunft in Rom auf, wo er zwei Jahre später starb. Sein Freund Carl Ludwig Fernow setzte ihm mit seiner Biografie (1806) ein Denkmal und vermittelte den künstlerischen Nachlass nach Weimar.

Mit dem Motiv der drei Parzen hat Carstens sich intensiv auseinandergesetzt. Spätestens seit seiner Mitarbeit an Karl Philipp Moritz' *Götterlehre* (1791), zu der er Umrissstiche nach antiken Gemmen beisteuerte, war ihm die Variante des Mythos nach Platon (*Politeia* 617c) geläufig. Hier singen die Parzen zur Harmonie der Sirenen: Lachesis verkündet dabei das Geschehene, Klotho das Gegenwärtige und Atropos, die gemeinhin den Lebensfaden kappt, das Zukünftige.

Die kleine Sitzfigur der *Atropos* ist ein Schlüsselwerk in Carstens' Œuvre – und zudem die einzige von ihm überlieferte Skulptur. Zwar ist das originale Tonmodell verloren, doch haben sich mehrere Gipse aus dem 19. Jahrhundert erhalten. Der fragmentarische Charakter des Stücks, dem beide Arme fehlen, darf als authentisch gelten.

Vollkommen nackt sitzt *Atropos* mit überkreuzten Beinen auf einem Felsblock. Ihr Oberkörper ist nach vorn gebeugt und beinahe abgeknickt, der Bauch eingezogen. Das Oval ihrer Lippen gibt den Blick auf die Zähne frei. Folgt man der Körperhaltung,

69

wird sie eher seufzen als singen. Das mythologische Geschehen deutet Carstens nur an, indem er von allen Attributen abstrahiert. Im Mittelpunkt steht weniger die von Atropos (der »Unabwendbaren«) verkörperte Schicksalsgewalt als deren affektive Dimension. Die Parze scheint über ihr todbringendes Tun zu reflektieren. Die Ambivalenz des Ausdrucks erinnert nicht zufällig an die *Laokoon*-Gruppe: Signale starker Affekte und formale Bändigungsstrategien halten sich in etwa die Waage. An der grundsätzlichen Opposition zu dem von Lessing in seinem *Laokoon* (1766) vertretenen Dogma bleibt kein Zweifel: Ein geöffneter Mund machte für diesen »die widrigste Wirkung von der Welt«, mag auch die Öffnung harmonisch gerundet und in glatt fließende Konturen eingebettet sein.

Die Skulptur steht im Zusammenhang mit dem zeitgleich in Rom entstandenen Blatt *Die Parzen, an den Grenzen der Schöpfung sitzend und das Schicksal der Sterblichen singend,* das sich in Weimar befindet (vgl. oben, S. 80, Abb. 5). Die drei Parzen erscheinen hier nur vage im Raum verankert: links Atropos, in angespannter Gebärde und weitgehend mit der Skulptur identisch, rechts Klotho und Lachesis als Zweiergruppe, innig in das Buch des Schicksals vertieft. Klothos Spindel und Rocken vereindeutigen die Szene. Die betont offenen Münder visualisieren den Parzengesang. Dabei weisen die Frauenfiguren neben dem Einfluss der Antike stark michelangeleske Züge auf.

Fernows großformatige Nachzeichnung veränderte die Komposition gravierend. Bereits die Reduktion auf die Linie, ohne Carstens' Schraffuren und Weißhöhungen, nimmt dem Blatt viel von seiner Dramatik. Darüber hinaus definiert Fernow den Umraum als Felsenlandschaft und harmonisiert die Konturen durch weitgehende Änderungen der Draperie. Klothos Rocken fällt weg, die Brüste der Lachesis werden bedeckt. Die im Original zu leeren Fäusten geballten Hände der Atropos halten nun Attribute: die rechte ein Knäuel, die linke ein abgerissenes Stück des Lebensfadens. Selbst die Münder wirken enger gestellt.

Eine vergleichbare klassizistische Glättung erfährt auch die Skulptur: 1825 legte Christian Friedrich Tieck (1776–1851) eine nach dem Vorbild der Zeichnung vervollständigte Variante der *Atropos* mit Armen vor. CS

Kat. 70

Walter Crane (1845–1915)

Linie und Form

Übers. von Paul Seliger, Leipzig: Seemann Verlag, 1901

Klassik Stiftung Weimar, Herzogin Anna Amalia Bibliothek, Sign. C 6960

(in der Ausstellung gezeigt: S. 224)

Kat. 71

Marcus Behmer (1879–1958)

Linienornament

1909, Feder in Schwarz, 214 × 320 mm

Klassik Stiftung Weimar, Museen, Inv. AO-2007/7818

Kat. 72

Wassily Kandinsky (1866–1944)

Punkt und Linie zu Fläche

Ein Beitrag zur Analyse der malerischen Elemente (Bauhausbücher Bd. 9), München: Langen, 1926

Klassik Stiftung Weimar, Herzogin Anna Amalia Bibliothek, Sign. Haar 731

(in der Ausstellung gezeigt: Taf. 16)

Literatur
Ausst.-Kat. Münster 2007/08; Ausst.-Kat. Weimar 2010; Ausst.-Kat. Zug 2010/11; Bonnefoit 2009; Haldemann 2001; Rosenblum 1976

70

Anhand der griechischen Vasenmalerei formulierte Winckelmann den ästhetischen Eigenwert der zeichnerischen Linie. Diese umrissbetonte, auf An- und Abschwellung konzentrierte Form der Zeichnung fand in den letzten Jahrzehnten des 18. Jahrhunderts namentlich in der Druckgrafik von Johann Heinrich Wilhelm Tischbein oder John Flaxman ihre Verbreitung und Wertschätzung in ganz Europa (Kat. 65, 66). Die Ambivalenz von gegenstandsumschreibender Funktion des Umrisses und seiner Betrachtung als formalem Wert weist voraus auf zentrale Denkfiguren der Moderne um und nach 1900: Wie Winckelmann hielt man zunächst am Gegenstandsbezug des Kontur fest und abstrahierte zunehmend die Linie zum autonomen, vom Inhaltlichen losgelösten Ausdrucksmittel. Paradigmatisch zeigt diese Transformation des Umrisses zur reinen Bewegungslinie eine Abbildung aus dem Lehrbuch *Line and form* des aus der englischen Arts-and-crafts-Bewegung stammenden Buchillustrators und Ornamententwerfers Walter Crane: Für Crane ist die Umrisszeichnung das »A und O« der Kunst (Kat. 70, S. 1). Sie dient der Nachahmung, aus der sich alle anderen gestalterischen Elemente ableiten lassen. Den mimetischen Gestaltungsprinzipien stellt er jedoch das Linienbild der »inneren Anschauung« gegenüber, das sich abstrahierend zur gegenständlichen Nachahmung verhält und sich auf die Nachempfindung reiner Bewegung konzentriert. Die abgebildete Figur einer Tanzenden – sie erinnert auffallend an die Wandbilder der Tänzerinnen aus der sogenannten Villa des Cicero in Pompeji, deren graziöse Bewegungen Winckelmann geschätzt hatte – verdeutlicht die beiden Extreme der konturbildenden Körperumschreibung und der auf die Bewegungsdynamik beschränkten Linienführung.

FREI NACH ALEXANDER OLBRICHT.   MARCOTINO 10. JVLI. 1903.

71

72

Auch im Jugendstil kam die Darstellung von organisch geformten Linien auf, die sich von der primären Aufgabe der Gegenstandserfassung emanzipierte. So bezeichnete Henry van de Velde in seinen theoretischen Texten die Linie als elementare Kraft des Lebens schlechthin. Auf eine Vorlage von Alexander Olbricht geht ein Blatt des Buchgestalters und Grafikers Marcus Behmer zurück: Es zeugt von der halb organisch, halb abstrakt wirkenden Anwendung des Lineaments, das sich ohne Licht-Schatten-Differenzierung über das Blatt verteilt. Das pflanzenartige Gebilde ist deutlich von Aubrey Beardsley und anderen Arts-and-crafts-Künstlern inspiriert, findet aber seine Vorgänger auch in dem internationalen Umrissstil um 1800.

Maßgeblich von der Einfühlungstheorie Theodor Lipps' und dem Gedanken vom *élan vital* Henri Bergsons beeinflusst, wurde die Linie von Vertretern der gegenstandslosen Abstraktion als gestalterisch freies, nicht körperumschließendes und autonomes Bildelement verstanden. Mitte der 1920er-Jahre wiesen Paul Klee und Wassily Kandinsky in ihren Bauhausbüchern der Linie eine selbständige Aufgabe zu: Sie wird zum konkreten Ausdrucksmittel, das in der Bewegungsführung, seiner Länge, in der Verbreiterung des Strichs und in der Interaktion mit anderen gestalterischen Elementen den Status eines autonomen Ausdrucksträgers erlangt, der ohne Bezug zur äußeren Welt verständlich ist. Insbesondere Kandinsky versuchte in seinem vieldiskutierten Buch *Punkt und Linie zu Fläche* die unterschiedlichen Verwendungen der Linie zu klassifizieren: Ausgehend vom mathematischen Punkt definierte er die Linie als den »Sprung aus dem Statischen in das Dynamische« (Kat. 72, S. 51). In dieser Auffassung sind alle figurativen Elemente ausgeklammert; Buntfarbe und schwarzes Lineament werden konsequent »in zwei unabhängige Register« aufgespalten (Haldemann 2001, S. 138). JR

Kat. 73

Alberto Giacometti (1901–1966)
Zeichnung der Venus vom Esquilin

Um 1945/47(?), Grafit, in: Carl Emil von Lorck, Nacktheit als Lebensausdruck in der bildenden Kunst, Berlin: Imago, o. J. (um 1925), S. 177

Kunsthaus Zürich, Inv. GS 188

Literatur
Ausst.-Kat. Berlin/Stuttgart 1987/88; Ausst.-Kat. Frankfurt 1998/99; Klemm 2011; Koepplin 1995; Lange 1997; Rütimann 2008

Alberto Giacometti schrieb am 27. Juli 1918 aus Maloja an seinen Internatsfreund Lucas Lichtenhan, dass ihm deren Lehrer Jakob Gehring »ein schönes Büchlein geschenkt« habe, »nämlich Schriften von Winkelmann und Laokoon von Lessing«. In Händen hielt er vermutlich den Band *Klassische Schönheit* von 1906, in dem Alexander von Gleichen-Rußwurm Schriften der genannten Autoren versammelt hatte (Kat. 97–100). Zeitgleich begann Giacometti Kunstwerke aus verschiedenen Zeiten und Regionen, von der griechischen Archaik bis zur Kunst außereuropäischer Völker, zu kopieren und eignete sich damit ein Repertoire an, das über die *Klassische Schönheit* hinausging. Über seine Lust am Kopieren hielt er kurz vor seinem Tod fest: »Sämtliche Kunst der Vergangenheit, aller Epochen, aller Zivilisationen taucht gleichzeitig vor mir auf, als ob der Raum die Zeit ersetzte« (Ausst.-Kat. Frankfurt 1998/99, S. 189). Damit bricht er mit Winckelmanns ästhetischer Bevorzugung der griechischen Antike, knüpft jedoch gleichzeitig an dessen Nachahmungs- und Stilbegriff an. Er tut dies auch ganz im Sinne Carl Emil von Lorcks, in dessen Buch *Nacktheit als Lebensausdruck* er verschiedene Zeichnungen hinterlassen hat. Für von Lorck steht der Klassizismus am Beginn der Kunst der Gegenwart: Winckelmann, der »erste moderne rationalistische Romantiker«, dieser »nimmerfertige Geist«, habe über sein Antikeideal hinaus »den Ton [...] zu der bis heute währenden vor- und rückwärtsblickenden theoretisierenden Kunstübung« angegeben (S. 5). Von diesem Zeitpunkt an hätten »die Künstler nicht aufgehört, im Kampf mit der wachsenden Kritik sich auf alte und fremde Künste zu berufen und von ihnen die Formel zur eigenen Tat zu entlehnen« (ebd.). Nicht nur den Klassizismus sieht er hiervon beeinflusst, sondern auch die Neugotik oder den Japonismus. Diesen modernen dialektischen Impuls, sich auf die Vergangenheit zu beziehen, um sich zugleich von ihr abzuheben, führt von Lorck auf Winckelmanns »Künstlerprogramm« zurück. Nur über die »Nachahmung«, so hatte dieser in den *Gedancken über die Nachahmung* von 1755 formuliert, könne man »unnachahmlich« werden (*Gedancken1*, KS, S. 29).

Nach genau diesem Prinzip funktionieren Giacomettis Skizzen in seinem Exemplar der *Nacktheit als Lebensausdruck*, darunter eine Zeichnung, die sich auf die sogenannte *Venus vom Esquilin* (um 50 n. Chr.) bezieht: Auf der hochformatigen, schmalen Fotografie hebt sich der geschwungene Kontur des glänzenden Marmors scharf vom schwarzen Hintergrund ab. Giacometti übernimmt das Hochformat des Bildes und die Proportionen der Figur. Er hält sich in der Beleuchtung und den Details der Formen – etwa der Brüste und des Bauches – an das Vorbild und treibt die schlichte Stilisierung der antiken Plastik weiter in Richtung Abstraktion. Er nähert seine Figur dem Typus stehender ägyptischer Frauenfiguren an und findet zugleich eine moderne Formensprache.

In der Verdopplung schafft Giacometti ein Negativ des Vorbilds, wodurch beide in ein kritisch-produktives Verhältnis zueinander treten: Giacometti zeichnet eine schwarze Figur auf einer weißen Fläche, wobei die scharfe Grenze zwischen Figur und Hintergrund aufgelöst wird. Die geschwungene Linie rückt er gerade, die Arme werden ergänzt und eng an den Körper gelegt. Die Masse, insbesondere der Kopf, schrumpft. Die zwischen die *Frau auf dem Wagen* (1942/43) und die *Große Stehende* (1947) zu datierende Zeichnung, und mit ihr die Auseinandersetzung mit einer antiken Plastik, stellt einen tastenden Schritt hin zu Giacomettis hieratischen Frauenfiguren seines späten Stils dar. Mit antiken Vorbildern brechend und erneut an sie anknüpfend, versucht er, sich über seine Wahrnehmung der Welt und das Verhältnis zwischen Wahrnehmung und Stil Klarheit zu verschaffen. Mit ihren starken, immer wieder neu ansetzenden, sich überlagernden Bleistiftstrichen verweist die Zeichnung auf die poröse, vibrierende Oberfläche seiner Plastiken. Der klassische Kontur verflüchtigt sich in der klassizistischen Umrisszeichnung zur abstrakten Linie (Kat. 66, 67). Ihrer Reinheit und Perfektion hält Giacometti – nicht weniger stilisierend – eine an das Material, an die Spuren von Bleistift und Gips gebundene Rauheit und Lebendigkeit entgegen. CK

GRIECHENLAND

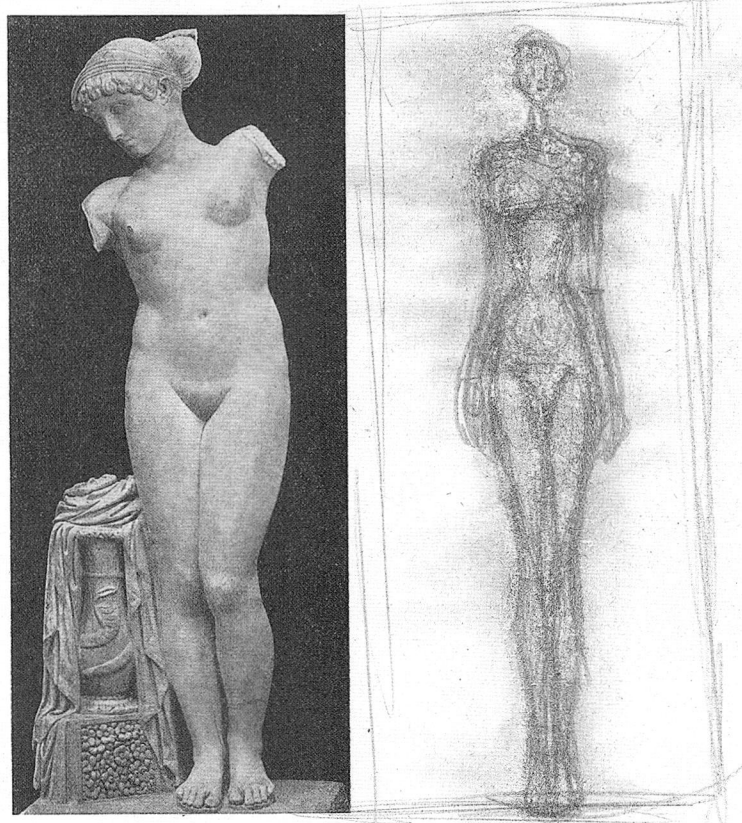

Abb. 211. Venus vom Esquilin.
Rom, Konservatorenpalast.

Diese in Zahl und Takt ertönende Harmonie der griechischen Statuen und Tempel steht neben dem großen, durch Ähnlichkeiten und sinnliche Beziehungen erreichten Einklang mittelalterlicher Skulpturen und Münster wie neben dem akzentuierten Rhythmus des Hexameters der Gleichklang des Stab- und Endreims.

Gleichfalls die Spannung greller Gegensätze durch einen rhythmischen Zauber zu besänftigen, ist die Aufgabe der Bemalung gewesen.

Vor dem leuchtend blauen Reliefgrunde hoben sich die goldenen Gestalten ab, mit wenigem wohltemperiertem Rot, Grün, Schwarz oder Braun gehöht. Der flammende Kontrast kann nicht schroff genug vorgestellt werden; aber das Verhältnis der Farben zueinander, ihr Gegeneinandertönen wird so rein und klar gespannt gewirkt haben, wie Gold zum Elfenbein der Chryselephantinen'

SCHÖNHEIT DER »UNBEZEICHNUNG«

In der *Geschichte der Kunst des Alterthums* hat Winckelmann seine um die Begriffe der Einfalt und Einheit kreisenden Reflexionen über das Wesen der Schönheit mit einem Konzept ergänzt, dem er den von ihm selbst geprägten Namen der »Unbezeichnung« (»l'indefinito«; *MI*, Bd. 1, S. XXVIII) gegeben hat: Gemeint ist damit die Schönheit einer Darstellung, »deren Formen weder durch Puncte, noch durch Linien, beschrieben werden, als die allein die Schönheit bilden; folglich eine Gestalt, die weder dieser oder jener bestimmten Person eigen sey, noch irgend einen Zustand des Gemüths oder eine Empfindung der Leidenschaft ausdrücke, als welche fremde Züge in die Schönheit mischen, und die Einheit unterbrechen.« (*GK1*, S. 150) Die Wirkung einer solchermaßen geläuterten Schönheit vergleicht Winckelmann mit dem Geschmack von reinem Quellwasser: »Nach diesem Begriff soll die Schönheit seyn, wie das vollkommenste Wasser aus dem Schooße der Quelle geschöpfet, welches, je weniger Geschmack es hat, desto gesünder erachtet wird, weil es von allen fremden Theilen geläutert ist.« (ebd., S. 150f.)

Winckelmanns Ideal einer durch keinerlei individualisierende Merkmale beeinträchtigten »Unbezeichnung« gilt dabei auch und vor allem für das Geschlecht: Im »Trattato Preliminare« seiner *Monumenti antichi inediti* (1767) hat er eine hierarchisch aufgebaute Klassifikation idealischer Schönheiten gegeben, an deren Spitze nicht zufällig die sexuell ambivalenten Darstellungen der beiden jugendlichen Gottheiten Apoll und Bacchus stehen: »Der höchste Begriff jugendlicher Schönheit«, heißt es hier, »wurde den Figuren des Bacchus und des Apollo zugeeignet. Diese Gottheiten zeigen uns, vermöge der ihnen von den Dichtern gegebenen Vermischung beyder Geschlechter, in ihren verschiedenen auf uns gekommenen Abbildungen eine vermischte und zweydeutige Natur, welche sich durch die Völligkeit und stärkere Ausschweifung der Hüften und durch die zarten und rundlichen Glieder dem Körper der Verschnittenen und der Weiber nähern.« (*MI*, Bd. 1, S. XLI; *SN 6,2*, S. 102, §17). Dabei ist die »Vermischung« bzw. Zweideutigkeit der Geschlechter für Winckelmann kein Negativum, sondern birgt Vollkommenheit als Potenzial in sich: Die summierte Schönheit beider Geschlchter in sich tragend, erscheinen diese androgynen Wesen als vollkommen im Sinne des von Platon im *Symposion* beschriebenen Kugelmenschen-Mythos (Plat. symp. 189d–193d). Ein Zusammenhang dieser Überlegungen Winckelmanns mit seiner eigenen homosexuellen Neigung liegt zumindest nahe.

Winckelmanns Bevorzugung männlich-androgyner Schönheit geht einher mit einer Präferenz für den auf der Schwelle zur Adoleszenz stehenden jugendlichen Körper, in dem die »Bildung zwischen dem Wachsthum und der Vollendung gleichsam unbestimmt gelassen« ist (GK2, S. 265). »Ein schöner junger Mensch«, so ließ er Christian Ludwig von Hagedorn (1712–1780) wissen, sei derjenige, »in dessen Gesichte der Unterschied des Geschlechts fast zweifelhaft ist.« (Br. 1, S. 446) Gerade in dieser Zweideutigkeit jugendlicher Schönheit liege jedoch eine große Herausforderung für den Künstler: »Die Schönheit ist jedem Alter eigen«, heißt es in der *Geschichte der Kunst des Alterthums*, »gesellet sich jedoch vornämlich mit der Jugend, und daher ist der Kunst größtes Werk, diese zu bilden.« (GK2, S. 264)

Die von Winckelmann zum Ideal erhobene Schönheit der »Unbezeichnung« hatte Konsequenzen für die Kunst des europäischen Klassizismus, die den androgynen Jüngling wiederholt ins Zentrum ihres Schaffens gestellt hat. Er findet sich bei Antonio Canova und Bertel Thorvaldsen ebenso wie bei Jacques-Louis David und reicht bis in die Kunst und Literatur der Zeit um 1900, wo der effeminierte Dandy zu einer ästhetisch-politischen Gegenfigur wird. Die Vorstellung einer Schönheit der »Unbezeichnung« beschäftigt aber auch die Gegenwart: Unter dem Begriff des Gendering werden geschlechtliche Festschreibungen hinterfragt und unter anderem mit androgynen Schönheitskonzepten konfrontiert. Die »Unbezeichnung« als eine Schönheit, die das Geschlecht ambivalent lässt, erhält somit gesellschaftliche Bedeutung, indem sie sich gegen vorschnelle Zuschreibungen verwahrt und ästhetischen wie auch politisch-sozialen Normierungen widersetzt. MD / CK

Kat. 74
Apollon Sauroktonos

Römische Marmorkopie des 1. Jh. n. Chr. nach einer Bronzestatue des Praxiteles gegen Mitte des 4. Jh. v. Chr., Marmor, H. 149 cm

Musée du Louvre, Paris, Inv. MA 441

Gipsabguss: Ludwig-Maximilians-Universität München, Museum für Abgüsse Klassischer Bildwerke, Inv. 458

Literatur
Fend 2004; Haskell/Penny 2006, S. 151–154, Nr. 9; Martinez 2007; Preißhofen 2002

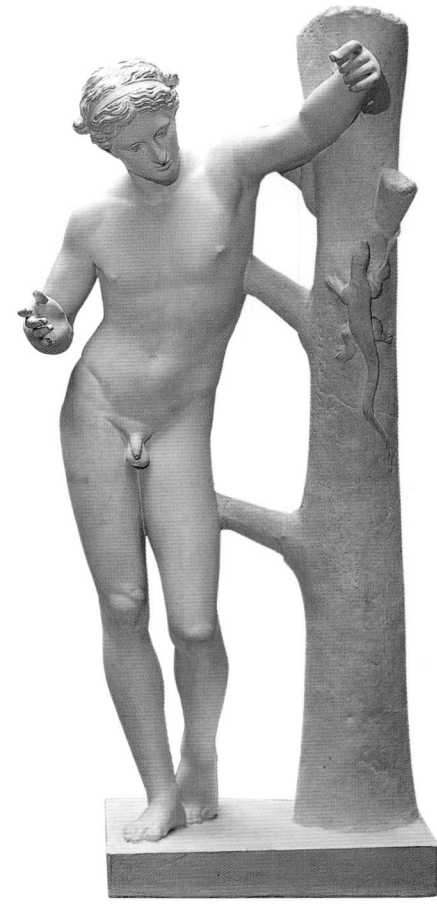

Apoll steht mit erhobenem linken Arm an einen Baumstamm gelehnt, den Blick auf eine daran hinaufkriechende Eidechse gerichtet. In seiner rechten Hand hielt er ursprünglich wohl einen Pfeil, mit dem er auf das Reptil zielte. Sein Körper, der eine elegante S-Linie beschreibt, weist weder ausgeprägte Muskeln noch Schambehaarung auf; der eher kindliche Charakter wird durch Fettpölsterchen noch unterstrichen. Die fließenden Konturen der Figur gehen vornehmlich auf den erweiterten Kontrapost der hintereinandergestellten Füße zurück. Das in der Mitte gescheitelte, mädchenhaft anmutende Haupthaar schließlich ist in gewellte Strähnen geteilt und am Hinterkopf zu einem Zopf verknotet; die seitlichen Locken sind mit einem Band in zwei Schlaufen hochgezogen und bilden dort kleine Buckel. Winckelmann deutete den von ihm korrekterweise als *Sauroktonos* (Eidechsentöter) identifizierten Apoll als Hirtenknaben im Dienst des thessalischen Königs Admetus (*GK1*, S. 169; *GK2*, S. 679); heute schwankt man zwischen der Interpretation der Figur als Drachen überwindender Pythoktonos, Ungeziefer vertilgender Smintheus oder den sein Attribut, die Eidechse, aus dem Winterschlaf weckender Sonnengott Phoibos (vgl. Preißhofen 2002, S. 48–53; *SN 4.2*, S. 147f.).

Den in zahlreichen Repliken überlieferten Statuentypus hat bereits Winckelmann, einem Hinweis Philipp von Stoschs folgend, mit einer Beschreibung des Kunstschriftstellers Plinius d. Ä. (23/24–79 n. Chr.) in Verbindung gebracht, der die von Praxiteles geschaffene Originalfigur als »puberem Apollinem« (nat. 34,70) bezeichnet. Auf dieser Grundlage hat Winckelmann auch die Frage diskutiert, ob der Apoll als geschlechtsreifer Jugendlicher (»puber«) oder als Knabe (»impuber«) dargestellt sei (*GK2*, S. 678–680): »*Puber*« ist ihm zufolge ein männlicher Heranwachsender, »der die Gränzen der Jünglingsjahre betrit, und bey dem sich dieses Alter in der Anmeldung der Bekleidung des Kinns und der Schaam zeiget; *impuber* aber heißt ein Knabe, an welchem sich hiervon annoch keine Spur findet« (*GK2*, S. 679). Anhand der damals in der Villa Borghese aufgestellten Marmorfigur und zweier weiterer damals in Rom befindlichen Repliken kam Winckelmann zu dem Schluss, dass Praxiteles einen Knaben dargestellt habe, und schlug dementsprechend vor, die Formulierung des Plinius von »puberem« zu »impuberem« zu korrigieren.

In der Figur des *Apollon Sauroktonos*, welche »die Größe eines Jünglings hat« und zugleich doch »das Alter eines Knaben zeiget« (*GK2*, S. 680), sah Winckelmann ein Schönheitsideal eingelöst, das die Grenzen zwischen Knaben- und Jugendalter sowie zwischen männlichen und weiblichen Formen verwischt und somit die Differenz zwischen beiden »unbezeichnet« lässt (Fend 2004, S. 183–187). Genau hierauf zielt auch seine im Kapitel »Von der Schönheit einzelner Theile des Körpers« notierte Bemerkung, dass beim *Apollon Sauroktonos* »das Knie von dem Schenkel zum Beine eine sanfte aber vereinigte, und nicht durch Tiefen und Hügel unterbrochene Anhöhe machet« (*GK2*, S. 375). »Schön« sind die Knie, weil die anatomischen Strukturen nur angedeutet und die fließenden Linien nicht unterbrochen sind. Mit dieser Bemerkung zur ambivalenten Gestaltung von Lebensalter und Geschlecht hatte er, ohne dass er sich dessen wohl bewusst war, ein spezifisches Charakteristikum der Kunst des Praxiteles erfasst. MD / CK

Kat. 75

Herbert List (1903–1975)
Antikythera

1933–1937, Fotografie, 32,8 × 22,8 cm

Leihgabe aus Privatbesitz (Wolfgang Theis, Berlin)

Literatur
Ausst.-Kat. München 1987/88; Barthes 1978; Fend 2003; Natter 2000; Ruelfs 2016; Scheler/Harder 2000; Solomon-Godeau 1997

Winckelmanns Schönheit der »Unbezeichnung« zielt auf die Ambivalenz der Geschlechter und Lebensalter, wie sie sich vor allem an den Körpern jugendlicher Figuren zeigt. Es handelt sich um eine Vorstellungswelt, in der die Grenzen zwischen Natur und Kunst ebenso aufgehoben sind wie diejenigen zwischen Menschlichem und Göttlichem (Solomon-Godeau 1997, S. 147). Auch um 1900 verkörpert der knabenhafte Jüngling die Sehnsucht nach jugendlicher Unschuld einer als ideal imaginierten antiken Welt: Wilhelm von Gloeden (Kat. 184) fand und inszenierte im sizilianischen Taormina einen Ort, an dem er die – sich aus der modernen Entfremdungserfahrung ergebenden – Gegensätze zwischen den Geschlechtern sowie zwischen der Natur und dem Ideal in eins fallen lassen konnte. In seinen Aufnahmen erscheint das Leben der sizilianischen Jünglinge als ein Leben in freier Nacktheit und homoerotischer Zuneigung. Ausstaffiert mit antiken Attributen werden sie für die Bilder wie lebendige Statuen in unterschiedlichen Posituren in Szene gesetzt; ihre Körper gehen in den mythologischen Raum ein und werden – schmutzige Fingernägel und gebräunte Haut hin oder her – in einem Ideal vermeintlich ursprünglicher Sinnlichkeit aufgehoben.

Wie ein Komplement zu dieser projektiven Annäherung des realen menschlichen Körpers an eine statuarische Kunstwelt erscheint eine Fotografie von Herbert List, die die Rückseite einer um 1900 im Schiffswrack von Antikythera gefundenen griechischen Marmorstatue zeigt: Bildkomposition und Lichtführung betonen die haptischen Momente der androgyn wirkenden Skulptur; ihre Locken fließen und die Korrosion des Marmors wird im Blick des Betrachters zu Sand, der mit einer streichelnden Bewegung der Hand über den geschwungenen Rücken und das Gesäß von der Haut des Jünglings weggewischt werden könnte. Die antike Statue wird – wie bei Winckelmann der *Apoll vom Belvedere* – lebendig.

Für Gloeden und auch für List wird gerade die Fotografie, die die Realität verbürgen sollte, zum Medium der Ambivalenz: Die Grenze zwischen Realität und Phantasie wird angesichts der selbst schon zweideutigen Jünglingskörper verwischt. CK

Schönheit der »Unbezeichnung« 257

Bettina Rheims (geb. 1952)

Kat. 76

Dafné C. II (aus der Serie »Gender Studies«)

2011, Fotografie, 95 × 72 cm

Studio Bettina Rheims, Paris, Inv. 2789

Kat. 77

Adam B. (aus der Serie »Gender Studies«)

2011, Fotografie, 95 × 72 cm

Studio Bettina Rheims, Paris, Inv. 2784

Literatur

Aurnhammer 1986; Rheims 1990; Rheims 2014

76

Aussagen Winckelmanns, wonach derjenige Mensch schön ist, dessen Geschlecht »zweideutig« sei (vgl. Sektionstext »Unbezeichnung«), haben im Klassizismus der Zeit um 1800 zu einer Ästhetik des Androgynen geführt, die auch heute aktuell ist. Die Verbindung von Schönheit und Uneindeutigkeit, die sich dem auf Definition und Festschreibung ausgerichteten Blick entzieht, beschäftigt Bettina Rheims, die in ihrer 2011 entstandenen Serie *Gender Studies* 25 Jugendliche porträtierte, deren Geschlecht nicht eindeutig ist. Mit dem Titel rekurriert sie auf jene akademische Disziplin, in der gegenüber dem biologischen Geschlecht die gesellschaftlich-kulturellen Konstruktionen von Geschlechteridentitäten untersucht werden. In diesem Sinne, jedoch mit künstlerischen Mitteln, stellt Rheims den Blick auf die Probe, der daran gewöhnt ist, konventionelle Kategorisierungen vorzunehmen.

Bereits 1989 und 1990 hatte sie sich mit ihrer Arbeit *Modern Lovers* auf die Suche nach Jugendlichen gemacht, bei denen das Geschlecht in der Schwebe des Unentschiedenen verbleibt. »Meine Modelle wählte ich«, so beschreibt sie ihre Kriterien, »nach Jugend und Schönheit aus. Ich wollte Engel fotografieren.« (Rheims 1990, o. S.) Damit verortet Rheims ihre Fotografien in einem Zwischenbereich, da doch Engel Wesen sind, die weder männlich noch weiblich, sondern beides zugleich sind und die zwischen realer und göttlicher Welt vermitteln. Das schwer Fassbare, Übernatürliche und Unwirkliche, das das Bild von den Engeln evoziert, beschreibt Rheims als wesentliches Kennzeichen der Schönheit ihrer Modelle: Man hätte »meinen können, daß Licht ihre Körper durchdringt. Ich fragte mich, ob manche überhaupt auf dem Film einen Eindruck hinterlassen würden, so durchsichtig und unwirklich wie sie schienen.« (ebd.) Mit einer solchen Entmaterialisierung geht bei Rheims die Jugendlichkeit als zentrales Merkmal androgyner Schönheit einher. »Der älteste war gerade zwanzig Jahre alt. Anfangs hatte ich auch etwas ältere Modelle ausgesucht, aber das funktionierte nicht. [...] Ich wollte Wesen, die dabei sind, sich zu formen.« (ebd.) Wie in Winckelmanns Ästhetik der »Unbezeichnung«, die die veränderliche Schönheit des jugendlichen Körpers betont, ist auch hier eine Ästhetik des Potenziellen enthalten: Das Unfertige, das dabei ist, sich zu formen, birgt die größte Nähe zu der bei Rheims mit dem Begriff der »Engel« evozierten Sphäre der Vollkommenheit, weil in der geschlechtlichen Ambivalenz beides zugleich möglich ist.

Mit dem abblätternden Nagellack, den zerrissenen Kleidern, den geschminkten Lippen und der Hochsteckfrisur sind Adam B. und Dafné C. durch und durch reale Menschen der Gegenwart. Dennoch erscheinen beide gleichsam entrückt. Ihre leuchtenden Körper mit der luziden, makellosen Oberfläche, die leicht geöffneten Münder, ihr Blick, der präsent und abwesend zugleich ist, lassen sie zu Wesen werden, die ebenso wirklich wie unwirklich scheinen. Die Fotografie als Medium des Augenblicks nutzt Bettina Rheims, um den kurzen Moment zu fixieren, in dem der Gegensatz zwischen männlich und weiblich aufgehoben ist in einem Zugleich: »Es gab einen einzigen Augenblick, während dessen sie Mann und Frau wurden, gerade noch Zeit genug, um auf den Auslöser zu drücken, bevor dieses Bild wieder verschwand.« (ebd.) In diesem Moment wird die Schönheit der »Unbezeichnung« als Gleichzeitigkeit der Gegensätze sichtbar; die Zeitlichkeit des Blicks wird in die Zeitlosigkeit des Augenblicks transzendiert. Beim Betrachten der Fotografien lässt sich wahrnehmen, wie das eigene Auge aus Gewohnheit immer wieder versucht, eindeutige Zuschreibungen vorzunehmen. Doch der erste Moment der Irritation, der von der Wahrnehmung der Gleichzeitigkeit herrührt, wird bewahrt und immer wieder erneuert: Wenn der Blick über Adam B. gleitet, über den Oberkörper, der knaben- und mädchenhaft zugleich erscheint, über die weiblich fließenden Kurven seiner Hüften, über die zarten Arme und seine filigrane Hand, die sein Geschlecht bedeckt und die Schamhaare sichtbar lässt, dann stehen das Männliche und das Weibliche bisweilen hart nebeneinander, gehen jedoch immer wieder ineinander über, sodass letztlich nicht mehr bestimmt werden kann, wo das eine anfängt und das andere aufhört. CK

77

ANTHROPOLOGIE: DER MENSCH ZWISCHEN KUNST UND NATUR

Waren die Griechen der Antike so schön wie ihre Skulpturen? Weisen die modernen Griechen dieselben Eigenschaften auf wie ihre Vorfahren? Ist es anderen Völkern möglich, den Griechen gleichzukommen? Mit solchen Fragen setzte sich Winckelmann in seinem gesamten Werk intensiv auseinander. Dass seine Analyse der antiken Kunst eine Untersuchung des antiken Menschen in seinen realen Verhältnissen in sich birgt, darf angesichts seines Kunstverständnisses nicht überraschen, ergibt sich doch die Schönheit der griechischen Skulpturen bei ihm aus einer Mischung von naturalistischen und idealistischen Ansätzen. Um die Entstehung und Entwicklung der griechischen Kunst zu rekonstruieren, musste Winckelmann deshalb einerseits auf kunstinterne Erklärungsmodelle wie etwa die Abfolge von Stilphasen zurückgreifen (vgl. Sektionstext »Das Werk des Historikers«), andererseits wird die Kunst aber auch als das Ergebnis zahlreicher kunstexterner, darunter nicht zuletzt biologisch-genetischer Determinanten aufgefasst (*Gedancken1*, *KS*, S. 32; *Erläuterung*, *KS*, S. 105; *GK1*, S. 21f.). Winckelmann bewunderte in den griechischen Statuen die zum Ideal überhöhte natürliche Schönheit der Griechen, welche nach seiner Vorstellung den damaligen Künstlern als Vorbild gedient hatte. In seiner *Geschichte der Kunst* widmete er der Proportion einen eigenen Abschnitt, der auf der empirischen Beobachtung antiker Statuen fußt (*GK1*, S. 172–177).

Damit setzte er eine lange Tradition der Vermessung von Artefakten fort (Kat. 78, 79), lieferte zugleich aber auch die gedankliche Grundlage für die Übertragung dieser Maßverhältnisse auf den realen Menschen. An entsprechenden Versuchen hat es im 19. und 20. Jahrhundert nicht gefehlt (Kat. 83–85): Während Houdon in seinem *Écorché* (Kat. 80, 81) klassizistische Ästhetik und anatomische Empirie noch künstlerisch in Einklang zu bringen vermochte, begann nur wenig später eine ganze Reihe von Medizinern, Anthropologen, Physiognomen und Künstlern, die Vielfalt der menschlichen Erscheinungsformen zu vermessen und mit dem Ideal der antiken Menschen abzugleichen. Eine gewisse Sonderstellung nimmt in diesem Kontext Johann Gottfried Schadow ein, der die Maße des Menschen nicht wertend, sondern rein empirisch in ihrer ganzen Vielfalt zu dokumentieren suchte (Kat. 89–92).

Dass das von Winckelmann behandelte Formenrepertoire antiker Skulpturen und Menschen auch die Wahrnehmung exotischer Völker prägte, bezeugt eine auf den ersten Blick möglicherweise irritierende Objektkonstellation: Der Federhelm eines hawaiianischen Häuptlings (Kat. 94), der zeitgenössische Europäer an einen antiken Helm erinnerte, steht neben einer Indianerbüste Ferdinand Pettrichs (Kat. 96), deren Gestaltung antiken Köpfen wie dem des *Ares Borghese* nachempfunden ist. Damit soll auf die Ambivalenz des europäischen Antikebezugs hingewiesen und die Frage aufgeworfen werden, ob das Griechenideal zwangsläufig als eurozentristisch kritisiert werden muss (vgl. Kat. 93) oder ob es nicht auch als Möglichkeit verstanden werden kann, fremde Kulturen zumindest ästhetisch in den eigenen Erfahrungshorizont zu integrieren.

Winckelmanns These von der natürlichen, durch keinerlei Krankheit beeinträchtigten Schönheit der Griechen (*Gedancken1*, *KS*, S. 32f.) sollte ab etwa Ende des 19. Jahrhunderts zu einer Inspirationsquelle für die Lebensreformbewegung werden, die in allen Bereichen eine neue Natürlichkeit anstrebte. Mit dem Insistieren auf der engen Verbindung von Schönheit, Natürlichkeit und Gesundheit deutete sich jedoch bereits die Möglichkeit einer menschenverachtenden Interpretation des zum anthropologischen Maßstab erhobenen Antikebildes an: Nationalsozialistischen »Rassekundlern« (Kat. 101–103) diente ein an der Antike orientiertes Ideal zur Abgrenzung der nordischen von anderen, als minderwertig erachteten Menschenrassen, wobei die Germanen als Blutsverwandte der »nordrassigen« Griechen galten. Die mörderisch-genozidalen Folgen dieser auf dem Phantasma einer Überlegenheit des Schönen, Gesunden und Starken basierenden Rassenlehre sind bekannt. Sie markieren einen Zivilisationsbruch, dem auch das Antikeideal selbst zum Opfer fiel. Wenn zeitgenössische Künstler wie LawickMüller (Kat. 105) das Thema der Überblendung von Natur und Antike wieder aufgreifen, so zeigen ihre im Morphingverfahren entstandenen Fotos, dass Idealisierung stets auch Entindividualisierung bedeutet und den Menschen damit letztlich zum Typus degradiert. ED / MD

Kat. 78

Gérard Audran (1640–1703)

Des menschlichen Leibes Proportionen, von den vortreflichsten und allerschönsten Antichen genommen und mit Fleiß abgemessen [...]. Anitzo den Kunst-liebenden zum Besten ins Teutsche übersetzet

Nürnberg: Sandrart, um 1690

Klassik Stiftung Weimar, Herzogin Anna Amalia Bibliothek, Sign. Th M 1 : 34

(in der Ausstellung gezeigt: Taf. 20)

Kat. 79

Charles Errard (1601/06–1689)
Bernardino Genga (1655–1734)
Giovanni Maria Lancisi (1654–1720)

Anatomia per uso et intelligenza del disegno ricercata non solo su gl'ossi, e muscoli del corpo humano; ma dimostrata ancora su le statue antiche più insigni di Roma

Rom: Rossi, 1691

Staatsbibliothek zu Berlin, Preußischer Kulturbesitz, Sign. gr.2 Nu 810 R

(in der Ausstellung gezeigt: Taf. XXVIII/44)

Literatur
Ausst.-Kat. London/Coventry/Leeds 1997/98; Ausst.-Kat. London 2000/01; Ausst.-Kat. Paris 2008/09; Del Pesco 2010; Erben 2004; Gerlach 1990; Magnien 2004; Michel/Germer 1997; Valerius 1992

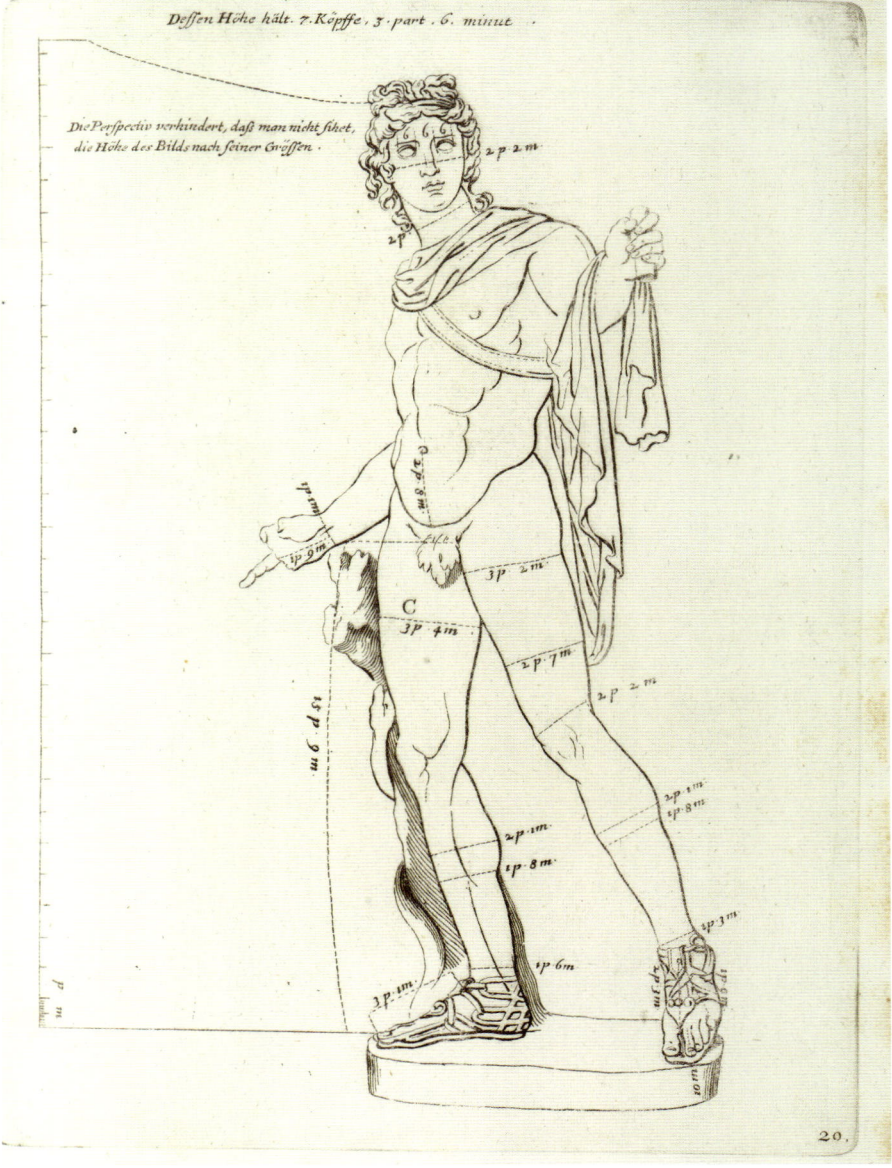

78

Ein zentraler Schauplatz für die Begegnung von Kunst und Wissenschaft im 17. Jahrhundert war die Pariser *Académie royale de peinture et de sculpture*, die seit 1666 über eine Außenstelle in Rom verfügte. In ihrem Umfeld entstanden maßgebliche Publikationen zur »barocken« Kunstlehre. Zu den Spezialitäten der französischen Künstlerkolonie in Rom gehörten Proportionsstudien nach antiken Statuen. Entsprechende Vermessungskampagnen sind ab den 1640er-Jahren belegt, gelangten aber nur teilweise an die Öffentlichkeit. Das erste selbständige Werk, das ausschließlich der Vermessung antiker Statuen galt, legte 1683 der Pariser Kupferstecher Gérard Audran vor. Herausragende Stücke wie der *Laokoon*, der *Apoll vom Belvedere* oder die *Venus Medici* erscheinen in mehreren Ansichten, wobei der Kopf der Statuen als Grundmodul für die Bestimmung der Maßverhältnisse fungiert. Schon wenige Jahre später besorgte Johann Jakob von Sandrart, der Neffe Joachim von Sandrarts, eine deutsche Ausgabe (Kat. 147).

Das genaue Nachmessen offenbarte ein Problem von erheblicher Brisanz: Die Proportionen der mustergültigen Antiken weisen zahlreiche Unstimmigkeiten auf. So ist zum

Beispiel das linke Bein des *Laokoon*, aber auch das des *Apoll vom Belvedere*, zu lang. Während Audran diese Abweichungen nicht als Fehler wertet, sondern durch ein besonderes künstlerisches Kalkül rechtfertigt, gewinnt Charles Perrault daraus ein Kernargument für die *Querelle des anciens et des modernes*. Offenbar wird im Bereich der Kunst mit zweierlei Maß gemessen, da selbst »fehlerfreien« Meisterwerken der Moderne nicht derselbe Ruhm zugestanden wird wie denen des Altertums.

Bereits die ersten, 1669 von André Félibien (1619–1695) publizierten *Conférences* der Pariser Akademie zeigen, wie sehr die Kunstbetrachtung von fachfremdem Wissen profitiert. Die dargestellten Figuren werden als quasi-lebendig behandelt und mit den Kategorien der zeitgenössischen Physiologie analysiert. Aus dieser Sicht lag es nahe, die römischen Antiken nicht nur zu vermessen, sondern auch zu »anatomisieren«. Die Debatte gipfelte in einem epochalen Lehrwerk der *Académie de France à Rome*, deren Gründungsdirektor Charles Errard Illustrationen nach Präparaten des Anatomen Bernardino Genga beisteuerte, während der Leibarzt des Papstes, Giovanni Maria Lancisi, die erläuternden Texte verfasste. Die *Anatomia per uso et intelligenza del disegno* (1691) bietet zunächst die übliche Abfolge aus osteologischen und myologischen Darstellungen, also Skelett- und Muskelpräparate, auf die dann mit der Darstellung berühmter Antiken als *écorchés* aus mehreren Blickwinkeln etwas vollkommen Neues folgt. Im Unterschied zum medizinischen Teil sind Gesicht und Genital der Skulpturen im Originalzustand belassen. Erst Jean-Baptiste Léveillé sollte *Laokoon* 1845 die Haut vollständig abziehen und ihn als kahlköpfigen Muskelmann präsentieren.

Während sich die Kunst im 19. Jahrhundert zunehmend vom Ideal umfassender »Korrektheit« emanzipierte, hielten viele Mediziner an der Annahme fest, dass in der antiken Skulptur ein besonderes Wissen vom Menschen sedimentiert sei. Noch 1862 bezog der Elektrophysiologe Duchenne de Boulogne (1806–1875) den Kopf des *Laokoon* in seine Studien zum Affektausdruck ein und korrigierte dessen Augenbraue. 1876 überprüfte der Anatom Friedrich Merkel (1845–1919) erneut alle Proportionen der *Laokoon*-Gruppe und gab ihr sein »Placet« als Mediziner, obgleich der Priester hinken würde, sobald er sich vom Altar erhebe. An der *Laokoon*-Gruppe aus echten Knochen, die bis 1945 im anatomischen Museum der Universität Wien zu sehen war, erregten vor allem die Schlangen den Unmut der Zoologen, da sie im Verhältnis zu ihrer Länge viel zu dünn seien. CS

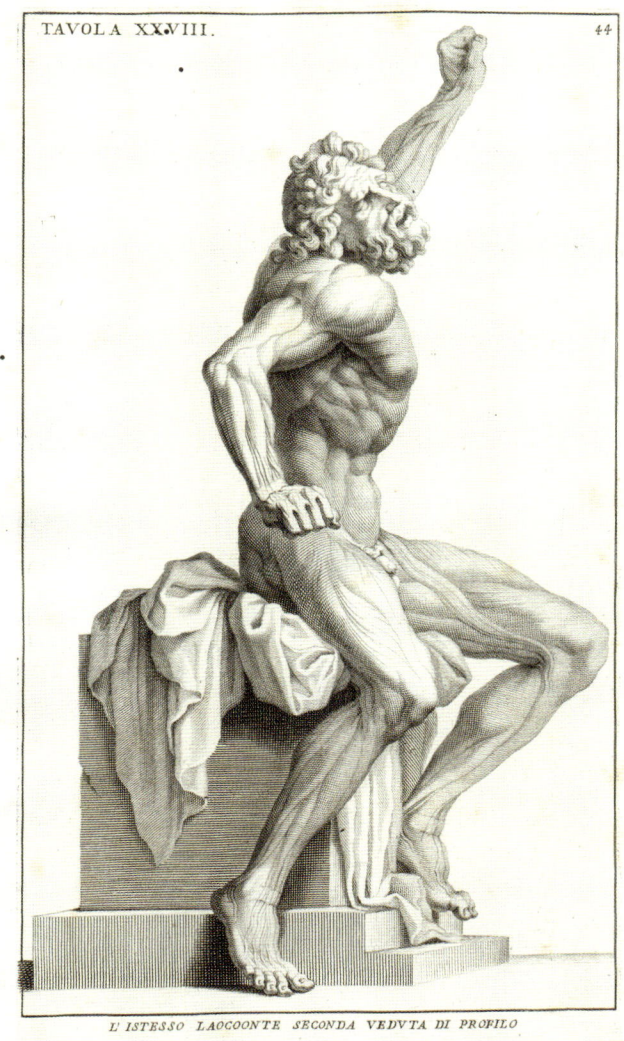

79

Nach Jean-Antoine Houdon (1741–1828)

Kat. 80
Écorché

Kopie, Fragment der unteren Extremität, o. J., Gips und Metall, weiß gefasst, H. 117 cm (mit Sockel)

Hochschule für Bildende Künste Dresden, Anatomische Sammlung, Inv. AG120M

Kat. 81
Écorché

Verkleinerte Replik, Kopie (Formgießerei Gebrüder Weschke, Dresden), o. J., Gips und Metall, H. 73,5 cm (mit Sockel)

Hochschule für Bildende Künste Dresden, Anatomische Sammlung, Inv. AG163M

Kat. 82
Johann Heinrich Meyer (1760–1832) nach Jean-Antoine Houdon (1741–1828)
Écorché (?)

Nach 1800, Bleistift, 387 × 243 mm

Klassik Stiftung Weimar, Museen, Inv. Gr-2005/575

Literatur
Ausst.-Kat. Paris 2008/09, S. 206–214; Alberti 1877, S. 110; Altner 1990; Gründungsreskript 1764; Mannlich 1913, S. 97f.; Mühlenberend 2007

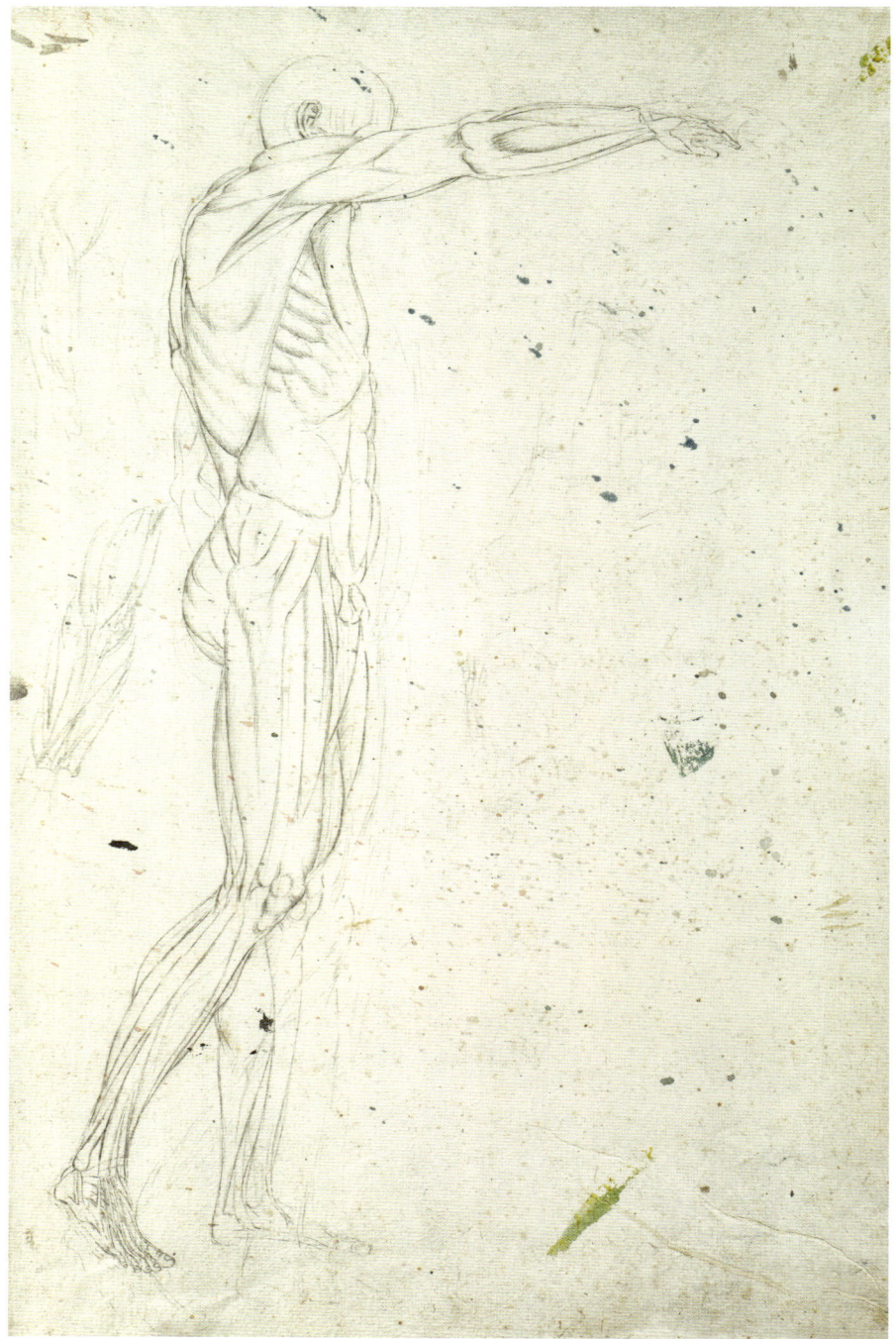

82

Während des 18. Jahrhunderts wurden Kunstakademien in zahlreichen europäischen Residenzstädten von den jeweiligen Landesherren mit dem Ziel gegründet, eine geregelte Ausbildung von Künstlern zu gewährleisten. Generaldirektor der 1764 gegründeten Dresdner Kunstakademie war der mit Johann Joachim Winckelmann befreundete Christian Ludwig von Hagedorn, der ähnlich wie dieser das Studium der Antiken als wichtiges Instrument zur Erlangung künstlerischer Fertigkeiten ansah, daneben jedoch auch das Naturstudium propagierte. Über Jahrzehnte hinweg entstand hier eine systematische Sammlung von anatomischen Lehrmitteln, die als Vorlagen für zeichnerische Übungen und als Anschauungsmaterial während der Vorlesungen dienten. Zu der umfangreichen und beinahe komplett erhaltenen Dresdner Sammlung gehörten auch Kopien nach Jean-Antoine Houdons stehender männlicher Figur ohne Haut, genannt *Écorché*. Vier Versionen dieser anatomischen Skulptur waren im Umlauf: *Écorché au bras tendu* (1767); *Écorché réduit* (1766/67), *Écorché au bras partiellement levé* (1776); *Écorché au bras levé*

(1790). In Dresden finden sich heute eine Kopie des *Écorché réduit* und ein Gipsabguss der unteren Extremität der lebensgroßen Skulptur, wobei der ursprüngliche Abguss die ganze Figur umfasste und zweigeteilt war.

Houdon hatte seinen lebensgroßen *Écorché* 1767 als Stipendiat der *Académie de France* in Rom als Vorstudie für die von den Kartäusern in Auftrag gegebene Skulptur *Johannes der Täufer* in Ton gefertigt. Auf Drängen seiner Künstlerfreunde stellte er einen Gipsabguss her, den er noch im selben Jahr an die Pariser *Académie royale de Peinture et de Sculpture* überführen ließ, wo er ebenfalls großen Beifall fand. Schon früh wurde Houdons *Écorché* rezipiert. Dies geschah auf der Basis der frühen Verbreitung der Verkleinerung in Abgüssen durch Houdon selbst sowie im Rahmen seiner Tätigkeit als Akademieprofessor in Paris zwischen 1805 und 1825.

Der Erfolg des *Écorché* und seiner modifizierten Miniaturen gründete vor allem in der Eleganz der Figur, die dem Klassizismus verpflichtet war – verkehrte Houdon doch in Rom in ähnlichen Kreisen wie Winckelmann. Houdon bezog sich auf den antiken Kanon der Proportionen und verfolgte eine ästhetische Wirkung, die vor allem über das klassische Stand-/Spielbein hin zum ausgestreckten rechten Arm bis zum kantig modellierten Kopf auf eine idealisierte Anatomie zielte. In Konzentration auf markante Muskel- und Sehnenstränge bei gleichzeitiger Vernachlässigung der Darstellung der natürlichen Kontraktion der Antagonisten erzeugte der Künstler eine durchgehende Dynamik. Das Abweichen von der anatomischen Korrektheit erfolgte bewusst, hatte doch Houdon den menschlichen Leichnam ausführlich studiert. Die Praxis, vom Leichnam aus zur »verlebendigten Figur« zu kommen, stand noch in der Tradition von Leon Battista Albertis (1404–1472) Anweisungen, jedoch verband Houdon didaktisch-mimetische Ansprüche mit dem Schönheitsideal Winckelmann'scher Prägung.

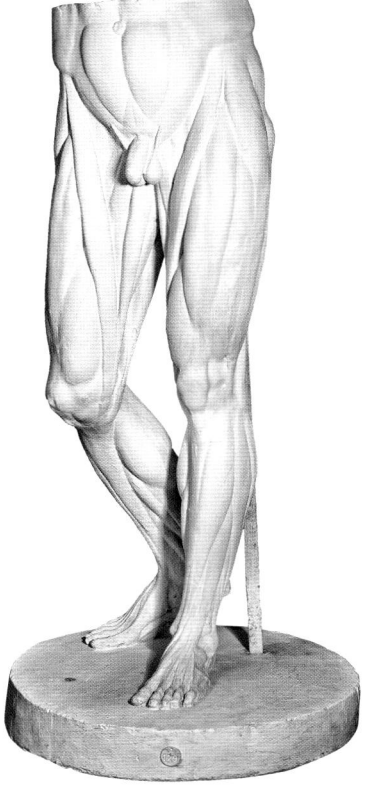

80

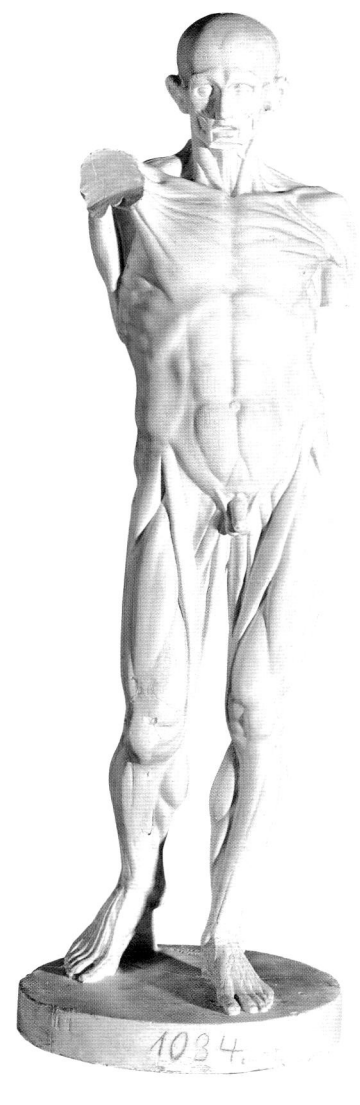

81

Eben dieses Spannungsfeld von einerseits anatomischem und andererseits künstlerischem Schau- und Studienobjekt wird in Johann Heinrich Meyers Bleistiftzeichnung deutlich. Sie zeigt den Muskelmann von rechts in Prüfung der muskulären Verhältnisse zwischen Rücken und Brust bzw. Gesäß und Beinen und offenbart dabei eine Diskrepanz zwischen anatomischem Tatbestand und Houdons künstlerischer Aufbereitung.

In diesem Sinne war Houdons *Écorché* im Kontext der europäischen Kunstakademien weniger ein anatomisches Lehrobjekt als vielmehr ein Symbol für Künstleranatomien schlechthin bzw. ein plastischer »Vorsteher« des sich im 19. Jahrhundert professionalisierenden hilfswissenschaftlichen Fachs Anatomie an Kunstakademien. SM / SF

Anthropologie 265

Johann Wolfgang Goethe (1749–1832)

Kat. 83

Proportionskanon

Winter 1787/88, Bleistift, Feder in Braun,
200 × 285 mm

Klassik Stiftung Weimar, Museen, Inv. GGz/0463

Kat. 84

Proportionsstudie

1791/95 (?), Bleistift, 428 × 353 mm

Klassik Stiftung Weimar, Museen, Inv. GGz/0813

Literatur
Femmel 1958–1973; Goethe 1887–1919; Kruft 1972; Kunze 2005

Während seines zweiten römischen Aufenthalts beschäftigte sich Johann Wolfgang Goethe zwischen Oktober 1787 und März 1788 mit Übungen in der Perspektive und systematischen Studien zu Kopf- und Gesichtspartien sowie zur Proportion und Anatomie des menschlichen Körpers. Über seinen Unterricht bei befreundeten Künstlern wie Friedrich Bury (1763–1823) und Johann Heinrich Meyer (1760–1832) berichtete er nach Weimar: »Ich begab mich in die Schule, lernte den Kopf mit seinen Theilen zeichnen und nun fing ich erst an die Antiken zu verstehen« (Goethe 1887–1919, Abt. IV, Bd. 8, S. 329). Erst auf dieser Grundlage sei es ihm möglich geworden, die Kunstschätze Roms »mit frisch gewaschnen Augen« sehen zu lernen (ebd.). Unter den über 2 500 eigenhändigen Zeichnungen Goethes ist eine ganze Folge entsprechender Darstellungen überliefert. Zu diesen Blättern zählt ein mit Feder in brauner Sepia über Bleistift ausgeführter Proportionskanon des Kopfes in Profilansicht (Kat. 83; Femmel 1958–1973, Bd. 3, Nr. 138). Studien wie diese dienten dem Ziel, sich über die aus der Antike abgeleiteten harmonischen Gesetzmäßigkeiten zu verständigen.

Mit seinen zeichenpraktischen Übungen folgte Goethe einer in Proportionslehren und Vorlagenbüchern häufig formulierten Forderung. Auch Winckelmann betonte im vierten, der Proportion gewidmeten Kapitel seiner *Geschichte der Kunst* (1764), dass das Studium antiker Bildwerke »nicht ohne practischen Unterricht« bleiben dürfe. Seinem Lehrer und Freund Anton Raphael Mengs (1728–1779) verdanke er eine »untriegliche Regel«, die jedem Anfänger hilfreich sein könne (*GK1*, S. 176). Entsprechende Zeichnungen in Winckelmanns Florentiner Nachlassheft belegen, dass sich der Gelehrte selbst um die Realisierung dieser Forderung bemühte (*SN 4,5*, S. 82f.). In vergleichbarer Weise war auch Goethe bestrebt, gewonnene Erkenntnisse pädagogisch fruchtbar zu machen. So hielt er bereits vor seiner italienischen Reise an der Weimarer Herzoglichen Freyen Zeichenschule anatomische Vorlesungen. Sie dienten nicht allein dem naturwissenschaftlichen Erkenntnisgewinn, sondern auch dazu, die ästhetische Verständigung über organische Zusammenhänge zum Gegenstand einer gemeinsamen zeichnerischen Praxis zu machen.

Auch nach seiner Rückkehr aus Italien fühlte sich Goethe weiterhin diesem Ziel verpflichtet. In Johann Heinrich Meyer, der im November 1791 als Lehrer an die Weimarer Zeichenschule folgen und 1807 schließlich deren Leitung übernehmen sollte, fand er einen gleichgesinnten Kunstfreund, den er im März 1791 an das gemeinsame Anliegen erinnerte: »Auf einen Canon männlicher und weiblicher Proportion loszuarbeiten, die Abweichungen zu suchen wodurch Charactere entstehen, das anatomische Gebäude näher zu studiren und die schönen Formen welche die äussere Vollendung sind zu suchen, zu so schweren Unternehmungen wünschte ich daß Sie das Ihrige beytrügen wie ich von meiner Seite manches vorgearbeitet habe« (Goethe 1887–1919, Abt. IV, Bd. 9, S. 248). Zu diesen zeichnerischen Vorübungen, die überraschende Parallelen mit Winckelmanns eigenen Versuchen aufweisen, zählt eine auf der rechten Seite eines Foliobogens mit Bleistift, Lineal und Zirkel konstruierte Proportionsstudie, wobei die eigenhändig mit schwarzer Tinte gesetzten Notate wesentliche Übereinstimmungen mit dem Mengs'schen Kanon aufweisen (Kat. 84; Femmel 1958–1973, Bd. 4b, Nr. 47).

So »untrieglich« wie behauptet war diese Regel, mit der Winckelmann seine Leser »auf die wahre Spur der Alten« (*GK1*, S. 176) zu führen hoffte, allerdings nicht: Bereits in der zweiten Auflage seiner *Geschichte der Kunst* (1776) unterdrückte er diese Passage und auch Meyer unterzog sie in dem 1811 veröffentlichten vierten Band seiner Winckelmann-Ausgabe einer deutlichen Kritik: »Die [...] beschriebene Eintheilung des Gesichts [...] kömmt allerdings mit den schönsten antiken Köpfen in so fern überein, als ein Canon mit den übrigen Werken der Kunst übereinkommen kann und soll, d. h. diese müssen so wie sie zu Charakterbildern werden, in den erforderlichen Theilen vom Canon abweichen« (*WA*, Bd. 4, S. 390). Gleichwohl werde aus der dargelegten Regel »einiges nicht hinreichend deutlich«, weshalb der Künstler den Vorschriften Winckelmanns nicht zu genau folgen dürfe (ebd.). AR

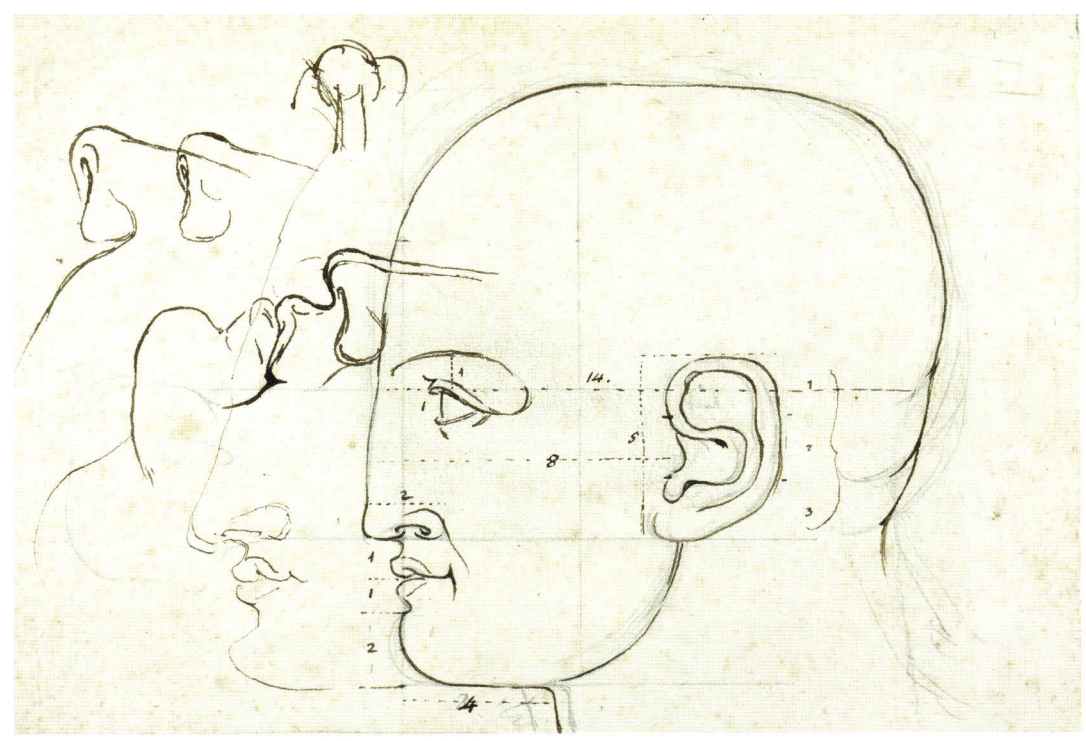
83

84

Anthropologie 267

Kat. 85

Clemens Wenzeslaus Coudray
(1775–1845)

Proportionen des menschlichen Körpers nach Winckelmann

o. J., braune Tinte, schwarze Kreide und Bleistift, 189 × 246 mm

Klassik Stiftung Weimar, Goethe- und Schiller-Archiv, Inv. GSA 11/17

Literatur
Bothe 2013; Kruft 1972

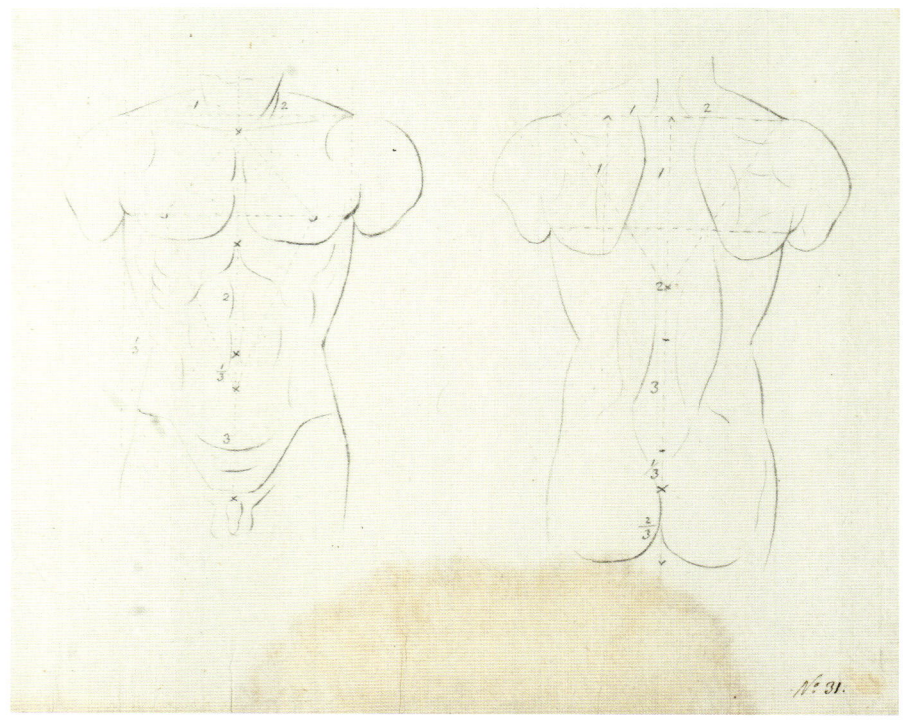

Nach Stationen in Frankfurt am Main, Dresden und Berlin studierte der aus einer weitverzweigten Bildhauerfamilie stammende Clemens Wenzeslaus Coudray ab Oktober 1800 für vier Jahre an der *École polytechnique* in Paris. Als Meisterschüler des bedeutenden Architekten Jean-Nicolas-Louis Durand war er zugleich Mitarbeiter an dessen Hauptwerk *Précis des leçons d'architecture* (1805). Nach einer Italienreise und Tätigkeiten als Hofarchitekt, Professor und Zeichenlehrer in Fulda übersiedelte Coudray 1816 nach Weimar, wo er bis zu seinem Tod im Jahr 1845 das Amt des Großherzoglichen Oberbaudirektors ausübte. Seine eleganten klassizistischen Bauten und dekorativen Entwürfe haben das Erscheinungsbild des »klassischen« Weimar nachhaltig geprägt.

Eine in Coudrays handschriftlichem Nachlass überlieferte kleine Sammlung von Notizen und Zeichnungen bezeugt das Interesse des Architekten für das Werk Winckelmanns. Sie enthält einen mit »Proportionen des menschl. Körpers nach Winkelmann« überschriebenen eigenhändigen Auszug aus dessen 1764 veröffentlichter erster Auflage der *Geschichte der Kunst des Alterthums* und zwei Tafeln mit Proportionsstudien nach antiken Bildwerken. Die Bezeichnungen »No 31« und »No 32« deuten darauf hin, dass die undatierten Blätter Teile einer ursprünglich größeren Sammlung waren, die vermutlich zu Lehr- und Anschauungszwecken diente. Wie Winckelmann maß auch Coudray dem Studium des menschlichen Körpers eine besondere Bedeutung bei, zumal diesen schon Vitruv zur Grundlage der Architektur bestimmt hatte. Sein Auszug wiederholt in leicht gekürzter Form den Abschnitt »Bestimmung der Proportion des Gesichts für Zeichner« aus dem vierten Kapitel der *Geschichte der Kunst*. Darin betonte Winckelmann, dass er seine theoretischen Ausführungen »für Anfänger im Zeichnen nicht ohne practischen Unterricht« lassen wolle und die im Folgenden erläuterte »untriegliche Regel im Prüfen und im Arbeiten« seinem Freund Anton Raphael Mengs verdanke, der damit »vermuthlich auf die wahre Spur der Alten gekommen« sei (*GK1*, S. 176). Diese – in der zweiten Auflage von 1776 gestrichene – Passage zählt zu den Grundgedanken der *Geschichte der Kunst* und ist bereits im Florentiner Nachlassheft von 1761 mit begleitenden Zeichnungen enthalten (vgl. *SN 4,5*, S. 82f.). AR

Kat. 86

Johann Caspar Lavater (1741–1801)
Physiognomische Fragmente. Zur Beförderung der Menschenkenntniß und Menschenliebe

4 Bde., Leipzig: Weidmanns Erben und Reich/ Winterthur: Steiner, 1775–1778

Klassik Stiftung Weimar, Herzogin Anna Amalia Bibliothek, Sign. Bb 2: 111 (1–4)

(in der Ausstellung gezeigt: Bd. 4, S. 175/176)

Literatur
Pabst 2007; Pestalozzi/Weigelt 1994; Schmölders 1997

In der zweiten Hälfte des 18. Jahrhunderts erlebte die Physiognomik – die Kunst, aus dem Aussehen des Menschen auf seinen Charakter zu schließen – eine ihrer zahlreichen Konjunkturen, die sich vor allem mit dem Namen des Schweizer Theologen Johann Caspar Lavater verband. Dessen *Physiognomische Fragmente*, die in vier Bänden zwischen 1775 und 1778 erschienen, unterschieden sich von den Physiognomiken anderer Jahrhunderte dadurch, dass sie christlich-moralisch motiviert und ästhetisch codiert waren: »Je moralisch besser; desto schöner. Je moralisch schlimmer, desto häßlicher.« (Bd. 1, S. 62)

Für die Begründung dieses ästhetischen Paradigmas spielte die idealisierte und ästhetisierte Antike Winckelmanns eine zentrale Rolle. Sie kam erstens in ihrer Betonung des Kontur und ihrer Mäßigung des Ausdrucks der Lavater'schen Physiognomik entgegen, die sich gegen die Pathognomik als Semiotik des Gefühlsausdrucks richtete. Zweitens wurde von Winckelmanns idealisierter Antike eine ästhetische Norm – das Schöne – abgeleitet. Allerdings deutete Lavater die idealisierte Schönheit antiker Plastiken als realistische Darstellung (Bd. 1, S. 132) und hatte so einen großen Anteil an der Inkarnation der klassizistischen Norm. Er begriff sie als eigentliche Wirklichkeit des menschlichen Körpers, die lediglich durch individuelle moralische Mängel entstellt sei. Drittens war Physiognomik bei nur unzureichenden Techniken der Bildreproduktion in hohem Maße eine Sache der Bildbeschreibung. Auch hier betrachtete Lavater Winckelmann als schriftstellerisches Vorbild. Seine Sprache »zeichnet so richtig und coloriert so schön« (Bd. 4, S. 170). Viertens wird Winckelmann selbst als lebender Beweis der Physiognomik in Szene gesetzt. Sein nach einer Vorlage Casanovas gestochenes Profil im vierten Band der *Physiognomischen Fragmente* stellt, obgleich es nur einen »versüßte[n] Winkelmannische[n] Kopf« (Bd. 4, S. 175) zeige, ein physiognomisches Entsprechungsverhältnis zwischen dem antikisierten Profil Winckelmanns – dem Äußeren – und den Zitaten aus seinen Texten über die Antike – dem Inneren – her. SP

Kat. 87

Christian von Mechel (1737–1817)

Stufenfolge von dem Frosche bis zum Apollo-Profile

Ausgeführt und herausgegeben in Basel von Chr. von Mechel nach den Ideen des berühmten Lavaters, 1797, kolorierte Radierung, 453 × 595 mm

Schweizerisches Nationalmuseum, Affoltern am Albis, Inv. LM 55396

Kat. 88

Pieter Camper (1722–1789)

Dissertation physique [...] sur les différences réelles que présentent les traits du visage chez les hommes de différents pays et de différents âges [...]

Publiée après le décès de l'auteur par son fils Adrien Gilles Camper. Traduite du Hollandois par Denis Bernard Quatrèmere d'Isjonval, Utrecht: Wild & Altheer, 1791

Klassik Stiftung Weimar, Herzogin Anna Amalia Bibliothek, Sign. 1720

(in der Ausstellung gezeigt: Taf. III)

Literatur

Bindman 2002, S. 201–221; Bindman 2011; Camper 1792; Lavater 1775–1778; Lavater 1801/02, Bd. 5, S. 101–110; Louis 1992, S. 119–122, 140–142; Meijer 1999; Schögl 1999

»Die erste Figur ist so ganz Frosch, so ganz stellt sie den aufgeblasenen Repräsentanten abscheulicher Bestialität dar, [...] der dritte Frosch mag allenfalls schon ein klügerer Frosch seyn, der vierte hat noch etwas Froschheit«. Die anfänglich noch humoristisch anmutende Beschreibung klingt zunehmend bedenklich: Beim zwölften Bild »fängt die unterste Stufe der Menschheit an [...] näher noch dem Orang-utang als dem Neger«. Erst der 16. Kopf »erhebt sich allmählig zur Vernunft« (Lavater 1801/02, Bd. 5, S. 108f.). Die letzten drei Köpfe befinden sich ganz im Bereich des Idealen; Höhepunkt ist das erhabene Profil des Gottes Apollo als absoluter Gegensatz des Frosches zu dem »aufgeblasenen Repräsentanten abscheulicher Bestialität« (ebd.). Erst 1802 ist diese Beschreibung zweier Kupfertafeln mit 24 Umrissstichen im Rahmen von Johann Caspar Lavaters (1741–1801) *Nachgelassenen Schriften* erschienen. Das hier gezeigte, in mehreren Details abweichende Blatt entstand bereits 1797 und wurde von dem Basler Kupferstecher und Winckelmann-Freund Christian von Mechel (Kat. 44) »nach den Ideen des berühmten Lavaters« ausgeführt.

Lavaters *Stufenfolge von dem Frosche bis zum Apollo-Profile* beruht wesentlich auf den Ideen des niederländischen Physiologen Pieter Camper, der – ebenso wie der Schweizer Theologe – zu den Lesern Winckelmanns gehörte (Camper 1792, S. IX). Der von Camper entdeckte »Gesichtswinkel« diente ihm zur vergleichenden Analyse unterschiedlichster Kreaturen: Am Profil eines Affen, eines »Negers«, eines »Kalmukken«, eines »Europäers« und eines antiken griechischen Kopfes versuchte er zu zeigen, dass der Gesichtswinkel bei der menschlichen Bildung zwischen 70 und 100 Grad beträgt: »Geht man über 100 Grade hinaus, so wird der Kopf ungestaltet und zu einem Wasserkopfe verändert. [...] Man verkleinere den Winkel von 70 Graden so erhält man einen Orang Utan, einen Affen; geht man noch weiter, einen Hund; endlich einen Vogel, eine Schnepfe, deren Gesichtslinie sich der Horizontallinie hinlänglich annähert.« (ebd., S. 22, Taf. I, II) Als Beispiel für die ideale Ausbildung der Gesichtszüge dient bei Camper – wie übrigens auch bei Mechel – der *Apoll vom Belvedere* (ebd., S. 29–33, Taf. III), also genau jene Figur, die Winckelmann in seiner *Geschichte der Kunst des Alterthums* (1764) als »das höchste Ideal der Kunst« heraushebt (GK1, S. 392–394) und der Lavater im ersten Band seiner *Physiognomischen Fragmente* eine genaue Analyse widmet (Lavater 1775–1778, Bd. 1, S. 134).

Für beide, Camper und Mechel, gilt, dass ihre Tafeln keinesfalls als evolutionäre Reihen im Sinne Lamarcks oder Darwins zu verstehen sind: Die einzelnen Zwischenstufen gehören keiner natürlichen Gattung an, sondern ergeben sich allein aus der graduellen Veränderung des Gesichts- bzw. Stirnwinkels, den Lavater auch als die Tier- und Menschenform trennende »Animalitäts-Linie« bezeichnet hat. Im Gegensatz zu Mechels Darstellung, die jenseits des Lavater'schen Kosmos ein wissenschaftshistorisches Unikum geblieben ist (Schögl 1999), blieb die Wirkung von Campers Tafeln bis weit in das 19. Jahrhundert hinein ungebrochen (Kat. 89–92). Wohl gegen seine Absicht stellten sie dabei ein Modell zur Verfügung, das immer wieder als vermeintlicher Beweis für die affenähnliche Hässlichkeit afrikanischer bzw. die apollinische Schönheit europäischer Menschen herangezogen wurde (Kat. 101–103, vgl. Essay Michaud). MD / CK

87

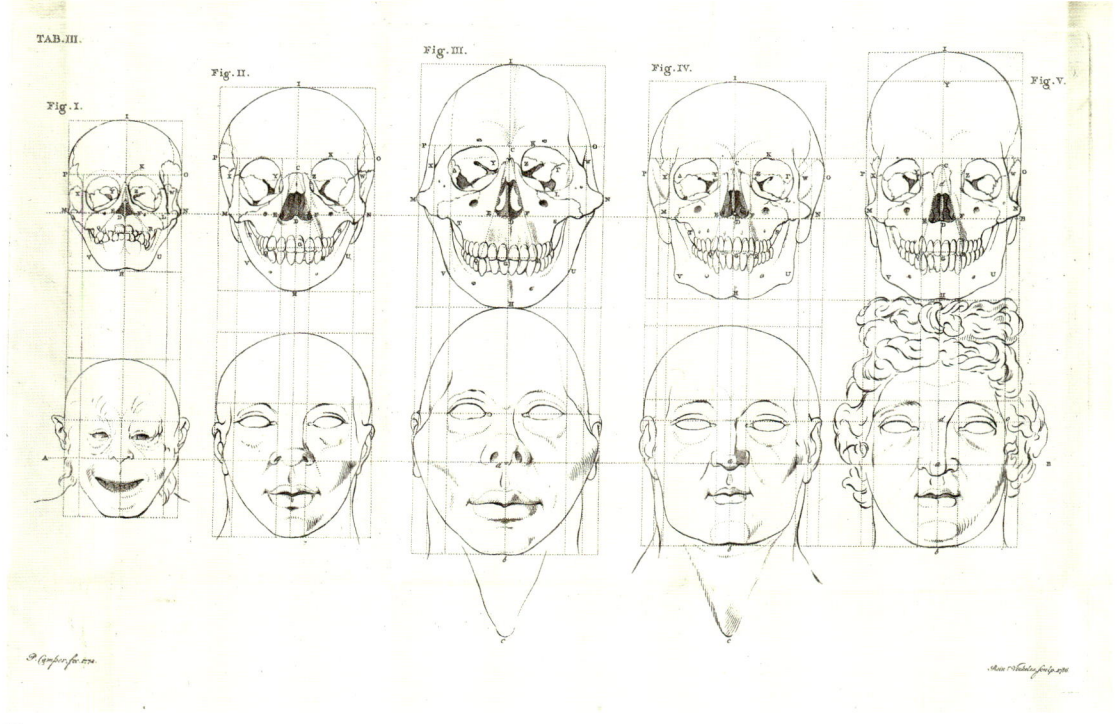

88

Anthropologie

Johann Gottfried Schadow
(1764–1850)

Kat. 89
Selim du Darfour

1807, Gips, koloriert, H. 48 cm, Vorderseite bez.: »Selim du Darfour«; Rückseite bez.: »1807 G Schadow«

Akademie der Künste, Berlin, Kunstsammlung, PL 148

Kat. 90
»Caffernprinz«

1821, Gips, koloriert, H. 53 cm

Akademie der Künste, Berlin, Kunstsammlung, Inv. 84/56/222

Kat. 91
Kopfstudie eines Afrikaners [Selim]

O. J., Lithografie, 256 × 376 mm, bez. handschriftlich mit Grafit: »Neger aus dem Darfour, hat bei mir anno 1807 / 3 Monat gewohnt.«

Klassik Stiftung Weimar, Museen, Inv. DK 713/2004

Kat. 92
Kopfstudie eines »Caffern«

Um 1823(?), Lithografie, 300 × 393 mm, bez. handschriftlich mit Grafit: »Caffer wurde von Madagascar an / Professor Lichtenstein geschickt in *Spiritus*.«

Klassik Stiftung Weimar, Museen, Inv. DK 128/87

89

Literatur
Ausst.-Kat. Düsseldorf/Nürnberg/Berlin 1994/95, S. 261, Nr. 130 (B. Maaz); Badstübner-Gröger/Czok/Simson 2006, Bd. 3, Kat. 1237, 1287f., S. 500; Barbillon 2003; Beyer 2006, S. 319f., Kat. 132 (B. Maaz); Braunfels 1996; Döring 2011, S. 40–103; Eckardt 1990, S. 140, 234, 237; Gerlach 1971; Mesenhöller 2002; Schadow 1807; Schadow 1834; Schadow 1835

Der Berliner Bildhauer und Zeichner Johann Gottfried Schadow hat sich sein Leben lang mit dem Menschen und seinen Proportionen beschäftigt. Auch wenn die antike Skulptur stets Vorbild seines künstlerischen Schaffens blieb, hat er sich mindestens ebenso stark dem Studium der empirischen Wirklichkeit gewidmet. Seine realistische Grundhaltung wie auch das besondere Interesse an der Darstellung des Menschen blieben dabei bis weit in das 20. Jahrhundert nicht nur für die Berliner Bildhauerschule prägend (Kat. 54, 123, 130).

Ab etwa 1800 finden sich in Schadows zeichnerischem Œuvre Blätter, die umfassende Vermessungs- und Proportionsstudien belegen. Parallel zu diesen Untersuchungen, in deren Rahmen er Menschen unterschiedlichen Geschlechts, Alters und ethnischer Herkunft systematisch vermaß, hat sich Schadow wiederholt auch theoretisch zu den Themen der Proportion und Physiognomie geäußert (Schadow 1807). Mit dem *Polyclet* (1834) und den *National-Physionomieen* (1835) veröffentlichte er nach mehr als dreißig Jahren Sammeltätigkeit schließlich zwei Werke, die sich in erster Linie an Kunststudenten wandten. Schadow war beileibe nicht der Erste, der sich an die künstlerische Vermessung des Menschen zum Zweck eines Lehrwerks machte; neu aber war, dass seine Studien, obwohl bemüht, im Individuellen zugleich etwas Normatives auszumachen, nicht auf einen Idealtypus der menschlichen Gestalt zielten, sondern darauf angelegt waren, die »unendliche Verschiedenheit der Natur« zu dokumentieren (Schadow 1834, S. 25).

In diesen Kontext gehören die in den Jahren 1807 und 1821 angefertigten Gipsbüsten zweier Afrikaner, die einen Sudanesen aus dem Darfur namens Selim sowie einen namentlich nicht weiter bekannten »Caffern« aus Madagaskar bzw. Südafrika zeigen und die beide wohl vor allem didaktisch-dokumentarischen Zwecken dienen sollten. Die Geschichten, die sich mit den beiden Individuen verbinden, lassen sich aus heutiger Sicht nicht anders als problematisch, ja – im Falle des »Caffernprinzen« – grausig bezeichnen: Über Selim, den der 1807 in Schadows Haus einquartierte französische Artilleriegeneral Charles-Étienne-François Ruty (1774–1828) aus Kairo mitgebracht hatte, heißt es in den *National-Physionomieen*, dass er »so kindisch, wie bei uns ein Knabe von 10 Jahren« war und seine Leidenschaft für das Tanzen selbst »durch harte Strafe« nicht gebändigt werden konnte (Schadow 1835, S. 14, zu Taf. IV). Zum Kopf des »Caffern« wiederum schreibt Schadow, dass dieser »einem starken Manne angehört« habe, der »der Anführer von sieben Männern« war, »die sich auf einem Nachen flüchteten und vom gewaltigen Sturme, als Todte, an die Künste geworfen wurden, denen man sodann die Köpfe abschnitt.« (ebd., S. 13, zu Taf. III) In »Spiritus« gelegt, gelangte der Kopf nach Berlin, wo man, nachdem Schadow ihn abgeformt hatte, ein Schädelpräparat herstellte, dessen Maße und Gesichtswinkel in den *National-Physionomieen* wie auch auf der Weimarer Lithografie akribisch angegeben sind.

In den beiden auf die korrekte Wiedergabe physiognomischer Besonderheiten gerichteten Büsten Schadows ist von diesen rassistisch geprägten Vorgeschichten nichts

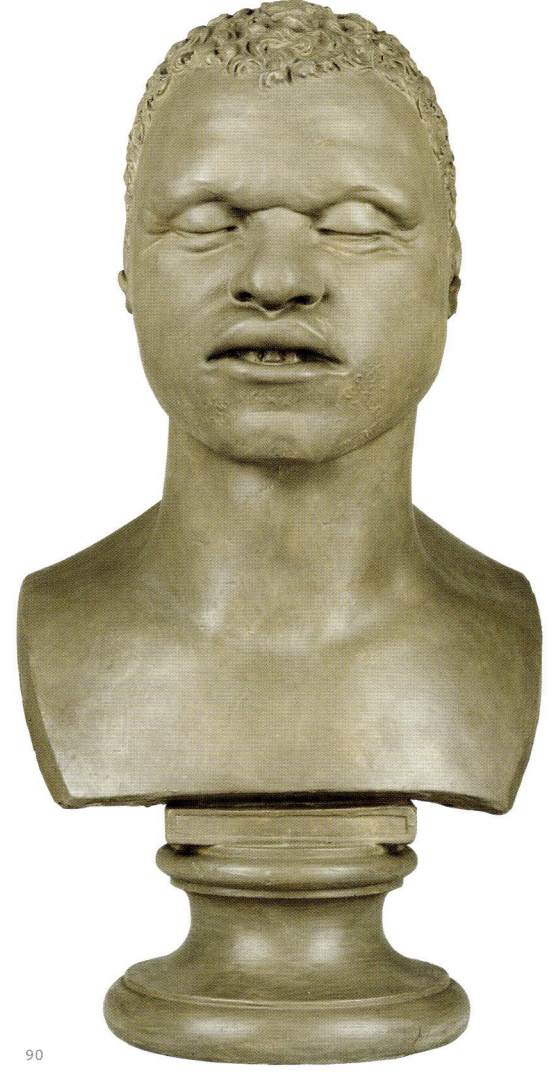

90

zu sehen. Allenfalls die geschlossenen Augen und das aufgedunsene Gesicht des »Caffern« lassen erahnen, dass es sich um den Kopf eines Toten handelt. Andererseits bedient Schadows Realismus auch kein folkloristisches Interesse am Exotischen, wie es damals zahlreiche Darstellungen außereuropäischer Menschen bestimmte, sondern bleibt ganz dem Sachlich-Empirischen verhaftet. Vielleicht nicht zu Unrecht lässt sich im Fall des *Selim* sogar von einer Nobilitierung des Dargestellten sowohl durch die mit der Antike assoziierte Form der Büste als auch durch ihre klassizistische Ausführung sprechen: Voller Konzentration ruht er in sich selbst und strahlt dabei eine Würde aus, die der Wirkung der von Schadow 1821 für den Grafen von Schönborn entworfenen bronzenen Winckelmann-Büste (Eckardt 1990, S. 234–236) durchaus vergleichbar ist. MD

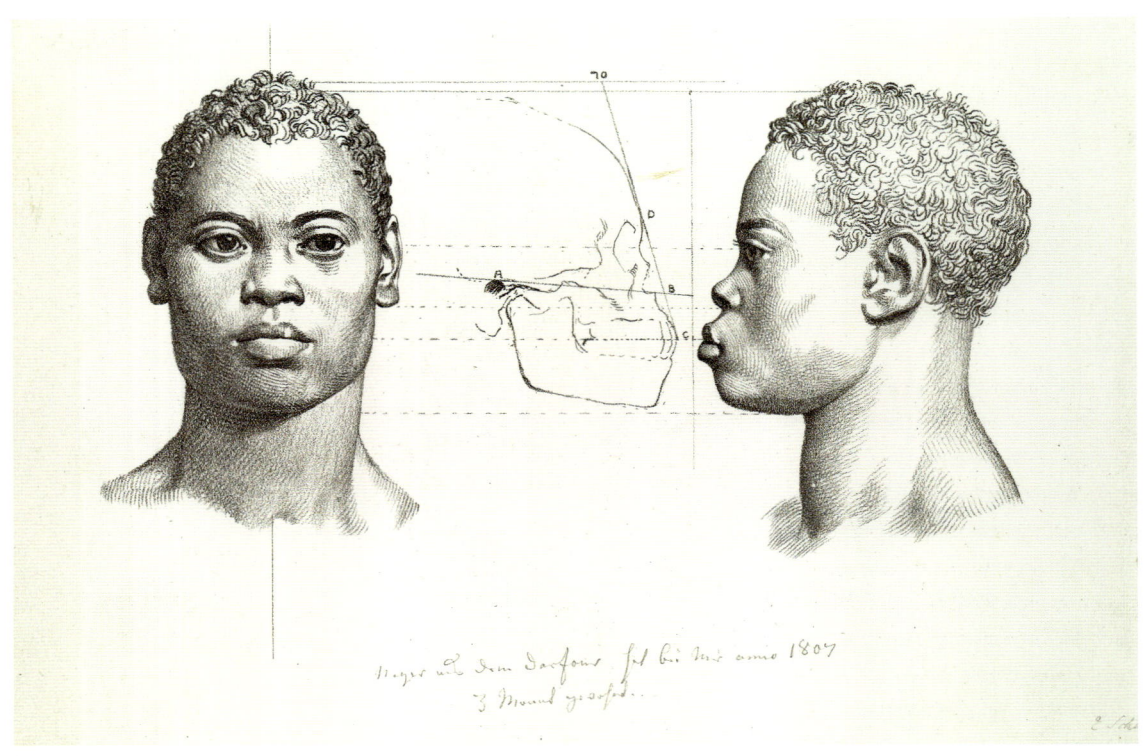

91

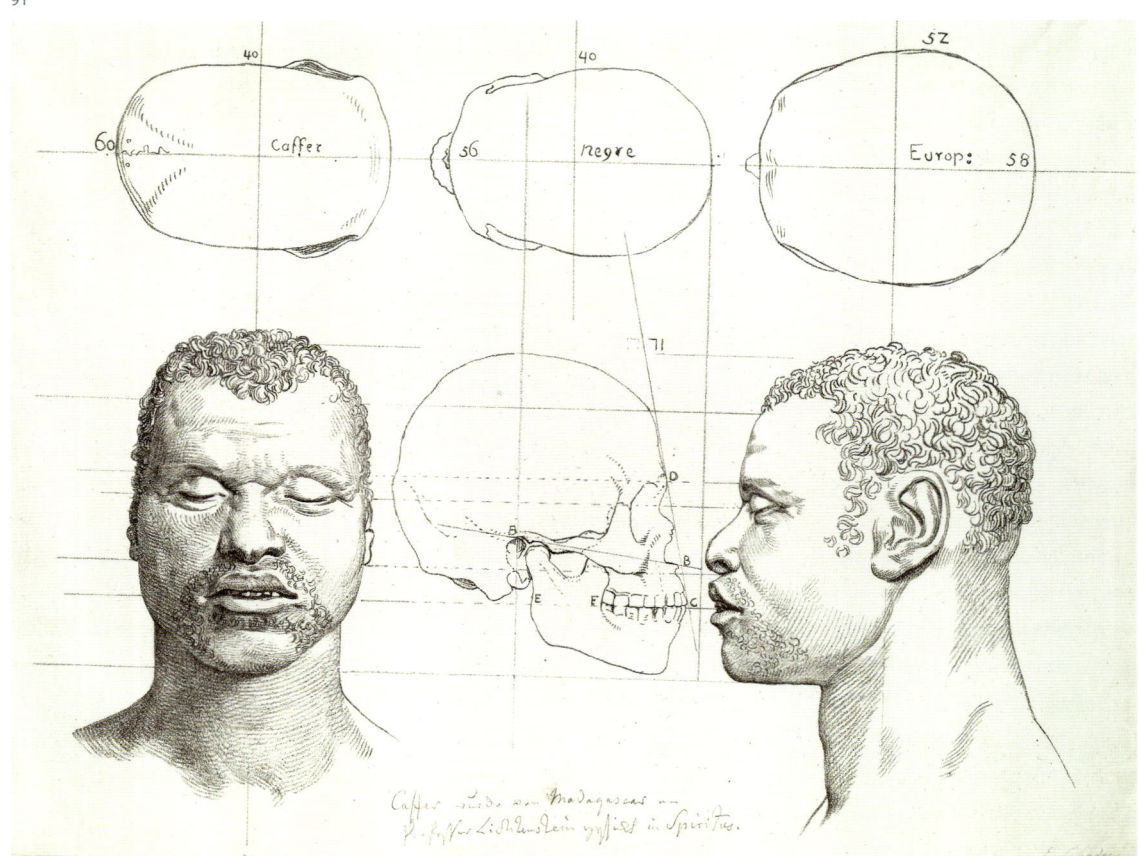

92

274 Anthropologie

Kat. 93

Johann Jacobé (1734–1797)
nach Joshua Reynolds (1723–1792)
Omai

1777, Mezzotinto, 640 × 450 mm

Georg-August-Universität Göttingen, Institut
für Ethnologie und Ethnologische Sammlungen,
Inv. BiKat 16

Literatur
Ausst.-Kat. Ferrara/London 2005; Salmond 2010

1774 wurde im Zuge von James Cooks zweiter Südseeexpedition ein etwa zwanzig Jahre alter Polynesier von Huahine nach London gebracht. Omai, so sein englischer Name, wurde nach seiner Ankunft unter die Obhut des Naturforschers Joseph Banks gestellt und schon bald zu einer kuriosen Berühmtheit in der Londoner Society. Aufgrund dieses Status ist es keinesfalls verwunderlich, dass ihn 1775/76 kein Geringerer als Joshua Reynolds porträtierte, der sich zu dieser Zeit bereits einen Namen als Porträtmaler von Aristokraten, Schauspielern und Gelehrten gemacht hatte. 1776, im selben Jahr, in dem Reynolds Gemälde erstmals in der Londoner Royal Academy ausgestellt wurde, brachte man Omai zurück in die Südsee, wo er drei Jahre später starb. Das von Jacobé gestochene Gemälde Reynolds' zeigt Omai in einem weißen Gewand, das für die Bekleidung der Tahitianer zwar typisch ist, zugleich aber deutlich an eine klassische Toga erinnert. Eine Antikisierung Omais ist auch in seiner Pose zu erkennen, die von der Marmorskulptur des *Apoll vom Belvedere* inspiriert zu sein scheint, den Reynolds auf seiner Italienreise (1749–1752) nachweislich gezeichnet hatte.

Dass Reynolds Darstellung eines Südseeinsulaners im Lichte von Winckelmanns Antikeideal nichts Singuläres ist, sondern vielmehr Teil eines zeitgenössischen Paradigmas, lässt ein Stich nach *The Landing at Middleburg, one of the Friendly Isles* (1777) von William Hodges (1744–1797) erkennen (Kat. 187). Hodges, der wohl am weitesten gereiste Maler seiner Generation, wurde 1772 als offizieller Zeichner für Cooks zweite Expedition in die Südsee verpflichtet. Der Stich zeigt Cooks Ankunft am Ufer der Insel Eua, an dem die Insulaner versammelt sind, um den Ankommenden Früchte anzubieten. Diese nobilitierend-antikisierende Darstellung der Insulaner, erstmals 1777 als Illustration zu Cooks *A Voyage towards the South Pole* erschienen, belegt, dass der Blick in die ferne Südsee nicht zuletzt als ein Blick in das goldene Zeitalter der eigenen Vergangenheit verstanden wurde. So hat auch Georg Forster in seiner *Reise um die Welt* (1777; dt. 1778–1780) bemerkt, dass die »Drapperie [...] im Geschmack der Antike gezeichnet« (Forster 1784, Bd. 1, S. 63) sei, und damit diese Art der Darstellung zugleich in ein kritisches Licht gerückt. RL

Kat. 94

Federherm (Mahiole)

18. Jh. (?), Hawaii, Federn und Flechtwerk,
61 × 15,5 cm

Georg-August-Universität Göttingen, Institut für
Ethnologie und Ethnologische Sammlung,
Cook/Forster-Sammlung, Inv. Oz 2457

Kat. 95

Kopf des Ares, Typus »Borghese«

Wohl späthadrianisch-antoninische Replik nach
einem griechischen Original aus dem letzten
Viertel des 5. Jh. v. Chr, Marmor

Antikensammlungen und Glyptothek, München,
Inv. Gl. 212

Gipsabguss mit modernen Ergänzungen (Büste,
Nasenspitze, Sphinx und Helmbusch), H. 71 cm:
Georg-August-Universität Göttingen, Archäo-
logisches Institut, Inv. A 317

Literatur
Ausst.-Kat. Honolulu/Canberra 2006, Bd. 1, S. 330f.,
Bd. 2, S. 97; Best.-Kat. Berlin 1988, S. 537f.; Best.-Kat.
München 1979, S. 178–187; Buck 1957; Forster 1958–
2003, Bd. 2, S. 219f., 362, Bd. 3, S. 84; Garber 1997,
S. 44–46; Goldmann 1994, S. 331–337; Hartswick
1990; Hauser-Schäublin/Krüger 1998, S. 326, Nr. 253;
Kaeppler 1998, S. 238–242; Kügelgen 2009;
MacGregor 2011, S. 648–654; Tischbein/Heyne 1801

Zwischen 1768 und 1779/80 unternahm der englische Kapitän James Cook (1728–1779) drei Expeditionsreisen in den Pazifischen Ozean, die ihn unter anderem nach Tahiti und zu den sogenannten Sandwich Islands (Hawaii) führten. Cook und seine Begleiter, darunter der Naturforscher Johann Reinhold Forster (1729–1798) und dessen Sohn Georg (1754–1794), sammelten auf diesen Reisen systematisch materielle Zeugnisse der besuchten Südseekulturen und brachten sie nach Großbritannien. 1782 gelang es dem Göttinger Naturhistoriker und Anthropologen Johann Friedrich Blumenbach (1752–1840), den englischen König Georg III. davon zu überzeugen, eine Auswahl der Gegenstände für das 1773 gegründete Akademische Museum zu erwerben. Unter den mehr als 350 Einzelobjekten, die nach Göttingen gelangten, befand sich auch ein hawaiianischer Federhelm. In einem eigens angefertigten Katalog hat der mit dem Erwerb der ethnografischen Sammlungsstücke beauftragte englische Kunst- und Naturalienhändler George Humphrey (1739–1826) diesen Helm wie folgt beschrieben: »A Helmet greatly similar to those of the Ancients, formed of basket work, with a high ridge, placed lengthways; the whole overlaid with the beautiful crimson and yellow Feather of the species described N.° 345 and N.° 346 [...] It has a truly majestic and military appearance, and is worn by the Chiefs of Owhyhee one of the Sandwich Isles« (Ausst.-Kat. Honolulu/Canberra 2006, Bd. 2, S. 115).

Noch heute beeindruckt der äußerst fragile Helm durch seine prachtvolle Farbigkeit, die sich Tausenden von Federn exotischer Vögel verdankt (Buck 1957, S. 217f.): Während der Helmkorpus wie auch die Seiten des schwarz abgesetzten Scheitelkamms leuchtend rot gehalten sind, ist der von der Stirn bis in den Nacken verlaufende Kamm mit gelben Federn verziert. Nicht nur wegen ihres wertvollen Materials, sondern auch wegen der aufwendigen Herstellung, bei der die einzelnen, als heilig geltenden Federn auf einem Fasergeflecht befestigt wurden, waren solche Helme dermaßen kostbar, dass in der Tat nur Häuptlinge als Besitzer in Frage kommen (Kaeppler 1998, S. 239–242; Mac Gregor 2011, S. 650–652).

Was aber brachte Humphrey dazu, den mit Federn exotischer Vögel verzierten Helm mit denjenigen der »Ancients«, also der Griechen und Römer, zu vergleichen? Die Analogie mag zunächst überraschen. Woran Humphrey sich beim Anblick des Mahiole erinnert gefühlt haben könnte, zeigt ein antikes Werk wie die Büste des Ares vom Typus »Borghese« (Hartswick 1990). Der in mehreren Repliken überlieferte Kopf, bei dessen imposantem Helmbusch es sich allerdings um eine Zutat moderner Restauratoren handelt, die erst im 20. Jahrhundert wieder entfernt wurde, gehörte im 18. Jahrhundert zu den bekannteren Antiken des klassizistischen Kanons, dem darüber hinaus ein besonderer Wiederkennungswert zukam (vgl. *GK1*, S. 198): Mit Helmbusch, jedoch unter dem Namen des Achill, ist er deutlich unter anderen Profilen auf dem Blatt *Die Köpfe der sieben Haupthelden* von Johann Heinrich Wilhelm Tischbein zu sehen, das die unterschiedlichen Heldenideale Homers verdeutlichen soll (Kat. 188; Tischbein/Heyne 1801, S. 39f.). In der Südsee, aber auch in Nord- und Südamerika trafen Europäer wie Cook, Forster oder Alexander von Humboldt verschiedentlich auf Menschen oder Artefakte, die sie an den eigenen griechisch-römischen Ursprung erinnerten und die Einwohner der Neuen Welt nicht wie fremde Barbaren, sondern wie vertraute, dem Altertum entstiegene »Ancients« erscheinen ließen (Forster 1958–2003; Goldmann 1994; Kügelgen 2009). Den Vergleich der neu entdeckten Naturvölker mit den Griechen hatte dabei bereits Winckelmann gezogen, als er den modernen »Indianer« mit dem homerischen Achill verglich (*Gedancken1*, *KS*, S. 31; vgl. Kat. 96).

Dass diese scheinbar so vertraute Neue Welt indes tatsächlich fremd war, zeigt der gewaltsame Tod Cooks, der, nachdem er einen Häuptling als Geisel zu nehmen versucht hatte, von einem Hawaiianer niedergestochen wurde. Wie das Gemälde *The Death of Captain James Cook* (1795/98, National Maritime Museum, London) von Johan Zoffany (1733–1810) belegt, war man jedoch bestrebt, selbst diesem auf einer gegenseitigen Fehleinschätzung beruhenden Ereignis durch den Vergleich mit der Antike einen Sinn zu geben: Unverkennbar hat Zoffany den am Boden liegenden Cook in der Pose des *Sterbenden Galliers* (Musei Capitolini, Rom) dargestellt, derweil sein Mörder die Attitüde

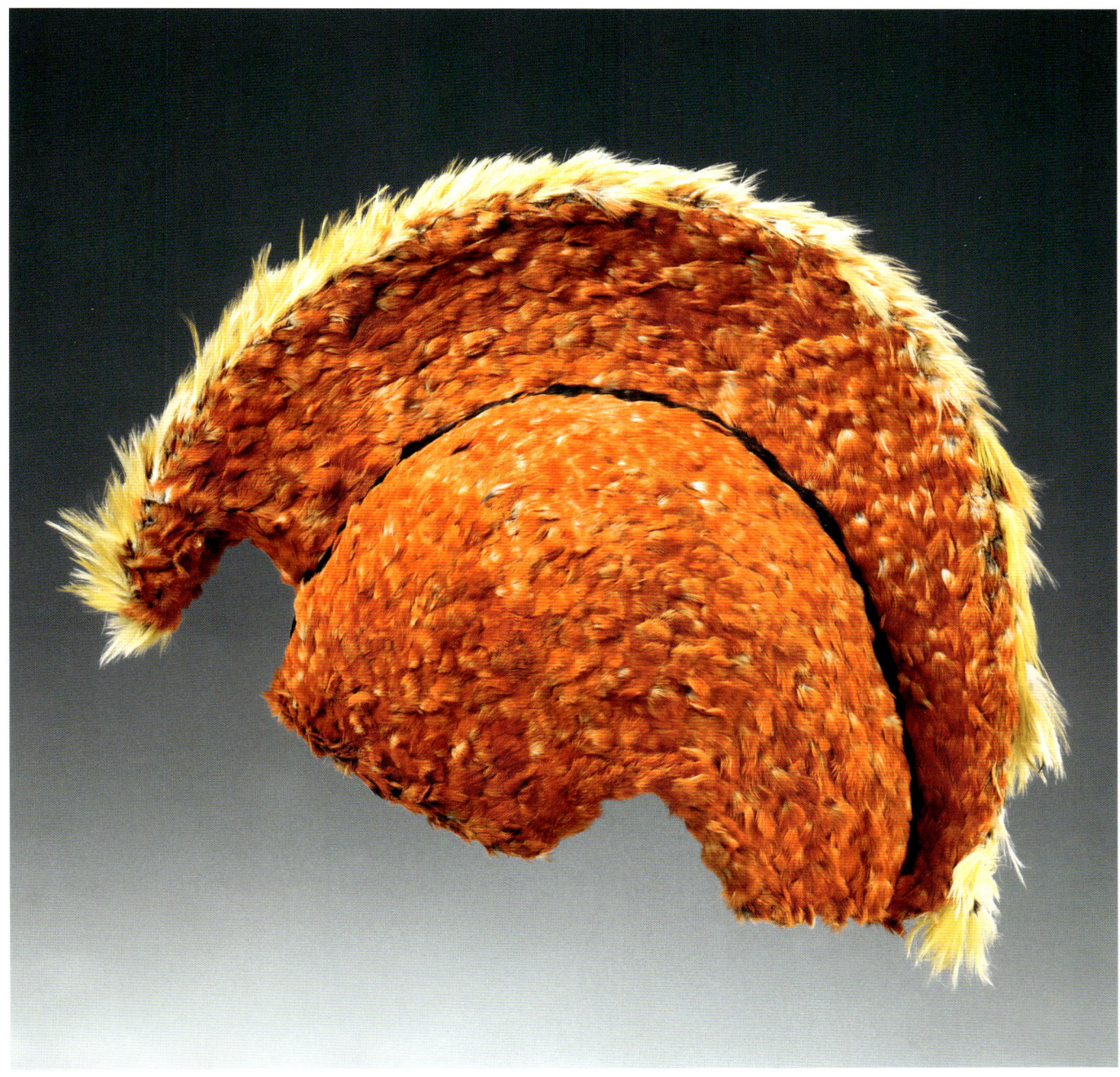
94

des *Townley Diskobolos* (British Museum, London) einnimmt und auf dem Kopf – wie könnte es anders sein – einen mit Federn besetzten »Helmet greatly similar to those of the Ancients« trägt. MD

» SEHET DEN SCHNELLEN INDIANER AN, DER EINEM HIRSCH ZU FUSSE NACHSETZET: WIE FLÜCHTIG WERDEN SEINE SÄFTE, WIE BIEGSAM UND SCHNELL WERDEN SEINE NERVEN UND MUSKELN, UND WIE LEICHT WIRD DER GANTZE BAU DES CÖRPERS GEMACHT. SO BILDET UNS HOMER SEINE HELDEN, UND SEINEN ACHILLES BEZEICHNET ER VORZÜGLICH DURCH DIE GESCHWINDIGKEIT SEINER FÜSSE. «

(J. J. WINCKELMANN, GEDANCKEN ÜBER DIE NACHAHMUNG, 1755)

Kat. 96

Ferdinand Pettrich (1798–1872)

Büste von Wee-Sheet, Angehöriger des Stammes der Sauks-Fox

Entwurf zwischen 1837 und 1843, Ausführung zwischen 1846 und 1856, rotbraun überfasster Gips, H. 87 cm

Musei Vaticani, Rom, Museo Etnologico, Inv. 101576

(nicht in der Ausstellung)

Literatur
Ausst.-Kat. Dresden 2013/14, S. 18–20, 33, 60–64, 128f.; Bol 2002–2010, Bd. 2, S. 42f.; Kaufmann 2015; Leucht 2015, S. 380–384

Wee-Sheet (um 1797–?) vom Stamm der Sauks-Fox reiste 1836 mit anderen indianischen Gesandten nach Washington, wo nach deren militärischer Niederlage auf der Grundlage nach wie vor umstrittener Landverträge weitere Kontrakte mit der amerikanischen Regierung ausgehandelt werden sollten. In einer leicht überlebensgroßen, rotbraun überfassten Porträtbüste zeigt Ferdinand Pettrich den Krieger und Diplomaten in mittleren Jahren mit individuellen Zügen, die, verstärkt durch den Hautton, Lebensnähe evozieren. Physis und Gestik des Porträtierten, die breite Brust mit dem kräftigen Hals und die dynamische Kopfwendung ins Profil bei leicht gesenktem Blick weisen ihn als ebenso wehrhaft wie besonnen aus. Sein Rang wird mit Attributen unterstrichen, die sich in ihrer Materialität von der glatten Hautfläche abheben. Die untere Hälfte der Büste ist von einer mit Fell unterlegten Kette aus dolchförmigen Bärenkrallen bestimmt, die eindrücklich auf Jagdpraktiken verweist. Die Ohren sind mit textilen Gehängen geschmückt und im straff zusammengebundenen Eigenhaar ist der stammesübliche *roach* befestigt, ein aus Tierborsten gefertigter Kopfschmuck.

Als Pettrich 1837 in Washington in Kontakt mit den indianischen Diplomaten kam, die ihn fortan in seinen plastischen Arbeiten beschäftigten, konnte er auf eine solide klassizistische Bildhauerausbildung in Europa zurückgreifen. Bis dahin hatte sich der fast Vierzigjährige im Sinne der kanonisch gewordenen Kunsttheorie Winckelmanns mit antiken Originalen bzw. deren Abgüssen auseinandergesetzt. An der Dresdner Kunstakademie studierte er Bildhauerei zunächst bei seinem Vater Franz Pettrich (1770–1844), der ihn dann nach Rom in das Atelier Bertel Thorvaldsens (1770–1844) vermittelte. Nachdem er mehr als zehn Jahre Erfahrungen mit monumentaler Bauplastik für die Walhalla sammeln konnte, wechselte Pettrich an den Regierungssitz der Vereinigten Staaten, um Aufträge zur Ausstattung des Kapitols einzuwerben. Seine künstlerische Herausforderung suchte er jedoch, Thorvaldsens Rat folgend, in der Darstellung von *native americans* und erarbeitete sich eine Sammlung von fast dreißig Porträts, die er später als Hofkünstler in Rio de Janeiro ausführen und an den Vatikan vermitteln konnte. Pettrich verbrachte seine letzten Arbeitsjahre in Rom, wo er unter anderem eine konventionelle Büste Winckelmanns in weißem Marmor nach populären Porträtreproduktionen fertigte (1866, Staatliche Kunstsammlungen Dresden). Für eine Marmorausführung seines »Indianischen Museums« konnte er trotz verschiedener Initiativen keinen Auftraggeber gewinnen.

Pettrichs innovative Applikation der klassizistischen Porträtplastik auf ein bislang zweidimensional behandeltes ethnografisches Sujet war diskursiv nicht zuletzt von Winckelmann vorbereitet: »Sehet den schnellen Indianer an«, schrieb dieser in den *Gedancken über die Nachahmung*, »[s]o bildet Homer seine Helden« (*Gedancken1, KS*, S. 31), und partizipierte damit an einem zuerst in der Ethnografie und in der Folge auch in der Altertumswissenschaft erkundeten und vielfach variierten Verfahren wechselseitiger Erhellung von unwiederbringlich vergangener Antike und gegenwärtiger Neuer Welt. Pettrich modellierte dieses Verfahren in medienbewusster Weise, indem er seinem Porträt von Wee-Sheet den *Ares Borghese* unterlegte, von dem er die charakteristische Kopfwendung bei leicht gesenktem Blick übernahm. Zudem war diese Antike um 1800 in einer Büstenvariante mit ergänztem Helmbusch populär (belegt etwa in Goethes und Thorvaldsens Sammlungen), welcher der Form des indianischen *roach* ähnelt (Kat. 95). Durch die klassizistischen Würdeformeln und den zitierten Kriegsgott wird der Porträtierte vom Objekt ethnografischer Neugier zum Subjekt der Geschichte nobilitiert, was freilich seiner Entmachtung und Enteignung in Washington nicht entsprach. Das Bildnis zeigt somit zugleich den zeitgeschichtlichen Moment der Enthistorisierung des edlen Wilden der Neuen Welt, den Pettrich konsequenterweise auch in Marmor zu meißeln plante. CH

Kat. 97

Paul Schultze-Naumburg (1869–1949)
Die Kultur des weiblichen Körpers als Grundlage der Frauenkleidung

Buchschmuck von J. V. Cissarz, Leipzig: Diederichs, 1901

Klassik Stiftung Weimar, Herzogin Anna Amalia Bibliothek, Sign. 655 – A

Kat. 98

Lebender Marmor

Postkarten, Rotophot AG, um 1900,
4 Stück: je 135 × 85 mm

Archiv Robert Lebeck, Berlin

Kat. 99

Jørgen Peter Müller (1866–1938)
Mein System. 15 Minuten täglicher Arbeit für die Gesundheit

Leipzig/Zürich, neue, erweiterte Ausgabe: Müller, o. J. (um 1925)

Niedersächsisches Institut für Sportgeschichte Hannover e. V., Sign. LF. 703

Kat. 100

Privates Fotoalbum FKK mit 51 Fotos

1920er-Jahre, 17 × 23 cm

Niedersächsisches Institut für Sportgeschichte Hannover e. V., Inv. OA Bestand 9, K 208s

Literatur

Gleichen-Rußwurm 1905; Hamann 1912/13; Heidrich 1917; Höfer-Abeking 1929; Krause 1984; Möhring 2004; Sünderhauf 2004

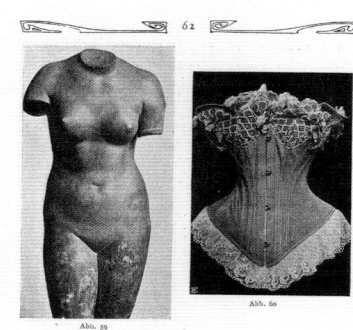

97

In den *Gedancken über die Nachahmung der Griechischen Wercke* (1755) imaginierte Winckelmann die griechische Antike als ideale Natur, wobei nicht zuletzt die locker fließende Kleidung die Schönheit des nackten Körpers gefördert habe. Winckelmann zufolge war der »gantze Anzug der Griechen so beschaffen, daß er der bildenden Natur nicht den geringsten Zwang anthat. [...] Der Wachsthum der schönen Form litte nichts durch die verschiedenen Arten und Theile unserer heutigen pressenden und klemmenden Kleidung.« (*Gedancken1*, *KS*, S. 32) Vor allem die Frauen seien »von keinem ängstlichen Zwang in ihrem Putz« beherrscht und die Spartanerinnen im Besonderen »so leicht und kurtz bekleidet« gewesen, »daß man sie daher Hüftzeigerinnen nannte« (ebd.). Die jungen Männer wiederum hätten durch »Leibes-Uebungen« dafür gesorgt, dass ihre Körper einen »grossen und männlichen Contour« erhielten und die »jungen Spartaner« mussten sich gar »alle zehen Tage vor den Ephoren nackend zeigen, die denenjenigen, welche anfingen fett zu werden, eine strenge Diät auflegten« (ebd., S. 31). Winckelmann argumentiert hier sicherlich auch vor der Folie seiner eigenen Zeit, in der Korsetts, Reifröcke, hohe Kragen etc. zum Habitus eines Hoflebens gehörten, das er gern mit politisch-gesellschaftlichem Zwang gleichsetzte. Er selbst hingegen hat, so die auf einer oft kolportierten Stelle aus einem Brief an Johann Michael Francke beruhende Stilisierung, die antikische Nacktheit unmittelbar gelebt: Bei einer Vesuvbesteigung habe er »an dem feurigen Flusse Tauben« gebraten und »wie die Cyclopen, nackend seine Abendmahlzeit« gehalten (*Br. 3*, S. 328).

Das Korsett, das trotz diverser Reformansätze weiterhin Bestandteil der Kleidung blieb, avancierte um 1900 zu einem Symbol für die Deformation des Körpers und die Entfernung von der Natur. Ganz im Sinne Winckelmanns stellte der völkisch-reformerische Autor Paul Schultze-Naumburg in seinem Werk *Die Kultur des weiblichen Körpers* dieses moderne Kleidungsstück dem natürlichen Kontur einer antiken Skulptur gegenüber. Die von Winckelmann formulierte Klage gegen unnatürlichen Zwang und Einengung begegnet auch im Umkreis der sogenannten Lebensreform, einer heterogenen Bewegung, die sich aus zahlreichen Quellen speiste, darunter die Bibel, exotische und »naturnahe« Kulturen, germanische Mythen, Nietzsche oder aber die Antike. Auf Winckelmanns Idealbild der griechischen Antike, in der Natur- und Kunstschönheit eine untrennbare Einheit bilden, konnte sich die lebensreformerische Bewegung stützen, um ihr Programm zu entwickeln, nach dem Kunst und Leben im Sinne der Antike wieder miteinander verbunden werden sollten. In der Einleitung zu der Anthologie *Klassische Schönheit* (1906) mit Texten von Winckelmann und Lessing konstatierte der Schiller-Urenkel Alexander von Gleichen-Rußwurm (1865–1947) das Ungesunde der zeitgenössischen »Gelehrsamkeit«: »Die Brust wird eng, der Rücken gekrümmt; unsere Zeit kennt leider beinah nur durchgeistigte Männer, deren Körper an nichts weniger als an einen Hermes-Antinous erinnert, und Athleten mit dem Ausdruck vollständiger Geistlosigkeit.« (Gleichen-Rußwurm 1905, S. 266)

Die Kritik am körperfeindlichen Intellektualismus und an der Entfernung von der schönen Natur waren im Verbund mit den Bezügen zu Winckelmann die diskursiven Konstanten, mit denen eine Verbindung zwischen Antike, Klassizismus um 1800 und der eigenen Zeit hergestellt wurde: Für den Dilthey- und Wölfflin-Schüler Richard Hamann (1879–1961) wäre es, wie er 1912 kritisch bemerkte, nicht verwunderlich gewesen, »wenn plötzlich ein neuer Winckelmann erstände und die Rückkehr zur Antike mit bewegten Worten predigte« (Hamann 1912/13, Sp. 1185). Autorinnen wie Clara Höfer-Abeking schreckten auch nicht davor zurück, in Winckelmann einen »Vorläufer Nietzsches mit seinem hohen Liede vom Übermenschen« zu sehen (Höfer-Abeking 1929, S. 52), obwohl Nietzsche maßgeblich zur Ablösung von Winckelmanns Bild der Antike beigetragen hatte. Das Exlibris *Der Nackte Nietzsche im Hochgebirg* von Alfred Soder veranschaulicht diese Projektion eines antikischen Körperideals auf den Übermensch-Philosophen (Kat. 192). Kennzeichnend für die Lebensreformbewegung ist der Versuch, an das emphatische Freiheitspathos, das dem Griechenideal Winckelmanns zugrunde lag, anzuschließen. Wenn Ernst Heidrich, ein weiterer Wölfflin-Schüler, 1917 in Winckelmann die »tiefe Sehnsucht nach einer Erneuerung aller Zustände von Grund auf« wirken sah (Heidrich 1917, S. 35), so spiegelt sich darin die Sehnsucht nach der Erneuerung der eigenen Zeit.

Von besonderer Bedeutung ist in diesem Zusammenhang die Nobilitierung einer als antikisch verstandenen Nacktheit. Man orientierte sich an der antiken Plastik, um die

98

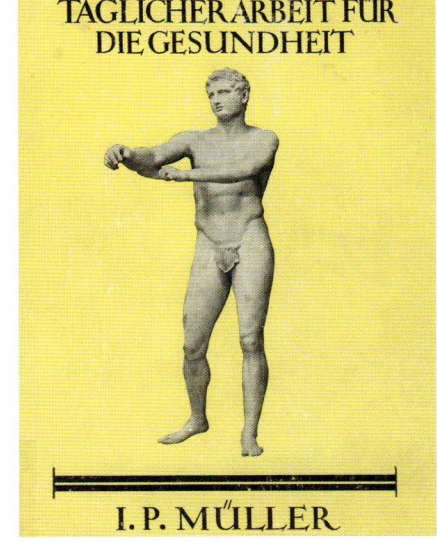

99

Nacktheit in ihr Recht zu setzen: Postkarten »lebender Marmorbilder« waren die Anfänge einer sich emanzipierenden Aktfotografie. Gleichzeitig fand eine Annäherung des Menschen an das Kunstideal in der aufkommenden Bodybuilding-Szene statt: Die von Winckelmann mit Blick auf die Griechen gelobten »Leibes-Uebungen« kamen auf diese Weise auch dem modernen Körper zugute, der in Antikenposen wie der des Myron'schen Diskobol inszeniert wurde und als Postkarte verschickt werden konnte (Kat. 190). Nicht allein eine theoretische Diskussion oder ein ästhetischer Diskurs, sondern die »Zustände von Grund auf« und somit auch das alltägliche Leben selbst sollten sich ändern. Dies verdeutlichen Gymnastiklehrbücher wie *Mein System* von Jørgen Peter Müller, das die breite Bevölkerung zur Ertüchtigung des nunmehr befreiten Körpers animieren sollte: Allein die aus dem Dänischen erfolgte deutsche Übersetzung dieses mit dem Foto einer antiken Skulptur geschmückten Lehrbuchs sollte bis 1925 eine Auflage von 400 000 Exemplaren erreichen. Von der Körperkultur zur Freikörperkultur war es von hier aus nur noch ein kleiner Schritt: Ein privates Fotoalbum aus den 1920er-Jahren gibt Einblick in gemeinschaftlich betriebene Aktivitäten wie etwa das Speerwerfen, das bereits eine Disziplin des antiken Olympia war. Wohl ohne sich dessen bewusst zu sein, entsprachen diese Anhänger einer befreiten Körperlichkeit damit dem Antikebild Winckelmanns, wie dieser es bereits in der Mitte des 18. Jahrhunderts entworfen hatte. CK

100

284 Anthropologie

Kat. 101

Karl Weinländer (1870–1946)
Rassenkunde, Rassenpädagogik und Rassenpolitik

Weißenburg in Bayern: Orion-Verlag, 1933

Bayerische Staatsbibliothek München, Sign. Anthr. 237 b

(in der Ausstellung gezeigt: Taf. 198)

Kat. 102

Walter Scheidt (1895–1976)
Physiognomische Studien an niedersächsischen und oberschwäbischen Landbevölkerungen

Jena: Gustav Fischer, 1931

Staatsbibliothek zu Berlin, Preußischer Kulturbesitz, Sign. 4 Pn145/411-5

(in der Ausstellung gezeigt: S. 54)

Kat. 103

Rassenkunde in der Volksschule. Knaben und Mädchen erlernen die Grundbegriffe der Volkskunde

In: Neues Volk. Blätter des Rassenpolitischen Amtes der N.S.D.A.P. 2 (1934), Nr. 7 (1. Juli 1934), S. 7–10

Staatsbibliothek zu Berlin, Preußischer Kulturbesitz, Sign. Sa 5097/65 – 1/2.1933/34

(in der Ausstellung gezeigt: S. 8/9)

Literatur
Etzemüller 2015; Franke 2006; Günther 1922; Hohmann/Schiefer 1941; Landfester 1996; Mosse 1994; Schorer 1939; Sünderhauf 2004

103

Gleich auf den ersten Seiten seiner *Gedancken über die Nachahmung* (1755) kommt Winckelmann auf den Zusammenhang von Schönheit und Gesundheit im antiken Griechenland zu sprechen. Er legt dar, dass bei den Griechen »[a]ller Uebelstand des Cörpers […] behutsam vermieden« worden sei, und behauptet: »Die Kranckheiten, welche so viel Schönheiten zerstören, und die edelsten Bildungen verderben, waren den Griechen noch unbekannt.« (*Gedancken1*, *KS*, S. 32) Hinzu kommt, dass Winckelmann diese in der Natur verankerte ideale Schönheit als autochthon darstellt: Sie stehe gleichsam am Ursprung der Entwicklung des griechischen Volkes und sei von fremden Einflüssen noch unberührt. Klimatologische Erörterungen klingen bei ihm zwar an, gleichzeitig zeichnet sich jedoch eine Perspektive ab, die anthropologisch-biologische Eigenschaften ins Zentrum stellt (Franke 2006; vgl. Essay Michaud): Demzufolge beruht die Überlegenheit der Griechen vornehmlich auf ihrem »schöne[n] Geblüt«, dessen besondere Qualität sogar durch die Vermischung mit »den Saamen so vieler Völker, die sich unter ihnen niedergelassen haben«, nicht beeinträchtigt worden sei (*Gedancken1*, *KS*, S. 32; *GK1*, S. 21). Es gehört zu den grundlegenden Spannungen von Winckelmanns Konzept, diese Mischung zwar anzuerkennen, sie gleichwohl aber immer wieder zu relativieren und daran festzuhalten, dass die Griechen ihre Kunst aus sich selbst hervorgebracht hätten und so zum »Prototypen« der Menschheit wie auch der Kunst werden konnten. Mischung wird bei Winckelmann immer wieder mit dem Verfall der Kunst verbunden, und da sich die modernen griechischen Menschen durch vielfältige Einflüsse dennoch verändert haben, ist es vornehmlich die antike Kunst, die einen Abglanz dieser Merkmale konserviert

Abb. 198. Beweis für die Ungleichheit der menschlichen Rassen. Von links nach rechts: Arierin, Sauganegerin, Arierin, die Jüdin Rosa Luxemburg mit dem zwergartigen Wuchs der jüdischen Urrasse. Darstellung im gleichen Maßstab nach Kopfhöhen.

101

und dem modernen Betrachter einen Blick in diese ideale Natur ermöglicht (Franke 2006, bes. S. 13). Auf diese Weise kann die Kunst der griechischen Antike nicht nur zum ästhetischen, sondern auch zum anthropologischen Maßstab mit normativer Gültigkeit werden. Auch wenn Winckelmanns Überlegungen schon früh, insbesondere durch Johann Gottfried Herder, Kritik erfuhren (vgl. Essay Décultot/Fulda und Michaud; Kat. 18), waren sie gleichwohl nicht ohne Einfluss auf die sich gegen Ende des 18. Jahrhunderts herausbildenden anthropologischen Disziplinen (Kat. 86–88).

Die sich unter anderem auch auf Winckelmann berufende Vorstellung einer spezifisch deutsch-griechischen geistigen »Wahlverwandtschaft« (Landfester 1996) wurde mit Aufkommen der modernen Rassen- und Vererbungstheorien Ende des 19. Jahrhunderts zunehmend in eine »blutmäßige« Verwandtschaft umgedeutet und erfuhr dabei eine Radikalisierung: »Die Verwandtschaft der deutschen Seele mit Hellas und Rom«, so heißt es etwa in einem Schulbuch von 1941, »beruht auf der Blutsverbundenheit ursprünglich nordrassiger Völker«. (Hohmann/Schiefer 1941, S. 31) Griechen, Römer und Germanen gehen in dieser Perspektive auf einen gemeinsamen Prototyp »nordischer Rasse« zurück (vgl. Karte in Schorer 1939, S. 187). Einer der zahlreichen Versuche, sich diesem »Ursprung« zu nähern, findet sich in den Schriften des unter mehreren Pseudonymen tätigen Publizisten Karl Weinländer, dessen *Rassenkunde, Rassenpädagogik und Rassenpolitik* bereits im Jahr 1933 mit Unterstützung des Nationalsozialistischen Lehrerbundes (NSLB) erschien. Ausgehend von der Behauptung, dass die griechischen Götterstatuen einen »stets rein germanischen Typus« zeigten, versucht er mit der fadenscheinigen Begründung einer vermeintlich unmittelbaren Evidenz, die Überlegenheit der nordischen »Arier« zu belegen: »Unwillkürlich gefällt jedem Beschauer ein Gemälde oder eine Statue in um so höherem Maße, je mehr diese Züge der arischen Rasse aufweisen.« (Kat. 101, S. 114) So war es für ihn auch keine unzulässige Vermischung der Kategorien, wenn er in seinen vergleichenden Tafeln Fotografien von griechischen oder klassizistischen Statuen mit Fotografien »minderwertiger Rassen« kombinierte, um die Überlegenheit des »nordischen« Menschen zu postulieren: »Würde eine Götterstatue als schön gelten, wenn eine häßliche Negerin oder Mongolin [...] dem Künstler als Vorbild gedient hätte? Gewiß nicht!« Der Zirkelschluss ist überdeutlich: Das Schönheitsempfinden, das man hier hineinprojiziert, wird auch wieder herausgelesen; es gilt nicht als kulturelle Prägung, sondern als Ausdruck einer objektiven Wahrheit. Die Nivellierung zwischen Ideal und Realität, die kennzeichnend für diesen Ästhetik und Anthropologie verknüpfenden Diskurs ist, zeigt sich auch am Detail des schon von Winckelmann beschworenen »sanfte[n] griechische[n] Profil[s]« (*Gedancken1, KS*, S. 35). Weinländer steht ganz in der Tradition von Camper, Virey und Nott (vgl. Essay Michaud; Kat. 88, S. 193), wenn er dieses Charakteristikum zur Unterscheidung der Rassen heranzieht: Der Gesichtswinkel des »arischen« Menschen betrage »fast 90 Grad, der der niederen Rassen weit weniger. Griechische Götterstatuen haben meist einen Gesichtswinkel von 90 Grad. Eine harmonische Ausbildung der Stirne und Schädelteile ist im allgemeinen das Kennzeichen einer harmonisch-seelischen Veranlagung, die bei der arischen Rasse besonders ausgeprägt erscheint.« (Kat. 101, S. 114)

In der Praxis sollte sich die Evidenz des »griechischen Profils« jedoch als problematisch erweisen, als es darum ging, sie auf eine statistische Formel zu bringen (Etzemüller 2015, S. 127–137). Der Eugeniker und Anthropologe Walter Scheidt bekannte sich 1933 zum Nationalsozialismus und war seit diesem Jahr auch Direktor des neu gegründeten Instituts für Rassen und Kulturbiologie der Universität Hamburg, an dem er, nachdem es 1945 in Anthropologisches Institut umbenannt worden war, bis zu seiner Pensionierung im Jahr 1964 wirkte. Scheidt versuchte, die Beurteilung des Profils zu systematisie-

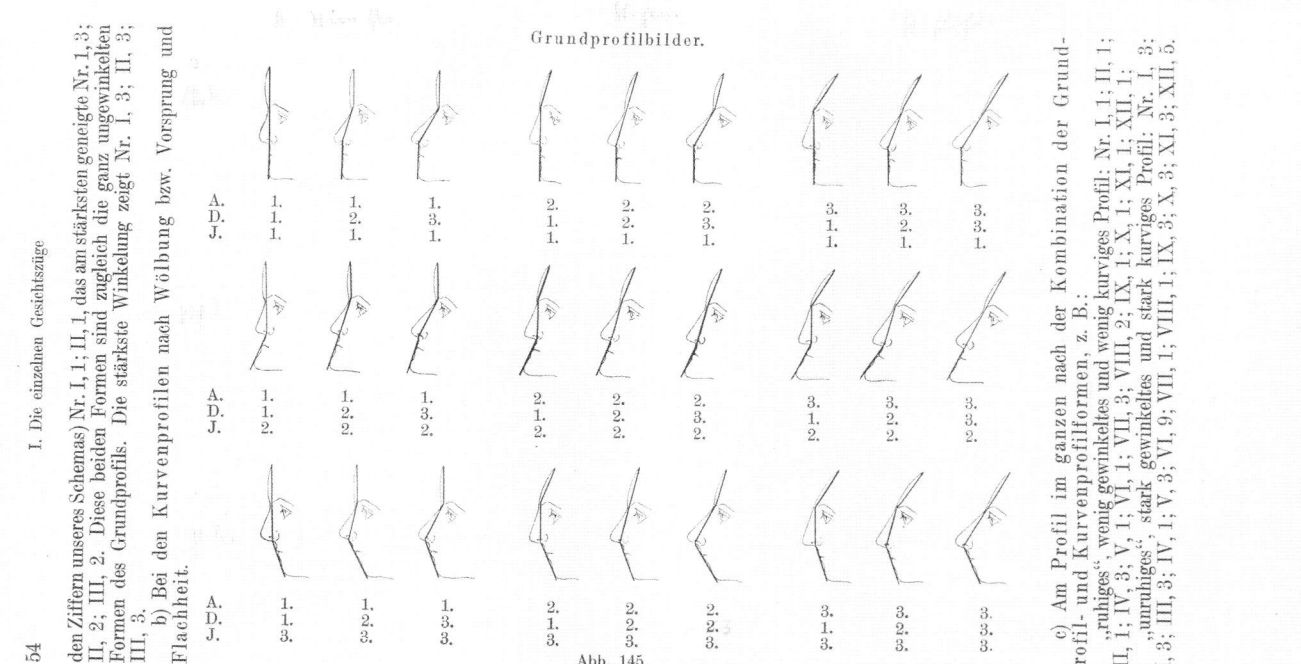

ren, um auf diese Weise zu einem objektiven Maßstab zu gelangen (Kat. 102, S. 54f.). Auffällig ist die ästhetische Wertung, die dabei explizit Einzug in seine Skala hält. Scheidt unterscheidet zwischen »ruhigen« und »unruhigen« Profillinien: »Unruhig« sind Profile, in denen die Linie von der Stirn über Nase und Kinn im Zickzack verläuft; das »ruhigste« hingegen ist das »griechische« Profil – auch hier mit einem Winkel von 100 Grad, das heißt einer senkrechten Linie von der Stirn bis zum Kinn. Bewusst oder unbewusst wird damit auf das Gebot der Ruhe und der Mäßigung rekurriert, das paradigmatisch mit der klassizistischen Tradition verbunden ist.

Die von Weinländer und anderen »Rassentheoretikern« wie Hans F. K. Günther (1891–1968) geforderte Integration der »Rassenkunde« in die Pädagogik wurde von der nationalsozialistischen Politik schrittweise umgesetzt. Der in der Ausstellung gezeigte Artikel »Rassenkunde in der Volkschule« aus der vom rassenpolitischen Amt der NSDAP herausgegebenen Zeitschrift Neues Volk (1934) behandelt das Beispiel einer Schule in Berlin-Wedding – einem Bezirk, der aufgrund des hohen Kinderanteils »ein besonders günstiges Studienfeld für rassenkundliche Dinge« abgebe (Kat. 103, S. 7): »Auf Schritt und Tritt«, heißt es gleich zu Beginn, begegne man »gut gewachsenen blonden Jungen und Mädchen mit blauen Augen und freien, offenen Stirnen. Typen, wie ausgesucht für eine neuzeitliche Rassenfibel.« Die Tatsache, dass sogleich auf die »freien, offenen Stirnen« verwiesen wird, zeigt, dass auch hier die Gesichtsprofillinie zentraler Maßstab für das Urteil über die Rassenzugehörigkeit ist. Im Bemühen, eine vermeintlich visuelle Evidenz zu erzielen, werden die Schüler gleich selbst zum Unterrichtsmaterial: Abgebildet ist eine Tafel, auf der die »Rassen der Erde« mittels Fotos von Männern in Frontal- und Profilansicht gezeigt werden. Ein Schüler steht, genau im Profil, vor dieser Tafel, während der Lehrer mit Hilfe eines Stabs die Profillinie ausmisst und mit der des Schülers vergleicht. Laut Bildunterschrift erklärt der Lehrer »seinen Schülern an der Rassentafel die Hauptmerkmale des nordischen Menschen« (ebd., S. 9). Die, wie sich schon bald zeigen sollte, tödlichen Konsequenzen einer solchen Überblendung von Ästhetik und Anthropologie werden in dem Artikel aus dem Jahr 1934 nur verklausuliert angedeutet: »Das Erbkranke wie das Artfremde muß nach und nach mit den von der Wissenschaft geforderten humanen Mitteln ausgemerzt werden, um dem Besseren Platz zu machen.« (ebd., S. 8) CK

Kat. 104
Nancy Burson (geb. 1948)
First and Second Beauty Composite

First Composite: Bette Davis, Audrey Hepburn, Grace Kelly, Sophia Loren, Marilyn Monroe; Second Composite: Jane Fonda, Jacqueline Bisset, Diane Keaton, Brooke Shields, Meryl Streep, 1982, Silbergelatineabzüge von 2 Schwarzweißfotografien, je 35,6 × 27,9 cm

ARKEN Museum für moderne Kunst, Ishøj, Inv. ARK-1-109

(nicht in der Ausstellung)

Literatur
Burson/Carling/Kramlich 1986; Hirsch 2000, S. 475; Sand 2002

Die nahezu quadratischen Formate konzentrieren sich auf die in strenger Frontalität abgelichteten Frauengesichter, deren Haar und Halsansatz im dunklen Ungefähr des Hintergrundes verschwinden. Obwohl die Untertitel sie als Komposita von jeweils fünf Filmstars ausweisen, fehlt den eigenartig maskenhaften Gesichtern jeglicher Glamour. Indem *first and second beauty* nebeneinander stehen, wird gezeigt, dass es nicht die einzigartige, unübertreffbare Idealschönheit, sondern verschiedene Möglichkeiten von Schönheit gibt. Diese sind durch die Auswahl der Schauspielerinnen historisch profiliert, denn *first beauty* ist ein Kompositum von Filmschönheiten der 1950er-, *second beauty* eines der 1980er-Jahre.

Auf einer weiteren Ebene rekurriert der zweiteilige Titel auf das Bildverfahren, denn die *first beauty* etwa von Marilyn Monroe wird in die *second beauty* des Kompositums transformiert, das interessanterweise weniger an die jeweils fünf zugrunde gelegten Gesichter, sondern eher an *third beauties* wie etwa Katharine Hepburn oder Jeanne Moreau erinnert. Und schließlich verweist die Unterscheidung von *first* und *second beauty* auf die Differenz von Natur und Kunst, genauer von realer und medialer Person, die das In-Erscheinung-Treten der hier summarisch porträtierten Leinwandstars konstituiert.

Nancy Burson steht mit ihren *Composites* für einen markanten Punkt innerhalb der digitalen Wende der Fotografie, da sie als eine der ersten vorführte, dass deren – freilich stets umstrittene – Konzeption als »Pencil of Nature« (William Henry Fox Talbot, 1844) endgültig zu verabschieden ist. Burson und ihre Arbeitspartner vom Massachusetts Institute of Technology trugen in den 1980er-Jahren maßgeblich zur Entwicklung des Morphing bei und übertrafen mit ihrer *aging machine* zwischenzeitlich die technischen Möglichkeiten des FBI, das ihnen Aufträge für Suchbilder vermisster Kinder vermittelte. Das Team bezeichnete die Innovation seiner Bildtechnik präzise als *warpling*, als Verziehen, weil sie nicht auf fotografisch bereits erprobten Verfahren der Montage oder Überblendung von Bildern, sondern auf der Annäherung definierter Bildpunkte basiert.

Bildgeschichtlich stehen die Arbeiten in einer Linie mit den Kompositporträts von Francis Galton, der in den 1880er-Jahren durch die Überblendung von Fotografien in heuristischer Absicht Phänotypen des schönen, vor allem aber des psychisch kranken oder kriminellen Menschen herzustellen versuchte. Bursons Ansatz unterscheidet sich jedoch von dieser Tradition wie auch von der im Gefolge der technischen Möglichkeiten des Morphing einsetzenden psychologischen Attraktivitätsforschung, weil sie dem Durchschnitt nicht als Typus Geltung verschaffte, weder mit Blick auf seinen Erkenntniswert noch als Schönheitsnorm.

In seiner Kunsttheorie führte Winckelmann zwei antike Konzepte der Idealschönheit mit, erstens die *electio*-Lehre, wonach der Künstler »die Natur durch Auswahl aus deren Schönheiten zu überbieten und zu steigern habe«, und zweitens die platonische Idee, wonach schöne »Bildwerke nach Urbildern geschaffen sind, die im Geist des Künstlers wohnen« (vgl. den Kommentar in Pfotenhauer/Bernauer/Miller 1995, S. 357). Technisch scheinen Bursons *first* und *second beauty* beides zu leisten: Sie sind eine Addition von realen Schönheiten und suggerieren ein alle verbindendes Muster. Zugleich aber unterlaufen die *Composites* das Konzept des Idealschönen sowie der Typenbildung generell, da das digital generierte Durchschnittsgesicht der Allerschönsten weniger Begeisterung als Indifferenz erzeugt. Konsequenterweise nutzte Burson das Verfahren in Folge zur Hinterfragung von Typenbildungen nicht nur von Schönheit, sondern auch von Geschlecht, Ethnie und körperlicher Deformation. Insofern lässt das *warpling* nicht nur die Suche nach der Idealschönheit, sondern die Typisierung von Gesichtern generell ins Leere laufen und somit eine Tradition, die mit dem rassistisch-eugenischen Diskurs des 19. Jahrhunderts gewissermaßen die Rückseite des Konzepts der Idealschönheit bildet (Kat. 101–103). CH

Anthropologie 289

Kat. 105
LawickMüller
**perfectlySUPERnatural,
Apollon von Olympia**

Florian, Kostas, Martin, Peter, Micha, Bernardo, Oliver, Jupi, Fabian, Sven, Ivo, Stefan, 12 Cibachromes, je 80 × 59 cm

Besitz der Künstler

a) Bernardo, b) Fabian, c) Stefan, d) Florian, e) Jupi, f) Kostas, g) Martin, h) Micha, i) Peter

(in der Ausstellung: Peter, Jupi, Fabian, Ed. 2/3)

Literatur
Ausst.-Kat. Friedrichshafen 2000

In der Serie *perfectlySUPERnatural* erprobt das Künstlerpaar Friederike van Lawick (geb. 1958) und Hans Müller (geb. 1954) mit der Bildtechnik des Morphing eine aktuelle Konstellation von moderner Antike und antiker Moderne, indem sie medial omnipräsente antike Statuen mit zeitgenössischen Porträts verbinden. Die griechische Plastik des *Apoll von Olympia* aus dem 5. Jahrhundert v. Chr. wird von zehn Schulterstücken junger Männer figuriert, die in Haar- und Schmuckmode unserer Gegenwart zuzuordnen sind. Der doppelzügige Titel der Einzelbilder, der jeweils den Namen der Antike mit dem Namen des Porträtierten verbindet, ist programmatisch durch einen Bindestrich strukturiert, der dem griechischen Referenzwerk einen jeweils anderen Männernamen zuordnet und somit eine semantisch nicht weiter ausgewiesene Verbindung zwischen Antike und Gegenwart, zwischen Gott und Mensch, zwischen Kunst und Natur, zwischen Ideal und Individualität herstellt. Stefan, Martin und die anderen sind zwar durch Augenfarbe, Hautton und Körperbehaarung, Frisuren und Rasuren, Ohrringe und Piercings eindeutig voneinander zu unterscheiden, jedoch dominiert das gemeinsame Muster, konkret: die heroisch-elegische Pose, in der die Dargestellten in Untersicht vor ein jeweils leicht variiertes Himmelblau ins Bild gesetzt sind, sowie der identische Schulterausschnitt und die strenge Symmetrie der Gesichtszüge. Dabei erleichtert das fast exakt der DIN-Norm entsprechende Bildformat dem Betrachter, die Referenzfigur im Postkartenausschnitt zu vergegenwärtigen: Da es sich um eine Bauplastik des Zeus-Tempels von Olympia handelt, also um die zentrale Figur des Westgiebels, hatte sich dieser Blickpunkt von links unten für die fotografischen Abbildungen seit den 1930er-Jahren etabliert (vgl. Kat. 121).

Zunächst einmal zeigt das Künstlerpaar LawickMüller, was aktuell mit digitalem Morphing machbar ist und worauf die Nutzer gängiger Fotobearbeitungsprogramme vermutlich nicht mehr allzu lange warten müssen, da sie längst Augenfarbe und Hautoberfläche optimieren und bereits Porträts in Marmorplastiken verwandeln können. Neben dem Spiel mit der populärkulturellen Faszination durch das bildlich Machbare begeben sich LawickMüller zudem technisch und motivisch in eine künstlerische Tradition, indem sie einerseits an die Porträts der Morphing-Pionierin Nancy Burson aus den 1980er-Jahren (Kat. 104) und andererseits an Leni Riefenstahls Überblendungstechniken im Film *Olympia* von 1938 anknüpfen. Riefenstahl hatte in der Eingangssequenz archäologische Ausgrabungsstätten und griechische Plastiken gezeigt, die mit Körpern von Athleten aus aller Welt zu verschmelzen scheinen. Ähnliche Gegenüberstellungen wurden in lebensreformerischen wie nationalsozialistischen Publikationen zur Normierung eines rassistisch grundierten Körperbildes eingesetzt (Kat. 101, 196). Diesem Diskurs entzieht die Reihe von LawickMüller allein schon deshalb die Grundlage, weil die Apollonisierung nicht nur bei Kostas, Bernardo oder Jupi genauso funktioniert wie bei Stefan und Martin, sondern durch die Serialisierung auch als Verfahren evident wird. Sie führt weniger die Verschönerung von Menschen als vielmehr die Entmenschlichung durch ein Schönheitsideal vor. Emphatisch wurde die Serie deshalb als Kreation neuartiger Götterbilder aufgenommen, kritisch als beunruhigender Hinweis auf zu erwartende gentechnische Machbarkeiten.

Man könnte die Arbeit zugleich auch als aktualisierende Probe aufs Exempel der Nachahmungsmaxime Winckelmanns lesen. »Das Studium der Natur«, schrieb dieser in den *Gedancken über die Nachahmung*, »muß also wenigstens ein längerer und mühsamer Weg zur Kenntniß des vollkommen Schönen seyn, als es das Studium der Antiquen ist.« (*Gedancken1*, *KS*, S. 37) In diesem Sinne befassen sich LawickMüller nicht mit den üblichen Bildverfahren zur Optimierung eines individuellen Porträts, sondern sie richten es direkt am vollkommenen Kunstkörper aus und konfrontieren damit divergente Wahrnehmungsgewohnheiten: So ist zum Beispiel die konsequente Symmetrisierung des Gesichts ein zentrales Gestaltungsmittel antiker Plastik und als solche unseren Augen vertraut; das Foto eines Gesichts mit gespiegelter Gesichtshälfte jedoch wird als unheimlich empfunden. Gerade das Morphing zeigt die unhintergehbare Differenz zwischen realen Körpern und antiken Plastiken, zwischen Fleisch und Stein. CH

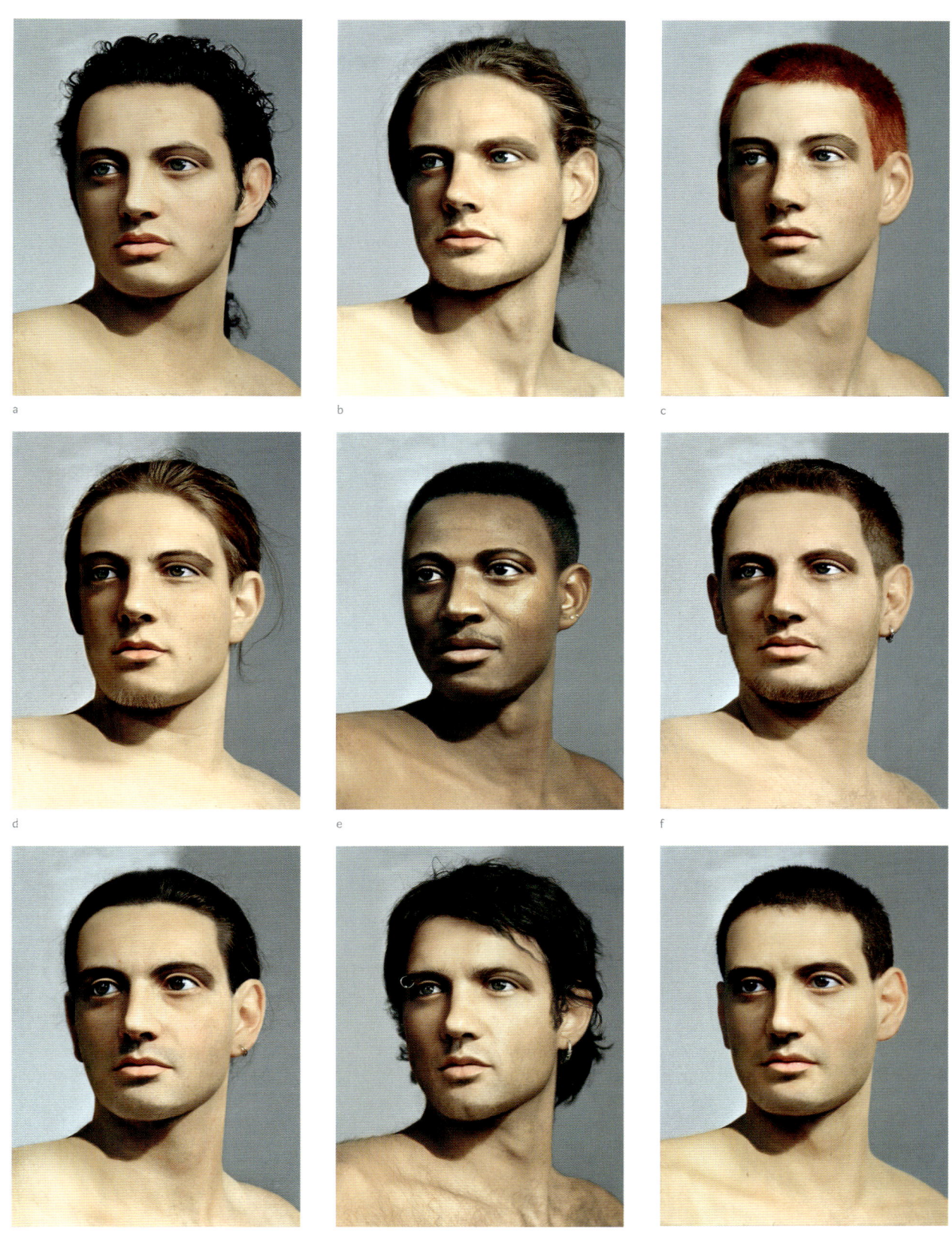

Anthropologie 291

WAS IST SCHÖN?

Mit der »Unbezeichnung« (vgl. oben, S. 254f.) und dem anatomisch-empirischen Blick (vgl. oben, S. 260) stehen sich in Winckelmanns Schriften zwei komplementäre Konzepte von Schönheit gegenüber. Die Vermessung von Statuen und realen Menschen als Versuch, die schönen Formen geometrisch präzise anzugeben, kontrastiert mit der Skepsis gegenüber dem Anspruch, die Schönheit festschreiben zu wollen. Diese beiden nicht widerspruchsfreien Zugriffe gehen einher mit der Diagnose, dass »Schönheit« letzten Endes etwas Unerklärliches bleiben müsse: »Die Schönheit läßt sich auf gewisse Grundbegriffe zurückführen, aber nicht durch eine bestimmte Erklärung erschöpfen« (*MI*, Bd. 1, S. 64; *SN 6,2*, S. 99). Insbesondere das Vermessen der Schönheitsproportionen könne der menschlichen Schönheit nicht gerecht werden: »Der höchste Vorwurf der Kunst für denkende Menschen ist der Mensch, oder nur dessen äußere Oberfläche, und diese ist für den Künstler so schwer auszuforschen wie von den Weisen das innere derselben, und das schwerste ist, was es nicht scheinet, die Schönheit, weil sie [...] nicht unter Zahl und Maaß fällt.« (*Betrachtung*, S. 5) In Winckelmanns Ästhetik der Oberfläche liegt Schönheit jenseits des anatomischen Zirkelmaßes und kann nicht in Zahlen ausgedrückt werden.

In dem emphatischen Verweis auf die ideale Schönheit des Menschen, wie sie in den antiken Statuen verkörpert ist, erscheint sie als etwas Ungreifbares und Inkommensurables.

Gleichwohl sind mit der klassizistischen Ästhetik einer »idealen« Schönheit ganz bestimmte normative Schönheitsvorstellungen verbunden und Winckelmann hat diese maßgeblich mitgeprägt. Wenn die Schönheit sein soll wie das »vollkommenste Wasser«, das »je weniger Geschmack es hat, desto gesunder geachtet wird, weil es von allen fremden Theilen geläutert ist« (*GK1*, S. 150; vgl. oben, S. 254), dann wird hier ein Bild der Reinheit heraufbeschworen, das mit einer durchaus konkreten normativen Vorstellung von körperlicher Schönheit verbunden werden kann: Winckelmann inszeniert vor dem Hintergrund des 18. Jahrhunderts als Epoche solch entstellender Krankheiten wie den Blattern oder der Syphilis die griechische Antike als ein Zeitalter, in dem die Schönheit durch keinerlei Leiden beeinträchtigt war und der »grosse[ ] und männliche[ ] Contour« durch Diätetik und Übung des Körpers erreicht werden konnte (*Gedancken1, KS*, S. 31f.). Diese Vorstellung von Schönheit impliziert eine Verurteilung jeglicher »Abweichungen«, wofür die »gepletschte Nase der Calmucken, der Sinesen, und anderer entlegenen

Völker« ein Beispiel sei (*GK1*, S. 146). Auch der »aufgeworfene schwülstige Mund, welchen die Mohren mit den Affen in ihrem Lande gemein haben, ist ein überflüßiges Gewächs und ein Schwulst«, der die »schöne« Form beeinträchtigte (ebd.). Die Schönheit der »Unbezeichnung«, die sich gegen die Reduktion auf ein Merkmal verwehrt, birgt gleichzeitig die Gefahr einer normativen Ästhetik des Mittelmaßes. In Winckelmanns Bevorzugung der Jugendlichkeit, in der sich Schönheit »vornehmlich« zeige, kristallisiert sich die Abwesenheit des individuell-ausgeprägten Charakteristischen auf besondere Weise. Damit entwickelt er eine Reflexion über Schönheit, die noch unsere Gegenwart prägt: Auch heute ist, trotz vermeintlicher Pluralisierung der Schönheitsvorstellungen, diese Verbindung von Jugendlichkeit und Schönheit gerade in ihrer Tendenz zur Angleichung und Entindividualisierung präsent. Die zunehmende Obsession der Vermessung des Körpers – nicht nur der Proportionen, sondern jedes Schrittes und jedes Herzschlags – bildet die Grundlage für eine kollektive Angleichung an eine nach wie vor implizit vorhandene Norm. Schönheit ist, nach Jahren von *Germany's Next Topmodel*, weiterhin – und nicht so fern von der klassizistischen Norm – mit der Tilgung des vermeintlich »Überflüssigen« und der »Abweichungen« verbunden. Der an Entkörperlichung grenzende Körper- und Schlankheitswahn, in dem Schönheit paradoxerweise zum typisierten Mittelmaß verkommt, nimmt mitunter extreme Züge an. Dass »Schönheit« jedoch nicht unendlich gesteigert werden kann, zeigen Versuche, mittels digitaler Technologien den idealschönen Menschen zu erzeugen: Werden die schönsten Models miteinander kombiniert, so bleibt lediglich eine Leerformel übrig (Kat. 104), die gegenüber einer Darstellung wie Marc Quinns Skulptur des behinderten Peter Hull (Kat. 106) beliebig erscheint. CK

Kat. 106
Marc Quinn (geb. 1964)
Peter Hull

1999, Marmor, H. 84 cm
Studio Marc Quinn, London

Literatur
Ausst.-Kat. Groningen 2006; Ausst.-Kat. Venedig 2013; Trentin 2015

Die Schönheit klassischer Skulptur und das Versehrte gehören aufs engste zusammen: Zahlreiche Kunstwerke der Antike sind allein in fragmentarischer Form auf uns gekommen. Auch wenn sie ihre einstige Gestalt häufig nur noch erahnen lassen, werden sie von den Nachgeborenen als Meisterwerke bewundert. Beispielhaft hierfür kann Winckelmanns Umgang mit dem »gemißhandelt[en] und verstümmelt[en]« *Torso vom Belvedere* gelten, dessen einstige vollkommene Gestalt in der Beschreibung rhetorisch als ein schönes Ganzes aufersteht (*Torso*, SN, 4,5, S. 32). Für Winckelmann sind die antiken Meisterwerke selbst noch im fragmentarischen Zustand Zeugnisse für die »vorzügliche Schönheit« der durch keinerlei »Krankheiten« beeinträchtigten Körper der Griechen (*Gedancken1*, KS, S. 32f.).

Marc Quinns in blendend weißem Marmor ausgeführtes Porträt des ohne Beine und mit Armen, die nur bis zu den Ellenbogen reichen, geborenen Schwimmers Peter Hull (geb. 1965) stellt diesen Zusammenhang von Schönheit, Gesundheit und Vollkommenheit direkt in Frage. Quinn zeigt den mehrfachen Gewinner der Paralympischen Spiele lebensgroß und in heroischer Nacktheit, mit stolz erhobenem Kopf und gelassen-selbstbewusstem Gesichtsausdruck. Anlass für seine Serie von Marmorskulpturen körperlich versehrter Menschen war ein Besuch im Londoner British Museum, wo Quinn eines Tages beobachtete, wie die Besucher die fragmentarischen Marmorstatuen bewunderten. Erschiene jedoch, so seine Überlegung, ein realer Mensch in diesen Museumsräumen, dessen Körper ebenso »fragmentiert« wäre wie jene der Statuen, würde ihre Reaktion in das genaue Gegenteil, in Abstoßung, umschlagen: »It was interesting to me to see what is acceptable in art, but unacceptable in life.« (Ausst.-Kat. Groningen 2006, S. 24)

Quinns Beobachtung zur unterschiedlichen Wahrnehmung des Fragmentarischen in Kunst und Leben erinnert daran, wie stark unsere Schönheitsvorstellungen nach wie vor durch das Konzept des schönen, weil makellos-unversehrten Menschen geprägt sind. Der beschädigte Körper kann in der Kunst bewundert werden, weil er stets im Horizont seiner einstigen Vollkommenheit und Schönheit wahrgenommen wird. Was aber, wenn nicht das Kunstwerk (durch den Einfluss der Zeit), sondern die dargestellte Person selbst (von Geburt an oder durch einen Unfall) »fragmentiert« ist? Anders gefragt: Kann das Bildnis Peter Hulls, auch wenn er ohne Beine und mit verstümmelten Armen geboren wurde, so schön und vollkommen sein wie der *Torso vom Belvedere*?

Quinn führt die Inkonsequenz des nicht zuletzt auch von der Kunst und Ästhetik des Klassizismus fortgeschriebenen Schönheitskonzepts vor, indem er bei der Darstellung von Hulls »unvollkommenem« Körper just auf die Darstellungsmittel und -formen zurückgreift, die in der klassizistischen Bildhauertradition vornehmlich »vollkommenen« Körper- und Geisteshelden vorbehalten waren. Damit entlarvt er einerseits, wie sehr die Schönheit und Vollkommenheit gleichsetzende Tradition einer der Gründe dafür ist, weshalb Körper wie derjenige von Peter Hull für nicht darstellungswürdig gehalten werden. Auf der anderen Seite ermöglicht ihm jedoch gerade die formale Orientierung an den Darstellungskonventionen der klassizistischen Skulptur eine »schöne« und vollkommene Darstellung dieses fragmentierten Körpers. Es wird eine positive Umdeutung, ja Rehabilitierung vollzogen, die dem siegreichen Sportler und Träger des Verdienstordens des British Empire das ihm mit jedem Recht zustehende Denkmal in der Tradition antiker Athletenstatuen setzt – und ihn abhebt von jenen eher genrehaften Darstellungen behinderter Menschen, die aus der Antike bekannt sind (vgl. Trentin 2015). Quinns Kunst ist demgegenüber im besten Wortsinne klassizistisch, insofern sie emphatisch an der Darstellung des nackten menschlichen Körpers und seiner Schönheit festhält, auch wenn dieser nicht den Konventionen entspricht. Schon Winckelmann hatte bemerkt, dass »der höchste Vorwurf der Kunst für denkende Menschen [...] der Mensch« sei (*Betrachtung*, KS, S. 151). Es sind, wohlgemerkt, »denkende Menschen« als Künstler und Adressaten angesprochen – Menschen, die sich affizieren lassen, Fragen stellen und die Kunst als Scharnier zwischen ästhetischen, anthropologischen und politischen Dimensionen begreifen. MD / CK

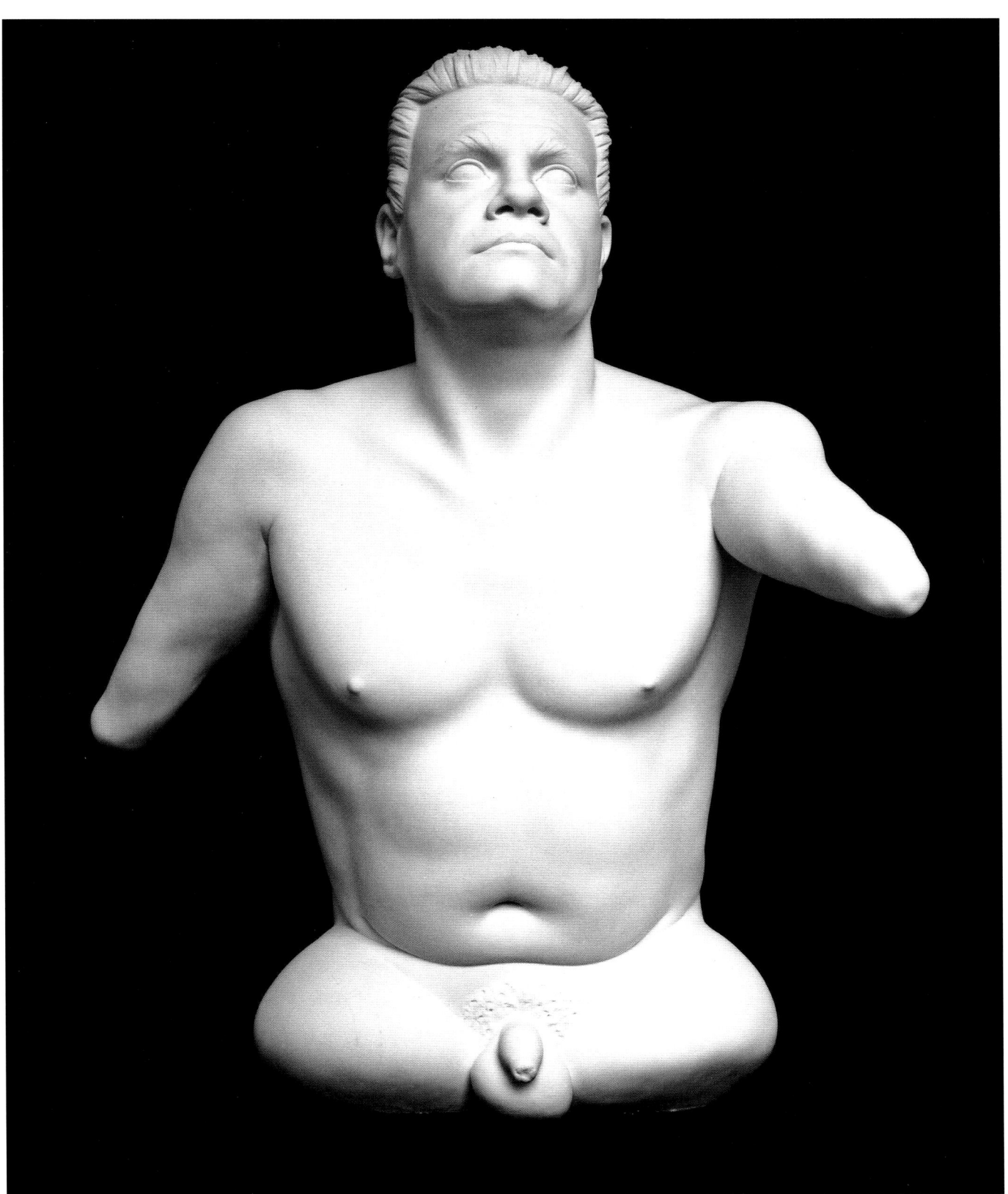

POLITIK:
KUNST, MACHT, GESELLSCHAFT

Seit dem ausgehenden 18. Jahrhundert wurde Winckelmann auch wegen der politischen Dimension seines Werkes in ganz Europa rezipiert. Das betrifft zunächst Frankreich, wo sich vor allem zur Zeit der Revolution zahlreiche Akteure der Kunstpolitik (Kat. 33, 108–112) explizit auf ihn beriefen, um den von ihm behaupteten engen Zusammenhang von Kunst und politischer Freiheit zu betonen. Referenzpunkt hierfür war die *Geschichte der Kunst des Alterthums*, in der unter anderem zu lesen war: »In Athen aber, wo nach Verjagung der Tyrannen ein Democratisches Regiment eingeführet wurde, an welchem das ganze Volk Antheil hatte, erhob sich der Geist eines jeden Bürgers, und die Stadt selbst über alle Griechen. [...] Mit den Wissenschaften ließen sich hier die Künste nieder; hier nahmen sie ihren vornehmsten Sitz, und von hier giengen sie in andere Länder aus.« (*GK1*, S. 26) Diese These Winckelmanns bildete den Hintergrund für die Vorstellung von Paris als dem neuen Athen (vgl. Kat. 107), die mitsamt der daran geknüpften Erwartung einer neuen Kunstblüte auch als Legitimation für den Kunstraub in ganz Europa fungieren sollte. Nicht von ungefähr gehörte Winckelmanns Nachlass zu den Schätzen, die um 1800 aus Rom in die französische Hauptstadt »zurückgebracht« wurden (Kat. 112).

In der ersten Hälfte des 19. Jahrhunderts dienten Winckelmann und sein Werk mal mehr, mal weniger explizit als Referenzpunkt weiterer politischer Projekte europäischer Dimension. Hierzu gehört ganz besonders der von ihm angestoßene, sich in politischer Dichtung und repräsentativen Bauten niederschlagende Philhellenismus wie auch der von den europäischen Großmächten unterstützte griechische Unabhängigkeitskrieg (1821–1829), der im Jahr 1832 mit Otto I. einen bayerischen Fürsten auf den griechischen Thron brachte (vgl. Kat. 115).

Haftete noch im frühen 19. Jahrhundert der politischen Winckelmann-Deutung eine – wenn auch nur scheinbare – europäische bzw. universalistische Dimension an, so nimmt diese Interpretation mit dem ausgehenden 19. und vor allem 20. Jahrhundert immer stärker nationale Züge an. Aus dem europäischen Winckelmann wird zunehmend ein Deutscher, der auch in den Dienst deutschnationaler Ansprüche bzw. Unternehmungen gestellt wird. In diese Tradition gehören die im Jahr 1875 begonnenen Ausgrabungen in Olympia, die, wie man nicht müde wurde zu betonen, auf eine Idee des deutschen Archäologen zurückgingen (Kat. 117, 118). Als ein maßgeblich von Kaiser Wilhelm I. (1797–1888) und Kronprinz Friedrich Wilhelm (1831–1888) unterstütztes und finanziertes

Vorhaben stellte dieses Unterfangen ein politisches Prestigeprojekt dar, mit dem das neugegründete Deutsche Kaiserreich in offensive Konkurrenz zu den anderen europäischen Großmächten trat.

Mit großer Intensität wurde das Griechenideal im nationalsozialistischen Deutschland einer neuerlichen ideologischen Instrumentalisierung unterzogen und Winckelmann als »großer Deutscher« (Ausst.-Kat. Berlin 1936, S. 172f.) für das umfassende Programm eines politischen Klassizismus reklamiert, der sich vor der Weltöffentlichkeit während der Olympischen Spiele im Jahr 1936 noch als harmlos gerierte. Bereits fünf Jahre später jedoch sollten deutsche Wehrmachtssoldaten auf der Athener Akropolis stehen, eine Frontbuchhandelsausgabe der Briefe Winckelmanns im Gepäck (Kat. 124), während sich in Stendal die frisch gegründete Winckelmann-Gesellschaft konstituierte.

Nach dem Zweiten Weltkrieg wurde die Winckelmann-Deutung in beiden Teilen Deutschlands an das veränderte politische Klima angepasst. Anlässlich seines 200. Todesjubiläums wurde Winckelmann in der DDR als »hervorragende[r] Repräsentant der sich herausbildenden bürgerlich-demokratischen Kunstauffassung« (Lukas 1968) gefeiert. Während der ostdeutsche Staat mit der Überzeugung auftrat, der »legitime Erbe der progressiven Traditionen der deutschen Kulturentwicklung« zu sein, wie diese »durch Winckelmann verkörpert« würden (Winckelmann-Komitee 1967b, S. 4), zogen sich die westdeutschen Fachvertreter in der Mehrzahl auf eine historisch-philologische Auseinandersetzung mit Winckelmann zurück, die ab den späten 1960er-Jahren allerdings von einer zunehmend ideologiekritischen Haltung flankiert wurde (Kat. 131). Jenseits dieser politischen Spaltung wurde bereits 1988, das heißt noch zu Zeiten der deutschen Teilung, von der Winckelmann-Gesellschaft Stendal (Ost) und dem Seminar für Klassische Archäologie der Freien Universität Berlin (West) die Grundlage für eine gemeinsame Gesamtausgabe von Winckelmanns Schriften und Nachlass gelegt. Als gesamtdeutsches Projekt erscheint diese Ausgabe seit Mitte der 1990er-Jahre unter der Ägide der Winckelmann-Gesellschaft Stendal sowie der Mainzer und der Erfurter Akademie. ED / MD

Kat. 107
Hermenbüste des Perikles

Vermutl. frühes 2. Jh. n. Chr., Marmor, H. 58,5 cm

British Museum, London, Inv. 549

Gipsabguss: Georg-August-Universität Göttingen, Archäologisches Institut, Inv. A 594

Literatur
Krumeich 1997, S. 114–125, 236f.; Williams 2009, S. 90f.

Politische Freiheit ist nach Winckelmanns Überzeugung eine der Grundvoraussetzungen für die Entwicklung der Kunst. In diesem Sinne heißt es in der *Geschichte der Kunst*, dass »[i]n Absicht der Verfassung und Regierung von Griechenland [...] die Freyheit die vornehmste Ursache des Vorzugs der Kunst« gewesen sei (*GK1*, S. 130). Dass Winckelmanns Verständnis von »Freyheit« nicht unbedingt mit einer republikanischen bzw. demokratischen Regierungsform verbunden ist, macht der folgende Satz deutlich: »Die Freyheit« habe »in Griechenland allezeit den Sitz gehabt, auch neben dem Throne der Könige, welche väterlich regiereten, ehe die Aufklärung der Vernunft ihnen die Süßigkeit einer völligen Freyheit schmecken ließ« (ebd.). Hatte die griechische Kunst somit schon immer von der »Freyheit« profitiert, so konnte sie ihren Höhepunkt Winckelmann zufolge erst in den auf die Perserkriege (480/479 v. Chr.) folgenden Jahrzehnten erreichen, als Politiker wie Perikles eine Demokratisierung der Athener Verfassung durchsetzten. Berühmtestes künstlerisches Zeugnis dieser Zeit ist die Neugestaltung der Athener Akropolis unter der Aufsicht des Phidias (*GK1*, S. 26, 224, 329–331; *MI, 1*, S. LXVIII). »Damals«, so Winckelmann, »fieng die Kunst an, gleichsam Leben zu bekommen« (*GK1*, S. 331). Doch währte diese Glanzzeit nur kurz: Mit dem Sieg der Makedonen über Athen im Jahr 338 v. Chr. musste konsequenterweise auch die »Herrlichkeit der Kunst« (ebd., S. 248) an ihr Ende gelangen, die etwa einhundertzwanzig Jahre zuvor mit Perikles als dem »große[n] Beförderer« der Künstler (ebd., S. 335) eingesetzt hatte.

Zu Winckelmanns Lebzeiten waren bildliche Darstellungen des Perikles (um 495/490–429 v. Chr.) nur aus der Literatur bekannt (vgl. *GK2*, S. 660). Erst 1779 wurden in Tivoli zwei Hermenbüsten des athenischen Staatsmanns gefunden. Die heute im British Museum verwahrte, wohl im frühen 2. Jh. n. Chr. entstandene Marmorkopie, von der in der Ausstellung ein Gipsabguss des späten 19. Jahrhunderts zu sehen ist, geht auf ein griechisches Original der Zeit um 430 v. Chr. zurück. Sie zeigt den Kopf des Perikles in einer leichten Wendung nach links; sein von einem gepflegten Vollbart gerahmtes Gesicht erscheint gemessen ernst; ein zurückgeschobener, sogenannter korinthischer Helm weist ihn als Inhaber des Strategenamtes aus. MD

» IN ABSICHT DER VERFASSUNG
UND REGIERUNG VON GRIECHENLAND
IST DIE FREYHEIT DIE VORNEHMSTE
URSACHE DES VORZUGS DER KUNST. «

(J. J. WINCKELMANN, GESCHICHTE DER
KUNST DES ALTERTHUMS, 1764)

Kat. 108
Louis-Pierre Deseine (1749–1822)
Büste
Johann Joachim Winckelmann

1800, Gips, terrakottafarben, orangebraun beschichtet, H. 58 cm

Châteaux de Versailles et de Trianon, Versailles, Inv. M.V. 646, L.P. 515

Literatur
Ausst.-Kat. Paris 1989, Bd. 1, S. 172, Nr. 239; Ausst.-Kat. Toulouse 2002, S. 55f., Nr. 31; Courajod 1878–1887; Hurley 2014; Lapparent 2012, S. 232–234, Nr. 88, 89; Lenoir 1796/97, S. 209, Nr. 401; Pommier 1989, S. 15; Poulot 1997; Schulz 1953, S. 36f., 63f.

1797 gab der französische Historiker Alexandre Lenoir (1761–1839) dem Bildhauer Claude Michallon (1751–1799) den Auftrag, sieben Büsten für sein 1795 im ehemaligen Kloster der Petits-Augustins in Paris eröffnetes *Musée des Monumens Français* zu schaffen. In einem Brief von 1797 an den Leiter des öffentlichen Schulwesens, Pierre-Louis Ginguené (1748–1816), erklärt er, dass er mit diesen Büsten die Köpfe von »berühmten Franzosen« (»Français célèbres«) zeigen wolle, deren Bildnisse sein Museum bisher nicht besitze (Hurley 2014, S. 269). Es ist bezeichnend für das Selbstverständnis vieler Akteure der Kulturpolitik dieser Zeit, dass sich unter den genannten sieben »Franzosen« mit Christoph Willibald Gluck, Jean-Jacques Rousseau und Johann Joachim Winckelmann auch drei Ausländer befanden, deren Werk man für die französische Nation beanspruchte. Dass Winckelmann, dessen Büste aufgrund von Michallons Tod schließlich von dem Bildhauer Louis-Pierre Deseine angefertigt wurde, in die illustre Reihe großer Figuren der europäischen Kulturgeschichte gestellt wurde, darf vor dem Hintergrund der Französischen Revolution nicht verwundern (Kat. 112). Tatsächlich dürfte der Wunsch Lenoirs, die Erinnerung an Winckelmann wachzurufen, wohl weniger mit der diesem zugeschriebenen demokratisch-republikanischen Botschaft seines Werkes zu tun gehabt haben als vielmehr mit dessen historiografischem Programm. Mit diesem Denkmal, so Lenoir, habe er »Respekt« für den Autor der *Histoire de l'Art chez les Anciens* bekunden wollen – jenes Werkes, das die »chronologischen Phasen der Künste« (»les passages chronologiques des arts«) mit profunder Gelehrsamkeit, aber auch »mit tiefster praktischer Kenntnis« der Kunst dargelegt habe (Lenoir 1796/97, S. 209, Nr. 401).

Deseine, der bei Guillaume Coustou, Augustin Pajou und Louis-Philippe Mouchy studiert und als Gewinner des *Prix de Rome* zwischen 1781 und 1784 an der dortigen *Académie de France* die Ästhetik des Neoklassizismus kennengelernt hatte, wurde 1791 in die Pariser *Académie* aufgenommen. Neben größeren Marmorskulpturen fertigte er in den 1790er-Jahren Büsten von Vertretern sowohl des Ancien Régime als auch von Anhängern der Revolution. Im Auftrag Lenoirs schuf er für dessen *Musée des Monumens Français* neben dem Porträt von Winckelmann auch die Büsten von Héloïse und Abélard, Montaigne, La Fontaine und Charles VIII.

Anders als Friedrich Wilhelm Doell (Kat. 41, 42) orientiert sich Deseine bei seiner Darstellung Winckelmanns nicht am Vorbild der antiken Plastik: Die terrakottafarben getönte Büste zeigt den Gelehrten in einem weiten zeitgenössischen Mantel, der am Halsausschnitt Kragen und Revers eines nachlässig geordneten Hemdes erkennen lässt. Besondere Aufmerksamkeit hat Deseine der subtilen Ausführung des jugendlich wirkenden Gesichts geschenkt, das in den Augenwinkeln gleichwohl erste Fältchen zeigt. Der Kopf ist leicht nach links gewendet, der aufmerksame Blick in die Ferne gerichtet. Da es sich um ein postumes Porträt handelt, war Deseine auf eine Vorlage angewiesen, wobei er offenbar auf das Gemälde von Anton Raphael Mengs (Kat. 40) zurückgegriffen hat, das als Kupferstich der 1793/94 erschienenen französischen Ausgabe der *Geschichte der Kunst* (Kat. 33) beigegeben war. Aber auch wenn sich Deseine für seine Büste an dieser Darstellung sowie möglicherweise an derjenigen von Angelika Kauffmann (Kat. 38) orientierte, steht sein Winckelmann doch deutlich in der französischen Porträttradition des 18. Jahrhunderts und macht aus dem deutschen Gelehrten, der so häufig die Franzosen kritisiert hatte, einen durch und durch französisch anmutenden *homme de lettres*. Eine zweite, von Deseine 1818 in Marmor ausgeführte Variante der Winckelmann-Büste befindet sich heute im Musée des Augustins von Toulouse. ED / MD

Kat. 109

Le Musée français, recueil complet des tableaux, statues, et basreliefs qui composent la collection nationale [...]

Par Simon-Célestin Croze-Magnan, [Ennio Quirino Visconti, Toussaint-Bernard Émeric-David], publié par [Louis-Nicolas-Joseph] Robillard-Peronville et [Pierre] Laurent, 4 Bde., Paris: L.-É. Herhan, 1803–1809

Klassik Stiftung Weimar, Herzogin Anna Amalia Bibliothek, Sign. Ku D 229 (1–4)

(in der Ausstellung gezeigt: Bd. 4, Taf. *Le Faune en repos*)

Kat. 110

Romain-Vincent Jeuffroy (1749–1826)
Medaille Napoleon

Vorderseite: Napoleon Bonaparte als 1. Konsul, bez.: »JEUFFROY FECIT / 1803 / DENON DIR. G. D. MUSEE C. D'ARTS«, Rückseite: Venus Medici, bez.: »AUX ARTS LA VICTOIRE, L'AN IV DU CONSULAT DE BONAPARTE«, 1803, Bronzeprägung, D. 40 mm

Klassik Stiftung Weimar, Museen, Inv. ID 51710

Kat. 111

Bertrand Andrieu (1761–1822)
Medaille Napoleon

Vorderseite: Napoleon Bonaparte, Kaiser von Frankreich, bez.: »ANDRIEU F.«, Rückseite: Saal des Apoll vom Belvedere, bez.: »SALLE DE L'APOLLON, DENON DIREX. ANDRIEU F. / MUSÉE NAPOLÉON«, 1806, Bronzeprägung, D. 32 mm

Klassik Stiftung Weimar, Museen, Inv. ID 51745

Literatur
Bruer 2000; Fêtes 1797/98; Gallo 2009; Haskell/Penny 2006, S. 108–116; Krause 2005; Nouvel-Kammerer 2014; Poulot 1997; Quatremère de Quincy 1796a/b; Savoy 2011; Stark 1880; Weissert 1994; Zeitz/Zeitz 2003

109

Es gehört zu den Paradoxien der Winckelmann-Rezeption, dass sein der Rekonstruktion der antiken Kunstgeschichte gewidmetes Werk von zahlreichen Akteuren der Kunstpolitik der Französischen Revolution zitiert wurde, um den großangelegten Kunstraub zu rechtfertigen, den die französischen Truppen in den Jahren zwischen etwa 1794 und 1814 in ganz Europa, aber auch in Ägypten verübten. Zu den Beutestücken gehörten neben Werken der Neuzeit wie etwa Gemälden Raffaels auch zahlreiche antike Skulpturen, darunter die seit Jahrhunderten in der antiquarischen Tradition gepriesenen und von Winckelmann neu gefeierten Meisterwerke aus dem Vatikan, die der Kirchenstaat 1797 gemäß den Vereinbarungen des Friedensvertrags von Tolentino an Frankreich abtreten musste (Kat. 112). Vom tri-

110

111

umphalen Einzug dieser Werke in Paris legt unter anderem eine Zeichnung von Achille Joseph Étienne Valois (1785–1862) Zeugnis ab, die als Vorlage für ein von Antoine Béranger (1785–1867) gestaltetes kostbares Vasengemälde diente (Nouvel-Kammerer 2014; vgl. Fêtes 1797/98).

Gegen die mit Winckelmann gerechtfertigten revolutionären Beschlagnahmungen wurden nicht nur in den geplünderten Ländern rasch kritische Stimmen laut. In seinen anonym publizierten sogenannten *Lettres à Miranda* (1796) berief sich der französische Archäologe und Architekturtheoretiker Antoine Chrysostome Quatremère de Quincy (1755–1849; Kat. 23) ebenfalls auf Winckelmann, um nun aber genau im Gegenteil »den nachtheiligen Einfluß der Versetzung der Monumente aus Italien auf Künste und Wissenschaften« nachzuweisen: »Der gelehrte Winckelmann ist der erste, der den wahren Beobachtungsgeist in dieß Studium brachte; der erste, der es sich einfallen ließ, das Alterthum zu zergliedern, die Zeiten, Völker, Schulen, Manieren und die Nuancen derselben zu analysieren […] Stellen Sie sich aber vor, ob Winckelmann das, was er that, ohne die Menge der Materialien hätte thun können, die Rom ihm darbot; denken Sie sich diese nach Paris, oder entfernt, denken Sie sich, daß unser Beobachter, statt die Gallerien Italiens und Roms zu durchwandern, die Gallerien Europens hätte besuchen müssen; würde er dann wohl sein Werk entworfen, oder auch nur die Idee dazu gefaßt haben?« (Quatremère de Quincy 1796b, S. 111–113) Mit dieser Einlassung fand Quatremère bei den Verantwortlichen allerdings kein Gehör; unter Dominique-Vivant Denon (1747–1825), der 1802 von Napoleon zum *Directeur général du Musée central des Arts* (ab 1804 Musée Napoléon) ernannt wurde, erreichten die Konfiszierungen sogar einen neuen Höhepunkt (Gallo 2009; Poulot 1997; Savoy 2011). Als Direktor der staatlichen Prägeanstalt für Medaillen zeichnete er darüber hinaus verantwortlich für den Entwurf diverser die Kunstpolitik Napoleons feiernder Medaillen (Zeitz/Zeitz 2003).

Mit dem Ziel, einem europäischen Publikum die im Pariser Louvre versammelten Kunstwerke zu präsentieren, wurde zwischen 1803 und 1809 ein *Le Musée Français* betitelter »recueil complet« publiziert. Zu Recht sind die vier großformatigen Bände als »ein Werk des höchsten Kunstluxus« (Stark 1880, S. 254) bezeichnet worden: Einer Schätzung aus dem Jahr 1814 zufolge beliefen sich die Herstellungskosten für das in einer Auflage von 600 Exemplaren gedruckte Werk auf ungefähr 1,7 Millionen Francs. Die exquisiten Kupferstiche stammen von Meistern ihres Faches wie Francesco Bartolozzi, Raphael Morghen und Charles-Clément Balvay, genannt Bervic, einem Schüler des einst mit Winckelmann befreundeten Johann Georg Wille (1715–1808). Als Autoren hatten die Herausgeber die beiden Gelehrten Ennio Quirino Visconti (1751–1818) und Toussaint-Bernard Émeric-David (1755–1839) gewinnen können. In ihren Texten schließen sie immer wieder an Winckelmann an, gehen zugleich aber auch über ihn hinaus, insofern sie einerseits seine Datierungen antiker Kunstwerke wie etwa der *Laokoon*-Gruppe oder des *Apoll vom Belvedere* zu korrigieren versuchen (Krause 2005, S. 309; Bruer 2000), andererseits jedoch die geschichtliche Betrachtung der Kunst ganz im Sinne des universalen Anspruchs des *Musée Français* über die griechisch-römische Antike hinaus erweitern. MD

Kat. 112

Johann Joachim Winckelmann
Der Pariser Nachlass

Bibliothèque Nationale de France, Paris
Département des manuscrits, sign. Allemand,
Bd. 56–76

(in der Ausstellung gezeigt: Exzerpte aus: Claude
Perrault, Les dix livres d'architecture de Vitruve,
Bd. 62, Bl. 70 r°)

Literatur
Décultot 2001; Kunze 2001; Pommier 1989; Pommier 1991; Pommier 2003; Saunier 1902; Savoy 2001

In der Geschichte von Winckelmanns Pariser Nachlass spiegelt sich auf geradezu paradigmatische Weise die politische Dimension wider, die sowohl seinen Schriften als auch seiner Person vom 18. bis ins 20. Jahrhundert hinein zugeschrieben worden ist. Winckelmanns Briefwechsel wimmelt seit der Ankunft in Rom von scharfen Urteilen über die »Französische[n] Meerkätzgen«, diese »verachtungswürdigste[ ] Art zweyfüßiger Creaturen« (*Br. 1*, S. 267). Nun ist Paris seit 1798 der Ort, an dem der größte Teil seiner Manuskripte aufbewahrt wird. Allererste Ursache für diese von Walther Rehm als »Ironie der Geistesgeschichte« bezeichnete Gegebenheit (*Br. 2*, S. 523) ist die außergewöhnliche Beliebtheit, derer sich seine Schriften ab Mitte der 1750er-Jahre in Frankreich erfreuten (vgl. oben, S. 174f.; Kat. 26, 29, 31, 33) – eine Beliebtheit, die mit der Französischen Revolution ihren Höhepunkt erreichte (Pommier 1989, 1991, 2003): Dichter wie André Chénier, Sammler und Museumsleiter wie Alexandre Lenoir (Kat. 108) oder Künstler wie Jacques-Louis David priesen ab 1789 das Vorbild der griechischen Antike in kaum verhüllten Abwandlungen der *Geschichte der Kunst des Alterthums* (1764). Das Werk, von dem es schon zwei Übersetzungen gab (Winckelmann 1766; Winckelmann 1781), wurde mit Unterstützung der Regierung ein drittes Mal durch den Verleger Hendrik Jansen übersetzt (Winckelmann 1793/94–1802/03) und in dieser neuen, mit zahlreichen Anhängen ergänzten dreibändigen Fassung an zentrale Kunstinstitutionen als staatlich empfohlene Lektüre verschickt. An der Verbreitung dieser Schrift hatte das neue Regime ein direktes kunstpolitisches Interesse, hatte doch Winckelmann damit die wissenschaftliche Grundlage für die These einer grundsätzlichen Verknüpfung von Freiheit und Kunstblüte geliefert, welche nun die »Rückführung« der in den eroberten Ländern beschlagnahmten Kunstwerke nach Paris legitimieren sollte: 1798 berief sich der Politiker Pierre-Jean-Baptiste Chaussard (1766–1823) auf die freiheitsfreundliche Botschaft der *Geschichte der Kunst*, um die Auslieferung der schönsten italienischen Kunstwerke in die französische Hauptstadt zu rechtfertigen (Pommier 1991, S. 448).

Das Schicksal des Winckelmann-Nachlasses ist das direkte Ergebnis dieser kunstpolitischen Konstellation. Als Winckelmanns Manuskripte im Frühjahr 1798 unter der Leitung General Louis Alexandre Berthiers (1753–1815) von den französischen Besatzungstruppen in der Bibliothek der Familie Albani in Rom entdeckt wurden, brachte man sie mit vielen anderen wertvollen Kunstwerken und Büchern nach Paris (Décultot 2001, S. 15). Die Handschriften, die dreißig Jahre lang vom Publikum unbeachtet geblieben waren, wurden ab 1801 mit ihrer Einverleibung in den Bestand der französischen Nationalbibliothek zum Gegenstand öffentlichen Interesses. 1809 und 1810 wurden zwei kürzere Texte aus dem Nachlass im *Magasin encyclopédique* veröffentlicht (Winckelmann 1809; Winckelmann 1810).

Diese neue Öffentlichkeit dürfte der Grund dafür sein, warum mehrere europäische Mächte bei den Rückforderungsanträgen von 1815 versuchten, sich die Manuskripte im Zuge von Reparations- bzw. Tauschverhandlungen anzueignen (Savoy 2001; Décultot 2001, S. 25–27). Vom preußischen Staat wurde über Jacob Grimm (1785–1863) ein Rückforderungsantrag für den Nachlass des gebürtigen Preußen (»les autographes de Winckelmann, auteur né en Prusse«; Décultot 2001, S. 26) eingereicht. Der Antrag wurde abgelehnt, wie übrigens auch derjenige des bayerischen Staates (Saunier 1902, S. 92f.). Prinz Carlo und Kardinal Giuseppe Albani, die legitimen Erben des zum Opfer von Konfiskationen gewordenen Giovan Francesco Albani (1720–1803), versäumten es allerdings, die Manuskripte zurückzufordern. Im Zweiten Weltkrieg wurde der Winckelmann-Nachlass erneut zum Gegenstand deutscher Rückforderungsansprüche, die jedoch wie jene von 1815 ergebnislos blieben (Kunze 2001). ED

Kat. 113

Johann Carl August Richter
(1785–1853)

Die Propyläen des Perikles in Athen. Das Brandenburger Thor in Berlin

Um 1795, kolorierte Radierung, Platte: 240 × 170 mm

Stiftung Stadtmuseum Berlin, Inv. GDR 65/105

Literatur
Ausst.-Kat. Berlin 1979; Ausst.-Kat. Berlin 1991; Philipp 1997

Dieses Blatt von Johann Carl August Richter stellt das von Carl Gotthard Langhans (1732–1808) von 1789 bis 1791 erbaute Brandenburger Tor den Propyläen, dem Torbau zum heiligen Bezirk der Athener Akropolis aus perikleischer Zeit, gegenüber. Die Gegenüberstellung, die zu Vergleichen zwischen beiden Bauten einlädt, unterstellt ein Programm: Der Bau von Langhans verpflichtet sich einer neuen klassizistischen Ausrichtung auf die seit den 1750er-Jahren schrittweise wiederentdeckte griechische Antike. Bereits der Katalog zur Berliner Akademieausstellung des Jahres 1789 bezeichnete das projektierte Tor als öffentliches Bauwerk, das »in der Geschichte des Geschmacks Epoche macht, indem es die edle Simplicität der Alten in ihren Werken uns wieder näher vors Auge rückt, und unter dem nördlichen Himmelstrich die Ruinen von Athen zu einem schönen Ganzen sich wieder verjüngen und bilden läßt« (zit. nach Philipp 1997, S. 181). Die Formulierung »edle Simplicität« der Griechen evoziert dabei Winckelmanns Formel der »edlen Einfalt« und »stillen Grösse«, die den zeitgenössischen Gelehrten und Architekten, Langhans eingeschlossen, unter anderem über Johann Georg Sulzers *Allgemeine Theorie der schönen Künste* (1771–1774) bekannt gewesen sein dürfte.

Tatsächlich hatte sich Langhans, auf Anregung des Auftraggebers Friedrich Wilhelm II., an Julien-David Le Roys Darstellung der Propyläen in seinen *Ruines des plus beaux monuments de la Grèce* (1758) orientiert. Diese formale Orientierung birgt neben einer Anlehnung an den guten »Geschmack« der Griechen auch eine politische Dimension: Die Regierungsperiode des Perikles war, so hatte es Winckelmann beschrieben, mit dem Ideal von Freiheit und der Entstehung einer Kunstblüte durch Phidias verbunden, an die es wieder anzuknüpfen galt (Kat. 107). Im Vergleich mit den Propyläen wird das Brandenburger Tor zur utopischen Vision eines modernen Klassizismus, in der Friedrich Wilhelm II. als preußischer Perikles erscheint und sich wie dieser als Förderer der Kunst inszeniert. Ein genauer Vergleich der beiden Bauten offenbart freilich, dass die Ausrichtung an der klassisch-griechischen Antike so programmatisch nicht ist: Das Tor weicht in vielerlei Hinsicht vom antiken Vorbild ab und enthält andere architektonische Stilelemente wie etwa die von Johann Gottfried Schadow geschaffene Quadriga, die an einen römischen Torbogen gemahnt. Schadow, aber auch Langhans' Biograf Walther Theodor Hinrichs nannten den Architekten dieses heute vielleicht berühmtesten Baus des preußischen Klassizismus einen »Eklektiker« und verwiesen damit darauf, dass er sich verschiedenen »Geschmäckern« anzupassen wusste, ohne einen eigenen Stil zu entwickeln. CK

Kat. 114

Nach Bernhard Grueber (1807–1882)
Walhalla, Gesamtansicht

2. Hälfte des 19. Jh., Radierung, 230 × 292 mm

Klassik Stiftung Weimar, Museen,
Inv. KGr1993/00795

Literatur
Buttlar 1999; Dunkel/Körner/Putz 2006; Nerdinger 1999; Paul/Puschner 1986; Putz 2013; Steger 2011; Stolz 1977; Traeger 1979; Traeger 1991; Wagner 2012

In der ersten Hälfte des 19. Jahrhunderts dominierten zwei königliche Mäzene die Kunstpolitik in Deutschland: Ludwig I. von Bayern und Friedrich Wilhelm IV. von Preußen. Charakteristisch ist das produktive Nebeneinander klassizistischer und romantischer Tendenzen. Leo von Klenzes (1784–1864) Münchner Museumsbauten – darunter die von Winckelmann inspirierte Glyptothek – erhalten alle eine nazarenische Ausmalung. Hauptkonkurrent des Klassizisten Klenze ist Friedrich von Gärtner (1791–1847), ein prominenter Vertreter des Rundbogenstils.

Bereits 1807, im von Napoleon besetzten Berlin, fasste Ludwig den Gedanken, ein patriotisches Monument zu errichten. Das ausgestellte Blatt zeigt eine Ansicht der zwischen 1830 und 1842 in der Nähe von Regensburg errichteten Walhalla. Sie entstand als grenzüberschreitendes Denkmal der Kulturnation, das Gedenktafeln und Büsten bedeutender Persönlichkeiten »teutscher Zunge« bergen sollte. Die 1853 vollendete Ruhmeshalle an der Theresienwiese in München ist dagegen dem Königreich Bayern gewidmet. Der durch die Namensgebung (in Abgrenzung zum Pantheon) besonders betonte germanische Charakter der Walhalla ruft Fragen nach ihrem Stil auf. So verlangte der Architektenwettbewerb von 1814 statt der naheliegenden (Neo-)Gotik ausdrücklich einen dorischen Tempel nach dem Vorbild des Athener Parthenon. Klenze gelang es, sich diese Vorgaben auf kreative Weise anzueignen. Der gewaltige Unterbau, der den in Hanglage errichteten Tempel mit dem Donauufer verbindet, ist durchaus ungriechisch. Die Treppenanlage sollte ursprünglich den Rahmen für den feierlichen »Aufstieg« der zur Würde der Walhalla Erkorenen bieten, inklusive einer »Halle der Erwartung« auf halber Höhe. Auch der Tempelschmuck gilt germanischen Themen: Ludwig Schwanthalers Giebelfiguren erinnern an die Schlacht im Teutoburger Wald und die Befreiungskriege; Martin von Wagners innen umlaufender Fries gilt der Frühgeschichte der Germanen; Adaptionen der Erechtheion-Koren kehren als Walküren wieder.

Eine Winckelmann-Büste war von Anfang an Teil des Projekts und damit des Kanons vorbildlicher Deutscher. Nachdem die von Salvatore de Carlis 1808 gelieferte Büste abgelehnt worden war (Kat. 43), fertigte Ridolfo Schadow 1814 eine zweite Version (vgl. oben, S. 101, Abb. 3), die sich bis heute *in situ* befindet. CS

» WAS WINKELMANN GELEISTET, SCHILDERN ZU WOLLEN, WÄRE ÜBERFLÜSSIG. SEIN WIRKEN IST BEKANNT. HABEN SPÄTERE GLEICH DIE WISSENSCHAFT DER KUNST, WELCHER ER SEIN LEBEN GEWEIHT, AUSGEBILDET, BLEIBT IHM DOCH DAS GROSSE VERDIENST, DEN GRUND DAZU GELEGT ZU HABEN. «

(KÖNIG LUDWIG I. VON BAYERN, 1857)

Kat. 115

Gottlieb Bodmer (1804–1837)
nach Dietrich Monten (1799–1843)
König Otto von Griechenland in griechischer Nationaltracht

Um 1835, kolorierte Lithografie, 560 × 420 mm

Otto-König-von-Griechenland-Museum, Ottobrunn, Inv. 694

Kat. 116

Karl Friedrich Schinkel (1781–1841)
Entwurf zu einem königlichen Palast auf der Akropolis

Ansichten von Osten und Norden, 1834, Aquarell, Feder in Schwarz, 558 × 994 mm

Staatliche Graphische Sammlung München, Inv. 25072 Z

Literatur
Ausst.-Kat. München 1999; Koukouraki 2009; Murken 2016; Schinkel 1922; Wolzogen 2016

115

Mit der Unterstützung von Frankreich, Großbritannien und Russland gelang es Griechenland in einem bewaffneten Kampf (1821–1829), seine Unabhängigkeit vom Osmanischen Reich zu erlangen. Auf Vorschlag der Großmächte sollte ein europäischer Prinz zum König gewählt werden. Nach schwieriger Suche fiel die Wahl 1832 auf Otto von Bayern. Ein Grund für die Entscheidung war das besondere Engagement seines Vaters, König Ludwig I. von Bayern (1786–1868), für die Unabhängigkeit Griechenlands. Ludwig I. war begeisterter Philhellene und verehrte Winckelmann: Er stiftete mehrere Winckelmann-Büsten und veranlasste dessen Aufnahme in die Walhalla (Kat. 114). Die Wahl des Wittelsbacher Prinzen verwies zudem auf die »Wahlverwandtschaft« zwischen Griechen und Deutschen in Folge von Winckelmanns Antikeideal.

Als Prinz Otto am 6. Februar 1833 in der Hauptstadt Nauplion erstmals griechischen Boden betrat, trug er noch die blaue Uniform Bayerns (vgl. oben, S. 88, Abb. 2). Auf Betreiben seines Vaters bestimmte er bald die griechische Nationaltracht zu seiner Kleidung, um seine Verbundenheit mit der neuen Heimat und ihrer neugewonnenen Freiheit zu zeigen. Die traditionelle Tracht mit Fustanella und rotem Fes trugen die Kämpfer im Unabhängigkeitskrieg als Zeichen des Widerstands gegen die Fremdherrschaft der Osmanen. Während sich Otto die Nationaltracht aneignete, wurde beim Militär zum Unbehagen der Griechen die bayerische Uniform eingeführt. Diese Tracht trägt Otto auch auf der um 1835 entstandenen Lithografie von Gottlieb Bodmer nach einer Vorlage von Dietrich Monten. König Otto ist vor den Säulen eines dorischen Tempels und drei korinthischen Säulen porträtiert. Im Hintergrund befindet sich eine ideale Ansicht Athens mit der Akropolis. An diesem

116

Ort, der bereits bei Winckelmann für das Zusammenspiel von Freiheit und Kunstblüte stand, entstand beinahe eine neue Residenz für König Otto.

Der griechische Regentschaftsrat erhob Athen im Jahr 1833 auf Druck König Ludwigs I. zur Haupt- und Residenzstadt. Es waren vornehmlich ideelle Gründe, die zu dieser Entscheidung führten. Unter der Vielzahl von Entwürfen und Denkschriften zur Gestaltung Athens entstand auf Anregung des Kronprinzen Friedrich Wilhelm von Preußen und des Kronprinzen Maximilian von Bayern ein Plan von Karl Friedrich Schinkel für den Bau der königlichen Residenz auf der Akropolis. Dahinter stand der Gedanke, das Schloss an einem für die Geschichte und Mythologie Griechenlands bedeutenden Ort zu errichten, um Ottos Herrschaft architektonisch in dieser Tradition zu verankern. Schinkel berücksichtigte zwar neueste archäologische Erkenntnisse und plante, keines der neuen Gebäude höher als die Ruine des Parthenon zu bauen. Dennoch zeigen die großformatigen Ansichten, dass die geplanten Bauten eine Veränderung des historischen Geländes bedeutet hätten, darunter die künstliche Nivellierung des ursprünglichen Felsplateaus. Er beabsichtige mit seinem Entwurf, so Schinkel 1834, »abgeschlossenes Historisches« nicht lediglich zu »wiederholen« (Schinkel 1922, S. 180). »In der Kunst Historisches darf nicht Copie aus der Geschichte seyn vielmehr immer etwas ganz neues […] ein Fortgang der Geschichte, jedes Kunstwerk der Anfang neuer Geschichte.« (Schinkel, um 1834; zit. nach Wolzogen 2016, S. 283) Die »Nachahmung« enthalte stets »ein ganz neues Element« (ebd.), so Schinkel ganz im Sinne von Winckelmanns Erstlingsschrift, die den Künstlern zur »Nachahmung« riet, als den »eintzige[n] Weg«, selbst »groß, ja, wenn es möglich ist, unnachahmlich zu werden« (*Gedancken1*, *KS*, S. 29). Die eindrücklichen farbigen Ansichten veranlassten König Otto, den Entwurf Schinkels ernsthaft in Erwägung zu ziehen. Auf Betreiben von König Ludwig I. und dem bayerischen Hofbauintendanten Leo von Klenze wurde er aber verworfen. Das Schloss wurde zwischen 1836 und 1843 am Musenplatz in der neuen Innenstadt nach den Plänen Friedrich von Gärtners errichtet. MS

Kat. 117

Kopf des Apollon von Olympia vom Westgiebel des Zeus-Tempels

5. Jh. v. Chr., H. 57,5 cm

Gipsabguss: Georg-August-Universität Göttingen, Archäologisches Institut, Inv. A 106a

Kat. 118

Gebrüder Romaïdis

Olympia, Zeus-Heiligtum nach dem Abschluss der Ausgrabungen (20. März 1881), Blick von Westen

1881, Fotografie, Albuminpapier, Panorama aus 4 Aufnahmen zusammengesetzt, aufgezogen auf grauen Karton, 19,9 × 98,5 cm

Staatliche Kunstsammlungen Dresden, Skulpturensammlung

Literatur
Ausst.-Kat. Berlin 2012/13; Adler 1876; Borbein 2002; Curtius 1852; Curtius 1886; Dodwell 1819; Irmscher 1980; Klinkhammer 2002; Marchand 1996; Sickler 1821; Siebler 2004; Sösemann 2002

117

In den 1767 publizierten *Anmerkungen über die Geschichte der Kunst des Alterthums* hat Winckelmann über ein »Verlangen« berichtet, das ihn in der damaligen Zeit besonders umtrieb und von dessen Umsetzung er sich einen besonderen Erkenntnisgewinn für die »Erweiterung unserer Kenntnisse in der Griechischen Kunst sowohl als in der Gelehrsamkeit und in der Geschichte dieser Nation« versprach: »Dieses ist eine Reise nach Griechenland, nicht an Orte, die von vielen besucht sind, sondern nach Elis, wohin noch kein Gelehrter noch Kunstverständiger hindurch gedrungen ist. [...] Ich bin versichert, daß hier die Ausbeute über alle Vorstellung ergiebig seyn, und daß durch genaue Untersuchung dieses Bodens der Kunst ein grosses Licht aufgehen würde.« (*AGK*, S. 83f.; vgl. *GK2*, S. 245–247). Was Winckelmann hier pauschal mit der Landschaft »Elis« bezeichnet, meint konkret das Heilig-

118

tum Olympia, das ihm aus der Literatur als Austragungsort der antiken Olympischen Spiele und mit dem Zeus- und dem Hera-Tempel als eine der bedeutendsten hellenischen Kultstätten bekannt war (*Gedancken1*, KS, S. 30f.). Der in seinen Briefen wiederholt erwähnte, jedoch stets vage bleibende Plan einer Reise nach Olympia, wo er »mit hundert Arbeitern das Stadium umgraben« wollte (*Br. 3*, S. 358f.), wurde nicht zuletzt durch seinen gewaltsamen Tod verhindert und blieb somit Archäologen wie Richard Chandler (1738–1810), Edward Dodwell (1767–1832) oder Léon-Jean-Joseph Dubois (1780–1846) überlassen (Siebler 2004, S. 39–46).

Tatsächlich ist Winckelmann immer wieder zum Referenzpunkt für das Projekt einer Ausgrabungskampagne in Olympia geworden: So bot Dodwells Erwähnung des »favorite plan of the learned Winkelmann« (Dodwell 1819, Bd. 2, S. 329) dem Altertumswissenschaftler Friedrich Sickler (1773–1836) den willkommenen Anlass, im *Kunst-Blatt* des Jahres 1821 »an unseres Winckelmanns Idee zu einer Ausgrabung in Olympia« zu erinnern (Sickler 1821, S. 13). Auf Winckelmann als denjenigen, der »vor Allen sich mit Recht gesehnt« habe, die Schätze Olympias zu heben, hat auch der Archäologe Ernst Curtius (1814–1896) in seinem Olympia-Vortrag von 1852 hingewiesen, der den entscheidenden Impuls für die allerdings erst 23 Jahre später unter seiner Leitung begonnenen deutschen Grabungen geben sollte (Curtius 1852, S. 32; Siebler 2004, S. 51–76).

Unterstützt und maßgeblich finanziert von Kaiser Wilhelm I. (1797–1888) und Kronprinz Friedrich Wilhelm (1831–1888) sind die insgesamt fünf zwischen 1875 und 1881 in Olympia durchgeführten Grabungskampagnen als mit großem medialen Aufwand begleitetes politisches Prestigeprojekt des 1871 neu gegründeten Deutschen Kaiserreichs zu verstehen (Klinkhammer 2002; Sösemann 2002). »Ueber dieses großartige deutsche Unternehmen auf classischem Boden«, schrieb der Bauforscher Friedrich Adler (1827–1908) bereits 1876 in der *Leipziger Illustrirten Zeitung*, »haben die Zeitungen […] in so eingehender Weise berichtet, daß eine warme und nachhaltige Theilnahme für Olympia bis in die untern Schichten unsers Volks gedrungen ist.« (Adler 1876, S. 495) In Angriff genommen kurz nach Ende des Deutsch-Französischen Krieges, sollten die Grabungen Zeugnis ablegen von dem Willen und der Fähigkeit der deutschen Nation, ein wissenschaftliches »Friedenswerk von dauernder Bedeutung für alle gebildeten Nationen« ins Leben zu rufen (Curtius 1886, S. 196f.) und damit auch kulturell mit den anderen großen europäischen Nationen gleichzuziehen. Zu den wichtigsten Fundstücken gehören die *Nike* des Paionios, der praxitelische *Hermes* sowie der *Apollon* aus dem Westgiebel des Zeus-Tempels, der mit seinem schweren Kinn, der geraden Nase und den von kräftigen Lidern gerahmten Augen als ein Musterbeispiel für die Formensprache des Winckelmann noch unbekannten »Strengen Stils« der Zeit um 460 v. Chr. gilt und vor allem durch die Fotografien Walter Heges (Kat. 121, 206) einige Berühmtheit erlangen sollte. MD

Kat. 119

G. Dreher und F. Schickert
Postkarte Fackelstaffellauf Olympia–Berlin

Propaganda-Ausschuß für die Olympischen Spiele 1936, Berlin: Reichssportverlag, 1936, 147 × 105 mm

Deutsches Historisches Museum, Berlin, Inv. PK 97/91

Kat. 120

Walter Hege (1893–1955)
Apollon von Olympia

Gesamtansicht, um 1935, Fotografie, Originalabzug, 29,5 × 23,8 cm

Museum Verein Naumburg, Stadtmuseum »Hohe Lilie«, Inv. SG04230.B.30881

Literatur
Ausst.-Kat. Berlin 1936; Ausst.-Kat. Berlin/Bonn 1996/97; Hege/Rodenwaldt 1936; Koutsoukou 2010; Näf 2001; Sünderhauf 2004; Sünderhauf 2012

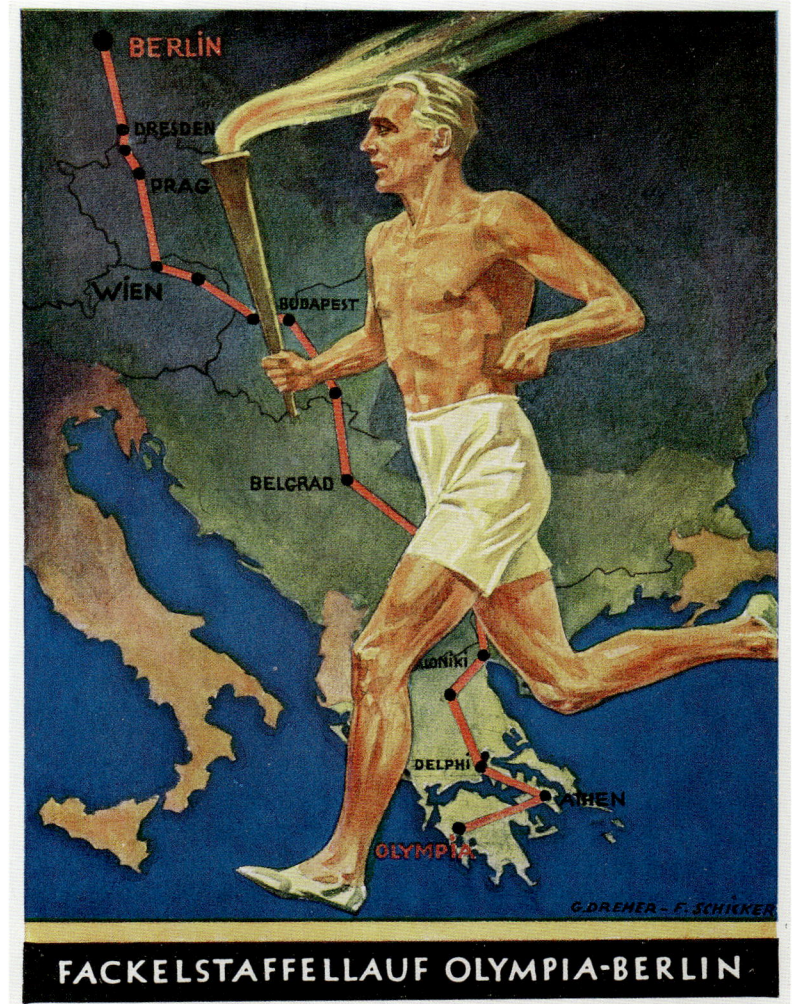

119

Spätestens seit Adolf Hitlers Rede auf dem Reichskulturtag 1933 in Nürnberg war die programmatische Ausrichtung des Nationalsozialismus auf die Antike vorgegeben und auf der Parteitagsrede von 1937 proklamierte er das »Wiederauffinden des […] richtigen Weges« (zit. nach Sünderhauf 2004, S. 296), der zur Wiedergeburt der griechischen Klassik im modernen Deutschland führen sollte. Die Vorstellung einer rassischen »Verwandtschaft« zwischen Griechen und Deutschen sowie der daraus folgende Anspruch, die Nachfolge des antiken Hellas anzutreten, begleiteten die Wiederaufnahme der Ausgrabungen in Olympia ebenso wie die Olympischen Spiele im August 1936 in Berlin. Gemeinsam mit dem Griechenlandfeldzug von 1941 (Kat. 125) können diese Ereignisse als zentrale Etappen in der ideellen wie realen politischen Aneignung Griechenlands durch das nationalsozialistische Regime gelten.

Die politische Vereinnahmung des Olympiagedankens, die die Ausgrabungen in Olympia seit ihren Anfängen begleitete (Kat. 117, 118), erreichte anlässlich der in Berlin ausgetragenen Olympischen Sommerspiele einen Höhepunkt. Im dort erstmals durchgeführten Fackelstaffellauf, mit dem das olympische Feuer nach Berlin gebracht wurde, nahm die gezielte Verbindung von Ästhetik und Politik im Zeichen des Griechenkults eine symbolische Form an: Die auf der Postkarte eingezeichnete Route symbolisiert den von Hitler angemahnten »richtigen Weg«. Winckelmanns verstreute Äußerungen zu den Spielen waren dem Archäologen Ludwig Curtius (1874–1954) Grund genug, um zu behaupten, dass die »grossen Fest- und Sportplätze«, die »der neue Klassizismus« hervorbringe, »[w]ieder im Geiste Winckelmanns« stünden (zit. nach Sünderhauf 2004, S. 300). So erscheint es nur konsequent, dass in der aus Anlass der Spiele veranstalteten Ausstellung *Große Deutsche in Bildnissen ihrer Zeit* gleich zwei Winckelmann-Porträts nach Maron (Kat. 39) und Doell (Kat. 49) gezeigt wurden (vgl. Ausst.-Kat. Berlin 1936, S. 213, 412).

Eine zentrale Rolle bei der ideologischen Vereinnahmung Olympias spielte die Archäologie: Beim Empfang des Internationalen Olympischen Komitees in der Reichskanzlei verkündete Adolf Hitler die Aufnahme einer zweiten, von ihm persönlich finanzierten Grabungskampagne in Olympia (Koutsoukou 2010, S. 141), die, so seine im ersten Band der Grabungsberichte zitierte Formulierung, mithelfen sollte, »für alle Zeiten die Erinnerung wachzuhalten an die Feier der Olympischen Spiele des Jahres 1936« (Kat. 207, o. S.). Schon im Vorfeld der Spiele hatte man den Fotografen Walter Hege damit beauftragt, Aufnahmen für eine international vertriebene Publikation über Olympia anzufertigen, zu der der Archäologe Gerhart Rodenwaldt (1886–1945) den Text beisteuerte. Rodenwaldt ist ein Beispiel dafür, wie die Archäologie die eigene Fachgeschichte in ein regiekonformes Licht rückte (Sünderhauf 2012). Bereits 1934 hatte er Winckelmann als »ein Symbol für die Sehnsucht des *nordischen Volkstums* nach Ergänzung und Befruchtung durch die Kultur der *artverwandten Völker* des Südens« bezeichnet und auf diese Weise den deutschen Anspruch auf das griechische Erbe legitimiert (zit. nach Sünderhauf 2004, S. 317). Genau diese vermeintliche Wesensverwandtschaft vor Augen zu führen, war das Anliegen der Frank- furter Schau *Olympia und der deutsche Geist*, die antike Funde gemeinsam mit modernen Skulpturen zeitgenössischer Künstler wie Richard Scheibe oder Ludwig Thormaehlen präsentierte (Kat. 121). Heges suggestive Aufnahme des männlich-entschlossen dreinblickenden *Apollon von Olympia* (Kat. 120, 206), die zu einer Ikone der nationalsozialistischen Antikerezeption wurde, prangt nicht zufällig auch hier auf dem Umschlag des Ausstellungskatalogs. CK

120

Kat. 121
Olympia und der deutsche Geist

Ausstellung zur XI. Olympiade, Frankfurter Kunstverein, Frankfurt am Main: Woeller & Weisbecker, 1936

Württembergische Landesbibliothek, Stuttgart, Stefan George Archiv, Sign. G 1975.7

Richard Scheibe (1879–1964)

Kat. 122
Medaille
Johann Joachim Winckelmann

Vorderseite: Porträt Johann Joachim Winckelmann, Profil n. l., bez.: »Winckelmann«, sign. »Sch«; Rückseite: Wappen, bez.: »Ehrengabe der Stadt Stendal«, 1939, Bronzeplakette, versilbert, D. 78 mm

Winckelmann-Museum, Stendal, Inv. WG-M-20

Kat. 123
Zehnkämpfer

1938, Bronze, H. 206 cm

Städelsches Kunstinstitut, Frankfurt am Main, Inv. SGP 112

(nicht in der Ausstellung)

Literatur
Ausst.-Kat. Berlin 1983, Kat. 1.8; George 1961, S. 274; Gravenkamp 1937; Hartog 1992; Hentzen 1934, S. 46–48; Kroll 1937; Sünderhauf 2004, S. 352–362

121

Neben abstrakten und expressionistischen Strömungen gab es in der Weimarer Republik eine Tendenz zur tradierten Plastik, die an der menschlichen Figur als ganzheitlichem Thema und dem Akt als Ausdrucksform geistiger Haltung festhielt. Die von Georg Kolbe (1877–1947) und Richard Scheibe, aber auch Gerhard Marcks (1889–1981) vertretene figurative Linie reicht über die Formreduktion Louis Tuaillons (1862–1919) am Beginn des 20. Jahrhunderts zurück auf die neue Klassik Adolf von Hildebrands (Kat. 54) im Anschluss an Winckelmann.

Der 1931 von Scheibe konzipierte Akt des *Schreitenden* hat bereits die Haltung des angespannt stehenden Sportlers, die bei dem *Zehnkämpfer*, der im Vorfeld der Olympischen Spiele 1936 entstand, leicht variiert wird. Breitbeinig, standfest und mit geballten Fäusten zeigt er entschlossene Willenskraft im Moment vor dem Wettkampf. Scheibe war dem neuen Regime aufgrund seiner Arbeit an politischen Denkmälern der Weimarer Republik suspekt und wurde 1933 von seiner Professur am Städelschen Kunstinstitut in Frankfurt suspendiert, bald danach jedoch wieder ins Amt eingesetzt. 1936 wurde er Nachfolger von Fritz Klimsch an der Berliner Kunstakademie und erhielt erneut Aufträge. Die Entwicklung der Figur des *Schreitenden* zeigt, dass der am Ideal der griechischen Antike orientierte männliche Akt sich für Interpretationen anbot, die dem Körperbild der nationalsozialistischen Kunstpolitik entsprachen. Wie Kolbes *Zehnkämpfer*, der auf dem Reichssportfeld am Berliner Olympiastadion Aufstellung fand, erfüllte Scheibes Werk die Forderung der NS-Ideologie nach ebenmäßiger Schönheit und gesunder Körperlichkeit. Gleichwohl hielten beide Künstler Abstand vom physischen Körperideal, das im martialischen Pathos jüngerer Bildhauer wie Arno Breker (1900–

122

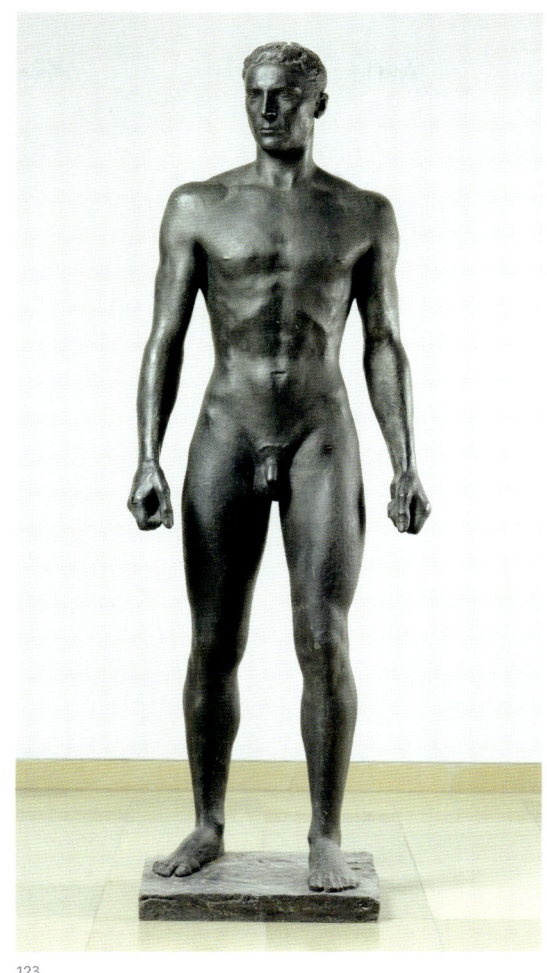

123

1991) in den späten 1930er-Jahren in den Vordergrund trat, bevor monumental übersteigerte Figuren als Verkörperung der Staatsidee des Regimes und des rassen- ideologisch geprägten Bildes vom deutschen Menschen dominierten.

Das Reichssportfeld für die XI. Olympiade 1936 in Berlin bot den herausragenden Ort für die Darstellung des nationalsozialistischen Menschenbildes im Rahmen von Architektur und Plastik. Während der Wettkämpfe zeigte die *Internationale Olympische Kunstausstellung Berlin* 1936 den *Zehnkämpfer* Scheibes. Zur gleichen Zeit war er mit der Figur des früher entstandenen *Stehenden* auf der Ausstellung des Frankfurter Kunstvereins *Olympia und der deutsche Geist* präsent. Die Frankfurter Ausstellung, die sich zum Ziel setzte, zu zeigen, »daß zwischen Deutschtum und Griechentum eine weit tiefere innere Verwandtschaft besteht« (Gravenkamp 1937, S. 123), stellte in acht Räumen die Architektur und Plastik des modernen Deutschlands der Antike Griechenlands gegenüber, wobei die Leistungen der deutschen Ausgrabungen in Olympia im Zentrum standen. Zu Beginn des Rundgangs wurden Werke der deutschen Gegenwartsplastik mit Bildwerken vom Zeus-Tempel in Olympia und Antiken des 5. Jahrhunderts v. Chr. zusammengebracht. Außerdem wurden unter dem programmatischen Titel der Ausstellung historische Zitate zur Bedeutung des olympischen Gedankens von Winckelmann über Goethe bis hin zu Stefan George mit Hilfe von deren Porträts in Szene gesetzt.

Richard Scheibe war mit dem *Zehnkämpfer* im folgenden Jahr nochmals auf der *Großen Deutschen Kunstausstellung* 1937 in München vertreten. Kunstpolitisch festigte sich in dieser Phase die bis dahin unklare Haltung der nationalsozialistischen Kulturfunktionäre und die Ausrichtung am Ideal der klassischen Antike gegenüber völkischen Tendenzen erhielt Vorrang.

Der Name Scheibes findet sich auch unter den zahlreichen bildenden Künstlern, die Mitglied in der 1940 gegründeten Winckelmann-Gesellschaft wurden – fast ausnahmslos solche, die auch auf den als Musterschau der nationalsozialistischen Kunstpolitik angelegten *Großen Deutschen Kunstausstellungen* vertreten waren. In den Jahren vor dem Weltkrieg entwickelte er sich zu einem gefragten Porträtisten; neben Büsten entstanden zahlreiche Plaketten und Medaillen. Von seiner Hand stammt auch eine Winckelmann-Medaille, die in reduzierter Umrissform die überlieferte Erscheinung Winckelmanns 1939 in ein modernes Bildnis transformierte. GDU

Kat. 124

Ruf der Klassik

Aus den Briefen J. J. Winckelmanns, hg. von Heinz Schmoll. Mit einem Bild Winckelmanns nach einem Gemälde von Angelika Kaufmann, Frontbuchhandelsausgabe für die Wehrmacht, Berlin: B. Behr's Verlag, 1943

Klassik Stiftung Weimar, Herzogin Anna Amalia Bibliothek, Sign. 20442-A

Kat. 125

Gruppenbild mit Generalfeldmarschall Werner von Brauchitsch (l.) und dem Archäologen Walther Wrede (r.) auf der Athener Akropolis

Verlag Heinrich Hoffmann (1885–1957), Fotograf: Schlikum, Mai 1941, Fotografie, 13 × 18 cm

Bayerische Staatsbibliothek, München, Inv. Hoffmann P.89; hoff-35216 (Reproduktion)

Literatur

Barbian 2010, S. 363–370; Braeuer 1960; Bühler/Bühler 2002; Bühler/Kirbach 1998; Schmoll 1944; Sünderhauf 2002; Wernecke 1941

124

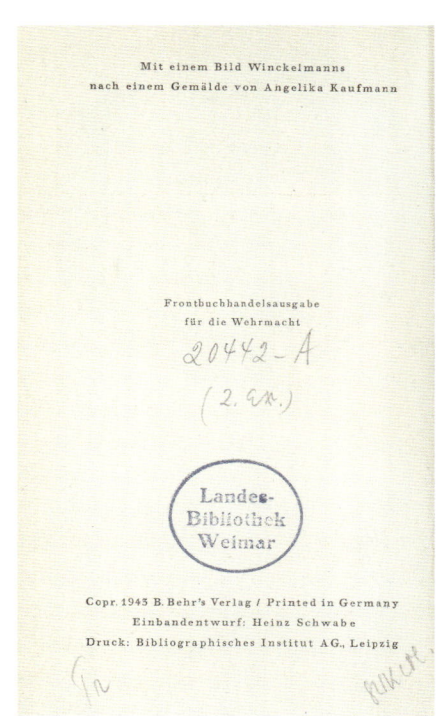

Die Versorgung der deutschen Soldaten mit Büchern war während des Zweiten Weltkriegs ein besonderes Anliegen, mit dem verschiedene nationalsozialistische Institutionen betraut waren (Bühler/Kirbach 1998; Barbian 2010, S. 363–370). Im September 1939 wurde als Kooperation von Deutscher Arbeitsfront und Oberkommando der Wehrmacht die Zentrale der Frontbuchhandlungen (ZdF) gegründet, die in den von deutschen Truppen besetzten Gebieten ein ganzes Netz von »Buch-Verkaufsstellen« unterhielt (Bühler/Bühler 2002, S. 88–112). Vertrieben wurde eine Auswahl vor allem unterhaltender Literatur aus dem Sortiment deutscher Verlage. Mit der Zeit gingen immer mehr dieser Verlage allerdings dazu über, Lizenzausgaben direkt für die Wehrmacht zu produzieren, um Papierrationierungen und kriegsbedingte Schließungen zu umgehen.

Dies dürfte auch für den 1835 gegründeten Verlag B. Behr's gelten, der 1943 und 1944 Frontbuchhandelsausgaben mehrerer Bücher aus seinem Sortiment produzierte, bevor er im Jahr 1944 geschlossen wurde (Braeuer 1960, S. 35). Dazu zählt auch die hier ausgestellte Sammlung von Briefen Winckelmanns, die das Thema des Klassisch-Hellenischen bereits auf dem von einem Mäanderband geränderten blau-weißen Umschlag anklingen lässt. Über den Herausgeber Heinz Schmoll (geb. 1911), der Zeitungswissenschaft, Germanistik sowie Kunstgeschichte studiert hatte und ab Mitte der 1930er-Jahre publizistisch tätig war, ist wenig bekannt. Nach dem Krieg war er zunächst als Hörspielautor und schließlich bis in die 1970er-Jahre hinein als Zeitschriftenredakteur tätig (vgl. Habel 1979, S. 1055; Schuder 1963, S. 574).

Ebenfalls im B. Behr's Verlag veröffentlichte Schmoll ein weiteres Bändchen mit dem Titel *Abschied und Wiedersehen*, das, wie viele andere Frontbuchhandlungs-Publikationen, deutlich auf die Situation der soldatischen Leserschaft abzielt. Auch in dem Winckelmann-Band finden sich an einigen Stellen Anspielungen auf die vom Krieg geprägte Gegenwart, etwa wenn daran erinnert wird, dass man »jetzt im Kriege« wie schon Winckelmann den Brief als »Form persönlichster Mitteilung« über »weiteste Entfernungen« nutzen müsse (Kat. 124, S. 7). Hiervon abgesehen handelt es sich bei dem broschierten Taschenbuch vor allem aber um eine im Rückgriff auf Carl Justis Biografie geschriebene populäre Lebensbeschreibung Winckelmanns,

125

die »aus den Briefen den Menschen entstehen lassen« will (ebd., S. 6). Die Soldaten mögen es in erster Linie zur Unterhaltung oder Zerstreuung gelesen und sich womöglich in dem »einsamen« Briefschreiber gespiegelt haben, den es wie sie in die Fremde verschlagen hatte. Dies dürfte insbesondere für diejenigen Wehrmachtsangehörigen gelten, die in dem zwischen 1941 bis 1944 von deutschen Truppen besetzten Griechenland dienten und den Band zum Beispiel in den Frontbuchhandlungen von Athen und Thessaloniki erhalten konnten (Bühler/Bühler 2002, S. 47, 110f.). Die Präsenz deutscher Soldaten auf der Akropolis war, wie Aufnahmen aus dem Archiv von Hitlers »Leibfotografen« Heinrich Hoffmann zeigen, ein von den nationalsozialistischen Medien gern verbreitetes, symbolträchtiges Motiv. Ganz in diesem Sinne sprach der damalige Vorsitzende der Winckelmann-Gesellschaft, Karl Wernecke, davon, »daß das Erbe Winckelmanns auch und gerade für die heutige Zeit lebendig geblieben ist, die Zeit, in der deutsche Soldaten auf der Akropolis stehen und die griechische Kunst mit den Augen Winckelmanns sehen«. (Wernecke 1941, o. S.; vgl. Sünderhauf 2002) Anders als Winckelmann waren sie jedoch nicht dem »Ruf der Klassik«, sondern dem Befehl eines »Führers« gefolgt, der Tod, Zerstörung und unsägliches Leid über das von Winckelmann einst bewunderte Griechenland bringen sollte. MD

Kat. 126
Venus Medici

1. Jh. n. Chr. nach einem Original des 1. Jh. v. Chr., Marmor, H. 152 cm

Galleria degli Uffizi, Florenz, Inv. 224

Abguss in Bronze aus dem Besitz Hermann Görings, nicht datiert, Hohlguss

Bundesamt für zentrale Dienste und offene Vermögensfragen, Berlin, Inv. VZO/41

Literatur

Ausst.-Kat. Schorfheide 2013; Fest 1963; Frank 2016; Knopf/Martens 1999; Lehmann 1997

Die Sammlung des ehemaligen Preußischen Ministerpräsidenten und Generalfeldmarschalls Hermann Göring (1893–1946) enthielt eine Reihe Kopien nach berühmten Antiken, die bereits zu Lebzeiten Winckelmanns bekannt waren. Dazu zählt auch die hier ausgestellte Bronzekopie der *Venus Medici*, deren von Winckelmann dem »schönen Stil« zugerechnetes Original (vgl. oben, S. 170–173) sich seit 1677 in der sogenannten Tribuna der Florentiner Uffizien befindet. Göring, der sich gern als der »letzte Renaissance-Mensch« (zit. nach Fest 1963, S. 103) bezeichnete und dennoch in erster Linie als einer der hauptverantwortlichen Initiatoren des Holocaust in die Geschichte eingegangen ist, vermochte mit etwa 1 350 Bildern und 250 Skulpturen die nach Hitler vermutlich zweitbedeutendste Raubkunstsammlung eines NS-Polykraten zusammenzuraffen.

Die zumeist aus Raubgut jüdischer Provenienz bestehende Gemäldesammlung, die vor allem in Görings Landsitz Carinhall in der Schorfheide zur Ausstellung gelangte, dürfte als weitgehend erforscht gelten. Auf den Besitz an Antiken und Kopien nach Antiken trifft das bislang nicht zu – weder in Bezug auf die monumentale Marmorkopie der *Nike von Samothrake* (vermutlich in Russland) oder eine Bronzekopie des sogenannten *Thermenherrschers* (heute Abgusssammlung, Berlin) noch auf die insgesamt sieben überlebensgroßen Bronzen nach der Antike, die Anfang November 1946 infolge ihrer Bergung in Carinhall durch Kurt Reutti in das Pergamonmuseum verbracht wurden (SPK, Berlin, GStA, VI. HA, Nl Reutti, K., Nr. 3, Bl. 69). Dasselbe gilt für die hier gezeigte Kopie der *Venus Medici*, die nach der bislang nicht dokumentierten Inbesitznahme durch Göring vermutlich Anfang der 1940er-Jahre in Carinhall aufgestellt wurde. Indes legt die Tatsache, dass für die Figur ein Auslieferungsbegehren überliefert ist (Claim Nr. BCR 6926; siehe SPK, Berlin, GStA, VI. HA, Nl Reutti, K., Nr. 3, Bl. 71), die Annahme nahe, dass es sich bei der *Venus* nicht um einen Auftragsguss für Göring, sondern um eine geraubte Kopie älteren Datums handelt. So findet sich eine sehr ähnliche Kopie der *Venus Medici* von Massimiliano Soldani-Benzi aus den Jahren 1699/1702 in den Liechtensteinischen Kunstsammlungen in Wien (Inv. SK 537).

Hatte also Winckelmann einen nachweisbaren Einfluss auf die »Geschmacksbildung« Görings? Dies mag man bezweifeln, wie auch im Fall Leni Riefenstahls, deren Eingangssequenz zu ihrem Olympiafilm von 1936 sich zwar einerseits als ein nachantikes *re-enactment* (etwa in der Überblendung des *Diskobol* des Myron mit einem lebenden Diskuswerfer) präsentiert, während der gefeierten Regisseurin flagrante Unkenntnis griechischer Skulptur dem Publikum vor Augen geführt wird, so zum Beispiel in den indifferenten Zitaten von Gipsen nach römischen (!) Antiken oder eines *Fauns Barberini*. Riefenstahls Ziel war ja nicht zuletzt die Vermittlung einer scheinbaren Überlegenheit der sogenannten germanischen Rasse, sei es am Beispiel ihrer bewusst stilisierten männlichen Körperlichkeit oder der martialischen Inszenierung von Massenaufmärschen – beides fataste Konstrukte nationalsozialistischer Bildlichkeit.

Es sind dies nicht die einzigen Belege dafür, dass die Nationalsozialisten vor dem Hintergrund ihres Willens zur politischen Indienstnahme und totalitären Vereinnahmung der Künste es nicht vermochten, eine valide künstlerische Position bzw. Ästhetik zu entwickeln, die etwa mit dem Freiheitsgedanken Winckelmanns zu vereinbaren gewesen wäre. So brachten sie auf unkritisch sentimentale Art kanonische Werke einer europäischen Hochkultur – die sie in der Regel nicht verstanden – zur Aufstellung, einmal mehr Seite an Seite mit Werken ihrer eigenen zeitgenössischen Produktion, die man – wie etwa drei 1990 gemeinsam mit der *Venus* geborgene Breker-Statuen – nicht anders als eklektisch bzw. kitschig bezeichnen kann. Das sammlungsgeschichtliche Ensemble Carinhall ist hierfür ein herausragendes Beispiel und die hier ausgestellte Kopie der *Venus Medici* ein Beleg abgründigster Indienstnahme, wie sie eine Geschichte hervorgebracht hat, die bis heute noch nicht in Gänze geschrieben ist. Auch in ihrem Fall darf man wünschen, dass sich ihre Vorbesitzer identifizieren ließen. CF

Kat. 127

Gerhard Voigt (1926–2005)

**Plakat
Johann Joachim Winckelmann**

»250. Geburtstag am 9. Dezember 1967 – 200. Todestag am 8. Juni 1968«, Winckelmann-Komitee der Deutschen Demokratischen Republik, 1967, 84,1 × 59,4 cm

Winckelmann-Museum, Stendal, Inv. WG-P-1

Kat. 128

Gerhard Lichtenfeld (1921–1978)

**Medaille
Johann Joachim Winckelmann**

Vorderseite: Porträt Johann Joachim Winckelmanns, Profil n. l., bez.: »J. Joachim Winckelmann 1717–1768«, sign.: »GL«; Rückseite: ionisches Kapitell, bez.: »Deutsche Demokratische Republik 1968«, 1967, Silber, D. 40 mm

Winckelmann-Museum, Stendal, Inv. WG-M-18

Kat. 129

Margot Bitzer (geb. 1936)

**Sonderpostmarke
Johann Joachim Winckelmann**

»DDR 25, Joh. J. Winckelmann – Geboren 1717«, 1967

Klassik Stiftung Weimar, Herzogin Anna Amalia Bibliothek, Sign. N 31926 (a)

Literatur
Ausst.-Kat. Weimar 1968; Bollenbeck 2005; Bomski/Haufe 2017; Winckelmann-Komitee 1967b

127

»Wir ehren in ihm [Winckelmann] eine bedeutende Persönlichkeit des nationalen kulturellen Erbes, dessen Pflege und schöpferische Weitergestaltung im sozialistischen Realismus eine der vornehmsten Aufgaben der Kulturpolitik der Deutschen Demokratischen Republik darstellt« (Winckelmann-Komitee 1967b, Bl. 137). Unter dieser erbepolitischen Prämisse veranstaltete die DDR 1967/68 aus Anlass des 250. Geburts- und des 200. Todestages eine staatliche Winckelmann-Ehrung. Konzipiert wurde sie vom Winckelmann-Komitee der Deutschen Demokratischen Republik, dessen Federführung der Martin-Luther-Universität Halle-Wittenberg (MLU) oblag. Beteiligt waren zudem Vertreterinnen und Vertreter der zuständigen Ministerien, weiterer Universitäten, der Deutschen Akademie der Wissenschaften zu Berlin, der Winckelmann-Gesellschaft, der Nationalen Forschungs- und Gedenkstätten der klassischen deutschen Literatur in Weimar (NFG), des Friedensrates der DDR sowie der Stadtverwaltung von Winckelmanns Geburtsort Stendal. Die Aktivitäten zielten vor allem darauf, kulturelle Besitzansprüche zu markieren: Die DDR präsentierte sich als »der legitime Erbe der progressiven Traditionen der deutschen Kulturentwicklung, wie sie durch Winckelmann verkörpert wird« (ebd., Bl. 137/3). Der unter das klassische Erbe subsumierte Gelehrte wurde zum Wegbereiter einer gegenständlich-realistischen Kunst mit emanzipatorisch-humanistischem Anspruch stilisiert und gegen eine vermeintlich dekadente, menschenfeindliche »Moderne« in Stellung gebracht. Die staatliche Winckelmann-Ehrung schloss somit an das in der Formalismusdebatte offiziell festgeschriebene Kunstverständnis der DDR an und gliederte sich ein in die kulturpolitisch motivierte »Reformulierung des ›Humaniskanons‹ in einer Erziehungsdiktatur, […] die sich in Konkurrenz zum westlichen System sieht und sich als der eigentliche Erbe der Nationalkultur profilieren will« (Bollenbeck 2005, S. 77).

Jenseits der ideologischen Indienstnahme Winckelmanns waren die Vorbereitungen der Feierlichkeiten geprägt von Auseinandersetzungen um die Deutungshoheit innerhalb der DDR. Der Direktor der NFG, Helmut Holtzhauer (1912–1973), sah seine Einrichtung in einer Führungsrolle, zielte auf eine breite, aktualisierende Vermittlung Winckelmann'scher Ideen und präsentierte bereits im Mai 1967 eine erste, unabhängig von den Aktivitäten des Winckelmann-Komitees konzipierte Ausstellung *Johann Joachim Winckelmann* in Weimar. Im Rahmen der staatlichen Ehrung wurde Winckelmann mit drei weiteren Ausstellungen gewürdigt. Den Auftakt bildete die im Dezember 1967 eröffnete Schau *Johann Joachim Winckelmann. Werke und Wirkungen* im Winckelmann-Memorial-Museum in Stendal. Ab Mai 1968 wurde im Hallenser Melanchthonianum die Ausstellung *Winckelmann in Rom* gezeigt, die sich Winckelmanns Zeit in Italien und vor allem dessen zweitem Hauptwerk zuwandte, den neben der *Geschichte der Kunst des Alterthums* (1764) für die Begründung der

128

129

Archäologie als Wissenschaft bedeutsamen *Monumenti antichi inediti* (1767). Die NFG veranstalteten in Weimar schließlich eine Ausstellung *Winckelmann und Goethe*, die den Kunsthistoriker als Wegbereiter des deutschen Klassikers präsentierte. Sie wurde zwischen Sommer 1968 und Frühjahr 1970 zusätzlich in Leipzig, Karl-Marx-Stadt, Greifswald, Cottbus und Rudolstadt gezeigt.

Festakte und wissenschaftliche Vorträge rahmten die Ausstellungseröffnungen in Stendal, Halle und Weimar. Für die repräsentative Außenwirkung und zur Erinnerung wurden eine Sonderpostmarke sowie eine von Gerhard Lichtenfeld gestaltete Winckelmann-Medaille aufgelegt. Ein von Gerhard Voigt entworfenes Plakat warb für die Veranstaltungen. FB / RH

Kat. 130
Fritz Cremer (1906–1993)
Schwimmerin

1959, Bronze, H. 107,5 cm

Kunstmuseum Moritzburg, Halle (Saale),
Inv. MOIII00260

Literatur
Brüne 2005; Eberlein 2000, S. 163–165; Feist 1959, S. 8, Abb. 32; Kuhirt 1983; Lüdecke 1959; Schmidt 1972; Schönemann 1961, S. 44, Abb. 98; Wieg 2000; Winckelmann-Komitee 1967a; Zinserling 1968

Der 1906 geborene Bildhauer, Grafiker und Zeichner Fritz Cremer, der in den 1930er-Jahren bei Wilhelm Gerstel (1879–1963) studiert hatte und dessen Werk sowohl in der Tradition der Berliner Bildhauerschule als auch derjenigen Rodins und Maillols steht, gehörte zu den wichtigsten Künstlern der DDR. Zu seinen prominenteren Arbeiten gehören die Denkmäler für die Konzentrationslager von Buchenwald (1952–1958), Ravensbrück (1959–1961) und Mauthausen (1961–1965). Internationale Bekanntheit erlangte er mit seiner »den um ihre Freiheit kämpfenden Völkern gewidmet[en]« überlebensgroßen Figur *Aufsteigender* (1966/67), die als Geschenk des ostdeutschen Staates an die UNO nach New York gelangte. Parallel zu den meist monumentalen politischen Auftragswerken hat Cremer sich immer wieder auch intimeren Themen gewidmet. Ein frühes Beispiel hierfür ist die 1959 geschaffene Figur der *Schwimmerin*, von der mehrere Repliken existieren.

Cremer zeigt die unterlebensgroße Figur der jugendlichen *Schwimmerin* gänzlich nackt und in Gedanken versunken auf einem Geländer sitzend. Den Oberkörper leicht nach vorn gebeugt, stützt sie sich mit den Händen auf dem Geländer ab. Ihr Kopf mit zu einem Knoten hochgebundenen Haaren ist etwas nach links gewendet, während die rechte Hand ein zum Boden herabhängendes Handtuch hält. Den linken Fuß untergeschlagen, findet sie mit den Zehen des rechten Halt an der unteren Strebe des Geländers. Der durch den Titel nahegelegten Annahme, dass es sich bei der genau ausponderierten Bronzefigur um eine Sportlerin handeln könnte (vgl. Kat. 123), stehen ihre eher rundlich-kräftigen Körperformen entgegen. In ihrer ungezwungenen Natürlichkeit scheint es sich vielmehr um eine gewöhnliche junge Frau »aus dem Volk« zu handeln, deren ruhige Haltung eine gewisse Selbstsicherheit ausstrahlt. Ganz in diesem Sinne hat die Kunstkritik der DDR in Cremers *Schwimmerin* ein Mädchen »proletarischer Herkunft« und einen »repräsentative[n] Typus einer ganzen Generation von Menschen« erblickt, »die um jene Zeit ins gesellschaftliche Leben trat« (Lüdecke 1959, S. 679; Kuhirt 1983, S. 96). Verstanden als Symbolfigur eines auf die Katastrophe des Dritten Reiches folgenden sozialistischen Aufbruchs handelt es sich somit auch bei der *Schwimmerin* um eine durch und durch politische Skulptur.

Als die DDR im Jahr 1967 anlässlich des 250. Todestags von Winckelmann den Versuch unternahm, dessen »Erbe« für den ostdeutschen Staat zu vereinnahmen, galt es den Initiatoren als ausgemacht, dass das »Winckelmannsche Wirken […] in der heutigen Kunst bei der Gestaltung des sozialistischen Menschenbildes aufgehoben und als Erbe vorausgesetzt« sei (Winckelmann-Komitee 1967a, S. 2). In diesem Zusammenhang sei es »vornehmlich« die Bildhauerkunst der DDR, die »an der Herausbildung eines aus der Wirklichkeit gewonnenen und ihr zugleich vorauseilenden Bildes vom schönen sozialistischen Menschen einen wesentlichen Anteil« habe, wobei neben Walter Arnold, Heinrich Drake, Gerhard Geyer, René Graetz und Wieland Förster explizit auch Fritz Cremer als einer der für diesen Zusammenhang repräsentativen Künstler genannt wird (ebd., S. 3). Der offensichtliche Widerspruch, dass dem Werk Cremers zumindest formal wenig Klassizistisches anhaftet, wurde dabei gut hegelianisch gelöst: Laut Gerhard Zinserling (1926–1993), einem der Mitautoren des Winckelmann-Konzepts, seien »in den besten Werken der sozialistischen Gegenwartskunst der Klassizismus und damit auch das Werk Winckelmanns, seine Rückbeziehung auf Renaissance und antikes Griechenland zugleich enthalten und doch entscheidend überwunden«. (Zinserling 1968, S. 494) Zwar lässt sich in der Tat argumentieren, dass die Bildhauerkunst der DDR mit ihrem Festhalten an der figürlichen Darstellung des Menschen in der Tradition der sich vor allem auf Winckelmann berufenden Berliner Bildhauerschule Johann Gottfried Schadows steht (Eberlein 2000, S. 155). Dass den überzeugten Marxisten Cremer, dessen künstlerische Ansichten nicht immer mit den Vorgaben der SED übereinstimmten (Brüne 2005, S. 19), der politisch motivierte Versuch einer klassizistischen Vereinnahmung seines Werkes überzeugt hat, darf indes bezweifelt werden. MD

Kat. 131

Alfred Hrdlicka (1928–2009)
Winckelmanns schauriges Ende

1964/65, Ätzung, Kaltnadel, Stichel, Schmirgelpapier und Roulette geschabt auf Kupfer, 631 × 932 mm

Technische Universität Dresden, Medizinische Fakultät Carl Gustav Carus, Institut für Geschichte der Medizin, Inv. 77889-000

Literatur
Hrdlicka 1968; Hrdlicka 1973

Der 1964/65 entstandene Winckelmann-Zyklus des Wiener Künstlers Alfred Hrdlicka sucht in der Auseinandersetzung mit dem Gelehrten des 18. Jahrhunderts seinesgleichen. Während in der DDR 1967/68 noch einmal emphatisch versucht wurde, an Winckelmanns Freiheitspathos anzuknüpfen (Kat. 127–129), erscheinen Hrdlickas Blätter, wie der mit ihm befreundete Kunstkritiker Johann Muschik formuliert, als hohnvolle und zornige Einfälle zu einer Sentenz. Der Künstler selbst äußerte sich dazu: »Edle Einfalt, stille Größe, gemessen an der Realität unserer Zeit, ist Inhalt meiner Winckelmann-Blätter« (Hrdlicka 1973, S. 87). Die Konsequenz daraus ist, dass vor dem Hintergrund der Katastrophe des Zweiten Weltkriegs für Hrdlicka eine normative Ausrichtung auf ein klassisches Antikeideal unmöglich geworden war. Vergewaltigungen, Spritzen in den Hintern, Abtreibungen, wie sie in dem gleichnamigen Blatt *Edle Einfalt, stille Größe* (1964/65) zu sehen sind, stellen die ethischen und ästhetischen Paradigmen, die mit eben dieser Formel verknüpft wurden, grundsätzlich in Frage. Dies geschieht auch in der Darstellung von Winckelmanns Ermordung auf dem Blatt *Winckelmanns schauriges Ende*, die flankiert ist vom Sexualakt zwischen zwei Männern – eine Anspielung auf den womöglich homosexuellen Hintergrund der Tat –, von Folterszenen, die an Zahnoperationen in Konzentrationslagern erinnern, oder einem Mann, der mit dem Messer bedroht wird und vielleicht Winckelmann selbst zeigt.

Hrdlicka ist einer der wenigen Künstler, die die folgenschwere Verknüpfung von Ästhetik, Anthropologie und Politik benennen und vorführen, zu welchen politisch-gesellschaftlichen Konsequenzen das klassische Ideal einer scheinbaren Identität von Schönem, Wahrem und Gutem führen kann. Den Winckelmann-Zyklus hat Hrdlicka zusammen mit *Roll over Mondrian* und dem Haarmann-Zyklus als seinen »Beitrag zu einer Kunsttheorie des 20. Jahrhunderts« bezeichnet. Mondrian habe »die Lehre Winckelmanns ins 20. Jahrhundert hinübergerettet« (ebd.) und damit deren unheilvollen Einfluss perpetuiert. Mit dieser Genealogie kritisiert Hrdlicka den im Ideal des Klassizismus angelegten Ästhetizismus. Die Strukturierung der beiden gezeigten Blätter ist denn auch lose an Mondrians rechteckige Raster angelehnt, doch zielt ihre inhaltliche Auffüllung auf die Engführung, ja die Konfrontation des Ästhetizismus mit den politischen Katastrophen des 20. Jahrhunderts. Die Überblendungen politischer und individueller Gewalt und Pornografie zeigen eine Realität, die das ästhetische Ideal stets verleugnet bzw. sublimiert hat, an der dieses aber, so Hrdlicka, mitschuldig sei.

Zeit seines Lebens kämpfte der überzeugte Kommunist Hrdlicka für eine Kunst, die nicht idealisiert, sondern sich der »Realität« stellt, und schuf dementsprechend Werke, die von programmatischen Aussagen begleitet sind. Im Spiegel seiner Blätter wird Winckelmann (und mit ihm der Klassizismus als kunsthistorischer Ausgangspunkt der ästhetischen Moderne) zum Symbol einer antinaturalistischen, im Abstraktionismus gipfelnden Kunstentwicklung, die sich zunehmend von den Gegenständen und damit auch von den Inhalten entfernt (vgl. Kat. 70–72). Die Rolle, die Hrdlicka Winckelmann zuschreibt, ist aber nicht eindeutig: »Winckelmanns Ermordung war ein Wetterleuchten. Was es bedeutete und was darauf folgte, war das schaurige Ende von Winckelmanns Theorie.« (Hrdlicka 1973, S. VI) In dieser Formulierung von Johann Muschik markiert Winckelmanns Tod das Ende einer bestimmten Ästhetik und Hrdlickas Blätter versetzen ihr noch einmal den Todesstoß. Gleichzeitig rufen die Prozessakten (Kat. 44) zu Winckelmanns Todesumständen, deren Wiederentdeckung 1964 Hrdlicka zu den Winckelmann-Blättern angeregt hatte, in Erinnerung, wie schrecklich dessen Tod gewesen war. Sie enthüllen die Spannung zwischen einer der Reinheit und Schönheit huldigenden Ästhetik und Winckelmanns eigenem Leben und qualvollem Tod. Winckelmann war, so scheinen Hrdlickas Blätter zu suggerieren, nicht zuletzt auch ein Opfer seiner selbst. CK

Johann Joachim Winckelmann

Kat. 132

Kleine Schriften, Vorreden, Entwürfe

Hg. von Walther Rehm. Mit einer Einleitung von Hellmut Sichtermann, Berlin: de Gruyter, 1968

Klassik Stiftung Weimar, Herzogin Anna Amalia Bibliothek, Sign. 78649 - A

Kat. 133

Winckelmanns Werke in einem Band

Ausgewählt und eingeleitet von Helmut Holtzhauer, Berlin/Weimar: Aufbau-Verlag, 1969 (= Bibliothek deutscher Klassiker, hg. von den Nationalen Forschungs- und Gedenkstätten der klassischen deutschen Literatur in Weimar)

Klassik Stiftung Weimar, Herzogin Anna Amalia Bibliothek, Sign. 72732 - A

Kat. 134

Schriften und Nachlaß

Hg. von der Akademie der Wissenschaften und der Literatur Mainz, der Akademie gemeinnütziger Wissenschaften zu Erfurt und der Winckelmann-Gesellschaft Stendal, Mainz: von Zabern, 1996ff.

Klassik Stiftung Weimar, Herzogin Anna Amalia Bibliothek, Sign. 256154 - B

(in der Ausstellung gezeigt: Bd. 1: Von der Restauration der Antiquen)

Literatur
Anon. 1936; Anon. 1938; Anon. 1941; Becker 1967; Borbein 2014; Fuhrmann 1972; Irmscher 1994; Kathe 2005; Kunze 2002; Kunze 2003; Lessing 1985–2003; Rüdiger 1968; Ruppert 1943; Sichtermann 1991; Sünderhauf 2002; Sünderhauf 2004

Der Wunsch nach einer vollständigen Ausgabe der Werke Winckelmanns setzte bereits kurz nach dessen Tod ein. Schon Lessing hegte den Plan einer kritischen »Ausgabe der sämtlichen Winkelmannschen Werke«, den er letztlich aber nicht ausführen konnte (an Karl Wilhelm Daßdorf, 26. September 1776, in: Lessing 1985–2003, Bd. 11.2, S. 842–844).

Nachdem auch die 1793/94 von Hendrik Jansen in Angriff genommene Edition der *Œuvres complettes de Winkelmann* nicht über die *Geschichte der Kunst* hinausgelangt war, fiel es Weimar zu, ab 1808 die erste Ausgabe von *Winckelmann's Werken* vorzulegen, die gemeinsam mit der von Joseph Eiselein (1781–1856) zwischen 1825 und 1835 besorgten Ausgabe der *Sämtlichen Werke* bis weit in das 20. Jahrhundert hinein der Winckelmann-Forschung als Textgrundlage diente. Ausgewählte Schriften Winckelmanns erschienen unter anderem in den Jahren 1909, 1913, 1914 und 1925, 1939 und 1943, aber erst 1936 sollte der klassische Archäologe Gerhart Rodenwaldt (1886–1945) wieder eine historisch-kritische Ausgabe sämtlicher Werke und Briefe Winckelmanns anregen (Anon. 1936, Sp. 608; Anon. 1938, Sp. 783f.; vgl. Sünderhauf 2004, S. 319–323), die sich in die von ihm 1941 rückblickend konstatierte »Winckelmann-Renaissance« einfügt (Anon. 1941, Sp. 892; Ruppert 1943).

Der Literaturwissenschaftler Walther Rehm (1901–1963), der mit diesem vom Deutschen Archäologischen Institut, der Preußischen Akademie der Wissenschaften sowie der Reichsjugendführung geförderten Editionsprojekt betraut wurde, konzentrierte sich zunächst auf die Briefe Winckelmanns, deren vierbändige Edition er 1942 abschließen, jedoch erst nach dem Krieg zwischen 1952 und 1957 publizieren konnte (*Br. 1–4*; vgl. Kunze 2002, S. 16). Eine parallel dazu von dem Verleger Friedrich Vorwerck projektierte Winckelmann-Ausgabe, die die Grundlage für die »Gewinnung eines neuen Winckelmann-Bildes, das in allem den wissenschaftlich-methodischen und weltanschaulichen Forderungen unserer Zeit gerecht« werde, liefern sollte, kam indes nicht zur Ausführung (zit. nach Sünderhauf 2004, S. 320).

Auch nach dem Krieg waren es Textsammlungen und Anthologien, in deren Rahmen ausgewählte Schriften Winckelmanns publiziert wurden (Winckelmann 1948 und 1960). Neue Impulse erhielt die Beschäftigung mit Winckelmann erst anlässlich des Jubiläums 1967/68: In der Deutschen Demokratischen Republik sorgte ein eigens gegründetes Winckelmann-Komitee dafür, dass die Jubiläen seines 250. Geburtstags und 200. Todestags offiziell gefeiert wurden, wobei man das Ziel verfolgte, Winckelmanns Person und Gedankenwelt im Zeichen eines »sozialistischen Humanismus« für die Gegenwart zu aktualisieren (Kat. 127–129). Demgegenüber findet sich auf Seiten der Bundesrepublik kein vergleichbares staatliches Engagement. Verweisen lässt sich allein auf einen schmalen Band, den der zum Zweck der Vermittlung deutscher Kultur im Ausland gegründete und mit Mitteln der Bundesregierung geförderte Verein Inter Nationes (Kathe 2005, S. 385–387) im Jahr 1968 wohl als Antwort auf die ostdeutsche Inanspruchnahme Winckelmanns veröffentlichte. Bezeichnenderweise findet sich unter den drei in diesem Bändchen versammelten Aufsätzen nur ein Originalbeitrag von Richard Biedrzynksi (1901–1969), während die beiden anderen Beiträge von Ludwig Curtius (1874–1954) und Horst Rüdiger (1908–1984) aus den Jahren 1937 bzw. 1956 stammen. Rüdigers Feststellung, dass »heute kein gültiges Winckelmann-Bild mehr« bestehe (Rüdiger 1968, S. 22), trifft sich dabei mit der von Manfred Fuhrmann 1969 in Frankfurt am Main im Rahmen eines Winckelmann-Festvortrags geäußerten ideologiekritischen Diagnose, dass es sich bei dem Gelehrten nur mehr um ein verblasstes »deutsches Symbol« handle (Fuhrmann 1972).

Es war wiederum Walther Rehm, der kurz vor seinem Tod damit begann, jene Schriften Winckelmanns zusammenzustellen, die er aufgrund ihrer literarischen Qualität und der Bedeutung für die Kunstliteratur für relevant hielt. Von einer Gesamtausgabe der Werke sah er dagegen ab, weil diese »erbarmungslos veraltet« seien (zit. nach *KS*, S. XVIII). Die pünktlich zum Jubiläum 1968 erschienene kritische Ausgabe von Winckelmanns *Kleinen Schriften* setzte neue Maßstäbe in der Winckelmann-Forschung und wurde 2002 nochmals neu aufgelegt (*KS*). Mit seiner Ausgabe kam Rehm Bemühungen der DDR um eine Neuedition von Winckelmanns Schriften zuvor, die auch hier als ein Desiderat galt und in Weimar, dem Ort der Entstehung einer ersten Werkausgabe, realisiert werden sollte: »Als Wunsch«, so hieß es etwa in der Tageszeitung *Neue Zeit* anlässlich des Winckelmann-Geburtstags am 9. Dezember 1967, »wäre lediglich eine kritische Gesamtausgabe anzumelden, die die Nationalen Forschungs- und Gedenkstätten in ihre Planung aufnehmen sollten. Eine repräsentative Ausstellung in Weimar und eine Reihe anderer Vorhaben belegen, daß die Weimaraner Goethes Bewunderung für Winckelmanns Wirken sinnvoll fortsetzen.« (Becker 1967, S. 3) Die von Helmut Holtzhauer (1912–1973) im Jahr 1969 herausgegebene Sammlung von *Winckelmanns Werken in einem Band* konnte jedoch weder den Wunsch nach einer Gesamtausgabe befriedigen noch reichte sie an den wissenschaftlichen Anspruch der Ausgabe Rehms heran.

Es sollte bis zur Mitte der 1990er-Jahre dauern, bis eine historisch-kritische Gesamtausgabe der Schriften und des Nachlasses Winckelmanns verwirklicht werden konnte. Die Idee dazu geht auf ein Projektformat der Volkswagenstiftung zurück, mit dem man Mitte der 1980er-Jahre die wissenschaftliche Kooperation zwischen den beiden deutschen Staaten fördern wollte (*SN 4,1*, S. xiif.; Borbein 2014). Das von Adolf H. Borbein und Thomas W. Gaehtgens (West) sowie von Max Kunze und Johannes Irmscher (Ost) initiierte Editionsprojekt, das zunächst nur der *Geschichte der Kunst* gelten sollte, konnte über die veränderten institutionellen Bedingungen der Wiedervereinigung hinweg weitergeführt werden. Es wird heute gemeinsam von der Akademie der Wissenschaften und

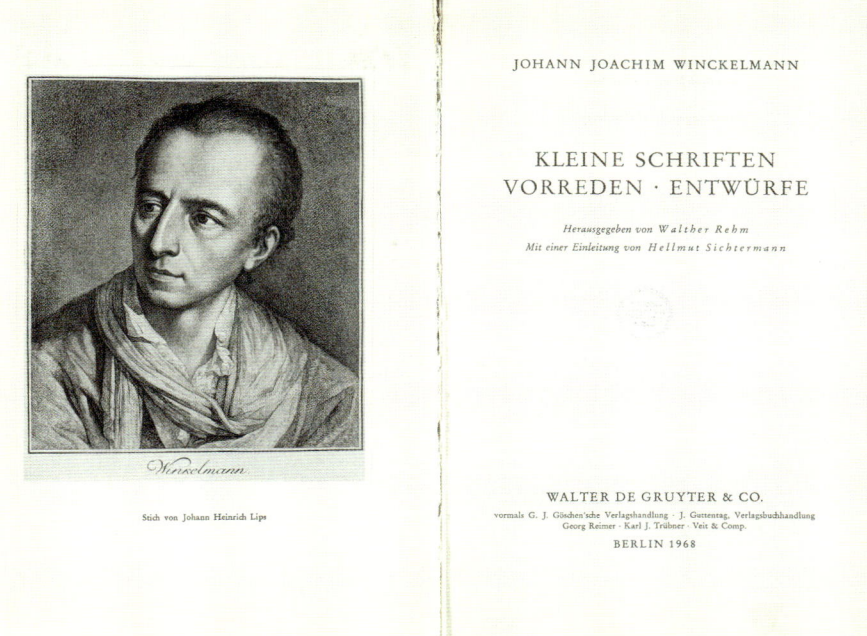

132

133

der Literatur Mainz, der Akademie gemeinnütziger Wissenschaften zu Erfurt und der Winckelmann-Gesellschaft Stendal getragen und hat bislang 15 Bände vorlegen können.

Nachdem um 1800 die erste bedeutende Werkausgabe in Weimar entstand, waren es in der Folgezeit andere Orte, an denen die historisch-philologische Auseinandersetzung mit Winckelmanns Werk vorangetrieben wurde. Die wissenschaftshistorische Betrachtung hat sich gegenüber der Heroisierung seiner Person und der politischen Aktualisierung seines Werkes durchgesetzt. Die Winckelmann-Gesellschaft, die sich gleich mit ihrer Gründung im Jahr 1941 finanziell an den Plänen zu einer Werkausgabe beteiligt und auch nach deren Scheitern diese Idee beharrlich weiterverfolgt hat (Kunze 2002, S. 16), etablierte sich dabei als ein wichtiges Zentrum. Inwieweit es in diesem Zusammenhang zu einer »Instrumentalisierung Winckelmanns im Rahmen wissenschaftspolitischer Strategien« der verschiedenen politischen Systeme gekommen ist (Sünderhauf 2002, S. 45), wird erst eine noch zu schreibende Geschichte der Winckelmann-Gesellschaft zeigen können. ED / MD / CK

» ES GEHT UNS HIER VIELMALS, WIE LEUTEN, DIE GESPENSTER KENNEN WOLLEN, UND ZU SEHEN GLAUBEN, WO NICHTS IST: DER NAME DES ALTERTHUMS IST ZUM VORURTHEIL GEWORDEN; ABER AUCH DIESES VORURTHEIL IST NICHT OHNE NUTZEN. «

(J. J. WINCKELMANN, GESCHICHTE DER KUNST DES ALTERTHUMS, 1764)

Kat. 135

Dionysos »Sardanapal«

Römische Marmorkopie des 2. Jh. n. Chr. nach einem griechischen Bronzeoriginal des 4. Jh. v. Chr., Marmor, H. 206 cm

Museo Nazionale Romano, Palazzo Massimo alle Terme, Rom, Inv. 108605

O.J. (nach 1954), Fotografie, 28,1 x 19,1 cm

Klassik Stiftung Weimar, Museen, Inv. KPh/6775

Literatur

Berger 1999; Calderón Sánchez 2015; Cancik 1989; Caso 2013; GSA 72/2611; Hofacker 2004; Knigge 2008; Krause 1984; La Regina 1992; Visconti 1782–1807

Die Objektbiografie des sogenannten *Dionysos Sardanapal* vereint heterogene »Zeitschichten« des Klassischen von Winckelmann bis in die jüngste Vergangenheit. Von der attischen, ursprünglich wohl aus Bronze gefertigten Skulptur aus der Zeit um 330 bis 310 v. Chr. sind fünf ganzfigurige Repliken, eine Statuette und fünf maßstäbliche Kopfrepliken bekannt. Dionysos, der polymorphe Gott, der in verschiedenen Lebensaltern dargestellt wurde, erscheint hier als bärtiger älterer Mann mit langen Haaren und in ein auf den Boden reichendes Gewand gehüllt. Die wohl nachträglich auf dem Mantel angebrachte griechische Inschrift »Sardanapal« sorgte für Verwirrung; Winckelmann versuchte vergeblich eine Identifizierung: Handelte es sich um den assyrischen König Sardanapal, um Platon oder doch um einen Anderen, Unbekannten?

Oft setzen antike Artefakte Deutungsprozesse in Gang, die – wie in diesem Fall – mit politischen Funktionalisierungen verbunden sind. Um zwei der Repliken geht es hier: Die namensgebende, noch heute im Vatikan befindliche römische Replik hat Winckelmann in seinen *Monumenti antichi inediti* (1767) abgebildet (*MI 2*, Taf. 163). Damit hat er die Skulptur in den Kanon klassischer Kunst aufgenommen und die archäologische Diskussion über die Identifizierung nahm ihren Anfang: Um 1784 hat Ennio Quirino Visconti (1751–1818) im zweiten Band des *Museo Pio-Clementino*, Winckelmanns Ansätze fortführend, die Zuschreibung als Dionysos vorgenommen (Visconti 1782–1807, Bd. 2, S. 82). Eine erste politische Zurschaustellung fand im napoleonischen Frankreich statt: Der *Dionysos* gehörte zu jenen zahlreichen Kunstwerken, die mit Berufung auf Winckelmanns Vision der griechischen Freiheit (Kat. 199) vorübergehend nach Frankreich entführt wurden.

Eine ebenso merkwürdige Reise unternahm die 1927 in der Nähe von Castel Gandolfo gefundene Replik: In Weimar, wo man sich bereits zu Goethes Zeit mit der Skulptur beschäftigt hatte, wie eine Zeichnung von Friedrich Bury (Klassik Stiftung Weimar) belegt, wurde 1939 eine von Adolf Hitler persönlich mitfinanzierte Gedächtnishalle für Friedrich Nietzsche gebaut, in deren Apsis zunächst ein Zarathustra-Denkmal stehen sollte, das aber nicht verwirklicht wurde. Mit der Bitte um eine griechische Statue, die »mit der Gedankenwelt Nietzsches in Verbindung stehe«, wandte sich der Berliner Verleger Georg Lüttke deshalb 1942 an den italienischen Faschistenführer Benito Mussolini, welcher ihm in einem eigenhändigen Schreiben seine Unterstützung zusagte – als seine »Hommage an den Autor des ›Zarathustra‹«.

Ausgewählt wurde die besagte Replik des *Dionysos Sardanapal*; sie hätte, so Hubert Cancik, in Weimar – Nietzsches Begriff des »Dionysischen« umdeutend – zur Vorstellung eines nahenden Sieges in Beziehung treten sollen. Aufgrund von Verzögerungsversuchen italienischer Archäologen kam die tonnenschwere Skulptur allerdings erst am 29. Januar 1944 am Güterbahnhof in Weimar an – mitten im Luftkrieg und zu spät für eine Aufstellung in der Apsis der Nietzsche-Gedenkhalle, für die sie überdies zu groß gewesen wäre. Doch auch nach dem Krieg wurde die mittlerweile unliebsam gewordene Skulptur in Weimar nie ausgestellt.

1954 wurde der mit dem »Faschismus« verbundene Dionysos als Dauerleihgabe an das Pergamonmuseum nach Ost-Berlin abgeschoben; der italienischen Forderung nach Rückgabe gab man erst nach der Wiedervereinigung im Jahr 1991 statt. Die Skulptur ist heute wieder im Palazzo Massimo alle Terme in Rom zu sehen. Was einst als Geschenk erschien, wurde nun, geschichtlich ungenau, als illegale Ausfuhr, ja sogar zur Raubkunst stilisiert; die Verantwortung der einstigen faschistischen Regierung Italiens wurde heruntergespielt (*La Republicca* brachte den Fall am 5. Dezember 1991 gar mit Hitlers »neoklassizistischem Wahn« in Verbindung). Auf Weimarer Seite schien die Rückgabe nicht unwillkommen zu sein: Denn Mussolinis Geschenk – wie »klassisch« es auch immer sein mochte – wäre in der Klassikerstadt ein unübersehbares Denkmal der eigenen, dunklen Geschichte gewesen, der dem heiteren Weimar-Mythos »von der ewigen Gegenwart klassischen Denkens« (wie ihn Volkhard Knigge problematisiert) im Wege gestanden hätte. PK / CK

EPILOG

Winckelmanns Auseinandersetzung mit dem Altertum ist spätestens seit seiner Ankunft in Rom untrennbar mit der Erkenntnis verbunden, dass die antike Kunst unwiderruflich verloren sei. Uns Modernen gehe es – so das prominente Schlussbild der *Geschichte der Kunst des Alterthums* – wie einer Geliebten, die am Ufer des Meeres stehend ihrem wegfahrenden Liebhaber nachschaut, »ohne Hofnung ihn wieder zu sehen«: »Wir haben wie die Geliebte, gleichsam nur einen Schattenriß von dem Vorwurfe unsrer Wünsche übrig; aber desto größere Sehnsucht nach dem Verlohrnen erwecket derselbe, und wir betrachten die Copien der Urbilder mit größerer Aufmerksamkeit, als wie wir in dem völligen Besitze von diesen nicht würden gethan haben. Es geht uns hier vielmals, wie Leuten, die Gespenster kennen wollen, und zu sehen glauben, wo nichts ist« (*GK1*, S. 430). Von den griechischen Originalwerken kannte Winckelmann in der Tat nur spätere Kopien und auch diese waren zum größten Teil fragmentarisch überliefert oder ergänzt, gleichsam Schatten ihres einstigen Selbst.

Bei der elegischen Klage über diesen unwiderruflichen Verlust ist er aber nicht geblieben: Den Mangel an »Urbildern« hat Winckelmann ganz im Gegenteil zur Grundlage einer äußerst produktiven heuristischen Maxime gemacht: »[D]er Name des Alterthums ist zum Vorurtheil geworden; aber auch dieses Vorurtheil ist nicht ohne Nutzen. Man stelle sich allezeit vor, viel zu finden, damit man viel suche, um etwas zu erblicken.« (*GK1*, S. 430f.) Die Probe aufs Exempel liefert er in seinen Beschreibungen antiker Kunstwerke: Allein mit Hilfe seiner Imagination gelingt es ihm, aus dem verstümmelten *Torso vom Belvedere* (Kat. 12) wieder einen lebendigen Herkules zu machen oder dem *Apoll vom Belvedere* (Kat. 13) wie ein Pygmalion Leben einzuhauchen. Damit bezieht Winckelmann eine vor dem Hintergrund des modernen Wissensbegriffs bemerkenswerte Position, die einerseits den projektiven, imaginären oder vielmehr konstruierten Charakter der Antike betont, andererseits aber diesem »Gespenst« einen unverminderten Wahrheitsgehalt beimisst, was sich schon dadurch äußert, dass er es zum Hauptgegenstand einer Geschichte macht. Dabei ist er sicherlich der erste Historiker, der die Konstruktivität des Altertums auf so pointierte und anschauliche Weise feststellt und dessen wesentliche Verbindung mit der Moderne betont: Die Antike lässt sich ohne die Imagination der Modernen nicht denken.

Die Produktivität dieses Ansatzes ist in den 250 Jahren, die seit Winckelmanns Tod vergangen sind, hinter ein mehr oder weniger klischeehaftes Antikebild zurückgetreten, das ihm gern zugeschrieben wird. Winckelmanns Name wie auch seine Ideen sind, so könnte man sagen, selbst zu einem »Schattenriß« verblasst, einem »Vorurtheil«, das allerdings in der Tat »nicht ohne Nutzen« war: Indem Winckelmanns Antikenphantasma ernst genommen wurde, konnte es weit über das 19. Jahrhundert hinaus seine Produktivität entfalten und damit Debatten anstoßen, in denen Antike und Moderne immer wieder neu ins Verhältnis gesetzt wurden.

Es lässt sich nicht leugnen, dass Winckelmann heute nur noch wenigen Menschen präsent ist, und, was noch bedeutsamer ist, dass die von ihm idealisierte Antike für die Gegenwart ihre einstige normative Kraft verloren hat. Die gefährlichen Konsequenzen einer Verabsolutierung der Antike sind nicht erst mit den politischen Katastrophen des 20. Jahrhunderts deutlich geworden (vgl. Sektionstext »Politik«). Die in den Ausstellungsparcours integrierten Werke von zeitgenössischen Künstlern wie Alfred Hrdlicka, Friederike van Lawick und Hans Müller, Marc Quinn, Bettina Rheims oder Francesco Vezzoli zeigen, dass das Antikebild des Klassizismus, wenn überhaupt, dann nur noch in reflektierter und damit gebrochener Form zum Thema gegenwärtiger künstlerischer Arbeit werden kann. So wie Winckelmann nicht umhin kam, sich aus Bruchstücken und Fragmenten »seine Antike« zu imaginieren, so sieht sich am Ende auch der Betrachter von Paolinis *Proteo I* (Kat. 136) mit den Bruchstücken einer gipsernen Homerbüste konfrontiert, deren Fragmente er allein in der Vorstellung zusammensetzen kann, die jedoch auch zusammengesetzt immer ein gebrochenes Bild der Antike bleiben wird. ED / MD / CK

Kat. 136
Giulio Paolini (geb. 1940)
Proteo I

1971, Bruchstücke einer Maske des Homer, Gips, 10 × 30 × 30 cm

Klassik Stiftung Weimar, Museen, Inv. PM O 5

Literatur
Ausst.-Kat. Bielefeld/Wuppertal/Berlin 1982, S. 20/21; Ausst.-Kat. Mannheim 1977, S.42/43; Best.-Kat. Weimar 1998, Bd. 1, S. 115, Kat. 78; Disch 2008, S. 234, Kat. 225; Paolini 1977; Winckelmann 1953

Obwohl Giulio Paolini in den 1960er- und frühen 1970er-Jahren an mehreren Gruppenausstellungen der Arte Povera beteiligt war, lässt er sich als künstlerische Ausnahmeerscheinung nicht dieser italienischen Avantgardebewegung zuordnen. Sein Kunstverständnis rechnet nicht mehr mit dem Kriterium der Erfindung oder der Innovation. Stattdessen huldigt sein Werk – scheinbar hinter die Moderne zurückgehend – dem Ideal der überzeitlichen Gültigkeit der Klassik.

Wie kaum ein anderer Künstler bedient er sich aus dem gewaltigen Korpus historisch überlieferter Kunstwerke und untersucht mittels Zitaten grundsätzliche Problemstellungen künstlerischer Produktion, die ihn in die Nähe der konzeptuellen Kunst rücken. Gleichwohl geht es ihm weniger um eine analytisch-didaktische Aufklärung als vielmehr um die ästhetisch-sinnliche Umsetzung eines schrittweisen Wahrnehmungsprozesses. Die benutzten Reproduktionen, Fotografien und Gipsabgüsse ersetzen nicht das Original, sie sind keine Stellvertretung, sondern benennen einen Umgang mit Kunst, der aus ihrer Überlieferung, Deutung und Benutzung neue Erkenntnisse erzeugt. Mit seinen Werken stellt Paolini Fragen zu grundlegenden Prinzipien des Sehens und der Gültigkeit eines verbindlichen, vor allem auf Vitruv und Winckelmann zurückgehenden klassischen Kanons.

Der italienische Künstler übernimmt vom Klassizismus das Prinzip der Wiederholung, der Anverwandlung, das sich auf Winckelmanns Diktum der Nachahmung der Antike zurückführen lässt. Ausdrücklich bezieht er sich mit seiner 1977 erschienenen Edition *Sei illustrazioni per gli scritti sull'arte antica di Johann J. Winckelmann* auf die historische Rezeptionsgeschichte und langwirkende Vorbildfunktion Winckelmanns. Die Edition besteht aus sechs Blättern mit Collagen und einer reinen Textdoppelseite aus einer italienischen Ausgabe von Winckelmanns Schriften, *Il bello nell'arte* (Winckelmann 1953). Neben einer Illustration aus der deutschen Erstausgabe der *Geschichte der Kunst des Alterthums* finden sich hier auch zwei Abbildungen des *Apoll vom Belvedere* und des *Fechter Borghese*, die für Winckelmanns Schönheitsideal und die spätere Rezeption der Antike von zentraler Bedeutung waren.

Auch Paolinis 1971 entstandenes plastisches Werk *Proteo I*, zu dem zwei weitere Arbeiten, *Proteo II* und *Proteo III*, gehören, zeigt die Anverwandlung des klassizistischen Denkens in einem heutigen Kunstverständnis. Der in viele Einzelteile zerbrochene Gipsabguss einer Maske Homers führt von der Geschichte einer Bewahrung und Vermittlung antiker Kunst hinein in die Gegenwart. Dass Paolini eine Maske Homers als Objekt wählte, ist zum einen an dem Bruchstück eines geschlossenen Auges zu erkennen, das auffällig zwischen den anderen Einzelteilen erscheint und die Blindheit des antiken Dichters anzeigt, und zum anderen an der gleichfalls zu erkennenden Stirnbinde, der Tänie, die alle bekannten Homer-Bildnisse kennzeichnet.

Mit dem Titel *Proteo* spielt Paolini auf den Mythos des Proteus an, den Homer in der *Odyssee* als »Meeresalten« besingt. Zu den besonderen Fähigkeiten dieses Meeresgottes gehören die wandelbare Gestalt und die Gabe der Prophezeiung. Indem Paolini sich sowohl auf den unsterblichen Schöpfer der *Ilias* und der *Odyssee* als auch auf Proteus als Meister der Verwandlung und Weissagung bezieht, verweist er auf die ewig wandlungsfähige, visionäre Kraft der Kunst. Das Zerschlagen des Gipses ist zugleich auch als ein demonstrativer Akt des Bruchs mit einer akademischen Erstarrung des »Nachlebens der Antike« zu verstehen. Die zertrümmerte Skulptur fordert den Betrachter dazu auf, verschiedene Blickpunkte mit vielfachen Perspektiven einzunehmen und das Werk wie in einem Kaleidoskop spielerisch neu zu imaginieren. GW

Epilog

ANHANG

OBJEKTE AUSSERHALB DES KATALOGS

PROLOG

Kat. 137
Winckelmann'scher Faun (Kopf eines jungen Pan)
Frühes 2. Jh. n. Chr., Marmor, H. 24 cm
Staatliche Antikensammlungen und Glyptothek, München, Inv. GL 261 WAF
Gipsabguss mit modernen Marmorergänzungen von Bartolomeo Cavaceppi: Winckelmann-Museum, Stendal, Inv. HWG-DL-1

Kat. 138
Johann Joachim Winckelmann
Monumenti antichi inediti, spiegati ed illustrati
Seconda edizione aggiuntovi alcune erudite addizioni nel fine dell'opera, Rom: Mordacchini, 1821
Klassik Stiftung Weimar, Herzogin Anna Amalia Bibliothek, Sign. Th P 1 : 18 (c)
(in der Ausstellung gezeigt: Taf. 59)

Kat. 139
Bartolomeo Cavaceppi (1716–1799)
Raccolta d'antiche statue, busti, teste cognite ed altre sculture antiche scelte restaurate
3 Bde., Rom: Generoso Salomoni, 1768–1772
Georg-August-Universität Göttingen, Niedersächsische Staats- und Universitätsbibliothek, Sign. 2 ARCH III, 695: (1–3)
(in der Ausstellung gezeigt: Bd. 2, Frontispiz)

ZUGÄNGE ZUR ANTIKE

Kat. 140
Jacobus Gronovius (1645–1716)
Thesavrvs Graecarvm Antiqvitatvm [...]
12 Bde., Lvgdvni Batavorvm: Van der Aa, 1697–1702
Klassik Stiftung Weimar, Herzogin Anna Amalia Bibliothek, Sign. 2° XXXIX : 89–101

Kat. 141
Peter Bayle (1647–1706)
Historisches und critisches Wörterbuch
Nach der neuesten Auflage von 1740 ins Deutsche übersetzt, mit des berühmten Freyherrn von Leibnitz, und Herrn Maturin Veissiere la Croze, auch verschiedenen andern Anmerkungen, sonderlich bey anstößigen Stellen versehen, von Johann Christoph Gottscheden, 4 Bde., Leipzig: Breitkopf, 1741–1744
Bde. 1–3: Klassik Stiftung Weimar, Herzogin Anna Amalia Bibliothek, Sign. Ngr 27661 (a–c)
Bd. 4: Martin-Luther-Universität Halle-Wittenberg, Universitäts- und Landesbibliothek Sachsen-Anhalt, Sign. Af 2226 i, 2° (4)

Kat. 142
Johann Gottlieb Krüger (1715–1759)
Naturlehre
Zweyter Theil: Welcher die Physiologie, oder Lehre von dem Leben und der Gesundheit der Menschen in sich fasset, Nebst Kupfern und vollständigem Register, Halle im Magdeburgischen: Hemmerde, 1748
Martin-Luther-Universität Halle-Wittenberg, Universitäts- und Landesbibliothek Sachsen-Anhalt, Sign. Pa 737a
(in der Ausstellung gezeigt: Bd. 2, Taf. XVII)

Kat. 143
Johann Joachim Winckelmann
Exzerpte aus: Peter Bayle, Historisches und critisches Wörterbuch
Nach der neuesten Auflage von 1740 ins Deutsche übersetzt, mit des berühmten Freyherrn von Leibnitz, und Herrn Maturin Veissiere la Croze, auch verschiedenen andern Anmerkungen, sonderlich bey anstößigen Stellen versehen, von Johann Christoph Gottscheden, 4 Bde., Leipzig: Breitkopf, 1741–1744, Manuskript, o. J.
Bibliothèque Nationale de France, Département des manuscrits, Paris, Sign. Allemand Bd. 72
(in der Ausstellung gezeigt: Bl. 176 r°)

Kat. 144
Johann Joachim Winckelmann
Exzerpte aus: Peter Bayle, Historisches und critisches Wörterbuch
Nach der neuesten Auflage von 1740 ins Deutsche übersetzt, mit des berühmten Freyherrn von Leibnitz, und Herrn Maturin Veissiere la Croze, auch verschiedenen andern Anmerkungen, sonderlich bey anstößigen Stellen versehen, von Johann Christoph Gottscheden, 4 Bde., Leipzig: Breitkopf, 1741–1744, Manuskript, vermutlich vor 1755
Bibliothèque Nationale de France, Département des manuscrits, Paris, Sign. Allemand Bd. 76
(in der Ausstellung gezeigt: Bl. 1 r°)

Kat. 145
Johann Joachim Winckelmann
Exzerpte aus: Johann Gottlieb Krüger, Naturlehre
Zweyter Theil: Welcher die Physiologie, oder Lehre von dem Leben und der Gesundheit der Menschen in sich fasset, Nebst Kupfern und vollständigem Register, Halle im Magdeburgischen: Hemmerde, 1748, Manuskript, vor 1755
Bibliothèque Nationale de France, Département des manuscrits, Paris, Sign. Allemand Bd. 64
(in der Ausstellung gezeigt: Bl. 58 r°)

Kat. 146
Pietro Santi Bartoli (1635–1700)
Trajans Sieg über die Dacer, Relief aus dem Konstantinbogen
2. Hälfte 17. Jh. (vermutlich 1650/1680), Kupferstich, 270 × 340 mm
Klassik Stiftung Weimar, Museen, Inv. KGr/AK1997

Kat. 147
Joachim von Sandrart (1606–1688)
L'Academia Todesca della Architectura, Scultura & Pittura: Oder Teutsche Academie der Edlen Bau-Bild- und Mahlerey-Künste [...]
2 Bde., Nürnberg: Sandrart/Frankfurt a. M.: Merian, 1675
Klassik Stiftung Weimar, Herzogin Anna Amalia Bibliothek, Sign. Ku 4° III Q - 198 (1–2)
(in der Ausstellung gezeigt: Bd. 1, Taf. c)

Kat. 148
Philipp von Stosch (1691–1757)
Pierres antiques gravées [...] / Gemmæ Antiquæ Cælatæ [...]
Amsterdam: Picart, 1724
Klassik Stiftung Weimar, Herzogin Anna Amalia Bibliothek, Sign. Th P 1 : 22
(in der Ausstellung gezeigt: Taf. LXVII)

Kat. 149
Gemmensammlung des Barons Philipp von Stosch (1691–1757)
Daktyliothek, 3 444 Gemmenabdrücke in acht Kästen
1769, Gips, 38,1 × 69,5 cm (je Kasten)
Winckelmann-Museum, Stendal, Inv. WG-G-1-8

Kat. 150
Johann Joachim Kaendler (1706–1775)
Der Frühling/Pomona
Um 1750, Königlich-Sächsische Porzellan-
Manufaktur Meissen, Porzellan, H. 21,5 cm
Klassik Stiftung Weimar, Museen, Inv. A 1088

Kat. 151
Frau im Peplos, sog. »Hestia Giustiniani«
Römische Marmorkopie nach einem griechischen
Bronzeoriginal um 470/460 v. Chr., Marmor,
H. 193 cm, Museo Torlonia, Rom, Inv. 490
Gipsabguss: Martin-Luther-Universität Halle-Wittenberg, Archäologisches Museum, Inv. A 14

Kat. 152
Niobide Chiaramonti
Römische Marmorkopie des 2. Jh. n. Chr. nach einem
griechischen Original aus dem 4. oder 2. Jh. v. Chr.,
Marmor, H. 176 cm, Musei Vaticani, Museo Gregoriano Profano, Rom, Inv. 1035
Gipsabguss: Georg-August-Universität Göttingen,
Archäologisches Institut, Inv. A 292

Kat. 153
Venus Medici
Römische Marmorkopie des 1. Jh. n. Chr. nach einem
griechischen Bronzeoriginal des 1. Jh. v. Chr., Marmor,
H. 153 cm, Galleria degli Uffizi, Florenz, Inv. 224
Gipsabguss: Georg-August-Universität Göttingen,
Archäologisches Institut, Inv. A 468

Kat. 154
Schlafende Ariadne, sog. Cleopatra
Römische Marmorkopie aus der Mitte des 2. Jh.
n. Chr. nach einem griechischen Original aus der
ersten Hälfte des 2. Jh. v. Chr., Marmor, H. 161 cm,
Musei Vaticani, Museo Pio Clementino, Rom, Inv. 548
Gipsabguss: Universität Leipzig, Institut für Klassische Archäologie und Antikenmuseum, Inv. G 644

BAUSTEINE EINES MYTHOS

Kat. 155
Johann Joachim Winckelmann
Briefe an Hieronymus Dietrich Berendis (1719 –
1782), Konvolut von 29 Briefen
1752–1767, Manuskript
Klassik Stiftung Weimar, Goethe- und Schiller-
Archiv, Sign. GSA 96/3237

Kat. 156
Johann Joachim Winkelmann
Geschichte der Kunst des Alterthums
Nach dem Tode des Verfassers herausgegeben von
der kaiserlichen königlichen Akademie der bildenden Künste, 2. Aufl., Wien: Akademischer Verlag, 1776
Klassik Stiftung Weimar, Herzogin Anna Amalia
Bibliothek, Sign. N 4176

Kat. 157
Winckelmann's Werke
Bd. 1, hg. von Carl Ludwig Fernow
Bd. 3–8, hg. von Johann Heinrich Meyer und
Johannes Schulze, Dresden: Walther, 1808–1820
Bd. 9–11, hg. von Friedrich Christoph Förster, Berlin:
Schlesinger, 1824/25
Klassik Stiftung Weimar, Herzogin Anna Amalia
Bibliothek, Sign. 37, 1 : 26 (a-n)
(in der Ausstellung zusätzlich gezeigt:
Bd. 1, Winckelmann-Museum, Stendal,
Sign. WG-AB-001-1

Kat. 158
Johann Joachim Winckelmann
Sämtliche Werke. Einzige vollständige Ausgabe […]
von Joseph Eiselein
12 Bde., Donauöschingen: Verlag deutscher Classiker,
1825–1829, 2 Tafelbde., 1835
Klassik Stiftung Weimar, Herzogin Anna Amalia
Bibliothek, Sign. 37,1: 26 (1–13)

Kat. 159
Opere di G. G. Winckelmann, prima edizione
italiana completa
12 Bde. und ein Tafelbd., Prato: Giachetti, 1830–1834
Freie Universität Berlin, Bibliothek des Kunsthistorischen Instituts, Sign. 809/1964/12183

Kat. 160
Johann Christof Rombrich (1731–1794) zugeschrieben
Büste Christian Fürchtegott Gellert (1715–1769)
1786, Manufaktur Fürstenberg, Porzellan, H. 11,2 cm
Klassik Stiftung Weimar, Museen, Inv. KKg/00338

Kat. 161
Manufaktur Fürstenberg, nach Martin Gottlieb
Klauer (1742–1801)
Büste Johann Gottfried Herder (1744–1803)
1783, Porzellan, H. 11,1 cm
Klassik Stiftung Weimar, Museen, Inv. KKg/00334.1

Kat. 162
Johann Christof Rombrich (1731–1794) zugeschrieben, nach Martin Gottlieb Klauer (1742–1801)
Büste Johann Caspar Lavater (1741–1801)
1786, Manufaktur Fürstenberg, Porzellan, H. 11,8 cm
Klassik Stiftung Weimar, Museen, Inv. KKg/00336.1

Kat. 163
Christian Friedrich Krull (1748–1787)
Büste Gotthold Ephraim Lessing (1729–1781)
1783, Manufaktur Fürstenberg, Porzellan, H. 11,2 cm
Klassik Stiftung Weimar, Museen, Inv. KKg/00335.1

Kat. 164
Carl Gottlieb Schubert (1730–1808) zugeschrieben
Büste Alexander Pope (1688–1744)
1783, Manufaktur Fürstenberg, Porzellan, H. 9,7 cm
Klassik Stiftung Weimar, Museen, Inv. KKg/00035.1

Kat. 165
Jean Jacques Desoches (tätig 1769–1774)
Büste Niobe
1774, Manufaktur Fürstenberg, Porzellan, H. 8,4 cm
Klassik Stiftung Weimar, Museen, Inv. A 1853

Kat. 166
Jean Jacques Desoches (tätig 1769–1774)
Büste Laokoon
1772, Manufaktur Fürstenberg, Porzellan, H. 10,9 cm
Klassik Stiftung Weimar, Museen, Inv. A 1557

Kat. 167
Carl Gottlieb Schubert (1730–1808)
Büste Antinous
1784, Manufaktur Fürstenberg, Porzellan, H. 8,7 cm
Klassik Stiftung Weimar, Museen, Inv. A 1852

Kat. 168
Manufaktur Fürstenberg
Büste Quintus Horatius Flaccus (65–8 v. Chr.)
1783, Porzellan, H. 11,2 cm
Klassik Stiftung Weimar, Museen, Inv. KKg/00031

Kat. 169
Jean Jacques Desoches (tätig 1769–1774)
Büste Gaius Julius Caesar (100–44 v. Chr.)
1771, Manufaktur Fürstenberg, Porzellan, H. 7,4 cm
Klassik Stiftung Weimar, Museen, Inv. KKg/00032

Kat. 170
Manufaktur Fürstenberg
Büste Ptolemaios III. Euergetes (um 284–221 v. Chr.)
1771, Porzellan, H. 8,4 cm
Klassik Stiftung Weimar, Museen, Inv. KKg/00033

Kat. 171
Manufaktur Fürstenberg, nach Martin Gottlieb
Klauer (1742–1801)
Büste Herzogin Anna Amalia von Sachsen-
Weimar-Eisenach (1739–1807)
1784, Porzellan, H. 14,8 cm
Klassik Stiftung Weimar, Museen, Inv. KKg/00333

Kat. 172
Eduard Gerhard (1795–1867)
Phrixos der Herold
Programm zum Winckelmannsfeste der Archäologischen Gesellschaft zu Berlin, Berlin: Besser, 1842
Klassik Stiftung Weimar, Herzogin Anna Amalia
Bibliothek, Sign. Pr G 13

Kat. 173
150 Jahre Archäologische Gesellschaft zu Berlin
Mit Beiträgen von Ursula Kästner und Adolf H.
Borbein, Winckelmanns-Programm der
Archäologischen Gesellschaft zu Berlin, Berlin: de
Gruyter, 1993
Klassik Stiftung Weimar, Herzogin Anna Amalia
Bibliothek, Sign. 132690-B

Kat. 174
Antonio Bernatti (1792–1873) nach Vincenzo Sgualdi und Antonio Lazzari (1798–1834)
Das von Antonio Bosa (1780–1845) entworfene Denkmal für Johann Joachim Winckelmann in Triest
Nach 1827, Radierung, 510 × 366 mm
Klassik Stiftung Weimar, Museen, Inv. ID 26373

KUNST

Kat. 175
Johann Heinrich Füssli (1741–1825)
Schwur der drei Eidgenossen auf dem Rütli
Erster Entwurf, 1778, Grafit, Feder in Braun,
464 × 317 mm
Klassik Stiftung Weimar, Museen, Inv. KK 1383

Kat. 176
Isadora Duncan (1877–1927)
Revolutionary
1923, Musik: Alexander Scrjabin, getanzt von Catherine Gallant of Dances by Isadora, Pianist: George Shevtsov, 25. Juni 2016, Danspace Dance Access Series, New York
Video von Nel Shelby Productions

Kat. 177
Max Klinger (1857–1920)
Kassandra (Reduktion)
Vollendet 1895, Alabaster, Gewand getönt, H. 48 cm
Museum der bildenden Künste Leipzig, Inv. P 776

Kat. 178
Désiré Raoul-Rochette (1789–1854)
Peintures antiques inédites précédées de recherches sur l'emploi de la peinture dans la décoration des édifices sacrés et publics, chez les Grecs et chez les Romains
Faisant suite aux monuments inédits, Paris: Imprimerie Royale, 1794
Martin-Luther-Universität Halle-Wittenberg, Universitäts- und Landesbibliothek Sachsen-Anhalt, Sign. Oc185, 4°
(in der Ausstellung gezeigt: Taf. VII)

Kat. 179
Antoine Chrysostome Quatremère de Quincy (1755–1849)
Le Jupiter Olympien, ou l'art de la sculpture antique considéré sous un nouveau point de vue
Ouvrage qui comprend un essai sur le goût de la sculpture polychrome, l'analyse explicative de la toreutique, et l'histoire de la statuaire en or et ivoire chez les Grecs et les Romains […], Paris: de Bure, 1815
Klassik Stiftung Weimar, Herzogin Anna Amalia Bibliothek, Sign. Th Q O : 12
(in der Ausstellung gezeigt: Frontispiz)

Kat. 180
Franz Kugler (1808–1858)
Ueber die Polychromie der griechischen Architektur und Sculptur und ihre Grenzen
Mit einer farbigen Lithographie, Berlin: Gropius, 1835
Staatsbibliothek zu Berlin, Preußischer Kulturbesitz, Sign. 4° N x 358 ‹a›
(in der Ausstellung gezeigt: Frontispiz)

Kat. 181
Gottfried Semper (1803–1879)
Die Anwendung der Farben in der Architectur und Plastik. In einer Sammlung von Beispielen aus den Zeiten des Alterthums und des Mittelalters […]
Erstes Heft: Dorisch-Griechische Kunst in 6 Tafeln mit Farben, Dresden: Auf Kosten des Herausgebers, König.-Sächs. Hof-Lithographie und Steindruckerei von Fürstenau & Co., 1836
Martin-Luther-Universität Halle-Wittenberg, Archäologisches Museum, Sign. Kb 171
(in der Ausstellung gezeigt: Taf. 5)

Kat. 182
Josef Durm (1837–1919)
Constructive und polychrome Details der griechischen Baukunst
Berlin: Ernst & Korn, 1880
Bibliothek der Hochschule für Bildende Künste Dresden, Sign. gr.2° - 1531
(in der Ausstellung gezeigt: Taf. 12)

Kat. 183
Johann Heinrich Wilhelm Tischbein (1751–1829)
Schwebende Frauengestalt
Nach 1800, Feder mit Tusche über Grafit,
209 × 133 mm
Klassik Stiftung Weimar, Museen, Inv. KK 4176

SCHÖNHEIT DER »UNBEZEICHNUNG«

Kat. 184
Wilhelm von Gloeden (1856-1931)
Nackte Knaben auf Sizilien
Um 1900, 12 × 16 cm
Schwules Museum*, Berlin, Fotoarchiv, Inv. 4180-1

ANTHROPOLOGIE

Kat. 185
Herbert Bayer (1900–1985) nach Oskar Schlemmer (1888–1943)
Postkarte zur Bauhaus-Ausstellung 1923, Nr. 12
1923, Lithografie, 152 × 102 mm
Klassik Stiftung Weimar, Museen, Inv. L 2444

Kat. 186
Johann Gottfried Schadow (1764–1850)
Polyclet oder von den Maßen des Menschen nach dem Geschlechte und Alter mit Angabe der wirklichen Naturgrösse nach dem Rheinländischen Zollstocke und Metermaasse
Atlas mit 30 Taf., 5. Aufl., Berlin: Wasmuth, 1886
Klassik Stiftung Weimar, Herzogin Anna Amalia Bibliothek, Sign. N gr 35152 (b)
(in der Ausstellung gezeigt: Taf. XII)

Kat. 187
John Keyes Sherwin (1751–1790) nach William Hodges (1744–1797)
The Landing at Middleburgh, one of the Friendly Isles
1777, Radierung und Kupferstich, 360 × 560 mm
Georg-August-Universität Göttingen, Institut für Ethnologie und Ethnologische Sammlungen, Inv. BiKat 297

Kat. 188
Johann Heinrich Wilhelm Tischbein (1751–1829)
Die Köpfe der sieben Haupthelden
Um 1800, Radierung, 294 × 484 mm
Klassik Stiftung Weimar, Museen, Inv. DK 974/2004

Kat. 189
Weibliches Korsett
Um 1890, Damast, industriell gefertigt, Größe 34
Stadtmuseum, Weimar, Inv. 8 c EG 12343

Kat. 190
Bildpostkarte Gustav Fristenský
Um 1900, Papier, 14 × 9 cm
Niedersächsisches Institut für Sportgeschichte Hannover e.V., Inv. OA Bestand 10, Nr. 182

Kat. 191
Fotografie mit drei Athleten (Scholz, Kunze, Hourticolon), Berlin
Um 1900, Fotografie, 7 × 7 cm
Niedersächsisches Institut für Sportgeschichte e. V., Hannover, Inv. OA Bestand 10, Nr. 129

Kat. 192
Alfred Soder (1880–1957)
Der nackte Nietzsche im Hochgebirg
Exlibris für Berthold Sutter
1957, Radierung, 238 × 162 mm
Klassik Stiftung Weimar, Goethe- und Schiller-Archiv, Sign. GSA 101/80

Kat. 193
Julien-Joseph Virey (1775–1846)
Histoire naturelle du genre humain, ou recherches sur ses principaux fondemens physiques et moraux
Précédées d'un discours sur la nature des êtres organiques et sur l'ensemble de leur physiologie [...], 3 Bde., Paris: Dufart, An IX [=1800/01]
Martin-Luther-Universität Halle-Wittenberg, Universitäts- und Landesbibliothek Sachsen-Anhalt, Sign. FB 1242 (1–3)
(in der Ausstellung gezeigt: Bd. 3, Taf. II [irrtümlich bez. als Taf. IV])

Kat. 194
Ernst Haeckel (1834–1919)
Natürliche Schöpfungsgeschichte
Gemeinverständliche wissenschaftliche Vorträge über die Entwicklungslehre im Allgemeinen und diejenige von Darwin, Goethe und Lamarck im Besonderen [...], 2. Aufl., Berlin: Reimer, 1868
Bayerische Staatsbibliothek München, Sign. H.nat.202 s

Kat. 195
Die Schönheit. Mit Bildern geschmückte Zeitschrift für Kunst und Leben
Bd. 20, Dresden/Leipzig/Berlin: Verlag der Schönheit, 1924
Niedersächsisches Institut für Sportgeschichte e. V., Hannover, Sign. ZF. 8/20
(in der Ausstellung gezeigt: S. 552/553)

Kat. 196
Hans W. Fischer (1876–1945)
Menschenschönheit: Gestalt und Antlitz des Menschen in Leben und Kunst
Ein Bilderwerk in 7 Schau-Kreisen. Geordnet und gedeutet von Hans W. Fischer. Unter Mitw. führender Lichtbildner, Berlin: Deutsche Buchgemeinschaft, 1935
Staatsbibliothek zu Berlin, Preußischer Kulturbesitz, Sign. Nu 1096
(in der Ausstellung gezeigt: S. 38/39)

Kat. 197
Liselotte Orgel-Köhne (geb. 1918–?)
Schulungslager für Schulhelferinnen in Nutringen
1943, Fotografie, 6 × 6 cm
Deutsches Historisches Museum Berlin, Sign. Orgel-Köhne 6519/4
(Reproduktion)

Kat. 198
Liselotte Orgel-Köhne (geb. 1918–?)
Biologieunterricht an der NPEA Schulpforta
1943, Fotografie, 6 × 6 cm
Deutsches Historisches Museum Berlin, Sign. Orgel-Köhne 10006/3
(Reproduktion)

POLITIK

Kat. 199
Achille-Joseph Étienne Valois (1785–1862)
L'entrée dans Paris des principaux monuments qui composent le musée Napoléon
1810, Grafit, 250 × 1780 mm
Cité de la céramique, Sèvres et Limoges, Inv. F-4M-1832-21
(Reproduktion)

Kat. 200
Georg Emanuel Opiz (1775–1841)
Napoleon zeigt einer Gruppe von Herren den Apoll vom Belvedere
Anfang 19. Jh., Feder in Schwarz, Aquarell, Deckfarben, 168 × 216 mm
Klassik Stiftung Weimar, Museen, Inv. KK 7123

Kat. 201
Bartolomeo Follin (1730–nach 1808) nach Giovanni Battista Casanova (1730–1795)
Bildnis Johann Joachim Winckelmann
1766, Kupferstich, 164 × 104 mm
Klassik Stiftung Weimar, Museen, Inv. Gr-2013/3755

Kat. 202
Antoine Chrysostome Quatrèmere de Quincy (1755–1849)
Lettres sur le préjudice qu'occasionneroient aux arts et à la science, le déplacement des monumens de l'art de l'Italie, le démembrement de ses ecoles, et la spoliation de ses collections, galerie, Musées, etc.
Paris: Desenne, 1796
Staatsbibliothek zu Berlin, Preußischer Kulturbesitz, Sign. Ns 1106

Kat. 203
Bertrand Andrieu (1761–1822)
Medaille Napoleon
Vorderseite: Napoleon Bonaparte, Kaiser von Frankreich (»ANDRIEU F.«); Rückseite: Saal des Apoll vom Belvedere (»SALLE DE L'APOLLON, DENON DIREX. ANDRIEU F., MUSÉE NAPOLÉON«)
1806, Bronzeprägung, D. 32 mm
Klassik Stiftung Weimar, Museen, Inv. ID 51744

Kat. 204
Nach Bernhard Grueber (1807–1882)
Walhalla, Innenansicht
2. Hälfte 19. Jh., Radierung mit Kaltnadel, 290 × 228 mm, Stich und Druck von Winkler & Lehmann, Leipzig
Klassik Stiftung Weimar, Museen, Inv. KGr 1993/00796

Kat. 205
Friedrich Adler (1827–1908)
Die Ausgrabungen in Olympia I–III
In: Leipziger Illustrierte Zeitung, Nr. 1704, 26. Februar 1876, S. 154; Nr. 1721, 24. Juni 1876, S. 495–498; Nr. 1724, 15. Juli 1876, S. 46–48, Leipzig: Weber, 1876
Klassik Stiftung Weimar, Herzogin Anna Amalia Bibliothek, Sign. Zc 24
(in der Ausstellung gezeigt: Nr. 1724, 15. Juli 1876, S. 46/47)

Kat. 206
Walter Hege (1893–1955)
Apoll von Olympia, Kopf
Um 1935, Fotografie Originalabzug, 30 × 24,2 cm
Museum Verein Naumburg, Stadtmuseum »Hohe Lilie«, Inv. SG04230.30869

Kat. 207
Deutsches Archäologisches Institut, Bericht über die Ausgrabungen in Olympia, 1: Herbst 1936–Frühjahr 1937
Berlin: de Gruyter, 1937
Martin-Luther-Universität Halle-Wittenberg, Universitäts- und Landesbibliothek Sachsen-Anhalt, Sign. Ld 515 (1)
(in der Ausstellung gezeigt: Vorblatt mit Motto)

Kat. 208
Curt Gravenkamp (1893–?)
Besprechung der Ausstellung »Olympia und der deutsche Geist«
In: Kunst- und Antiquitäten-Rundschau 44, 1936, Nr. 8, S. 191–194
Klassik Stiftung Weimar, Herzogin Anna Amalia Bibliothek, Sign. Z 383(4)
(in der Ausstellung gezeigt: S. 192/193)

Kat. 209
Franz Würbel (1896–?)
Plakat zu den Olympischen Spielen in Berlin
1936, Entwurf, Farboffset, 110,7 × 62,7 cm
Deutsches Historisches Museum Berlin, Inv. P 84/256
(Reproduktion)

Kat. 210
Georg Schorer (1907–1976)
Deutsche Kunstbetrachtung
München: Dt. Volksverlag, 1939
Klassik Stiftung Weimar, Herzogin Anna Amalia Bibliothek, Sign. 152421 - B

Kat. 211
Alltag im besetzten Griechenland, Gruppenbild mit Soldaten und Hakenkreuzfahne auf der Akropolis
Verlag: Heinrich Hoffmann (1885–1957), Fotograf: Jesse, Mai 1941, Fotografie, 17 × 12 cm
Bayerische Staatsbibliothek München, Sign. Hoffmann P.89; hoff-35233
(Reproduktion)

Kat. 212
Ludwig Curtius (1874–1954), Horst Rüdiger
(1908–1984) und Richard Biedrzynski (1901–1969)
Johann Joachim Winckelmann 1768/1968
Bad Godesberg: Inter Nationes, 1968
Klassik Stiftung Weimar, Herzogin Anna Amalia
Bibliothek, Sign. 72071 - A

Kat. 213
Mitteilungen der Winckelmann-Gesellschaft 1
Stendal, 1941
Klassik Stiftung Weimar, Herzogin Anna Amalia
Bibliothek, Sign. Z 578 (1)

Kat. 214
**Einladungskarte des Winckelmann-Komitees
der Deutschen Demokratischen Republik zur Festveranstaltung am 9. Dezember 1967 in Stendal**
Klassik Stiftung Weimar, Herzogin Anna Amalia
Bibliothek, Sign. N 31374

Kat. 215
**Faltblatt zur Ausstellung »Johann Joachim
Winckelmann (1717–1768)«**
Im Goethe-und Schiller-Archiv der Nationalen
Forschungs- und Gedenkstätten der klassischen
deutschen Literatur in Weimar, 18. Mai bis Dezember
1967
Klassik Stiftung Weimar, Herzogin Anna Amalia
Bibliothek, Sign. N 29795

Kat. 216
**Winckelmann und Goethe. Ausstellung zum
200. Todestag Johann Joachim Winckelmanns**
Nationale Forschungs- und Gedenkstätten der
klassischen deutschen Literatur in Weimar, Gesamtleitung: Willi Ehrlich (1916–1977), Katalog: Hedwig
Weilguny, Weimar: Aufbau-Verlag in Kommission,
1968
Klassik Stiftung Weimar, Herzogin Anna Amalia
Bibliothek, Sign. 69306 – A

Kat. 217
Plakat mit dem Apoll vom Belvedere zur Ausstellung »Winckelmann und Goethe«
Bez.: »Ausstellung aus Anlass des 200. Todestages
von Johann Joachim Winckelmann (1717–1768),
26. Mai bis 25. Juni 1968, Kunsthalle am Theaterplatz,
täglich geöffnet von 10 bis 20 Uhr, montags
geschlossen. Eintritt M -,50«
1968, 98,2 × 59,7 cm
Klassik Stiftung Weimar, Goethe- und Schiller-
Archiv, Sign. GSA 150/1320, Nr. 158

Kat. 218
**Feier zum 200. Todestag Winckelmanns anlässlich
der Eröffnung der Ausstellung »Winckelmann und
Goethe« am 26. Mai 1968**
Fotografie, 13 × 18 cm
Klassik Stiftung Weimar, Fotothek, Inv. 40-1-206-11

Kat. 219
Fred Zimmering
Porträt Johann Joachim Winckelmann
Radiobeitrag in »Deutsche Sendung für Hörer
in Europa«, Rundfunk der DDR, Radio Berlin
International
Erstausstrahlung 9. Dezember 1967,
Dauer: 4 Min. 5 Sek.
Deutsches Rundfunkarchiv Babelsberg, Inv. 2040467

Kat. 220
Horst Rüdiger (1908–1984)
**Der Missionar des Griechentums. Über Johann
Joachim Winckelmann**
Radiobeitrag, Saarländischer Rundfunk
Erstausstrahlung 4. August 1968,
Dauer: 19 Min. 48 Sek.
Saarländischer Rundfunk, Saarbrücken

Kat. 221
Hans Klennert
Tagung der Goethe-Gesellschaft in Weimar
(Festveranstaltung zur Hauptversammlung der
Goethe-Gesellschaft im Deutschen Nationaltheater
Weimar. Interview mit Helmut Holtzhauer. Ausstellung im Goethe-Schiller-Archiv über Leben und
Wirken von Johann Joachim Winckelmann),
Fernsehbeitrag, Aktuelle Kamera
Erstausstrahlung 20. Mai 1967,
Dauer: 2 Min. 29 Sek.
Deutsches Rundfunkarchiv Babelsberg,
Inv. AD5668 - 1

Kat. 222
**Ehrung von Johann Joachim Winckelmann
zum 250. Geburtstag**
(In der Kreisstadt Stendal wird Johann Joachim
Winckelmann zu seinem 250. Geburtstag als Begründer der klassischen Altertumsforschung und der
modernen Kunstwissenschaften geehrt. Zu diesem
Anlass findet in seinem Geburtshaus eine Ausstellung über sein Leben statt. Bei einem Festakt im
Altmark-Theater werden Reden gehalten und Auszeichnungen vergeben)
Fernsehbeitrag, Aktuelle Kamera,
Erstausstrahlung 10. Dezember 1967,
Dauer: 1 Min. 11 Sek.
Deutsches Rundfunkarchiv Babelsberg,
Inv. OBC19680 - 1

BIBLIOGRAFIE

I. WINCKELMANN
1. AUSGABEN

Br. = Johann Joachim Winckelmann, Briefe, in Verbindung mit Hans Diepolder hg. von Walther Rehm, 4 Bde., Berlin 1952–1957

Eiselein = Johann Winckelmanns sämtliche Werke. Einzige vollständige Ausgabe, hg. von Joseph Eiselein, 12 Bde., Donauöschingen 1825–1829

KS = Johann Joachim Winckelmann. Kleine Schriften, Vorreden, Entwürfe, hg. von Walther Rehm. Mit einer Einleitung von Hellmut Sichtermann, Berlin 1968 (2. Aufl. mit einem Geleitwort von Max Kunze, Berlin/New York 2002)

SN = Johann Joachim Winckelmann, Schriften und Nachlaß, hg. von der Akademie der Wissenschaften und der Literatur Mainz, der Akademie gemeinnütziger Wissenschaften zu Erfurt und der Winckelmann-Gesellschaft Stendal, Mainz 1996ff.

WA = Winckelmanns Werke, 11 Bde., hg. von Carl Ludwig Fernow (Bd. 1–2), Johann Heinrich Meyer und Johannes Schulze (Bd. 3–7), Carl Gottfried Siebelis (Bd. 8) sowie Friedrich Christoph Förster (Bd. 10–11), Dresden 1808–1825

2. EINZELSCHRIFTEN

Abhandlung = Abhandlung von der Fähigkeit der Empfindung des Schönen in der Kunst, und dem Unterrichte in derselben, Dresden 1763

AGK = Anmerkungen über die Geschichte der Kunst des Alterthums. Erster und zweiter Teil, Dresden 1767

Allegorie = Versuch einer Allegorie, besonders für die Kunst, Dresden 1766

Alte Herkulanische Schriften = Nachrichten von den alten herkulanischen Schriften, übers. und hg. von Johann Christoph Gottsched, in: Das Neueste aus der anmuthigen Gelehrsamkeit 8, 1758, Wonnemond, S. 325–342

Baukunst = Anmerkungen über die Baukunst der Alten, Leipzig 1762

Baukunst Girgenti = Anmerkungen über die Baukunst der alten Tempel zu Girgenti in Sicilien, in: Bibliothek der schönen Wissenschaften und der freyen Künste 5, 1759, 2. St., S. 223–242

Beschreibung = Beschreibung der vorzüglichsten Gemälde der Dreßdner Gallerie [Fragment, 1752], in: *KS*, S. 1–12

Betrachtung = Erinnerung über die Betrachtung der Werke der Kunst, in: Bibliothek der schönen Wissenschaften und der freyen Künste 5, 1759, 2. St., S. 1–13

De ratione = De ratione delineandi Graecorum artificii primi artium seculi ex nummis antiquissimis dignoscenda, hg. von Klaus-Peter Goethert, Wiesbaden 1973

Description = Description des pierres gravées du feu baron de Stosch, Florenz 1760

Erläuterung = Erläuterung der Gedanken von der Nachahmung der griechischen Werke in der Malerey und Bildhauerkunst; und Beantwortung des Sendschreibens über diese Gedanken, in: *Gedanken2*, S. 99–172

Florentiner Winckelmann-Manuskript = Il manoscritto Fiorentino di J. J. Winckelmann. Das Florentiner Winckelmann-Manuskript, hg. von Max Kunze. Mit einer Einleitung von Maria Fancelli, Florenz 1994

Fragment Baukunst = Fragment einer neuen Bearbeitung der Anmerkungen über die Baukunst der Alten, in: *WA*, Bd. 1, S. 511–552

Gedancken1 = Gedanken über die Nachahmung der Griechischen Wercke in der Mahlerey und Bildhauer-Kunst, [Dresden] 1755

Gedanken2 = Gedanken über die Nachahmung der Griechischen Werke in der Malerey und Bildhauerkunst. Zweyte vermehrte Auflage, Dresden/Leipzig 1756

GK1 = Geschichte der Kunst des Alterthums, Dresden 1764

GK2 = Geschichte der Kunst des Alterthums. Nach dem Tode des Verfassers hg. [...] von der kaiserlichen königlichen Akademie der bildenden Künste, Wien 1776

Grazie = Von der Grazie in Werken der Kunst, in: Bibliothek der schönen Wissenschaften und der freyen Künste 5, 1759, 2. St., S. 13–23

MI = Monumenti antichi inediti spiegati ed illustrati, 2 Bde., Rom 1767

Mumie = Nachricht von einer Mumie in dem Königlichen Cabinet der Alterthümer in Dreßden, in: *Gedanken2*, S. 90–98

Nachrichten = Nachrichten von den neuesten Herculanischen Entdeckungen, Dresden 1764

Reifere Gedanken = Reifere Gedancken über die Nachahmung der Alten in der Zeichnung und Bildhauerkunst [Fragment, 1756/57?], in: *KS*, S. 145f.

Sendschreiben = Sendschreiben von den Herculanischen Entdeckungen, Dresden 1762

Sendschreiben Gedanken = Sendschreiben über die Gedanken von der Nachahmung der griechischen Werke in der Malerey und Bildhauerkunst, in: *Gedanken2*, S. 45–89

Sendschreiben Italien = Sendschreiben von der Reise eines Gelehrten nach Italien und insbesondere nach Rom an Herrn M. Franken [Entwurf], in: *KS*, S. 190–193

Sendschreiben Rom = Sendschreiben von der Reise eines Liebhabers der Künste nach Rom an Herrn Baron von Riedesel [Entwurf], in: *KS*, S. 203–209

Stoß. Museo = Nachrichten von dem berühmten Stoßischen Museo in Florenz, in: Bibliothek der schönen Wissenschaften und der freyen Künste 5, 1759, 1. St., S. 23–33

Torso = Beschreibung des Torso im Belvedere zu Rom, in: Bibliothek der schönen Wissenschaften und der freyen Künste 5, 1759, 1. St., S. 33–41

Von der Restauration der Antiquen = Von der Restauration der Antiquen. Eine unvollendete Schrift Winckelmanns (in: *SN 1*)

Vortrag Geschichte = Gedanken vom mündlichen Vortrag der neueren allgemeinen Geschichte [Entwurf, 1754/55], in: *KS*, S. 17–25

Xenophon = Über Xenophon [Fragment, 1754?], in: *KS*, S. 13–16

3. HANDSCHRIFTLICHER NACHLASS

Nachlass Florenz = Firenze, Biblioteca della Società Colombaria

Nachlass Hamburg = Hamburg, Staatsbibliothek

Nachlass Montpellier = Montpellier, Bibliothèque de la Faculté de Médicine

Nachlass Oefele München = München, Bayerische Staatsbibliothek

Nachlass Paris = Paris, Bibliothèque Nationale, Fonds Allemand

Nachlass Rom = Roma, Biblioteca Nazionale Centrale

Nachlass Savignano = Savignano, Biblioteca Accademica

4. WEITERE AUSGABEN

Winckelmann 1755/56
[Anonym], Pensées sur l'imitation des Grecs dans les ouvrages de Peinture et de Sculpture, in: Nouvelle Bibliothèque Germanique 17, 1755, S. 302–329; 18, 1756, S. 72–100

Winckelmann 1764
Johann Joachim Winckelmann, Lettre de M. l'abbé Winckelmann […] à Monsieur le Cte de Brühl […] sur les découvertes d'Herculanum. Traduit de l'allemand [par Michael Huber], Dresden/Paris 1764

Winckelmann 1765a
Réflexions sur l'imitation des Artistes Grecs dans la Peinture & la Sculpture par M. l'Abbé Winckelmann, in: Gazette littéraire de l'Europe, Bd. 4, Dezember 1764, S. 114–121; Februar 1765, S. 209–231, 365–379; Bd. 5, März 1765, S. 105–121

Winckelmann 1765b
[Johann Joachim Winckelmann], Thoughts concerning the imitation of the Grecian Artists in Painting and Sculpture, in: The Scots Magazine 27, 1765, S. 17–19, 74f., 124–126, 192–194, 233–235, 289–291, 345–348

Winckelmann 1765c
Abbé Winckelmann, Reflections on the Painting and Sculpture of the Greeks, London 1765, S. 1–64

Winckelmann 1766
Johann Joachim Winckelmann, Histoire de l'art de l'Antiquité, übers. von Gottfried Sellius, hg. von Jean-Baptiste-René Robinet de Chateaugiron, 2 Bde., Paris/Amsterdam 1766

Winckelmann 1777–1780
Winckelmanns Briefe an seine Freunde, mit einigen Zusätzen und litterarischen Anmerkungen, hg. von Karl Wilhelm Daßdorf, 2 Bde., Dresden 1777–1780

Winckelmann 1779
Giovanni Winkelmann, Storia delle arti del disegno presso gli antichi, übers. und hg. von Carlo Amoretti und Angelo Fumagalli, 2 Bde., Mailand 1779

Winckelmann 1781
Johann Joachim Winckelmann, Histoire de l'art de l'antiquité, übers. von Michael Huber, 3 Bde., Leipzig 1781

Winckelmann 1783/84
Giovanni Winckelmann, Storia delle arti del disegno presso gli antichi, übers. und hg. von Carlo Fea, 3 Bde., Rom 1783/84

Winckelmann 1786
M. Winckelmann, Réflexions sur l'imitation des artistes grecs dans la peinture et la sculpture, in: ders., Recueil de différentes pièces sur les arts par M. Winckelmann, traduit de l'allemand, Paris 1786, S. 1–62

Winckelmann 1793/94–1802/03
Johann Joachim Winckelmann, Histoire de l'art chez les anciens, hg. von Hendrik Jansen, 3 Bde., Paris An II [1793/94]–An XI [1802/03]

Winckelmann 1809
Johann Joachim Winckelmann, Sur le caractère de quelques anciens historiens. Morceau inédit, hg. von M. Hartmann, in: Magasin encyclopédique, 1809, Bd. 1, S. 74–78

Winckelmann 1810
Johann Joachim Winckelmann, Fragment des remarques sur quelques monuments antiques faites par Jean Winckelmann et extraites de ses manuscrits, übers. von M. Hartmann, in: Magasin encyclopédique, 1810, Bd. 3, S. 70–81

Winckelmann 1830–1834
Opere di G. G. Winckelmann, prima edizione italiana completa, 12 Bde., Prato 1830–1834

Winckelmann 1849–1873
John Winckelmann, The History of Ancient Art, Boston 1849–1873

Winckelmann 1850
Johann Joachim Winckelmann, The History of Ancient Art among the Greeks, translated from the German by G. H. Lodge, London 1850

Winckelmann 1890
I. I. Vinkel'man [Johann Joachim Winckelmann], Istorija iskusstva drevnosti. S priloženiem izbrannych sočinenij i biografiej Vinkel'mana, sost. prof. Ju. Lessingom. Perevod s lejpcigskogo izdanija 1881 goda S. Šarovoj. Pod red direktora Revel'skoj Aleksandrovskoj gimnazii G. Jančeveckogo, Revel' 1890

Winckelmann 1909
Edle Einfalt und stille Größe. Eine mit Goetheschen und Herderschen Worten eingeleitete Auswahl aus Johann Joachim Winckelmann's Werken, hg. von Walter Winckelmann, Berlin 1909

Winckelmann 1913
Winckelmanns Kleine Schriften zur Geschichte der Kunst des Altertums. Mit Goethes Schilderung Winckelmanns, hg. von Hermann Uhde-Bernays, Leipzig 1913

Winckelmann 1914
Johann Joachim Winckelmann. Ausgewählte Schriften, eingeleitet von Hermann Uhde-Bernays, Leipzig 1914

Winckelmann 1925
Winckelmann's Kleine Schriften und Briefe, hg. von Hermann Uhde-Bernays, 2 Bde., Leipzig 1925

Winckelmann 1939
Johann Joachim Winckelmann. Ausgewählte Schriften, eingeleitet von Hermann Uhde-Bernays, Leipzig 1939

Winckelmann 1943
Johann Joachim Winckelmann. Ewiges Griechentum. Auswahl aus seinen Schriften und Briefen, hg. und eingeleitet von Fritz Forschepiepe, Stuttgart 1943

Winckelmann 1948
Johann Joachim Winckelmann. Ausgewählte Schriften und Briefe, hg. von Walther Rehm, Wiesbaden 1948

Winckelmann 1953
Johann Joachim Winckelmann. Il bello nell'arte. Scritti sull'arte antica, hg. von Federico Pfister, [Turin] 1953

Winckelmann 1960
Johann Joachim Winckelmann. Kleine Schriften und Briefe, hg. im Auftrag des Instituts für Angewandte Kunst. Auswahl, Einführung und Anmerkungen von Wilhelm Senff, Weimar 1960

Winckelmann 2006
Winckelmann, History of the Art of Antiquity, übers. von Harry Francis Mallgrave, Los Angeles 2006

Winckelmann 2013
Johann Joachim Winckelmann on art, architecture, and archaeology, translated with an introduction and notes by David Carter, Rochester NY 2013

II. ANDERE
1. UNPUBLIZIERTE QUELLEN

Giacometti 1918
Alberto Giacometti an Lucas Lichtenhan, 27. Juli 1918 (unpublizierter Brief, Giacometti Stiftung Zürich)

Gründungsreskript 1764
Gründungsreskript vom 6. Februar 1764 (Archiv der Hochschule für Bildende Künste Dresden, Sign. 01/984)

GSA 72/2611
Briefwechsel über die von Mussolini gestiftete Dionysos-Statue, 1942–1948 (Klassik Stiftung Weimar, Goethe- und Schiller-Archiv, Sign. GSA 72/2611)

Winckelmann-Komitee 1967a
Winckelmann-Komitee der Deutschen Demokratischen Republik, Konzeption der Winckelmann-Ehrung, 30. September 1967 (Universitätsarchiv MLU Halle-Wittenberg, Rep. 7, Nr. 1240, Bl. 28–50)

Winckelmann-Komitee 1967b
Winckelmann-Komitee der Deutschen Demokratischen Republik, Konzeption der Winckelmann-Ehrung, 30. September 1967 (Klassik Stiftung Weimar, Goethe- und Schiller-Archiv, Sign. GSA 150/1320, Bl. 137–137/21)

2. AUSSTELLUNGSKATALOGE

Ausst.-Kat. Basel 1996
Canto d'Amore. Klassizistische Moderne in Musik und bildender Kunst 1914–1935, hg. von Gottfried Boehm, Ulrich Mosch und Katharina Schmidt (Ausst.-Kat. Kunstmuseum Basel), Basel 1996

Ausst.-Kat. Berlin 1936
Die großen Deutschen im Bild, hg. von Alfred Hentzen und Niels v. Holst (Ausst.-Kat. Staatliche Museen und National-Galerie im ehemaligen Kronprinzen-Palais zu Berlin aus Anlaß der Olympischen Spiele 1936), Berlin 1936

Ausst.-Kat. Berlin 1979
Berlin und die Antike. Architektur, Kunstgewerbe, Malerei, Skulptur, Theater und Wissenschaft vom 16. Jahrhundert bis heute, hg. von Willmuth Arenhövel (Ausst.-Kat. Schloß Charlottenburg, Berlin), 2 Bde., Berlin 1979

Ausst.-Kat. Berlin 1983
Skulptur und Macht. Figurative Plastik im Deutschland der 30er und 40er Jahre, hg. von Magdalena Bushart (Ausst.-Kat. Akademie der Künste, Berlin), Berlin 1983

Ausst.-Kat. Berlin 1991
Das Brandenburger Tor 1791–1991. Eine Monographie, hg. von Willmuth Arenhövel und Rolf Bothe (Begleitbuch zur Ausstellung im Kunstforum der Grundkredit-Bank), Berlin 1991

Ausst.-Kat. Berlin 2008/09
Hans von Marées. Sehnsucht nach Gemeinschaft, hg. von Angelika Wesenberg (Ausst.-Kat. Alte Nationalgalerie, Staatliche Museen zu Berlin), Dresden 2008

Ausst.-Kat. Berlin 2012/13
Mythos Olympia. Kult und Spiele, hg. von Wolf-Dieter Heilmeyer u. a. (Ausst.-Kat. Martin-Gropius-Bau, Berlin), München/London/New York 2012

Ausst.-Kat. Berlin/Bonn 1996/97
1936 – die Olympischen Spiele und der Nationalsozialismus. Eine Dokumentation, hg. von Reinhard Rürup (Ausst.-Kat. Ehemalige Staatliche Kunsthalle an der Gedächtniskirche, Berlin/Haus der Geschichte der Bundesrepublik Deutschland, Bonn), Berlin 1996

Ausst.-Kat. Berlin/Neu-Ulm 2007/08
Max Klinger. Auf der Suche nach dem neuen Menschen, hg. von Ursel Berger, Conny Dietrich und Ina Gayk (Ausst.-Kat. Georg-Kolbe-Museum, Berlin/Edwin Scharff Museum, Neu-Ulm), Leipzig 2007

Ausst.-Kat. Berlin/Stuttgart 1987/88
Alberto Giacometti. Skulpturen – Gemälde – Zeichnungen – Graphiken, hg. von Peter Beye und Dieter Honisch (Ausst.-Kat. Nationalgalerie, Staatliche Museen zu Berlin/Staatsgalerie Stuttgart), München 1987

Ausst.-Kat. Bielefeld/Winterthur 1987/88
Hans von Marées und die Moderne in Deutschland, bearb. von Erich Franz (Ausst.-Kat. Kunsthalle Bielefeld/Kunstmuseum Winterthur), Bielefeld 1987

Ausst.-Kat. Bielefeld/Wuppertal/Berlin 1982
Giulio Paolini. Del bello intelligibile, bearb. von Erich Franz, übers. von Marianne Wienert (Ausst.-Kat. Kunsthalle Bielefeld/Von der Heydt-Museum, Wuppertal/Neuer Berliner Kunstverein), Bielefeld 1982

Ausst.-Kat. Dresden 1994/95
Das Albertinum vor 100 Jahren – die Skulpturensammlung Georg Treus. Zur Erinnerung an die Eröffnung der Sammlung der Originalbildwerke am 22. Dezember 1894, hg. von Kordelia Knoll (Ausst.-Kat. Albertinum, Staatliche Kunstsammlungen Dresden), Dresden 1994

Ausst.-Kat. Dresden 2012
Die Sixtinische Madonna. Raffaels Kultbild wird 500, hg. von Andreas Henning (Ausst.-Kat. Gemäldegalerie Alte Meister, Staatliche Kunstsammlungen Dresden), München/London/New York 2012

Ausst.-Kat. Dresden 2013/14
Tecumseh, Keokuk, Black Hawk. Indianerbildnisse in Zeiten von Verträgen und Vertreibung, Sonderausstellung der Staatlichen Ethnographischen Sammlungen Sachsen, hg. von Iris Edenheiser und Astrid Nielsen (Ausst.-Kat. Albertinum, Staatliche Kunstsammlungen Dresden), Stuttgart 2013

Ausst.-Kat. Düsseldorf/München/Chur 1998/99
Angelika Kauffmann, hg. von Bettina Baumgärtel (Ausst.-Kat. Kunstmuseum Düsseldorf/Haus der Kunst München/Bündner Kunstmuseum Chur), Ostfildern-Ruit 1998

Ausst.-Kat. Düsseldorf/Nürnberg/Berlin 1994/95
Johann Gottfried Schadow und die Kunst seiner Zeit, hg. von Bernhard Maaz (Ausst.-Kat. Kunsthalle Düsseldorf/Germanisches Nationalmuseum Nürnberg/Nationalgalerie, Staatliche Museen zu Berlin), Köln 1994

Ausst.-Kat. Ferrara/London 2005
Joshua Reynolds. The Creation of Celebrity, hg. von Martin Postle (Ausst.-Kat. Palazzo dei Diamanti, Ferrara/Tate Britain, London), London 2005

Ausst.-Kat. Frankfurt 1998/99
Alberto Giacometti, Werke und Schriften, hg. von Christoph Vitali (Ausst.-Kat. Schirn Kunsthalle, Frankfurt a. M.), Zürich 1998

Ausst.-Kat. Frankfurt 2006/07
Die phantastischen Köpfe des Franz Xaver Messerschmidt, hg. von Maraike Bückling (Ausst.-Kat. Liebieghaus, Skulpturensammlung, Frankfurt a. M.), Frankfurt a. M. 2006

Ausst.-Kat. Frankfurt 2013
Schönheit und Revolution. Klassizismus 1770–1820, hg. von Maraike Bückling und Eva Mongi-Vollmer (Ausst.-Kat. Städel Museum/Liebieghaus Skulpturensammlung, Frankfurt a. M.), München 2013

Ausst.-Kat. Friedrichshafen 2000
LawickMüller. perfectly super natural. Apollon, Athena und Aphrodite, hg. von der Kulturstiftung der ZF Friedrichshafen AG und dem Zeppelin-Museum Friedrichshafen (Ausst.-Kat. Zeppelin-Museum, Friedrichshafen), Friedrichshafen 2000

Ausst.-Kat. Groningen 2006
Marc Quinn. Recent Sculptures Catalogue, hg. von Rod Mengham (Ausst.-Kat. Groninger Museum), Rotterdam 2006

Ausst.-Kat. Hamburg 1974/75
Johann Heinrich Füssli 1741–1825, hg. von Werner Hofmann, Katalog von Gert Schiff (Ausst.-Kat. Hamburger Kunsthalle), München 1974

Ausst.-Kat. Hamburg 1979
John Flaxman. Mythologie und Industrie, hg. von Werner Hofmann (Ausst.-Kat. Hamburger Kunsthalle), München 1979

Ausst.-Kat. Hamburg 1989
Europa 1789. Aufklärung, Verklärung, Verfall, hg. von Werner Hofmann (Ausst.-Kat. Hamburger Kunsthalle), Köln 1989

Ausst.-Kat. Honolulu/Canberra 2006
Life in the Pacific of the 1700s. The Cook/Forster Collection of the Georg August University of Göttingen, hg. von Stephen Little und Peter Ruthenberg (Ausst.-Kat. Honolulu Academy of Arts/National Museum of Australia, Canberra), 3 Bde., Honolulu 2006

Ausst.-Kat. Karlsruhe 2015
Die Meister-Sammlerin Karoline Luise von Baden, hg. von Holger Jacob-Friesen und Pia Müller-Tamm in Verbindung mit Christoph Frank und Wolfgang Zimmermann (Ausst.-Kat. Staatliche Kunsthalle Karlsruhe/Generallandesarchiv Karlsruhe), Berlin 2015

Ausst.-Kat. Köln/Zürich/Lyon 1987/88
Triumph und Tod des Helden. Europäische Historienmalerei von Rubens bis Manet, hg. von Ekkehard Mai und Anke Repp-Eckert (Ausst.-Kat. Wallraf-Richartz-Museum, Köln/Kunsthaus Zürich/Musée des Beaux-Arts Lyon), Mailand 1987

Ausst.-Kat. Langres 1984
Diderot et la critique de salon 1759–1781 (Ausst.-Kat. Musée du Breuil, Langres), Langres 1984

Ausst.-Kat. Leeds 2007
Towards a New Laocoon, hg. von Penelope Curtis und Stephen Feeke (Ausst.-Kat. Henry Moore Institute Leeds), Leeds 2007

Ausst.-Kat. London 1990
On Classic Ground. Picasso, Léger, de Chirico and the New Classicism 1910–1930, hg. von Elizabeth Cowling und Jennifer Mundy (Ausst.-Kat. Tate Gallery, London), London 1990

Ausst.-Kat. London 2000/01
Martin Kemp und Marina Wallace, Spectacular Bodies. The Art and Science of the Human Body from Leonardo to Now (Ausst.-Kat. Hayward Gallery, London), Berkeley/Los Angeles/London 2000

Ausst.-Kat. London/Coventry/Leeds 1997/98
The Quick and the Dead. Artists and Anatomy, hg. von Deanna Petherbridge und Ludmilla Jordanova (Ausst.-Kat. Royal College of Art, London/Mead Gallery, Warwick Arts Centre, Coventry/Leeds City Art Gallery), London/Manchester 1997

Ausst.-Kat. Los Angeles 2011/12
Modern Antiquity. Picasso, de Chirico, Léger, Picabia, hg. von Christopher Green und Jens M. Daehner (Ausst.-Kat. J. Paul Getty Museum, Los Angeles/Musée Picasso, Antibes), Los Angeles 2011

Ausst.-Kat. Mannheim 1977
Giulio Paolini, hg. von Paul Maenz und Gerd de Vries (Ausst.-Kat. Mannheimer Kunstverein), Köln 1977

Ausst.-Kat. München 1987/88
Wilhelm von Gloeden. Sehnsucht nach Arkadien, hg. von Ulrich Pohlmann (Ausst.-Kat. Fotomuseum im Münchener Stadtmuseum), Berlin 1987

Ausst.-Kat. München 1999/2000
Das neue Hellas. Griechen und Bayern zur Zeit Ludwigs I., hg. von Reinhold Baumstark (Ausst.-Kat. Bayerisches Nationalmuseum München), München 1999

Ausst.-Kat. München/Rom 1998
Der Torso. Rätsel, hg. von Reimund Wünsche (Ausst.-Kat. Glyptothek München/Vatikanische Museen Rom), München 1998

Ausst.-Kat. Münster 2007/08
Freiheit der Linie. Von Obrist und dem Jugendstil zu Marc, Klee und Kirchner, hg. von Erich Franz (Ausst.-Kat. LWL Landesmuseum für Kunst- und Kulturgeschichte, Westfälisches Landesmuseum, Münster), Münster 2007

Ausst.-Kat. Münster/Braunschweig 1988/89
Weißes Gold aus Fürstenberg. Kulturgeschichte im Spiegel des Porzellans 1747–1830, hg. von Angelika Lorenz (Ausst.-Kat. Westfälisches Landesmuseum für Kunst- und Kulturgeschichte, Münster/Herzog Anton Ulrich-Museum, Braunschweig), Münster/Braunschweig 1988

Ausst.-Kat. New York/Bilbao 2010/11
Chaos & Classicism. Art in France, Italy, and Germany, 1918–1936, hg. von Kenneth E. Silver (Ausst.-Kat. Salomon R. Guggenheim Museum, New York/Guggenheim Museum Bilbao), New York 2010

Ausst.-Kat. Nizza 1993
Franz Xaver Messerschmidt. Sculpteur baroque (1736–1783). »Têtes de caractères«, hg. von Gilbert Croué (Ausst.-Kat. Musée d'art et d'histoire, Palais Massena, Nizza), Nizza 1993

Ausst.-Kat. Paris 1984/85
Diderot et l'Art de Boucher à David. Les Salons 1759–1781 (Ausst.-Kat. Hôtel de la Monnaie, Paris), Paris 1984

Ausst.-Kat. Paris 1989
La Révolution française et l'Europe 1789–1799, hg. von Jean-René Gaborit (Ausst.-Kat. Galeries nationales du Grand Palais, Paris), 3 Bde., Paris 1989

Ausst.-Kat. Paris 2001/02
La peinture comme crime ou la part maudite de la modernité, hg. von Régis Michel (Ausst.-Kat. Musée du Louvre, Paris), Paris 2001

Ausst.-Kat. Paris 2008/09
Figures du corps. Une leçon d'anatomie à l'école des beaux-arts, hg. von Philippe Comar (Ausst.-Kat. École Nationale Supérieure des Beaux-Arts de Paris), Paris 2008

Ausst.-Kat. Rom 2006/07
Laocoonte. Alle origini dei Musei Vaticani, hg. von Francesco Buranelli, Paolo Liverani und Arnold Nesselrath (Ausst.-Kat. Sala Polifunzionale, Musei Vaticani), Rom 2006

Ausst.-Kat. Schorfheide 2013
Burghard Ciesla und Helmut Suter, Jagd und Macht. Die Geschichte des Jagdreviers Schorfheide (Begleitbuch zur Ausstellung Jagdschloss Groß Schönebeck, Schorfheide), Berlin 2013

Ausst.-Kat. Stendal 1999/2000
Wiedergeburt griechischer Götter und Helden. Homer in der Kunst der Goethezeit, hg. von Max Kunze (Ausst.-Kat. Winckelmann-Museum, Stendal), Mainz 1999

Ausst.-Kat. Stendal 2011/12
Die Artemis von Pompeji und die Entdeckung der Farbigkeit griechischer Plastik, hg. von Max Kunze (Ausst.-Kat. Winckelmann-Museum, Stendal), Ruhpolding/Mainz 2011

Ausst.-Kat. Toulouse 2002
Cent ans de sculpture (1750–1850). La collection du musée des Augustins, hg. von Alain Daguerre de Hureaux (Ausst.-Kat. Museé des Augustins, Toulouse), Toulouse 2002

Ausst.-Kat. Venedig 2013
Marc Quinn. Memory Box, hg. von Germano Celant (Ausst.-Kat. Fondazione Cini, Venedig), Mailand 2013

Ausst.-Kat. Weimar 1968
Winckelmann und Goethe (Ausst.-Kat. Nationale Forschungs- und Gedenkstätten der klassischen deutschen Literatur in Weimar), Berlin/Weimar 1968

Ausst.-Kat. Weimar 2010
Leise Superlative. Alexander Olbricht & Marcus Behmer, hg. von Wolfgang Holler und Hermann Mildenberger (Begleitband zur Ausstellung im Schiller-Museum, Klassik Stiftung Weimar), Weimar 2010

Ausst.-Kat. Wien 2002/03
Franz Xaver Messerschmidt 1736–1783, hg. von Michael Krapf (Ausst.-Kat. Barockmuseum der Österreichischen Galerie Belvedere Wien), Ostfildern-Ruit 2002

Ausst.-Kat. Wörlitz/Stendal 2003
Johann Joachim Winckelmann und das Gartenreich Dessau-Wörlitz, hg. von Max Kunze und Thomas Weiss (Ausst.-Kat. Floratempel in den Wörlitzer Anlagen, Kulturstiftung DessauWörlitz/Winckelmann-Museum, Stendal), Dessau 2003

Ausst.-Kat. Wörlitz/Stendal/Halle 2005
Kunst und Aufklärung im 18. Jahrhundert. Kunstausbildung der Akademien, Kunstvermittlung der Fürsten, Kunstsammlung der Universität, hg. von Max Kunze (Ausst.-Kat. Winckelmann-Museum, Stendal/Galerie am Grauen Haus, Kulturstiftung DessauWörlitz/Zentrale Kustodie – Museum Universitatis der Martin-Luther-Universität Halle-Wittenberg, Halle), Ruhpolding 2005

Ausst.-Kat. Wuppertal 2008
Hans von Marées, hg. von Gerhard Finckh (Ausst.-Kat. Von der Heydt-Museum Wuppertal), Wuppertal 2008

Ausst.-Kat. Zürich 1986
Johann Heinrich Füssli. Zeichnungen, hg. von Christian Klemm (Ausst.-Kat. Kunsthaus Zürich), Zürich 1986

Ausst.-Kat. Zürich 2005/06
Füssli. The Wild Swiss, hg. von Franziska Lentzsch (Ausst.-Kat. Kunsthaus Zürich), Zürich 2005

Ausst.-Kat. Zug 2010/11
Linea. Vom Umriss zur Aktion. Die Kunst der Linie zwischen Antike und Gegenwart, hg. von Matthias Haldemann (Ausst.-Kat. Kunsthaus Zug), Ostfildern 2010

3. BESTANDSKATALOGE

Best.-Kat. Aachen 2008
Mustergültig – Gemäldekopien in neuem Licht. Das Reiff-Museum der RWTH Aachen, hg. von Martina Dlugaiczyk und Alexander Markschies, München 2008

Best.-Kat. Altenburg 2015
Das Lindenau-Museum Altenburg. Sammlungen, Studio Bildende Kunst, Kunstpreise, Geschichte, hg. von Julia Nauhaus, Altenburg 2015

Best.-Kat. Berlin 1988
Antike Helme. Sammlung Lipperheide und andere Bestände des Antikenmuseums Berlin, mit Beiträgen von Angelo Bottini u. a., Mainz 1988

Best.-Kat. Leipzig 1999
Museum der Bildenden Künste Leipzig. Katalog der Bildwerke, hg. von Herwig Guratzsch, Köln 1999

Best.-Kat. München 1979
Glyptothek München. Katalog der Skulpturen, hg. von Klaus Vierneisel, Bd. 2: Klassische Skulpturen des 5. und 4. Jahrhunderts v. Chr., bearb. von Barbara Vierneisel-Schlörb, München 1979

Best.-Kat. München 2003
Spätklassizismus und Romantik. Neue Pinakothek, München. Vollständiger Katalog, bearb. von Thea Vignau-Wilberg, München 2003 (Bayerische Staatsgemäldesammlungen: Gemäldekataloge 4)

Best.-Kat. Weimar 1998
Die Sammlung Paul Maenz. Neues Museum Weimar. Objekte, Bilder, Installationen, hg. von den Kunstsammlungen zu Weimar, 3 Bde., Ostfildern 1998

4. PRIMÄR-UND FORSCHUNGSLITERATUR

Adam 1988
Wolfgang Adam, Poetische und kritische Wälder. Untersuchungen zu Geschichte und Formen des Schreibens »bei Gelegenheit«, Heidelberg 1988

Adler 1876
Friedrich Adler, Die Ausgrabungen zu Olympia, in: Leipziger Illustrirte Zeitung 1876, Nr. 1704 (26. Februar), S. 154; Nr. 1721 (24. Juni), S. 495–498; Nr. 1724 (15. Juli), S. 46–48

Agnethler 1750–1752
Michael Gottlieb Agnethler, Beschreibung des Schulzischen Münzkabinet. Entworfen und mit kurzen Anmerkungen begleitet von Michael Gottlieb Agnethler, 4 Bde., Halle 1750–1752

Agostini 1657–1669
Leonardo Agostini, Le Gemme antiche figurate di Leonardo Agostini, 2 Bde., Rom 1657–1669

Alberti 1877
Leon Battista Alberti, Kleinere kunsttheoretische Schriften, hg. von Hubert Janitschek, Wien 1877

Allentuck 1973
Marcia Allentuck, Fuseli's Translation of Winckelmann: A Phase in the Rise of British Hellenism with an aside on William Blake, in: Studies in the Eighteenth Century II (Papers presented at the second David Nichol Smith Memorial Seminar, Canberra 1970), hg. von Robert Francis Brissenden, Toronto 1973, S. 163–185

Allgemeine deutsche Real-Enzyklopädie 1824
Allgemeine deutsche Real-Enzyklopädie für die gebildeten Stände (Conversations-Lexikon), 10 Bde., Leipzig 1824

Altner 1990
Manfred Altner, Von der Königlichen Kunstakademie zur Hochschule für Bildende Künste. 1764–1989, hg. von der Hochschule für Bildende Künste Dresden, Dresden 1990

Andreae 1988
Bernard Andreae, Laokoon und die Gründung Roms, Mainz 1988

Anonym 1825
[Anonym], Winckelmann's Denkmal in Triest, in: Kunst-Blatt 15, 1825, S. 57–59

Anonym 1936
[Anonym], 96. Winckelmannsfest am 9. Dezember 1936, in: Archäologischer Anzeiger. Beiblatt zum Jahrbuch des Deutschen Archäologischen Instituts, Berlin 1936, Sp. 607f.

Anonym 1938
[Anonym], 98. Winckelmannsfest am 9. Dezember 1938, in: Archäologischer Anzeiger. Beiblatt zum Jahrbuch des Deutschen Archäologischen Instituts, Berlin 1938, Sp. 783f.

Anonym 1941
[Anonym], 101. Winckelmannsfest am 9. Dezember 1941, in: Archäologischer Anzeiger. Beiblatt zum Jahrbuch des Deutschen Archäologischen Instituts, Berlin 1941, Sp. 891–894

Antal 1973
Frederick Antal, Füssli Studien, Dresden 1973

Aurnhammer 1986
Achim Aurnhammer, Androgynie. Studien zu einem Motiv in der europäischen Literatur, Köln/Wien 1986

Badstübner-Gröger/Czok/Simson 2006
Sibylle Badstübner-Gröger, Claudia Czok und Jutta von Simson, Johann Gottfried Schadow. Die Zeichnungen, 3 Bde., Berlin 2006

Baeumer 1986
Max L. Baeumer, Winckelmanns Auffassung republikanischer Freiheit und sein Einfluss auf die Kunst der Französischen Revolution, in: Beiträge der Winckelmann-Gesellschaft 16, 1986, S. 18–34

Barasch 1967
Moshe Barasch, Der Ausdruck in der italienischen Kunsttheorie der Renaissance, in: Zeitschrift für Ästhetik und allgemeine Kunstwissenschaft 12, 1967, S. 33–69

Barbian 2010
Jan-Pieter Barbian, Literaturpolitik im NS-Staat. Von der »Gleichschaltung« bis zum Ruin, Frankfurt a. M. 2010

Barbillon 2003
Claire Barbillon, Polyclète ou théorie des mesures de l'homme: la traité de Schadow, ses sources, sa réception chez les théoriciens français, in: De Grünewald à Menzel. L'image de l'art allemand en France au XIXe siècle, hg. von Uwe Fleckner und Thomas W. Gaehtgens, Paris 2003, S. 419–437

Baridon 2006
Laurent Baridon, Le dictionnaire d'Architecture de Quatremère de Quincy: Codifier le néoclassicisme, in: L'Encyclopédie Méthodique (1782–1832). Des lumières au positivisme, hg. von Claude Blanckaert und Michel Porret, Genf 2006, S. 691–718

Barthes 1978
Wilhelm von Gloeden. Interventi di Joseph Beuys, Michelangelo Pistoletto, Andy Warhol, hg. von Roland Barthes, Neapel 1978

Baumgartner 2004
Marcel Baumgartner, »Gewillet, ein ganz anderes Werk aus derselben zu machen«. Zur Entstehungs- und Editionsgeschichte von Johann Joachim Winckelmanns *Geschichte der Kunst des Alterthums*, 1755–1825, in: Klassizismen und Kosmopolitismus. Programm oder Problem? Austausch in Kunst und Kunsttheorie im 18. Jahrhundert (Kolloquium Schweizerisches Institut für Kunstwissenschaft, 6./7. Juni 2001), hg. von Pascal Griener und Kornelia Imesch, Zürich 2004, S. 59–88

Bechtle 1959
Richard Bechtle, Wege nach Hellas. Studien zum Griechenlandbild deutscher Reisender, Esslingen 1959

Becker 1967
Werner Becker, Klassischer Lehrmeister der Kunstbetrachtung. Winckelmanns Vermächtnis – in unserer Republik bewahrt und geehrt, in: Neue Zeit, 9. Dezember 1967, S. 3

Bejor 2007
Il Laocoonte dei Musei Vaticani. 500 anni dalla scoperta, hg. von Giorgio Bejor, Mailand 2007

Berger 1903
Arnold E. Berger, Der junge Herder und Winckelmann, in: Studien zur deutschen Philologie, hg. von Philipp Strauch, Arnold E. Berger und Franz Saran, Halle 1903, S. 83–168

Berger 1999
Ursel Berger, »Herauf nun, herauf, du großer Mittag«. Georg Kolbes Statue für die Nietzsche-Gedächtnishalle und die gescheiterten Vorläuferprojekte, in: Wege nach Weimar. Auf der Suche nach der Einheit von Kunst und Politik, hg. von Hans Wilderotter und Michael Dorrmann (Ausst.-Kat. Landesverwaltungsamt Weimar), Berlin 1999, S. 177–194

Beringer 1912
Joseph August Beringer, Professor Artur Volkmann, in: Deutsche Kunst und Dekoration 30, 1912, S. 313–322

Berling 1900
Karl Berling, Das Meißner Porzellan und seine Geschichte, Leipzig 1900

Beyer 2006
Klassik und Romantik, hg. von Andreas Beyer, München u. a. 2006 (Geschichte der bildenden Kunst in Deutschland 6)

Bickendorf 1998
Gabriele Bickendorf, Die Historisierung der italienischen Kunstbetrachtung im 17. und 18. Jahrhundert, Berlin 1998

Biedrzynski 1968
Richard Biedrzynski, Begierde des Schauens, in: Johann Joachim Winckelmann. 1768/1968, Bad Godesberg 1968, S. 41–49

Bignamini/Hornsby 2010
Ilaria Bignamini und Clare Hornsby, Digging and Dealing in Eighteenth-Century Rome, 2 Bde., New Haven/London 2010

Bindman 2002
David Bindman, Ape to Apollo. Aesthetics and the Idea of Race in the 18th Century, London 2002

Bindman 2011
David Bindman, Frog to Apollo: A French Print after Lavater and Pre-Darwinian Theories of Evolution, in: Print Quarterly 28, 2011, H. 4, S. 392–395

Birt 1895
Theodor Birt, Unterhaltungen in Rom. Fünf Gespräche deutscher Reisender, Berlin 1895

Blanckaert 1987
Claude Blanckaert, Les vicissitudes de l'angle facial et les débuts de la craniométrie, 1765–1875, in: Revue de synthèse 108, 1987, H. 3/4, S. 417–453

Blanning 2016
Tim C. W. Blanning, Frederick the Great. King of Prussia, New York 2016

Bloch 1898
Adolphe Bloch, Essai sur les lèvres au point de vue anthropologique, in: Bulletins de la Société d'anthropologie de Paris 9, 1898, H. 9, S. 284–301

Bloch 1980
Peter Bloch, Asmus Jakob Carstens als Modelleur, in: Beiträge zur Schleswiger Stadtgeschichte 25, 1980, S. 13–22

Blum 2005
Gerd Blum, Hans von Marées. Autobiographische Malerei zwischen Mythos und Moderne, München/Berlin 2005

Bölte 1862
Amely Bölte, Winkelmann oder: Von Stendal nach Rom. Culturhistorischer Roman, 3 Bde., Berlin 1862

Börsch-Supan 1971
Die Kataloge der Berliner Akademie-Ausstellungen 1786–1850, hg. von Helmut Börsch-Supan, Berlin 1971

Böttiger 1801
Carl August Böttiger, Ueber die Aechtheit der Tischbeinischen Vasenzeichnungen, in: Der Neue Teutsche Merkur 1801, Bd. 1, 3. St., S. 218–229

Böttiger 1837/38
C. A. Böttiger's kleine Schriften archäologischen und antiquarischen Inhalts, hg. von Julius Sillig, 3 Bde., Dresden/Leipzig 1837/38

Böttiger/Meyer 1794
Carl August Böttiger und Johann Heinrich Meyer, Über den Raub der Cassandra auf einem alten Gefässe von gebrannter Erde. Zwey Abhandlungen, Weimar 1794

Bol 2002–2010
Die Geschichte der antiken Bildhauerkunst, hg. von Peter C. Bol, 4 Bde., Mainz 2002–2010

Bollenbeck 2005
Georg Bollenbeck, Programmatische Hypotheken. Die bildungsbürgerliche Kunstsemantik und die ambivalente Bilanz der NFG, in: »Forschen und Bilden«. Die Nationalen Forschungs- und Gedenkstätten der klassischen deutschen Literatur in Weimar 1953–1991, hg. von Lothar Ehrlich, Köln/Weimar/Wien 2005, S. 69–84

Bomski/Haufe 2017
Franziska Bomski und Rüdiger Haufe, Wohin gehört Winckelmann? Die Nationalen Forschungs- und Gedenkstätten in Weimar und die Winckelmann-Ehrung in der DDR 1967/1968, in: Die Erfindung des Klassischen. Winckelmann-Lektüren in Weimar. Jahrbuch der Klassik Stiftung Weimar 2017, hg. von Franziska Bomski, Hellmut Th. Seemann und Thorsten Valk, Göttingen 2017, S. 317–341

Bonnefoit 2009
Régine Bonnefoit, Die Linientheorien von Paul Klee, Petersberg 2009

Borbein 2002
Adolf H. Borbein, Olympia als Experimentierfeld archäologischer Methoden, in: Olympia 1875–2000. 125 Jahre Deutsche Ausgrabungen (Internationales Symposium, Deutsches Archäologisches Institut, Berlin, 9.–11. November 2000), hg. von Helmut Kyrieleis, Mainz 2002, S. 163–176

Borbein 2014
Adolf H. Borbein, Die historisch-kritische Ausgabe Winckelmanns. Stand und Perspektive, in: El legado de Johann Joachim Winckelmann en España/Das Vermächtnis von Johann Joachim Winckelmann in Spanien (Akten des internationalen Kongresses, Madrid, 20./21. Oktober 2011), hg. von Max Kunze und Jorge Maier Allende, Mainz u. a. 2014, S. 295–304

Boschung 2002
Dietrich Boschung, Die Antikensammlung in Newby Hall. Ein Beispiel englischer Antikenrezeption im 18. Jahrhundert, in: International Journal of the Classical Tradition 8, 2002, H. 3, S. 359–374

Bothe 2013
Rolf Bothe, Clemens Wenzeslaus Coudray: 1775–1845. Ein deutscher Architekt des Klassizismus, Köln/Weimar/Wien 2013

Braeuer 1960
Walter Braeuer, Rast' ich, so rost' ich. 1835–1960. B. Behr's Verlag G.m.b.H. 125 Jahre Verlagsarbeit. Ein Kapitel deutscher Zeit- und Kulturgeschichte, Hamburg/Berlin/Düsseldorf 1960

Brandstetter 1995
Gabriele Brandstetter, Tanz-Lektüren. Körperbilder und Raumfiguren der Avantgarde, Frankfurt a. M. 1995

Brandt 1986
Reinhard Brandt, »ist endlich eine edle Einfalt, und eine stille Größe«, in: Johann Joachim Winckelmann 1717–1768, hg. von Thomas W. Gaehtgens, Hamburg 1986, S. 41–53

Braunfels 1996
Sigrid Braunfels, Schadows Lehrbücher, in: »Die Kunst hat nie ein Mensch allein besessen«. 1696–1996. Dreihundert Jahre Akademie der Künste, Hochschule der Künste, hg. von der Akademie der Künste (Ausst.-Kat. Akademie der Künste, Berlin), Berlin 1996, S. 273–284

Brière 1928
Gaston Brière, Le morceau du réception de J.-S. Berthélemy, in: Bulletin de la société de l'histoire de l'art français, Paris 1928, S. 42–44

Brilliant 2000
Richard Brilliant, My Laocoön. Alternative Claims in the Interpretation of Artworks, Berkeley/Los Angeles/London 2000

Brinkmann 2010
Richard Brinkmann, Einführung in die Ausstellung. Die Erforschung der Farbigkeit antiker Skulptur, in: Bunte Götter. Die Farbigkeit antiker Skulptur (Ausst.-Kat. Pergamonmuseum, Staatliche Museen zu Berlin), München 2010, S. 16–27

Brüne 2002
Gerd Brüne, Pathos und Sozialismus. Studien zum plastischen Werk Fritz Cremers (1906–1993), Weimar 2005

Bruer 2000
Stephanie-Gerrit Bruer, Winckelmanns Wirkung auf Visconti, in: Altertumskunde im 18. Jahrhundert. Wechselwirkungen zwischen Italien und Deutschland, hg. von der Winckelmann-Gesellschaft, Stendal 2000, S. 107–114

Buck 1957
Peter Henry Buck [Te Rangi Hiroa], Arts and Crafts of Hawaii, [Honolulu] 1957

Bückling 1999
Maraike Bückling, Der Bildhauer Franz Xaver Messerschmidt. Ein exemplarisches Künstlerœuvre der Umbruchzeit, in: Mehr Licht. Europa um 1770. Die bildende Kunst der Aufklärung, hg. von Herbert Beck, Peter C. Bol und Maraike Bückling (Ausst.-Kat. Städelsches Kunstinstitut und Städtische Galerie, Frankfurt a. M.), München 1999, S. 100–119

Bückling 2002
Maraike Bückling, »Cognosce et dignosce« – »Erkenne und differenziere«. Messerschmidt – ein Künstler der Aufklärung, in: Franz Xaver Messerschmidt 1736–1783, hg. von Michael Krapf (Ausst.-Kat. Barockmuseum der Österreichischen Galerie Belvedere, Wien), Ostfildern-Ruit 2002, S. 77–85

Bückling 2013
Maraike Bückling, Friedrich Wilhelm Doell: Büste Johann Joachim Winckelmann, in: Schönheit und Revolution. Klassizismus 1770–1820, hg. von Maraike Bückling und Eva Mongi-Vollmer (Ausst.-Kat. Städel Museum/Liebieghaus, Skulpturensammlung, Frankfurt a. M.), München 2013, S. 34f.

Bühler/Bühler 2002
Edelgard Bühler und Hans-Eugen Bühler, Der Frontbuchhandel 1939–1945. Organisationen, Kompetenzen, Verlage, Bücher. Eine Dokumentation, Frankfurt a. M. 2002

Bühler/Kirbach 1998
Hans-Eugen Bühler und Klaus Kirbach, Die Wehrmachtsausgaben deutscher Verlage von 1939–1945, Teil 1: Feldpostausgaben zwischen 1939 und 1945 und die Sonderaktion Feldpost 1942, in: Archiv für Geschichte des Buchwesens 50, 1998, S. 251–294

Bünau 1728–1743
Heinrich von Bünau, Genaue und umständliche Teutsche Kayser- und Reichs-Historie. Aus den bewehrtesten Geschicht-Schreibern und Uhrkunden zusammen getragen, 4 Bde., Leipzig 1728–1743

Büttner 2003
Frank Büttner, Herrscherlob und Satire. Wilhelm von Kaulbachs Zyklus zur Geschichte der Kunst unter Ludwig I., in: Ludwig I. und die Neue Pinakothek, hg. von Hebert W. Rott, Köln/München 2003, S. 82–122

Büttner 2004
Frank Büttner, John Flaxmans Illustrationen zu Dantes *Divina Commedia*. Die ersten Skizzen und die Herausbildung des »Umrißlinienstils«, in: Italiensehnsucht. Kunsthistorische Aspekte eines Topos, hg. von Hildegard Wiegel, München 2004, S. 95–109

Bungarten 2005
Gisela Bungarten, J. H. Füsslis (1741–1825) »Lectures on Painting«. Das Modell der Antike und die moderne Nachahmung, 2 Bde., Berlin 2005

Burson/Carling/Kramlich 1986
Nancy Burson, Richard Carling und David Kramlich, Composites: Computer-generated portraits, New York 1986

Bury 2007
Friedrich Bury, Briefe aus Italien an Goethe und Anna Amalia, hg. von Martin Dönike, Göttingen 2007

Busch 1988
Werner Busch, Die »große, simple Linie« und die »allgemeine Harmonie der Farben«. Zum Konflikt zwischen Goethes Kunstbegriff, seiner Naturerfahrung und seiner künstlerischen Praxis auf der italienischen Reise, in: Goethe-Jahrbuch 105, 1988, S. 144–164

Busch 2005/07
Werner Busch, Gegen Winckelmann. Die Neukonzeption des Klassizismus im römischen Künstlerkreis um Johann Heinrich Füßli, in: Idea 2005/2007, S. 40–60

Buttlar 1999
Adrian von Buttlar, Leo von Klenze. Leben – Werk – Vision, München 1999

Calderón Sanchez 2015
Macarena Calderón Sánchez, Estudio de la escultura Dioniso Sardanápalo del Museo Nazionale Romano, in: ArtyHum. Revista de artes y humanidades 11, 2015, S. 46–62

Camper 1792
Peter Camper, Über den natürlichen Unterschied der Gesichtszüge in Menschen verschiedener Gegenden und verschiedenen Alters; über das schöne antiker Bildsäulen und geschnittener Steine; nebst Darstellung einer neuen Art, allerlei Menschenköpfe mit Sicherheit zu zeichnen. Mit zehn Kupfertafeln. Nach des Verfassers Tode herausgegeben von seinem Sohne Adrian Gilles Camper, übers. von Samuel Thomas Sömmerring, Berlin 1792

Cancik 1989
Hubert A. Cancik, Der Nietzsche-Kult in Weimar (II), in: Die Religion von Oberschichten. Religion – Profession – Intellektualismus, hg. von Peter Antes und Donate Pahnke (Veröffentlichungen der 19. Jahrestagung der Deutschen Vereinigung für Religionsgeschichte in Hannover, 3.–7. Oktober 1988), Marburg 1989, S. 87–116

Caso 2013
Marina Caso, Dioniso tipo Sardanapalo, in: Palazzo Massimo alle Terme. Le collezioni, hg. von Carlo Gasparri und Rita Paris, Mailand 2013, S. 264f.

Castellan 1808
Antoine L. Castellan, Lettres sur la Morée et les îles de Cérigo, Hydra et Zante, 2 Bde., Paris 1808

Castellan 1809
Antoine L. Castellan, Briefe über Morea, und die Inseln Cerigo, Hydra und Zante, übers. aus dem Französischen von Ch. Weyland, Berlin 1809

Caveceppi 1768–1772
Bartolomeo Cavaceppi, Raccolta d'antiche statue, busti, teste cognite ed altre sculture antiche scelte restaurate da Bartolomeo Cavaceppi scultore romano, 3 Bde., Rom 1768–1772

Caylus 1752–1767
Anne Claude Philippe de Thubières, Comte de Caylus, Recueil d'antiquités égyptiennes, étrusques, grecques, romaines et gauloises, 7 Bde., Paris 1752–1767

Caylus 1766
Des Herrn Grafen Caylus Sammlung von Aegyptischen, Hetrurischen, Griechischen und Römischen Alterthümern, hg. von Adam Wolfgang Winterschmidt, Nürnberg 1766

Caylus 1877
Anne Claude Philippe de Caylus, Correspondance inédite du comte de Caylus avec le P. Paciaudi, théatin (1757–1765), hg. von Charles Nisard, 2 Bde., Paris 1877

Ceserani 2012
Giovanna Ceserani, Italy's Lost Greece. Magna Graecia and the Making of Modern Archaeology, Oxford/New York 2012

Coltman 2006
Viccy Coltman, Fabricating the Antique. Neoclassicism and Britain, 1760–1800, Chicago/London 2006

Constantine 2013
David Constantine, Winckelmann and Sir William Hamilton, in: Oxford German Studies 22, 2013, S. 55–83

Courajod 1878–1887
Louis Courajod, Alexandre Lenoir, son Journal et le Musée des Monumens Français, 3 Bde., Paris 1878–1887

Courtet de l'Isle 1849
Victor Courtet de l'Isle, Tableau ethnographique du genre humain, Paris 1849

Curtius 1852
Ernst Curtius, Olympia. Ein Vortrag im wissenschaftlichen Verein zu Berlin am 10. Januar gehalten. Mit zwei lithographischen Tafeln, Berlin 1852

Curtius 1857–1861
Ernst Curtius, Griechische Geschichte, 3 Bde., Berlin 1857–1861

Curtius 1886
Ernst Curtius, Rückblick auf Olympia [22. März 1880], in: ders., Alterthum und Gegenwart. Gesammelte Reden und Vorträge, Bd. 2, Berlin 1886, S. 185–197

Curtius 1968
Ludwig Curtius, Johann Joachim Winckelmann 1717–1768 [1937], in: Johann Joachim Winckelmann. 1768/1968, Bad Godesberg 1968, S. 5–19

Cuvier 1831–1843
Georges Cuvier, Das Thierreich, geordnet nach seiner Organisation. Als Grundlage der Naturgeschichte der Thiere und Einleitung in die vergleichende Anatomie, nach der zweiten vermehrten Ausgabe übers. und durch Zusätze erweitert von F. S. Voigt, 6 Bde., Leipzig 1831–1843

Cuvier 1910
Georges Cuvier, Note instructive sur les recherches à faire relativement aux différences anatomiques des diverses races d'hommes (1800), in: Revue anthropologique, 20. September 1910, S. 303–306

Dähner 2008
Die Herkulanerinnen. Geschichte, Kontext und Wirkung der antiken Statuen in Dresden, hg. von Jens Dähner, München 2008

Däubler 1988
Theodor Däubler, Die Privatsammlung Herwart Walden (1917), in: ders., Im Kampf um die moderne Kunst und andere Schriften, hg. von Friedhelm Kemp und Friedrich Pfäfflin, Darmstadt 1988, S. 223–239

Decaroli 2006
Steven Decaroli, The Greek Profile, Hegel's Aesthetics and the Implications of a Pseudo-Science, in: The Philosophical Forum 37, 2006, H. 2, S. 113–151

De Chirico 1973
Giorgio de Chirico, Die Rückkehr zum Handwerk (1919), in: ders., Wir Metaphysiker. Gesammelte Schriften, hg. von Wieland Schmied, übers. von Anton Henze, Berlin 1973, S. 51–56

Décultot 2000
Elisabeth Décultot, Johann Joachim Winckelmann. Enquête sur la genèse de l'historie de l'art, Paris 2000

Décultot 2001
Elisabeth Décultot, Wie gelangte Winckelmanns Nachlaß nach Frankreich? Rekonstruktion und Analyse eines Kulturtransfers besonderer Art, in: Rom – Paris – Stendal. Der Winckelmann-Nachlaß in Paris. Zur Geschichte der Handschriften Winckelmanns, hg. von der Winckelmann-Gesellschaft, Stendal 2001, S. 7–33

Décultot 2002
Elisabeth Décultot, Theorie und Praxis der Nachahmung. Untersuchungen zu Winckelmanns Exzerptheften, in: Deutsche Vierteljahrsschrift für Literaturwissenschaft und Geistesgeschichte 76, 2002, S. 27–49

Décultot 2004a
Elisabeth Décultot, Untersuchungen zu Winckelmanns Exzerptheften. Ein Beitrag zur Genealogie der Kunstgeschichte im 18. Jahrhundert, übers. aus dem Französischen von Wolfgang von Wangenheim und Mathias René Hofter, Ruhpolding 2004

Décultot 2004b
Elisabeth Décultot, Winckelmann et Caylus. Enquête sur les rapports de l'histoire de l'art au savoir antiquaire, in: Le comte de Caylus. Les Arts et les Lettres (Actes du colloque international Université d'Anvers [UFSIA] et Voltaire Foundation, Oxford, 26./27. Mai 2000), hg. von Nicholas Cronk und Kris Peeters, Amsterdam/New York 2004, S. 59–78

Décultot 2009
Elisabeth Décultot, Anthropologie et ethnologie de l'histoire de l'art au XVIIIe siècle. Winckelmann et le tableau des peuples antiques, in: Etudes germaniques 64, 2009, H. 4, S. 821–839

Décultot 2010
Elisabeth Décultot, Genèse d'une histoire de l'art par les images. Les recueils d'antiquités et la naissance du discours historique sur l'art, 1600–1800, in: Musées de papier. L'Antiquité en livres, 1600–1800, hg. von Elisabeth Décultot, Paris 2010, S. 24–35

Décultot 2011
Elisabeth Décultot, Winckelmanns Medizinstudien. Zur Wechselwirkung von kunstgeschichtlichen und medizinischen Studien, in: Heilkunst und schöne Künste. Wechselwirkungen von Medizin, Literatur und bildender Kunst im 18. Jahrhundert, hg. von Heidi Eisenhut, Anett Lütteken und Carsten Zelle, Göttingen 2011, S. 108–130

Décultot 2012
Elisabeth Décultot, Eine Geschichte der antiken Kunst im Kleinen. Zu Johann Joachim Winckelmanns »Description des Pierres Gravées du feu Baron de Stosch«, in: Antike und Abendland 58, 2012, S. 167–188

Décultot 2013a
Elisabeth Décultot, Freiheit. Zur Entwicklung einer Schlüsselkategorie von Winckelmanns Kunstverständnis, in: Das Achtzehnte Jahrhundert 37, 2013, H. 2, S. 219–233

Décultot 2013b
Elisabeth Décultot, Winckelmann neu gelesen. Zu Lessings polemischer Lektüre der *Gedancken über die Nachahmung* und der *Geschichte der Kunst des Alterthums*, in: Unordentliche Collectanea. Gotthold Ephraim Lessings *Laokoon* zwischen antiquarischer Gelehrsamkeit und ästhetischer Theoriebildung, hg. von Jörg Robert und Friedrich Vollhardt, Berlin/Boston 2013, S. 321–336

Décultot 2013c
Elisabeth Décultot, »Voll vortrefflicher Grundsätze …; aber …«. Herders Auseinandersetzung mit Winckelmanns Schriften zur Kunst, in: Herder und die Künste. Ästhetik, Kunsttheorie, Kunstgeschichte, hg. von Elisabeth Décultot und Gerhard Lauer, Heidelberg 2013, S. 81–99

Décultot 2014
Elisabeth Décultot, Winckelmanns Lese- und Exzerpierkunst. Übernahme und Subversion einer gelehrten Praxis, in: Lesen, Kopieren, Schreiben. Lese- und Exzerpierkunst in der europäischen Literatur des 18. Jahrhunderts, hg. von Elisabeth Décultot, Berlin 2014, S. 133–159

Décultot 2016a
Elisabeth Décultot, Zwischen Kunst und Geschichte. Zur Ausbildung von Winckelmanns Geschichtsbegriff und seinen europäischen Quellen, in: Sattelzeit. Historiographiegeschichtliche Revisionen, hg. von Elisabeth Décultot und Daniel Fulda, Berlin 2016, S. 102–124

Décultot 2016b
Elisabeth Décultot, Kunst als Gegenstand einer historischen Narration. Beobachtungen zur Historisierung bei Winckelmann, Caylus und Herder, in: Historisierung. Begriff – Methode – Praxis, hg. von Moritz Baumstark und Robert Forkel, Stuttgart 2016, S. 129–146

Décultot/Le Rider/Queyrel 2003
Le Laocoon: Histoire et *réception*, hg. von Elisabeth Décultot, Jacques Le Rider und François Queyrel, Paris 2003

Del Pesco 2010
Daniela Del Pesco, Paul de Chantelou, Roland Fréart und Charles Errard, in: Rome – Paris 1640. Transferts culturels et renaissance d'un centre artistique (Colloque Rome, Villa Médicis, 17.–19. April 2008), hg. von Marc Bayard, Paris 2010, S. 141–171

De Micheli 1992
Mario De Micheli, La Scultura dell'Ottocento, Turin 1992

Derks 1990
Paul Derks, Die Schande der heiligen Päderastie. Homosexualität und Öffentlichkeit in der deutschen Literatur 1750–1850, Berlin 1990

Despinis 2004
Giorgos Despinis, Ancora una proposta di interpretazione per il torso del Belvedere, in: Rendiconti dell'Accademia nazionale dei Lincei. Classe di scienze morali, storiche e filologiche, Serie IX, 2004, H. 15, Fasc. 3, S. 393–408

Detering 1994
Heinrich Detering, Das offene Geheimnis. Zur literarischen Produktivität eines Tabus von Winckelmann bis zu Thomas Mann, Göttingen 1994

Diderot 1984
Denis Diderot, Salon de 1765. Édition critique et annotée, présentée par Else Marie Bukdahl et Annette Lorenceau, Paris 1984

Diderot 1995
Denis Diderot, Salons IV. Héros et martyrs: Salons de 1769, 1771, 1775, 1781. Pensées détachées sur la peinture, hg. von Else Marie Bukdahl u. a., Paris 1995

Dilly 1979
Heinrich Dilly, Kunstgeschichte als Institution. Studien zur Geschichte einer Disziplin, Frankfurt a. M. 1979

Disch 2008
Maddalena Disch, Giulio Paolini. Catalogo ragionato, Bd. 1: 1960–1982, Mailand 2008

Disselkamp 1993
Martin Disselkamp, Die Stadt der Gelehrten. Studien zu Johann Joachim Winckelmanns Briefen aus Rom, Tübingen 1993

Dodwell 1819
Edward Dodwell, A classical and topographical tour through Greece, during the years 1801, 1805 and 1806, 2 Bde., London 1819

Dönike 2005a
Martin Dönike, Pathos, Ausdruck und Bewegung. Zur Ästhetik des Weimarer Klassizismus 1796–1806, Berlin/New York 2005

Dönike 2005b
Martin Dönike, »Ein treues Karakterbild«? Carl Ludwig Fernows »Leben des Künstlers Asmus Jakob Carstens« zwischen Künstlervita und Künstlerroman, in: Kunst als Wissenschaft. Carl Ludwig Fernow – ein Begründer der Kunstgeschichte, hg. von Reinhard Wegner, Göttingen 2005, S. 144–165

Dönike 2013a
Martin Dönike, Altertumskundliches Wissen in Weimar, Berlin/Boston 2013

Dönike 2013b
Martin Dönike, Zwischen Kunst und Wissenschaft. Meyer und die zeitgenössische Archäologie, in: Johann Heinrich Meyer – Kunst und Wissen im klassischen Weimar, hg. von Alexander Rosenbaum, Johannes Rößler und Harald Tausch (Tagung des gleichnamigen DFG-Projekts, Goethe-Nationalmuseum, Klassik Stiftung Weimar, 20.–22. September 2012), Göttingen 2013, S. 73–90

Dönike 2015
Martin Dönike, Zwiespältige Einfalt. Johann Joachim Winckelmanns Dresdener Schriften über die Nachahmung zwischen Aufrichtigkeitsethos und Verstellungskunst, in: Aufklärung 27, 2015, S. 135–160

Döring 2011
Daniela Döring, Zeugende Zahlen. Mittelmaß und Durchschnittstypen in Proportion, Statistik und Konfektion, Berlin 2011

Droysen 1977
Johann Gustav Droysen, Historik. Rekonstruktion der ersten vollständigen Fassung der Vorlesungen (1857), Grundriß der Historik in der ersten handschriftlichen (1857/58) und in der letzten gedruckten Fassung (1882), Textausgabe von Peter Leyh, Stuttgart-Bad Cannstatt 1977

Duncan 2013
Isadora Duncan, My life. Introduction by Joan Acocella, with a prefatory essay by Dorée Duncan, New York/London 2013

Dunkel/Körner/Putz 2006
König Ludwig I. von Bayern und Leo von Klenze (Symposium aus Anlass des 75. Geburtstages von Hubert Glaser, München, 13./14. Januar 2004), hg. von Franziska Dunkel, Hans-Michael Körner und Hannelore Putz, München 2006

Eberlein 2000
Johann Konrad Eberlein, Die Berliner Bildhauerschule und die deutsche Geschichte, in: Kunsthistorisches Jahrbuch Graz 27, 2000, S. 155–166

Eckardt 1990
Götz Eckardt, Johann Gottfried Schadow 1764–1850. Der Bildhauer, Leipzig 1990

Eckardt 2000
Götz Eckardt, Ridolfo Schadow. Ein Bildhauer in Rom zwischen Klassizismus und Romantik, Köln 2000

Émeric-David 1804/05
Toussaint-Bernard Émeric-David, Recherches sur l'art statuaire, considéré chez les Anciens et chez les Modernes ou Mémoire sur cette question proposée par l'Institut national de France: Quelles ont été les causes de la perfection de la sculpture antique et quels seroient les moyens d'y atteindre?, Paris An XIII [=1804/05]

Erben 2004
Dietrich Erben, Paris und Rom. Die staatlich gelenkten Kunstbeziehungen unter Ludwig XIV., Berlin 2004

Erdmannsdorff 2001
Friedrich Wilhelm von Erdmannsdorff, Kunsthistorisches Journal einer fürstlichen Bildungsreise nach Italien 1765/66, übers. aus der französischen Handschrift, erläutert und hg. von Ralf-Torsten Speler unter Mitarbeit von Jean-Pierre Haldi, München/Berlin 2001

Esche-Braunfels 1993
Sigrid Esche-Braunfels, Adolf von Hildebrand (1847–1921), Berlin 1993

Eschenburg 1788
Johann Joachim Eschenburg, G. E. Lessings handschriftliche Anmerkungen zu Winkelmanns *Geschichte der Kunst des Alterthums*, in: Berlinische Monatsschrift 11, 1788, S. 592–616

Espagne 1996
Michel Espagne, Übersetzer in Paris und Leipzig: Michael Huber (1727–1804), in: Frankreichfreunde. Mittler des französisch-deutschen Kulturtransfers (1750–1850), hg. von Michel Espagne und Werner Greiling, Leipzig 1996, S. 85–106

Etzemüller 2015
Thomas Etzemüller, Auf der Suche nach dem Nordischen Menschen. Die deutsche Rassenanthropologie in der modernen Welt, Bielefeld 2015

Falconet 1771
Etienne-Maurice Falconet, Observations sur la statue de Marc-Aurèle et sur d'autres objets relatifs aux Beaux-Arts, Amsterdam 1771

Feist 1959
Peter H. Feist, Fritz Cremer, Dresden 1959

Femmel 1958–1973
Corpus der Goethezeichnungen, bearbeitet von Gerhard Femmel, 7 Bde., Leipzig 1958–1973

Fend 2003
Mechtild Fend, Grenzen der Männlichkeit. Der Androgyn in der französischen Kunst und Kunsttheorie 1750–1830, Berlin 2003

Fend 2004
Mechtild Fend, Jungfräuliche Knaben. Androgynie und männliche Adoleszenz in der Bildkultur um 1800, in: Männlichkeit im Blick. Visuelle Inszenierungen in der Kunst seit der Frühen Neuzeit (Tagung am Kunstgeschichtlichen Institut der Goethe-Universität Frankfurt a. M., April 2000), hg. von Mechtild Fend und Marianne Koos, Köln/Weimar/Wien 2004, S. 181–198

Fernow 1944
Carl Ludwig Fernow. Römische Briefe an Johann Pohrt, hg. von Herbert von Einem, Berlin 1944

Fernow 2013
Carl Ludwig Fernow, »Rom ist eine Welt in sich«. Briefe 1789–1808, hg. und kommentiert von Margrit Glaser und Harald Tausch, 2 Bde., Göttingen 2013

Ferrari 2002
Stefano Ferrari, L'eredità culturale di Winckelmann: Carlo Fea e la seconda edizione della *Storia delle arti del disegno presso gli antichi*, in: Roma moderna e contemporanea 10, 2002, H. 1/2, S. 15–48

Ferrari 2007
Stefano Ferrari, Carlo Amoretti e la *Storia delle Arti del Disegno* (1779) di Winckelmann, in: Paesaggi europei del Neoclassicismo (Convegno internazionale sul Neoclassicismo, Bologna/Rovereteo, 13./14. Oktober 2003), hg. von Giulia Cantarutti und Stefano Ferrari, Bologna 2007, S. 191–212

Ferrari 2011
Stefano Ferrari, Il piacere di tradurre. François-Vincent Toussaint e la versione incompiuta dell'*Histoire de l'art chez les anciens* di Winckelmann, Rovereto 2011

Fest 1963
Joachim C. Fest, Das Gesicht des Dritten Reiches. Profile einer totalitären Herrschaft, München 1963

Fêtes 1797/98
Fêtes de la liberté, et entrée triomphale des objets de sciences et d'arts recueillis en Italie. Programme, Paris An VI [=1797/98]

Feulner 1929
Adolf Feulner, Skulptur und Malerei des 18. Jahrhunderts in Deutschland, Wildpark-Potsdam 1929 (Handbuch der Kunstwissenschaft 16)

Fick 2016
Monika Fick, Lessing-Handbuch. Leben – Werk – Wirkung, Stuttgart 2016

Fiedler 1991
Conrad Fiedler, Zur neueren Kunsttheorie, in: Schriften zur Kunst. Conrad Fiedler, hg. von Gottfried Boehm, Bd. 2, München 1991, S. 247–290

Fletcher 1972
Hans Fletcher, John Gibson. An English Pupil of Thorvaldsen, in: Apollo 1972, S. 336–340

Forster 1784
Georg Forster, Johann Reinhold Forster's Reise um die Welt, beschrieben und hg. von dessen Sohn und Reisegefährten Georg Forster, 3 Bde., Berlin 1784

Forster 1958–2003
Georg Forsters Werke. Sämtliche Schriften, Tagebücher, Briefe, hg. von der Berlin-Brandenburgischen Akademie der Wissenschaften, 18 Bde., Berlin 1958–2003

Frank 2016
Christoph Frank, Göring et le Rococo: L'Amitié au cœur de Falconet retrouvée, in: La coupole de Callet et son étonnant destin. Du Palais Bourbon au musée du Louvre, hg. von Marie-Catherine Sahut, Paris 2016, S. 122–136

Franke 2006
Thomas Franke, Ideale Natur aus kontingenter Erfahrung. Johann Joachim Winckelmanns normative Kunstlehre und die empirische Naturwissenschaft, Würzburg 2006

Frey 1938
Dagobert Frey, Die Entwicklung nationaler Stile in der mittelalterlichen Kunst des Abendlandes, in: Deutsche Vierteljahrsschrift für Literaturwissenschaft und Geistesgeschichte 16, 1938, S. 1–74

Friedell 2012
Egon Friedell, Kulturgeschichte der Neuzeit. Die Krisis der Europäischen Seele von der Schwarzen Pest bis zum Ersten Weltkrieg. Mit einem Nachwort von Ulrich Weinzierl, München 2012

Fuchs 2004
Michaela Fuchs, »Nach allem was schon über diesen Apoll gesagt worden …«: Ist der Typus Belvedere für die griechische Kunst noch zu retten?, in: Bullettino della Commissione archeologica comunale di Roma 105, 2004, S. 123–148

Fueter 1911
Eduard Fueter, Geschichte der neueren Historiographie, München/Berlin 1911

Fuhrmann 1972
Manfred Fuhrmann, Winckelmann – ein deutsches Symbol [Vortrag, gehalten zur Winckelmann-Feier am 9. Dezember 1969 in Frankfurt a. M.], in: Neue Rundschau 83, 1972, S. 265–283

Fuhrmann 1979
Manfred Fuhrmann, Die »Querelle des Anciens et des Modernes«, der Nationalismus und die deutsche Klassik, in: Classical Influences on Western Thought A. D. 1650–1870, hg. von Robert R. Bolgar (Proceedings of an international conference, King's College, Cambridge, März 1977), Cambridge/New York 1979, S. 107–129

Fulda 2016
Daniel Fulda, Historisierung und ihre Widerparte. Zwei Begriffsangebote samt einer Beispielanalyse zur Konstruktion des Klassischen im 18. Jahrhundert, in: Historisierung. Begriff – Geschichte – Praxisfelder, hg. von Moritz Baumstark und Robert Forkel, Stuttgart/Weimar 2016, S. 17–35

Fumaroli 2014
Marc Fumaroli, Arnaldo Momigliano et la réhabilitation des ›antiquares‹. Le comte de Caylus et 'la retour à l'antique' au XVIII siècle, in: Momigliano and Antiquarianism: Foundations of the Modern Culture Sciences, hg. von Peter N. Miller, Toronto 2014, S. 154–183

Furtwängler 1900
Adolf Furtwängler, Beschreibung der Glyptothek König Ludwig's I. zu München, München 1900

Gaehtgens 1985
Thomas W. Gaehtgens, Archeology and Enlightenment. The Comte de Caylus and French Neo-Classicism, in: The first Painters of the King. French Royal Taste from Louis XIV to Revolution, hg. von Colin B. Bailey (Ausst.-Kat. Stair Sainty Matthiesen Gallery, New York/New Orleans Museum of Art/Columbus Museum of Art), New York 1985, S. 37–45

Gaehtgens 1986
Johann Joachim Winckelmann 1717–1768 (Vorträge der Jahrestagung der Deutschen Gesellschaft für die Erforschung des Achtzehnten Jahrhunderts), hg. von Thomas W. Gaehtgens, Hamburg 1986

Gaier 2013
Martin Gaier, Heinrich Ludwig und die ästhetischen Ketzer. Kulturpolitik, Kulturkritik und Wissenschaftsverständnis bei den Deutsch-Römern, Köln/Weimar/Wien 2013

Gallo 2009
Daniela Gallo, The Galerie des Antiques of the Musée Napoléon: a new perception of ancient sculpture?, in: Napoleon's Legacy: The Rise of National Museums in Europe 1794–1830 (Conference Amsterdam, 31. Januar–2. Februar 2008), hg. von Ellinoor Bergvelt u. a., Berlin 2009, S. 111–123

Gall/Wolkenhauer 2009
Laokoon in Literatur und Kunst (Schriften des Symposions »Laokoon in Literatur und Kunst«, Universität Bonn, 30. November 2006), hg. von Dorothee Gall und Anja Wolkenhauer, Berlin/New York 2009

Gampp 1998
Axel Christoph Gampp, »Als Kunstwerke wahre Meisterwerke«. Die Selbstportraits des Franz Xaver Messerschmidt als Ausdruck einer bürgerlichen Aesthetik; in: Images de l'artiste – Künstlerbilder (Colloque du Comité Internationale d'Histoire de l'Art, Université de Lausanne, 9.–12. Juni 1994), hg. von Pascal Griener und Peter Johannes Schneemann, Bern u. a. 1998, S. 19–34

Garber 1997
Jörn Garber, Reise nach Arkadien. Bougainville und Georg Forster auf Tahiti, in: Georg-Forster-Studien 1, 1997, S. 19–50

Gasnault 1997
Pierre Gasnault, Montfaucon et le Cabinet d'antiquités de Saint-Germain-des-Prés, in: Bulletin de la Société Nationale des Antiquaires de France 1997 (2001), S. 57f.

George 1961
Magdalena George, Richard Scheibe, Diss. Universität Leipzig, 1961

Gerlach 1971
Peter Gerlach, Schadows *Polyclet* (1834). Die Bedeutung der Vermessung antiker Statuen für die Proportionslehre, in: Beiträge zur Theorie der Künste im 19. Jahrhundert, hg. von Helmut Koopmann und J. Adolf Schmoll gen. Eisenwerth, Bd. 1, Frankfurt a. M. 1971, S. 161–292

Gerlach 1990
Peter Gerlach, Proportion, Körper, Leben. Quellen, Entwürfe und Kontroversen, Köln 1990

Geyer 2010
Christian M. Geyer, »Sculture Tirolese«: dati biografici su Salvatore de Carlis, in: Studi trentini di scienze storiche, Sezione Seconda 89, 2010, S. 217–223

Geyer 2011
Christian M. Geyer, Die »Venus« von Salvatore de Carlis für König Max I. Joseph, in: Münchner Jahrbuch der bildenden Kunst, 3. Folge, Bd. 62, München 2011, S. 261–271

Geyer 2017
Christian M. Geyer, Die Winckelmann-Büste von Salvatore de Carlis, in: Untersuchungen zur Skulptur. Forschungen am Königsplatz IV, hg. von Florian Knauß, München 2017 (im Druck)

Giuliani 1999
Luca Giuliani, Winckelmanns Laokoon. Von der befristeten Eigenmächtigkeit des Kommentars, in: Commentaries – Kommentare, hg. von Glenn W. Most, Göttingen 1999, S. 296–322

Gleichen-Rußwurm 1905
Alexander von Gleichen-Rußwurm, Meine Lieblingsskulpturen in Rom, in: Die Schönheit. Mit Bildern geschmückte Zeitschrift für Kunst und Leben 3, 1905, S. 262–277

Goethe 1805
Johann Wolfgang von Goethe, Winkelmann und sein Jahrhundert. In Briefen und Aufsätzen, Tübingen 1805

Goethe 1887–1919
Johann Wolfgang von Goethe, Goethes Werke, hg. im Auftrage der Großherzogin Sophie von Sachsen-Weimar-Eisenach, 143 Bde. in 4 Abteilungen, Weimar 1887–1919 (Sophienausgabe bzw. Weimarer Ausgabe)

Goethe 1985–1998
Johann Wolfgang von Goethe, Sämtliche Werke nach Epochen seines Schaffens, hg. von Karl Richter in Zusammenarbeit mit Herbert G. Göpfert u. a., 21 Bde., München 1985–1998 (Münchner Ausgabe)

Goldmann 1994
Stefan Goldmann, Georg Forsters Rezeption der Antike oder Anmerkungen zur Affektstruktur des Zitats, in: Georg Forster in interdisziplinärer Perspektive (Beiträge des Internationalen Georg Forster-Symposions in Kassel, 1.–4. April 1993), hg. von Claus-Volker Klenke in Zusammenarbeit mit Jörn Garber und Dieter Heintze, Berlin 1994, S. 325–338

Goorle 1601
Abraham van Goorle, Dactyliotheca seu annulorum sigillarium quorum apud Priscos tam Graecos quam Romanos usus, e ferro aere argento & auro promptuarium, Delphis Batavorum 1601

Gossman 1968
Lionel Gossman, Medievalism and the Ideologies of the Enlightenment. The world and work of La Curne de Sainte-Palaye, Baltimore 1968

Grau 2013
Donatien Grau, Il neo-neoclassicismo di Francesco Vezzoli, in: Galleria Vezzoli, hg. von Anna Mattirolo und Francesco Vezzoli (Ausst.-Kat. Museo nazionale delle arti del XXI secolo, Rom), Rom/Mailand 2013, S. 183–198

Graulich 2016
Gerhard Graulich, Zwischen Pietismus und Aufklärung. Zur Programmatik der Ludwigsluster Skulpturen im 18. Jahrhundert, in: Schloss Ludwigslust, hg. vom Staatlichen Museum Schwerin, Ludwigslust, Güstrow und den Staatlichen Schlössern und Gärten Mecklenburg-Vorpommern, Berlin 2016, S. 113–127

Grave 2007
Johannes Grave, Winckelmanns »schlecht abgefundene Erben«. Zur Spannung zwischen Kunsttheorie und Kunstgeschichte bei Goethe, Meyer und Fernow, in: Der Körper der Kunst. Konstruktionen der Totalität im Kunstdiskurs um 1800, hg. von Johannes Grave, Hubert Locher und Reinhard Wegner, Göttingen 2007, S. 31–85

Gravenkamp 1937
Curt Gravenkamp, [Rez.] Olympia und der deutsche Geist, in: Jahrbuch für Kunstfreunde 1937, S. 123–126

Grell 1995
Chantal Grell, Le dix-huitième siècle et l'Antiquité en France, 1680–1789, 2 Bde., Oxford 1995

Griener 1995
Pascal Griener, La nécessité de Winckelmann: Hendrik Jansen (1741–1812) et la littérature artistique à la fin du XVIIIème siècle, in: Winckelmann et le retour à l'antique. Entretiens de la Garenne Lemot (Actes du Colloque, 9.–12. Juni 1994), Nantes 1995, S. 111–126

Griener 1997
Pascal Griener, La fatale attraction du Moyen Age. Jean-Baptiste Séroux d'Agincourt et l'»Histoire de l'art par les monumens« (1810–1823), in: Zeitschrift für Schweizerische Archäologie und Kunstgeschichte 54, 1997, S. 225–234

Griener 1998
Pascal Griener, L'esthétique de la traduction. Winckelmann, les langues et l'histoire de l'art (1755–1784), Genf 1998

Grimm 1883
Herman Grimm, Venus von Milo (1855), in: ders., Zehn ausgewählte Essays zur Einführung in das Studium der Neueren Kunst, Berlin 1883, S. 1–6

Grohmann 1928
Will Grohmann, Der Maler Oskar Schlemmer, in: Das Neue Frankfurt 2, 1928, H. 4, S. 58–61

Günther 1922
Hans Friedrich Karl Günther, Rassenkunde des deutschen Volkes, München 1922

Gumbrecht 2000
Hans Ulrich Gumbrecht, Artikel »Ausdruck«, in: Ästhetische Grundbegriffe. Historisches Wörterbuch in sieben Bänden, Bd. 1, hg. von Karlheinz Barck u. a., Stuttgart/Weimar 2000, S. 416–430

Habel 1979
Wer ist wer? 20. Ausgabe von Degeners Wer ist's?, hg. von Walter Habel, Lübeck 1979

Haldemann 2001
Matthias Haldemann, Kandinskys Abstraktion. Die Entstehung und Transformation seines Bildkonzepts, München 2001

Hamann 1912/13
Richard Hamann, Winckelmann und die kanonische Auffassung der Kunst, in: Internationale Monatsschrift für Wissenschaft, Kunst und Technik 7, 1912/13, Sp. 1183–1208

Hancarville 2004
Pierre-François Hugues d'Hancarville, The collection of antiquities from the cabinet of Sir William Hamilton, hg. von Petra Lamers-Schütze, Köln 2004

Hannson 2014
Ulf R. Hansson, »Ma passion ... ma folie dominante«. Stosch, Winckelmann and the Allure of the Engraved Gems of the Ancients, in: MDCCC 1800, 2014, H. 3, S. 13–33

Harloe 2013
Katherine Harloe, Winckelmann and the invention of antiquity. History and aesthetics in the age of Altertumswissenschaft, Oxford 2013

Hartog 1992
Arie Hartog, Bemerkungen zur Plastik im Dritten Reich, in: Deutsche Bildhauer 1900–1945. Entartet, hg. von Christian Tümpel (Ausst.-Kat. Nijmeegs Museum Commanderie van Sint-Jan, Nimwegen/Frans Hals Museum Haarlem/Gerhard Marcks-Haus Bremen u. a.), Zwolle 1992, S. 83–91

Hartog 1995
François Hartog, Faire le voyage d'Athènes. Winckelmann et sa réception française, in: Winckelmann et le retour à l'antique. Entretiens de la Garenne Lemot (Actes du Colloque, 9.–12. Juni 1994), Nantes 1995, S. 127–143

Hartswick 1990
Kim J. Hartswick, The Ares Borghese reconsidered, in: Revue Archéologique, Nouvelle Série 2, 1990, S. 227–283

Haskell 1991
Francis Haskell, Winckelmann et son influence sur les historiens, in: Winckelmann. La naissance de l'histoire de l'art à l'époque des Lumières (Actes du cycle de conférences prononcées à l'Auditorium du Louvre, 11. Dezember 1989–12. Februar 1990), hg. von Edouard Pommier, Paris 1991, S. 83–99

Haskell/Penny 2006
Francis Haskell und Nicholas Penny, Taste and the Antique. The Lure of Classical sculpture 1500–1900, New Haven u. a. 2006

Hasler 2014
Maltechnik und Farbmittel der Semperzeit, hg. von Uta Hasler, München 2014

Hatfield 1943
Henry Caraway Hatfield, Winckelmann and his German Critics, 1755–1781. A Prelude to the Classical Age, New York 1943

Haus 2007
Andreas Haus, Karl Friedrich Schinkel: »Die Blüte Griechenlands«. Das Schaubild als gemalte Staatsidee, in: Klassizismus – Gotik. Karl Friedrich Schinkel und die patriotische Baukunst (Tagung der Humboldt-Universität zu Berlin, 2.–4. März 2006), hg. von Annette Dorgerloh, Michael Niedermeier und Horst Bredekamp, München 2007, S. 99–112

Hauser-Schäublin/Krüger 1998
James Cook. Gifts and Treasures from the South Seas. Gaben und Schätze aus der Südsee. The Cook/Forster Collection. Die Göttinger Sammlung Cook/Forster, hg. von Brigitta Hauser-Schäublin und Gundolf Krüger, München/New York 1998

Hegel 1969–1971
Georg Wilhelm Friedrich Hegel. Werke, hg. von Eva Moldenhauer und Karl Markus Michel, 20 Bde., Frankfurt a. M. 1969–1971

Hege/Rodenwaldt 1936
Olympia, aufgenommen von Walter Hege, beschrieben von Gerhart Rodenwaldt, Berlin 1936

Heidrich 1917
Ernst Heidrich, Winckelmann, in: ders., Beiträge zur Geschichte und Methode der Kunstgeschichte, Basel 1917, S. 28–49

Heinse 2003–2005
Wilhelm Heinse, Die Aufzeichnungen. Frankfurter Nachlass, hg. von Markus Bernauer u. a., 5 Bde., München/Wien 2003–2005

Helbig 1966
Wolfgang Helbig, Führer durch die öffentlichen Sammlungen klassischer Altertümer in Rom, Bd. 2: Die städtischen Sammlungen: Kapitolinische Museen und Museo Barracco. Die staatlichen Sammlungen: Ara Pacis, Galleria Borghese, Galleria Spada, Museo Pigorini, Antiquarien auf Forum und Palatin, hg. von Hermine Speier, Tübingen 1966

Henning 2005
Mareike Henning, Asmus Jakob Carstens. Sensible Bilder. Eine Revision des Künstlermythos und der Werke, Petersberg 2005

Henning 2006
Mareike Henning, Singende Parzen. Carstens in Rom, in: Rom – Europa: Treffpunkt der Kulturen. 1780–1820, hg. von Paolo Chiarini und Walter Hinderer, Würzburg 2006, S. 347–364

Henning 2012
Andreas Henning, Raffaels *Sixtinische Madonna*. Kultbild und Bildkult, in: Die *Sixtinische Madonna*. Raffaels Kultbild wird 500, hg. von Andreas Henning (Ausst.-Kat. Gemäldegalerie Alte Meister, Staatliche Kunstsammlungen Dresden), München/London/New York 2012, S. 23–49

Hentzen 1934
Alfred Hentzen, Deutsche Bildhauer der Gegenwart, Berlin 1934

Heraeus 1996
Stefanie Heraeus, Friedrich Wilhelm Doell: Porträt Johann Joachim Winckelmann, in: Künstlerbildnisse. Porträts von Tischbein bis Beuys: Malerei, Graphik und Skulptur aus eigenen Beständen, hg. von Hans Ottomeyer und Marianne Heinz (Ausst.-Kat. Neue Galerie, Staatliche Museen Kassel), Kassel 1996, S. 43f.

Herder 1967/68
Johann Gottfried Herder, Sämtliche Werke, hg. von Bernhard Suphan, 33 Bde. Hildesheim 1967/68 (Reprint der Ausgabe Berlin 1877–1913)

Herder 1985–2000
Johann Gottfried Herder. Werke, hg. von Martin Bollacher, Jürgen Brummack, Ulrich Gaier u. a., 10 Bde., Frankfurt a. M. 1985–2000

Heres 2004
Huberta Heres, Von Bartolomeo Cavaceppi zu Christian Daniel Rauch – Die Restaurierung der Statuen im 18. und 19. Jahrhundert, in: Schinkels Pantheon. Die Statuen der Rotunde im Alten Museum, hg. von Wolf-Dieter Heilmeyer, Huberta Heres und Wolfgang Maßmann, Mainz 2004, S. 19–36

Heringa 1976
Jan Heringa, Die Genese von *Gemmae antiquae caelatae*, in: Bulletin antieke beschaving 51, 1976, S. 75–88

Heringman 2013
Noah Heringman, Sciences of Antiquity. Romantic Antiquarianism, Natural History, and Knowledge Work, Oxford 2013

Hettner 1846
Hermann Hettner, Die heutigen Winkelmännchen, in: Jahrbücher der Gegenwart 4, 1846, S. 793–797

Heyne 1763
Christian Gottlob Heyne, Anzeige des Hrn. Winckelmanns Sendschreiben von Herkulanischen Entdeckungen. Ein Schreiben desselben, worin seine Lebensumstände enthalten, wird mitgetheilet, in: Briefe die neueste Litteratur betreffend, hg. von Friedrich Nicolai Gotthold Ephraim Lessing und Moses Mendelssohn, Teil 16, Berlin 1763, S. 159-188

Heyne 1765
Christian Gottlobe Heyne, [Rez.] Iohann Winckelmanns […] Geschichte der Kunst des Alterthums, in: Nova Acta eruditorum 1765, S. 339–360

Heyne 1778/79
Christian Gottlob Heyne, Sammlung antiquarischer Aufsätze, 2 Bde., Leipzig 1778/79

Heyne 1963
Christian Gottlob Heyne, Lobschrift auf Winckelmann [1778], in: Die Kasseler Lobschriften auf Winckelmann, hg. von Arthur Schulz, Berlin 1963, S. 17–27

Hildebrand 1962
Adolf von Hildebrand und seine Welt. Briefe und Erinnerungen, besorgt von Bernhard Sattler, hg. von der Bayerischen Akademie der Schönen Künste, München 1962

Hildebrand-Schat 2004
Viola Hildebrand-Schat, Zeichnung im Dienste der Literaturvermittlung. Moritz Retzschs Illustrationen als Ausdruck bürgerlichen Verstehens, Würzburg 2004

Hillebrand 1874
[Karl Hillebrand], Zwölf Briefe eines ästhetischen Ketzer's, Berlin 1874

Himmelmann 1996a
Nikolaus Himmelmann, Anmerkungen zum Torso vom Belvedere, in: Archäologischer Anzeiger 1996, S. 475–483

Himmelmann 1996b
Nikolaus Himmelmann, Sperlonga. Die homerischen Gruppen und ihre Bildquellen, Opladen 1996

Himmelmann 1998
Nikolaus Himmelmann, Apoll vom Belvedere, in: Il Cortile delle Statue. Der Statuenhof des Belvedere im Vatikan (Akten des internationalen Kongresses zu Ehren von Richard Krautheimer, Rom, 21.–23. Oktober 1992), hg. von Matthias Winner, Bernard Andreae und Carlo Pietrangeli, Mainz 1998, S. 211–225

Himmelmann 2005
Nikolaus Himmelmann, Apollon in München, in: Bullettino della Commissione archeologica comunale di Roma 106, 2005, S. 161–166

Hirsch 2000
Robert Hirsch, Seizing the Light: A History of Photography, Boston 2000

Hirt 1797
Aloys Hirt, Laokoon, in: Die Horen 3, 1797, 10. St., S. 1–26

Höfer-Abeking 1929
Clara Höfer-Abeking, Der Schatzheber antiker Schönheit, in: Die Schönheit 19, 1929, S. 49–52

Höhle 1988
Thomas Höhle, Anschauung und Begriff oder Wirkung ohne Gegenwirkung. Anmerkungen zum Thema »Lessing und Winckelmann«, in: Winckelmanns Wirkung auf seine Zeit. Lessing – Herder – Heyne (Kolloquium, Kamenz, März 1980), hg. von der Winckelmann-Gesellschaft, Stendal 1988, S. 7–27

Hofacker 2004
Emanuel C. Hofacker, Rückführung illegal verbrachter italienischer Kulturgüter nach dem Ende des 2. Weltkriegs. Hintergründe, Entwicklung und rechtliche Grundlagen der italienischen Restitutionsforderungen, Berlin 2004

Hofter 2000
Mathias René Hofter, Johann Joachim Winckelmann und die »hetrurischen Gefäße«, in: Europe à la grecque. Vasen machen Mode, hg. von Martin Flashar (Ausst.-Kat. Archäologische Sammlung der Universität Freiburg i. Br./Archäologische Sammlung der Universität Zürich/Winckelmann-Museum, Stendal), München 2000, S. 21–29

Hohmann/Schiefer 1941
Walter Hohmann und Wilhelm Schiefer, Volk und Reich der Deutschen. Geschichtsbuch für Oberschulen und Gymnasien, Klasse 6. Von der Vorgeschichte bis zum Ende der Stauferzeit, Frankfurt a. M. 1941

Holst 1987
Christian von Holst, Johann Heinrich Dannecker. Der Bildhauer, Stuttgart 1987

Howard 1982
Seymour Howard, Bartolomeo Cavaceppi. Eighteenth-Century Restorer, New York/London 1982

Hrdlicka 1968
Alfred Hrdlicka, Drei Zyklen. Winckelmann, Haarmann, Roll over Mondrian, Essay und Bildtexte von Johann Muschik, Wien 1968

Hrdlicka 1973
Alfred Hrdlicka, Graphik. Unter Mitarbeit und mit Beiträgen von Elias Canetti u. a., Berlin 1973

Hurel/Rogé 1998
Dom Bernard de Montfaucon (Actes du colloque de Carcassonne, Oktober 1996), textes réunis par Daniel-Odon Hurel und Raymond Rogé, 2 Bde., Saint-Wandrille-Rançon 1998

Hurley 2000
Cecilia Hurley, The vagaries of art-book publishing. Bernard de Montfaucon (1660–1741) and his subscription enterprises, in: Georges-Bloch-Jahrbuch des Kunsthistorischen Instituts der Universität Zürich 7, 2000, S. 84–95

Hurley 2014
Cecilia Hurley, Jean-Jacques Rousseau au Musée des Monumens Français, in: Genuss bei Rousseau (Tagung, Berlin, 20.–22. September 2012), hg. von Helmut Pfeiffer, Elisabeth Décultot und Vanessa de Senarclens, Würzburg 2014, S. 269–289

Irmscher 1980
Johannes Irmscher, Winckelmann und Olympia, in: Philias charin. Miscellanea di studi classici in onore di Eugenio Manni, hg. von Maria José Fontana u. a., Bd. 4, Rom [1980], S. 1205–1212

Irmscher 1994
Johannes Irmscher, 50 Jahre Winckelmann-Gesellschaft, in: Sileno 20, 1994, H. 1/2, S. 425–434

Jones 1853
Owen Jones, An attempt to define the principles which should regulate the employment of colour in the decorative arts (Lecture read at the Society of Arts, 28. April 1852), in: Lectures on the Results of the Great Exhibition of 1851, London 1853, S. 253–300

Jones 1854
Owen Jones, An Apology for the Colouring of the Greek Court in the Crystal Palace, London 1854

Justi 1866–1872
Carl Justi, Winckelmann, sein Leben, seine Werke und seine Zeitgenossen: mit Skizzen zur Kunst- und Gelehrtengeschichte des 18. Jahrhunderts, 2 Bde., Leipzig 1866–1872

Justi 1898
Carl Justi, Winckelmann und seine Zeitgenossen, 3 Bde., Leipzig 1898 (3. Aufl. 1923; 4. Aufl. 1943; 5. Aufl. 1953)

Käfer 1986
Markus Käfer, Winckelmanns Hermeneutische Prinzipien, Heidelberg 1986

Käfer 1996
Markus Käfer, Zu Winckelmanns »Homo-Imagination, Homoerotik, Homosexualität«. Ein Literaturbericht, in: Mitteilungen der Winckelmann-Gesellschaft 59, 1996, S. 28–38

Kaeppler 1998
Adrienne L. Kaeppler, Hawai'i – Die Begegnung als Ritus, in: James Cook. Gifts and Treasures from the South Seas. Gaben und Schätze aus der Südsee. The Cook/Forster Collection. Die Göttinger Sammlung Cook/Forster, hg. von Brigitta Hauser-Schäublin und Gundolf Krüger, München/New York 1998, S. 234–248

Kaiser/Völker 1980
Wolfram Kaiser und Arina Völker, Johann Heinrich Schulze (1687–1744), Halle 1980

Kammel 2013
Frank Matthias Kammel, Porzellanplastik. Experiment und Miniatur, in: Charakterköpfe. Die Bildnisbüste in der Epoche der Aufklärung, hg. von Frank Matthias Kammel (Ausst.-Kat. Germanisches Nationalmuseum Nürnberg), Nürnberg 2013, S. 164–181

Kant 1766
Immanuel Kant, Beobachtungen über das Gefühl des Schönen und Erhabenen, Königsberg 1766

Kanz 1993
Roland Kanz, Dichter und Denker im Porträt. Spurengänge zur deutschen Porträtkultur des 18. Jahrhunderts, München 1993

Kathe 2005
Steffen R. Kathe, Kulturpolitik um jeden Preis. Die Geschichte des Goethe-Instituts von 1951 bis 1990, München 2005

Kaufmann 2015
Sebastian Kaufmann, Klassizistische Anthropometrie. Idealschöne Griechen vs. »entlegene Völker« in Winckelmanns *Geschichte der Kunst des Altertums*, in: Aufklärung 27, 2015, S. 7–29

Keller/Wirz 2017
Claudia Keller und Benno Wirz, Küss mich! Klassizismus der Verlebendigung – Winckelmann und Vezzoli, in: Die Erfindung des Klassischen. Winckelmann-Lektüren in Weimar, hg. von Franziska Bomski, Hellmut Th. Seemann und Thorsten Valk, Göttingen 2017, S. 343–353

Kelly 2010
Jason M. Kelly, The Society of Dilettanti. Archaeology and Identity in the British Enlightenment, New Haven/London 2010

Klemm 2011
Christian Klemm, Die Sammlung wächst. Erwerbungen für das Kunsthaus Zürich 1982–2010, Zürich 2011

Klinke 2015
Leo Klinke, Neue Ansichten, neue Einsichten durch virtuelle Archäologie. 3D-Rekonstruktion des Skulpturenprogramms der »Grotta di Tiberio«, Münster 2015

Klinkhammer 2002
Lutz Klinkhammer, Großgrabung und große Politik. Der Olympia-Vertrag als Epochenwende, in: Olympia 1875–2000. 125 Jahre Deutsche Ausgrabungen (Internationales Symposium, Deutsches Archäologisches Institut, Berlin, 9.–11. November 2000), hg. von Helmut Kyrieleis, Mainz 2002, S. 31–47

Knabe 1972
Peter-Eckard Knabe, Schlüsselbegriffe des kunsttheoretischen Denkens in Frankreich von der Spätklassik bis zum Ende der Aufklärung, Düsseldorf 1972

Knigge 2008
Volkhard Knigge, Im Schatten des Ettersberges. Von den Schwierigkeiten der Vernunft – Unbefragte Traditionen und Geschichtsbilder, in: »… mitten im deutschen Volke«. Buchenwald, Weimar und die nationalsozialistische Volksgemeinschaft, hg. von Volkhard Knigge und Imanuel Baumann, Göttingen 2008, S. 151–175

Knoche/Tausch 2000
Von Rom nach Weimar – Carl Ludwig Fernow (Beiträge des Kolloquiums der Stiftung Weimarer Klassik, Herzogin Anna Amalia Bibliothek, Weimar, 9./10. Juli 1998), hg. von Michael Knoche und Harald Tausch, Tübingen 2000

Knopf/Martens 1999
Volker Knopf und Stefan Martens, Görings Reich. Selbstinszenierung in Carinhall, Berlin 1999

Knuth 1995
Michael Knuth, Eine unbekannte Terrakotta von Asmus Jakob Carstens, in: Städel-Jahrbuch N. F. 15, 1995, S. 243–256

Koch 1957
Hanna Koch, Johann Joachim Winckelmann. Sprache und Kunstwerk, Berlin 1957

Köhler 1997
Thomas Köhler, Das Großherzogliche Museum. Gründungs-, Bau- und Sammlungsgeschichte 1869–1918, in: Neues Museum Weimar. Geschichte und Ausblick, hg. von Rolf Bothe, München/Berlin 1997, S. 21–61

Koepplin 1995
Dieter Koepplin, Warum kopierte Alberto Giacometti ältere Kunst? Zu einigen Zeichnungen hauptsächlich im Kupferstichkabinett Basel, Basel 1995

Korres 1999
Manolis Korres, Bauforschung in Athen 1831–41, in: Das neue Hellas. Griechen und Bayern zur Zeit Ludwigs I., hg. von Reinhold Baumstark (Ausst.-Kat. Bayerisches Nationalmuseum München), München 1999, S. 171–186

Koukouraki 2009
Kyriaki Koukouraki, Interkulturelle Beziehungen am Beispiel von Bayern und Griechen unter Otto I. (1833–1843), Hamburg 2009

Koutsoukou 2010
Phädra Koutsoukou, Die NS-Kulturpolitik gegenüber Griechenland in der Vorkriegszeit: Olympia 1936, Förderprogramme Geisteswissenschaften, Abwerbung griechischer Künstler, in: Hellas verstehen. Deutsch-griechischer Kulturtransfer im 20. Jahrhundert, hg. von Chryssoula Kambas und Marilisa Mitsou, Köln/Weimar/Wien 2010, S. 139–155

Krause 1984
Jürgen Krause, »Märtyrer« und »Prophet«. Studien zum Nietzsche-Kult in der bildenden Kunst der Jahrhundertwende, Berlin/New York 1984

Krause 2005
Katharina Krause, Simon-Célestin Croze-Magnan, Ennio Quirino Visconti, Toussaint-Bernard Émeric-David: Le Musée français, in: Bilderlust und Lesefrüchte. Das illustrierte Kunstbuch von 1750 bis 1920, hg. von Katharina Krause, Klaus Niehr und Eva-Maria Hanebutt-Benz (Begleitbuch zur Ausstellung im Gutenberg-Museum Mainz), Leipzig 2005, S. 309–314

Kreuzer 1959
Ingrid Kreuzer, Studien zu Winckelmanns Ästhetik. Normativität und historisches Bewußtsein, Berlin 1959

Kroll 1937
Bruno Kroll, Sport in der Kunst, in: Jahrbuch für Kunstfreunde 1937, S. 127–131

Kruft 1972
Hanno-Walter Kruft, Studies in Proportion by J. J. Winckelmann, in: Burlington Magazine 114, 1972, S. 165–170

Krumeich 1997
Ralf Krumeich, Bildnisse griechischer Herrscher und Staatsmänner im 5. Jh. v. Chr., München 1997

Kügelgen 2009
Helga von Kügelgen, Klassizismus und vergleichendes Sehen in den *Vues des Cordillères*, in: HiN – Internationale Zeitschrift für Humboldt-Studien 10, Nr. 19, 2009, S. 105–124; URL: www.hin-online.de/index.php/hin/article/view/131 [Abruf: 18.1.2017]

Kuhirt 1983
Kunst der DDR, hg. von Ullrich Kuhirt, Bd. 2: 1960–1980, Leipzig 1983

Kunze 1996
Christian Kunze, Zur Datierung des Laokoon und der Skyllagruppe aus Sperlonga, in: Jahrbuch des Deutschen Archäologischen Instituts 111, 1996, S. 139–223

Kunze 1998
Max Kunze, Kopf eines Knaben, auch Winckelmannscher Faun genannt, mit den Ergänzungen Cavaceppis, in: Römische Antikensammlungen im 18. Jahrhundert, hg. von Max Kunze (Ausst.-Kat. Kulturstiftung DessauWörlitz/Winckelmann-Museum, Stendal), Mainz 1998, S. 123–125

Kunze 1999
Max Kunze, Kopf eines Knaben, auch Winckelmannscher Faun genannt, in: Von der Schönheit weissen Marmors. Zum 200. Todestag Bartolomeo Cavaceppis, hg. von Thomas Weiss (Ausst.-Kat. Schloss Wörlitz und Galerie am Grauen Haus, Wörlitz), Mainz 1999, S. 138–140

Kunze 2001
Max Kunze, Kopien statt Originale. Stendals Bemühungen um den Pariser Nachlass Winckelmanns 1940 bis 1943, in: Rom – Paris – Stendal. Der Winckelmann-Nachlaß in Paris. Zur Geschichte der Handschriften Winckelmanns, hg. von der Winckelmann-Gesellschaft, Stendal 2001, S. 65–77

Kunze 2002
Max Kunze, Sechzig Jahre Winckelmann-Gesellschaft (1940–2000), in: Die Winckelmann-Gesellschaft 1940–2000. Gründung und Geschichte, hg. von der Winckelmann-Gesellschaft, Stendal 2002, S. 7–28

Kunze 2003
Max Kunze, Winckelmann-Gesellschaft, in: Der Neue Pauly. Enzyklopädie der Antike, hg. von Hubert Cancik und Helmuth Schneider, 16 Bde., Stuttgart und Weimar 1996–2003, Bd. 15/3 (2003), Sp. 1137–1142

Kunze 2005
Max Kunze, Lehr- und Vorlagenbücher im 18. Jahrhundert, in: Kunst und Aufklärung im 18. Jahrhundert. Kunstausbildung der Akademien, Kunstvermittlung der Fürsten, Kunstsammlung der Universität, hg. von Max Kunze (Ausst.-Kat. Winckelmann-Museum, Stendal/Galerie am Grauen Haus, Kulturstiftung DessauWörlitz/Zentrale Kustodie – Museum Universitatis der Martin-Luther-Universität Halle-Wittenberg, Halle), Ruhpolding 2005, S. 45–70

Kurbjuhn 2014
Charlotte Kurbjuhn, Kontur. Geschichte einer ästhetischen Denkfigur, Berlin/Boston 2014

Landfester 1996
Manfred Landfester, Griechen und Deutsche. Der Mythos einer »Wahlverwandtschaft«, in: Mythos und Nation, hg. von Helmut Berding, Frankfurt a. M. 1996, S. 198–219

Landwehr 1985
Christa Landwehr, Die antiken Gipsabgüsse aus Baiae, Berlin 1985

Langbehn 1900
[August Julius Langbehn], Rembrandt als Erzieher. Von einem Deutschen, Leipzig 1900

Lange 1997
Christiane Lange, »Kunst interessiert mich sehr – aber Wahrheit interessiert mich unendlich mehr«. Zeichnungen und Druckgrafik von Alberto Giacometti, in: Alberto Giacometti. Zeichnungen, druckgrafische Unikate und Ergänzungen zum Werkverzeichnis der Druckgrafik von Lust, hg. von Helmut Klewan (Ausst.-Kat. Galerie Klewan, München), München 1997, S. 46–73

Lapparent 2012
Anne-Marie de Lapparent, Louis-Pierre Deseine, Paris 2012

La Regina 1992
Adriano La Regina, Götterwanderung 1928–1944, in: Atti dei convegni lincei 93 (Convegno Internazionale sul tema: »Eredità contestata?«, Accademia Nazionale dei Lincei, Rom, 20.–30. April 1991), Rom 1992, S. 107–116

Lattanzi 2015
Lorenzo Lattanzi, Winckelmann et la storia dell'estetica (1771–1872), in: Aufklärung 27, 2015, S. 103–134

Lavater 1775–1778
Johann Caspar Lavater, Physiognomische Fragmente, zur Beförderung der Menschenkenntniß und Menschenliebe, 4 Bde., Leipzig/Winterthur 1775–1778

Lavater 1781–1803
Johann Caspar Lavater, Essai sur la Physiognomie, destiné à faire connoître l'homme et à le faire aimer, La Haye 1781–1803

Lavater 1801/02
Johann Caspar Lavater, Johann Kaspar Lavaters nachgelassene Schriften, hg. von Georg Geßner, 5 Bde., Zürich 1801/02

Lebensztejn 1990
L'Art de la tache. Introduction à la Nouvelle méthode d'Alexander Cozens, hg. von Jean-Claude Lebensztejn, Paris 1990

Lehmann 1997
Stephan Lehmann, Der Thermenherrscher und die Fußspuren der Attaliden. Zur olympischen Statuenbasis des Q. Caec. Metellus Macedonicus, in: Nürnberger Blätter zur Archäologie 13, 1997, S. 107–130

Lehmann 2008
Doris H. Lehmann, Johann Joachim Winckelmann und die gefälschte Antike. Kritikkompetenz und Streit von Künstlern und Gelehrten um 1760, in: Streitkultur. Okzidentale Traditionen des Streitens in Literatur, Geschichte und Kunst, hg. von Uwe Baumann, Arnold Becker und Astrid Steiner-Weber, Göttingen/Bonn 2008, S. 327–383

Lenoir 1796/97
Alexandre Lenoir, Description historique et chronologique des monumens de sculpture réunis au Musée des monumens français, 3. Aufl., Paris An V [=1796/97]

Lepenies 1986
Wolf Lepenies, Johann Joachim Winckelmann. Kunst und Naturgeschichte im achtzehnten Jahrhundert, in: Johann Joachim Winckelmann 1717–1768, hg. von Thomas W. Gaehtgens, Hamburg 1986, S. 221–237

Lepenies 2006
Wolf Lepenies, Kultur und Politik. Deutsche Geschichten, München/Wien 2006

Leplat 1733
Raymond Leplat, Recueil des marbres antiques qui se trouvent dans la galerie du Roy de Pologne à Dresde, Dresden 1733

Lessing 1886–1924
Gotthold Ephraim Lessings sämtliche Schriften, hg. von Karl Lachmann, 23 Bde., Stuttgart 1886–1924

Lessing 1985–2003
Gotthold Ephraim Lessing, Werke und Briefe in zwölf Bänden, hg. von Wilfried Barner u. a., Frankfurt a. M. 1985–2003

Lessing 2016
Gesamtverzeichnis der Lessing-Handschriften, bearbeitet von Wolfgang Milde, hg. von der Herzog August Bibliothek Wolfenbüttel und der Lessing-Akademie Wolfenbüttel, 2 Bde., Hannover 2016

Leucht 2015
Robert Leucht, Griechische Wilde. Vergleiche zwischen Antike und Neuer Welt, 1752–1821 (Lafitau, Böttiger, Winckelmann, Bougainville, Forster, Chamisso), in: Euphorion 109, 2015, S. 375–399

Lippold 1917
Georg Lippold, Zur Arbeitsweise Römischer Kopisten, in: Mitteilungen des Deutschen Archäologischen Instituts Römische Abteilung 32, 1917, S. 95–117

Lippold 1950
Georg Lippold, Die griechische Plastik, München 1950 (Handbuch der Altertumswissenschaft, Abt. 6, 3)

Locher 1996
Hubert Locher, Stilgeschichte und die Frage der »nationalen« Konstante, in: Zeitschrift für schweizerische Archäologie und Kunstgeschichte 53, 1996, H. 4, S. 285–293

Longinus 1988
Longinus, Vom Erhabenen, hg. und übers. von Otto Schönberger, Stuttgart 1988

Lotter 1987
Friedrich Lotter, Christoph Meiners und die Lehre von der unterschiedlichen Wertigkeit der Menschenrassen, in: Geschichtswissenschaft in Göttingen. Eine Vorlesungsreihe, hg. von Hartmut Boockmann und Hermann Wellenreuther, Göttingen 1987, S. 30–75

Louis 1992
Eleonora Louis, Der beredte Leib. Bilder aus der Sammlung Lavater, in: Die Beredsamkeit des Leibes. Zur Körpersprache in der Kunst, hg. von Ilsebill Barta Fliedl und Christoph Geissmar (Ausst.-Kat. Albertina, Wien), Salzburg/Wien 1992, S. 113–154

Lovejoy 1993
Arthur O. Lovejoy, Die große Kette der Wesen. Geschichte eines Gedankens, übers. von Dieter Turck, Frankfurt a. M. 1993 (engl. Originalausgabe: The Great Chain of Being. A Study of the History of an Idea, Cambridge 1933)

Loyrette 1980
Henri Loyrette, Séroux d'Agincourt et les origines de l'histoire de l'art médiéval, in: Revue de l'art 48, 1980, S. 40–56

Lüdecke 1959
Heinz Lüdecke, Leidenschaftliche Anklage und echte Lebensfreude. Zum jüngsten Schaffen von Fritz Cremer, in: Bildende Kunst 7, 1959, H. 10, S. 675–679

Lütteken 2003
Anett Lütteken, »Minna« auf der Zuckerdose – Porzellane des 18. Jahrhunderts als literaturgeschichtliche Quelle betrachtet, in: Das achtzehnte Jahrhundert 27, 2003, S. 217–234

Lütteken 2013
Anett Lütteken, Gelehrte Köpfe. Porträtprogramme europäischer Porzellanmanufakturen im Vergleich, in: Das achtzehnte Jahrhundert 37, 2013, S. 368–379

Lukas 1968
Gerhard Lukas, Johann Joachim Winckelmann in unserer Gegenwart. Festansprache zur Winckelmann-Ehrung der Deutschen Demokratischen Republik am 25. Mai 1968 (Hallesche Universitätsreden, N. F. 29), Halle-Wittenberg 1968

Maaz 1991
Bernhard Maaz, Die sogenannte Marius-Büste. Eine Antike oder ein Werk von Alexander Trippel?, in: Forschungen und Berichte. Jahrbuch der Staatlichen Museen zu Berlin 31, 1991, S. 221–228

Maaz 1995
Bernhard Maaz, Christian Friedrich Tieck 1776–1851. Leben und Werk unter besonderer Berücksichtigung seines Bildnisschaffens, mit einem Werkverzeichnis, Berlin 1995

Maaz 1997
Bernhard Maaz, Friedrich Tieck. Briefwechsel mit Goethe, Berlin 1997

Maaz 2002
Bernhard Maaz, »Größe und Reinheit der Formen« – Bildwerke von Asmus Jakob Carstens, in: Asmus Jakob Carstens. Goethes Erwerbungen für Weimar (anläßlich der Ausstellung im Schleswig-Holsteinischen Landesmuseum Schloß Gottorf in Schleswig 1992, Best.-Kat. Kunstsammlungen zu Weimar, bearb. von Renate Barth/Best.-Kat. Stiftung Weimarer Klassik, bearb. von Margarete Oppel), Schleswig 1992, S. 61–74

Maaz 2004a
Bernhard Maaz, Bildungsrequisiten, Freundschaftsgaben, Kunststücke und Amtsaufgaben. Rauch sammelt Graphik und illustrierte Bücher, in: Kolloquium zur Skulptur des Klassizismus (Museum Bad Arolsen/Staatliche Museen zu Berlin, 23.–26. Oktober 2003), hg. von Birgit Kümmel und Bernhard Maaz, Bad Arolsen 2004, S. 113–130

Maaz 2004b
Bernhard Maaz, Sinnlichkeit und Kunst. Der Wertewandel des 19. Jahrhunderts, München/Berlin 2004

Maaz 2010
Bernhard Maaz, Skulptur in Deutschland zwischen Französischer Revolution und Erstem Weltkrieg, 2 Bde., Berlin/München 2010

Maaz/Trempler 2002/03
Bernhard Maaz und Jörg Trempler, Denkmalkultur zwischen Aufklärung, Romantik und Historismus. Die Skulpturen der Vorhalle im Alten Museum und im Säulengang vor dem Neuen Museum in Berlin, in: Zeitschrift des Deutschen Vereins für Kunstwissenschaft 56/57, 2002/03, S. 211–254

MacGregor 2011
Neil MacGregor, Eine Geschichte der Welt in 100 Objekten, München 2011

MacLeod 2007
Catriona MacLeod, Sweetmeats for the Eye: Porcelain Miniatures in Classical Weimar, in: The Enlightened Eye. Goethe and Visual Culture, hg. von Evelyn K. Moore und Patricia Anne Simpson, Amsterdam/New York 2007, S. 41–72

Magnien 2004
Aline Magnien, La nature et l'antique, la chair et le contour. Essai sur la sculpture française du XVIIIe siècle, Oxford 2004

Mallgrave 2001
Harry Francis Mallgrave, Gottfried Semper. Ein Architekt des 19. Jahrhunderts, übers. von Joseph Imorde und Michael Gnehm, Zürich 2001

Mannlich 1913
Johann Christian von Mannlich, Rokoko und Revolution. Lebenserinnerungen des Johann Christian von Mannlich 1741–1822, hg. von Eugen Stollreither, Berlin 1913

Marchand 1996
Suzanne L. Marchand, Down from Olympus: Archaeology and Philhellenism in Germany, 1750–1970, Princeton 1996

Marchand 2009
Suzanne Marchand, What the Greek Model can, and cannot do for the modern State: The German Perspective, in: The Making of Modern Greece: Nationalism, Romanticism, & the Uses of the Past (1797–1896), hg. von Roderick Beaton und David Ricks, Farnham/Burlington 2009, S. 33–42

Mariette 1750
Pierre-Jean Mariette, Traité des pierres gravées, 2 Bde., Paris 1750

Marshall 2010
Isabelle von Marshall, Klassizismus – Edle Einfalt, stille Groesse, in: Von den Ursprüngen des europäischen Porzellans bis zum Art Déco, hg. von Wilhelm Siemen (Ausst.-Kat. Porzellanikon Selb und Hohenberg a. d. Eger), Hohenberg a. d. Eger 2010

Martinez 2007
Jean-Luc Martinez, L'Apollon sauroctone, in: Praxitèle, hg. von Alain Pasquier und Jean-Luc Martinez (Ausst.-Kat. Musée du Louvre, Paris), Paris 2007, S. 202–235

Matuschek 2003
Stefan Matuschek, Winckelmänner der Poesie. Herders und Friedrich Schlegels Anknüpfung an die »Geschichte der Kunst des Altertums«, in: Deutsche Vierteljahrsschrift für Literaturwissenschaft und Geistesgeschichte 77, 2003, S. 548–563

Maur 1979
Karin von Maur, Oskar Schlemmer. Œuvrekatalog der Gemälde, Aquarelle, Pastelle und Plastiken, 2 Bde., München 1979

McGrath 2013
William J. McGrath, German Freedom und the Greek Ideal. The Cultural Legacy from Goethe to Mann, hg. von Celia Applegate, Stephanie Frontz und Suzanne Marchand, New York 2013

Meier-Graefe 1910
Julius Meier-Graefe, Spanische Reise, Berlin 1910

Meijer 1999
Miriam Claude Meijer, Race and aesthetics in the anthropology of Petrus Camper (1722–1789), Amsterdam/Atlanta 1999

Meinecke 1959
Friedrich Meinecke, Die Entstehung des Historismus, hg. und eingeleitet von Carl Hinrichs, München 1959

Meiners 1785
Christoph Meiners, Grundriß der Geschichte der Menschheit, Lemgo 1785

Meiners 1811–1815
Christoph Meiners, Untersuchungen über die Verschiedenheiten der Menschennaturen (die verschiedenen Menschenarten) in Asien und den Südländern, in den Ostindischen und Südseeinseln, nebst einer historischen Vergleichung der vormahligen und gegenwärtigen Bewohner dieser Continente und Eylande, Tübingen 1811–1815

Mesenhöller 2002
Peter Mesenhöller, Vermessenheiten. Fremde Körper in der Ethnologie und Anthropologie des 18. und 19. Jahrhunderts, in: Ebenbilder. Kopien von Körpern – Modelle des Menschen, hg. von Jan Gerchow (Ausst.-Kat. Ruhrlandmuseum Essen), Ostfildern-Ruit 2002, S. 147–162

Messerer 1966
Briefwechsel zwischen Ludwig I. von Bayern und Georg von Dillis 1807–1841, hg. von Richard Messerer, München 1966

Meyer 1824–1836
Johann Heinrich Meyer, Geschichte der bildenden Künste bei den Griechen von ihrem Ursprunge bis zum höchsten Flor, 2 Bde., in 3 Abt., Dresden 1824; Abbildungen zu Heinrich Meyers Geschichte der bildenden Künste bei den Griechen von ihrem Ursprunge bis zum höchsten Flor, Dresden 1825; Geschichte der bildenden Künste bei den Griechen und Römern. Zeit ihres Abnehmens. Von Alexanders des Großen nächsten Nachfolgern bis auf Constantin des Großen, und weiter durch das Mittelalter, bis um den Anfang des zwölften Jahrhunderts christlicher Zeitrechnung, hg. von Friedrich Wilhelm Riemer, Dresden 1836

Miarelli Mariani 2005
Ilaria Miarelli Mariani, Séroux d'Agincourt e l'*Histoire de l'Art par les monumens*. Riscoperta del medioevo, dibattito storiografico e riproduzione artistica tra fine XVIII e inizio XIX secolo, Rom 2005

Michaud 2015
Eric Michaud, Les invasions barbares. Une généalogie de l'histoire de l'art, Paris 2015

Michel/Germer 1997
La naissance de la théorie de l'art en France. 1640–1720, hg. von Christian Michel und Stefan Germer, Paris 1997

Miehe 1968
Olaf Miehe, Der Mord an Winckelmann, Göttingen 1968

Mildenberger 1986/87
Hermann Mildenberger, J. H. W. Tischbein – Philipp Otto Runge – Friedrich Overbeck. Aspekte des künstlerischen Austauschs, in: Jahrbuch des Schleswig-Holsteinischen Landesmuseums Schloß Gottorf 1, 1986/87, S. 31–87

Mildenberger 1997
Hermann Mildenberger, Hamilton, Tischbein and Philipp Otto Runge, in: Journal of the History of Collections 9, Nr. 2, 1997, S. 295–303

Miller 2012
Norbert Miller, Winckelmann und der Griechenstreit. Überlegungen zur Historisierung der Antiken-Anschauung im 18. Jahrhundert, in: ders., Paradox und Wunderschachtel. Essays, hg. von Markus Bernauer u. a., Göttingen 2012, S. 45–80

Möhring 2004
Maren Möhring, Marmorleiber. Körperbildung in der deutschen Nacktkultur (1890–1930), Köln/Weimar/Wien 2004

Mondini 2005
Daniela Mondini, Mittelalter im Bild. Séroux d'Agincourt und die Kunsthistoriographie um 1800, Zürich 2005

Mongi-Vollmer 2013
Eva Mongi-Vollmer, Von ausgeprägtem Eigensinn. Asmus Jakob Carstens, in: Schönheit und Revolution. Klassizismus 1770–1820, hg. von Maraike Bückling und Eva Mongi-Vollmer (Ausst.-Kat. Städel Museum/Liebieghaus, Skulpturensammlung, Frankfurt a. M.), München 2013, S. 212–233

Montesquieu 1949–1951
Charles Louis de Secondat de Montesquieu, Œuvres complètes, hg. von Roger Caillois, 2 Bde., Paris 1949–1951

Moritz 1997
Karl Philipp Moritz. Reisen eines Deutschen in Italien in den Jahren 1786 bis 1788, hg. von Heide Hollmer und Albert Meier, Bd. 2, Frankfurt 1997

Moser 2012
Stephanie Moser, Designing Antiquity. Owen Jones, Ancient Egypt and the Crystal Palace. London u. a. 2012

Mosse 1978
George L. Mosse, Toward the Final Solution: A History of Racism, New York 1978

Mosse 1994
George L. Mosse, Die Geschichte des Rassismus in Europa, übers. aus dem Amerikanischen von Elfriede Burau und Hans Günter Holl, Frankfurt a. M. 1994

Mühlenberend 2007
Sandra Mühlenberend, Surrogate der Natur. Die historische Anatomiesammlung der Kunstakademie Dresden, Paderborn/München 2007

Müller 1830
Karl Otfried Müller, Handbuch der Archäologie der Kunst, Breslau 1830

Müller 1998
Wolfgang G. Müller, Stil, in: Historisches Wörterbuch der Philosophie, Bd. 10, Basel 1998, Sp. 150–159

Näf 2001
Antike und Altertumswissenschaft in der Zeit von Faschismus und Nationalsozialismus (Kolloquium Universität Zürich, 14.–17. Oktober 1998), hg. von Beat Näf, Mandelbachtal/Cambridge 2001

Natter 2000
Et in Arcadia Ego. Photographien der Jahrhundertwende. Wilhelm von Gloeden, Guglielmo Plüschow, Vincenzo Galdi, hg. von Tobias G. Natter, Zürich 2000

Nerdinger 1999
Winfried Nerdinger, »Ein Bild des reinen Hellenismus in unsere Welt verpflanzen«. Leo von Klenzes Bauten für Isar Athen, in: Das neue Hellas. Griechen und Bayern zur Zeit Ludwigs I., hg. von Reinhold Baumstark (Ausst.-Kat. Bayerisches Nationalmuseum, München), München 1999, S. 187–192

Neymeyr 2008
Barbara Neymeyr, Laokoon als Prototyp stoischer Schmerzbewältigung? Winckelmanns Deutung im Kontext ästhetischer Kontroversen, in: Stoizismus in der europäischen Philosophie, Literatur, Kunst und Politik, hg. von Barbara Neymeyr, Jochen Schmidt und Bernhard Zimmermann, Bd. 1, Berlin/New York 2008, S. 343–364

Nichols 2015
Kate Nichols, Greece and Rome at the Crystal Palace. Classical Sculpture and Modern Britain, 1854–1936, Oxford 2015

Nicolai 1757
Friedrich Nicolai, [Rez.] J. J. Winckelmann: Gedanken über die Nachahmung der griechischen Wercke in der Mahlerey und Bildhauerkunst, Dresden 1756, in: Neue Bibliothek der schönen Wissenschaften und der freyen Künste 1, 1757, S. 332–347

Nicolai 1994
Friedrich Nicolai, Beschreibung einer Reise durch Deutschland und die Schweiz im Jahre 1781. Nebst Bemerkungen über Gelehrsamkeit, Industrie, Religion und Sitten, in: ders., Gesammelte Werke, hg. von Bernhard Fabian und Marie-Luise Spieckermann, Bd. 17, Hildesheim/Zürich/New York 1994 (Reprint der Originalausgabe Berlin/Stettin 1785)

Nietzsche 1988
Friedrich Nietzsche, Sämtliche Werke. Kritische Studienausgabe, hg. von Giorgio Colli und Mazzino Montinari, 15 Bde., Berlin 1988

Nouvel-Kammerer 2014
Odile Nouvel-Kammerer, Le vase étrusque à rouleaux représentant »L'entrée dans Paris des principaux monuments qui composent le Musée Napoléon«, in: Les vases de Sèvres, XVIIIe–XXIe siècles. Éloge de la virtuosité, hg. von Antoinette Faÿ-Hallé, Chantal Rocchisani und Catherine Trouvet, Dijon 2014, S. 128–139, 178

Oberhaidacher 1984
Jörg Oberhaidacher, Kunstgeschichte oder Psychologie? Zu den Charakterköpfen des Franz Xaver Messerschmidt, in: Österreichische Zeitschrift für Kunst und Denkmalpflege 38, 1984, S. 25–42

Oesterle 1999
Günter Oesterle, Die folgenreiche und strittige Konjunktur des Umrisses in Klassizismus und Romantik, in: Bild und Schrift in der Romantik, hg. von Gerhard Neumann und Günter Oesterle in Verbindung mit Alexander von Bormann, Würzburg 1999, S. 27–58

Osterkamp 1994
Ernst Osterkamp, »Aus dem Gesichtspunkt reiner Menschlichkeit«. Goethes Preisaufgaben für bildende Künstler 1799–1805, in: Goethe und die Kunst, hg. von Sabine Schulze (Ausst.-Kat. Schirn Kunsthalle, Frankfurt a. M.), Stuttgart 1994, S. 310–322

Osterkamp 1998
Ernst Osterkamp, Johann Joachim Winckelmanns Beschreibungen der Statuen im Belvedere in der *Geschichte der Kunst des Altertums*: Text und Kontext, in: Cortile delle Statue. Der Statuenhof des Belvedere im Vatikan (Akten des internationalen Kongresses zu Ehren von Richard Krautheimer, Rom, 21.–23. Oktober 1992), hg. von Matthias Winner, Bernard Andreae und Carlo Pietrangeli, Mainz 1998, S. 443–458

Osterkamp 2010
Ernst Osterkamp, Johann Joachim Winckelmanns »Heftigkeit im Reden und Richten«. Zur Funktion der Polemik in Leben und Werk des Archäologen [1996], in: ders., »Der Kraft spielende Übung«. Studien zur Formgeschichte der Künste seit der Aufklärung, hg. von Jens Bisky u. a., Göttingen 2010, S. 70–97

Osterkamp 2015
Ernst Osterkamp, Der Kulturheiland. Raffael in der deutschen Literatur der Goethezeit, in: Sterbliche Götter. Raffael und Dürer in der Kunst der deutschen Romantik, hg. von Michael Thimann und Christine Hübner (Ausst.-Kat. Kunstsammlungen der Universität Göttingen/Casa di Goethe, Rom), Petersberg 2015, S. 42–61

Pabst 2007
Stephan Pabst, Fiktionen des inneren Menschen. Die literarische Umwertung der Physiognomik bei Jean Paul und E.T.A. Hoffmann, Heidelberg 2007

Pancheri 2010
Roberto Pancheri, »Alla scuola del celebre Canova«: prime indagini sullo scultore Salvatore de Carlis, in: Studi trentini di scienze storiche, Sezione Seconda, 89, 2010, S. 209–216

Paolini 1977
Giulio Paolini, Sei illustrazioni per gli scritti sull'arte antica di Johann J. Winckelmann, [Genua] 1977

Pater 1906
Walter Pater, Winckelmann, in: ders., Die Renaissance. Studien zu Kunst und Poesie, übers. von Wilhelm Schölermann, Jena/Leipzig 1906, S. 221–288

Paul/Puschner 1986
Ina-Ulrike Paul und Uwe Puschner, Walhalla's Genossen, in: »Vorwärts, vorwärts sollst Du schauen ...«. Geschichte, Politik und Kunst unter Ludwig I., hg. von Johannes Erichsen (Ausst.-Kat. Haus der Bayerischen Geschichte, München), Bd. 2: Aufsätze, Regensburg 1986, S. 469–495

Pestalozzi/Weigelt 1994
Das Antlitz Gottes im Antlitz des Menschen, Zugänge zu Johann Kaspar Lavater (Symposion anläßlich der 250. Wiederkehr des Geburtstages von Johann Kaspar Lavater, Zürich, 3.–5. November 1991), hg. von Karl Pestalozzi und Horst Weigelt, Göttingen 1994

Pfarr 2006
Ulrich Pfarr, Franz Xaver Messerschmidt. Menschenbild und Selbstwahrnehmung, Berlin 2006

Pfotenhauer 1995
Helmut Pfotenhauer, Winckelmann und Heinse. Die Typen der Beschreibungskunst im 18. Jahrhundert oder die Geburt der neueren Kunstgeschichte, in: Beschreibungskunst – Kunstbeschreibung. Ekphrasis von der Antike bis zur Gegenwart, hg. von Gottfried Boehm und Helmut Pfotenhauer, München 1995, S. 313–330

Pfotenhauer 2006
Helmut Pfotenhauer, 250 Jahre Winckelmanns »Gedancken über die Nachahmung«. Ein Klassiker des Klassizismus?, Stendal 2006

Pfotenhauer/Bernauer/Miller 1995
Frühklassizismus. Position und Opposition: Winckelmann, Mengs, Heinse, hg. von Helmut Pfotenhauer, Markus Bernauer und Norbert Miller, Frankfurt a. M. 1995 (Bibliothek der Kunstliteratur 2)

Philipp 1997
Klaus Jan Philipp, Um 1800. Architekturtheorie und Architekturkritik in Deutschland zwischen 1790 und 1810, Stuttgart/London 1997

Pingeot 1986
La Sculpture Française au XIXe siècle, hg. von Anne Pingeot, Paris 1986

Pötzl-Malíková 1982
Maria Pötzl-Malíková, Franz Xaver Messerschmidt, Wien/München 1982

Pomian 2000
Krzysztof Pomian, Mariette et Winckelmann, in: Écrire l'histoire de l'art. France-Allemagne 1750–1920, Paris 2000, S. 11–38

Pommier 1989
Edouard Pommier, Winckelmann et la vision de l'Antiquité classique dans la France des Lumières et de la Révolution, in: Revue de l'art 83, 1989, S. 9–20

Pommier 1991
Édouard Pommier, L'art de la liberté. Doctrines et débats de la Révolution française, Paris 1991

Pommier 2003
Édouard Pommier, Winckelmann, inventeur de l'histoire de l'art, Paris 2003

Ponce 1805/06
Nicolas Ponce, Dissertation sur le Beau idéal, considéré sous le rapport des arts du dessin, lue dans la séance de la quatrième classe de l'Institut, 26. April 1806, in: Nouvelles des arts, peinture, sculpture, architecture et gravure 5, An XIV [=1805/06], S. 273–288

Potocki 1815
Stanisław Kostka Potocki, O sztuce a dawnych, czyli Winkelman polski, 3 Bde., Warschau 1815

Potts 1994
Alex Potts, Flesh and the ideal. Winckelmann and the origins of art history, New Haven/London 1994

Poulot 1997
Dominique Poulot, Musée, nation, patrimoine. 1789–1815, Paris 1997

Preiß 1995
Bettina Preiß, Die wissenschaftliche Beschäftigung mit der Laokoongruppe. Die Bedeutung Christian Gottlob Heynes für die Archäologie des 18. Jahrhunderts, Weimar 1995

Preißhofen 2002
Renate Preißhofen, Der Apollon Sauroktonos des Praxiteles, in: Antike Plastik 28, 2002, S. 41–110, Taf. 21–64

Prettejohn 2012
Elizabeth Prettejohn, The Modernity of Ancient Sculpture. Greek Sculpture and Modern Art from Winckelmann to Picasso, London/New York 2012

Primavesi 2010
Oliver Primavesi, Antike Dichter und Philosophen über die Farbigkeit der Skulptur, in: Bunte Götter. Die Farbigkeit antiker Skulptur, hg. von Vinzenz Brinkmann und Andreas Scholl (Ausst.-Kat. Pergamonmuseum, Staatliche Museen zu Berlin), München 2010, S. 28–39

Primavesi 2011
Oliver Primavesi, Das Lächeln der Artemis. Winckelmanns Entdeckung der Farbigkeit der griechischen Skulptur, in: Die Artemis von Pompeji und die Entdeckung der Farbigkeit der griechischen Plastik, hg. von Max Kunze (Ausst.-Kat. Winckelmann-Museum, Stendal), Ruhpolding/Mainz 2011, S. 17-67

Primavesi 2012
Oliver Primavesi, Die Entdeckung der Farbigkeit griechischer Skulptur im 18. Jahrhundert: Winckelmanns Forschungen zu Statuen und Texten, in: Bunte Götter. Die Farbigkeit antiker Skulptur, hg. von Sabine Haag, Vinzenz Brinkmann und Ulrike Koch-Brinkmann (Ausst.-Kat. Kunsthistorisches Museum, Wien), Wien 2012, S. 39–45

Putz 2013
Hannelore Putz, Für Königtum und Kunst. Die Kunstförderung König Ludwigs I. von Bayern, München 2013

Quatremère de Quincy 1796a
[Antoine Chrysostome Quatremère de Quincy], Lettres sur le préjudice qu'occasionneroient aux arts et à la science, le déplacement des monumens de l'art de l'Italie, le démembrement de ses écoles et la spoliation de ses collections, galeries, musées &c, Paris 1796

Quatremère de Quincy 1796b
[Antoine Chrysostome Quatremère de Quincy], Ueber den nachtheiligen Einfluß der Versetzung der Monumente aus Italien auf Kunst und Wissenschaft. In Briefen, in: Minerva. Ein Journal historischen und politischen Inhalts, hg. von Johann Wilhelm von Archenholtz, 1796, Bd. 3, H. 10, S. 87–120; H. 11, S. 271–309

Raabe/Strutz 2007
Lessings Büchernachlaß. Verzeichnis der von Lessing bei seinem Tode in seiner Wohnung hinterlassenen Bücher und Handschriften, hg. von Paul Raabe und Barbara Strutz, Göttingen 2007

Raeck 1988
Wulf Raeck, »Hohes Ideal« oder »entarteter Körpersinn«? Veränderung und Kontinuität kunstarchäologischer Bewertungskriterien am Beispiel des Torso vom Belvedere, in: Jahrbuch des Deutschen Archäologischen Instituts 103, 1988, S. 155–167

Raoul-Rochette 1836
Désiré Raoul-Rochette, Peintures antiques inédites précédées de recherches sur l'emploi de la peinture dans la décoration des édifices sacrés et publics, chez les Grecs et chez les Romains, faisant suite aux *Monuments inédits*, Paris 1836

Rau 2003
Petra Rau, Friedrich Wilhelm Doell (1750–1816). Leben und Werk, Cluj-Napoca 2003

Rave 1957
Paul Ortwin Rave, Über Philipp von Stosch, in: Berliner Museen, N. F. 7, 1957, S. 20–26

Réau 1909
Louis Réau, Hans von Marées, in: La Revue de l'Art, 10. Oktober 1909, Bd. XXVI, Nr. 151

Rees 2006
Joachim Rees, Die Kultur des Amateurs. Studien zu Leben und Werk von Anne Claude Philippe de Thubières, Comte de Caylus (1692–1765), Weimar 2006

Rehm 1951
Walther Rehm, Götterstille und Göttertrauer, in: ders., Götterstille und Göttertrauer. Aufsätze zur deutsch-antiken Begegnung, München 1951, S. 101–182

Rehm 1968
Walter Rehm, Griechentum und Goethezeit. Geschichte eines Glaubens. Mit sechs Bildtafeln, Bern 1968

Rehm 2014
Robin Rehm, »Apfelgrün für den Teint und Toilette der Damen«. Semper, Chevreul und der Farbenkontrast, in: Maltechnik & Farbmittel der Semperzeit, hg. von Uta Hassler, München 2014, S. 46–57

Reschke 2009
Renate Reschke, Die Erfindung eines Gottes aus dem Geist der Aufklärung. Johann Joachim Winckelmanns »Apollon im Belvedere«, in: Die Antike der Moderne. Vom Umgang mit der Antike im Europa des 18. Jahrhunderts, hg. von Veit Elm, Günter Lottes und Vanessa de Senarclens, Hannover-Laatzen 2009, S. 309–341

Rheims 1972
Maurice Rheims, La Sculpture au XIXe siecle, Paris 1972

Rheims 1990
Bettina Rheims, Modern Lovers, Heidelberg 1990

Rheims 2014
Bettina Rheims, Gender Studies, Göttingen 2014

Riedel 2006
Volker Riedel, Zwischen Klassizismus und Geschichtlichkeit. Goethes Buch »Winckelmann und seine Jahrhundert«, in: International Journal of the Classical Tradition 13, 2006, S. 217–242

Riße/Weiler 2001
Manfred Riße und Günter Weiler, Prozeßakte Winckelmann (Triest 1768). Anmerkungen zum Kriminalprozess gegen den Mörder Johann Joachim Winckelmanns aus forensisch-historischer und rechtsmedizinischer Sicht, in: Archiv für Kriminologie 207, 2001, S. 49–55

Ritter Santini/Groeber 2005
Arte come autobiografia. Kunst als Autobiographie: Hans von Marées (Kolloquium in der Stazione Zoologica, Neapel, 5./6. Oktober 2001), hg. von Lea Ritter Santini und Christiane Groeber, Neapel 2005

Robinet 1761
Jean-Baptiste-René Robinet de Chateaugiron, De la Nature, Amsterdam 1761

Robinet 1768
Jean-Baptiste-René Robinet de Chateaugiron, Vue philosophique de la gradation naturelle des formes de l'être, ou Les essais de la nature qui apprend à faire l'homme, Amsterdam 1768 (auch unter dem Titel: Considérations philosophiques de la gradation naturelle des formes de l'être, ou Les essais de la nature qui apprend à faire l'homme, Paris 1768)

Rocheblave 1889
Samuel Rocheblave, Essai sur le comte de Caylus: l'homme, l'artiste, l'antiquaire, Paris 1889

Rößler 2009
Johannes Rößler, Poetik der Kunstgeschichte. Anton Springer, Carl Justi und die ästhetische Konzeption der deutschen Kunstwissenschaft, Berlin 2009

Rößler 2011
Johannes Rößler, Winckelmann und sein Jahrhundert, in: Goethe-Handbuch, Supplemente. Bd. 3: Kunst, hg. von Andreas Beyer und Ernst Osterkamp, Stuttgart/Weimar 2011, S. 385–394

Rößler 2014
Johannes Rößler, Goethe und Johann Heinrich Meyers Tabelle zur antiken Kunstgeschichte (1826), in: Stil-Linien diagrammatischer Kunstgeschichte, hg. von Wolfgang Cortjaens und Karsten Heck, München/Berlin 2014, S. 112–131

Rößler 2017
Johannes Rößler, Winckelmann-Verehrung und Winckelmann-Biographie, in: Winckelmann-Handbuch, hg. von Martin Disselkamp und Fausto Testa, Stuttgart/Weimar 2017 (im Erscheinen)

Roettgen 1998
Steffi Roettgen, Begegnungen mit Apollo. Zur Rezeptionsgeschichte des Apollo vom Belvedere im 18. Jahrhundert, in: Il Cortile delle Statue. Der Statuenhof des Belvedere im Vatikan (Akten des internationalen Kongresses zu Ehren von Richard Krautheimer, Rom, 21.–23. Oktober 1992), hg. von Matthias Winner, Bernard Andreae und Carlo Pietrangeli Mainz 1998, S. 253–274

Roettgen 1999–2003
Steffi Roettgen, Anton Raphael Mengs 1728–1779, 2 Bde., München 1999–2003

Roger 1971
Jacques Roger, Les sciences de la vie dans la pensée française du XVIIIe siècle, Paris 1971

Roh 1925
Franz Roh, Nach-Expressionismus. Magischer Realismus. Probleme der neusten europäischen Malerei, Leipzig 1925

Rosenberg 2010
Raphael Rosenberg, Johann Caspar Lavater: Die Revolution der Physiognomie aus dem Geist der ästhetischen Linientheorie, in: Linea. Vom Umriss zur Aktion. Die Kunst der Linie zwischen Antike und Gegenwart (Ausst.-Kat. Kunsthaus Zug), hg. von Matthias Haldemann, Ostfildern 2010, S. 72–85

Rosenblum 1967
Robert Rosenblum, Transformations in Late Eighteenth Century Art, Princeton 1967

Rosenblum 1976
Robert Rosenblum, The International Style of 1800. A Study in Linear Abstraction, New York/London 1976

Roß 1863
Ludwig Roß, Erinnerungen und Mitteilungen aus Griechenland, mit einem Vorwort von Otto Jahn, Berlin 1863

Rossetti 1823
Domenico de Rossetti, Il sepolcro di Winckelmann in Trieste, Venedig 1823

Rossetti/Böttiger 1818
Joh. Winckelmann's letzte Lebenswoche: Ein Beitrag zu dessen Biographie. Aus den gerichtlichen Originalacten des Kriminalprozesses seines Mörders Arcangeli, hg. von Domenico Rossetti und Carl August Böttiger (Vorrede), Dresden 1818

Rüdiger 1968
Horst Rüdiger, Winckelmanns Persönlichkeit [1956], in: Johann Joachim Winckelmann. 1768/1968, Bad Godesberg 1968, S. 20–40

Ruelfs 2016
Esther Ruelfs, Den Körper aktivieren. Verlebendigung und Mortifikation bei Herbert List, Paderborn 2016

Ruesch 1908
Arnold Ruesch, Guida illustrata del Museo Nazionale di Napoli, Neapel 1908

Rupp-Eisenreich 2014
Britta Rupp-Eisenreich, Christoph Meiner's »New Science« (1747–1810), in: The Invention of Race. Scientific and Popular Representations, hg. von Nicolas Bancel, Thomas David und Dominic Thomas, New York/London 2014, S. 68–86

Ruppert 1942
Hans Ruppert, Winckelmann-Bibliographie, in: Jahresgabe der Winckelmann-Gesellschaft, Stendal, 1942, S. 13–15

Ruppert 1943
Hans Ruppert, Winckelmann-Renaissance, in: Geistige Arbeit 9, Nr. 1, 1942, S. 1f.

Rütimann 2008
Donat Rütimann, Gebrochen, aufgebrochen – zu Giacomettis Schriften, in: Cézanne & Giacometti. Wege des Zweifels, hg. von Felix A. Baumann und Poul Erik Tøjner (Ausst.-Kat. Louisiana Museum of Modern Art, Humlebæk), Ostfildern 2008, S. 203–219

Salmond 2010
Anne Salmond, Aphrodite's Island. The European Discovery of Tahiti, Berkeley/Los Angeles 2010

Salom 2014
Kerim Salom, L'architecture du discours. Du caractère au type. Quatremère de Quincy et l'inversion des valeurs de l'architecte à la fin de l'âge classique, Paris 2014; URL: //tel.archives-ouvertes.fr/tel-01066805 [Abruf: 18.1.2017]

Sand 2002
Michael Sand, Seeing and Believing. The Art of Nancy Burson. With an interview with Nancy Burson by Lynn Gumpert and Terrie Sultan, Santa Fe 2002

Sandrart 1675
Joachim von Sandrart, L'Academia Todesca della Architectura, Scultura & Pittura. Oder Teutsche Academie der Edlen Bau-, Bild- und Mahlerey-Künste […], Nürnberg 1675

Saunier 1902
Charles Saunier, Les conquêtes artistiques de la Révolution et de l'Empire. Reprises et abandon des Alliés en 1815. Leurs conséquences sur les musées d'Europe, Paris 1902

Savoy 2001
Bénédicte Savoy, »Un intérêt de famille«. Winckelmanns Nachlaß und der deutsche Rückforderungsanspruch von 1814–1815, in: Rom – Paris – Stendal. Der Winckelmann-Nachlaß in Paris. Zur Geschichte der Handschriften Winckelmanns, hg. von der Winckelmann-Gesellschaft, Stendal 2001, S. 35–63

Savoy 2011
Bénédicte Savoy, Kunstraub. Napoleons Konfiszierungen in Deutschland und die europäischen Folgen. Mit einem Katalog der Kunstwerke aus deutschen Sammlungen im Musée Napoléon, übers. von Tom Heithoff, Wien/Köln/Weimar 2011

Schadewaldt 1960
Wolfgang Schadewaldt, Winckelmann als Exzerptor und Selbstdarsteller. Mit Beiträgen von Walther Rehm, in: ders., Hellas und Hesperien. Gesammelte Schriften zur Antike und zur neueren Literatur, Bd. 2, Zürich/Stuttgart 1960, S. 637–657

Schadow 1807
Johann Gottfried Schadow, Ueber Nationalphysiognomie und Ausartung der menschlichen Bildung, in: Der Neue Teutsche Merkur 1807, Bd. 3, 2. St., S. 3–15

Schadow 1834
[Johann] Gottfried Schadow, Polyclet oder Von den Maassen des Menschen nach dem Geschlechte und Alter mit Angabe der wirklichen Naturgrösse nach dem rheinländischen Zollstocke; und Abhandlung von dem Unterschiede der Gesichtszüge und Kopfbildung der Völker des Erdboden, als Fortsetzung des hierüber von Peter Camper ausgegangenen [dt./frz.], Berlin 1834

Schadow 1835
[Johann] Gottfried Schadow, National-Physiognomieen oder Beobachtungen über den Unterschied der Gesichtszüge und die äussere Gestaltung des menschlichen Kopfes in Umrissen bildlich dargestellt auf neun und zwanzig Tafeln als Fortsetzung des Policlet oder Lehre von den Verhältnissen des menschlichen Körpers [dt./frz.], 1 Bd. und 1 Tafelbd., Berlin 1835

Schadow 1890
[Johann] Gottfried Schadow, Aufsätze und Briefe nebst einem Verzeichnis seiner Werke, hg. von Julius Friedlaender, Stuttgart 1890

Schadow 1987
Johann Gottfried Schadow, Kunstwerke und Kunstansichten, hg. von Götz Eckardt, Berlin 1987

Schäfer 1995
Bernd Schäfer, Friedrich Wilhelm Doell, Porträtbüste Johann Joachim Winckelmann, in: Sammlung der Plastik, Schlossmuseum Gotha, hg. von Allmut Schuttwolf, Gotha 1995, S. 159, 196f.

Scheler/Harder 2000
Herbert List. Die Monographie (anlässlich einer Herbert List-Retrospektive, Fotomuseum im Münchner Stadtmuseum u. a.), hg. von Max Scheler mit Matthias Harder, München 2000

Scheyb 1770
Köremon [Franz von Scheyb], Natur und Kunst in Gemälden, Bildhauereyen, Gebäuden und Kupferstichen, zum Unterricht der Schüler, und Vergnügen der Kenner, 2 Bde., Leipzig/Wien 1770

Schiff 1973
Gert Schiff, Johann Heinrich Füssli 1741–1825, 2 Bde., Zürich/München 1973

Schinkel 1922
Karl Friedrich Schinkel. Briefe, Tagebücher, Gedanken, hg. von Hans Mackowsky, Berlin 1922

Schlegel 1958ff.
Kritische Friedrich-Schlegel-Ausgabe, hg. von Ernst Behler unter Mitwirkung von Jean-Jacques Anstett und Hans Eichner, Paderborn/München/Wien 1958ff.

Schlegel 1992
August Wilhelm Schlegel, Ueber Zeichnungen zu Gedichten und John Flaxman's Umrisse [1799], in: Athenaeum. Eine Zeitschrift, hg. von August Wilhelm und Friedrich Schlegel, 3 Bde., Darmstadt 1992 (Reprint der Originalausgabe Berlin 1798–1800), Bd. 2,2, S. 193–246

Schlegel 1996
August Wilhelm Schlegel, Die Gemählde. Gespräch, hg. von Lothar Müller, Dresden 1996

Schlemmer 1929
Oskar Schlemmer, Die Künstler schreiben, in: Der schöne Mensch in der neuen Kunst, hg. von der Darmstädter Sezession und Darmstädter Gruppe (Ausst.-Kat. Ausstellungsgebäude auf der Mathilden-Höhe), Darmstadt 1929, S. 54

Schloemann 2010
Johan Schloemann, Johann Joachim Winckelmann – »edle Einfalt, stille Größe«, in: Erinnerungsorte der Antike. Die griechische Welt, hg. von Elke Stein-Hölkeskamp und Karl Joachim Hölkeskamp, München 2010, S. 524–537, 659–661

Schmälzle 2006
Christoph Schmälzle, Was Laokoons Seufzen bedeutet, in: Text. Kritische Beiträge 11, 2006, S. 161–179

Schmälzle 2013
Christoph Schmälzle, Laokoon als Richtschnur der »barocken« Kunst, in: Abgekupfert. Roms Antiken in den Reproduktionsmedien der Frühen Neuzeit, hg. von Manfred Luchterhandt u. a. (Ausst.-Kat. Universität Göttingen), Petersberg 2013, S. 101–114

Schmälzle 2017
Christoph Schmälzle, Der Antiquar unter den Künstlern. Winckelmann in der Kunstgeschichtsmalerei des 19. Jahrhunderts, in: Die Erfindung des Klassischen. Winckelmann-Lektüren in Weimar, hg. von Franziska Bomski, Hellmut Th. Seemann und Thorsten Valk, Göttingen 2017, S. 241–259

Schmid 2004
Theodor Schmid, 49 Köpfe. Die Grimassen-Serie des Franz Xaver Messerschmidt, Zürich 2004

Schmidt 1972
Diether Schmidt, Fritz Cremer. Leben, Werke, Schriften, Meinungen, Dresden 1972

Schmidt 2000
Stefan Schmidt, »Ein Schatz an Zeichnungen«. Die Erforschung antiker Vasen im 18. Jahrhundert, in: Europe à la grecque. Vasen machen Mode, hg. von Martin Flashar (Ausst.-Kat. Archäologische Sammlung der Universität Freiburg i. Br./Archäologische Sammlung der Universität Zürich/Winckelmann-Museum, Stendal), München 2000, S. 31–49

Schmied 1996
Wieland Schmied, Pictor classicus sum? De Chirico, Pittura metafisica und Klassizismus, in: Canto d'Amore. Klassizistische Moderne in Musik und bildender Kunst 1914–1935, hg. von Gottfried Boehm, Ulrich Mosch und Katharina Schmidt (Ausst.-Kat. Kunstmuseum Basel), Basel 1996, S. 100–116

Schmittmann 2013
Isabella Schmittmann, Anton von Maron (1731–1808) oder Leben und Werk, München 2013

Schmoeckel 2005
Mathias Schmoeckel, Fiat Iustitia! Thema und Variationen über einen Mord in Triest, Stendal 2005

Schmölders 1997
Claudia Schmölders, Das Vorurteil im Leibe. Eine Einführung in die Physiognomik, Berlin 1997

Schmoll 1944
Heinz Schmoll, Abschied und Wiedersehen. Ein ganz persönliches, heiter-ernstes und buntes Büchlein von des Herzens großen Stunden. Frontbuchhandelsausgabe für die Wehrmacht, Berlin 1944

Schneider 1910a
René Schneider, Quatremère de Quincy et son intervention dans les arts (1788–1830), Paris 1910

Schneider 1910b
René Schneider, L'esthétique classique chez Quatremère de Quincy (1805–1823), Paris 1910

Schögl 1999
Uwe Schögl, Vom Frosch zum Dichter-Apoll. Morphologische Entwicklungsreihen bei Lavater, in: Das Kunstkabinett des Johann Caspar Lavater, hg. von Gerda Mraz und Uwe Schögl, Wien 1999, S. 164–171

Schönemann 1961
Staatliche Galerie Moritzburg, Halle, hg. von Heinz Schönemann, Halle 1961

Schorer 1939
Georg Schorer, Deutsche Kunstbetrachtung, München 1939

Schorn 1827
Ludwig Schorn, Der Bacchussaal in der Glyptothek in München (Fortsetzung), in: Kunst-Blatt, 23. Juli 1827, S. 233f.

Schroeder/Damaschke 1996
Tafelrunden. Fürstenberger Porzellan der Herzogin Anna Amalia in Weimar, hg. von Susanne Schroeder und Petra Damaschke, München u. a. 1996

Schuder 1963
Kürschners Deutscher Literatur-Kalender 54 (1963), hg. von Werner Schuder, Berlin/New York 1963

Schulz 1953
Arthur Schulz, Die Bildnisse Johann Joachim Winckelmanns, Berlin 1953

Schulz 1963
Die Kasseler Lobschriften auf Winckelmann, hg. von Arthur Schulz, Berlin 1963

Schulze 1738
Johann Heinrich Schulze, Einladungs-Schrifft zu einem Collegio privato über die Müntz-Wissenschaft und die daraus zu erläuternde Griechische und Römische Althertümer, Halle 1738

Schwinn 1973
Christa Schwinn, Die Bedeutung des Torso vom Belvedere für Theorie und Praxis der bildenden Kunst. Vom 16. Jahrhundert bis Winckelmann, Bern/Frankfurt 1973

Sciolla 1989
Gianni C. Sciolla, Antonio Canova. Plastiken von Liebe und Tod, Herrsching 1989

Sedlmayr 1956
Hans Sedlmayr, Verlust der Mitte, Frankfurt a. M. 1956

Seeba 1982
Hinrich C. Seeba, Johann Joachim Winckelmann. Zur Wirkungsgeschichte eines »unhistorischen Historikers« zwischen Ästhetik und Geschichte, in: Deutsche Vierteljahrsschrift für Literaturwissenschaft und Geistesgeschichte 56, 1982, H. 3, S. 168–201

Seeba 1986
Hinrich C. Seeba, Winckelmann: Zwischen Reichshistorik und Kunstgeschichte. Zur Geschichte eines Paradigmawechsels in der Geschichtsschreibung, in: Aufklärung und Geschichte. Studien zur deutschen Geschichtswissenschaft im 18. Jahrhundert, hg. von Hans Erich Bödeker u. a., Göttingen 1986, S. 299–323

Semper 1834
Gottfried Semper, Vorläufige Bemerkungen über bemalte Architectur und Plastik bei den Alten, Altona 1834

Semper 1851
Gottfried Semper, Die vier Elemente der Baukunst. Ein Beitrag zur vergleichenden Baukunde, Braunschweig 1851

Sena Chiesa 2007
Gemma Sena Chiesa, Laocoonte glittico. Il problema di un'assenza, in: Il Laocoonte dei Musei Vaticani. 500 anni dalla scoperta, hg. von Giorgio Bejor, Mailand 2007, S. 105–144

Settis 1999
Salvatore Settis, Laocoonte. Fama e stile, Rom 1999

Sichtermann 1991
Hellmut Sichtermann, Winckelmann im zwanzigsten Jahrhundert, Stendal 1991

Sickler 1821
Friedrich Sickler, Erinnerung an unseres Winckelmanns Idee zu einer Ausgrabung in Olympia, und Vorschlag zu einem Nationaldenkmal zu Ehren Winckelmanns, in: Kunst-Blatt 1821, Nr. 2 (4. Januar), S. 5–8; Nr. 3 (8. Januar), S. 9–12; Nr. 4 (11. Januar), S. 13–15

Siebler 2004
Michael Siebler, Olympia. Ort der Spiele, Ort der Götter, Stuttgart 2004

Simon 1996
Erika Simon, Philoktetes. Ein kranker Heros, in: Geschichte – Tradition – Reflexion (Festschrift für Martin Hengel), hg. von Hubert Cancik, 3 Bde., Tübingen 1996; Bd. 2, S. 16–39

Smith 2011
Amy C. Smith, Polis and Personification in Classical Athenian Art, Leiden/Boston 2011

Sösemann 2002
Bernd Sösemann, Olympia als publizistisches National-Denkmal. Ein Beitrag zur Praxis und Methode der Wissenschaftspopularisierung im Deutschen Kaiserreich, in: Olympia 1875–2000. 125 Jahre Deutsche Ausgrabungen (Internationales Symposium, Deutsches Archäologisches Institut, Berlin, 9.–11. November 2000), hg. von Helmut Kyrieleis, Mainz 2002, S. 49–84

Solomon-Godeau 1997
Abigail Solomon-Godeau, Male trouble. A crisis in representation, London u. a. 1997

Splitter 2016
Rüdiger Splitter, Die Porträtbüsten Winckelmanns und Mengs' für das Pantheon in Rom. Überlegungen zu Entstehung, Aufstellung und Rezeption, in: Antike Welt 6, 2016, S. 40–48

Springer 1845
[Anton Springer], Kritische Gedanken über die Münchner Kunst, in: Jahrbücher der Gegenwart 3, 1845, S. 1022–1034

Springer 1856
Anton Springer, Die bildenden Künste in der Gegenwart, in: Die Gegenwart 12, 1856, S. 673–810

Stafford 1980
Barbara Maria Stafford, Beauty of the Invisible: Winckelmann and the Aesthetics of Imperceptibility, in: Zeitschrift für Kunstgeschichte 43, 1980, S. 65–78

Stahr 1846
Adolph Stahr, Die heutigen Winkelmännchen in Rom, in: Jahrbücher der Gegenwart 4, 1846, S. 36–50

Stark 1880
Carl Bernhard Stark, Systematik und Geschichte der Archäologie der Kunst, Leipzig 1880

Steger 2011
Simone Steger, Die Bildnisbüsten der Walhalla bei Donaustauf. Von der Konzeption durch Ludwig I. von Bayern zur Ausführung (1807–1842), Diss. LMU München, 2011; URN: urn:nbn:de:bvb:19-136900 [Abruf: 19.1.2017]

Sternke 2008
René Sternke, Böttiger und der archäologische Diskurs, Berlin 2008

Stoll 1960
Heinrich Alexander Stoll, Winckelmann. Seine Verleger und seine Drucker, Berlin 1960

Stoll 1965
Mordakte Winckelmann. Die Originalakten des Kriminalprozesses gegen den Mörder Johann Joachim Winckelmanns (Triest 1768), aufgefunden und im Wortlaut des Originals in Triest von Cesare Pagnini, Triest 1964, hg., übers. und kommentiert von Heinrich Alexander Stoll, Berlin 1965

Stoll 1968
Heinrich Alexander Stoll, Tod in Triest. Leben, Taten und Wunder Johann Joachim Winckelmanns, Berlin 1968

Stolz 1977
Ruprecht Stolz, Die Walhalla. Ein Beitrag zum Denkmalgedanken im 19. Jahrhundert, Diss. Universität Köln, 1977

Stosch 1724
Philipp von Stosch, Gemmae antiquae caelatae, scalptorum nominibus insignitae. Ad ipsas gemmas, aut earum ectypos delineatae & aeri incusae, per Bernardum Picart, Amsterdam 1724

Studniczka 1888
Franz Studniczka, Die archaische Artemisstatuette aus Pompeji, in: Mitteilungen des Kaiserlich Deutschen Archäologischen Instituts, Römische Abtheilung 3, 1888, S. 277–303

Sünderhauf 2002
Esther Sophia Sünderhauf, Die Gründung der Winckelmann-Gesellschaft Stendal im Jahr 1940. Kontext und Funktion, in: Die Winckelmann-Gesellschaft 1940–2000. Gründung und Geschichte, hg. von Max Kunze, Stendal 2002, S. 29–53

Sünderhauf 2004
Esther Sophia Sünderhauf, Griechensehnsucht und Kulturkritik. Die deutsche Rezeption von Winckelmanns Antikenideal 1840–1945, Berlin 2004

Sünderhauf 2010
Begas. Monumente für das Kaiserreich, hg. von Esther Sophia Sünderhauf, Dresden 2010

Sünderhauf 2012
Esther Sophia Sünderhauf, Gerhart Rodenwaldt (1886–1945), in: Lebensbilder. Klassische Archäologen und der Nationalsozialismus, hg. von Gunnar Brands und Martin Maischberger, Rahden 2012, S. 119–127

Symmons 1984
Sarah Symmons, Flaxman and Europe. The Outline Illustrations and their Influence, New York/London 1984

Tesdorpf 1933
Karl Wilhelm Tesdorpf, Johannes Wiedewelt. Dänemarks erster klassizistischer Bildhauer. Ein Anhänger von Winckelmann, Hamburg 1933

Thieme/Becker 1907–1950
Allgemeines Lexikon der bildenden Künstler von der Antike bis zur Gegenwart, hg. von Ulrich Thieme und Felix Becker, 37 Bde., Leipzig 1907–1950

Tischbein 1956
Johann Heinrich Wilhelm Tischbein, Aus meinem Leben, hg. von Kuno Mittelstädt, Berlin 1956

Tischbein/Heyne 1801
Johann Heinrich Wilhelm Tischbein und Christian Gottlob Heyne, Homer nach Antiken gezeichnet, Göttingen 1801

T.L.S. 1848
T.L.S., Berliner Briefe, in: Kunstblatt 51, 1848, S. 201–203

Traeger 1979
Jörg Traeger, Die Walhalla. Idee. Architektur. Landschaft, Regensburg 1979

Traeger 1991
Jörg Traeger, Der Weg nach Walhalla. Denkmallandschaft und Bildungsreise im 19. Jahrhundert, Regensburg 1991

Trentin 2015
Lisa Trentin, The Hunchback in Hellenistic and Roman Art, London/New York 2015

Treu 1884
Georg Treu, Sollen wir unsere Statuen bemalen?, Berlin 1884

Treu 1910
Georg Treu, Hellenische Stimmungen in der Bildhauerei von einst und jetzt, Leipzig 1910

Türr 1994
Karina Türr, Farbe und Naturalismus in der Skulptur des 19. und 20. Jahrhunderts, Mainz 1994

Tutsch 1995
Claudia Tutsch, »Man muß mit ihnen, wie mit seinem Freund, bekannt geworden seyn …«. Zum Bildnis Johann Joachim Winckelmanns von Anton von Maron, Mainz 1995

Tutsch 2000
Claudia Tutsch, Das Bildnis Johann Joachim Winckelmanns von Friedrich Wilhelm Doell – eine Büste als Denkmal, in: Mitteilungen der Winckelmann-Gesellschaft 63, 2000, Beilage, S. 1–8

Uhde-Bernays 1925
Hermann Uhde-Bernays, Einführung in Winckelmanns Briefe: Winckelmann, Hölderlin, Marées, in: J. J. Winckelmann's Kleine Schriften und Briefe, hg. von Hermann Uhde-Bernays, 2. Bd., Leipzig 1925, S. 9–64

Uhlig 1988
Griechenland als Ideal. Winckelmann und seine Rezeption in Deutschland, hg. von Ludwig Uhlig, Tübingen 1988

Ulferts 2010
Gert-Dieter Ulferts, Großherzog Carl Alexander begegnet dem Bildhauer Adolf Hildebrand. Plastische Kunst im nachklassischen Weimar zwischen fürstlicher Patronage und institutioneller Bindung, in: Das Zeitalter der Enkel. Kulturpolitik und Klassikrezeption unter Carl Alexander. Jahrbuch der Klassik Stiftung Weimar 2010, hg. von Hellmut Th. Seemann und Thorsten Valk, Göttingen 2010, S. 330–353

Vaiani 2001
Elena Vaiani, »L'Antiquité expliquée« di Bernard de Montfaucon. Metodi e strumenti dell'antiquaria settecentesca, in: Dell'antiquaria e dei suoi metodi (Atti delle giornate di studio), hg. von Elena Vaiani, Pisa 2001, S. 155–176

Valerius 1992
Gudrun Valerius, Antike Statuen als Modelle für die Darstellung des Menschen. Die Decorum-Lehre in Graphikwerken französischer Künstler des 17. Jahrhunderts, Frankfurt a. M./Berlin 1992

Valk 2002
Thorsten Valk, Melancholie im Werk Goethes. Genese – Symptomatik – Therapie, Tübingen 2002

Vermeulen 2003
Ingrid R. Vermeulen, »Wie mit einem Blicke«. Cavaceppi's Collection of Drawings as a Visual Source for Winckelmann's Art, in: Jahrbuch der Berliner Museen 45, 2003, S. 77–89

Vermeulen 2015
Hans F. Vermeulen, Before Boas. The genesis of ethnography and ethnology in the German Enlightenment, Lincoln/London 2015

Virey 1800/01
Julien-Joseph Virey, Histoire naturelle du genre humain […], 3 Bde., Paris An IX [=1800/01]

Visconti 1782–1807
Giambattista Visconti und Ennio Quirino Visconti. Il Museo Pio-Clementino, 7 Bde., Rom 1782–1807

Völkel 2009
Michaela Völkel, Laokoon, oder: Über die Grenzen der Ernsthaftigkeit. Johann Joachim Kaendler und die Antike, in: Keramos 205, 2009, S. 19–28

Vogel 1995
Dietmar Vogel, Der Deutsch-Römer Emil Wolff (1802–1879). Bildhauer, Antikenrestaurator und Kunstagent, Frankfurt a. M. u. a. 1995

Vogler 1892/93
Carl Heinrich Vogler, Der Bildhauer Alexander Trippel aus Schaffhausen, in: Schaffhauser Neujahrsblätter I/II, Schaffhausen 1892/93

Volle 1979
Nathalie Volle, Jean-Simon Berthélemy (1743–1811). Peintre d'histoire, Paris 1979

Wackenroder/Tieck 1991
Wilhelm Heinrich Wackenroder und Ludwig Tieck, Herzensergießungen eines kunstliebenden Klosterbruders, Stuttgart 1991

Waetzold 1921
Wilhelm Waetzold, Die Begründung der deutschen Kunstwissenschaft durch Christ und Winckelmann, in: Zeitschrift für Ästhetik und allgemeine Kunstwissenschaft 15, 1921, S. 165–186

Wagner 2012
Die Befreiungshalle Kelheim. Geschichte – Mythos – Gegenwart, hg. von Christoph Wagner, Regensburg 2012

Walcha 1973
Otto Walcha, Meißner Porzellan, Dresden 1973

Wangenheim 2005
Wolfgang von Wangenheim, Der verworfene Stein. Winckelmanns Leben, Berlin 2005

Wasielewski 1908
Waldemar von Wasielewski, Artur Volkmann. Eine Einführung in sein Werk, München 1908

Wegele 1885
Franz Xaver von Wegele, Geschichte der Deutschen Historiographie seit dem Auftreten des Humanismus, München/Leipzig 1885

Weinrautner 1997
Ina Weinrautner, Friedrich Preller d. Ä. (1804–1878). Leben und Werk, Münster 1997

Weissert 1994
Caecilie Weissert, Ein Kunstbuch? Le Musée Français, Stuttgart 1994

Weissert 1999
Caecilie Weissert, Reproduktionsstichwerke. Vermittlung alter und neuer Kunst im 18. und frühen 19. Jahrhundert, Berlin 1999

Werche 2017
Bettina Werche, Mit der »Mütze eines Wascherweibs«. Anton von Marons Winckelmann-Porträt in Weimar, in: Die Erfindung des Klassischen. Winckelmann-Lektüren in Weimar. Jahrbuch der Klassik Stiftung Weimar, hg. von Franziska Bomski, Hellmut Th. Seemann und Thorsten Valk, Göttingen 2017, S. 165–185

Wernecke 1941
Karl Wernecke, Dem Erforscher und beredten Verkünder der Kunst des Altertums, in: Mitteilungen der Winckelmann-Gesellschaft 1, 1941, o. S.

Wescher 1976
Paul Wescher, Kunstraub unter Napoleon, Berlin 1976

Wesenberg 2008
Angelika Wesenberg, Idylle und Hesperidenland, in: Hans von Marées. Sehnsucht nach Gemeinschaft, hg. von Angelika Wesenberg (Ausst.-Kat. Alte Nationalgalerie, Staatliche Museen zu Berlin), Dresden 2008, S. 9–16

Whitehead 2010
John Whitehead, Sèvres sous Louis XVI et la Révolution: Le premier apogée, Paris 2010

Wieg 2000
Cornelia Wieg, Bestandsaufnahme Plastik, in: Bestandsaufnahme. Werke aus den Sammlungen 1945 bis 1990, hg. von der Staatlichen Galerie Moritzburg Halle (Ausst.-Kat. Staatliche Galerie Moritzburg Halle), Halle 2000, S. I–VIII

Wille 1999
Johann Georg Wille, Briefwechsel, hg. von Elisabeth Décultot, Michel Espagne und Michael Werner, Tübingen 1999

Williams 2009
Dyfri Williams, Masterpieces of classical Art, London 2009

Winner 1998
Matthias Winner, Paragone mit dem Belvederischen Apoll. Kleine Wirkungsgeschichte der Statue von Antico bis Canova, in: Il Cortile delle Statue. Der Statuenhof des Belvedere im Vatikan (Akten des internationalen Kongresses zu Ehren von Richard Krautheimer, Rom, 21.–23. Oktober 1992), hg. von Matthias Winner, Bernard Andreae und Carlo Pietrangeli, Mainz 1998, S. 227–252

Wölfflin 1899
Heinrich Wölfflin, Die klassische Kunst. Eine Einführung in die italienische Renaissance, München 1899

Wölfflin 1941
Heinrich Wölfflin, Der »klassische Böcklin« (Odysseus und Kalypso), in: ders., Gedanken zur Kunstgeschichte, Basel 1941, S. 57–62

Wolff Metternich 1981
Beatrix Freifrau von Wolff Metternich, Die Porträtbüsten der Manufaktur Fürstenberg unter dem Einfluß der Kunstkritik Lessings, in: Keramos 92, 1981, S. 19–68

Wolff Metternich/Meinz 2004
Beatrix Freifrau von Wolff Metternich und Manfred Meinz, Die Porzellanmanufaktur Fürstenberg. Eine Kulturgeschichte im Spiegel des Fürstenberger Porzellans, 2 Bde., München/Berlin 2004

Wolzogen 2016
Christoph von Wolzogen, Karl Friedrich Schinkel. Unter dem bestirnten Himmel, Frankfurt a. M. 2016

Worringer 1907
Wilhelm Worringer, Abstraktion und Einfühlung. Ein Beitrag zur Stilpsychologie, Neuwied 1907

Wünsche 1998
Raimund Wünsche, Torso vom Belvedere, in: Il Cortile delle Statue. Der Statuenhof des Belvedere im Vatikan (Akten des internationalen Kongresses zu Ehren von Richard Krautheimer, Rom, 21.–23. Oktober 1992), hg. von Matthias Winner, Bernard Andreae und Carlo Pietrangeli, Mainz 1998, S. 287–314

Wünsche 1999
Raimund Wünsche, Kronprinz Ludwig von Bayern und die Antike, in: Das neue Hellas. Griechen und Bayern zur Zeit Ludwigs I., hg. von Reinhold Baumstark (Ausst.-Kat. Bayerisches Nationalmuseum, München), München 1999, S. 206–223

Zazoff 1983
Peter Zazoff, Die antiken Gemmen. Handbuch der Archäologie, München 1983

Zazoff/Zazoff 1983
Peter Zazoff und Hilde Zazoff, Gemmensammler und Gemmenforscher. Von einer noblen Passion zur Wissenschaft, München 1983

Zeitz/Zeitz 2003
Lisa Zeitz und Joachim Zeitz, Napoleons Medaillen, Petersberg 2003

Zeller 1955
Hans Zeller, Winckelmanns Beschreibung des Apollo im Belvedere, Zürich 1955

Zimmermann 1995
Hans-Dieter Zimmermann, Die Numismatik an der Universität Halle im 18. Jahrhundert, in: Numismatische Literatur 1500–1864. Die Entwicklung der Methoden einer Wissenschaft (32. Wolfenbütteler Symposion der Herzog-August-Bibliothek, 19.–23. Oktober 1992), hg. von Peter Berghaus, Wiesbaden 1995, S. 155–169

Zimmermann 2007
Hans-Dieter Zimmermann, Schulze, Johann Heinrich, in: Neue Deutsche Biographie 23, 2007, S. 725f.

Zimmermann/Löhr 2013
Hans-Dieter Zimmermann und Henryk Löhr, Die Sammlung antiker Münzen im Archäologischen Museum, in: Akademische Sammlungen und Museen der Martin-Luther-Universität Halle-Wittenberg, hg. von Stephan Lehmann, Halle 2013, S. 45f.

Zinserling 1968
Gerhard Zinserling, Winckelmann und die europäische Kunsttradition, in: Bildende Kunst 16, 1968, H. 9, S. 490–494

Zintzen 1998
Christiane Zintzen, Von Pompeji nach Troja. Archäologie, Literatur und Öffentlichkeit im 19. Jahrhundert, Wien 1998

AUTORINNEN UND AUTOREN

Dr. Franziska Bomski (FB)
Klassik Stiftung Weimar, Forschung und Bildung

Dr. des. Maja Chotiwari (MC)
Martin-Luther-Universität Halle-Wittenberg,
Germanistisches Institut/Klassik Stiftung Weimar,
Forschung und Bildung

Prof. Dr. Elisabeth Décultot (ED)
Martin-Luther-Universität Halle-Wittenberg,
Germanistisches Institut

Dr. Martin Dönike (MD)
Martin-Luther-Universität Halle-Wittenberg,
Germanistisches Institut

Dr. Astrid Fendt (AF)
Staatliche Antikensammlungen und Glyptothek,
München

Dr. Stefano Ferrari (StF)
Accademia degli Agiati, Rovereto

Dr. Bernhard Fischer (BF)
Klassik Stiftung Weimar, Goethe- und Schiller-Archiv

Prof. Dr. Christoph Frank (CF)
Università della Svizzera italiana, Accademia di
architettura, Mendrisio

Dr. Simone Fugger von dem Rech (SF)
Hochschule für Bildende Künste Dresden, Archiv
und Kustodie

Prof. Dr. Daniel Fulda
Martin-Luther-Universität Halle-Wittenberg,
Germanistisches Institut

Rüdiger Haufe (RH)
Klassik Stiftung Weimar, Forschung und Bildung

Dr. Christiane Holm (CH)
Martin-Luther-Universität Halle-Wittenberg,
Germanistisches Institut

Cornelia Irmisch (CI)
Klassik Stiftung Weimar, Museen

Dr. Paul Kahl (PK)
Georg-August-Universität Göttingen, Seminar
für Deutsche Philologie

Dr. Claudia Keller (CK)
Martin-Luther-Universität Halle-Wittenberg,
Germanistisches Institut/Klassik Stiftung Weimar,
Forschung und Bildung

Dr. Charlotte Kurbjuhn (ChK)
Humboldt-Universität zu Berlin, Institut für
deutsche Literatur

Prof. Dr. Stephan Lehmann (SL)
Martin-Luther-Universität Halle-Wittenberg,
Archäologisches Museum

PD Dr. Robert Leucht (RL)
Universität Zürich, Deutsches Seminar

Prof. Dr. Bernhard Maaz
Bayerische Staatsgemäldesammlungen, München

Prof. Dr. Suzanne Marchand
Louisiana State University Baton Rouge,
Comparative Literature

Prof. Dr. Stefan Matuschek (StM)
Friedrich-Schiller-Universität Jena, Institut für
Germanistische Literaturwissenschaft

Prof. Dr. Eric Michaud
École des hautes études en sciences sociales Paris,
Centre de recherche sur les arts et le langage

Prof. Dr. Hermann Mildenberger (HM)
Klassik Stiftung Weimar, Museen

Prof. Dr. Daniela Mondini (DM)
Università della Svizzera italiana, Accademia
di architettura, Mendrisio

Dr. Sandra Mühlenberend (SM)
Hochschule für Bildende Künste Dresden

Prof. Dr. Ernst Osterkamp
Humboldt-Universität zu Berlin, Institut für
deutsche Literatur

PD Dr. Stephan Pabst (SP)
Friedrich-Schiller-Universität Jena, Institut für
Germanistische Literaturwissenschaft

Prof. Dr. Helmut Pfotenhauer
Julius-Maximilians-Universität Würzburg,
Institut für deutsche Philologie

PD Dr. Robin Rehm (RR)
Universität Regensburg, Institut für Kunstgeschichte

Dr. Alexander Rosenbaum (AR)
Sächsische Akademie der Wissenschaften zu
Leipzig/Klassik Stiftung Weimar, Goethe- und
Schiller-Archiv

Dr. Johannes Rößler (JR)
Universität Bern, Institut für Kunstgeschichte

Dr. Kerim Salom (KS)
École nationale supérieure d'architecture de
Paris-Belleville

Dr. des. Christoph Schmälzle (CS)
Freie Universität Berlin, Kolleg-Forschergruppe
BildEvidenz

Manuel Schwarz (MS)
Friedrich-Schiller-Universität Jena, Forschungsstelle
für Neuere Regionalgeschichte Thüringens

Prof. Dr. Rüdiger Splitter (RS)
Museumslandschaft Hessen Kassel, Antikensammlung

Dr. Gert-Dieter Ulferts (GDU)
Klassik Stiftung Weimar, Museen

Christine Vogl (CV)
Universität Osnabrück, Interdisziplinäres Institut
für Kulturgeschichte der Frühen Neuzeit

Dr. Gerda Wendermann (GW)
Klassik Stiftung Weimar, Museen

Dr. Bettina Werche (BW)
Klassik Stiftung Weimar, Museen

Saskia Wetzig (SW)
Staatliche Kunstsammlungen Dresden,
Skulpturensammlung

ABBILDUNGSVERZEICHNIS

COVER:
Gestaltung: chezweitz GmbH, Berlin: Edgar Kandratian unter Verwendung von: »Belvedere Torso 2011« © Sandra Kontos

GANZSEITIGE ABBILDUNGEN:
S. 2: J.-S. Berthélemy, Apollon und Sapedon, vgl. S. 215
S. 6: F. Vezzoli, Self-Portrait as Apollo del Belvedere's Lover, vgl. S. 219
S. 12: J. J. Winckelmann, Exzerpt aus Claude Perrault, vgl. S. 304
S. 22: J. Ph. Hackert, Blick auf die Villa Albani bei Rom, vgl. S. 37, Abb. 3
S. 40: A. Kauffmann, Bildnis J. J. Winckelmann, vgl. S. 202
S. 52: J. H. Meyer, Physiognomische Studien, vgl. S. 58, Abb. 2
S. 66: A. J. Carstens, Parzen, vgl. S. 80, Abb. 5
S. 82: De Chirico, Canto d'amore, vgl. S. 94, Abb. 7
S. 96: Volkmann, Flora, vgl. S. 237
S. 114: Camper, Vom Affen zum Apoll vom Belvedere, vgl. S. 271 (Kat. 88)
S. 128: Cavaceppi, Porträt des Künstlers, vgl. S. 135, Abb. 4 sowie S. 338 (Kat. 139)

© Akademie der Künste, Kunstsammlung, Berlin
Foto: Eric Tschernow: S. 272
Foto: Maximilian Merz: S. 273

© Anhaltische Gemäldegalerie Dessau, Dessau-Roßlau: S. 22, 37

© Anhaltische Landesbücherei Dessau, Dessau-Roßlau: S. 192

© Anonymer Leihgeber (vertreten durch Christine Vogl, Osnabrück), Foto: Hannes Bertram, Klassik Stiftung Weimar: S. 177

© Antikenmuseum der Universität Leipzig, Foto: PUNCTUM / Peter Franke: S. 222

© Archiv Robert Lebeck, Berlin, Foto: Hannes Bertram, Klassik Stiftung Weimar: S. 283 (Kat. 98)

© ARKEN Museum for Moderne Kunst, Foto: Anders Sune Berg: S. 289

© Bayerische Schlösserverwaltung München, Foto: Rainer Herrmann: S. 101

© Bayerische Staatsbibliothek, München, Bildarchiv: S. 286, 317

© Biblioteca Civica Attilio Hortis, Archivio Diplomatico, Triest: S. 212

© Bibliothèque Nationale de France, Paris: S. 12, 148, 304

© Boltin Picture Library / Bridgeman Images: S. 82, 94

© bpk / Alinari Archives, Foto: Aurelio Amendola: S. 109

© bpk / Bayerische Staatsgemäldesammlungen München: S. 88, 91, 92, 111

© bpk / Foto: Hermann Buresch: S. 93

© bpk / RMN – Grand Palais, Foto: Christophe Fouin: S. 300

© bpk / Scala: S. 61, 72

© bpk / Staatliche Kunsthalle Karlsruhe, Foto: Annette Fischer / Heike Kohler: S. 163

© bpk / Staatliche Museen zu Berlin, Kupferstichkabinett, Foto: Jörg P. Anders: S. 89

© bpk / Staatliche Museen zu Berlin, Nationalgalerie: S. 103
Foto: Jörg P. Anders: S. 87

© bpk / The Metropolitan Museum of Art, New York: S. 207

© Bundesamt für zentrale Dienste und offene Vermögensfragen, Foto: Hubert Graml: S. 318

© Collezione Prada, Mailand, Foto: Attilio Maranzano: S. 219

© Deutsches Historisches Museum, Berlin, Foto: I. Desnica: S. 312

© Deutsches Tanzarchiv Köln / SK Stiftung Kultur – Edward Steichen (VG Bild-Kunst, Bonn 2017): S. 231

© Eidgenössische Technische Hochschule Zürich, Institut für Geschichte und Theorie der Architektur, gta Archiv (Nachlass Gottfried Semper): S. 239 (Kat. 60)

© Fondazione Giulio e Anna Paolini, Turin, Foto: Mario Sarotto, S. 335

© Georg-August-Universität Göttingen, Archäologisches Institut, Foto: Stephan Eckardt: S. 165, 167, 172 (Abb. 2, 3), 233, 278, 298, 310 (Kat. 117)

© Georg-August-Universität Göttingen, Institut für Ethnologie und Ethnologische Sammlung. Foto: Harry Haase: S. 275, 277

© Georg-August-Universität Göttingen, Niedersächsische Staats- und Universitätsbibliothek: S. 49, 121, 128, 135, 179, 191

© Hochschule für Bildende Künste Dresden, Anatomische Sammlung: S. 265 (Kat. 80, 81)

© Iberfoto / Alinari Archives, Foto: BeBa: S. 100

© Klassik Stiftung Weimar, Goethe- und Schiller-Archiv: S. 196, 199, 268

© Klassik Stiftung Weimar, Herzogin Anna Amalia Bibliothek, Foto: Hannes Bertram: S. 45, 46, 77, 114, 123, 124, 131, 150, 151, 153, 178, 180, 181, 182, 187, 193, 195 (Kat. 29–33), 197, 245 (Kat. 64, 65), 246, 247, 250, 251 (Kat. 72), 262, 269, 271 (Kat. 88), 282, 302, 316, 321 (Kat. 129), 327 (Kat. 132, 133), 328

© Klassik Stiftung Weimar, Museen
Foto: Hannes Bertram: S. 183, 267 (Kat. 84), 274 (Kat. 91, 92), 303 (Kat. 110, 111), 306
Foto: Alexander Burzik: S. 158, 184, 200, 205, 230, 249
Foto: Roland Dreßler: S. 136,
Foto: Uwe Golle: S. 267 (Kat. 83)
Foto: Angelika Kittel: S. 227
Foto: Olaf Mokansky: S. 14, 17, 19, 52, 58, 66, 80, 176, 251 (Kat. 71), 264, 331
Foto: Renno: S. 248

© Kulturstiftung DessauWörlitz, Dessau-Roßlau, Foto: Heinz Fräßdorf: S. 134, 242

© Kunsthaus Zürich, 2016: S. 40, 202, 224, 225

© Kunstmuseum Moritzburg, Halle (Saale), Foto: Walter Danz – Fritz Cremer (VG Bild-Kunst, Bonn 2017): S. 323

© LawickMüller, 1998–2001, All rights reserved: S. 291

© Lindenau-Museum Altenburg, Foto: PUNCTUM / Bertram Kober, Leipzig: S. 161

© Maison des Lumières Denis Diderot, Foto: Sylvain Riandet, Ville de Langres: S. 2, 215

© Martin-Luther-Universität Halle-Wittenberg, Archäologisches Museum: S. 155
Foto: Gert Schütze: S. 171

© Martin-Luther-Universität Halle-Wittenberg, Universitäts- und Landesbibliothek Sachsen-Anhalt: S. 120, 185

© Medienzentrum Wuppertal, Antje Zeis-Loi / Von der Heydt-Museum Wuppertal: S. 229

© Museum der bildenden Künste Leipzig: S. 96, 237

© Museum für Abgüsse Klassischer Bildwerke & Institut für Klassische Archäologie der Ludwig-Maximilians-Universität München, Foto: Roy Hessing: S. 169, 173, 256

© Museum Kunstpalast Düsseldorf – LVR-ZMB – Stefan Arendt / ARTOTHEK: S. 226

© Museumslandschaft Hessen Kassel, Antikensammlung: S. 208

© Museumsverein Naumburg, Stadtmuseum Hohe Lilie – Walter Hege (VG Bild-Kunst, Bonn 2017): S. 313

© Museum zu Allerheiligen Schaffhausen, Depositum des Kunstvereins Schaffhausen: S. 106

© Niedersächsisches Institut für Sportgeschichte e.V., Hannover: S. 283 (Kat. 99), 284

© Otto-König-von Griechenland-Museum, Ottobrunn: S. 308

© Bettina Rheims courtesy CAMERA WORK, Photogalerie, Berlin / Galerie Xippas, Paris: S. 258, 259

© Rubiconia Accademia dei Filopatridi, Savignano sul Rubicone: S. 149

© Sächsische Landesbibliothek – Staats- und Universitätsbibliothek Dresden, Deutsche Fotothek, Foto: Regine Richter: S. 15

© Sammlung Wolfgang Theis, Berlin, Foto: Schwules Museum*, Berlin: S. 257

© Schweizerisches Nationalmuseum (Foto Nr. DIG 11926): S. 271 (Kat. 87)

© Staatliche Antikensammlungen und Glyptothek, München, Foto: Renate Kühling: S. 145, 210

© Staatliche Graphische Sammlung München: S. 239 (Kat. 61), 309

© Staatliche Kunstsammlungen Dresden, Gemäldegalerie Alte Meister, Foto: Hans-Peter Klut / Elke Estel: S. 31

© Staatliche Kunstsammlungen Dresden, Kupferstich-Kabinett, Foto: Herbert Boswank: S. 190

© Staatliche Kunstsammlungen Dresden, Skulpturensammlung
Foto: Ingrid Geske: S. 157
Foto: Hans-Peter Klut / Elke Estel: S. 71, 234
Foto: Hans-Peter Klut: S. 310f. (Kat. 118)

© Staatsbibliothek zu Berlin: S. 213, 263, 285, 287

© Staats- und Universitätsbibliothek Hamburg: S. 55

© Städel Museum Frankfurt am Main – U. Edelmann / ARTOTHEK: S. 315 (Kat. 123)

© Stiftung Schloss Friedenstein Gotha, Foto: Lutz Ebhardt: S. 209

© Stiftung Stadtmuseum Berlin: S. 305

© Studio Marc Quinn: S. 295

© Succession Alberto Giacometti (Fondation Alberto et Annette Giacometti + ADAGP) Paris, Foto: Kunsthaus Zürich, 2016: S. 253

© Technische Universität Dresden, Medizinische Fakultät Carl Gustav Carus, Institut für Geschichte der Medizin: S. 325

© The Walters Art Museum, Baltimore: S. 137

© Thorvaldsens Museum, Kopenhagen: S. 98

© Trustees of the British Museum: S. 78, 130

© Ulmer Museum, Ulm, Foto: Mario Gastinger, München: S. 232

© Vatican Museums, All rights reserved: S. 281

© Winckelmann-Gesellschaft e.V. mit Winckelmann-Museum, Stendal: S. 25, 315 (Kat. 122), 320, 321 (Kat. 128)

© Württembergische Landesbibliothek Stuttgart, Stefan George Archiv: S. 314

© Zentralinstitut für Kunstgeschichte, München, Foto: Gunna Gustaffson: S. 241

Sollte trotz sorgfältiger Recherche ein Rechteinhaber nicht genannt sein, werden berechtigte Ansprüche im Rahmen der üblichen Vereinbarungen nachträglich abgegolten.

REGISTER

Abaelardus, Petrus 301
Abildgaard, Nicolai Abraham 105
Adam, Robert 37
Adler, Friedrich 311, 341
Agostini, Leonardo 152
Ahlborn, Wilhelm 87
Aischylos 69, 81
Albani, Alessandro 11, 26f., 35f., 53, 57, 105,
....133, 144, 147, 152, 204, 211
Albani, Carlo 304
Albani, Giovan Francesco 304
Albani, Giuseppe 304
Alberti, Leon Battista 74, 265
Alexander der Große, d. i. Alexander III.
(König von Makedonien) 45, 154, 173
Alkamenes 171
Allegri, Antonio, s. Correggio, Antonio da
Amoretti, Carlo 48, 194
Amsler, Samuel 98
Anakreon 55
Andrieu, Bertrand 302, 341
Anna Amalia (Herzogin von Sachsen-
Weimar-Eisenach) 197, 227, 339
Apelles 18, 46, 172
Apollonios von Athen 164
Arcangeli, Francesco 11, 211
Archinto, Alberico 11, 28, 32, 33
Archipenko, Alexander .... 94f.
Aristoteles 42, 180
Arnaud, François 191
Arnold, Walter 322
Arouet, François-Marie, s. Voltaire
Athanadoros 222
Audran, Gérard .... 106, 262f.
August II., gen. der Starke (König von Polen) 30
August III. (König von Polen) 26, 28, 30, 156, 190
Azara, José Nicolás de 194, 206

Baggesen, Jens 198
Bake, Friedrich 27, 30
Balvay, Charles-Clément (gen. Bervic) 303
Banks, Sir Joseph 275
Barthélemy, Jean-Jacques 25
Bartoli, Pietro Santi 338
Bartolozzi, Francesco 303
Batoni, Pompeo 204
Baumgarten, Alexander Gottlieb 154
Bayer, Herbert 340
Bayle, Pierre 54, 338
Beardsley, Aubrey 251
Begas, Reinhold 112
Behmer, Marcus .... 250f.
Bellotto, Bernardo (gen. Canaletto) 31
Béranger, Antoine 303
Berendis, Hieronymus Dietrich 23f., 27f.,
.... 33f., 36, 132, 197f., 339
Bergson, Henri 251
Beringer, Joseph Anton 236

Bernatti, Antonio 19, 340
Bernini, Gian Lorenzo 56, 68, 220
Berthélemy, Jean-Simon 189, 214
Berthier, Louis Alexandre 304
Bianconi, Giovanni Lodovico 24, 33f., 144
Biedrzynski, Richard 326, 342
Birt, Theodor 218
Bisset, Jacqueline 288
Bitzer, Margot 320
Blaeser, Gustav 104
Blumenbach, Johann Friedrich 276
Böcklin, Arnold 93, 95
Bodmer, Gottlieb 308
Boisserée, Sulpiz 162, 197
Bonaparte, Napoleon 302f., 306, 341
Borbein, Adolf Heinrich 327, 339
Bordoni, Faustina 31
Bosa, Antonio 16, 19, 213, 340
Böttiger, Karl August 182, 227
Braque, Georges 95
Brauchitsch, Werner von 316
Breker, Arno 138, 314, 319
Bruckmann, Peter 112
Brühl, Heinrich Graf von 27
Buffon, d. i. Georges-Louis Leclerc, Comte de ... 48, 179
Bünau, Heinrich Graf von 10, 14, 23f., 28,
.... 32f., 42, 54, 130, 146
Burckhardt, Jacob 115, 220
Burson, Nancy 288, 290
Bury, Friedrich 105, 266, 330
Busch, Johann Jürgen .... 107f.
Busch, Werner 81, 224

Caesar, d. i. Gaius Julius Caesar (röm. Kaiser) 339
Camper, Adriaan Gilles 270
Camper, Pieter 120, 125, 270, 286
Cancik, Hubert 330
Canova, Antonio 16, 73, 86, 102, 108–110, 213, 255
Caracalla, d. i. Lucius Septimius
Bassianus (röm. Kaiser) 62
Carl Alexander (Großherzog von
Sachsen-Weimar-Eisenach) 176
Carlis, Salvatore de 107f., 189, 210, 306
Carnevalini, Angelo 98
Carstens, Asmus Jakob 80f., 89, 105,
.... 107, 198, 247–249
Casanova, Giacomo 29–31
Casanova, Giovanni Battista 14, 30–32, 203,
.... 210, 269, 341
Casanova, Maria Maddalena 31
Castellan, Antoine-Laurent 123
Castelli, Louis 160
Cavaceppi, Bartolomeo .. 105, 108, 133–135, 144, 338
Caylus, Anne Claude Philippe de Thubières,
Comte de 49f., 110, 115–117, 148, 151, 186
Chandler, Richard 311
Chaussard, Pierre-Jean-Baptiste 304
Chénier, André 304

Chevreul, Michel Eugène 240
Chiaveri, Gaetano 31
Chirico, Giorgio de .... 94f.
Cicero, Marcus Tullius 30, 68, 99f., 104,
.... 206, 209
Cicognara, Leopoldo 174
Cleland, John 37
Clemens VII. (Papst) 164
Conze, Alexander 154
Cook, James .... 275f.
Cornelius, Peter von 90
Correggio, Antonio da 160
Cotta, Johann Friedrich .... 197f.
Coudray, Clemens Wenzeslaus 268
Courtet de l'Isle, Victor 119
Coustou, Guillaume d. J. 301
Cozens, Alexander 124
Crane, Walter 250
Cremer, Fritz 322
Creuzer, Friedrich 182
Croze-Magnan, Simon-Célestin 302
Curtius, Ernst 125, 311
Curtius, Ludwig 228, 312, 326, 342
Cuvier, Georges 119, 121

Däubler, Theodor 94
Dannecker, Johann Heinrich von 109
Darwin, Charles 270, 340
Daßdorf, Karl Wilhelm 196, 326
David, Jacques-Louis 86, 214, 225, 255, 304
Davis, Bette 288
Denon, Dominique-Vivant 302f., 341
Deseine, Louis-Pierre 189, 301
Desoches, Jean Jacques 200, 339
Diderot, Denis 13, 193
Dietrich, Christian Wilhelm Ernst
(gen. Dietricy) 34f., 191
Dillis, Johann Georg von 102
Dillon, Wentworth (4. Earl of Roscommon) 54
Dilthey, Wilhelm 283
Dodwell, Edward 311
Doell, Friedrich Wilhelm Eugen 99, 189, 200, 206,
.... 208–210, 300, 312
Dolon-Maler 242
Drake, Heinrich 322
Dreher, G. 312
Droysen, Johann Gustav 43
Dubois, Léon-Jean-Joseph 311
Duchenne de Boulogne, Guillaume-Benjamin ... 263
Duncan, Isadora 221, 231, 340
Durand, Jean-Nicolas-Louis 268
Durm, Josef 340

Eberts, Johann Heinrich 162
Ehrlich, Willi 342
Eiselein, Joseph 192, 194, 326, 339
El Greco, d. i. Doménikos Theotokópoulos 94
Émeric-David, Toussaint-Bernard ...... 123, 126, 302f.

Anhang 371

Ernst II. Ludwig (Herzog von Sachsen-Gotha-Altenburg) 208	Ginguené, Pierre-Louis 301	Hillebrand, Karl 90
Errard, Charles .... 262f.	Giulio de' Medici, s. Clemens VII. (Papst)	Himmelmann, Nikolaus 164, 168
Eschenburg, Johann Joachim 178	Gleichen-Rußwurm, Alexander von 252, 282	Hinrichs, Walther Theodor 305
Euripides 69, 81	Gliddon, George Robbins 121	Hirt, Aloys 72f., 109
	Gloeden, Wilhelm von 257, 340	Hitler, Adolf 312f., 317, 319, 330
Falconet, Étienne-Maurice 108, 110	Gluck, Christoph Willibald 301	Hodges, William 275, 340
Farussi, Zanetta, d. i. Giovanna Maria Farussi 31	Göring, Hermann 319	Höfer-Abeking, Clara 283
Fea, Carlo 48, 194	Goethe, Johann Wolfgang von .... 14f., 73, 83, 86, 87, 97, 99, 102, 105, 154, 162, 176, 183–185, 188, 196–198, 209, 211, 225, 227, 232, 247, 266, 280, 315, 321, 327, 330, 341f.	Hoffmann, Heinrich 316f., 341
Félibien, André 263		Holtzhauer, Helmut 321, 326f., 342
Fernow, Carl Ludwig .... 16, 21, 105, 160, 188, 196–198, 208, 248f.		Homer .... 55, 62, 64, 80, 86, 97, 107, 164, 176, 204, 206, 214, 246, 276, 279f., 333f.
Fiedler, Conrad 90f., 228, 230	Goguet, Antoine-Yves 116, 126	Horaz, d. i. Quintus Horatius Flaccus 190, 339
Field, George 240	Goltzius, Hendrik 85	Horner, Johann Jakob 196
Firmian, Carl Joseph Graf von 196	Gorlaeus, Abraham 152	Houdon, Jean-Antoine .... 209, 260, 264f.
Fischer, Hans W. 341	Gottsched, Johann Christoph 54, 338	Hrdlicka, Alfred 324, 333
Flaxman, John 81, 221, 246f., 250	Goya y Lucientes, Francisco José de 81	Huber, Michael 194, 334
Follin, Bartolomeo 14, 203, 341	Graetz, René 322	Hugo, Victor 14
Fonda, Jane 288	Gravenkamp, Curt 341	Hugues, Pierre-François 29, 132, 244, 246
Förster, Friedrich Christoph 21, 198, 339	Grimm, Herman 93	Hull, Peter .... 293f.
Förster, Wieland 322	Grimm, Jacob 304	Humboldt, Alexander von 276
Forster, Georg .... 275f.	Grohmann, Will 232	Humboldt, Wilhelm von 87, 185, 227
Forster, Johann Reinhold 276	Gronovius, Jacobus 338	Humphrey, George 276
Francke, Johann Michael 24, 30, 38, 282	Grueber, Bernhard 306, 341	
Frey, Dagobert 115, 117	Guazzi, Margarita, s. Mengs, Margarita	Ingres, Jean-Auguste-Dominique 81
Friedell, Egon 18	Guerra, Giuseppe 151	Irmscher, Johannes 327
Friedrich II., der Große (König von Preußen) 24, 25, 132, 152	Günther, Hans Friedrich Karl 287	Italinsky, Andrej 244
		Jacobé, Johann 275
Friedrich II. (Landgraf von Hessen-Kassel) 208	Haarmann, Fritz 324	Jacobi, Friedrich Heinrich 185
Friedrich III. (Deutscher Kaiser) 297	Hackert, Jakob Philipp 37, 105	Jansen, Hendrik 188, 192, 194, 206, 304, 326
Friedrich August I. (Kurfürst von Sachsen), s. August II.	Hadrian, d. i. Publius Aelius Hadrianus (röm. Kaiser) 173	Jarowiewitsch, Andrej, s. Italinsky, Andrej
Friedrich August II. (Kurfürst von Sachsen), s. August III.	Haeckel, Ernst 341	Jaucourt, Louis de 193
	Haeffelin, Kasimir von 210	Jeuffroy, Romain-Vincent 302
Friedrich Christian (Kurfürst von Sachsen) 24, 26	Händel, Georg Friedrich 31	Jones, Owen 221, 240
Friedrich Wilhelm II. (König von Preußen) 305	Hagedorn, Christian Ludwig von 32, 38, 255, 264	Jones, William 182
Friedrich Wilhelm IV. (König von Preußen) 89, 306	Hagenauer, Johann Baptist 99	Julius II. (Papst) 168
Frištenský, Gustav 340	Hagesandros 222	Junius, Franciscus d. J. 55, 65
Füssli, Johann Caspar 27, 85, 183, 196, 203, 224	Haghe, Louis 240	Justi, Carl 15, 65, 154, 316
Füssli, Johann Hans Heinrich 27, 64, 196	Hamann, Richard 283	
Füssli, Johann Heinrich 85f., 191f., 206, 220, 224f., 340	Hamilton, Sir William 78f., 81, 105, 136, 244, 246	Kaendler, Johann Joachim 158, 200, 339
	Hancarville, Baron d', s. Hugues, Pierre-François	Kästner, Ursula 339
Fuhrmann, Manfred 326	Harloe, Katherine 138	Kalide, Theodor 104
Fumagalli, Angelo 194	Härtel, Hermann 176	Kallimachos 62
	Hasse, Carl 164	Kandinsky, Wassily .... 250f.
Gaehtgens, Thomas W. 327	Hasse, Faustina, s. Bordoni, Faustina	Kant, Immanuel 126, 185, 198, 200
Gärtner, Friedrich von 306, 309	Hasse, Johann Adolf 31	Karl VIII. (König von Frankreich) 300
Gallant, Catherine 340	Hege, Walter 311–313, 341	Karl Wilhelm Ferdinand (Herzog von Braunschweig-Lüneburg) 200
Galli Bibiena, Giuseppe 31	Hegel, Georg Wilhelm Friedrich 13, 125	
Galton, Sir Francis 288	Heidrich, Ernst 283	Karoline Luise (Markgräfin von Baden) 162
Gehring, Jakob 252	Heinse, Wilhelm 71f., 75	Kauffmann, Angelika 102, 189, 203, 301, 316
Genelli, Bonaventura 247	Héloïse 300	Kauffmann, Johann Peter 102
Genga, Bernardino .... 262f.	Hepburn, Audrey 288	Kaulbach, Wilhelm von 89–91
Genzmer, Gottlob Burchard 28	Hepburn, Katharine 288	Kaunitz-Rietberg, Wenzel Anton Fürst von ... 99, 211, 226
Georg III. (König von Großbritannien und Irland) ... 276	Herder, Johann Gottfried von 13, 43, 53, 56, 97, 99, 105, 116, 122, 125, 175, 180–182, 190, 201, 214, 286, 339	Keaton, Diane 288
George, Stefan 315		Kelly, Grace 288
Gerhard, Eduard 339		Keyl, Michael 45
Gerstel, Wilhelm 322	Herz, Johann Daniel 23	Klauer, Martin Gottlieb 209, 339
Gessner, Salomon 27, 105, 196	Hess, Peter von 88	Klee, Paul 251
Geyer, Gerhard 322	Heyne, Christian Gottlob 14, 51, 53, 62, 175, 182, 185	Klennert, Hans 342
Giacometti, Alberto 252	Hildebrand, Adolf von 90–93, 112, 221, 228, 230, 236, 314	Klenze, Leo von 306, 309
Gibson, John 110		Klimsch, Fritz 314
		Klinger, Max 110, 236, 340

Knigge, Volkhard ... 330
Knight, Richard Payne ... 131f.
Kolbe, Georg ... 314
Köremon, s. Scheyb, Franz Christoph von
Krüger, Johann Gottlieb ... 338
Krull, Christian Friedrich ... 339
Kugler, Franz ... 221, 236, 238, 340
Kunze, Max ... 327

La Fontaine, Jean de ... 301
Lairesse, Gerard de ... 74, 89, 162
Lamarck, Jean-Baptiste ... 270, 341
Lamprecht, Friedrich Wilhelm ... 10
Lancisi, Giovanni Maria ... 262f.
Langbehn, August Julius ... 92
Lange, Ludwig ... 238
Langhans, Carl Gotthard ... 305
Laurent, Pierre ... 302
Lavater, Johann Caspar ... 118f., 124f., 200, 225, 246f., 269, 270, 339
Lawick, Friederike van ... 261, 290, 333
Lazzari, Antonio ... 19, 340
Le Brun, Charles ... 68
Leibnitz, Gottfried Wilhelm ... 338
Leplat, Raymond ... 77
Le Roy, Julien-David ... 305
Leclerc de Buffon, Georges-Louis, s. Buffon
Léger, Fernand ... 95
Lenoir, Alexandre ... 301, 304
Leochares ... 168
Leonardo da Vinci ... 160
Leopold III. Friedrich Franz (Fürst von Anhalt-Dessau) ... 242
Lessing, Gotthold Ephraim ... 13f., 73, 90, 99, 104, 108, 110, 175, 177f., 185, 200, 221f., 226, 249, 252, 282, 326, 339
Léveillé, Jean-Baptiste ... 263
Lichtenfeld, Gerhard ... 320f.
Lichtenhan, Lucas ... 252
Lindenau, Bernhard August von ... 160
Lippert, Philipp Daniel ... 32
Lipps, Theodor ... 251
List, Herbert ... 257
Lodge, Giles Henry ... 194, 240
Lorck, Carl Emil von ... 252
Loren, Sophia ... 288
Löwendal, Ulrich Friedrich Woldemar Graf von ... 34
Ludwig I. (König von Bayern) ... 23, 87f., 101, 102, 144, 210, 306–309
Ludwig XIV. (König von Frankreich) ... 129
Luther, Martin ... 57, 89
Lüttke, Georg ... 330
Lysimachos (König von Thrakien und Makedonien) ... 154
Lysipp ... 18, 46, 172

Maillol, Aristide ... 322
Mallgrave, Harry Francis ... 194
Mander, Karel van ... 117
Mann, Horace ... 37
Marc Aurel, d. i. Marcus Aurelius Antoninus (röm. Kaiser) ... 62, 110
Marcks, Gerhard ... 314
Marées, Hans von ... 90f., 112, 221, 228, 230, 232, 236
Maria Theresia (Erzherzogin von Österreich, Königin von Ungarn und Böhmen) ... 211
Mariette, Pierre-Jean ... 152
Mark, Alexander Graf von der ... 108
Maron, Anton von ... 99, 189, 200, 203, 204, 206, 208, 312
Marpurg, Friedrich Wilhelm ... 29
Matisse, Henri ... 95
Maximilian I. Joseph (König von Bayern) ... 101f., 210
Maximilian II. (König von Bayern) ... 309
Mechel, Christian von ... 162, 196, 211, 213, 270
Meidias-Maler ... 78, 242
Meier-Graefe, Julius ... 94
Meinecke, Friedrich ... 43
Meiners, Christoph ... 118
Mendelssohn, Moses ... 200
Mengs, Anton Raphael ... 11, 30, 32, 34f., 65, 74, 99, 105, 109, 186, 189, 198, 204, 206, 208f., 242, 266, 268, 301
Mengs, Margarita ... 206
Menzel, Adolph von ... 89
Merkel, Friedrich ... 263
Mesmer, Franz Anton ... 84, 226
Messerschmidt, Franz Xaver ... 83–86, 99, 104, 221, 226
Meyer, Johann Heinrich ... 58, 73, 75, 86, 174, 183/184, 196–198, 227, 264–266
Michallon, Claude ... 301
Michelangelo, d. i. Michelangelo Buonarroti ... 73, 107, 164, 191, 222, 224
Miller, Norbert ... 97
Millin, Aubin-Louis ... 109, 182
Monroe, Marilyn ... 288
Montagu, Edward Wortley ... 37
Montaigne, Michel de ... 300
Monten, Dietrich ... 308
Montesquieu, d. i. Charles-Louis de Secondat, Baron de La Brède et de Montesquieu ... 122
Montfaucon, Bernard de ... 146, 150, 193
Montorsorli, Fra Giovan Angelo da ... 168, 222
Moreau, Jeanne ... 288
Morghen, Raphael ... 303
Moritz, Karl Philipp ... 80, 105, 247f.
Mosman, Nicolas ... 46, 204
Mosse, George L. ... 137
Mouchy, Louis-Philippe ... 301
Müller, Hans ... 261, 290, 333
Müller, Jørgen Peter ... 282f.
Müller, Karl Otfried ... 124
Munch, Edvard ... 72f.
Muschik, Johann ... 324
Mussolini, Benito ... 330
Muzell-Stosch, Heinrich Wilhelm von ... 25–27, 29f., 35, 38, 54, 63, 105, 152, 204
Myron ... 171, 283, 319

Napoleon I., (Kaiser von Frankreich), s. Bonaparte
Nash, Joseph ... 240
Natter, Lorenz ... 133
Nero, d. i. Nero Claudius Caesar Augustus Germanicus (röm. Kaiser) ... 62
Nicolai, Friedrich ... 84f., 100, 226
Nietzsche, Friedrich ... 14, 51, 92, 220f., 231, 235, 238, 282f., 330, 340
Nitot-Dufresne, Michel ... 246
Nolte, Johann Rudolph ... 160
Nott, Josiah Clark ... 119/121, 286

Oer, Theobald von ... 14f.
Oeser, Adam Friedrich ... 10, 32, 62, 64, 68f., 77, 190, 211
Olbricht, Alexander ... 251
Omai, d. i. Mai ... 275
Opiz, Georg Emanuel ... 341
Orford, Lady, s. Rolle, Margaret
Orgel-Köhne, Liselotte ... 341
Otto I. (König von Griechenland) ... 87f., 296, 308f.
Otto, Ludwig ... 234
Overbeck, Friedrich ... 89
Ovid, d. i. Publius Ovidius Naso ... 149

Pagnini, Cesare ... 213
Paionios ... 311
Pajou, Augustin ... 301
Paolini, Giulio ... 333f.
Parrhasios ... 78
Pascal, Blaise ... 54
Passionei, Domenico Silvio ... 11, 35
Pater, Walter ... 91f.
Paxton, Sir Joseph ... 240
Perikles ... 43, 46, 87f., 298, 305
Perrault, Charles ... 263, 304
Pettrich, Ferdinand ... 261, 280
Pettrich, Franz ... 280
Phidias ... 46, 62, 84, 86, 92, 110, 171, 224, 289, 305
Philipp II. (König von Makedonien) ... 154
Picasso, Pablo ... 95
Pigalle, Jean-Baptiste ... 137
Piles, Roger de ... 58f., 74, 117
Platon ... 43, 47, 57, 75, 139, 185, 220, 248, 254, 288, 330
Plinius d. Ä., d. i. Gaius Plinius Secundus Maior ... 76, 222, 256
Plutarch ... 110, 162
Pollak, Ludwig ... 222
Polydoros ... 222
Polyklet ... 171
Ponce, Nicolas ... 123
Pope, Alexander ... 339
Poussin, Nicolas ... 186
Pozzo, Cassiano dal ... 133
Praxiteles ... 18, 46, 172, 224, 256
Preller, Friedrich d. Ä. ... 176
Pseudo-Longin ... 55, 68
Ptolemaios III. Euergetes (König von Ägypten) ... 339

Quatremère d'Isjonval, Denis-Bernard ... 270
Quatremère de Quincy, Antoine Chrysostome ... 76, 110, 174, 185, 234, 303, 340, 341
Quinn, Marc ... 293f., 333

Rabener, Gottlieb Wilhelm ... 14
Raffael, d. i. Raffaello Sanzio ... 62, 65, 74, 76, 79, 86, 95, 105, 160, 302
Raimondi, Marcantonio ... 168
Raoul-Rochette, Désiré ... 233, 340

Rauch, Christian Daniel ... 109	Schopenhauer, Arthur ... 73, 90	Uhde-Bernays, Hermann ... 228
Rauch, Leo ... 32	Schorer, Georg ... 286, 341	Usteri, Leonhard ... 27, 196
Réau, Louis ... 228	Schubert, Carl Gottlieb ... 339	Usteri, Paulus ... 211
Rehm, Walther ... 19, 304, 326f.	Schultze-Naumburg, Paul ... 282	
Reiffenstein, Johann Friedrich ... 99, 105, 194, 203, 206, 208f., 211	Schulze, Johan Heinrich ... 154	Valadier, Luigi ... 208
	Schulze, Johannes ... 75, 198	Valle, Guglielmo della ... 186
Reinhold, Karl Leonhard ... 198	Schwanthaler, Ludwig ... 306	Valois, Achille-Joseph Étienne ... 303, 341
Rembrandt, d. i. Rembrandt Harmensz. van Rijn ... 92	Scott, Walter ... 14	Vasari, Giorgio ... 42, 45, 59, 74, 76, 117
Retzsch, Moritz ... 247	Scrjabin, Alexander ... 340	Veit, Philipp ... 89
Reutti, Kurt ... 319	Secondat, Charles-Louis de, s. Montesquieu	Velde, Henry van de ... 251
Reynolds, Sir Joshua ... 130, 275	Sedlmayr, Hans ... 99	Vergil, d. i. Publius Vergilius Maro ... 222
Rheims, Bettina ... 258f., 333	Selim du Darfour ... 272f.	Vezzoli, Francesco ... 21, 218, 333
Rheims, Maurice ... 110	Sellius, Gottfried ... 194	Vien, Joseph-Marie ... 214
Richter, Johann Carl August ... 305	Semper, Gottfried ... 76, 234, 238, 340	Virey, Julien-Joseph ... 118–120, 286, 341
Riedesel, Johann Hermann von ... 26, 30	Septimius Severus, d. i. Lucius Septimius Severus Pertinax (röm. Kaiser) ... 62	Visconti, Ennio Quirino ... 302f.
Riefenstahl, Leni ... 138, 290, 319	Sergel, Johan Tobias ... 105, 224	Vitruv, d. i. Marcus Vitruvius Pollio ... 268, 304, 334
Riepenhausen, Franz ... 247	Séroux d'Agincourt, Jean-Baptiste-Louis-Georges ... 174, 186	Voigt, Gerhard ... 320f.
Riepenhausen, Johannes ... 247	Sgualdi, Vincenzo ... 19, 340	Volkmann, Artur ... 110, 112, 228, 234, 236
Roberts, David ... 240	Sherwin, John Keyes ... 340	Volkmann, Johann Jakob ... 26f.
Robillard-Peronville, Louis-Nicolas-Joseph ... 302	Shevtsov, George ... 340	Volkmann, Peter Dietrich ... 203
Robinet de Chateaugiron, Jean-Baptiste-René ... 48f., 175, 179, 194	Shields, Brooke ... 288	Voltaire, d. i. François-Marie Arouet ... 18
	Sichtermann, Hellmut ... 326	Vorwerck, Friedrich ... 326
Rodenwaldt, Gerhart ... 313, 326	Sickler, Friedrich ... 311	Voß, Johann Heinrich ... 97
Rodin, Auguste ... 322	Silvestre, Louis de ... 31	
Roettgen, Steffi ... 206	Skopas ... 171f.	Wächtler, Emanuel Jakob ... 191
Roh, Franz ... 95	Smith, Adam ... 138	Wackenroder, Wilhelm Heinrich ... 86
Rolle, Margaret ... 30	Soder, Alfred ... 283, 340	Wagner, E. ... 17
Romaïdis, Gebrüder ... 310	Soldani-Benzi, Massimiliano ... 319	Wagner, Johann Martin von ... 306
Rombrich, Johann Christof ... 200, 339	Sophokles ... 68, 81, 177	Wagner, Richard ... 14, 92
Rosenblum, Robert ... 81	Soufflot, Jacques-Germain ... 110	Wagner, Theodor ... 109
Rossetti (de Scander), Domenico ... 16, 104, 213	Springer, Anton ... 90	Walpole, Horace (4. Earl of Orford) ... 37
Roß, Ludwig ... 87	Steichen, Edward ... 231	Walpole, Robert (2. Earl of Orford) ... 30
Rottmann, Carl ... 238	Steinhäuser, Carl ... 168	Wasielewski, Waldemar von ... 228, 236
Rousseau, Jean-Jacques ... 129, 301	Stosch, Baron Philipp von ... 11, 25, 34, 35, 63, 133, 147, 152, 204, 256, 338	Watelet, Claude-Henri ... 193
Rovere, Giuliano della, s. Julius II. (Papst)		Weddell, William ... 133
Rubens, Peter Paul ... 74, 78	Streep, Meryl ... 288	Wedgwood, Josiah ... 136f., 246
Rüdiger, Horst ... 326, 342	Suard, Jean-Baptiste-Antoine ... 191	Wee-Sheet (Sauks-Fox) ... 280
Runge, Philipp Otto ... 247	Sulzer, Johann Georg ... 25f., 34, 191, 305	Wegele, Franz Xaver von ... 41
Ruty, Charles-Étienne-François ... 273	Sünderhauf, Esther Sophia ... 137	Weilguny, Hedwig ... 342
	Sutter, Friedrich Berthold ... 340	Weinländer, Karl ... 285–287
Sallust, d. i. Gaius Sallustius Crispus ... 149		Weiße, Christian Felix ... 62
Sandrart, Joachim von ... 59, 69, 262, 338	Talbot, William Henry Fox ... 288	Weitsch, Pascha Johann Friedrich ... 110
Sandrart, Johann Jakob von ... 262	Thormaehlen, Ludwig ... 313	Wernecke, Karl ... 317
Savoyen, Prinz Eugen von ... 156	Thorvaldsen, Bertel ... 89, 97f., 108, 248, 255, 280	Wichmann, Ludwig ... 17, 103f.
Say, William ... 130	Tieck, Christian Friedrich ... 98, 102, 105, 108, 227, 236, 249	Wiedewelt, Johannes ... 23, 105, 107
Schadow, Johann Gottfried ... 100, 108, 110, 260, 272f., 305, 322, 340		Wieland, Christoph Martin ... 75
	Tieck, Ludwig ... 98	Wilhelm I. (Deutscher Kaiser) ... 297, 311
Schadow, Ridolfo ... 101f., 110f., 210, 306	Timanthes ... 68f., 77	Wille, Johann Georg ... 35, 191, 193, 303
Scheibe, Richard ... 313–315	Tischbein, Johann Heinrich Wilhelm ... 81, 221, 244, 246, 250, 276, 340	Winter, Franz ... 168
Scheidt, Walter ... 285–287		Wolf, Friedrich August ... 51, 154, 185, 197
Scheyb, Franz Christoph von ... 84	Tizian, d. i. Tiziano Vecellio ... 160	Wolff, Emil ... 100, 109, 110
Schickert, F. ... 312	Townley, Charles ... 133, 278	Wolff, Johann Conrad ... 209
Schiller, Friedrich von ... 72f., 185, 188, 198, 227, 236, 282	Trajan, d. i. Marcus Ulpius Traianus (röm. Kaiser) ... 62, 338	Wölfflin, Heinrich ... 93, 283
Schinkel, Karl Friedrich ... 86f., 89, 248, 308f.	Treu, Georg ... 230, 234, 236	Wrede, Walther ... 316
Schlabrendorff, Friedrich Wilhelm von ... 144	Trippel, Alexander ... 105–107, 108	Wünsche, Raimund ... 164
Schlegel, August Wilhelm ... 247	Tuaillon, Louis ... 314	Würbel, Franz ... 341
Schlegel, Friedrich ... 41, 175, 181, 223		
Schlemmer, Oskar ... 232, 340		Zedler, Johann Heinrich ... 54
Schleuen, Johann David d. Ä. ... 25		Zeller, Hans ... 61
Schmoll, Heinz ... 316		Zimmering, Fred ... 342
Schnorr von Carolsfeld, Veit Hanns ... 247		Zinserling, Gerhard ... 322
Schönborn-Wiesentheid, Franz Erwein Graf von ... 273		Zoffany, Johan ... 276

IMPRESSUM

Winckelmann. Moderne Antike
Klassik Stiftung Weimar in Kooperation mit der Humboldt-Professur für neuzeitliche Schriftkultur und europäischen Wissenstransfer der Martin-Luther-Universität Halle-Wittenberg
7. April – 2. Juli 2017

Neues Museum Weimar
Weimarplatz 5
99423 Weimar

GEFÖRDERT DURCH

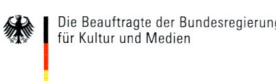

Alexander von Humboldt
Stiftung / Foundation

KULTUR
STIFTUNG · DER
LÄNDER

AUSSTELLUNG

PROJEKTLEITUNG
Prof. Dr. Elisabeth Décultot, Dr. Martin Dönike, Prof. Dr. Wolfgang Holler, Prof. Dr. Thorsten Valk, Dr. Bettina Werche

WISSENSCHAFTLICHE PROJEKTGRUPPE
Prof. Dr. Elisabeth Décultot, Dr. Martin Dönike, Dr. Claudia Keller, Denis Stante, Dr. Bettina Werche

WISSENSCHAFTLICHER ARBEITSKREIS
Dr. Martin Disselkamp (Berlin), Dr. Astrid Fendt (München), Prof. Dr. Christoph Frank (Mendrisio), Dr. Daniel Graepler (Göttingen), Dr. Christiane Holm (Halle/Saale), Dr. Charlotte Kurbjuhn (Berlin), Dr. Johannes Rößler (Bern), Dr. Alexander Rosenbaum, Dr. Christoph Schmälzle (Berlin), Dr. Esther Sophia Sünderhauf (München)

WISSENSCHAFTLICHER FACHBEIRAT
Prof. Dr. Adolf H. Borbein (Berlin), Prof. Dr. Daniel Fulda (Halle/Saale), Prof. Dr. Thomas W. Gaehtgens (Los Angeles), Prof. Dr. Luca Giuliani (Berlin), Dr. Kordelia Knoll (Dresden), Prof. Dr. Max Kunze (Stendal), Prof. Dr. Stefan Lehmann (Halle/Saale), Prof. Dr. Ernst Osterkamp (Berlin), Prof. Dr. Helmut Pfotenhauer (Würzburg), Prof. Dr. Steffi Roettgen (München), Prof. Dr. Sabine Schneider (Zürich), Dr. Wolfgang von Wangenheim (Berlin)

KUSTODISCHE RECHERCHE
Dr. Ulrike Bestgen, Cornelia Irmisch, Dr. Kristin Knebel, Dr. Katharina Krügel, Gisela Maul, Prof. Dr. Hermann Mildenberger, Dr. Gert-Dieter Ulferts, Dr. Gerda Wendermann

VERMITTLUNGSPROGRAMM
Sophia Gröschke, Dr. Folker Metzger, Johannes Siebler

ORGANISATION UND LEIHVERKEHR
Ellen Bierwisch, Dr. des. Maja Chotiwari, Heidi Knörich, Nicole Mende, Sabine Thierolf, Timmy Ukat

RESTAURIERUNG, KONSERVATORISCHE VORBEREITUNG UND BEREITSTELLUNG VON EXPONATEN
Ingrid Arnhold, Susanne Busch, Thomas Degner, Cornelia Feldmann, Uwe Golle, Maria Günther, Konrad Katzer, Petra Krause, Anne Levin, Alexander Methfessel, Michael Oertel, Laura Petzold, Robert Steiner

ÖFFENTLICHKEITSARBEIT UND MARKETING
Dr. Julia Glesner, Benjamin Grau, Amanda Große, Antje Kardelky, Anja Kiefer, Melanie Kleinod, Franz Löbling, Svenja Macht, Manuela Wege

SEKRETARIAT
Sylvia Damerius, Claudia Krüger

VERWALTUNG
Anke Schmidt

KONZEPT UND GESTALTUNG AUSSENAUFTRITT
chezweitz GmbH (Berlin), Edgar Kandratian unter Verwendung von: »Belvedere Torso 2011« © Sandra Kontos

UMSETZUNG AUSSENAUFTRITT
Goldwiege / Visuelle Projekte (Weimar)

PRODUKTION AUSSTELLUNGSGRAFIK
PPS. Imaging (Dresden)

AUSSTELLUNGSGESTALTUNG
chezweitz GmbH (Berlin)
Dr. Sonja Beeck und Detlef Weitz mit
Kira Soltani (Projektleitung, Architektur)
Sandra Weber (Projektleitung, Ausstellungsgrafik)
Edgar Kandratian (Erscheinungsbild, Ausstellungsgrafik)
Felix Schwan (Ausführungsplanung, Baustellenbetreuung)
Simon Junge (Ausführungsplanung, Ausstellungslicht)
Stefan Hurtig (Videoschnitt, Animation)